링컨

LINCOLN
by David Herbert Donald

Copyright ⓒ 1995 by David Herbert Donald
All rights reserved

Korean language edition published by arrangement with David Herbert Donald,
c/o Sterling Lord Literistic, Inc., New York

Translation copyright ⓒ 2003 by Sallim Publishing Co.

본 저작물의 한국어판 저작권은 David Herbert Donald와의
독점계약으로 (주) 살림출판사가 소유합니다.
저작권법에 의하여 한국 내에서 보호를 받는 저작물이므로
무단전재와 무단복제를 금합니다.

링컨 2

데이비드 허버트 도날드 지음
남신우 옮김

살림

■ 서문

    1962년 2월 저자가 처음이자 마지막으로 존 F. 케네디 대통령을 만났을 때, 그는 역사가들에게 불만을 갖고 있었다. 바로 전날 일단의 역사학자들은 백악관 집무실에 모여 미국 역대 대통령에게 등급을 매긴 조사결과에 대해, 대통령의 지지를 얻고자 했다. 그 학자들 중에 저자가 속해 있지는 않았으나, 다음날 백악관에서 링컨에 관한 강연을 하게 됐을 때, 대통령이 여전히 전날 일을 마음에 두고 있다는 것을 알 수 있었다. 그는 역사학자들이 상당한 대통령들에게 '수준 이하'라고 등급을 매기고, 또 몇몇 대통령에게는 '실패작'이라고 입심 좋게 평가한 것에 관해 몹시 못마땅한 심기를 드러냈다. 그는 분명 그런 뒤떨어진 방식으로 역사를 보는 관점에, 자신의 정권이 어떻게 보여질지를 염두에 두고 있었다. 대통령은 그런 식의 평가 과정 전반에 대해 공박했다.

    "아무도 대통령을 점수로 평가할 권리는 없습니다. 자기 자리를 지키지도 않았고, 공문서한이나 정보문서를 읽지도 않았으며, 그래서 자기가 왜 그런 결정을 내렸는지도 몰랐던 저 딱한 제임스 뷰캐넌 대통령조차도 말입니다."

이 책은 케네디 대통령의 그런 관점과 뜻을 좇아서 만들었다. 저자는 에이브러햄 링컨의 일생을 추적하면서 그의 생애 각 시점에 이를 때마다, 당시의 링컨이 중대한 결정을 내릴 때에 무엇을 어느 정도 알고 있었는지, 자기에게 주어진 증거를 어떻게 평가했으며 왜 그런 결론에 도달하게 되었는지를 꼼꼼하게 자문했다. 그러므로 이 전기는 당시의 링컨이 입수할 수 있었던 자료와 의견을 기초로, 링컨의 관점에 의해 씌어진 전기라고 할 수 있다. 이 책의 목적은 설명이지 평가가 아니기 때문이다.

　이 전기는 대부분 링컨 자신이 했던 말들과 그의 편지, 메시지 또는 믿을 만한 증인들이 기록한 링컨과의 대화를 기초로 해서 엮은 것이다. 저자는 가능한 한 당시 대통령과 직접 만나고 대화한 사람들이 직접 쓴 기록만 참고하려고 노력했다. 물론 한 손 걸러 내려온 방대한 자료들에서 뽑아 사용한 부분도 있으나, 그것은 대개 다른 데서는 찾을 수 없는 편지나 문서의 경우에 국한된 것이었다. 이러한 저자의 연구는 국회 도서관의 에이브러햄 링컨 문서(다행히도 지금은 마이크로필름으로 만들어져 있음)가 있었기 때문에 가능했다. 이 문서들은 1890년 존 G. 니콜라이와 존 헤이가 링컨의 공식 전기를 쓸 때 사용한 후 1947년까지 봉인되어 있었기 때문에, 이제까지 링컨 전기로 제일 이름이 나 있는 앨버트 J. 베버리지, 윌리엄 E. 바튼, 칼 샌드버그, J. G. 랜댈*은 이 문서를 이용할 수가 없었다.

---

* 랜댈 교수가 1945년에 『대통령 링컨』 두 권을 출판했을 당시에는 이 문서를 참고할 수가 없었고, 1952년 출판된 『중간에서』라는 세 번째 책을 집필했을 때에야 이 문서를 참고할 수 있었다. 리처드 N. 커렌트가 1955년 출판한 마지막 권, 『마지막 최고의 조치』란 책은 이 문서를 많이 참고했다. 그러나 랜댈 교수의 권위 있는 작품의 기본적인 구조와 주제는 링컨 문서가 공표되기 전에 이미 결정된 것이었다.(원주)

그래서 저자의 연구결과는 간단히 정의하면 배제적(排除的)이라고 표현할 수 있다. 이 책은 19세기 중반의 미합중국의 역사를 다룬 것이 아니다. 링컨은 그 시대 경제나 사회적 변천과는 간접적으로만 연계되어 있어서, 저자는 링컨만 집중적으로 다뤘다. 이 책은 남북전쟁사도 아니다. 예를 들자면, 이 책에서는 남부 연맹 내부에서 일어난 일들을 취급하지 않았는데, 당시의 링컨으로서는 이런 일들을 알 도리가 없었기 때문이다. 또한 이 책은 군대사도 아니다. 저자는 링컨이 직접 보지 못한 군사작전이나 전투는 취급하지 않았다. 남북전쟁의 원인에 관한 광범위한 철학적 고찰도 생략했고, 남북전쟁이 최초의 현대전이었는지 아닌지에 대한 성찰도 피했다. 이 모두가 중요한 문제이긴 하지만 링컨과 직접 관련된 문제는 아니었다. 저자는 링컨이 노예들을 해방시킨 것인지 아니면 노예들이 스스로를 해방시킨 것인지도 따지지 않았다. 왜냐하면 링컨은 노예해방 과정에서 이 두 문제가 서로 얽혔다고 믿었기 때문이다. 물론 그는 수천 명의 흑인노예들이 개별적으로 영웅적인 반란을 결행함으로써 주인을 떠나 연방군 쪽으로 도망한 후 자유를 쟁취한 것은 인정했으나, 노예제도를 종식시키기 위해서는 미합중국 정부의 공식 조치가 필요했던 것 또한 알고 있었다.

  저자는 링컨에게만 초점을 맞추어, 그가 언제 무엇을 알고 있었으며, 왜 그런 결정을 내렸는지에 중점을 두었던 까닭에 이제까지의 여타 전기와는 다른 링컨의 초상화를 그려내지 않았나 싶다. 그래서 이 전기는 여타 전기보다 결이 좀더 많다고 할 수 있다. 저자는 링컨의 수그러들 줄 모르는 야심, 정신없이 하던 법률사무소 일, 풍파가 많았던 결혼생활 그리고 한동안 계속되던 그의 좌절 등을 부각시켰다. 그의 생애는 우연이나 착오로 방향이 바뀐 때가 더 자주 있었던 것 같다. 저자는 최고의 자리에 오른 사람들 중에서 가장 경험도 없고 준비도 안 되어 있었던 사람이었지만 미국 역사상 가장 위대한 대통령이 될 수 있었던 링컨의 무한한 잠재 능력을 강조하고 싶었다.

더 중요한 것은, 이 전기가 평생 천성적으로 수동적이었던 링컨의 근본적 성격을 강조했다는 것이다. 링컨은, 1864년 4월 대통령 취임 당시에는 노예 문제에 간섭을 안 하겠다고 약속했다가 왜 후에 노예 해방 정책으로 바꿨는지를 설명해 달라는 켄터키 출신 동향 친구 앨버트 G. 호지스에게 보내는 편지에서 자신의 수동적 천성을 인정했다. 링컨은 노예들을 해방시켜서 흑인들을 연방 군대로 징발하는 것이 군사적 필요성에 의한 것이었다는 주변 상황을 설명한 후 이렇게 끝맺었다.

"이런 말씀을 드리는 것은 제 자신의 총명함을 자랑하고자 함이 아닙니다. 제가 이제까지 일어난 일들을 조종했다고는 말할 수 없습니다. 반대로 이제까지 일어난 일들이 저를 조종했다는 것을 솔직히 고백합니다."

링컨은 일찍부터 자기의 운명이 어떤 거대한 힘, 지고(至高)의 힘에 의해서 조종된다는 생각을 가졌다.

젊은 시절의 링컨은, 감정에 치우친 개척시대 복음전파주의자들 때문에 정통 기독교로부터 등을 돌림으로써 보다 쉽게 '숙명론'을 수용하게 되었다. 그는 이 숙명론에 대해 "사람의 마음이란 어떤 외적 힘에 의해서 동(動)하기도 하고 정(靜)하기도 하는데, 사람의 마음 자체가 이 동과 정을 조종하는 것은 아니다"라고 정의한 바 있다. 그는 후일 그의 동료 윌리엄 H. 헌돈에게 햄릿에 나오는 다음 구절을 자주 인용하기도 했다.

신성(神性)이 우리들의 마지막 운명을 미리 결정하는데,
우리가 그것을 대충 어떻게 만드느냐에 달렸다.

우리는 링컨의 숙명론으로부터 가장 존경할 만한 장점들을 발견할 수 있다. 그의 연민, 아량, 남의 잘못을 덮어주는 관용 등이 그것이다. 그렇다고 링컨이 무기력하거나 분방했던 것은 물론 아니다. 운명 예정설을 믿는 수많은 캘빈 교도들과 마찬가지로 그 역시도 자신을 위해, 가족을 위해, 또 국가를 위해 더 나은 세계를 만들려고 지칠 줄 모르는 부단한 노력을 기울였다. 그의 숙명론은 그가 당한 많은 시련을 견딜 수 있게끔 도와주었고, 그를 평생 노력하는 사람으로 만들어주었다.

또한 그것은 문제를 해결할 때에 현실적으로 접근할 수 있도록 해주었고, 어떤 해결책을 적용해서 해결이 안 되면 다른 해결책을 찾도록 해주었다. "무(無)정책이 나의 정책이요"라는 말은 링컨의 좌우명이 되었다. 이 좌우명은 링컨 주위의 엄숙하고 원칙만 따지는 사람들의 노여움을 사서, 그들로부터 무정책이 아니라 무원칙이라는 비난을 받기도 했다. 그러나 링컨이 제임스 G. 블레인에게 국가재건 계획을 설명할 때 썼던 다음과 같은 논리를 더 자주 사용하기만 했어도 비판가들의 노여움을 덜 샀을지도 모른다.

"중서부에서 큰 강을 따라 내려가는 배의 항해사들은 그들 말로 '포인트에서 포인트로' 배를 몹니다. 그들은 자기들이 볼 수 있는 포인트까지만 방향을 정하고 배를 몰지, 보이지 않는 곳을 미리 걱정하지 않습니다. 우리가 당면한 이 시급한 난국에서 제가 할 수 있는 것도 바로 그것입니다."

링컨은 과감한 계획으로 앞장서는 것보다는 다른 사람들의 행동에 대응

하여 조처하는 쪽을 택했다. 이는 존 키츠가 정의했던 '위업을 성취한 사람'의 자질을 링컨이 자기 나름대로 미국식으로 지니고 있었다는 것을 증명한다. 그 자질이란, '셰익스피어가 남보다 두드러지게 가졌던 자질인데……부정적 능력, 말하자면 불확실하거나 불가해하거나 의심스러워도, 조급하게 사실이나 논리만을 좇아가지 않을 수 있는 자질'이었다.

이 전기를 쓰기 위한 연구는, '인류를 위한 국가 지원 보조금'(보조금 번호 RO-2128-89)의 연구 프로그램 전담과의 지원으로 가능했다. 전담과에서 일하시는 분들 중 특히 찰스 앰블러 씨와 조지 R. 루카스 2세 씨가 수고를 많이 하셨다.

또한 저자가 강의를 쉬고 이 책을 쓸 수 있도록 장기 휴가를 허락해 주신 하버드 대학교의 헨리 로보스키 학장, 마이클 스펜스 학장, 필리스 켈러 학장께도 감사 드린다.

작업 전반에 걸쳐서 비서 역할을 했을 뿐만 아니라 연구에도 탁월한 능력으로 그 많은 링컨 문서를 발췌 정리해 준 로라 내카추카 양에게도 감사 드린다. 하버드 연구조교로서 링컨에 관한 신문과 정기간행물들을 열심히 조사해 준 다음 분들께도 감사 드린다. 리처드 베네트, 스티븐 첸, 마틴 피츠패트릭, 일레인 골든버그, 샐리 해든, 재커리 캐러벨, 티모시 매카시, 매슈 핀스터, 제랄드 프로코포위츠, 로널드 라이언.

본문에서 인용된 말들을 조사 검증하는 지겨운 일을 토마스 J. 브라운 박사, 프레드 댈젤 씨, 마이클 보렌버그 씨가 맡아주었다. 사실과 해석에 오류가 없도록 도와주신 이 분들께 감사 드린다. 현재 헌법 보칙 제13조에 관해서 연구 중인 보렌버그 씨는 남북전쟁 당시 식민지계획 노예해방

정책에 관하여 중요한 보완을 해주셨다. 법률사항이나 헌법논의에 관해서는 브라운 박사께서 많은 조언을 해주셨다.

여러 도서관에 계신 분들에게도 많은 도움을 받았다. 언제나 그렇듯이, 하버드 대학 도서관 찰스 워렌 서지(書誌) 편찬자로 계신 내서니엘 벙커 씨는 마이크로필름에 실려 있는 19세기 신문과 문서들을 빌려주셨다. 일리노이 주 역사관으로 계신 토마스 F. 슈워츠 씨는 일리노이 주립 도서관의 방대한 헨리 호너 소장품들을 빌려주셨고 저자의 수많은 질문에 일일이 친절하게 대답해 주셨다. 같은 도서관에 계신 셰릴 슈너링 씨도 수고를 많이 해주셨고, 19세기 일리노이 신문 연구에는 셰릴 펜스 씨가 많이 도와주셨다. 어배나에 있는 일리노이 주 역사연구회의 존 호프맨 씨에게 감사 드리고, 시카고 역사학회의 테리사 A. 매길 씨, 시카고 대학 도서관의 셰리 번 씨께도 소장한 지방신문을 빌려주신 것에 대해 감사 드린다. 댈러스 R. 린드그렌 씨께서는 미네소타 역사학회 소장품들을 안내해 주셨다. 헌팅턴 도서관에서는 존 H. 로드해멜, 리타 갈시아, 캐런 E. 컨스 씨들이 중요 문서들의 마이크로필름을 찾아주셨다. 시카고 소재 에이브러햄 링컨 서점에 계신 대니엘 와인버그 씨와 토마스 트레스콧 씨께서도 많은 서지 연구를 열심히 도와주셨다.

현재 진행 중인 링컨 공문서 정리는 미국에서 고문서 정리 작업 가운데 제일 중요한 작업이라 할 수 있겠다. 이 작업의 관리국장으로 계신 쿨롬 데이비스 씨와 부편집장 윌리엄 비어드 씨께서 작업 중인 공문서의 보고(寶庫)를 저자가 마음대로 읽고 이용하게 해주셨다.

링컨이 살던 집 국립유적지 관리장으로 계신 노먼 D. 헬머스 씨는 스프링필드에 있는 링컨 가택을 저자에게 보여주시고 링컨 일가의 역사에 관한 자세한 자료를 저자에게 주셨다.

저자에게는 또한 존 F. 케네디 대통령 내외분과 조지 부시 대통령 내외분으로부터 백악관 내부 전체와 특히 2층 내실을 직접 안내받는 파격적 행운이 있었다.

사학자 여러분과 많은 수집가들이 저자가 이 책을 만드는데 말할 수 없이 큰 도움을 주셨다. 게이보 S. 보릿, 마이클 A. 벌린게임, 존 캐신, 글렌 L. 칼, 스탠리 H. 캐스, 에릭 T. 프라이포글, 고(故) 아놀드 게이츠, 로버트 지루, 윌리엄 F. 해너, 해롤드 홀처, 애리 A. 호겐붐, 해롤드 M. 하이맨, 리처드 R. 존, 제인 랭턴, 딕 레빈슨, 존 니븐, 매슈 핀스커, H. 더글러스 프라이스, 스티븐 K. 록스태드, 스콧 샌디지, 렉스 스커튼, 루이즈 테이퍼, 폴 버두인, J. 하비 영 등이 그 분들이다.

필립 B. 큐하트 2세, 필립 B. 큐하트 3세, 퍼터 W. 큐하트 씨들은 저자에게 귀한 메저브-큐하트 사진 소장품들을 마음대로 쓰게끔 도와주셨다. 제럴드 J. 프로코포위츠 씨, 캐롤린 텍슬리 씨도 인디애나, 포트 웨인에 있는 링컨 박물관 사진소장품들을 자유롭게 빌려주셨다. 백악관 역사관장으로 계신 렉스 W. 스커튼 씨도 백악관 소장 링컨 유물을 대여해 주셨다. 로버트 W. 레미니 씨는 시카고 역사학회 자료를 대여해 주셨고, 다이앤 라이안 씨는 그곳의 사진과 인쇄물 소장품을 빌려주셨다. 게티즈버그 대학에 계신 게이보 S. 보릿 교수 내외분과 인디애나 사우스밴드에 계신 잭 스미스 씨께서는 각종 도면과 인쇄물 소장품의 인용을 허락해 주셨다.

링컨의 정치관·종교관에 대한 저자의 의견은 존 라울스 교수의 영향을 많이 받았다. 존 라울스 교수는 저자와 함께 하버드 대학 최초의 링컨에 관한 세미나를 시강하셨던 분이다. 베미스 기금 재단이사회와 존 C. 페리 씨의 초청으로 저자는 매사추세츠 주 링컨 시에서 〈대통령이 되기 위한 준비과정〉이란 강연을 하기 위하여 링컨의 정치관 종교관을 연구 정리해 볼 기회가 있었다. 저자는 예루살렘의 히브리 대학에 계신 여호수아 아리엘리 교수, 메나힘 블론다힘 교수, 슐로모 슬로님 교수의 초청으로 새뮤엘 페일리 강연으로 이 문제에 관해 더 연구할 기회가 있었다. 1990년 1월에는 조지 부시 대통령 초청으로 백악관에서 열린 대통령직에 관한 강연 시리즈에서 그 첫 번째 강연으로, 링컨 일가에 관한 저자의 의견을 발표할 기회가 있었다.

무엇보다도 각자 연구에 바쁘신 여러 학자들이 저자의 초고를 읽고 논평해 주신데 대해서 감사를 드린다. 하버드 대학의 대니얼 아론 교수는 초고를 전부 읽으시고 저자가 초고에서 범한 반복과 부적절한 표현을 바로 잡아주셨다. 이 전기에서 링컨이 암살당하는 대목은 노던버지니아 대학의 테리 앨포드 교수가 읽고 정리해 주셨다. 링컨 문서를 정리 중이신 쿨롬 데이비스 씨와 윌리엄 비어드 씨는 링컨의 법률사무소 시절을 읽고 정리해 주셔서 저자의 오류를 바로잡아 주셨다. 하버드 대학 출판사에 계신 아이다 도널드 씨는 저자의 초고를 읽어주시고 스타일과 내용을 윤문해 주셨다. 일리노이 대학의 로버트 W. 조핸슨 교수는 저자의 초고 전문을 읽으시고 스티븐 A. 더글러스와 일리노이 민주당에 관한 역사를 바로잡아 주셨다. 세인트루이스 대학의 마크 A. 닐리 교수는 링컨의 시민권에 관한 정책을 읽고 이 책의 크고 작은 오류를 보완해 주셨다. 일리노이 주 고문서 관리국 부국장 웨인 C. 템플 씨는 초고 전문을 읽어주시고 링컨에 관한 그의 해박한 지식을 저자에게 나누어주셨다.

사이몬 슈스터 출판사의 편집장 앨리스 E. 메이휴 씨와 새라 베이커 씨,

에릭 스틸 씨, 로저 래브리 씨, 여러분께 이 책이 나올 때까지 애써 주신 것에 대해 감사 드린다. 이 책의 홍보에 힘써 주신 사이먼 슈스터 출판사의 빅토리아 마이어 씨, 프랭크 메츠, 이브 메츠 씨에게도 감사 드리며, 복잡한 초고를 훌륭하게 편집해 주신 프레드 위머 씨에게도 감사 드린다. 초고 전문을 초인적 인내로 교정해 주신 캐스린 블래트 씨에게도 깊은 감사를 드린다.

이렇게 여러분으로부터 많은 도움을 받았으면 이 책은 완벽해야 하나, 그렇지는 못하다. 그러나 이 책의 모든 오류나 잘못된 해석은 전적으로 저자의 책임임을 여기서 밝혀 두고 싶다.

■ 옮긴이의 글

이 책을 중국 땅에서 헤매고 있는
　　우리 탈북자 식구들에게 바칩니다

　1776년부터 시작된 미합중국의 역사는 1800년대 초부터 중반까지는 마치 격랑을 만난 배처럼 표류하였다. 동부와 남부의 13개 주가 모여서 시작했던 이 나라는, 쏟아져 들어오는 유럽 이민과 한없이 넓은 미 중서부 땅을 흡수하는 과정에서 큰 진통에 빠져 있었다. 건국 초부터 존재했던 노예제도의 변방 확산 문제는 주민들의 정치이념과 맞물리고, 사활(死活)이 걸린 문제로 대두되면서 나라의 분열을 초래할지도 모르는 위기로 치달았다. 이 무렵인 1809년 2월 12일, 켄터키의 개척민 통나무집에서 태어난 사람이 바로 미합중국 16대 대통령 에이브러햄 링컨이었다.

　1968년 8월 내 나이 26살에, 고향 서울을 떠나 건축설계 공부를 더해보겠다고 미국으로 건너왔다가, 그대로 주저앉아 살아온 지가 벌써 35년이 되었다. 누구나 마찬가지이지만 일에 파묻히고, 가정을 꾸려 세 아이를 낳고 살아가다 보니, 고향은 가끔 생각만 할 수밖에 없었다. 1980년 아버님이 갑자기 돌아가셨다는 전갈을 받고서야 눈물범벅이 된 채 서울을 다녀온 뒤, 나는 한동안 정신적인 방황을 할 수밖에 없었다. 그때 내가 찾은 위로가 바로 링컨이었다.

물론 링컨을 읽기 전에도 여러 위인들의 전기를 읽었지만, 그들은 한 시대나 한 지역, 한 민족에 국한되는 그런 위인들이었다. 그러나 신생국 미국에서 태어난 에이브러햄 링컨은 전 세계 인류를 위해서 노력한 사람이며, 지금도 나에게 매일 좋은 얘기를 해주는 편한 친구이자 고마운 선생님이다. 그때부터 내가 링컨과 함께 살아온 것이 이제 거의 20년이 가깝게 됐다.

대통령 링컨이 60만 장정들이 희생된 남북전쟁을 거의 혼자만의 의지와 노력으로 이겼다거나 기막힌 집념과 설득력으로 점차 흑인노예들을 해방시켰던 그 모든 업적들도 중요하지만, 나에게는 시간이 갈수록 링컨이 실재적인 인물이 되어, 오래 전부터 그냥 내 옆에 있어만 주어도 편하고 좋은 그런 사람이 되어버렸다. 하루 종일 밖에서 사람들과 부대끼다가 저녁때 집에 돌아와 링컨을 꺼내서 이런 저런 이야기를 읽으면 모든 피곤이 풀린다. 낮 동안 심각했던 일들도 링컨을 읽으면 하잘것없는 일로 생각되어 그 때문에 속을 썩던 내가 우스워진다. 기분이 찌뿌드드할 때면, 그 심각한 전쟁 중에서도 주변 사람들을 웃기던 링컨의 우스개 소리들을 읽는다. 그러면 마치 활명수를 마신 것처럼 기분이 개운해진다.

그렇게 링컨과 함께 지내다가, 1992년부터 역사 소설가 고어 비달의 『Lincoln』을 틈나는 대로 번역하기 시작했다. 이처럼 위대한 사람을 나 혼자만 안다는 게 안타까워서 한국에도 소개해야겠다는 생각이 들었다. 7

년간 틈날 때마다 해온 일이, 마침내 1999년 8월『대통령 링컨』(문학과지성사)으로 출판된 것을 보았을 때의 기쁨은, 내가 설계했던 건물들의 준공식에 참석한 때 느낀 기쁨들보다 더 컸다.

『대통령 링컨』은 링컨이 대통령이 되어 워싱턴에 입성하고, 남북전쟁을 치르고 역사 속으로 사라진 백악관 시절만을 주로 다룬 것이었다. 그 점을 항상 아쉽게 생각하다 링컨의 출생부터 사망까지를 다룬 진짜 링컨 전기를 소개해야겠다는 생각이 들었다.

링컨 전기를 모아둔 서가에서 찾아낸 책이 바로 데이비드 허버트 도널드 교수의 『Lincoln』이었다. 그는 오랫동안 링컨을 연구한 사람으로, 어느 누구보다도 링컨을 자세히 아는 사람이기도 했다. 이제까지 여러 링컨 학자들이 연구한 자료에다 자신이 새로 입수한 자료들을 정리해서 집대성했다는 이 전기는, 1995년 처음 출판되어 링컨을 공부한다는 사람들은 모두 한 번쯤 읽어보는 책으로, 이미 고전의 반열에 올라 있다. 밤마다, 또 주말마다 컴퓨터 앞에서 씨름하며 이 책의 번역을 끝냈는데, 이번에는 2년이 넘는 세월이 흘러 있었다.

링컨이 어느 날 나에게, 너 혼자서 나를 번역하면서 좋아하면 다냐? 네가 고향이라고 그리워하는 곳에서는 큰일이 났는데, 혼자서만 잘 먹고 잘 살 작정이냐! 언제 링컨이 나에게 그런 말을 했는지 정확한 기억은 없지만, 아마 2000년 새 천년 벽두를 맞으면서 북한 동포들과 탈북자들의 끔찍한 참상을 알게 된 무렵이었을 것이다. 1995년부터 1998년까지 굶어 죽은 북한 동포들이 300만 명이라고 들었을 때, 나는 그럴 수는 없다고 부인하며 믿지를 못했다. 내가 링컨을 읽기 훨씬 전 젊었을 때, 제2차 세계대전의 히틀러와 홀로코스트에 관해 한동안 연구하며 흥분한 적이 있었다. 그런데 지금 탈북자들의 수기와 증언을 읽어보니 내 동족이 사는 북한 땅에서 바로 히틀러와 홀로코스트가 재현되고 있는 것이 아닌가. 세상에 이럴 수가!

내가 그동안 링컨을 읽어온 것은 탈북자들을 도우라고 링컨이 미리 나에게 준비 작업을 시킨 것 같았다. 링컨이 처했던 남북전쟁 당시의 미국과 우리 나라의 현실은 놀라울 정도로 비슷한 점들이 많았다. 남북 분단과 남부 이탈, 노예제도와 북한의 일인수령독재, 골육상쟁과 한국전쟁, 이념의 대결과 선악 등등, 우리가 처한 현실을 돌아보면 링컨이 처했던 150년 전 미국과 참으로 유사하다는 생각이 들었다.

국가에서 정체성(正體性)처럼 중요한 것은 다시없다.

링컨은, 연방에서 떨어져나가 자기들을 독립국이라고 주장하던 남부 연맹 반란 세력을 국가로 인정해 준 적이 한 번도 없었다. 또한 그는 남부 연맹의 수반(首班) 제퍼슨 데이비스를 한 번도 대통령이라고 부른 적이 없고, 아무리 전쟁이 어려운 때라도 남부 연맹을 나라로 인정하는 조건의 평화협상은 한 적이 없었다. 만일 이 시대 우리 나라에 링컨이 있었다면 그는 절대로 조선민주주의인민공화국을 정권으로 인정하지는 않았을 것이다.

노예제도는 그르다.

링컨은 "노예제도가 그르지 않다면 이 세상에서 그른 것은 없다. *If*

slavery is not wrong, nothing is wrong"라고 잘라 말했다. 남북전쟁 전 미국의 흑인노예들은 『톰아저씨 오두막 *Uncle Tom's Cabin*』이란 소설에 나오는 것처럼, 맞아죽고 팔려가고 우마처럼 부림을 당하고 식구들과 언제 헤어질지 모르는 처참한 신세로 백인들의 '재산'이었다. 이런 '재산'을 '인간'으로 복귀시켜 준 링컨은, 미국의 흑인노예들만 해방시킨 것은 아니다. 그는 노예들을 해방시키면서, "우리가 노예들을 해방시키고자 하는 것은 우리 자유인들의 자유를 확실히 하자는 것입니다"란 진언(眞言)을 남겼다.

지난 50여 년 동안 북한에 산재한 강제노동 정치범 수용소에서는 흑인노예들이 아닌 우리 동포들이 노예처럼 고생하다 죽어가고 있다. 북한은 지금 남북전쟁 전 흑인노예들이 신음하던 미국 남부보다도 훨씬 더 나쁜 인권의 불모지, 인권의 사각지대인 것이다. 그렇다면 링컨이 나에게 깨우쳐 준 것은 아닐까. 북한에서 신음하는 우리 형제들이 해방될 때까지 계속 실상을 알려 달라고…….

링컨은 분명한 선(善)이었고 남부 연맹은 분명한 악(惡)이었다.

이 책이 서울에서 출판되는 2003년 2월, 이미 50여 년 전에 남북으로 분단되었던 우리 대한민국이, 이제 그보다 더 위험한 벼랑 끝에 서 있는 것만 같다. 선을 택하느냐 악의 세력과 영합하느냐는 지금 우리의 선택이, 당장은 북한 2,300만 동포와 수십만 탈북자들, 멀리는 우리 7,000만 민족 전체의 운명을 결정할 것이다. 우리는 북한 동포와 탈북자들을 외면해서는 안 된다. 링컨을 제대로 읽으면 모든 정답이 나올 것이다. 누가 선이고 누가 악인지. 그리고 인류 역사는 결국 선이 이긴다는 확신이 생길 것이다.

이 책의 출판을 위해 여러 가지 조언을 해준 친우 유평근 교수와 이 책을 정성껏 만들어준 살림출판사 여러분께 깊이 감사 드린다. 그리고 이 조그마한 노력의 결실은 중국 땅에서 헤매는 우리 탈북자 식구들에게 바친다. 해방의 날까지 부디 살아만 있어 달라고.

2003년 1월 뉴저지에서
남신우 씀

역자 첨부
데이비드 허버트 도널드 교수는 이 전기의 끝 부분에 자신이 인용한 자료나 노트, 색인을 무려 100페이지 가깝게 자세히 기록하고 있습니다. 링컨을 더 연구하실 분은 도널드 교수의 원저를 참조하시기 바랍니다.

■ 차 례

서문 · 4
옮긴이의 글 · 14

제11장_ 민중의 다툼 · 23
제12장_ 물통 밑바닥이 빠졌어 · 75
제13장_ 하느님 역사의 연장 · 117
제14장_ 말안장 양쪽 주머니에 호박 하나씩 · 153
제15장_ 국민들이 무어라 할건가! · 197
제16장_ 자유의 새로운 탄생 · 243
제17장_ 실제적인 정치가에게 제기된 가장 큰 문제 · 291
제18장_ 물을 건너는 도중에 말을 바꿔 타다니 · 331
제19장_ 나는 휘청거리지 않았소이다 · 367
제20장_ 서로를 불쌍하게 생각하면서 · 401
제21장_ 난 괜찮소이다 · 443

1권

제1장_ 빈자의 연보 · 23
제2장_ 떠도는 유목 한 조각 · 55
제3장_ 냉철하고, 빈틈이 없으며, 흥분하지 않는 이성 · 101
제4장_ 영원한 휘그 당원 · 145
제5장_ 일리노이 주의 유일한 항성 · 187
제6장_ 주에서 전문직 제일인자가 되다 · 225
제7장_ 이제 휘그 당원은 없다 · 257
제8장_ 갈라진 집안 · 317
제9장_ 맛은 보았소 · 369
제10장_ 우연의 연장 · 413

11

민중의 다툼

섬터 요새가 포격을 당하자 모든 일이 풀렸다. 이 소식이 전해지자 이제까지 우유부단하고 거의 가사(假死)상태를 보이던 링컨 정권이 되살아났고 목적이 분명해졌다. 반란을 진압하고 연방을 보전하자는 것이었다.

전쟁이 시작됐을 때 많은 북부 사람들은 낙관적이었다. 연방 측은 방대한 천연자원을 갖고 있었고, 제조업이 남부와 비교도 안 될 정도로 발전했으며, 철도 길이도 남부의 세 배나 되어서 싸움에 질 리가 없다고들 생각했다. 2,000만 명이나 되는 북부 인구가 500만 명밖에 안 되는 남부 인구(남부 북쪽 주들이 연맹에 가담한 후 900만 명으로 불었지만)를 진압하는 것은 쉬운 일이라고들 믿었다. 수어드는 90일 이내에 전쟁이 끝나리라고 믿었다. 「시카고 트리뷴」은 '일리노이 주 혼자서라도 남부를 진압할 수 있으니까 전쟁은 길어야 두세 달이면 끝날 것'이라고 장담했다. 「뉴욕 타임스」도 30일 내 승전을 예견했고, 「뉴욕 트리뷴」은 '7월 4일 독립기념일까지는……제퍼슨 데이비스 일당을 워싱턴 성곽 위에 매달 수 있을 것'이라고 큰소리를 쳤다.

대통령은 남들처럼 그렇게 낙관적이 아니었다. 그는, 북부 사람들은 부지런하고 인내심이 많은데 비해서 남부 사람들은 게으르고 변덕스럽다는 북부 사람들의 자만을 전해 듣고, 그런 지나친 자신은 옳지 않다고 경고했다. 북부 사람들과 남부 사람들은 모두 한 줄기에서 나온 사람들로, "기본적으로 성격이나 실력에서 맞먹는 사람들"이며, "남군 한 명이 북군 한 명을 당해 낼 거고, 마찬가지로 북군 한 명이 남군 한 명을 당해 낼 수 있을 것"이라고 예견했다.

I

섬터 요새가 항복한 다음날인 4월 15일 링컨은, "정상적으로 법을 집행하기에는 너무 강력한 집단이기" 때문에 최남단 남부 7개 주에서 법을 집행하기가 불가능해졌으므로, "이 집단을 진압하고 법을 정상대로 집행하기 위해서" 연방 각 주에서는 7만 5,000명의 시민병을 동원하라는 선언문을 발표했다. 그와 동시에 그는 긴급국회를 7월 4일 소집하겠다고 선언했다.

링컨의 선언문은 전 국민이 열광적으로 지지했다. 윌리엄 M. 딕슨은 '신시내티는 전 시민이 전폭적으로 이 선언문을 지지합니다'라고 전문을 보내왔고, 두 뉴욕 상인은 "전무후무한 열광적 지지"라고 보고했다. 연방 큰 도시들에서는 거의 모두가 대규모의 시가행진을 벌였다. 이러한 군중대회의 대표적인 예로는 피츠버그에서 수천 명의 시민들이 모여 정당을 초월해서 나라에 끝까지 충성할 것이며, 조국을 수호하기 위해서 자기들의 생명과 재산, 명예를 걸겠다고 맹세했다.

공화 당원들뿐만이 아니라 민주 당원들도 모두 대통령을 지지하고 나섰다. 4월 14일 링컨은 비밀리에 더글러스를 2시간 만나서 자기가 다음날 공표할 선언문을 보여주었다. 더글러스 상원의원은 이제까지 링컨과 정치적으로 대립해 온 것을 접어두고 전국 신문에 성명서를 보냈다. '본인은 현정부의 모든 정책에 아직도 기본적으로 반대하지만, 대통령이 연방존속을 위하여, 정부를 유지하고 연방 수도를 방어하기 위하여 헌법에 규정된 모든 대통령 업무를 집행하는 것은 전적으로 도울 작정이다.' 그는 며칠 후 일리노이 주로 돌아와, "평화로의 첩경은 전 국민이 일치단결하여 최대 규모로 전쟁 준비를 하는 것"이라고 주장하면서, 대통령을 지지하라고 서부 민주 당원들을 설득하는 일에 헌신적으로 노력했다.

대통령 선언문에 대한 비판이 있었다면 그것은 시민병 동원 숫자가 너무 적다는 것이었다. 더글러스는 링컨에게 20만 명은 모아야 한다고 건의했고, 브라우닝은 30만 명은 필요할 것이라고 예측했다. 그러나 링컨이 7만 5,000명을 소집한 것은 스콧 장군의 제안을 그대로 따른 것이었다. 더구나 대통령은 연방과 남부 이탈 세력 사이에서 오락가락하는 남부 북쪽 주들이 마음에 걸렸다. 그들은 연방이 거대한 병력을 소집하면 남부를 침략할 것이라고 판단할 것이 분명했다. 이런 이유들보다도 제일 결정적인 이유는 수십만 병력을 당장 소집하면 연방에서는 그들을 무장시키고 먹이고 운송할 능력이 없다고 링컨은 판단했던 것이다.

링컨은 시민군 복무기간을 90일로 정했는데, 이유는 그가 이 전쟁이 곧 끝날 거라고 예상해서가 아니라 1795년 법에 의하면 시민군은 국회 소집 후 30일 이상 복무를 금지했기 때문이었다. 국회가 7월 4일 소집되니까 시민군은 8월 4일에는 해산시켜야 했다. 국회를 더 일찍 소집했으면 시민군은 더 빨리 해산시켜야 할 입장이었다.

북부 여러 주는 링컨의 선언문을 접하고 즉시 자기 주의 시민병 모집 할당량을 채우기 시작했다. 매사추세츠 주지사 존 A. 앤드류는 벌써부터 전쟁이 일어나리라 예상했던 차라 링컨에게 곧 응답했다. '선언문 받았음. 어떤 길로 군대를 보내면 됩니까?' 딴 주지사들도 비슷한 응답을 보내왔고, 북쪽 끝에 있는 메인 주지사 이스라엘 워시번은 '메인 주 주민들은 당을 초월해서 정부의 존속 유지에 적극 협조할 것입니다'라고 전해왔다. 서부에서는 인디애나 주지사 O. P. 몰턴이 '조국의 수호와 정부의 권위를 지키기 위하여' 10만 명을 보내겠다고 전해왔다.

이들은 배당된 할당량을 채우는데 아무 문제가 없었다. 젊은 청년들은 수천 명씩 몰려서 자원했고, 뉴햄프셔 주 내슈아의 레니위크 딕커슨 같은 사람은 대통령에게, '저에게는 결혼한 17년 동안 자식이라고는 아들 하나밖에 없습니다—아들은 장성해서 연방의 존속을 위하여 시민군에 이미 자원했습니다—산악지대 뉴햄프셔 주에는 건장하고 용맹한 청년들밖에 없습니다'라고 편지를 보냈다. 자원군들 모두가 "전장에서 우리와 싸우게 될 반란군들이 가엾다"라고 장담했으며, 나이 어린 한 자원병은 자기 어머니에게, "자신의 애국충정은 하늘을 찌른다"며, "우리에게는 두 가지 길밖에 없습니다. 두 길이 모두 영광스러운 길인데, 하나는 자유의 제전에 죽음으로 순절하는 것이고, 또 하나는 정의의 투쟁에서 승리하여 영광의 기쁨을 누리며 살아남는 것"이라고 말했다.

그러나 아직 연방에 남아 있던 남부 북쪽의 주들은 전혀 다른 반응을 보였다. 노스캐롤라이나 주지사 존 엘리스는 링컨에게, "우리는 이 나라의 법을 마음대로 어기는 처사에 동조할 수 없고 자유인의 권리를 침해하는 전쟁에 동참할 수 없다. 노스캐롤라이나 주에서는 군대를 보낼 수 없다"라고 통고했고, 버지니아, 테네시, 아칸소 주에서도 비슷한 통고를 해 온 후, 이 4개 주들은 그 즉시 연방에서 이탈해 버렸다. 그들은 곧 연맹에 가입했고 연맹국은 수도를 버지니아 주 리치먼드로 옮겼다.

접경주들에서도 링컨의 선언에 처음에는 반응이 좋지 않았다. 켄터키 주지사 베라이아 매고핀은, "켄터키는 자매 주들을 진압하기 위한 전쟁에는 군대를 보낼 수 없다"라고 통고했고, 미주리 주의 클래본 잭슨 주지사도 자원병 소집 명령은 "불법이고, 위헌적이며, 그 목적이 혁명적이고, 비인간적이고 잔악한 처사"라고 비난했다. 노예제도가 큰 문제는 아니었던 델라웨어 주에서는 주지사가 링컨의 자원군 소집을 거절했으나 자원대가 나라의 헌법을 수호하고 법을 유지하고자 출병하는 것은 막지 않기로 결정했다.

이들 중 제일 중요한 주가 메릴랜드였다. 메릴랜드 주는 지리적으로 수도를 감싸고 있는 주였고, 컬럼비아 행정구로 연결되는 모든 철도선을 장악하고 있었다. 토마스 힉스 주지사와 볼티모어 시장 조지 W. 브라운은 4월 18일 링컨에게, "이곳 시민들의 감정은 폭발 직전이다"라면서, "이곳으로 군대를 보내면 절대 안 된다"라고 통고했다. 그 다음날 매사추세츠 6연대가 수도로 내려오는 길에 볼티모어를 경유했을 때, 이탈 세력 폭도들이 군인들을 공격하여 자원군 4명과 민간인 몇이 사망하는 불상사가 났다. 메릴랜드 주지사 힉스는 연방주의자였으나 이탈 세력의 강압에 흔들리는 사람이었으므로 링컨은 회유정책을 써서 힉스에게 이후로는 자원군들이 볼티모어를 가로지르지 않고, 시 경계 밖으로 돌아서 진군하도록 조처하겠다고 약속했다.

그러나 그는 이런 식의 회유로 일이 풀리지는 않을 것으로 생각해서 힉스에게 반농담 조로, "이번에 우리가 이렇게 양보를 하면 당신은 내일 군대가 돌아서 가는 것도 반대할 것이 아니오?"라고 물었다. 링컨이 우려했던 대로 힉스는 링컨에게 어떤 군대도 메릴랜드 주 안으로 들어와서는 안 된다며, 영국 대사 라이언스 경에게 중재를 부탁하자고 제의했다. 이것은 링컨에게 너무 한 것이었다. 4월 22일 볼티모어 대표단이 백악관으로 와서 연방군은 메릴랜드로 들어올 수 없으며 무슨 조건을 대더라도 연맹과 평화를 맺으라고 강요하자 링컨은 더 이상 참을 수가 없었다. "당신들은 나더러 내가 한 약속을 저버리고 싸움 한 번 하지 않고 정부를 넘겨주란 말이요? 워싱턴 대통령도 그렇게는 안 했을 거고 잭슨 대통령도 그렇게 안 했을 거요! 남자라면, 명예를 중시하는 사람이라면 그렇게는 안 할 거요!" 그는 대표단에게 수도를 방어하기 위해서 군대가 필요하고 군대가 수도에 들어오려면 메릴랜드를 통과해야만 한다고 말했다. "우리 군대가 두더지도 아닌데 땅굴을 파고 오란 말이요, 아니면 새가 되어서 다들 날라 들어오란 말이요?" 링컨은 대표단에게 "자, 다들 댁으로 돌아가시오. 돌아가서 주민들에게 우리 군인들을 공격하지 않는다면 우리도 공격하는 일을 없을 거라고 전하시오. 만일에 우리 군대가 또 공격을 당하면 그때는 사정없이 반격을 할거라고 전하시오"라고 단언했다.

그러나 이러한 협박은 사실 알맹이가 없었다. 링컨은 볼티모어를 공격할 군대는커녕 수도 워싱턴을 방어할 병력조차 없었다. 섬터 요새가 포격을 당한 후 수도는 거의 텅 빈 상태가 되었다. 육·해군 고급 장교를 포함해서 모든 친연맹 관리들이 수도에서 떠나버린 것이었다. 이중에서 제일 대표적 예가 로버트 E. 리였다. 그는 연방군 지휘권을 마다하고 자기는 자신의 고향 버지니아 주 사람이라고 수도를 떠나버렸다. 겉으로나마 수도를 방어한다고 보이기 위해 캐시어스 M. 클레이는 권총 세 자루를 차고 "아칸소 이쑤시개(날카로운 대검)"란 별명의 칼을 차고 클레이 방어군을 조직했다. 캔자스 주 상원의원 당선자 제임스 H. 레인도, 캔자스에서 수도로 구직 때문에 상경한 사람들을 모아 개척자 방위군이란 조직을 만들어 백악관 동실에 거주했다.

워싱턴은 거의 1주일간 포위를 당한 상태로 지내야 했다. 메릴랜드 폭도들은 볼티모어와 북부를 연결하는 철교를 끊어버렸고 전신도 단절시켜 버렸다. 버지니아 주 쪽에서 연맹군이 수도를 공략할 것이란 소문이 매일 나돌았고 수도에 살고 있는 수천 명의 이탈주의자들이 안에서 내응할 것이라고들 했다. 링컨은 백악관 안에서 서성거리다 자원군이 도착했나 포토맥 강을 내려다보면서 답답한 나머지, "왜 안 오는가? 왜 안 오는가?"라고 탄식했다. 날마다 뉴욕 7연대가 도착한다, 로드아일랜드 연대가 도착한다, 소문만 돌았지 자원군은 보이지 않았다. 대통령은 부상당한 매사추세츠 6연대 군인들과 얘기를 나눴을 때 너무나 속이 상했는지, "나는 북군이 정말 있는지 믿을 수가 없네. 7연대란 것은 신화에나 있는 얘기고 로드아일랜드도 지도에서 없어진 것 같네. 자네들만이 눈에 보이는 확실한 북군인 것 같네"라고 말했다.

4월 25일 뉴욕 7연대가 도착하면서 사정이 달라졌다. 벤저민 F. 버틀러 장군이 재주도 좋게 볼티모어를 피해서 군인들을 페리에 싣고 체서피크 만을 타고 아나폴리스까지 와, 그곳에서 기차를 태워 수도로 운송한 것이었다. 이후 며칠간 군사들은 수천 명씩 속속 수도로 입성했다. 이때 4월 26일경 메릴랜드 주의회가 프레드릭에서 만나서 연방 이탈을 결의할 수도 있었다. 스콧 장군은 이탈주 정치가들을 모조리 체포할 준비가 되어 있었으나, 대통령은 아직은 기다리며 주의회 진행을 지켜보다가 필요하다면, "메릴랜드 도시들을 포격하고 헤비어스코퍼스(habeas corpus, 인신의 자유 확보를 위한 제도—옮긴이)를 폐기할 것"이라고 지시했다. 이런 극단적 조처는 불필요하게 되었지만, 메릴랜드 주가 딴 생각을 못하도록 버틀러 장군은 5월 13일 볼티모어를 내려다 볼 수 있는 페드럴 힐에 진을 쳤다.

한편 링컨은 4월 27일 워싱턴과 필라델피아를 연결하는 지역에서 헤비어스코퍼스 법을 유보(일시정지)시킨다고 공표했다. 이제 군사 책임자들은 연맹을 지원한다고 의심이 가는 자들이나 정부를 전복시키려 했다고 의심되는 자들은 영장 없이 체포할 수 있게 되었다. 용의자들을 기소나 재판 없이 무기한 구금할 수 있게 되었고, 판사가 헤비어스코퍼스 영장을 발부해 용의자의 신병 인도를 요구해도 체포 담당관은 용의자를 판사에게 인도할 의무가 없게 되었다. 대통령의 조치는 한정적이어서 당시에는 사람들이 이 일을 무심하게 넘겼으나, 메릴랜드 주 콕키스빌에서 반란군 훈련을 맡았던 존 메리맨이란 자가 체포된 후 일은 벌어졌다. 메리맨은 볼티모어 만에 있는 맥헨리 요새에 갇혔는데, 그는 대법관 터니에게서 헤비어스코퍼스 영장을 발부받았다. 터니는 메리맨을 정식 재판에 넘기든지 아니면 석방하라고 지시했다. 링컨 명령으로 메리맨을 체포했던 장교가 영장 수령을 거부하자 터니는 급기야 행정부 최고 수반이 법을 따르지 않는다고 판정할 수밖에 없었다. 터니는 링컨에게 "법이 공정하게 집행되도록 노력하겠다"란 취임 서약을 상기시켰고, 이런 불법행위를 계속하면 "국민은 법에 의한 정부 밑에서 사는 것이 아니다"라고 주장했다. 링컨은 이때 대통령 전시(戰時) 특권법에 대해서 잘 알지 못했기 때문에 대법관 터니의 판정을 무시해 버리고 말았다.

켄터키 주 사정도 메릴랜드 주 못지않게 급했다. 켄터키는 링컨이 태어난 주였고, 요충지인 오하이오 강 남안에 있었기 때문에 연맹에 빼앗길 수가 없는 주였다. 혈연이나 상업관계, 노예제도를 보면 켄터키는 남부 쪽에 가까웠으나, 헨리 클레이나 존 J. 크리텐든 같은 인맥의 전통을 보면 켄터키는 연방에 속한다고 할 수 있었다. 링컨이 자원병을 소집한다고 공표하자 켄터키의 친남부 세력이 열화같이 들고 일어났다. 다행히 링컨은 조슈아 스피드나 루이빌에서 이름난 변호사인 처남 제임스 같은 지지자들이 있어서 그는 이들의 조언에 의지했다. 켄터키 주가 중립을 선언하고, "현 정권도 지지할 수 없고 연방 이탈주의자들도 지지할 수 없으니까 우리는 연방을 수호하는 의미에서 양쪽을 다 반대한다"라고 선언했을 때, 대통령은 현명하게 정면 대결을 피했다. 그는 전 켄터키 연방 하원의원 개리트 데이비스에게 "연방정부는 어느 주에라도 필요하면 언제든지 합중국 군대를 투입할 수 있는 권리가 있으나, 켄터키 주민들이 합중국에 무력을 안 쓰면 합중국도 켄터키에 무력을 사용하지는 않겠다"라고 전했다.

겉으로는 중립을 지키는 척했지만, 연방과 연맹은 뒤로는 이 주에 있는 자기들 세력을 강화하기에 급급했다. 링컨은 섬터 요새로 영웅이 되었고 본래 켄터키 출신인 로버트 앤더슨을 켄터키 군사령관으로 임명해서 오하이오 강에서 100마일 안에 있는 모든 지역을 관할하도록 했다. 그는 또한 켄터키 출신 윌리엄 넬슨을 시켜서 켄터키 주 연방주의자들에게 비밀리에 총 5,000정을 배급하도록 했다. 그러나 그는 켄터키에서 이탈 세력보다는 연방주의가 점점 더 득세를 한다고 판단해서 이곳에서의 무력 투쟁은 피했다.

그러나 미주리 주는 그렇게 만만하지가 않았다. 미주리 주는 북서부로 연결되는 강들이 위치한 오하이오 주, 미시시피 주, 미주리 주들의 교통을 관제하는 요충지여서 전략적으로 매주 중요한 곳이었다. 링컨은 미주리 주의 정치에 밝지가 않아서 블레어가에 의존하는 수밖에 없었는데, 블레어가는 프랭크 블레어를 정치적으로 성공시키는 것이 제일 큰 목적이었다. 미주리 동부의 친남부 세력은 세인트루이스 교외 잭슨(친이탈 세력 주지사 이름) 캠프에서 군중대회를 소집했고, 친연방 세력은 성질이 사나운 너새니엘 라이언의 지휘로 시내에서 궐기했다. 라이언이 잭슨 캠프에 모인 친이탈 세력을 항복시키자 시내에서 패싸움이 일어나 27명이나 죽는 참사가 일어났다. 잭슨 주지사는 군대를 모아서 전 주지사 스털링 프라이스에게 지휘를 맡겼다. 서부 지역 사령관 윌리엄 A. 하니는 프라이스와 협상을 해서 켄터키와 비슷한 휴전 협정을 맺었다. 그러나 라이언은 블레어가의 지원을 얻어, 하니와 워싱턴의 연계를 방해해 링컨은 휴전상태를 유지하는 데 실패하고 말았다. 그 결과 이 지역에서는 살육전이 계속되었다.

링컨은 버지니아를 연방 쪽에 계속 남아 있게 하는 일에는 별로 관계를 하지 않았다. 버지니아 주 대의원회에서 연방 이탈을 결의하자 본래 친연방 세력이 우세했던 버지니아 주 서쪽 카운티 대의원들은 몹시 분개해서 연방에서 이탈한 버지니아 주에서 이탈하기로 결의했다. 연방 세력은 휠링에서 대회를 열고 리치먼드 소재 버지니아 주 연맹 정군에 맞서 독자적 정권을 수립하고 프랜시스 H. 피어펀트를 주지사로 뽑았다. 이 대회에서 친연방 세력은 버지니아의 서부 지역이 단합해 새로운 주를 만들기로 했다. 연방 헌법은 어떤 주든지 주를 나누려면 주의 허락이 필요하다고 규정하고 있어서, 이들은 피어펀트 정권을 꼭두각시 정권으로 세운 후 그 정권이 주 분열을 동의하는 형식을 취했다. 피어펀트는 이 꼭두각시 노릇을 맡아했다. 형식상으로는 주 전체를 대표한다면서 피어펀트는 버지니아 주 서부의 분열을 결재하고는, 연방에 웨스트버지니아 주의 연방 가입을 신청했다. 피어펀트 정권은 휠링을 떠나서 연방군의 보호가 가능한 알렉산드리아로 자리를 옮겨 전쟁이 끝날 때까지 그곳에 머물렀다. 버지니아 주의 분열 과정은 엄청나게 복잡했고 법 밖의 일이었다. 당시 치안이 불안정한 상태로 도둑과 강도들이 들끓는 상황에서 피어펀트 정권이나 웨스트버지니아 주 신정권은 다수의 지지를 받지는 못했다. 당시 링컨은 일이 이렇게 되는 것을 어찌할 도리가 없었다. 그는 피어펀트 정권이 버지니아 주 전체의 합법적 정권이라고 인정했으나, 피어펀트 정권은 사실 연방군 작전권에 속한 몇 개 카운티밖에는 땅이 없었다. 링컨은 웨스트버지니아 주가 연방으로 가입한다는 것이 별로 미덥지가 않았다.

이렇게 간신히 접경주들을 잡아놓느라고 애를 쓰면서 링컨은 전쟁 준비에 박차를 가했다. 5월 3일 그는 추가 자원군을 소집한다고 공표하면서, 이번에는 3년 만기로 기한을 늘렸다. 그는 국회 동의도 기다리지 않고 합중국 육군에 보병 8개 연대, 기병 1개 연대, 포병 1개 연대를 증강했고 해군에는 1만 8,000명의 수병을 모집했다. 그전 4월 19일에 그는 연맹 7개 주 해안 봉쇄를 명령했고, 나중에 노스캐롤라이나와 버지니아가 연방에서 이탈하자 그 주들 해안도 봉쇄해 버렸다. 이틀 후 그는 내각 전원의 동의를 받고서 캘리포니아에서 연방 재정에 제일 긴요한 금을 운송해 오는 배들을 보호하기 위하여 연안 경비정 1척을 급파했다. 그와 동시에 이번에도 국회 동의 없이 그는 보스턴, 뉴욕, 필라델피아 해군 기지창장들에게 증기선 5척을 구매하여 워싱턴과 해상교통을 유지하도록 지시했다. 교통이 두절되는 경우를 대비해서 그는 뉴욕 주지사 E. D. 몰간과 캐머론이 추천한 그의 수하 알렉산더 커밍스에게 정부를 대신해서 군대와 물자를 수송하라고 위탁했다. 그는 또한 재무성에게 존 A. 딕스가 위원장으로 있는 뉴욕위원회에 담보 없이 200만 달러를 보내서, "정부를 보호하고 유지하는데 필요한 군사 조처나 해군이 필요한 군수품을 사는데" 쓰라고 지시했다.

섬터 요새가 포격을 받은 후 대통령은 시간에 쫓겼고 일의 양이 엄청나게 많았으나, 그는 이제 무엇을 어떻게 해야 하는지 모든 것이 분명해져서 매일 과로해도 지칠 줄을 몰랐다. 작가 베이아드 테일러란 사람이 워싱턴을 방문했을 때 소문과는 달리 링컨이 지치거나 아파 보이지 않고 그 반대로, "활기에 넘치고 생생해 보였고……무척 침착하고 안정된 것" 같다고 기뻐했다. 수어드까지도 감탄해서 그는 6월 자기 부인에게 쓴 편지에서 '국가 행정을 잘 이끌어 나가는 기술이나 정력을 가진 사람은 많지가 않소. 대통령은 우리들 중에서 제일 뛰어난 분이요. 그러나 옆에서 항상 열심히 도와주어야 할 분이요'라고 말했다.

II

링컨은 1861년 7월 4일 임시 국회에 메시지를 보내서 자기가 섬터 위기를 어떻게 처리했는지 전부 설명했고, 전쟁은 남부 사람들이 시작했다고 주장하면서, 섬터 이후 연방을 수호하기 위하여 자기가 취한 조처를 변호했다. 역사적으로도 중요한 이 문서는 지금 읽어보면 링컨이 앞날을 정확하게 예측했다는 사실에 큰 의미가 있다. 이 메시지와 링컨의 4월 15일 선언문을 한 맥으로 읽어보면 링컨이 이 전쟁을 어떻게 보았나, 또 전쟁을 어떻게 수행하려 했나를 분명히 알 수 있다.

그는 당시 확신을 갖고 이 전쟁은 미합중국과 미연맹국이란 두 국가 간의 전쟁은 아니라고 주장했다. 그는 그렇게 국가 간의 전쟁이라고 정의하면 연방의 영구성을 부정하고 연방 이탈을 합헌적으로 인정하는 것이라고 주장했다. 링컨은 이런 식의 해석은 절대로 용납할 수 없다고 말했다. 이후 4년간 링컨은 남부 주들에 사는 사람들의 "반란"으로, "이 집단을 정상적 법 집행으로 진압하기에는 너무 강력하기 때문에" 전쟁을 하는 것이란 법률적 허구 해석을 고집했다. 그는 이 전쟁을 간혹 내전이라고 부르기도 했지만 보통 "반란"이라는 이름을 썼다—그의 메시지나 편지에서 '반란'이란 이름을 400번 이상 반복했다. 그는 남부 주가 연방에서 이탈했다는 것을 한 번도 인정하지 않았고, 미연맹국이란 존재를 인정한 적이 없었다. 그래서 할 수 없이 미연맹국의 이름을 불러야만 할 상황에는 항상 "사람들이 그렇게 부르는 미연맹국"이라고 단서를 달았다.

이후 수년간 링컨은 자기가 정의한 남북전쟁의 해석을 이렇게 순수하게만 유지할 수는 없었다. 그가 자기 정의대로 국가 간의 전쟁이 아니라고 계속 주장했더라면 연맹군 포로들을 범죄자들로 취급해야 했고, 남부 해군을 해적으로 취급했어야 했다. 제퍼슨 데이비스는 연방이 이런 식으로 나오면 자기들 쪽에서도 같은 식으로 포로를 취급하겠다고 협박했다. 링컨 정부는 내놓고 공식 선언을 한 적은 없지만 이에 관한 정부의 입장을 수정했다. 연방정부는 연맹군의 육·해군 포로들을 전쟁 포로로 취급해 감옥에 가두지 않고 전쟁 포로수용소에 가둬두었다. 당시 연방이나 연맹 포로수용소는 과밀하고 비참하기 짝이 없었으나 그래도 형사범들을 가둔 일반 감옥보다는 형편이 나았다.

그리고 나라 안 반란분자들이 정부에 반기를 든 정도라는 링컨의 해석은 그가 남부 해안을 봉쇄한 것만 보아도 앞뒤가 맞지 않았다. 웰스 장관, 찰스 섬너 상원의원이 따진 것처럼 국제법으로는 남부의 항구들을 폐쇄했어야 했다. 해안 봉쇄란 교전 중인 두 국가에서나 있을 수 있는 일로써, 링컨이 남부 해안을 봉쇄했다는 것은 남부 연맹을 은연중 교전 국가로 인정했다는 것이었다. 그러나 링컨은 남부 항구를 봉쇄하면 외국 선박들이 계속 항의해 올 거고, 그러다가는 유럽 열강과의 전쟁이 불가피할 것이라고 판단해서 해안 봉쇄를 택한 것이었다. 펜실베이니아 공화당 지도자 새듀스 스티븐스는 이 해안 봉쇄를 "큰 실수며 주책"이라고 조소했는데 왜냐하면 법적으로 보면, "우리 나라를 우리가 스스로 봉쇄한" 꼴이었기 때문이었다. 스티븐스가 화를 내면서 대통령에게 이 점을 따졌을 때, 링컨은 최고로 순진한 척하면서, "난 국제법에 관해서는 아무 것도 몰랐고 그냥 그래도 괜찮을 줄 알았습니다"라고 대답했다.

그러나 스티븐스는 "링컨 씨, 당신은 법률가잖소? 그런 모순은 금방 알아보셨을 텐데요"라고 따졌다.

대통령은 "난 그저 서부 법정에서만 일한 시골 변호사요. 그쪽에서는 국제법 같은 것을 따져본 적이 없습니다. 수어드 씨가 다 아시는 줄로 생각해서 이 일은 수어드 씨에게 일임했지요"라고 피하면서, "아무튼 일이 그렇게 됐으니 어쩔 거요? 그냥 내버려두는 수밖에 없잖소?"라고 말해서 스티븐스의 화를 돋웠다.

이 일 외에도 링컨은 모든 면에서 자기가 정의한 전쟁 해석을 철저하게 고집했고, 그의 이런 결정은 큰 영향을 끼쳤다. 그에게는 연맹국이란 존재하지 않았기 때문에 연맹을 인정한다든지 평화협상이란 있을 수가 없었다. 그는 반란은 일부 불순분자들의 짓이고 조직적 반란 정권이란 있을 수 없다는 주장으로, 전쟁이 계속되는데도 남부 주들은 연방에 속하니까 헌법에 보장된 모든 보호 조치를 받을 권한이 있다고 풀이했다. 헌법에서는 사유 재산을 보호해 준다고 했으니까 노예도 여기에 포함되어 있었다. 반란에 가담했다고 벌을 준다면 반란에 가담한 개인을 벌 주지 그들이 살고 있는 주를 벌 줄 필요는 없다며 연방이 반란을 진압하면 남부의 주들은 전과 마찬가지로 계속 미합중국의 여러 주들과 동등하다고 그는 주장했다.

링컨은 다른 선언문에서도 그랬지만, 1861년 7월 국회에 보낸 메시지에서도 자기는 전쟁을 수행하는 것을 주로 행정부에 속한 기능으로 생각한다면서 전쟁 수행 시 입법부나 사법부는 되도록 간섭을 하지 말아야 하며 헌법에 보장된 시민 기본권도 너무 따지면 안 된다는 것을 분명히 밝혔다. 그는 국군 총수로서 전쟁을 수행하기 위해서는 평상시 집행권이 입법부에 속한 사항이라도 국군 총수인 자기가 대신 할 수가 있다고 믿었다. 해안 봉쇄를 선포한다든지, 자원군 복무 연한을 3년으로 연장한다든지, 정규 육군·해군을 증강한다든지, 무기와 군수물자를 사기 위해서 공금을 개인에게 위탁한다든지 하는 것은 모두가 국회의 사전 동의가 필요한 일들이었으나, 나라가 위급한 지경이면 대통령은 국회의 사전 동의 없이 이러한 일련의 조치를 취해야만 했다. 그는, "대단히 유감스러운 일이었지만 정부를 수호하기 위해서 행정부는 전시 비상권을 발동, 임무를 수행할 수밖에 없었다"라고 설명했다. 그는 7월 국회로 보낸 메시지에서, "이런 조치들이 합법인가 불법인가를 떠나서 당시 위기 상황에서 국민이 모두 원하는 것 같았고 국민을 위한 조치였으므로 국회가 사후 인준할 것이라고 믿었다"라고 설명했다. 그는, "헌법에서 국회에 속한다고 정의한 권한을 넘본 적은 없다"라고 주를 달았다.

헤비어스코퍼스를 유보시킨 조처는 입법부만이 아니라 사법부 권한까지 건드린 처사라 문제가 더 심각했다. 이 기본법을 유보시킬 수 있는 권한이 3부 중 어느 부처에 속한 건가는 전례도 없었고, 법에도 명기되어 있지 않았다. 이 기본법의 유보권 부분은 국회의 권한이라고 헌법 제1장에 기록되어 있었으나, 필라델피아 제헌국회가 이것을 국회의 권한이라고 생각해서 제1장에 포함시켰는지, 아니면 다른 부분 어디에 넣기가 마땅치 않아서 그랬는지 분명하지가 않아서 이후 국회에서나 법률 전문가들 사이에 이 문제는 계속 논란의 대상이 되었다.

이 영장 유보권은 오로지 국회만 행사할 수 있다고 믿었던 대법원장 터니는, 메리맨 판결 때 대통령에게 화를 냈다. 링컨은 대법원장을 무시하고 아무 대꾸도 안 했으나, 그후 국회에 보낸 메시지에서 그는 헌법에 이 유보권이 어디에 속하는지는 규정이 없다고 주장하면서 국회가 휴회 중이고 나라가 위급할 때는 행정부 수반이 이 권한을 행사할 수 있다고 말했다. 그는, "어떤 법도 어기지는 않았다고 믿는다"면서 터니가 주장한 대로, "시민의 자유만을 고집하다가는, 이 법 한 가지 이외의 모든 법은 집행이 안 되고 이 법을 준수하기 위해서 정부가 산산조각이 날 지경이었다"라고 설명했다.

다음 몇 해 동안 개인의 자유 침해는 미국 역사상 그 어느 때보다도 심각했다. 이탈 분자들이 들끓는 적성(敵性) 지구에서는 헤비어스코퍼스 기본권은 수시로 무시되었고, 링컨은 1862년 9월 24일과 1863년 9월 15일에 전국적으로 헤비어스코퍼스 기본권을 유보시켰다. 처음에는 국무장관이 정부를 대표하여 시민을 임의로 체포 구금했는데, 가장 믿을 만한 통계에 의하면 전쟁이 시작된 후 9개월 동안 864명이 재판을 거치지 않고 감옥에 갇혔다. 1862년 2월 집행권이 국방장관으로 넘어간 후에는 투옥된 사람이 훨씬 더 많아졌다. 이렇게 감옥에 갇힌 사람들은 거의가 다 스파이거나 밀수꾼, 봉쇄 해안 돌파범, 위법 물자 수송인, 외국인들이었고 사상이 불온하다고 투옥된 사람은 몇밖에 안 되었다. 그러나 링컨이 처음 국회로 보낸 메시지를 보면 시민의 자유권이 지상(至上)은 아니라고 링컨 정권이 작정했던 것은 분명하다.

  1861년 7월 링컨의 메시지를 보면 나라가 위태로울 때 헌법에 보장된 기본권은 잠시 유보시켜도 괜찮다는 주장이었다. 링컨이 당면한 문제는 합중국의 존폐 그 이상의 문제였다. 그는 후일 게티즈버그에서도 비슷한 말을 했지만 이 메시지에서도, "우리가 당면한 문제는 우리만이 아니라 전 인류에 상관되는 문제입니다. 합헌적으로 수립된 공화국이나 민주주의—국민에 의한 국민의 정부—가 나라 안 적으로부터 국토를 지킬 수 있나 아니면 지킬 수 없나 하는 시험이 우리가 당면한 문제입니다"라고 말했다. 더 나아가서는 이것은 인간의 기본권을 지키기 위한 투쟁이었다. 그는 국회에게, "이것은 민중의 투쟁입니다. 우리 연방 쪽에서 보자면 이 세상에 우리가 바르다고 생각하는 나라, 정부의 근본을 유지하자는 것입니다. 이 정부의 최상 목표는 인간의 조건—모든 사람들에게서 인위적인 짐을 덜어주는—을 향상시키자는 것입니다. 모든 사람들에게 열심히 살 수 있는 길을 열어주고, 모든 사람들에게 삶의 굴레를 벗겨내어 균등한 기회를 만들어 주자는 것입니다"라고 갈파했다.

III

7월 5일 국회에서 링컨의 메시지는 국회 서기가 감정도 없이 단조롭게 읽어 내려갔다. 국회는 당시 링컨 당원이 다수였다. 남부의 상원의원과 하원의원들이 연방국회에서 모두 탈퇴한 후 공화당이 양원 모두에서 다수를 차지하고 있었다―상원의원 48명 중 32명이 공화당 소속이었고, 하원의원 176명 중 106명이 공화 당원이었다. 노예제도가 합법이었던 접경주 의원들도 스스로를 연방주의자로 자처했고, 그들은 이 회기에서 공화당 다수를 따라주었다. 국회의원 4명 중 1명이 민주당 소속이었지만, 남부 이탈로 세력이 약해진 상태였고, 살아 있었으면 링컨과 열심히 싸웠을 민주당 지도자 스티븐 A. 더글러스는 6월 3일 병사했다.

대통령 메시지는 당을 초월해서 모두 지지했다. 아무도 당이 다르다고 링컨에 반대하지 않았고, 링컨이 국회에게 4억 달러 군비와 40만 명 군대를 요청하자 참석했던 의원 전원이 '떠나갈 듯한 박수'로 링컨의 요청에 찬성했다. 국회 전체가 갑자기 예산위원회로 바뀌어 대통령이 요구했던 숫자를 뛰어넘어, 그 즉시 군비 5억 달러와 군대 50만을 배정하기로 결의했다.

지방에서도 대통령의 메시지는 환영과 열광적 지지를 받았다. 대부분 사람들이 대통령이 섬터 요새까지 일어난 사건들을 솔직하게 말해줬다고 칭찬했고, 몇몇 신문사 편집인들은 링컨이 노예제도나 노예제도 확산에 관해서 언급을 피하고 지금 나라가 직면한 문제 핵심은 연방이냐 아니면 분열이냐로 단정한 것도 잘한 일이라고 찬성했다. 그릴리가 발행하는 공화당 계열지 「뉴욕 트리뷴」은 대통령의 메시지가, '지나간 얘기나 빙빙 돌리는 얘기'가 아니고, '수백만 애국 시민의 가슴에 직접 닿는 말'이었다고 평했다. 시국이 그래서인지 민주당 계 「뉴욕 월드」도, '대통령의 메시지는 매우 남자답고 훌륭'했으며, 앤드류 잭슨 이래 어떤 대통령 메시지보다도 '독창적이고 활기에 찬 메시지였다'라고 평했다.

국회는 즉시 대통령이 이제까지 집행해 온 헌법에 위배될지도 모르는 모든 조처를 사후 인준했다. 단지 헤비어스코퍼스의 유보는 공화당과 민주당의 여러 의원들이 불만이라고 이견을 제출했다. 오하이오 주 상원의원 존 셔만이 모든 국회의원을 대신해서 적절하게 말했다. "본인은 대통령이 한 일에 찬성합니다. ……본인도 그 자리에 있었으면 모든 일을 똑같이—더도 않고 덜도 않고—했으리라 생각합니다. 그러나 헌법을 두고 서약한 연방 상원의원으로서 이 자리에 서서 대통령이 한 일이 전적으로 합법적이었다거나 헌법 규정에 모두 부합했다고 말할 수는 없습니다."

이러한 잡음은 별로 사람들 귀에 들어오지 않았다. 국회가 토론 중에도 연방군은 진격 준비를 하고 있었다. 링컨이 자원군을 소집한 후 군대가 왜 진격을 안 하냐고 시끄러웠으나, 아무도 어떤 작전으로 공격을 해야 하는지 확실한 안이 없었다. 링컨은 군사 일을 몰랐고 아는 척도 하지 않았으나, 처음에는 섬터 요새와 연방에서 잃어버린 남해안 기지들을 탈환하는 데 군대를 써야 한다고 생각했다. 그러나 남해안을 가기 위해서는 수륙 작전이 필요했고, 1861년 당시 연방군으로서는 불가능한 일이었다. 나라에서 제일 군사 일에 밝다고 자타가 인정했던 스콧 장군은 '아나콘다 작전'을 건의했다. 8만 5,000 군사를 보내 일리노이 주에서 시작해서 미시시피 강을 타고 내려가 연맹을 양쪽으로 분단시키자는 계획이었다. 이 작전계획은 어떤 면에서 보면 괜찮은 점도 있었으나 결정적 결함이 있었다. 스콧 자신도 결함을 인정했던, 버지니아에 주둔한 연맹군 10만 명이 연방군이 서부에서 이 작전계획을 수행하는 동안에 꼼짝 않고 그 자리에 있어 준다는 전제에 한해서였다. 몽고메리 블레어는, "제프 데이비스가 약탈꾼들을 사방에 보냈기 때문에" 화가 잔뜩 난 남부 연방주의자들에게 무기를 제공해 준다면, "약간의 연방군으로도" 반란을 진압할 수 있을 거라고 생각했다. 서 버지니아 주에서 약간의 무공을 세운 조지 B. 매클렐컨은 군사 8만 명을 서부로부터 애팔래치안 산맥과 그레이트 커내화 계곡을 건너게 해 리치먼드를 공략하자고 건의했다. 매클렐런의 제안은 지형을 감안하지 않은 작전으로 그는 앞으로도 계속 이런 식의 전략을 쓰게 된다.

분명한 전략이 확정되지도 않은 상태에서 여론은 진격을 요구했고, 전쟁이 시작된 후 처음 몇 달간 연방군이 소규모 접전에서 패하자 여론은 전면적 진군을 강요하게 되었다. 소규모 사건 중 하나는 5월 24일 일어났다. 버지니아 주가 연방에서 이탈하겠다고 결의한 다음날인 5월 24일, 링컨은 연방군 일군을 보내 포토맥 강을 건너서 알렉산드리아 시를 점령하게 했다. 주아브 군을 포함해서 엘머 엘즈워스가 뉴욕에서 소집한 이 군대는 기습작전으로 강을 건너 버지니아 수비대를 격퇴했다. 승리감에 도취한 엘즈워스는 마샬 하우스 꼭대기에 달린 연맹기를—대통령도 백악관에서 스파이 망원경으로 이 기를 볼 수 있었다—보고 층계를 뛰어올라가 기를 끌어내렸다. 그가 기를 접어들고 층계를 내려오는데, 호텔 주인이 엘즈워스를 쏘아 죽였다. 이 젊은 장교를 친자식처럼 사랑했던 링컨은 엘즈워스의 전사를 지극히 애통해 했다. 그는 엘즈워스의 장례식을 백악관에서 치러주었고 엘즈워스의 부모에게 애도의 조문을 보냈다. '나라의 장래를 위해서도 너무나 필요했고, 모든 친구들에게 그렇게도 희망을 주었던 젊은이가 이렇게 갑자기 꺾어지다니 믿을 수가 없습니다.'

이 비극으로 인해서—사실 몇 천 명이 죽어가는 후일에는 이런 일은 비극이라고도 말할 수도 없게 됐지만—정치인들과 신문에서는 군대가 움직여야 한다고 떠들어댔다. 링컨은 이제까지는 좀 두고 보자는 생각이었으나 이 일이 일어나자 워싱턴에게 항상 위험한 곳이었던 버지니아 주 매나서스로 진격 명령을 내렸다.

스콧 장군은 직접 전투를 지휘하기에는 너무 늙고 병약해서 링컨은 멕시코 전쟁에서 수훈을 세운 42세의 웨스트포인트 사관학교 출신인 어빈 맥도웰 장군을 전투 사령관으로 임명했다. 링컨은 6월 29일 내각과 장군들을 백악관으로 불러 맥도웰 장군의 작전계획에 관해서 논의했다. 맥도웰의 계획은 간단하고 직선적이었다. 그는 매나서스에 있는 연맹군 사령관 P. G. T. 보러가드 병력은 약 3만 5,000이라고 믿었고, 반군이 더 증강되기 전에 공격을 하자고 제안했다. 스콧은 "부분적 소규모 전투"보다는 "대군의 결전"이 낫다고 주장했으나 대통령과 내각은 그의 제안을 무시하고 맥도웰에게 7월 9일 진군을 시작하라고 명령했다.

그러나 맥도웰이 진군을 시작한 것은 일주일이 지난 뒤였고, 그동안 연맹군은 세년도어 계곡에 있던 존 E. 존스턴 장군의 병력을 보러가드 군으로 합칠 수 있는 시간을 벌게 되었는데, 이것이 연방군에게는 치명적인 실수였다. 맥도웰 군은 천천히 진군해서 매나서스에서 연맹군과 부닥쳤다. (매나서스란 지명은 남쪽 사람들 지명이고, 양키들은 이 교차로를 끼고 도는 불 런이란 시냇물 이름을 따서 첫 접전지를 불 런이라고 불렀다.) 워싱턴 사람들은 맥도웰의 작전계획을 거의가 다 알고 있어서, 진군하던 날에는 합중국 상원의원 6명, 하원의원 10명, 신문기자들, 마차에 점심 도시락을 싣고 소풍 가는 기분으로 따라나선 부인네들이 함께 나섰다.

맥도웰이 성공할 거라는 스콧 장군의 말만 믿고서, 링컨은 7월 21일 조용히 교회에 들린 후 점심 때쯤 해서 스콧 사무실에 갔더니, 전군의 원수는 오수(午睡)를 즐기고 있었다. 대통령이 장군을 깨워서 전황을 물어보니, 이제까지 상황은 별로 보고할 것이 없다며 맥도웰의 승전을 예고한 후 장군은 다시 잠이 들었다. 그러나 저녁 6시에 수어드가 백악관으로 달려와 아군이 전면 패퇴 중이라는 소식을 전했다. 대통령은 국방성에서 한 공병 대위가 보낸 전문을 읽었다. '아군은 금일 전투에서 패했음……워싱턴과 나머지 군대를 구해야 함……패퇴한 아군은 재편성이 불가하다고 봄…….' 대통령과 장관들은 스콧 사무실에 모여서 점점 더 급박해지는 전방 소식을 들었다. 대통령은 그날 밤 백악관 내각실에 있는 소파에 누워서 전투를 직접 눈으로 본 사람들로부터 참패한 소식을 들어야 했다. 그는 그날 밤 한숨도 잘 수가 없었다.

다음날 링컨은 피해 현황을 점검하기 시작했다. 그는 맥도웰 군이 사실 용감히 잘 싸웠다는 것을 알게 되었다. 전날 예기치 않던 셰넌도어의 존스턴 군이 연맹군에 합세하지 않았더라면 연방군은 이 전투에서 승리했을 수도 있었다. 연방 정규군은 이런 급박한 상황에서도 질서 있게 후퇴했다. 증인들이 비방했던 오합지졸의 패잔병은 대부분 노동자, 구경꾼들과 곧 임무 기한이 끝날 90일짜리 자원군들이었다. 맥도웰 군은 전투에서 패했으나 궤멸된 것은 아니어서 포토맥 강 남안 수비에 다시 배치되었다. 그날 밤 캐머론은 뉴욕 사람들에게, '수도는 안전함' 이라고 전보를 보냈다.

첫 전투에서 패하자 국민들은 즉시 대통령을 중심으로 규합했다. 국회에서는 존 J. 크리텐든이 제청한, "이 전쟁은 정복이나 점령이 목적은 아니다. ……그리고 기존 제도(노예제도를 뜻함)를 무너뜨리자고 하는 전쟁도 아니다. ……이 전쟁은 헌법을 수호하고 연방을 존속시키기 위해서 하는 전쟁이다"란 내용의 결의문을 만장일치로 채택했다. 이 결의문은 링컨이 기존 노예제도에 상관 않겠다는 취임 연설문 내용을 재확인한 것이었다.

그러나 이러한 규합은 겉으로만 그런 것이었다. 불 런 전투는 연방군의 참패였고, 그에 따른 손가락질과 정죄가 불가피했다. 맥도웰이 억울하게도 상당 부분 책임을 피할 수 없었다. 스콧 또한 준비도 안 된 전쟁을 시작했다고 비난 받았다. 노장군은 사람들의 비난에 반발심이 났는지 첫 전투에 진 이틀 후, 링컨이 있는 데서 일리노이 주 의원들 몇 명에게 변명 같은 사과를 했다. "본인은 아메리카에서 제일 비겁한 사람이 되었습니다. 그 증거로는 본인의 판단으로는 아직 준비가 안 됐던 이 전투를 어쨌든 시작했기 때문입니다. 그러니 여러분, 미합중국 대통령께서는 오늘 본인을 해임시켜야 옳습니다. 하느님이 굽어보시지만 저보다 높은 분들이 이 전쟁을 시작하자고 결정한 후 저는 군대를 전투할 수 있는 군대로 만들려고 최대한 노력했습니다. 그러나 끝까지 말리지 않고 준비가 덜 된 군대로 전투를 시작했으니 저는 해임당해야 마땅합니다."

대통령이 스콧 장군의 말을 가로막았다. "장군 말씀은 내가 전투를 억지로 시작하게끔 장군에게 강요한 것처럼 들립니다."

스콧은 직답을 피하고, "각하처럼 소장에게 잘해 주신 대통령은 없었습니다"라고 말했다.

노장군과는 달리 링컨은 패전에 대한 책임을 스스로 걸머질 준비가 되어 있었다. 그는 여러 가지 당시 현황을 분석하면서 매나서스 전투에서 지기는 했지만 전략이 잘못되었던 것은 아니라고 단정했다. 그는 연방군 군인들이 전투 경험이 없는 신병들이었으나, 그것은 연맹 쪽도 마찬가지란 것을 알고 있었다. 양쪽 사령관들도 큰 전투를 지휘한 경험이 없었다. 불 런에서 연맹군을 결정적으로 섬멸시켰으면 전쟁은 이 전투로 끝났을 수도 있었다.

대통령은 연방군이 패전한 원인을 제거하는 작업에 즉시 착수했다. 그는 군 사기를 앙양하고자 워싱턴 근교 진지를 순찰하면서 군인들에게 자기가 전군 총수로서 군대에서 필요한 모든 군수품을 확실히 보급하겠다고 약속했다. 그러나 그는 군인들이 제대로 기합이 들지 않았다는 것도 알았다. 그가 코코랜 요새를 순찰했을 때 한 장교는, 자기가 본부의 허가 없이 뉴욕을 다녀오겠다니까 윌리엄 T. 셔먼이란 대령이 자기를 개처럼 총으로 쏘아 죽이겠다고 협박했다는 불평을 털어놓았다. 대통령은 목소리를 낮추었으나 딴 군인들이 들을 수 있을 정도로, "만약 내가 자네라면, 그리고 그 대령이 그렇게 말했다면, 난 그를 믿지 않았을 걸세. 왜냐하면 그는 정말 쏠 수도 있었을 테니까"라고 대답했다.

이제는 할 수 없이 군대를 새 사령관에게 맡겨야 했다. 링컨은 전투에서 진 다음날, 웨스트버지니아 주에 있던 조지 B. 매클렐런을 불러 워싱턴 지역 군사를 맡기고, 새로 도착하는 3년 기한 자원군들의 훈련을 맡겼다.

IV

이후 몇 달간 매클렐런이 새로 도착한 군인들을 훈련시키고 조직하는 동안 링컨은 정치적 압력에서 자유로울 수가 있었다. 왜냐하면 진짜 군대를 만들려면 시간이 걸린다는 것을 딴 사람들도 인정했기 때문이었다. 대통령은 이 몇 주간 처음으로 백악관 생활을 즐길 수 있었다. 링컨 일가는 처음 백악관에 도착했을 때 방들이 모두 합쳐 31개나 되는 이 관저가 어마어마하게 보였다. 31개의 방 이외에도 백악관에는 따로 온실이 있었고, 마구간과 헛간이 여러 채 있었다. 백악관 동실 하나가 스프링필드에 있는 집만큼 넓었다. 가족용 만찬실만 제외하고는 백악관 1층 전체가 일반 대중에게 공개되어 있었다. 아일랜드계 늙은 문지기 에드워드 맥마누스가 방문객들을 가려야 했으나 실제로는 아무나 수시로 출입이 가능했고, 저녁 늦게까지도 방문객이 마음대로 걸어 들어올 수 있었다. 2층도 반은 일반에게 공개되어 있어서 처음에는 궁궐 같아 보이던 이 집은 실제로 링컨 가족이 쓸 수 있는 부분은 상당히 협소했다. 링컨 일가는 2층 집무실을 가족 거실로 썼고, 그 남쪽에 붙은 두 방을 부부가 썼다. 그들은 스프링필드 때나 마찬가지로 침실을 따로 썼으나 두 침실은 문으로 직접 통하게 되어 있었다. 넓은 복도 건너편에 웨일스 왕자실이라고 명명한 국빈 침실이 있었고, 하버드에서 방학 때면 내려오는 장남 로버트의 침실이 있었다. 태드와 윌리가 쓰는 작은 침실은 북쪽 편에 있었다.

두 어린애들에게는 백악관이 장난꾸러기 놀이터였다. 백악관 남쪽 마당에 진을 친 군인들을 보면 어른들은 전쟁을 생각했지만, 태드와 윌리에게는 펜실베이니아 '버크테일' 연대가 얘기도 잘 해주고 같이 놀아주는 어른 동무들이었다. 때가 때이니 만큼 태드와 윌리는 부근 어린애들을 모아 군사훈련 놀이를 하곤 했다. 그들은 백악관 근처에 살던 한 연방 판사의 두 아들, 버드와 홀리 태프트랑 친구가 되어서 백악관 옥상에 올라가 검정 칠을 한 나무대포로 포토맥 강 건너편에 있는 보이지 않는 연맹군을 향하여 포격놀이를 하곤 했다.

당시 미 국민에게는 백악관에서 아이들이 산다는 것이 신기해서 두 아이에게 선물을 보내기 시작했다. 애들이 제일 좋아하고 오래 간직한 선물은 애완동물이었다. 윌리는 선물로 받은 예쁜 당나귀를 좋아해서 매일 타고 다녔고, 마음이 착해서 동생 태드를 당나귀에 태웠으나 워낙 어린 태드는 당나귀를 타면 두 발이 양쪽으로 뻗치곤 했다. 두 아이가 제일 좋아했던 애완동물은 낸코와 내니라고 이름을 붙인 새끼염소 두 마리였는데, 이 염소들은 백악관 잔디를 뜯어먹다가 심심하면 백악관 꽃밭을 엉망으로 만들어놓곤 했다. 이 염소들은 백악관 방문객들을 닮아서 가끔 백악관 내부를 종횡으로 쑤시고 다녔다. 한 번은 백악관 동실에서 대통령이 방문객을 접견하는데, 의자를 마차처럼 끄는 낸코를 타고 태드가 동실로 들어왔다. 방문객 중 귀부인들은 질겁했고, 낸코가 끄는 의자 마차는 동실을 일주한 뒤 당당하게 밖으로 진격해 나갔다.

링컨은 시간이 날 때면 아이들과 같이 놀아주었다. 한 번은 버드와 홀리의 10대 누이인 줄리아 태프트가 백악관에 왔을 때 2층 집무실에서 난장판 고성이 들렸다. 줄리아가 층계를 뛰어올라가 보니 미합중국 대통령은 방바닥에 널브러져 있고, 윌리와 버드는 링컨의 두 팔을 하나씩 깔고 앉아 있고, 태드와 홀리는 두 다리를 깔고 앉아 있었다. 대통령은 이웃집 아이 줄리아에게 큰 웃음을 지었고 태드는 줄리아에게 "줄리아, 빨리 이리 와서 우리 아빠 배를 깔고 앉아" 하고 소리를 질렀다. 링컨은 또 어떤 때는 애들에게 조용히 얘기를 해주든가 책을 읽어주었다. 이럴 때면 윌리와 버드는 대통령의 두 다리에 올라앉고 태드는 아버지가 앉은 의자를 뒤에서 기어올랐으며, 홀리는 대통령의 긴 팔을 기어올랐다.

그러나 역대 대통령 중 제일 일을 많이 한 링컨에게 이렇게 한가한 시간은 극히 드물었다. 그는 항상 변변치 않은 아침을 간단히 들고 집무실로 곧장 내려가서 정식 일정이 시작되기 전에 잔뜩 쌓인 서류들과 임명장들에 서명을 하곤 했다. 사무실 한가운데는 묵직한 검은색 호두나무로 만든 테이블이 있었고, 각료들은 격주로 열리는 회의 때면 이 테이블 주위에 둘러앉곤 했다. 한쪽 벽에 소파 하나와 천으로 겉을 씌운 의자 두 개가 있었고, 그 위 벽에는 군사 지도들이 붙어 있었다. 몹시 낡아서 링컨 비서들이 저 책상은 '낡은 가구 경매'에서 사온 걸 거라고 한심해 했던 커다란 마호가니 책상이 방구석을 차지하고 있었다. 책상 위에는 작은 칸막이로 나눠진 장이 있었고, 비서들은 이것을 파일 캐비닛으로 쓰고 있었다. 링컨이 일을 보던, 다른 가구들보다 작은 책상은 두 창문 사이에 놓여 있었다.

　대통령 사무실 옆에 몇 명 안 되는 대통령의 스태프들이 쓰는 방들이 있었고, 이 방에 있는 가구들도 별로 볼품이 없었다. 이쪽 백악관 대부분은 유포(油布)를 깔아서 타구(唾具)에서 넘친 침을 청소하기에는 편리했다. 대통령 개인비서로는 잘난 체하지 않고 기계같이 일하는 니콜라이와 항상 들떠 있는 니콜라이의 조수 존 헤이가 있었다. 편지 챙기는 일이 너무 많아지자 형식상 내무성 관리직이었던 윌리엄 O. 스토더드가 하루에 2,300통씩 도착하는 편지들을 처리했다. 편지를 처리한다는 일은 우선 장난 편지들과 헛소리 편지들을 골라 휴지통에 버리는 것이었다. 얼마 후 스토더드가 병이 들어서 일을 못 하게 되자, 미네소타 출신이며 내무성에 직을 갖고 있던 에드워드 D. 닐이란 관리가 스토더드의 일을 넘겨받았다. 헤이는 이런 비서들에게 자기가 백악관에 없을 때면 이런 저런 업무를 어떻게 처리하라고 지시하곤 했다. "아마 할 일이 별로 없을 거요. 되도록 대통령께 일일이 보고들 하지 말고 가능하면 방문객들을 들이지 마시오. 방문객들에게 냉정한 것이 좋지만 분별할 줄도 알아야지. 무료 속달 봉투가 몇 장 준비되어 있으니까 쓰도록 하고, 별로 대단한 일이 아니면 사인을 안 받고 보내도 되오."

　니콜라이와 헤이는 링컨을 절대적으로 숭앙했고, 둘이는 링컨이 후세에 제일 위대한 대통령 중 하나로 평가될 것이라고 확신했다. 그들은 일찍이 링컨 정권의 역사를 기록하기로 의논이 되었고 이 말을 들은 링컨은 자기도 돕겠다고 말했다. 이 두 비서는 링컨 뒤에서는 링컨을 "고풍(the Ancient)"이란 별명으로 불렀는데, 아마 "올드 에이브"란 링컨의 별명을 변칭했던 것 같고, 또는 권력이 막강했다고 들은 일본 천황의 호칭을 따서 "타이쿤(Tycoon)"이라고도 불렀다. 링컨은 니콜라이는 항상 성(姓)으로 부르면서 정중하게 대했고, 헤이는 "존"이란 이름으로 부르면서 마치 아들 대하듯 했다.

정권이 시작된 후 얼마 동안 링컨은 사무를 질서 있게 처리하려 했고, 백악관으로 배달되는 아침 신문들을 모조리 훑어보고 새기려 했다. 그러자니 시간이 너무 많이 들어 그는 비서들에게 뉴스를 요약해서 정리해 달라고 했다가 그것마저 읽지를 않았다. 그는 가끔 한두 신문에 나는 전신 뉴스를 읽었으나 어느 특정 신문을 계속해서 읽지는 않았고 사설은 거의 읽는 법이 없었다. 그는 신문인들에게서 자기가 모르는 일을 얻어들을 것은 하나도 없다고 믿었다.

백악관 집무실에는 아침부터 저녁 무렵까지 방문객으로 들끓었다. 정권 초기에는 방문객들이 어찌나 많았는지 백악관 정문 층계까지 사람들이 열을 지어 앉아 있었다. 모두가 관리직 한자리 달라는 사람과 군에 장교로 임관시켜 달라는 사람들이었다. 링컨은 이런 구직자들이나 방문객들을 속결로 처리했다. 링컨은 그들이 들고 온 추천장을 재빨리 훑어본 후 구직자들은 담당 부서로 보내고 불평이 있는 사람들에게는 귀를 기울여 들은 후 몇 마디 듣기 좋은 소리로 돌려보냈다. 그는 가능하면 즉석에서 거절하지는 않고 후일 유명해진 자기 나름의 '소담(笑談)'으로 찾아온 사람의 청원이 왜 부당한가 설명해서 돌려보냈다. 공금 40달러를 횡령한 한 관리가 자기는 30달러밖에 횡령 안 했으니까 정상을 참작해 달라고 탄원하자 링컨은 인디애나 주에서 일어났던 소담으로 거절을 대신했다. 인디애나 주에서 어떤 사람이 이웃집 딸이 사생아를 셋이나 낳았다고 떠들어대자 집안 망신을 덮으려던 딸 아버지는, "그건 거짓말이오. 증거가 확실한데 내 딸이 낳은 사생아는 둘밖에 없소"라고 말했다는 것이다.

 이상한 것은 이렇게 엉망으로 보이는 백악관이 그런 대로 잘 돌아갔다는 것이다. 북쪽 사람들은 대통령이 아무리 비천한 사람이라도 다 만나주고 인내심을 갖고 모든 청원자들을 손님처럼 대한다는 사실을 전해 들었다. 미국 역사상 처음으로 국민들은 백악관 주인을 '자기'들의 대변인이라고 생각하게 되었다. 그들은 링컨을 아버지 아브라함이라고 불렀고 집에서 생산한 물건들을 백악관으로 보냈다. 선물 중에는 버터 1퍼킨(용량 단위, 1배럴의 4분의 1—옮긴이)도 있었고, 바틀릿(서양 배의 일종—옮긴이) 한 상자, 뉴잉글랜드 연어 등이 있었다. 특이했던 선물은 뉴욕 존스버그 사람이 대통령에게 덫에 걸려 발 하나를 잃은, '우리 나라의 새, 아메리카 독수리'를 보내왔다. 이 사람은 편지에, '이 독수리는 우리 나라를 대표하는 새이지만 우리 나라같이 발을 하나 잘렸습니다. 하지만 날개는 아직 건재해서 펼치면 7피트나 됩니다'라고 전했다.

V

 이와 동시에 메리 링컨도 스스로 명성을 얻게 되었는데, 그녀는 돌리 매디슨(4대 대통령 제임스 매디슨의 부인—옮긴이) 이후 제일 유명한 백악관 여주인이 되었다. 어렸을 때부터 공사(公事)에 관심이 많았고 남편의 정치활동에 깊이 관여했던 그녀가 워싱턴에 와서 조용히 뒤에 앉아 있을 리는 없었다. 그녀는 문자 그대로 퍼스트레이디(First Lady) 행세를 했는데, 이 호칭의 유래는 메리 링컨부터 시작되었다.

그녀는 여주인 노릇을 즐겨서 했고 대부분의 방문객은 메리 링컨을 좋게 보았다. 성격이 냉소적이었던 「런던 타임스」 미국 특파원 윌리엄 하워드 럿셀은 그녀의 외모나 행동을 많이 씹어댔으나 그녀의 단순한 귀금속 장식이나 '굉장히 아름답고 색깔이 요란한' 옷은 좋아보였다고 칭찬했다. 그는 영부인이 둥글고 잘생긴 어깨를 자랑하고 싶은지 부채를 들어 열심히 부쳐대더라고 보도했다. 그는 미세스 링컨이, "중년에 접어들었고 중키에다 그 나이 여자들 대부분이 그렇듯이 몸이 퉁퉁했으며" 평범한 모습에 가정주부 같아 보였는데, "일리노이 변호사의 평범한 부인 미세스 링컨보다는 나아 보이려고 상당히 노력을 하더라"고 말했다. 럿셀은 그녀가 "사람들에게 잘 보이려 하는 것 같았는데, 사실 나는 상당히 실망스러웠다"라고 이죽거렸다.

그녀는 퍼스트레이디로서 백악관을 새로 단장하는 일을 주 과업으로 작정했다. 그녀가 보기에 백악관은 형편없었다. 가구들은 모두 망가졌고 벽지는 일어나고 카펫은 낡았고 커튼들은 찢어진 상태였다. 지하실에 있는 방 11개는 더럽고 쥐가 우글거렸다. 관저 전체가 장사가 안 되는 낡아빠진 삼류 호텔 같아 보였다. 국회는 대통령 4년 임기 동안 관저 수리비로 2만 달러를 배당했고, 그녀는 이 돈을 다 쓸 작정이었다.

1861년 여름 그녀는 필라델피아와 뉴욕으로 합중국 대통령과 퍼스트레이디의 관저에 맞는 가구를 사러 갔다. 상인들은 그녀에게 최고급이고 제일 비싼 카펫, 가구 덮개, 커튼 재료, 가구, 예쁜 차이나 도자기들을 보여 줬다. 메리는 돈 쓰는 일에는 정상이 아니었고 숫자 관념이 없었기 때문에 보는 것마다 닥치는 대로 사모았다. 의자들, 소파들, 무릎방석, 다마스크 천, 비단, 핑크 색 모슬린 천, 플러시 천, '프렌치 새틴 들레인', 프랑스에서 수입한 벽지, 미국 문장(紋章)을 가운데 박은 하빌랜드 차이나 세트 등을 샀다. 그녀는 홍실에 깔려고 새빨간 윌턴 카펫을 117야드 주문했고, 동실에는 기막힌 솜씨로 방 전체를 다 덮은 연한 녹색의 브뤼셀에서 수입한 벨벳 카펫을 깔았다. 한 방문객은 동실의 카펫을 가리켜 "바다 위를 걸으며 투명하고 번쩍이는 파도를 밟는 것 같았고 발밑에 장미꽃들이 놓여있는 것 같았다"라고 감탄했다.

그녀는 워싱턴으로 돌아와 백악관의 대청소, 페인트 공사, 회벽 공사를 직접 지휘 감독했다. 백악관은 여러 해만에 처음으로 집안이 깨끗해지고 환해졌다. 그녀가 주문한 가구들이 도착하자 집안 전체가 우아하고 풍요로워 보였다.

그러나 가을이 되어 청구서가 밀어 닥치자 그녀는 자기가 1년 치가 아니라 대통령 임기 전 기간에 상당하는 국회 지정액을 초과하고도 넘치는 지출을 한 것을 알았다. 그녀는 필사적으로 남편에게 이 사실을 숨기려 했다. 이렇게 빚에 몰리자 그녀는 아무에게나 화를 냈다. 이 여자의 발작적 신경질을 매일 당해야 했던 니콜라이와 헤이는 그녀를, "지옥 괭이"란 별명으로 불러대기 시작했다. 그녀는 급해지자 백악관에 있는 낡은 가구들을 팔았으나, 백악관 마구간에서 나오는 말똥을 마차 1대당 10센트씩 받고 퇴비로 판값만큼도 돈이 안 나왔다. 그런데 백악관의 정원사로 일하는 존 와트가 그녀에게 손쉬운 방법을 가르쳐 주었다. 사지도 않은 물건값 청구서를 만들어 돈을 만드는 방법이 있었고, 백악관 일꾼을 한 명 해고시킨 후 미세스 와트를 그 자리에 명목상 앉힌 후 그 월급을 챙기는 것 등이었다.

그러나 이런 식으로 해서 빚을 다 갚을 수는 없었다. 궁리하다 못해 메리는 백악관 경비를 담당하던 공공건물 관리국장인 벤저민 B. 프렌치 소령에게 대통령에게 말해서 국회에서 경비를 더 배당 받아달라고 부탁했다. 링컨은 이 말을 듣자 펄쩍 뛰었다. 그는, "이 따위 망할 놈의 낡아빠진 집" 때문에 국회에 말해 돈을 더 청구하는 것은 절대로 안 된다고 펄펄 뛰었다. 그는, "전방 군인들은 이 추위에 담요 하나 제대로 없는 판국에 대통령이 공관을 고치려고 국회에서 배당한 2만 달러를 초과했다는 것을 알면 국민이 벌벌 떨 것"이라고 화를 냈다. 링컨은 "이 집은 우리들이 살던 중 제일 좋은 집"이라면서 국회에 돈을 달라느니 초과한 분을 자기 주머니에서 내겠다고 약속했다. 그러나 결국 링컨도 어쩔 수 없어서 국회는 두 번에 걸쳐 조용히 이 초과 경비를 지불해 주었다.

VI

불 런 전투 직후 열광적으로 대통령을 지원하던 사람들도 시간이 흐르면서 열이 식어버렸다. 민주당의 많은 사람들은 전투에서 진 뒤 이 전쟁이 오래 가고 돈도 많이 들 것이라는 사실을 깨닫게 되었다. '민주당 호전파' 사람들은 대통령을 지지했다. 그러나 민주당 다수는 이 전쟁이, "헌법을 현재 상태로 존속시키고 연방을 전처럼 복구한다"는 조건부로 마지못해 전쟁을 지지했으나, 전쟁이 오래 가면 "독재의 트로이 목마"가 나올지도 모른다고 경계했다. 델라웨어 주의 제임스 A. 베이아드나 오하이오 주의 클레멘트 L. 벨런디감 같은 몇몇은 자신들을 민주당 평화파로 자처하고 나섰다. 베이아드는 "실속 없고, 가망 없고, 부자연한 내전보다는 다른 무엇이라도 그게 더 낫다"라고 주장했다.

링컨은 이러한 내분에 몹시 걱정이 됐다. 그는 "명백한 사실"이라고 단정한 현재 상황을 사실 그대로 받아들였다. 그는 공화당이 "국민 투표로 계산하면 소수계가 정권을 잡은 것"이라고 인정했고, 민주당 도움 없이는 반란을 진압하기가 힘들다는 것도 인정했다. 그는, "소수가 다수의 반란을 진압한다는 것은 말도 안 되는 소리"라고 말했다. 그래서 그는 남부 주들이 연방에서 이탈했을 때, 남부 상원의원 중에서는 유일하게 합류하지 않았던 테네시 주의 앤드류 존슨 같은 민주당 호전파 국회의원을 포섭했고, 대통령의 전시특권을 지지하고 대법원장 터니의 간섭을 일축했던 메릴랜드 주의 레버디 존슨 같은 사람을 포섭했다. 그는 또한 뷰캐넌 정권 때 국방장관을 지냈고 열렬한 켄터키 연방주의자 조셉 홀트 같은 사람을 전군 법무감으로 임명해서 후대했다. 그는 장군 선임도 '정치적 고려' 보다는 군사적 능력을 주로 감안했기 때문에 상당수 장군들이 민주당 계열이었다. 조지 B. 매클렐런, 벤저민 F. 버틀러, W. S. 로즈크랜스, 존 A. 메클레난드 등이 모두가 이러한 경우였다. 그는 정책면에서도 연방이냐 분열이냐로 문제를 분간해서 당파적 논란을 피하고, 국민 여론을 규합하도록 애를 썼다.

 대통령은 이렇게 여론을 규합시키려고 노력했으나 그 때문에 자기 당이 분열할 수도 있는 위험을 자초했다. 많은 공화 당원들은 대통령이 당의 기조라고 할 수 있는 노예제도 폐지 정책을 소홀히 한다고 생각했다. 불런 전투에 진 이틀 뒤 미시간 주의 재커라이어 챈들러 상원의원과 섬너 상원의원은 햄블린 부통령과 백악관을 찾은 후, 대통령에게 이 전쟁을 자유와 노예제도의 투쟁으로 정의하자고 강요했다. 섬너는 노예를 해방시키는 것은 군사적으로 필요한 일이라고 주장했고, 챈들러는 노예를 해방시키면 남부가 혼란에 빠져 스스로 멸망할 테니까 대통령에게 노예를 해방시키라고 종용했다. 대통령은 그들의 주장을 조용히 듣고 난 뒤 그들의 주장은 국민의 여론을 훨씬 앞지른 것이라고 반대했다.

 공화당 내 불만 세력은, 링컨이 사람은 좋으나 결단력이 없고 무능하다고 비난하기 시작했다. 국무성에서 당시 통역을 돕고 있던 성격이 괴팍한 폴란드 귀족 아담 구로스키 백작은 공화당 국회의원들의 당시 의견을 자기 일기에 정확하게 썼다. '링컨 씨는 어떻게 보면 역사적으로 루이 16세를 닮은 점이 있다. 마음이 착하고 정직하고 선량하지만 급하게 돌아가는 시국을 당해 낼 그릇은 아닌 것 같다.' 구로스키는, 웨이드 상원의원이 '현정권은 너무 느리고 복지부동이다' 라고 비난하면서, '사람들이 제프 데이비스 쪽으로 가담하고 싶어하는 것도 무리가 아닌 것이, 제프 데이비스는 머리가 있는 사람이니 나도 그에게 붙을 마음이 날 지경이다'라고 불평했다고 일기에 적었다. 국회는 정권에 대한 불만을 표시하고 전쟁 지침을 돕는다는 의미에서 휴회로 들어가기 바로 전에 재산몰수법을 통과시켰다. 이 법은 남부 노예주들이 자기들이 소유한 노예를 연맹군을 돕는 데 사용하면 소유권을 상실한다는 법이었다. 링컨은 마지못해 이 법안에 서명을 했으나 이 법은 공화 당원들의 정견을 알린다는 것 이외에는 별 실효가 없었다.

8월 말 그동안 만연했던 링컨 정권에 대한 불만이 초점을 찾았다. 세인트루이스에 사령부를 둔 서부 지구사령관 존 C. 프레먼트 장군이 미주리 주 남서쪽으로 침입한 연맹군을 꺾고 도처에서 일어나는 유격 반란군을 진압하기 위하여 강경책을 쓴 것이다. 그는 미주리 주 전역에 계엄령을 선포하고, 일반 시민이라도 무장을 했으면 군법재판으로 다룰 것이며, 재판에서 유죄 판정이 나면 총살에 붙이고 반란에 동조한 노예 소유주들의 노예는 해방시키겠다고 선포했다.

현지 사령관 프레먼트는 워싱턴 정부와 사전 상의도 없이 이 정책을 선포했다. 이 선포문은 노예제도에 상관을 하지 않겠다던 링컨 취임 연설문에 반대되는 정책이었고, 연방 복원만이 이 전쟁의 유일한 목적이라고 최근에 정의한 크리텐든 국회 결의문에도 상반되는 조치였다. 이 포고문은 또한 재산몰수법, 즉 반군을 돕는데 사용한 노예들은 정식 재판을 통해서 몰수하겠다는 법령을 무시한 조치였다. 링컨은 프레먼트의 선포문을 당장 수정해야겠다고 판단했다. 그는 무장 시민을 총살하겠다는 군령을 취소하라고 프레먼트에게 지시했다. "장군이 선포한 대로 일반 시민을 총살시키면, 연맹에서도 우리 선량한 사람들을 총살시킬 것이 분명합니다. 그렇게 되면 쌍방에서는 일대 일로 총살이 무한정 집행될 것이오"라고 책망했다. 대통령은 반란 노예 소유주들의 노예를 해방시키겠다는 프레먼트의 군령은 시민 총살보다도 더 위험하다고 판단했다. 그는 프레먼트에게 그런 포고문은, "남부에 있는 연방 애국자들의 반감을 사서 그들이 돌아설 구실을 주고, 아직까지는 간신히 붙들고 있는 켄터키 주가 위험해질 수도 있다"고 경고하면서 포고문을 수정하라고 요구했다.

링컨은 프레먼트에게 "견책이 목적이 아니라 신중을 기하기 위해서" 편지를 보낸다고 했는데도, 프레먼트는 이 편지를 읽고 부당한 비난이라고 화를 냈다. 그는 자신은 전방에서 미주리 주 반란분자들과 싸우면서 주를 수호하고 있는데, 워싱턴에서는 군대나 보급품은 물론 군량조차 보내주지 않는다고 화를 냈다. 화가 난 프레먼트는 유명한 미주리 상원의원 토마스 하트 벤턴의 딸이자 성격이 매서운 자기 아내 제시를 워싱턴으로 보내서 대통령과 직접 면담, 담판을 시도했다.

미세스 프레먼트는 9월 10일 워싱턴에 도착해서 대통령에게 즉시 면담 약속을 요청했다. 대통령도 그 즉시, "지금 당장 만납시다"라고 거칠게 대답했다. 시간은 밤 9시고 하루 종일 여행으로 몸은 피곤하고 먼지투성이였지만, 그녀는 즉시 백악관으로 달려갔다. 링컨은 그녀를 맞으면서 매우 무뚝뚝했다. 그는 동실에서 선 채로 그녀를 만나면서 의자도 권하지 않았다. 그녀의 말에 의하면, 자기가 대통령에게 자기 남편의 편지를 주었을 때 링컨은, '보기에 불쾌한 미소를 지으면서' 아무 말 않고 편지를 읽었다. 그녀는 자기 남편의 정책을 더 확실하게 전하고자, 링컨에게 노예제도에 일격을 가하면 영국 여론도 연방 쪽으로 기울 것이라고 주장했다. 대통령은 그녀의 말을 도중에서 끊으면서, "부인은 진짜 여성 정치가십니다"라고 말했다. 링컨은 그 여자가 듣기에 '불쾌하고' 딱딱한 목소리로, "이 전쟁은 보다 더 큰 국가이념, 연방의 존속을 위해서 싸우는 전쟁입니다. ……프레먼트 장군이 이 전쟁에 흑인 문제를 개입시킨 것은 잘못입니다"라고 말했다.

그 다음날 대통령은 프레먼트가 자발적으로 선포문을 수정할 의사가 없다고 판단해, "기꺼이" 재산몰수법에 "위배되지 않고 적합하게끔" 선포문을 수정하라고 명령했다. 링컨 밑에 있던 사람들은 프레먼트가 대통령의 명령을 무시하고, "제멋대로 할 것"이라고 걱정했다. 그러나 링컨은 군인이 민간인 정부의 권위를 넘보는 것은 절대로 용납할 수 없으며, 노예제도나 노예해방 같은 중요한 국가정책은 대통령 이외의 누구도 관여할 바가 아니라고 단언했다.

그러나 문제는 이것으로 끝나지 않았다. 본래 캘리포니아 서부 개척로를 열어놓은 것으로 명망을 얻은 이 장군은 미주리 정치판에서는 길을 잃고 실수가 많았다. 그는 대하는 사람들과 전부 싸움질이었다. 무능했는지는 모르지만 주민들이 선거에서 뽑아 놓은 주지사 해밀턴 R. 갬블과도 싸워서, 갬블 주지사는 워싱턴으로 달려가 미주리 군의 무능과 부패에 관해서 비난을 늘어놓았다. 프레먼트는 자기 부하들과도 싸움질이었다. 그는 자기를 서부 지역 사령관이 되게끔 도와준 블레어 가문과도 싸움이 붙어 급기야는 프랭크 블레어를 체포하겠다고 협박하는 실수도 범했다. 링컨은 프레먼트가, "자기 주변 사람들의 신뢰를 잃고 있으니 그런 사람은 일에 성공할 수 없다"라고 말했다. "프레먼트의 치명적 결함은 혼자 고립해서 사람을 보지 않는 것이다. 그러니 그는 자기가 해야 할 일이 어떻게 돌아가고 있는지도 모르는 상태이다."

이런 우매한 장군에, 사령관 자신이 개인적으로 부정을 했다는 비난은 없었지만 서부 사령부는 부정부패가 만연했다는 비난이 겹쳤다. 블레어 가족은 대통령에게 프레먼트를 해임시키라고 졸라댔으나, 링컨은 항상 부하를 해임시키는 것은 주저했다. 그는 몽고메리 블레어에게 프레먼트가 무능은 하지만, "또 한 번 기회도 주지 않고 해임시켜 버릴 수는 없다"라고 말했다. 그러나 프레먼트의 부관 로렌조 토마스 장군이 10월에 보낸 부정적 보고서로 프레먼트 문제가 결정되었다. 링컨은 11월 2일 프레먼트를 사령관 직에서 해임시켰다.

프레먼트 분규는 연방 전체에 큰 혼란을 초래했다. 링컨이 걱정했던 대로 노예제도가 합법적이던 접경주에서는, 프레먼트 선포문이 연방을 지지하던 세력에 찬물을 끼얹는 결과를 가져왔다. 켄터키에 있던 조슈아 스피드는 대통령에게 즉각 항의했다. "이 한심한 선포문 때문에 이 주에 있는 연방 지지 세력은 흔적도 찾아볼 수 없게 될 것이오." 그는 며칠 후 계속해서, "이런 바보 같은 장군들이 꽥꽥대는 것보다는 불 런에서 서너 번 더 지는 것이 낫겠소이다"라고 한탄했다. 이제는 켄터키 주 군사령관 직을 맡은 로버트 앤더슨도 만일 이 포고문이, "당장 취소되고 무효라고 선언되지 않으면 켄터키 주는 연방에서 떨어져 나갈 것"이라고 보고했다. 프레먼트의 선포문은 때가 참으로 안 좋았던 것이 켄터키 주의회가 중립을 포기하고 막 연방 쪽으로 귀속하겠다고 결의할 무렵이었다. 이 선포문이 수정되지 않으면 주의회 다수 의견이 바뀔 수도 있었고, 켄터키 자원군이 연방군에서 연맹 쪽으로 돌아설 수도 있었다. 링컨은 프레먼트 선포문에서 제일 안 좋은 조항들을 취소해서 켄터키 주를 간신히 연방 쪽에 붙들어 두었다. 켄터키 연방주의자 한 사람은, "대통령은 이런 위급한 상황에서 명예롭게 행동했고 그렇게 지혜롭게 일을 처리하는 사람은 이제까지 본 적이 없었다"라고 감탄했다.

북쪽에서는 선포문에 대한 반응이 전혀 딴판이었다. 프레먼트의 선포문은 벌써 전쟁에 싫증이 나기 시작한 국민들을 격동시켰고, 모두들 전쟁을 단번에 끝내자고 떠들어댔다. 주요 신문들은 거의가 다 이 선포문을 지지하고 나섰다. 「뉴욕 트리뷴」, 「뉴욕 타임스」, 「시카고 트리뷴」 같은 전적으로 공화당을 지지하는 신문들은 물론 워싱턴의 「내쇼널 인텔리젠서」와 「보스턴 포스트」, 「시카고 타임스」 같은 독립 보수파 신문이나 민주당계 신문들도 프레먼트 선포문을 지지했다. 본래 말을 조심하고 보수파에 속하는 브라우닝까지도 대통령에게, "프레먼트 선포문은 적절한 것이었고 좋은 효과를 볼 것입니다. 연방에 충성하는 서부와 서북부 주민들 전체가 이 포고문을 지지하고 있습니다"라고 전했다.

아이오와 주에서는 대통령이 프레먼트 선포문을 수정한 것 때문에 불만들이 많아서 서북부 자원군이 없어질 것이라는 보고가 들어왔다. 한 위스콘신 주민은, "각하의 수정 명령 때문에 이곳 사람들은 포기 상태입니다"라고 책망했다. 「시카고 트리뷴」의 호러스 화이트 기자는 "너무 어이가 없어서 말이 안 나올 지경이다. 우리 대통령께서는 나라를 망치지 않았을지는 몰라도 자기 목을 내려친 꼴이 됐다"라고 질타했다. 벤저민 웨이드 상원의원은 링컨이 한 짓은, "저질 백인 종자로 태어나 노예주에서 자란 사람이나 할 수 있는 짓"이라고 매도했다. 웨이드는 한술 더 떠서, "대통령은 이번 국회로 보내는 메시지에서 반란에 가담한 남쪽 군인들에게 한 사람당 160에이커의 토지를 분양해 주자고 제안할 것"이라고 링컨을 조롱했다. 링컨의 법률사무소 파트너 헌돈조차 이번에 링컨이 내린 조치는 수치스러운 조치였다고 믿었다. 헌돈은, "그분은 장미꽃 물을 담은 장난감 총으로 이 크나큰 반란을 진압할 작정인가! 당장에 어느 누구든 목을 달아매서 의지를 보이고 본때를 보여야 한다. 그분이 남자 목을 달아맬 용기가 없다면 아이들이나 아녀자 목이라도 달아매야 한다"라고 분개했다.

궁지에 몰린 링컨은 자기가 왜 프레먼트의 선포문을 수정했나를 설명하는 길고 꼼꼼한 편지를 브라우닝에게 보냈다. 프레먼트의 선포문을 수정하지 않고 그대로 두었으면 켄터키 주가 연방에서 떨어져 나갔을 것이다. 그는, "켄터키를 잃는다는 것은 모든 것을 포기하는 것이나 마찬가지"라고 설명했다. 왜냐하면 켄터키가 이탈하면 미주리는 물론 메릴랜드도 연방에서 떨어져 나갈 것이다. 이들 모두가 우리에게 대들면 도저히 감당할 수 없는 지경이 될 테니까, 지금 당장 연방 분단을 수락하고 수도까지 저들에게 내줄 수밖에 없었을 거라고 그는 설명했다. 그는 브라우닝이 헌법을 존중하고 법을 귀하게 생각하는 사람이란 것을 알았기 때문에 그에게 훨씬 더 설득력 있는 이유를 댔다. "프레먼트 장군의 선포문 중 재산을 몰수하겠다는 것은 순전히 정치적 포석이지 군사적으로 필요하다거나 합법적인 것은 아니었습니다." 사실 프레먼트는 독재를 하겠다는 것으로 자기가 하고 싶으면 무슨 짓이라도 거리낌없이 하겠다는 것이었다. 그렇다면 정부를 살리기는커녕 정부를 포기하자는 심통이 아닌가? "그렇다면 그것이 미합중국이랄 수가 있는가, 아니 헌법과 법률로 다스리는 나라라고 할 수 있는가? 어느 한 장군이나 어느 대통령이 선포문 한 장으로 사유재산을 마음대로 하겠다는 것 아닌가?"

VII

프레먼트가 군사 일에도 무능했고 군자금을 물 쓰듯 했다는 사실이 온 세상에 알려지자 프레먼트를 지지했던 열혈분자들은 이번에는, 7월까지만 해도 워싱턴의 수호 영웅이자 구국 영웅이라고 칭송 받았던 매클렐런 장군을 너무 굼뜨다고 모두들 비난하기 시작했다. 처음에는 모든 사람들이 34세의 이 젊은 장군을 우러러보았다. 눈이 파랗고 적갈색 머리에다 얼굴이 잘생긴 이 장군은 혈기왕성해 보였다. 브라우닝도, "그는 머리가 좋고 용기도 있어 보이며 대체로 보아 비범한 인물인 것이 틀림없다"라고 생각했다. 딴 사람들도 모두 그렇게 생각했다. 젊은 사령관은 자기 아내에게, '참 이상하게도 무슨 마술을 쓴 것같이 이 나라 권력이 내 수중에 들어온 것 같소'라고 편지에 적었다. 그가 상원에 오면 의원들이 모두 나서서 그와 악수를 청했다. "그들은 나에게 전권을 맡겼고, 내가 무슨 짓을 하던 나를 전적으로 믿고 있소."

매클렐런이 워싱턴에 주둔한 신병들을 철저하게 재편성한 것은 가히 감탄할 만했다. 본래 엔지니어로서 경험을 많이 쌓아온 그는 반군의 기습을 막기 위해서 수도 주변에 일련의 포대를 설치했다. 맥도웰이 거느렸던 30일짜리 무용지병들을 3년 만기 자원병으로 대체하고, 그는 직접 나서서 무장 행군, 사격 훈련, 작전 훈련을 지휘했다. 위용이 넘치는 군마를 타고 이리저리 뛰면서 사소한 일까지 모두 챙기는 이 젊은 장군은 과연 위대한 지휘관 같아 보였다. 8월 15일 이후 "포토맥 군단"으로 불리게 된 이 군사들은, 이 젊은 장군을 누구보다도 사랑하고 존경하게 되었다.

그는 섭외에도 재주가 많아서 군대를 사열할 때는 대통령, 국방장관, 각료들, 상원의원들을 초청하곤 했다. 이 잘생긴 장군과 전군 총수가 말머리를 나란히 해서 군대를 사열하면 둘이 어찌나 대조적인지 사람들의 입에 오르내렸다. 매클렐런은 위엄이 있어 보이는 장군복을 갖춰 입었는데, 링컨은 예의 실크해트에 사람들이 보기에는 꼭 '허수아비가 말 타고 가는 것' 같아 보였다. 군인들은 이런 진풍경에 웃음이 났으나 최근 궁지에만 몰리는 대통령에게 열렬한 박수갈채를 보냈다.

가을이 되면서 매클렐런의 허니문은 끝장이 났다. 가을이 되어 날씨가 좋은데도 매클렐런이 매나서스에 있는 반란군을 치지 않는다고 비평이 일기 시작했다. 호러스 그릴리는 군대가 리치먼드로 진격해야 한다고 떠들어댔다. 매클렐런을 제일 열렬히 지지하던 챈들러 상원의원도 장군에게 실망했다. 그는, "프레먼트 군사작전도 사실 보통 한심한 것이 아니었는데 매클렐런을 보니 프레먼트는 명장이었다"라고 한탄하면서, 사령관의 잘못을 행정부의 '소심과 우유부단' 때문이라고 질타했다. 웨이드는 더 지독해서 "올드 에이브"와 매클렐런 장군을 한 묶음으로 매도했다. 그는 매클렐런이 서부 군사를 포토맥 군단으로 끌어넣어서 "링컨과 그 일당이 마음 편하게 저녁들을 자시게 하고 미세스 링컨은 계속 프랑스 말과 댄스 연습을 할 수 있도록 보호해 주는 꼴"이라고 비아냥거렸다.

트럼불까지도 충동질을 해서 웨이드와 챈들러는 링컨을 들들 볶아 매클렐런에게 전투 개시를 요구했다. 웨이드는 극단적인 말로, "전투에서 패하면 군사를 더 모집하면 되니까" 이 이상 지연하는 것보다는 전투에 지는 한이 있더라도 군대를 움직여야 한다고 주장했다. 이 악다구니들은 어찌나 집요한 극언으로 매클렐런을 씹어댔는지, 존 헤이는 프랑스 혁명의 극단파 이름을 따서 이들을 "쟈코뱅"이라고 불렀는데, 이들은 그뒤부터 이 별명으로 호칭되었다. 링컨은 장군에게 완전히 준비가 될 때까지 기다려도 좋다고 말했으나 웨이드의 극언이 여론을 대변하는 것이니 참작을 하라고 귀띔해 주었다. 장군은 링컨의 말을 한 귀로 듣고 한 귀로 흘려 내보냈다.

　10월 21일 매클렐런은 포토맥 강을 건너서 볼스 블러프(일명 리스버그)로 소수의 군사를 보냈으나 연맹군의 완강한 반격으로 군사를 잃고 패퇴했다. 매클렐런이 움직이지 않는다고 비난하던 사람들은 울화통이 터졌다. 링컨의 옛 친구이자 오리건 주 상원의원이었던 에드워드 D. 베이커가 이 전투에서 전사했다. 링컨 가족은 이 소식을 듣고 너무 비통해서 다음날 백악관으로 찾아오는 사람들을 모두 거절하고 만나지 않았다. 국회에서는 상원의원 한 명을 잃고, 사전 준비도 제대로 하지 않고 미약한 군사를 전투로 내몬 매클렐런에게 비난을 퍼부었다. 국회의원들은 베이커의 상관 찰스 P. 스톤뿐만이 아니라 매클렐런 사령관까지도 연방에 불충하다는 의심을 갖게 되었다.

　매클렐런은 국회의원들에게 자신은 늙고 망령이 난 스콧 장군 때문에 어쩔 수가 없었다고 변명했다. 국회의원들은 백악관으로 달려가서 링컨에게 스콧 장군을 해임하라고 졸라댔고, 링컨은 부득이 내키지 않는 마음으로 그동안 여러 번 사임서를 냈던 스콧 장군을 11월 1일 해임시키고 말았다. 링컨은 평생을 나라에 바치고 빛나는 전승(戰勝)을 거두었던 스콧 장군에게 전 국민이 감사한다며, 장군은 "반적들이 들고 일어났을 때 헌법과 연방, 국기에 대한 변함없는 충성을 하였다"고 높이 칭송했다.

　스콧이 사임하자 링컨은 매클렐런에게 합중국 육군 전군의 지휘를 맡겼다. 매클렐런은 포토맥 군단만이 아니라 테네시 주로 진격을 준비하던 돈 칼로스 장군의 오하이오 주 군단과 미시시피 강을 끼고 진격하려던 헨리 W. 핼렉 장군의 미주리 주 군단까지 지휘하게 되었다. 링컨은 매클렐런에게 이렇게 막중한 책임을 맡기면서, "내가 아는 것 전부와 내가 가진 모든 정보를 잘 이용하도록 하시오. 지금 장군에게 달린 군사만이 아니라 육군 전체를 지휘하려면 할 일이 끝이 없을 것이오"라고 걱정해 주었다. 매클렐런은 조용히, "제가 다 해낼 수 있습니다"라고 대답했다.

그리고 나서도 장군은 진격을 시작하지 않아서 대통령과 국회는 장군을 믿지 않게 되었다. 매클렐런은 워싱턴에 도착해서 몇 주가 지난 후 '대통령은 천치'라고 단정했으나, 전군 총사령관이 되기 전에 그런 말을 입 밖으로 내지는 않았다. 그는 전군 총사령관이 되자 내놓고 민주당 정치인들에게 접근했고, 그의 아내에게 링컨은 '마음이 착한 원숭이 정도밖에는 안 된다'라고 편지에 막말을 써댔다. 그는 수어드 국무장관을 '간섭 많이 하고 참견하기 좋아하고 무능하기 짝이 없는 강아지'라 표현했고, 웰스 해군장관을 '수다스러운 늙은 할멈'이며, 베이츠 법무장관을 '늙은 바보'고, 캐머론 국방장관을 '악당'이라고 표현했다. 대통령이 최신 군사정보도 읽고 매클렐런과 앞으로의 군사 작전계획도 의논하려고 사령부를 자주 찾아오자 매클렐런은 이를 지독히 싫어했다. 새뮤얼 P. 하인첼만 장군이 직접 목격한 바로는, 링컨이 버지니아 주 지도를 들여다보면서 작전계획에 관해서 말하자 매클렐런은 한심하다는 듯 마지못해서 듣는 척하더니, 링컨이 떠나자 주위에 있던 부하들을 돌아보며, "꼭 미친 새 같군" 하며 큰소리로 웃어댔다는 것이었다.

매클렐런이 더 참을 수 없었던 것은, 링컨이 수시로 밤늦게 자기 집으로 찾아오는 것이었다. 그는 이래서는 안 되겠다 싶어, 이런 한밤중 방문에 끝장을 보자고 결심했다. 11월 3일 저녁에 링컨이 수어드와 헤이를 대동하고 매클렐런 집을 방문했는데, 장군은 출타 중이어서 그들은 장군이 돌아올 때까지 응접실에서 기다렸다. 한 시간쯤 지나서 장군은 집으로 돌아왔으나 대통령이 기다린다는 하인의 말에 들은 척도 안 하고 위층으로 올라가버렸다. 반시간쯤 더 기다린 대통령 일행이 아직도 아래에서 기다린다는 전갈을 올려 보내자, 장군은 이미 취침했다는 전갈이 내려왔다. 헤이는 대통령이 크게 화를 낼 것으로 기대했는데 링컨은 간단히, "지금 에티켓을 따지거나 개인적 권위를 따지지는 않는 것이 좋겠다"고 말했다. 그리고 그후로는 절대로 매클렐런 집을 찾지 않았다.

링컨은 매클렐런이 싸움에 이기기만 한다면 그의 말고삐를 잡아주는 사람이 되어도 상관없다고 말한 적도 있었으나, 이제 이 전군사령관에게 점점 더 실망이 갔다. 그는 12월 국회로 보낸 메시지에서 온 국민이 매클렐런을 지원해야 한다고 말하면서 사령관을 반어로 칭찬하는 척했다. "잘나지 못한 장군 한 명이 잘난 장군 두 명보다 낫다는 말이 있습니다. 남보다 못한 장군 한 사람이 군대를 지휘하는 것이 서로 의견이 다른 두 장군이 군대를 지휘하는 것보다 낫다는 말인 것 같습니다."

국회의원은 더 단도직입적이었다. 챈들러 상원의원은 무뚝뚝하게 링컨에게 매클렐런이 이 거대한 군사를 갖고도 싸움 한 번 안 하고 겨울을 날 작정이면 차라리 "제프 데이비스를 지금 당장 초청해 오는 것"이 낫겠다고 투덜댔다.

VIII

링컨이 1861년 12월 3일, 처음으로 국회에 보낸 연두교서는 내용이 별것이 없었다. 그는 정부 각 부처에서 보내온 보고서들을 정리하지도 않은 채 주워섬겼으나, 몇 가지 새로운 안을 내놓기는 했다. 그는 농림성을 새로 만들어야 한다고 제안해서 국회는 다음해 농림성을 조직했다. 그는 또한 두 개의 흑인 국가—아이티와 라이베리아—를 국가로 인정해 주자고 제안했는데, 친남부였던 전 정권에서는 생각도 못 할 일이었다. 연두교서 마지막 부분에서 그는 이상하게 자본과 자유사회의 노동력 관계에 관해서 논설했고, 연방이 감내하는 이 전쟁은 "현재만을 위해서가 아니라 먼 장래를 위해서" 하는 전쟁이라는 말로 교서를 끝냈다.

이 연두교서가 이상하게 들렸던 한 가지 이유는, 미국이 트렌트 호 사건으로 영국과 외교상 위기를 맞았는데, 이 사건을 공공연히 논할 수는 없었던 형편이었다. 대통령은 이 사건을 간결하게 설명할 수도 있었다. 남부 연맹은 10월 버지니아 주의 제임스 M. 매이슨과 루이지애나 주의 존 슬라이델을 대영제국과 프랑스에 각각 전권대사로 파견하기 위해 연방 해군의 해안 봉쇄를 뚫고 쿠바로 탈출시키는 데 성공했다. 그들은 그곳에서 영국 우편선 트렌트 호에 탑승했는데, 미국 전함 산 하신토의 찰스 윌크스 함장은 워싱턴의 허락도 없이 트렌트 호를 정지시킨 후 탑승 수색해서, 연맹 밀사 둘을 잡아 보스턴 항구에 있는 워렌 요새 감옥에 집어넣었다. 북쪽 사람들은 윌크스가 한 짓에 모두들 좋아라고 날뛰었지만, 영국에서는 이것을 국제법 위반이며 영국 기에 대한 모독이라고 항의했다. 링컨은 윌크스가 저지른 짓을 사전에 모르고 있었다.

링컨은 평소에는 외교에 관여하지 않았다. 그는 외교에 관해 아는 것도 없었고, 외국인들이나 외국 기자들을 개인적으로 알지도 못해서, 모든 외교 정책을 국무장관에게 일임한 상태였다. 링컨이 외교에 관여했던 일들은 기껏해야 대통령 선거 때 진 빚들을 갚는 정도였다. 그는 저드의 공헌을 인정해서 그를 프러시아 대사로 발령 냈고, 칼 슐츠를 마드리드 대사로 보냈으나 전신 혁명가였던 슐츠는 마드리드에서 냉대를 받았다. 캐시어스 M. 클레이는 러시아 대사로 발령이 났는데, 이것은 보상이라기보다 귀찮은 존재를 외국으로 내보낸 경우라고 할 수 있었다. 찰스 프랜시스 애덤스가 영국 대사 발령을 받고 백악관으로 인사차 들렀을 때, 링컨은 그에게 쌀쌀맞게 대했다. "애덤스 씨, 당신은 내가 뽑은 사람이 아니오. 당신은 수어드 장관 사람이오." 링컨은 같이 왔던 수어드에게 돌아서서, "수어드 장관, 이제 시카고 우체국장 자리 빚은 갚은 셈이오"라고 내뱉었다.

1861년 4월 1일 수어드가 보낸 도전적인 메모에 대통령은 외교 정책에 관해서 전보다 적극적이 되었고, 수어드가 5월 애덤스에게 보내려는 메모를 읽은 뒤 그는 외교에 상관을 안 할 수가 없게 되었다. 링컨이 남부 항구들을 폐쇄하지 않고 해안을 봉쇄했을 때, 유럽 열강이 국제법에 따라 연맹을 국가로 인정하기로 한 것은 당연한 일이었다. 그러나 이 소식을 들은 수어드는 화가 머리끝까지 나서 영국이 미국 내전에 간섭을 한다면, "전에도 두 번씩이나 그런 일이 있었지만 지금 이 시각부터 영국은 우리의 우방이 아니라 적국으로 간주하겠다"라고 열을 올렸다. 대통령은 이 외교문서를 읽고 걱정이 되어서 상원 외교분과위원장 찰스 섬너를 방문해서 의견을 물었다. 섬너가 링컨의 걱정이 옳은 걱정이라고 전적으로 동의하는 바람에, 링컨은 수어드의 도전적 공문을 좀 부드럽게 수정한 후, 그 공문을 영국에 있는 애덤스에게 보내면서, 이 공문은 대사만 알고 있지 영국 외교부에는 비밀로 하라는 지시를 내렸다.

이로부터 링컨은 모든 외교 문제를 섬너와 상의했다. 두 사람은 겉으로 보기에는 걸맞지 않는 쌍이었다. 섬너는 인물이 잘났고 하버드에서 교육을 받았으며 세계를 두루 돌아본 정치가였는데, 링컨은 그와 정반대로 보기에 수수하고 스스로 독학해서 대통령이 된 사람이었다. 10년이나 상원에서 경험을 쌓은 섬너는 워싱턴에 새로 도착한 링컨을, "정직은 하지만 경험이 없는 사람"이라고 생각했다. 섬너 상원의원은 항상 일을 열심히 했고 모든 공무를 능숙하고 빠르게 처리할 수 있다고 자부했다. 이러한 섬너는, 링컨의 "일 처리 방식이 정상적은 아니다"라고 생각했고, 대통령은 "일의 경중을 빨리 터득하지 못하고 작은 일에 너무 얽매어 있는 것 같다"

고 평했다. 섬너는 또한 자기는 표준말을 정확하게 쓰는데, 대통령이 남부 이탈을 "사탕을 칠한 반란(rebellion sugar-coated)"라고 부른다던가 또는 연맹군이 "꼬리를 감추고 토꼈다"라고 말할 때는 몹시 못마땅하게 생각했다. 섬너는 유머라곤 찾아볼 수 없어서 링컨과 이야기를 나눌 때는 항상 불편했다. 그래도 대통령은 섬너가 집무실에 들어오면 엄숙한 척했고, 책상에 올려놓았던 두 다리도 내려놓곤 했다. 그러나 이렇게 상반된 두 사람은 서로 존경하고 좋아하는 사이가 되었다. 링컨은 섬너 상원의원이 자주 자기 성미를 건드리긴 하지만 절대로 부정은 모르는 사람으로 판단했고, 섬너는 대통령이 "옳은 일을 하고 나라를 구하려 노력하는" 사람이라고 인정하게 되었다. 링컨이 외교에 관해서는 항상 섬너에게 자문을 구하자 수어드는 워싱턴에 국무장관이 너무 많이 득시글거린다고 투덜댔다.

트렌트 사건이 일어나자 링컨은 자문이 많이 필요했다. 매이슨과 슬라이델이 잡혔다는 소식을 듣고 링컨은 처음에는 기분이 좋았다. 연방군이 승리했다는 소식이 없었을 때 트렌트 사건은 반가운 성공으로 보였다. 장관들도 모두 기분이 좋았으나 몽고메리 블레어만은 이 소식을 듣자 포로를 석방해야 한다고 경고했다. 월크스가 한 짓에 처음에는 모두들 좋아했으나 열기가 식자, 여론도 블레어의 경고가 옳다는 쪽으로 바뀌었다. 중립국 선박에서 연맹 사절을 잡아 끌어내린 것은 분명히 국제법을 무시한 처사였고, 공해에서 딴 나라 선박에 무단 승선해 수색하는 것은 미국 전통과도 상반된 처사였다. 법을 따지지 않는다 하더라도 월크스가 영국 우편선에 올라가 수색한 것을 미국이 소급 철회하지 않으면 영국에서 가만히 있지 않을 일이었다.

다른 일 때문에 정신이 없던 링컨은 트렌트 사건을 별로 관계치 않다가 섬너가 11월 말 워싱턴으로 돌아온 뒤 일이 급하다는 것을 알았다. 영국 진보파 존 브라이트나 리처드 콥든과는 자주 연락을 취해온 섬너는 매이슨과 슬라이델 체포로 영국의 반미 감정이 보통이 아니라고 링컨에게 전했다. 그는 파머스턴 경 내각에 남편이 각료로 있던 아질 공작부인의 편지를 보여줬다. 편지에는 이 두 밀사의 체포야말로, '미국 정부가 영국과 전쟁도 불사한다는 각오가 없이는 도저히 생각할 수 없는 미치광이 짓'이라고 경고하고 있었다. 링컨은 이 보고를 받고 깜짝 놀라서 섬너와 거의 매일 만나 최근 뉴스를 의논했다. 그는 이 일이 영국과의 전쟁으로 이어질 수도 있다고 실감하게 되었다.

링컨은 섬너에게, "영국이 전쟁을 하고 싶지 않는 한 전쟁은 절대로 없을 것이오"라고 확인했다. 그는 자기 정권의 평화적 외교정책이 유럽 열강으로부터 오해를 받았다고 생각해서 의전을 무시하고 영국 대사 라이언스 경과 면담을 했으면 좋겠다고 말했다. 그는 섬너에게, "라이언스 경을 만날 수 있으면 5분도 안 걸려서 내가 얼마나 평화를 원하나 설득시킬 수 있소이다"라고 말했다. 섬너는 대통령이 그렇게 하는 것은 적절치 않다고 반대하다가, 존 브라이트가 좋은 생각이라고 하자 대통령에게 그렇다면 프러시아 왕이나 유명 인사를 통해서, 영국과의 문제를 중재에 맡겨 보는 것이 좋겠다고 조언했다. 섬너가 좋다고 하자 링컨은 곧 제안서를 쓰기 시작했다. 그는 브라우닝에게, "영국이 우리들에게 정정당당하게 대하면 평화가 어려울 것도 없다"라고 말했다.

그러나 모든 사람들은 중재를 구할 시간도 없다고 충고했다. 외국에 나가서 연방 외교를 위해 일하던 설로우 위드는 영국이 전쟁 준비 중이라고 보고해 왔다. 영국은 8,000명 군사를 캐나다로 보내고, 미국과 초석이나 딴 군수품을 통상하는 것을 금지시켰다. 프랑스에서는 데이튼 대사가 나폴레옹 3세 정권은 이 위기에서 영국 편이라고 보고해 왔다. 12월 23일 라이언스 경이 미국 정부에게 매이슨과 슬라이델을 석방시키고 트렌트 사건에 대해서 공식 사과를 요구했을 때 링컨 정권은 별로 놀라지 않았다. 라이언스는 만일 미국 정부가 7일 안으로 만족할 만한 대답을 안 주면 대사관을 폐쇄하고 워싱턴에서 떠나라는 본국 훈령이 있었다고 수어드에게 비공식적으로 말해 주었다.

링컨은 이 얘기를 전해 듣고 크리스마스 날 내각회의를 소집했다. 섬너는 이 자리에 초청되어 최근 브라이트와 콥든에게서 온 편지, 연맹 사절을 석방시키는 것이 좋겠다는 편지를 내각 각료에게 읽어주었다. 각료들은 이 회의에서 자기들이, "나라의 운명을 결정할지도 모르겠다"고 실감하게 되었다. 모두들 영국과의 전쟁은 꼭 피해야 한다는데 합의했고, 대통령은 "두 전쟁을 한꺼번에 하는 것"은 어리석은 짓이라고 말했다. 그동안 큰소리를 치다가 이 위기가 얼마나 심각한가를 감지하게 된 수어드는 자기가 준비했던 의견서, 즉 윌크스 함장이 국제법을 어겼으니까 매이슨과 슬라이델을 즉시 석방시켜야 한다는 의견을 발표했다. 블레어를 제외한 장관들은 수어드 의견서에 동의한 것을 각기 한심해 했다. 체이스는 "속이 쓰리고 아프다"라고 말했고, 대통령까지도 이 사건이 실속은 하나도 없으면서 영국이 무서워서 석방시킨다는 것에 화가 나 있었다. 그들은 다음날 다시 만나기로 약속하고 헤어졌다.

다들 떠난 다음 대통령은 수어드에게 말했다. "지사님, 당신은 돌아가셔서……왜 이 사람들을 석방해야 하나 그 이유들을 적어보시오. 나는 그 반대로 왜 석방하면 안 되나 이유들을 적어보겠소. 그래서 양쪽 이유들을 비교해 봅시다."

대통령은 그날 저녁 의견서 작성을 포기하고 브라우닝에게 영국과의 전쟁은 절대로 없을 거라고 통고했다. 다음날 내각회의가 다시 열렸고, 수어드는 라이언스 경에게 보낼 공한을 낭독했다. 내각 각료들은 마음이 내키지 않는 것 같았으나 전원이 이 공한을 지지했다. 회의가 끝난 뒤 수어드가 대통령에게 "어제 말씀하신 의견서는 어딨습니까?"라고 물었다.

링컨은 미소를 띠면서 수어드에게 대답했다. "내 마음에 흡족할 만한 이유를 찾을 수 없습디다. 그러니 장관님 이유가 다 옳을 수밖에 없더군요."

이렇게 되어서 미국 내전 중 제일 위급했던 국제 분규는 일단락 짓게 되었다.

IX

1861~1862년 겨울, 국내 문제로 링컨에게 닥친 위기는 당시 국제 위기와 맞먹을 정도로 위급했다. 군대는 출전하지 않고 군비는 계속 늘어가는 한심한 상황에 화가 난 국회는, 자기들이 전쟁을 직접 해보겠다고 나섰다. 국회가 열린 날 대통령 메시지를 읽기도 전에 트럼불은 합중국에 반(叛)해서 무력 투쟁에 나선 자들이나 반란을 돕고 방조한 자들의 토지와 노예들을 몰수하는 법안을 올리겠다고 선언했다. 이전에는 링컨과 정치적으로 가까웠던 일리노이 주 상원의원 트럼불은 대통령이, "국가가 위기에 처했는데도 의지가 부족하다"고 믿게 되었고, 그래서 국회가 나서서 이 전쟁을 빨리 끝내야 된다고 주장하게 되었다.

딴 국회의원들은 국회조사단을 조직해서 진전이 없는 전쟁에 박차를 가해야 한다고 주장했다. 이들은 뷰캐넌 정권 때 공화 당원으로 구성된 국회조사단을 조직해서 뷰캐넌 정권을 괴롭혔던 일을 상기한 것이었다. 위스콘신 주 하원의원 존 F. 포터가 주관하는 하원위원회는 여름내 아직까지 정부 안에 있는 반란파 세력을 색출해서 그들을 파면시키든가 사직서를 받아냈다.

하원 법사위원회는 '언론의 전신 관제 건'을 조사하다가 백악관까지 조사하겠다고 야단들이었다. 사건은 그동안 철저한 보안 정책에도 불구하고 대통령의 국회 연두교서 초본이 국회에서 읽혀지기도 전에 「뉴욕 헤럴드」에 게재된 것이었다. 「헤럴드」의 스파이로 판명된 건달 헨리 와이코프가 백악관을 무시로 드나들었다는 것이 알려졌다. 메리 링컨은 세상 구경을 많이 하고 구변이 좋았던 와이코프에게 푹 빠져서, 와이코프는 백악관을 제집처럼 드나들었다. 「헤럴드」의 경쟁지 「뉴욕 트리뷴」은 미세스 링컨이 남편 메시지를 훔쳐서 와이코프에게 전했다고 고발했다. 이 신문기사를 읽은 국회 하원법사위는 곧 이 사건을 조사하기로 결의했다.

수도에서는 아무도 메리 링컨을 좋아하는 사람이 없었다. 워싱턴 지배계층의 귀족 미망인들은 메리 링컨이 남쪽 편을 드는 여자라고 모두들 미워했다. 수도에 살던 북쪽 출신 귀부인들도 메리 링컨이 남부 주 출신이고 메리의 남자형제들 몇 명은 연맹군에 가담했다는 사실을 알고 메리의 애국심을 의심했다. 「신시내티 커머셜」의 뮤라트 헬스테드 기자는 메리란 여자는, '바보천치로서 수도 사람들이 모두 그녀를 조소하고 있으며, 사람들이 그러는 것을 탓할 수도 없는 것이, 그 여자는 비싼 말, 마차, 하인들을 거느리고 비싼 옷에다가 건방진 태도를 일삼는 저속한 여자' 라고 신문에 발표했다. 뉴욕 상류사회에 속했던 존 비걸로우는 메리가 불어를 하는 체하는데 얼마나 잘하느냐고 누가 묻자, "아주 조끔 한다(Tres poo)" (Tres peu를 잘못 적은 말—옮긴이) 라고 대답했다고 조롱했다. 이런 여러 가지 가십들 때문에 사람들은 메리와 와이코프 '기사(騎士)'의 관계에 대해서 입방아들을 찧었다.

이 가십은 후일 증명할 수 없는 것으로 판명되었다. 하원위원회에 소환된 와이코프는 처음에는 메시지를 준 사람이 누군지 밝히기를 거부해서 그날 밤 유치장에 갇혔다. 다음날 그는 메시지를 자기에게 준 사람은 메리가 아니고 백악관 정원사 존 와트였다고 증언했다. 위원회는 이 증언을 수일간 미루다가 조사를 중단하기로 결정했다.

그보다 더 급한 위기는 국회가 7월에 정부 계약의 비리와 부정을 조사하겠다고 특조위(特調委)를 구성한 것이었다. 뉴욕 주 출신 찰스 H. 밴 윅 의원이 위원장으로 있던 이 특조위는 이미 미주리 주에서 프레먼트 스캔들을 성공적으로 조사해 처리한 일이 있었다. 이들은 이미 널리 알려진 국방성 부정 비리를 파고들었다. 업자들이 불량품을 조달하면서 관리들과 노략질을 했으나 이런 한심한 일에 대통령이 조금이라도 연루됐다고는 아무도 생각지 않았다. 링컨은 이런 일에 어찌나 세심했던지 워싱턴 기념탑 밑 군대 취사장에서 취사병들이 잡은 일등품 쇠고기를 백악관에 보내겠다는 것도 한마디로 거절해 버리곤 했다. 곁에 있던 사람이 그게 무슨 대단한 일이냐고 말하자 링컨은 "제일 대단치 않은 일이 제일 대단한 스캔들이 될 수도 있다"라고 대답했다. 국방장관 사이먼 캐머론도 개인적으로 썩었다고는 안 믿었으나 그는 부패한 국방성의 책임자로서 부패에 대한 책임을 져야 했다.

국회가 잔소리를 안 해도 링컨은 국방성이 얼마나 한심한가 잘 알고 있었다. 그는 남들이 듣지 않을 때 니콜라이에게, 캐머론은 "철저히 무식하고……저밖에는 모르는 사람이며, 대통령에게도 내놓고 무례한 짓을 하며, 국민들에게도 오만불손하고, 작은 일들을 챙기거나 큰 계획을 구상할 줄도 모르는 한심한 자"라고 불평했다. 그가 그렇게 생각하지 않았다 하더라도 국방장관을 비난하는 편지가 매일 한 뭉치씩 들어왔다. 구스타프 쾨르너는 일찍이 7월 24일 트럼불에게 경고했다. "국방장관은 국민들의 신임을 잃었습니다. ……그는 모든 공금횡령 사건에 연루되어 있다고 의심을 받습니다. ……링컨 씨는 정직한 국방장관이 절대로 필요합니다." 한 뉴욕 시민은 대통령에게 편지를 보내서, '온 국민이 캐머론은 도둑놈이라고 의심한다'며, 국방성에서 군인들에게 지급할 10파운드나 11파운드는 돼야 할 털 담요를, 5파운드도 안 되는 반쪽 털 담요를 같은 가격에 구입했다고 상세히 보고했다. 항상 말을 조심하는 브라우닝까지 링컨에게, 국방장관은 "옳든 그르든 전 국민의 신임을 잃었으니까" 이제는 그 자리에서 물러나야 한다고 충고했다. 뉴욕 은행가 제임스 A. 해밀턴은 링컨에게 국방장관이 물러나면 재무성에서 애를 먹고 있는 전비 1억 달러가 당장 건힐 거라고 장담했다.

링컨은 처음부터 캐머론이 마음에 안 들었으나 일이 이렇게 되자 국방장관을 당장 해임시키는 것보다는 그에게 암시를 줌으로써 일을 해결하려 했다. 그는 캐머론의 친구인 스카일러 콜팩스에게 캐머론을 지금 경질시키는 것이 정당하지는 않지만, "일이 표면화된 이상 빨리 해결하는 것이 좋겠고" 국방성에 새 사람을 앉히면 여러 가지 이득이 있다고 말했다. 그는 뷰캐넌 정권 말기에 국방장관을 지냈던 조셉 홀트로 국방장관을 삼았으면 한다는 말을 퍼뜨렸다. 그러나 캐머론은 이런 소문을 귓등으로 흘리고 계속 뻗대고 앉아 있었다.

사임 압박으로 궁지에 몰린 캐머론은 마지막 수단을 썼다. 대통령 교서에 장관들 모두가 보고서를 제출하게 되어 있었다. 프레먼트가 미주리 주에서 노예들을 해방시킨다고 선포했을 때, 반노예제도 세력이 이 선포문을 열렬히 환영했던 것을 상기한 캐머론은 자기가 준비한 보고서에다, '노예들을 무장시켜 반적들과 싸우게 하는 것은 정부의 당연한 권리'라고 제안하고, 이 보고서를 대통령의 사전 허락도 없이 큰 도시 신문사에 배포했다. 링컨은 즉시 캐머론의 보고서에서 노예정책 부분은 삭제하라고 지시했다. 이제 캐머론이 내각에서 쫓겨나는 것은 시간 문제였다. 대통령은 자기 정권 수하가 무능하거나 게으른 것은 참을 수 있어도 프레먼트나 캐머론 따위가 노예제도에 관한 정부 시책을 바꾸려 하는 것은 참을 수 없었다.

1862년 1월 11일 링컨은 거두절미하고 캐머론에게 장관직을 내놓고 러시아 대사직을 맡으라고 전했다. 그럴 의사가 전혀 없었던 캐머론은, 체이스 재무장관이 링컨의 편지를 전하자 눈물을 흘리면서 이것은 자기를 "개인적으로도 그렇고 정치적으로 죽이려는 처사"라고 흉물을 떨었다. 링컨은 캐머론의 기분을 달래기 위해서 그 편지를 철회시켜 캐머론이 사임서를 제출할 기회를 주었다. 그는 새로 작성한 편지에서 자기는 캐머론을

'높이 평가한다' 면서, 캐머론을 '능력 있는 애국자로서 국민의 여망에 부합하는 지도자' 라고 사탕발림을 했다.

캐머론이 사직했다고 해서 링컨의 고충이 없어진 것은 아니었다. 하원위원회가 어찌나 지독하게 국방성 비리를 일일이 캐내는지, 링컨은 그중 제일 지독했던 하원의원 헨리 L. 도스가, "이 나라에서 제일 지독하게 이 정권을 붕괴시키려던 사람 중 하나"라고 치를 떨었다. 국회는 4월 위원회의 제안에 따라 전 국방장관의 부정은 "공직 사회에 무서운 해독"이었다고 불신임 결의를 채택했다. 일이 이렇게 진전되자 링컨은 사태수습에 나서지 않을 수가 없었다. 그는 전쟁 초기에 공개 입찰을 거치지 않고 계약을 했다던가, 사전 결재 없이 공급을 지출했다던가 여러 가지 잘못된 일들이 있었지만 그것은 비상시 필요했던 조치이고, 캐머론 장관이 "그런 비상조치들을 재가한 것"은 사실이나 그 사람 하나만 탓할 수는 없다고 말했다. 그는 이 모든 일이 "대통령 책임이며 각부 장관들도 각자 책임을 져야한다"고 변명했다. 국회도 이 일로 해서 정부를 붕괴시킬 수는 없다고 생각했는지 국방성 비리조사는 이것으로 일단락 짓고 말았다.

군사 일에 관한 조사권은 국회 회기 초에 구성한 양원합동 전사위원회가 장악해서 전쟁 중 계속 권위행사를 했다. 이 합동 전사위원회는 본래 볼스 블러프 패전 후 패전 이유를 밝히기 위해 구성됐는데, 위원회는 그 후 전국 군사작전에 관계를 하면서 간섭을 많이 했다. 그들은 특히 포토맥 군단의 움직임, 아니면 복지부동(伏地不動)에 관해서 말들이 많았다. 항상 링컨과 매클렐런을 한꺼번에 씹던 벤저민 F. 웨이드가 전사위원회 위원장이었고, 재커라이어 챈들러가 들러리였다. 위원회에 속한 공화당계 하원의원 3명, 인디애나의 조지 W. 줄리언, 펜실베이니아의 존 커보드, 매사추세츠의 대니엘 구치도 장군과 대통령에게 전쟁을 보다 적극적으로 수행하라고 강압적이었다. 그 다음에는 남부 주에서는 유일하게 상원에 남아 있던 민주당 소속 앤드루 존슨 상원의원과 뉴욕 주의 모제스

오델이 위원회에 속해 있었다.

링컨은 이 전사위원회가 행정부를 성가시게 구는 존재일지 모른다고 생각해서 별로 달갑지 않게 생각했다. 링컨이 전사위원회를 반대한다는 소식을 듣고 웨이드와 챈들러는 백악관을 찾아가 대통령에게 전사위원회는 대통령을 돕기 위해서 일한 것이지 절대로 방해할 의사가 없다고 전했다. 쌍방은 서로를 신임하지는 않았지만 최소한 겉으로는 서로 좋은 척했고, 12월 31일 처음으로 이 위원회를 만난 뒤 대통령은 위원회에 속한 국회의원들이, "올바른 사람들로 보였다"라고 말했다.

전사위원회와 대통령은 매클렐런의 계획이 무엇인지 궁금했으나, 장군은 대통령에게까지 말이 없었다. 그는 자기의 작전계획을 밝히지 않고 단지 매나서스를 통해 진군하려던 전 계획은 이미 물 건너갔으며, 자기는 "적은 물론 우리 편도 생각지 못했던 작전계획이 있다"라고만 운을 뗐다. 전사위원회는 이런 이야기조차 들은 적이 없어서 장군을 국회로 소환했으나, 그는 크리스마스 바로 전 장티푸스에 걸려 드러눕고 말았다. 그는 3주간이나 위원회 출두는커녕 아무 일도 할 수 없었다. 그의 군사령 체제에는 2인자도 없었고, 고급 장군들과 작전계획을 상의한 일도 없었다. 대통령과 함께 답답했던 위원회는 반 매클렐런 세력의 증언을 듣기 시작했고, 그러다 보니 위원회는 장군만 힐책하는 것이 아니라 그의 상관이자 전군 총수인 대통령에게까지 불똥이 튀게 되었다.

12

물통 밑바닥이 빠졌어

법무장관 베이츠는 1861년 일기장 끝에, '대통령은 훌륭한 사람이며 대체로 현명한 사람이다. 그러나 그는 의지와 목적이 결여된 사람으로 나라를 이끌어나갈 능력은 없는 사람인 것 같아 걱정이다'라고 적었다. 링컨 정권에서 제일 근엄하고 보수적이었던 법무장관의 의견이 이러한데, 딴 사람들의 의견은 물을 것도 없었다. 거의 모든 사람이 대통령은 정직하고 선량한 사람이라고 믿었고, 그를 만났던 사람들 대부분이 그를 좋은 사람으로 보았다. 예를 들면, 1862년 1월 섬너와 함께 대통령을 심방했던 랠프 월도 에머슨은, 링컨의 수수한 스타일과 어색한 몸짓 손짓을 이상하게 보지 않고 대통령은 "솔직하고 근실하며 선한 사람으로 보였으며, 사람들이 말한 것처럼 흉하지 않고 제대로 된 법률가적 심성을 보였으며 어린아이 같은 천진난만한 점이 있었다"라고 평했다. 그러나 그가 앉아 있는 자리에 걸맞는 지도자라고 생각하는 사람은 거의 없었다.

그에게는 일을 제대로 성공시킬 능력은 없는 것 같았다. 매이슨과 슬라이델을 석방함으로써 외교적으로 수치를 감수해야만 했고, 많은 돈을 쓰고 훈련시킨 대군은 겨울이 닥쳐서 꼼짝 못하고 웅크리고 있었다. 전비가 너무 많이 들어서 나라 살림은 빚투성이었고, 전국 은행들은 정화(正貨) 지불을 보류했다. 북서부 농장들은 일꾼이 없어서 농사를 못 짓는 형편인데, 미시시피 강이 막혀서 농산물을 시장으로 운송할 수도 없었다. 일리노이 주의 한 카산드라(흉사의 예언자—옮긴이)는, "국민들은 출혈로 고생하면서, 이 고생이 목적도 없는 전쟁 때문이라고들 믿고 있어서, 이 전쟁을 오래 참지는 않을 것"이라고 경고했다.

모든 상황이 하도 절박해서 링컨은 1월 연맹이 승리할지도 모르겠다고 걱정하면서, "이 나라가 정말로 두 쪽이 날지도 모르겠다"고 말했다.

I

 이 모든 문제의 근본 원인은 군대가 출전해서 국민에게 승리를 안겨주지 못하는데 있었다. 링컨의 총사령관은 아직도 장티푸스에서 회복하지 못해서 군사(軍事)를 돌보지 못했다. 전사위원회가 1월 6일 대통령을 만났을 때, 그들은 대통령도 그렇고 아무도 매클렐런의 작전계획에 대해서 아는 것이 없다는 사실에 경악했다. 링컨은 국회의원들에게 자기는, "군인이 아니라 매클렐런 장군에게 모든 일을 일임했고 사실 작전계획 같은 것을 알 권리가 없다고 생각했다"고 말했다.

 국회나 신문에서는 군대를 진격시키라고 야단들이고, 매클렐런은 아파 누운 상황이어서, 대통령은 자신이 직접 군 총사령관 노릇을 해보려 했다. 그는 매클렐런이 애팔래치안 산맥 서부에 있는 군사와 포토맥 군단의 진격을 동시에 공조하려 했다는 것을 알고 뷰엘과 핼렉 장군에게 계획했던 대로 작전을 실시하라고 지시했으나, 이 두 장군도 매클렐런의 계획이 무엇인지 전혀 모르고 있었다. 그는 두 장군에게 "서로 연락하면서 동시에 움직여라" 하고는, 핼렉에게 켄터키 서부에 있는 콜럼버스를 진짜든 허세든 공격하라고 지시했고, 뷰엘에게는 켄터키 중남부에 있는 보울링 그린으로 진격하라고 지시했다. 링컨이 바란 것은 뷰엘이 테네시 동부로 진격해서 종국에는 '적군의 통신 동맥'인 동서를 잇는 간선 철도를 단절해서 연맹을 쪼개버리자는 생각이었다. 더욱 중요한 목적은 테네시 동부에 있는 연방 측 주민 세력을 해방시키는 것으로, 링컨은 이 세력이야말로 "남부에서 우리에게 제일 중요한 몫"이라고 생각했다.

 두 장군은 링컨을 실망시켰다. 링컨은 아직 군 총사령관 노릇을 하기에는 스스로 자신이 없었다. 그는 장군들에게 명령을 내린 것이 아니라, "성실한 마음으로 참고해 보아 달라는" 자기의 '의견'을 보낸 것이어서, 장군들은 그의 의견을 따르면 좋고 안 따라도 괜찮다는 생각이었다. 테네시 동부로 통하는 길이 겨울철에는 형편없기 때문에 뷰엘은 대통령에게 자기는 내슈빌로 진격하겠다고 말했다. 그러나 내슈빌은 링컨이 말한 대로 군사적으로 아무 소용이 없는 도시였다. 핼렉은 뷰엘의 작전계획이 아무 짝에도 쓸모없다고 주장했고, 어찌 됐든 간에 자기는 콜럼버스 진격 때문에 군대를 나누어 뷰엘을 도울 수는 없다고 전문을 보냈다. 대통령은 실망해서 이 전문들을 인정하고 국방성으로 보냈다. 그는 "참으로 실망이 크다. 딴 데서나 마찬가지로 이곳에서도 아무 일도 되는 것이 없다"라고 말했다.

일이 점점 더 절박해지자 링컨은 자기가 직접 나서서 군대를 이끌고 전투 지휘를 할 생각까지 했다. 헌법에는 그가 전군의 총수로 지명되어 있는 것이 사실이었다. 그는 국회도서관에서 헨리 W. 핼렉이 쓴 교과서 같은 책 군사학 기본과 군사작전에 관한 책 몇 권을 빌려서 읽기 시작했다. 그는 워싱턴 부근에 있는 장군들과 열심히 토론했고, 전장에서 들어오는 보고문들을 열심히 읽었다. 그는 이따금 자기가 군대를 직접 지휘하면 장군들보다 나을 거라고 생각하곤 했다.

그러나 그는 자신이 군인도 아니고, 이 모두가 진짜 난관을 잠시 회피하기 위한 터무니없는 공상이란 것을 알고 있었다. 그는 1월 10일 자기를 찾아온 군수국장 몽고메리 C. 메이그스 장군에게 자기가 처한 곤경을 털어놓았다. "국민은 이제 지쳤고, 재무장관 체이스는 국고가 이미 고갈이 나 더 돈을 만들 힘이 없다고 하고, 총사령관은 장티푸스로 드러누워 있소. 물통 밑바닥이 빠졌소이다." 그는 "난 어쩌면 좋겠소?"라고 한탄했다.

메이그스는 링컨에게 포토맥 군단의 상급 장교들을 불러 의견을 물어보면 어떻겠냐고 조언했다. 그날 저녁 링컨은 맥도웰 장군과 윌리엄 B. 프랭클린 장군을 백악관으로 불러서 수어드, 체이스 그리고 국방차관 피터 윗슨 등과 회동했다. 이 비공식 작전회의에서 대통령은 자기가 처한 곤경을 털어놓았다. 그는 누구와든 의논을 해야 일이 풀리지 않겠느냐고 좌중을 둘러보았다. 매클렐런 장군이 포토맥 군단을 쓰지 않을 작정이면, 링컨은 "내가 작정이 서면 그 군대를 잠시 빌리고 싶다"라고 말했다. 두 장군은 각각 다른 의견을 냈다. 맥도웰은 자기가 참패했던 매나서스로 다시 진군해야 한다고 주장했고, 매클렐런의 속생각을 좀 알던 프랭클린은 군대를 요크 강 쪽으로 진군시킨 후 리치먼드를 동쪽에서 공략해야 한다고 주장했다. 대통령은 두 장군에게 군대 현황을 좀더 파악한 후 다음날 만나자고 지시했다.

다음날 비공식 작전회의가 다시 열렸을 때, 두 장군은 매나서스 진군이 좋겠다고 같은 의견을 내놓았으나, 이날 회의에 참석한 몽고메리 블레어와 메이그스는 매나서스로 진군하면 전같이 참패할 거라고 결사반대였다. 링컨은 어느 쪽이 옳은지 분간이 안 가서 결정을 못 내리고 회의를 해산시켰다.

1월 13일 매클렐런이 병상에서 일어나 회의에 참석했다. 그는 이 회의가 자기를 해코지하는 공모라고 생각해서 입을 꼭 다물고 말이 없었다. 링컨이 일이 급한 이유에 대해 다시 언급한 뒤 어떻게 했으면 좋겠느냐고 묻자 매클렐런은 한심하다는 듯, "상황이 너무 자명한 일이라 장님도 볼 수 있는 일"이라면서, 전에나 마찬가지로 연맹군이 아군보다 수적 우세하다는 불평을 또다시 늘어놓았다. 결국 체이스 장관이 단도직입적으로 매클렐런에게 작전은 무엇이며 언제 진군할 거냐고 물었다. 장군은 암말 않고 자리에 앉아 있었다. 메이그스 장군이, 대통령은 작전과 진군 시기에 대해 알 권리가 있다고 말하자, 그는 딴 사람들은 못 알아들을 정도의 낮은 목소리로 "지금 저 사람에게 내 계획을 말하면 내일 아침 「뉴욕 헤럴드」에 기사로 날 것이오. 저 사람은 비밀을 못 지키는 사람이오"라고 말했다. 사람들이 계획이 무엇이냐고 재차 다그쳐 묻자, 그는 "나의 계획을 공개하기가 싫다"며, 군사작전이란 미리 아는 사람이 적으면 적을수록 좋다는 말만 했다. 그러면서 "나의 계획을 밝히라고 명령을 내리면 말을 하겠다"라고 뻗대었다. 그는 링컨에게 마지못해서 한다는 말이 자기에게는 모종의 계획이 있고 진군 시기도 결정했다는 것이었다. 링컨은 하는 수 없이 그렇다면 만족이라면서 회의를 끝냈다.

그러나 링컨이 정말 만족한 것은 아니었다. 이 일이 있은 지 며칠 후 미시시피 강 하구를 점령하려던 계획이 군 장비 준비 부족으로 차질을 빚었다는 것이다. 그래서 앞으로 어떻게 하겠다는 예정도 없이 작전이 취소되었다는 소식을 전해 들은 그는 더욱 낙심에 빠졌다. 화가 머리끝까지 난 링컨은 구스타프 폭스에게 "내 자신이 직접 군사작전권을 휘어잡아야 하겠다"라고 말했다.

II

국회 공화당 의원들도 당 총재인 대통령을 계속 비난하고 씹어대는 바람에, 링컨은 이중으로 고통을 겪어야 하는 궁지에 몰려 있었다. 이즈음 국회 내 공화당 의원들은 단합하지 못했다. 당원들은 지역 간의 이해 차이로 서로 다투기가 일쑤였다. 주립대학을 신설하기 위해서 국유지를 무상으로 분양해 주자는 법안이나, 태평양 철도를 건설하기 위한 회사를 설립하자는 법안, 관세를 올리고 1817년 이후 처음으로 국내 생산품과 소비자들에게 조세를 징수하자는 법안 등에 관해서 당원들은 동서 세력으로 갈려서 서로들 아옹다옹하고 있었다. 링컨은 이런 문제에 직접 간여하는 것을 싫어했다. 그는 휘그당에서 정치를 배웠기 때문에 이런 일로 국회와 맞서는 것을 싫어했고, 자기 주장이 국회와 다르다고 거부권을 행사하는 것도 별로 좋아하지 않았다.

그러나 그는 전쟁을 수행하는 일이나 반란 주들의 장래, 노예 문제에 관해서는 깊이 관여했다. 국회의원들은 이런 문제에 대해서도 모두들 의견이 달랐고, 누가 어느 편인지 분명하지가 않았다. 극렬파들은 전쟁을 철저히 수행하려면 남부 세력의 사유재산을 몰수하고 노예들을 해방시켜야 한다고 주장했고, 자칭 온건파(또는 보수파로도 불렸다)들은 남부 세력의 재산이나 사회조직을 파괴하지 않는 선에서 전쟁을 수행하자고 주장했다.

  이 두 세력 모두 대통령 편은 아니었다. 그들은 전쟁 수행은 주로 행정부 수반의 소관이라는 링컨의 주장도 인정하지 않았고, 기타 대통령 정책을 지지하지도 않았다. 웨이드 같은 극렬파 의원은 링컨이 무능하고 취약하다고 씹어댔고, 온건파 소속의 메인 주 상원의원 윌리엄 피트 페센던도 "현재 우리에게 닥친 위기를 해결할 수 있는 사람은 정부 어느 기관에도 없다"라면서, "대통령이 자기 부인의 의견을 좇아서 일을 한다면 약간의 가망은 있을 것이다"라며 비아냥거렸다.

  공화당 국회의원들이 대통령에게 이렇게 지독하게 비판적이었던 이유는 이제까지 여당으로 세력을 잡아본 적이 없어서, 그들은 건설적 지도 능력이 무엇인지 몰랐기 때문이다. 공화당 대변인들은 전에 피어스 대통령이나 뷰캐넌 대통령을 매도하는 것으로 명성을 떨쳤고, 이런 옛날 버릇이 지금도 계속되고 있었던 것이다. 국회 지도자층들은, 특히 상원 지도자들은 워싱턴에서 오랜 세월 동안 활약해 온 터줏대감들로서 링컨을 신참내기 방해꾼으로 여기고 있었다. 자기 선거구 주민들의 권익에만 책임이 있다고 생각했던 공화당 상·하원 의원들은 링컨의 입장을 이해하지 못했다. 링컨은 소수 대통령으로서 공화당만이 아니라 민주당의 지지도 필요했고, 북부 세력과 더불어 접경주 세력의 지지도 필요했고, 동쪽 사람들만이 아니라 서쪽 사람들의 지지도 필요했다.

  이런 이유로 해서 공화당 국회의원들은 대통령을 우습게 알았고, 그가 하고자 하는 일에 관심이 없었다. 선거 후 정치적 공직 임명도 다 끝난 상태라 그들은 대통령에게 더 기대할 것도 없었다. 링컨은 정부 인사나 군 인사 발령을 정치적 보복에 이용하지 않았고, 콧대가 높을 대로 높아진 국회의원의 자존심을 다독거릴 시간이나 여유도 없었다. 국회의원들은 링컨이 마음은 착하나 무능한 대통령으로 이번 임기가 끝나면 끝장이라고 판단해서 마음놓고 대통령을 무시했다.

링컨을 씹어대던 몇몇 공화당 불평분자들은 드러내놓고 백악관과 싸울 작정인 것 같았다. 이 쟈코뱅들의 수는 많지 않았으나 당에서의 서열이 높아서 모두들 분과위원회 위원장직을 맡고 있었다. 상원에서는 웨이드, 챈들러, 트럼불이 제일 눈에 띄는 반링컨 극렬파였고, 이들만이 아니라 아이오와의 제임스 W. 그라임스와 미네소타의 몰턴 S. 윌킨슨이 자주 행정부를 공격했다. 이들 공화당 지도자들은 공개석상에서는 마지못해 대통령에게 정중한 척했다. 웨이드는 국회에서 링컨을 정치적으로 죽일 작정인지, 링컨은 "순하고 공평하고 정의로운 사람이지만……너무 순해서 반역자들에게까지 순하게 대하고 관용을 베푼다"라고 뒤통수를 쳤다. 그는 공개석상이 아닌 개인적 면담에서는 링컨에게 더 지독했다. 국회 전사위원회가 12월 31일 대통령과 만났을 때, 그는 링컨에게 무례하게 말했다. "대통령 각하, 당신은 군대도 출전시키지 않고 노예제도에 관해서 명확한 정책도 없으니 그 결과 이 나라를 매일 조금씩 죽이고 있는 것 같습니다." 어떤 때 보면 쟈코뱅들은 일부러 대통령을 씹어대는 것 같았다. 웨이드는 백악관 무도회에 초대를 받았을 때, 초대장에 메모를 써서 백악관으로 돌려보냈다. '대통령 각하와 영부인께서는 지금 전쟁 중이란 것을 모르십니까? 대통령 내외분은 모르고 있지만 웨이드 내외는 알고 있기 때문에 그런 춤 잔치판에 낄 수가 없습니다.'

쟈코뱅들이 링컨에게 악감정을 품게 된 것은 개인적 실망도 이유였다. 웨이드는 1860년 공화당 공천을 못 받은 것에 아직까지 한이 남아 있었고, 트럼불은 선거 후 수고한 사람들을 한자리에 초대하는 자리에 자기가 빠진 것에 모욕을 느껴, 링컨이 대통령으로 있는 한 다시는 백악관에 드나들지 않겠다는 것이었다. 이보다 더 중요한 이유는 링컨과 과격파들 사이의 성격 차이였다. 링컨은 유동적이고 실제적인데 쟈코뱅들은 고집이 세고 협상할 틈이 없었다. 링컨이 우스갯소리로 "무정책이 나의 정책이오"라고 말하곤 했는데, 링컨 내각에 있던 체이스조차 이 말을 "천치 같은 소리"라고 일축했고, 웨이드와 그라임스는 대통령이 주견이 없다고 믿었다. 이렇게 유머도 없고 고지식했던 공화 당원들은 링컨의 실제적이고 현실적인 면을 비겁하다거나 주견이 없다고 오해했다. 수단은 유동적이었던 링컨의 그 이면에 자리잡고 있는 확고부동한 신념, 즉 연방의 보존과 자유의 보급 같은 목적을 이해하지 못했다.

누구를 미워해 본 적이 없는 링컨은 쟈코뱅들이 자기를 이처럼 증오하는 것을 이해할 수가 없었다. 링컨은 이 사람들을 노예해방 운동가로서 존경했는데, 실제로 만나보니 기대 밖이었다. 그는 존 헤이에게, 대통령이 된 후 제일 실망한 일이 그라임스로부터 계속 공격을 받은 일이라고 말한 적이 있었다. 링컨은 말하기를, "내가 이곳에 오기 전에는 상원에서 제일 의지하려던 사람이 바로 그라임스 의원일세. 내가 무척 좋아 했거든. 제일 강한 사람으로 생각했었지. 그런데 친구로는 그렇게 좋았던 사람이 적이 되니 그렇게 사나워지는군……. 왜 나를 그렇게 못보았는지 이유를 모르겠는데, 나만 보면 쌀쌀맞고 거의 원수처럼 대하는군."

링컨은 자신과 반링컨 과격파들 사이에 기질적으로 상반된 점들이 있다는 사실을 느끼지 못하고 있었다. 이런 점들을 감안하면 과격파들만 나무랄 수는 없다. 쟈코뱅들이 너무 강압적이었다면, 그 반면 링컨은 자주 그들에게 회피적이던지 애매하게 굴었다. 그는 사람들이 모두 굽실대는 것에 버릇이 든 이들 오만한 무리들에게 자기가 하는 일의 동기나 계획을 속 털어놓고 이야기한 적이 없었다. 링컨은 사실 겸허한 사람은 아니었다. 존 헤이가 제대로 본 것처럼, 링컨은 자신도 의식하지 못하는 사이에

이들 과격파들에게 '지적 오만과 무의식 중 우월감'을 보이곤 해서, 이 사람들로 하여금 자신을 지독히 증오하게끔 만들어놓았다.

III

1862년 1월 마지막 무렵 군사에는 좋은 일이 있었다. 링컨은 캐머론을 간신히 쫓아내고는 곧 에드윈 M. 스탠턴을 국방장관으로 임명했다. 링컨이 스탠턴을 국방장관으로 임명한 것은 뜻밖의 일이었다. 링컨이 과거에 무슨 나쁜 일이 있었다고 꽁하는 성격이 아닌 것은 모든 사람들이 다 아는 사실이었지만, 스탠턴은 매코믹 수확기 재판 당시 링컨에게 못할 짓을 했을 뿐만 아니라 평생을 민주당으로 지낸 사람이었다. 그는 뷰캐넌 정권의 마지막 법무장관으로, 취약했던 뷰캐넌 정권의 기둥 노릇을 하면서 링컨 정권으로 평화적 교체의 교량 역할을 담당했었다. 전쟁이 시작된 후 스탠턴은 뒤에서는 "현정권의 우둔함"을 신랄하게 씹어댔으나 겉으로는 점잖게 침묵을 지켰고, 캐머론을 뒤에서 법적으로 돕기도 했다. 노예주의를 평생 반대해온 그는 노예들을 해방시켜서 무장시키자던 캐머론 보고서의 기안자이기도 했다. 그러니까 국방장관의 해임을 유도한 장본인은 바로 스탠턴 자신이었다.

스탠턴을 잘 아는 사람이면 이러한 그의 이중성에 놀랄 일은 없었다. 기디언 웰스는 신임 국방장관이 "부하들에게는 오만하고 억압적인데 반해, 자신이 두려워하는 사람에게는 알랑대던지 뒤에서 모략을 일삼는 자"라고 결론지었다. 그는 자기가 필요한 사람들에게는 비루하게 굴었다. 그래서 매클렐런도 그의 임명을 지지했고 전사위원회 사람들도 그의 임명을 지지했다. 조셉 홀트 같은 열혈 연방주의자는 스탠턴을 "명예롭고 용기 있는 애국자"라고 극찬했으며, 이탈주의자들과 한때 가까웠던 뉴욕 시장 페르난도 우드도 그를 극찬했다. 캐머론도 자기 후임으로 스탠턴을 추천했으며, 더구나 믿을 수 없던 것은 내각에서 영원한 숙적이었던 수어드와 체이스가 둘 다 스탠턴의 임명을 지지했던 것이다.

스탠턴은 안정된 성격도 아니고 타인을 생각해 주는 사람도 아니었으나, 링컨은 이 사람을 없어서는 안 될 사람으로 생각하게 되었다. 키가 작고 몸집이 땅땅했던 57세의 신임 국방장관은 아는 것이 많았고 지독하다고 할 정도로 정직했다. 그는 국방성에 들어가서 지체 높았던 책상을 일반인이 볼 수 있는 방으로 옮기고, 사기꾼 군수업자들에게는 가차없이 욕하고, 승진을 바라고 아첨하는 군 장교들을 심한 말로 매도하곤 했다. 이러한 국방장관을 보고 링컨은 그를 극성쟁이 감리교회 목사에 비교한 적이 있었다. 그는 국회의원 도스란 사람에게, "스탠턴이 극성쟁이 목사처럼 저렇게 펄펄 뛰니 당분간은 그대로 내버려두는 것이 좋을 것 같소"라고 말했다.

대통령과 신임 국방장관은 일하는데 손발이 잘 맞았고 나중에는 개인적으로도 가까운 사이가 되었다. 대통령은 스탠턴이 성질이 급하고 오만하다는 것을 알고 있었고, 가끔 자기 멋대로 일을 처리한다는 것도 알고 있었으나 간섭하지 않았다. 어떤 사람이 국방장관에 대한 불평을 늘어놓자 그는 "물론 국방장관이 한 일을 뒤집어엎을 권리가 나에게 있다는 것은 알고 있습니다. 그러나 국방장관을 제치고 내가 전쟁을 감당할 수는 없습니다"라고 대답했다. 두 사람은 점차 일을 분담하는데 익숙해져서 링컨이 자신들의 관계를 설명한 적이 있었다. "할 수 있는 한 모든 사람의 의견을 들어주고 싶습니다. 그러나 스탠턴 장관과 나 사이에는 일종의 묵계가 있어서, 내가 그 사람에게 명령서를 보내도 그가 옳다고 생각하지 않으면 명령서에 따르지 않아도 어쩔 수 없는 그런 일들이 있습니다." 대통령은 이런 식으로 국방장관이 자기의 명령을 무시한다고 가끔 엄살을 떨었다.

그는 언론 검열을 스탠턴에게 위임하고선, 왜 자기가 연설하기를 꺼리는지 그 이유를 이렇게 설명한 적이 있었다. "국방장관은 신문기자들이 쓸데없이 떠들어댈까 봐 고삐를 바짝 조이고 있는데, 나에게도 고삐를 씌울까 겁이 나서 말을 안 합니다." 물론 이것은 농담이었다. 링컨은 자기가 중요하다고 생각하는 명령을 스탠턴이 거부하자 "내가 말한 대로 하시오"라고 간단히 처리했다.

스탠턴이 국방성을 통솔하게 되자 대통령 자신은 군대 작전에 관여하기 시작했다. 매클렐런을 만나보았으나 별 성과가 없었고, 이제 건강이 완전히 회복되었음에도 불구하고 매클렐런은 여전히 군대를 언제 진격시킬지 아무 말도 없었다. 링컨은 1월 27일 대통령 군령 제1호를 공포함으로써 요지부동의 군대를 움직이려 했다. 합중국 육·해군은 2월 22일을 기해 전군이 일제히 진격을 시작하고, 이 명령에 따르지 않는 사령관들은 문책하겠다는 내용의 군령이었다.

링컨은 답답한 나머지 이러한 군령을 내린 것이었고, 최근 그가 급하게 읽은 병서에서 나온 발상이었다. 매클렐런이 연맹군을 진압할 아무런 작전계획도 없으니 대통령 자신이 작전계획을 내놓은 것이었다. 그는 브라우닝에게 이렇게 말했다. "전면적으로 우세한 아군을 동시에 진군시킨다면 저들이 약하고 위급한 곳을 지원할 테니까 그때 약해진 곳을 공격하자는 것이 내 작전입니다." 링컨의 군령은 일기, 도로, 통신, 군수물 조달, 군 사기 등을 고려하지 않았고, 적군의 위치나 군세를 감안한 것도 아니었다. 각지 전투를 직접 지휘할 생각이라기보다 연방군 전체에게 움직이지 않으면 안 된다는 경고를 보낸 것이었다.

이러한 링컨의 경고가 효과를 본 것 같았다. 2월 22일에도 군대는 전면적으로 출전하지는 않았으나 그 무렵부터 서부 전선에서 승전보가 들어오기 시작했다. 링컨의 군령이 포고되기 며칠 전인 1월 19일에 조지 H. 토마스 장군 부대가 밀 스프링이란 곳에서 연맹군을 두드려 패서 켄터키 동부의 연맹군 방어선을 무너뜨렸고, 이보다 더 큰 소식은 테네시 강과 컴벌랜드 강에서 율리시스 S. 그랜트 장군이 공격을 시작한 것이다. 그랜트는 2월 6일 앤드류 푸트 제독의 함대와 수륙작전을 펼쳐 테네시 강의 헨리 요새를 점령했고, 그로부터 11일 후 도넬슨 요새의 항복을 받아냈다. 연맹군은 켄터키 주와 테네시 주 대부분을 잃었고, 2월 25일에는 뷰엘 장군이 내슈빌을 점령했다.

이제까지 별로 좋은 일이 없었던 현정권으로서는 서부에서 들어오는 승전보가 큰 뉴스가 아닐 수 없었다. 링컨은 그랜트를 소장으로 승급시키는 임명장에 서명하면서 매우 기분이 좋았다. 그는 동부에 있는 연방군은 별로 치켜세울 일이 없었으나 일리노이 주 연방군이 최근에 보여준 쾌거를 예로 들면서, "남쪽 사람들이 우리 서부 군사들보다 자기들이 낫다고 생각한다면……앞으로 큰 코를 다칠 수도 있다"라고 호언했다. 계속 들어오는 승전보에 수도 사람들은 모두 기분이 들떴고, 이제 포토맥 군단이 연맹군과 일전을 한다면 전쟁은 곧 끝날 것이라고 낙관들을 했다. 링컨도 그렇게 생각하고 있었다. 링컨의 친구 조슈아 스피드는 링컨이 캐머론을 러시아 대사로 임명하고, 현 러시아 대사 캐시어스 M. 클레이를 소장으로 임명하겠다는 소식을 듣고 백악관으로 달려가서 클레이 같은 사람을 켄터키 전선의 사령관으로 임명하면 큰 실수라고 따지자, 링컨은 친구에게 전쟁이 곧 끝날 것이니 클레이가 사령관으로 부임할 일에 대한 걱정은 말라고 대답한 일이 있었다.

시절이 바뀐 것이 링컨 부부는 2월 5일—그랜트가 헨리 요새를 점령하기도 전인데—백악관에서 큰 연회를 열었다. 이때 국무성 관리들은 때가 때이니만치 백악관 연회는 작은 규모로 공중들을 초대해서 조용히 저녁 만찬으로 해야 한다는 건의를 했으나, 메리 링컨은 새로 단장한 백악관을 자랑하고 싶어서 자기가 선정한 500명 손님에게 초청장을 송부하고는 초청장을 갖고 온 손님만 백악관에 들이기로 작정했다. 초청장을 받지 못한 사람들은 당연히 불만이 많았다. 연회 날 저녁 9시가 되자 백악관에는 마차들이 밀려들기 시작했다. 군도를 허리에 차고 훈장을 주렁주렁 단 외교관들, 정복을 차려입은 장성들, 장관들, 대법관들, 상·하원 의원들이 몰려왔고, 새로 장만한 솔페리노 사기그릇 색과 맞추어 짙은 자주색 제복을 입은 백악관 직원들이 손님들을 동실에 있는 대통령에게 안내했다. 대통령은 새로 지은 검은색 연미복을 차려입었고, 퍼스트레이디는 수백 개나 되는 검은색 꽃으로 장식하고 어깨가 다 드러나보이는 흰색 실크 드레스를 입고 있었다. 연회장에는 해병군악대가 항상 불러대는 곡들을 연주하고 있었으며, 이날은 특히 '메리 링컨 폴카'란 신곡도 연주했다. 자정이 되어 만찬장으로 통하는 문이 열리자, 그 안에는 나라에서 제일 비싸다고 소문이 난 뉴욕 시의 마이아드 조리사가 준비해 놓은 희한한 뷔페가 차려져 있었다. 사탕으로 만든 선박 모형, 섬터 요새, 피큰스 요새 모형 등의 요리가 있었고, 그 옆에는 칠면조, 오리, 햄, 식용 거북, 꿩 요리 등이 쌓여 있었다. 음식은 밤 3시까지 계속 나왔고 많은 손님들이 새벽까지 연회장에 남아 있었다. 「워싱턴 스타」는 이 파티야말로 '이제까지 볼 수 없던 최고의 파티'라고 평했다.

IV

링컨가의 축하연은 오래 가지 못했다. 파티가 시작되기 바로 전, 아들 윌리가 괴질 열병에 걸렸는데 아마도 백악관 물이 오염되어 장티푸스에 걸린 것 같았다. 링컨 부부는 걱정하다가 파티를 취소할까 했는데 주치의는 당장 위험한 것은 아니니까 연회를 여는 것이 좋겠다고 조언했다. 대통령과 영부인은 파티 도중 백악관 위층으로 올라가 아들이 어떤지를 살

폈다. 이후 2주 동안 윌리의 병은 갈수록 악화되었고 태드까지 이 병에 걸렸다.

링컨은 아픈 아이들을 매일 밤 보살피느라 정무를 볼 겨를이 없었고, 간신히 꼭 필요한 일만 챙기는 정도였다. 윌리는 차도가 없이 점점 나빠져서, 링컨은 아들이 죽을 거라고 생각하게 되었다. 2월 20일 윌리는 죽었다. 링컨은 집무실로 들어오면서 비통한 목소리로 니콜라이에게 울부짖었다. "니콜라이, 내 아들이 죽었네. 내 아이가 정말 가 버렸어!" 그는 눈물을 줄줄 흘리면서도 남은 아들 태드를 돌보러 집무실에서 나갔다.

아이를 잃은 부모는 비탄에 잠겼다. 링컨은 죽은 아이의 얼굴을 들여다보면서 갈라진 목소리로, "이 아이는 이 세상을 살기에는 너무 착한 아이였어……그래도 우리가 그토록 사랑했는데"라고 비통해 했다. 백악관에서 윌리의 장례식을 치를 때 우연이라기에는 너무 이상할 정도로 워싱턴에는 전에 볼 수 없던 폭풍우가 몰아쳤다. 장례가 끝나고 한참이 지난 후에도 링컨은 방문을 걸고 홀로 앉아서 비탄의 눈물을 흘리곤 했다. 그는 윌리와 같이 지내던 때를 꿈꾸다가 깨어나서 윌리가 죽은 현실에 슬퍼하곤 했다. 윌리가 땅에 묻히고, 오랜 세월이 흐른 뒤, 몬로 요새로 가던 길에 링컨은 같이 가던 부하에게 『맥베스』와 『리어왕』의 구절들을 소리내어 읽고는, 아들을 잃은 컨스턴스가 존 왕 앞에서 비통해 하는 장면을 암송했다.

> 그리고, 성부여, 당신이 말씀하시기를,
> 저희들이 천국에서 친구들을 볼 수 있다 하셨습니다.
> 그것이 정말이라면 저는 제 아들을 다시 볼 수 있겠지요.

그의 목소리가 갈라지면서 눈물을 흘렸다.

대통령은 아직도 병상에 누워 형을 잃고 어쩔 줄 모르는 태드를 간호하면서 얼마간의 위로를 받았다. 링컨은 아파서 누워 있는 태드 옆에서 자주 간호를 하고 위로를 했다.

이 무렵 그는 종교에서 위안을 찾기 시작했다. 메리 링컨은 여러 해 세월이 흐른 뒤, "남편은 이 주제에 관해서……처음 관심을 갖게 되었다.……윌리가 죽었을 때 처음 관심을 가졌지, 전에는 그런 적이 없었는데"라고 회상했다. 메리가 이렇게 말한 것은 결혼생활이 평탄치 못해서 링컨의 속마음을 제대로 알지 못했던 것 같다. 링컨은 대통령에 당선된 후 점점 더 종교에 관해서 생각도 많이 했고 언급한 일도 많았다. 1860년 전에는 그가 편지에나 연설에서 신을 운운한 적이 거의 없었으나, 대통령이란 중책을 맡은 후 그는 자주 신의 도움을 찾았다. 예를 들면, 스프링필드를 떠나면서 동네 사람들에게 한 고별 연설에서 그는, "전능하신 하느님의 도움 없이는 저는 이 일에 성공할 수 없습니다"라고 말했고, 워싱턴으로 오는 길에서도 자주 "우리를 버리신 적이 없는 하느님의 섭리"를 찬양하면서, "우주를 창조하신 전능하신 하느님"께서 나라를 구하실 것이라고 거듭 강조했다. 그는 취임 연설에서도 "지성과 애국심, 기독교 정신으로, 당신께서 사랑하셔서 한 번도 이 땅을 내버리신 적이 없는 그분을 굳게 믿으면" 당장 눈앞에 닥친 이 내전도 막아주시리라는 구절을 넣었다.

가슴에 와 닿는 이러한 말들은 한 사회를 구하기 위해서 보다 지고한 힘을 빌리자는 추상적 표현이었고, 지금은 링컨 자신을 구하기 위한 개인적 도움이 필요한 상태였다. 그는 윌리가 죽고 난 몇 주 동안 파이니어스 D. 걸리 목사와 긴 이야기를 나누었다. 걸리 목사는 링컨 가족이 다니는 워싱턴 시 뉴욕가에 위치한 장로교회 담임 목사였다. 목사는 링컨에게 윌리가 죽은 것이 아니라 하늘나라로 간 것이라고 위로했다. 링컨이 목사의 말을 믿지 않았을지도 모르나 그 말을 믿게 되기를 바랐다. 그는 종교적으로 바뀌지는 않았지만, 후일 이때를 돌아보며 자기의 종교관이 '구체화된 과도기'였음을 인정했다. 그러나 이후에도 그는 특정 교파에 속한 일은 없었고, 자신의 숙명론을 버리지도 않았다. 그는 이후에도 햄릿을 자주 인용했다.

> 신성이 우리들의 마지막 운명을 미리 결정하는 데는
> 우리가 그것을 대충 어떻게 만드느냐에 달렸다.

메리의 비탄은 링컨의 비탄보다 더 극심했다. 스프링필드에서 어린 에디를 잃은 뒤, 또 한 아이가 죽은 것은 견딜 수 없는 일이었고, 3주나 자리에 누워 있어서 장례식에도 참석하지 못했고, 아픈 태드를 돌볼 수도 없었다. 이후 몇 달간 메리는 윌리의 이름만 들어도 미친 듯이 울어대서 링컨은 그녀를 돌볼 간호사를 고용해야 했다. 메리는 윌리가 죽은 뒤 한 번도 윌리의 침실이나 윌리를 염한 녹실에는 들어가 본 일이 없었다. 메리가 간신히 자리에서 일어났을 때 그녀는 검은색 베일과 크레이프(잔주름이 진 직물—옮긴이)로 몸과 얼굴을 감싸서 사람을 알아볼 수도 없을 지경이었다.

거의 일년 동안 백악관에서는 모든 사교 행사를 유보시켰다. 메리 링컨은 정기적으로 백악관 정원에서 열리던 해병군악대 연주까지 금지시켰다. 그녀는, "우리들은 너무 슬퍼서 조용히 지내고 싶다"라고 말했다. 몇몇 사람들은 링컨가의 비극에 쾌재를 부르는 것 같았다. 워싱턴의 한 상인은, "만찬연회에 초청 받지 못했던 선량한 시민들은, 이제 하느님의 섭리로 메리 링컨의 파티에 영원히 초청을 받지 못하게 된 것 같다"라고 비아냥거렸다. 링컨을 좋아한 만큼 그의 부인을 미워했던 데이비드 데이비스는, "이 비극으로 그녀가 사람들 가십에 오르내리지 않을지도 모르겠고, 그녀의 인생관이 바뀔지도 모르겠다"란 말을 했다.

V

윌리가 죽었을 때쯤 해서 군사 일도 좋은 소식이 줄어들었다. 아직까지는 몇몇 승전보가 들어오긴 했다. 서부에서는 아칸소 주 피리지 전투(3월 6~8일)에서 연방군이 승리함으로써 미주리 주에서는 반군이 공략할 걱정을 덜었다. 동부에서는 앰브로즈 E. 번사이드 장군이 라노크 섬을 점령한 후, 노스캐롤라이나 주 뉴번으로 진격해 장차 군사작전의 본진으로 삼을 곳이 확보되었다. 그러나 딴 곳에서는 아무 진전이 없었다. 헨리 요새와 도넬슨 요새를 점령한 후 미시시피 계곡에 진을 친 군대는 더 이상 진격을 몰랐다. 그랜트에게서 2주간이나 보고가 없자 핼렉은 부하 사령관이 승급 후 버릇이 없어졌다고 생각했는지 그랜트를 사령관에서 해임시켜 버렸다. 사람들은 그랜트가 옛 버릇을 못 버렸다고 비난하기 시작했고, 워싱턴에서는 그를 "도박꾼 술주정뱅이"라고 떠들어댔다. 핼렉은 후에 그랜트가 내슈빌로 가서 뷰엘과 공동 작전을 상의했으나 통신병의 실수로 보고서가 전달 안 된 것을 알았다. 이 사건으로 연방군의 남진(南進)이 한참 뒤로 지연되었다.

서부보다도 더 한심한 것은 동부 전선 포토맥 군단이었다. 대통령 군령 제1호가 공표된 후, 매클렌런은 할 수 없이 전군 총수인 링컨에게 자기의 작전계획을 밝힐 수밖에 없었다. 매클렌런은 항상 적군 숫자를 늘려서 생각했기 때문에, 매나서스에 진을 친 연맹군을 정면으로 공격하면 불 런 전과 같이 참패하리라고 믿었다. 그는 연방군의 목표는 연맹 수도 리치먼드라고 주장하면서 해군의 지원을 받아 적 수도를 동쪽에서 공격하는 계획을 내세웠다. 링컨은 수도 리치먼드가 아니라 적군을 공격하는 것이 더 중요하다고 생각해서 매나서스를 정면 공격하는 것을 선호했다.

링컨과 매클렌런은 이렇게 의견이 각각 달랐다. 매클렌런은 이후 몇 달간 자기 작전이 옳다고 주장했고, 대통령은 이 작전이 못마땅해서 결단을 내리지 못하는 상태였다. 혼자 잘난 체하고 자기밖에는 모르는 매클렌런은 민주 정부에서는 군인이 민간인 총수 명령에 복종해야 한다는 사실을 전혀 모르는지 대통령의 조언은커녕 대통령에게 보고조차 하지 않았다. 링컨은 자기가 잘 알지도 못하는 군사 일에 직접 참견하기가 싫어서 매클렌런에게 의견을 내놓는 식으로 말을 했는데, 매클렌런은 링컨의 이런 제안이 곧 명령이란 것을 눈치 채지 못했다. 이렇게 상호간의 불신 때문에 일이 제대로 될 리가 없었다.

링컨은 군령 제1호를 내려 보낸 후, 나흘만에 더 이상 참을 수가 없어서 이번에는 포토맥 군단을 지명하여 2월 22일 전에 매나서스로 진군하라는 명령을 내려 보냈다. 매클렌런은 이 명령을 받자 왜 이 작전을 받아들일 수 없나를 장장 22쪽이나 되는 양의 반대의견을 스탠턴에게 보내면서 처음으로 리치먼드를 동쪽으로부터 공격하겠다는 자기의 작전계획을 자세히 설명해 보냈다. 링컨은 매클렌런의 작전계획을 검토한 후 신통치 않다고 생각해서 매클렌런에게 반문하는 편지를 보냈다. 매클렌런의 계획이 더 많은 시일이 소요되는 작전은 아닌가? 매나서스를 정면으로 공격하는 것보다 더 희생이 많지 않겠는가? 매클렌런의 계획이 성공할 확률이 더 많은가? 만일에 실패하는 경우에는 군대를 안전하게 후퇴시킬 방도는 준비했는가? 매클렌런은 매나서스를 정면 공격하면 안 된다는 이유를 다시 설명하면서, "자기의 목숨을 걸고 명성을 걸고 나아가서는 우리의 최종 목적의 달성을 자기의 이 작전에 걸겠다"고 말했다. 링컨은 믿기지 않았으나 매클렌런을 그냥 내버려두었다.

이후 매클렌런은 한 달 동안 진군 준비를 했고, 이런 매클렌런이 못마땅했던 링컨은 더욱 못마땅한 일을 여러 번 보게 되었다. 그간 얼마 동안 버지니아 쪽 연맹군 포대가 포토맥 강 하류를 봉쇄하는 바람에 연방 쪽에서는 이곳으로 배도 보내지 못해서 골치를 썩이고 있었고, 그 일은 창피스러운 일이었다. 포토맥 군단에서는 이 포대를 어떻게 할 수 없다는 것이었다. 그러던 중 재빠른 한 연방 장교가 단독으로 부하들을 이끌고 버지니아 쪽으로 건너갔는데, 정작 가서 보니까 그곳에는 제대로 된 전진(戰陣)조차 없었다. 더 창피했던 것은 수도와 서부를 연결해 주는 볼티모어 & 메릴랜드 철도를 관장하는 하퍼스 페리를 연맹군으로부터 탈환하지 못한 것이었다. 매클렐런은 군대를 포토맥 강을 건너게 하려고 펀툰 보트로 연결한 임시 가교를 만들어 상류로 띄어 보냈다. 그런데 이 임시 가교는 체서피크-오하이오 운하에 있는 수문의 폭보다 몇 인치가 더 넓어서 수문을 통과할 수 없게 되었다. 매클렐런은 이 작전을 포기하는 수밖에 없었다. 매클렐런의 참모장이자 그의 장인인 랜돌프 B. 마르시 장군이 링컨에게 이 사건을 보고하자, 링컨은 더 이상 참지 못하고 소리를 버럭 질렀다. "이런 한심한 일이 있나……그래 매클렐런 장군은 수문 폭도 미리 재지 않고 백만 달러나 되는 돈을 들여서 가교를 지었단 말이요? 난 엔지니어는 아니지만 보트가 수문을 지나게 하려면, 수문에 가서 줄자로 넓이를 재어보고 다리를 만들었겠구만. 도대체 이런 실수가 어떻게 있을 수 있단 말이요? 이러니 사람들이 답답한 나머지 우리 장군은 군대를 진군시킬 마음이 없다고들 떠든단 말이오."

링컨이 이렇게 화를 낼만도 했던 것이 대통령과 장관들은 노포크와 몬로 요새 가까이 있는 햄프턴 로에서 곧 벌어질 전투에 온 신경을 곤두세우고 있었기 때문이다. 전에는 연방국 해군의 전함이었던 메리맥 호가, 이제는 두꺼운 철갑을 뒤집어 쓴 연맹국 해군 전함 버지니아 호로 바뀌어 노포크 항에서 출항했는데, 이 배는 연방 해군의 목선 전함들이 쏘아대는 포탄을 맞아도 끄덕도 안 하는 것이었다. 메리맥 호는 연방군의 컴벌랜드 호를 들이받아 가라앉혔고, 컹그레스 호를 침몰시키고, 미네소타 호와 연방 해군의 다른 전함들을 못 쓰게 만들어버렸다. 이 철갑선을 당해 내지 못하면 연방 해군의 해안봉쇄도 뚫릴 것이 뻔해서 워싱턴 전체가 공포로 떨게 되었다. 성격이 급한 스탠턴은 해군장관 기디언 웰스와 해군 전체를 질타하면서 메리맥 호가 곧 내각 회의실을 포격할 거라고 떠들어댔다. 링컨도 걱정은 되었으나 스탠턴같이 떠들어대지는 않았고, 해군장교가 갖고 온 전신문을 열심히 읽거나 전투상황에 관해서 질문을 했다. 그날 밤, 꼭 물에 뜬 치즈 케이크같이 생긴 연방 해군의 철갑선 모니터 호가 햄프턴 로에 나타났다. 모니터 호는 다음날 메리맥과 해전을 벌였고, 메리맥 호가 도망함으로써 이 해상전투는 일단락짓게 되었다.

이런 와중에 링컨은 매클렌런과 정면으로 대결한 일이 생겼다. 그는 매클렌런의 임시 가교 실수에 대해서 못마땅하게 말한 후, 매클렌런이 리치먼드를 동쪽에서 공략하면 수도 워싱턴 방위가 허술해질 거라고 비판했다. 링컨은 "내가 듣자하니" 매클렌런의 작전계획은, "수도와 현정부를 적에게 넘겨주자는 반역자의 계획"이라고들 한다고 말했다. 대통령은 누가 자기에게 그렇게 말했는지는 밝히지 않았으나 그는 최근 매클렌런을 지독히 미워하는 국회 군사위원회와 자주 만나고 있었다. 매클렌런은 자리에서 벌떡 일어나서 자기를 반역자로 모는 사람은 절대로 용서할 수 없다고 반발했다. 링컨은 화가 났으나 일단 물러설 수밖에 없었고, 매클렌런의 말로는 링컨이 "남들이 한 이야기를 되풀이한 것이지, 자기는 절대로 그런 말을 믿지는 않는다"라고 했다는 것이다.

매클렌런은 포토맥 군단 휘하 사령관들과 의논을 해보겠다고 약속했다. 그러나 이들 중 젊은 사령관 8명은 모두 매클렌런이 장군을 만들어준 장교들이어서 매클렌런의 작전계획에 모두 찬성이었고, 고참 사령관 4명만이 이 계획에 반대였다. 장군들은 모두 백악관으로 몰려가서 대통령과 스탠턴을 만났다. 두 사람은 장군들에게 여러 가지 질문을 하면서도 수도 방위에 관한 걱정이 풀리지 않았으나, 다수 의견을 따라서 매클렌런 계획을 수용할 수밖에 없었다. 링컨은 스탠턴에게, "그 사람들 작전을 따를 수밖에 없소이다. 그들의 계획을 좇지 않고 우리가 딴 작전계획을 고집하면 장차 모든 군사 일에 우리가 책임을 질 수밖에 없지 않소?"라고 말했다.

대통령은 포토맥 군의 12개 사단을 4개 군단으로 재편성했다. 이것은 군사위원회에서 추천했던 안이었는데, 사실 바람직한 결단이었다. 포토맥 군은 이제 엄청나게 커져서 장군 한 명이 12개 사단을 일일이 점검 지시하기란 불가능한 일이었다. 매클렌런도 찬성이었으나 그는 전투를 한 번 치룬 뒤 전장에서 공을 세운 장군을 군단장에 임명하자는 의견이었다. 링컨은 매클렌런의 이러한 주장을 일축하고 E. V. 섬너, 어빈 맥도웰, 새뮤엘 P. 하인젤맨, 에라스무스 D. 키스 장군들을 군단장으로 임명했는데, 이들 중 세 명은 매클렌런의 작전계획에 반대했던 사람들이었다.

대통령은 매클렌런을 믿지 못해서, 매클렌런과 네 군단장이 수도 워싱턴이 적으로부터 절대적으로 안전하다고 공표하기 전에는 포토맥 군의 진을 옮기지 못한다는 군령을 내렸다.

사흘 후 대통령은 군 사령부 조직을 분할함으로써 매클렌런의 날개를 더 짧게 잘라버렸다. 스탠턴 국방장관은 내각회의에서 포토맥 군의 군사 운영은 매클렌런 때문에 "형편없이 무능하고, 나태하며, 명령 계통과 질서도 없고, 군비를 낭비한다"고 신랄하게 비판했다. 스탠턴의 상세한 현황 보고를 받자 대통령과 내각회의에 참석했던 장관들은, 한 사람이 전군의 총수로 앉아 있으면서 포토맥 군의 실전을 지휘한다는 것은 무리한 일이라고 모두 동의했다. 대통령은 즉시 매클렌런을 군 총수에서 해임하고, 포토맥 군 총사령관의 임무만 수행하도록 지시했다. 링컨은 헨리 요새와 도넬슨 요새의 공략이 자기의 공이라고 주장하던 핼렉 장군에게 미시시피 계곡 수개 군단의 지휘를 맡겼다. 또한 노예해방주의자들과 미주리 주의 독일계 불만 세력을 달래기 위해서 프레먼트에게 산악지구 군단의 지휘를 맡겨 테네시 주 동부의 연방주의자들을 연맹으로부터 해방시키게 했다. 이 일련의 조치에서 제일 중요한 것은 3개 지역 군단이 모두 "국방장관에게 직접 보고하게" 만들어 놓아서, 군 명령 계통에 새로운 질서와 능률을 얻은 것이었다.

거의 모든 사람들이 이 군사 조치를 환영했다. 직접 명령을 받지 못하고 신문지상에서 이 조치를 알게 된 매클렐런도 기분은 나빴지만 이 조치를 수락해서 링컨에게 편지를 보냈다. "본인은 전과 조금도 다름없이 열성으로 일하겠습니다. ……제 개인의 뜻이 다르다고 해서 군무를 소홀히 하는 일은 없을 것입니다."

이제 매클렐런은 아무 거리낌 없이 진군을 할 수 있게 되었는데, 대통령에게 이런 매클렐런이 또 한심하게 보일 사건이 일어났다. 매클렐런은 연맹군이 매나서스에서 철수한다는 정보를 받고 무슨 일인가 확인하려고 11만 2,000명이나 되는 포토맥 대군을 이끌고 매나서스로 진격했다. 매나서스로 가서 보니 연맹군은 정말 철수했고, 연맹 병력은 매클렐런이 주장했던 것 같이 10만이 아니라 그 반밖에 안 되는 5만 명으로 판명이 났으며, 매클렐런이 무서워하던 적진의 대포는 나무토막에 먹칠을 한 가짜 대포란 것이 드러났다. 전 국민은 이 소식을 듣고 어처구니 없어 했다.

연맹군이 매나서스에서 철수하자 매클렐런은 작전계획을 바꿀 수밖에 없었다. 이제는 포토맥 군단을 포토맥 강을 따라 내려 보내서, 래퍼해녹 강을 거슬러 올라와 50마일 동쪽에 위치한 어배나에서 리치먼드를 공격하기는 어려워졌다. 남군이 리치먼드와 연방군 진격로 사이를 가로막고 있게 된 것이다. 그는 진격로를 바꾸어 더 남쪽으로 가서 요크 강과 제임스 강이 만나는 곳 체서피크 만에 위치하고 아직 연방군 쪽에 소속되어 있던 먼로 요새로 진격하기로 작정했다. 4월 1일 포토맥 군단의 일부 병력은 반도로 진격했다. 링컨은 불안한 마음으로 이 진군을 지켜보았다. 몇 달이 지난 후 링컨은 브라우닝에게 이 매클렐런의 작전계획은 실수였으며, 자기는 "매나서스에서 적군과 일전을 하는 것이 낫다"고 믿었다고 말했다.

VI

매클렌런을 해임시키라고 링컨을 못살게 굴던 공화 당원들은 그와 동시에 대통령이 전쟁의 원인인 노예제도를 없애지 않는다고 야단들이었다. 그러나 국회의원들은 대통령을 드러내 놓고 매도하지는 않았고 대개는 간접적으로 비판했다. 펜실베이니아 주의 강력한 공화당 의원 새듀스 스티븐스는 링컨의 이름을 직접 언급하지는 않았지만, 이 전쟁을 치루면서 "우리 정부의 숭고한 목적이나 자유의 이념을 공표한 일"이 없다고 한탄했다. 그러나 이들은 개인적 서한에서는 서슴지 않고 대통령의 '우둔'을 매도하고 남부의 노예제도 세력과 싸우면서 노예제도를 보존하려는 대통령의 어리석음을 조롱했다. 어떤 사람은 트럼불에게, '이런 한심한 농간은 일찍이 전례가 없었다'라고 편지로 보냈다. 매사추세츠 주 출신으로 공화당 창당에 참여했던 프랜시스 W. 버드도, 링컨이 "다 죽어가는 노예제도를 다시 살리려는 것 같다"라고 걱정하면서, "노예들의 족쇄를 풀어줄 열쇠는 백악관 안에 있다"라고 비판했다. 링컨과 가까이 지내온 정치 동지들도 링컨을 직설적으로 비판했다. 조셉 메딜은, "우리 나라는 존망의 위기에 처해 있다"라고 한탄하면서 링컨에게 "제발 하느님을 생각하고 조국을 생각해서라도 이 전쟁이 노예 소유주들의 도발적 전쟁이란 것을 직시해 주기 바랍니다"라고 경고했다. 화가 잔뜩 난 한 일리노이 주민은, "급격한 변화가 오든지⋯⋯그것도 당장 오지 않는다면 대통령을 사랑하는 것보다는 나라를 더 사랑하는 브루터스가 큰일을 저지를 것이다"라고 예언했다.

링컨이 노예제도를 혐오하는 것은 이들 과격파들과 별로 다를 것이 없었다. 그는 노예제도에 대한 자기 생각을 감춘 적도 없었다. 접경주 출신 국회의원들에게 자신은, "노예제도는 잘못된 제도라고 생각해왔고 앞으로도 그 생각은 변하지 않을 것"이라고 말했다. 그는 "어찌 됐든" 이 전쟁은 노예제도 때문에 일어난 것이란 의견에는 자신도 동감이며, 노예제도는 전쟁이 끝나면 머지않아 소멸될 것으로 믿는다고 말했다. 그는 선임자들과는 달리 노예주의자들과 거리를 두었고, 헌법에 어긋나지 않는 범위 안에서 자기가 할 수 있는 조치들을 취했다. 이 조치들은 겉으로는 대수롭지 않게 보였을지 몰라도 상당히 중요한 조치들이었다. 그는 대법원의 드레드 스콧 판결에 위배되는 조치라는 것을 알면서도, 아직 주로 영입되지 않은 모든 변방 지역에서 노예제도를 금하는 법에 서명했다. 그는 또한 대서양을 통해서 노예무역을 철저하게 금지하는 조약을 영국과 체결했다. 그는 찰스 섬너의 조언에 따라 흉악무도한 미국인 노예무역상 내서니엘 골돈의 사형집행 사면을 불허하기도 했다.

그러나 링컨은 이보다 더 과격한 정책들을 쓰는 것은 꺼려했다. 그는 연방을 보존하기 위한 "필수적인 모든 조치"는 취할 준비가 되어 있었으나, "나라에 불충한 사람들의 경우는 말할 필요도 없지만 충성스러운 사람들의 극단적이고 과격한 조치도 악영향을 미칠 수 있다"라고 경고했다. 그는 1861년 12월 국회에 보낸 메시지에서, "반란을 진압할 정책을 고려할 때 항상 걱정스러운 것은 이 불가피한 분쟁이 광폭하고 앞뒤를 못 가리는 혁명투쟁으로 전락할 수도 있다는 점입니다"라고 말했다. 그는 대통령 취임연설에서 노예제도가 현재 합법적인 주에서는 노예제도에 간섭할 의도가 없으며, 이탈한 남부의 여러 주가 아직도 연방의 일부란 자기의 주장을 상기시키면서, 실효도 없이 연맹에 속해 있는 주의 노예제도를 폐지시킬 의도가 없음을 밝혔다.

링컨은 이제까지 자신은 이 괴상한 제도를 싫어하며, 이 제도가 시간이 흐르면 저절로 소멸될 것이란 자기의 희망, 그리고 흑인들을 딴 나라로 소개시키자는 막연한 계획 이외에는 노예제도에 관해서 결단을 내릴 필요가 없었다. 그러나 모든 사람들이 이 문제에 관해서 링컨을 몰아세우자, 그는 노예제도와 노예해방에 관해서 더 체계적으로 심각하게 생각하지 않을 수 없게 되었다. 스티븐 A. 더글러스가 1858년 토론 때 여러 번 지적했듯이, 링컨은 자기가 어떤 방법으로 노예제도를 소멸시킬 것인가에 관해서 구체적으로 밝힌 적이 없었다. 이제 그는 확실한 정책을 알리지 않으면 안 될 입장에 처한 것이었다. 일이 더욱 급해진 것은 국회에서 트럼불이 제안한 법안, 즉 모든 반적들의 노예를 전부 몰수하여 해방시키자는 법안을 곧 가결시킬 판국이었다.

링컨은 노예들을 이렇게 무조건 해방시키는 것은 헌법에 위배되는 조처이며 현명하지도 못한 짓이라고 믿었으나, 노예 문제 중 당시 피할 수 없는 급한 문제 몇 가지를 해결하지 않으면 안 되었다. 그중 한 문제가 연방군 쪽으로 자유를 찾아 도망해 온 수천 명의 노예들 문제였다. 아직도 퓨지티브 슬레이브 법안이 살아 있었기 때문에 핼렉 같은 서부전선 사령관들은 노예주인들이 군대 막사를 조사해서 자기들에 속한 노예들을 잡아가도록 내버려두었다. 노예제도에 반대했던 매사추세츠 주 출신 벤저민 F. 버틀러 장군은 이들 노예들을 돌려보내면 적군을 돕는 '전시금제품(contraband)'이라고 선언한 뒤 노예들을 돌려보내지 않았다. 버틀러 장군의 이 조치는 북부에서 크게 환영을 받았고, 이후 사람들은 노예들을 "컨트라밴드"라고 불렀다. 링컨은 버틀러 장군의 조치나 딴 사령관들이 노예사냥을 나온 노예주들을 막사에 들이지 않은 조치에 관해서 공식으로 언급한 적은 없었으나, 일찍이 1861년 7월 브라우닝에게 "현정부는 우리 군사들 쪽으로 도망 온 노예들을 다시 노예로 돌려보낼 생각도 의무도 없다고 생각한다"고 말했다.

이 도망친 노예들을 어떻게 하느냐가 골칫거리였다. 옛 주인들에게 돌려보낼 수도 없었고, 그렇다고 군인들 막사 부근에서 어슬렁거리게 내버려둘 수도 없었다. 흑인들을 혐오하는 접경주에 이들을 보내는 것도 말이 안 되었고, 북부 주에서도 이들 흑인들을 원하지 않았다. 링컨은 위기를 맞을 때 자주 써먹는 방법으로 헨리 클레이의 옛 정책을 좇아서 이들 도망친 흑인들을 "날씨가 그들에게 알맞는 어떤 곳으로 소개시키자"고 연두교서에서 제안했다.

이 생각은 새로운 발상은 아니었다. 링컨은 1852년 헨리 클레이 조사에서 이런 의견을 내비친 적이 있었고, 그후 일리노이 식민사회(Illinois Colonization Society) 연설에서도 이런 말을 한 적이 있었다. 더글러스와 토론했을 때도 그는 이 정책이 노예 문제의 해결책은 아니란 것을 인정하면서도, 여러 번 흑인 식민을 거론했었다. 최근에는 오랜 세월 이 흑인 식민을 자주 주장해온 블레어가에서 다시 링컨에게 이 방안을 거론했다. 미주리 주 대표 프랭크 블레어는, "아프리카 대륙에서 역병 속에 자란 이 검은 종족들을" 중남미로 소개시키자고 제안했다. 전쟁이 시작됐을 때 노정치가 프랭크 프레스턴 블레어는 링컨에게 "이들 아프리카 종족들을 우리 땅에서 축출하거나 없애버릴 적시(適時)가 왔다"고 충언했고, 몽고메리 블레어도 자기 아버지나 동생과 합세해서 "흑인과 백인은 절대로 평화공존이 불가능하니까, 장차 말로 형언할 수 없는 비극을 피하기 위해서는" 자유를 찾은 노예들을 딴 나라로 소개시켜야 한다고 주장했다.

1860년대가 되자 아프리카 대륙으로 흑인들을 소개 식민시키자고 주장해온 사람들은 생각을 바꾸어, 이들 자유의 몸이 된 흑인들을 미국 정부 보호 아래 중남미나 카리브 해의 섬으로 소개 식민시키는 안을 지지했다. 아이티, 덴마크령 서인도제도, 화란령 기아나, 영국령 온두라스 등지가 가능성이 있다고들 생각했으나 모두가 제일 선호한 지역은 치리키 러군(Chiriqui Lagoon)에 위치한 뉴 그라나다(후에 파나마가 됨)였다. 조선(造船)으로 떼돈을 번 필라델피아 출신 앰보로즈 W. 톰슨이란 사람이 이곳에 수십만 에이커의 땅을 차지하고 있었는데, 그가 차지한 그 땅은 앞으로 건설할 철로의 종점에 위치하고 있었다. 이 러군은 미 해군 기지로도 안성맞춤이었고 토질은 특히 목화재배에 적합하다고들 했다. 그리고 지하에는 석탄이 많이 매장되어 있어서 톰슨은 이 석탄을 미 해군에게 정가의 반값으로 팔겠다고 약속했다. 블래어가는 이곳이야말로 자유의 몸이 된 흑인들의 소개 식민에 최적지라고 주장했다.

링컨은 이 제안을 좀 생각해 보다가 자기 처형의 남편인 니니언 W. 에드워즈에게 이 계획안을 검토하고, 치리키 개발공사에서 제출한 법적 서류도 검토해 보라고 부탁했다. 에드워즈가 모든 계획이나 법률적 문제를 검토해 본 결과 톰슨이나 이 일에 관계된 사업가들의 주장이 모두 사실이고 합법적이란 결론을 내렸다. 이 일에 해군이 관련되었기 때문에 링컨은 해군장관 웰스의 의견을 물었다. 고집이 세고 흑인의 소개 식민을 원칙적으로 반대해왔던 웰스는 한마디로 이 일에 관계하기를 거절했다. 이 일을 하려면 많은 돈이 필요했기 때문에 링컨은 재무장관 체이스의 조언을 청했다. 체이스는 웰스보다는 조심스럽게 대답하면서, "이 계획이 대체로 전망은 좋아보이나" 자기는 너무 바빠서 신경을 쓸 틈이 없다고 말했다. 링컨은 하는 수 없이 소개 식민을 지지하는 내무장관 스미스에게 이 계획안을 보내면서 조건을 달아서 이 계획안에 찬성한다고 말했다.

주인에게서 도망친 흑인노예들을 소개 식민시키자던 이 계획은 일이 커져서 접경주의 노예들을 일부 또는 전부 해방시키자는 움직임으로 바뀌었다. 이들 접경주에서는 주 법을 따라야 한다는 주 정부 관리들과 노예들을 주인들에게 돌려보내지 못하겠다는 현지 사령관 사이에 말썽이 빚어져 연방정부로서는 항상 골칫거리였다. 링컨은 또한 인구가 많고 전략적 요충인 이 접경주들에서 노예제도가 계속 존속하는 한 그들이 언젠가는 연맹 쪽으로 기울 것을 걱정했다. 또한 그는 이들 접경주에서 노예제도가 존속하는 한 외교적으로도 문제가 있다고 믿었다. 그는 델라웨어, 메릴랜드, 켄터키, 미주리 주가 노예주로 남아 있는 한 유럽 열강들은 미국 내전을 자유와 노예제도 간의 전쟁으로 보지 않을 것이라고 걱정했다. 노예를 해방시키면 연방의 목적을 더 확실하게 외국에 밝힐 수가 있고, 남부의 북쪽에 위치한 주 정부 관리와 군인들 간의 분쟁을 무마할 수 있으며, 종국에는 연맹을 취약하게 만들 수 있다고 보았다.

　1861~1862년 겨울, 링컨은 여러 가지 골치 아픈 문제를 다루면서도 자기의 노예정책에 반대하는 사람들을 회유하기 위해서 기발한 술수를 썼다. 그는 변상을 하고 노예를 해방시키거나 해방된 노예들을 소개 식민시키는 데 제일 반대하는 사람들이 뉴잉글랜드 지방 사람들이라고 생각해서, 그 지역 출신으로 국회에서 노예해방 운동에 제일 앞장 서 있던 섬너를 자기편으로 만드는데 주력했다. 그는 대통령으로서 노예해방에 대해 어떻게 조치해야 한다는 섬너의 잔소리를 일주일에 두세 번씩이나 참으면서 들어주었다. 12월 초 대통령은 이 상원의원을 불러 차기 국회에서 논의될 여러 문제를 자세히 의논하였고, 특히 노예 문제에 관해서 장시간 상의했다. 섬너는 이 장시간 회의 끝에 자신과 대통령은 거의 모든 문제에 관해서, "의견이 일치하든지 아니면 거의 일치하는 것"을 깨달았다고 좋아했다. 대통령은 섬너와 헤어지면서 섬너에게 "섬너 씨, 당신과 나 사이에 의견 차이가 있다면, 그것은 1개월이나 6주 정도 시간상의 문제라고 보시면 되겠습니다"라고 말했다. 섬너는 링컨에게 "대통령 각하, 우리들 둘 사이의 차이가 그게 전부라면 앞으로 얼마나 긴 시간을 기다리든지 저는 그냥 기다릴 수 있습니다"라고 대답했다.

　2주가 지난 뒤 링컨은 섬너에게 다시 의견을 물었다. 대통령은 11월부터 조지 P. 어셔와 내서니엘 B. 스마이더스란 사람들을 시켜서 노예가 별로 많지 않은 델라웨어 주에서 점진적으로 노예를 해방시키는 법안을 작성하게끔 추진하고 있었다. 링컨은 약간 내용이 다른 두 법안을 준비했는데, 두 법안은 모두 해방시킨 노예에 대해서도 연방정부가 변상을 하도록 되어 있었고, 노예들을 당장 해방시키자는 내용이었다. 한 법안은 노예들을 1867년까지 전부 해방시키자는 것이었고, 또 한 법안은 1893년까지 노예들을 해방시키자는 것이었다. 링컨은 두 번째 법안을 선호했는데, 이 법안은 연방정부가 주 정부에 향후 31년간에 걸쳐서 매년 2만 3,200달러를 지급한다는 것이다. 대통령의 제안을 인쇄물로 찍어서 델라웨어 주의회에 돌렸는데, 피셔가 후에 보고한 대로 "원래 이런 법안에 반대했던 세력" 때문에 이 법안은 본회에 상정되지도 못하고 말았다. 델라웨어 법안은 유산되고 말았지만 주목할 만한 점은 섬너가 이 법안에 반대하지 않았다는 것이다. 과거 30년간을 무조건 무상 해방을 주장해온 세력의 대표 섬너가 링컨의 설득으로 링컨의 제안에 동조한 것이었다. 그는 결론적으로 말하기를, "인간을 해방시키는 데 절대로 돈을 운운해서는 안 된다"고 말했다.

링컨은 체이스의 지지를 얻는 데도 똑같은 수법을 썼다. 체이스는 소개 식민에 관해서는 대통령과 의견이 같았다. 1850년 절충안을 토론할 때 체이스는 "노예제도같이 강압적인 관계라면 몰라도" 흑인과 백인은 절대로 같이 공존할 수 없다고 말했고, "두 종족은 위도와 나라를 달리했던 종족이라, 앞으로는 따로 살아야 한다"고 주장했다. 그는 흑백공존은 반대하면서도 흑인들도 백인들같이 똑같은 기본권을 가졌다고 주장했으며, 현 정부 각료들 중에 북부 세력과 제일 가까운 정치가였다. 체이스는 섬너와 함께 점진적 변상 해방 법안을 북부 세력에게 설득시킬 수 있는 사람이었다. 체이스의 자만과 허식을 잘 알고 있던 링컨은, 체이스와 노예해방에 관해서 자주 장시간 의논을 하는 척했고, 이 문제에 관해서 국회에 보낼 메시지를 기안하라고 부탁하고는, 보내온 체이스의 장광설을 링컨은 읽지도 않고 쓰레기통에 내버렸다.

그러나 대통령은 모든 일에 관해서 체이스를 무시한 것은 아니었다. 두 사람은 정권 초 서로 전혀 모르는 사이였는데, 시간이 흐르면서 일에 관해서는 손발이 맞았다. 링컨은 체이스가 나라 살림을 솜씨 있게 해나가는 데 감탄했고, 재정에 관해서는 재무장관의 판단을 신임했다. 링컨이 후일 존 헤이에게 재무성 일은 체이스에게 일임했다고 말한 적이 있었다. 그러나 사실은 대통령도 국가 재정 문제에 관해서는 잘 알고 있어서 체이스가 국립은행 안을 추진할 때 체이스를 적극 밀어주었으며, 그는 돈에 관해서는 무식하다고 말하는 것이 정치적으로 나을 것 같아 그렇게 말하곤 했다. 그는 은행법 때문에 찾아온 뉴욕 사업가들에게, "돈이라면 나는 전혀 아는 바가 없습니다"라고 시침을 떼었다. 체이스는 링컨이 비록 자기를 장관 자리에 앉혔지만, 정책이 마음에 안 들고 국정을 처리하는 방식이 역겹게 생각되어 마음에 내켜하지 않았지만, 점점 좋아하게 되었고 일기에 대통령이 정직하고 순직한 사람이라고 거듭 적었다.

링컨은 체이스와 섬너의 충성을 다지자는 의미에서 노예해방에 관한 의논에는 수어드를 한 번도 끼우지 않았다. 국무장관과 섬너는 각기 외교권을 장악하려고 경쟁하는 사이였으며, 체이스와 수어드는 내각에 같이 있으면서도 항상 의견이 대립하였다.

링컨의 노예해방 정책은 트렌트 호 사건으로 지연되었고, 그후 윌리의 병사로 더 지연되었으나, 봄이 되면서 그는 노예제도의 '폐지'에 대한 간단한 메시지를 드디어 준비했다. 이것은 미국 대통령이 이 문제에 관해서 역사상 처음으로 국회에 제안서를 보낸 것이 되었다. 3월 6일 이른 아침, 섬너는 백악관으로 급히 와 달라는 전갈을 받았다. 섬너가 백악관에 도착하자 링컨은 "내 이 메시지를 읽어주시지오"라고 부탁했다. "이 메시지를 어떻게 생각하시나 알고 싶습니다. 오늘 중으로 국회로 보낼 작정입니다"라면서 링컨은 큰 소리로 자기가 메시지를 읽었다. 섬너는 메시지를 받아서 다시 검토했다. 그는 링컨이 사용한 단어들, 특히 '폐지'란 말이 좀 마땅치 않다고 생각했으나 링컨의 문체가 전반적으로 "확실하게……토착적이고 독창적이라" 수정이 필요가 없겠다고 결론지었다. 섬너는 메시지 내용에 심취해서 읽고 또 읽고는 또다시 읽었다. 링컨은 기다리다 못해, "이제 충분히 읽으신 것 같소이다. 오늘 중으로 보내야 하니까 메시지를 나에게 주시지요"라고 독촉했다.

대통령은 국회로 보낸 이 메시지에서 상·하 양원이 공동으로, "미합중국은 어느 주든 간에 점진적으로 노예제도를 없애려는 주와는 협조를 할 것이며, 그런 주에게는 재정 지원을 해서 이러한 제도 변경 때문에 공적이든 사적으로 피해를 본 기관이나 개인들에게 주 임의로 보상하게끔 하자는" 결의안을 채택하도록 종용했다. 그는 연방정부는 각 주 정부가 이 조치를 받아들이든 안 받아들이든 주 정부에 일임하고 주 영토 내의 노예제도 존폐 문제는 상관을 안 할 것이니까 이것은 전적으로 합헌적 조치라고 주장했다. 그는 이 결의문은 도덕이나 정의에 기초한 것이 아니고, 접경주들이 '가칭 연맹국'에 근접하는 것을 막기 위한 조치라고 설명했다. 그는 접경주 출신 국회의원들에게는 전쟁이 계속 되면서 "일어나는 모든 사태를 예견할 수도 없으며 전쟁으로 인한 파괴가 얼마나 혹독할지 아무도 예측할 수 없다"고 경고했다.

모든 사람들은 이렇게 세심하게 준비된 링컨의 메시지를 전적으로 환영했다. 그도 그럴 것이 블레어 가문과 섬너, 체이스가 모두 지지한 이 메시지를 반대할 사람은 없었다. 샌프란시스코의 「데일리 앨타 캘리포니아」는 링컨의 메시지를 '적시 적소의 정언(正言)'이라고 평했고, 뉴욕 시의 「이브닝 불리틴」, 「헤럴드」, 「더 월드」, 「이브닝 포스트」들이 모두 이 메시지를 지지했다. 링컨을 못살게 굴던 「뉴욕 트리뷴」까지 링컨의 메시지는 '우리 나라 역사상 획기적인 쾌거'라고 논평하면서, '나라의 여명에 반짝이는 별과 같다'라고 극찬했다. 「트리뷴」은 다음날 신문에도 '에이브러햄 링컨이 미합중국 대통령이란 것은 하느님께 감사 드릴 만한 일이고 이런 시국에 그토록 현명한 지도자가 우리를 이끈다는 것은 전 국민이 감사해야 할 일이다'라고 평했다.

링컨은 신문들이 자기의 메시지를 어떻게 평하나 세심히 관찰했다. 보통 때는 현정권을 곧잘 지지해 오던 「뉴욕타임스」가 메시지 발표 직후 노예해방에 드는 보상금에 관해서 좋지 않게 논평하자, 링컨은 신문 편집장 헨리 J. 레이먼드에게 즉각 반박하는 내용의 설명서를 보냈다. 그는 반나

절 동안 들어가는 전비(戰費)면 델라웨어 주 노예 전체를 보상 해방시킬 수 있으며, 87일간의 전비는 접경주 전체와 컬럼비아 행정구역 내의 노예 전체를 해방시킬 수 있다고 반박했다. 이때 신문사에 없었던 레이먼드는 곧 신문 논평을 수정했고, 그뒤 여러 번 이 메시지야말로 '실용적 지혜와 확고한 정책에 기초를 둔 걸작품'이라고 극찬했다.

그러나 접경주 국회의원들은 이 메시지에 대해서 함구무언이었다. 링컨은 몽고메리 블레어를 소환했다. 몽고메리 블레어는 남부 북쪽 사람들은 노예해방을 적극 지지한다고 말한 적이 있었다. 블레어는 국회의원들이 아마 군인들이 전투에서 일승할 때까지 기다리려는 모양이라고 둘러댔다. 링컨은 화가 나서 소리를 질렀다. "아니오, 바로 그 이유 때문에 기다릴 수 없는 거요! 우리가 전투에서 이기고 난 후에는 이 일이 급할 게 무어요!"

다음날 블레어는 접경주 국회의원 대표들을 데리고 와서 링컨의 주장을 직접 듣게끔 했다. 링컨은 그들에게, "접경주들이 손해를 보게 하거나 그들의 신경을 건드릴 의사는 전혀 없다"고 주장하면서, 그러나 연방 쪽으로 도망 오는 노예들 문제를 해결하지 않으면 "남부 연맹에서는 접경주들이 언젠가는 자기들과 합세할 것이란 희망을 버리지 않을 것"이고 그러면 전쟁은 더 오래 계속될 것이라고 주장했다. 그는 자기 제안은 전적으로 각 주가 자발적으로 해달라는 것이지 강요하는 것이 아니며, "노예해방 문제는 오로지 각 주들이 결정할 문제"이지만 이 문제를 숙고해 달라고 부탁했다. 국회의원들은 시비조였다. 대통령의 제안은 헌법에 어긋나지 않는가? 이 안을 채택한다면 거기에 드는 비용을 국회가 배정할 것인가? 링컨의 이 제안은 장차 전면적 노예해방의 기초 작업인가? 해방된 노예들을 타지로 소개 식민시킬 것인가? 링컨은 국회의원들의 걱정을 진정시키려 했으나 별 효과가 없었고, 단지 존 J. 크리텐든이 국회 대표들은 대통령의 제안이 "숭고한 애국정신과 조국의 행복과 영광을 염원하는 마음에서 비롯됐다"는 것은 믿는다고 말하는 정도였다.

국회에서는 링컨의 제안에 대한 토론을 간단히 끝냈다. 접경주 출신 국회의원 몇 명은 링컨의 제안이 위헌이라고 주장했다. 그 반대로 펜실베이니아 출신 과격파 노예해방 운동가 국회의원 존 히크맨은 이 메시지는 링컨이 "그를 대통령으로 뽑아준 공화당의 기대"를 저버린 실패를 은폐하려는 술수라고 비난했다. 국회 밖에서는 몇몇 노예해방 운동가들이 링컨의 계획은 실상 노예제도를 보존하려는 수작이라고 비난했다. 구로스키란 사람은 링컨이, "노예주의자들에게 꼼짝도 못 하며 굶주리고 사나운 개떼들에게 빵 부스러기를 던져 주는 식으로 그들의 요구를 하나씩 들어주면서 비굴한 짓을 한다"라고 매도했다. 그러나 이런 극단적 비판 세력은 극소수였고, 국회는 절대다수로 이 안을 통과시켰다.

그러나 한심한 것은 국회가 이 안을 통과만 시켰지 이후 실제로 바뀐 것은 아무 것도 없었다. 접경주 의원들은 이 안에 동의하지 않았기 때문에 국회에서는 이 안을 원칙적으로 통과시킨 후, 법 실시 안에는 관심들이 없었다. 이 법안으로 실효를 본 것은 컬럼비아 행정구역 내에서 노예들을 변상 해방시킨 조치였다. 컬럼비아 행정구역의 노예해방은, 링컨의 청사진과 비슷하게 이루어져 노예주들에게 노예 일인당 300달러를 변상했고, '원하는 노예들에 한해서' 소개 식민을 시키는 비용으로 10만 달러를 배정했다. 그러나 링컨이 이런 정도의 노예해방을 원한 것은 아니었다. 연방 땅 안에 있는 노예들을 해방시키는 일은, 접경주에서 자발적으로 노예들을 해방시키는 것과는 전혀 다른 일이었다. 링컨은 호러스 그릴리에게, "나는 접경주 사람들이 자발적으로 움직여 주기를 바랐소"라고 한탄했다. 그러나 접경주에서는 아무도 움직이지를 않았고, 링컨은 4월 16일 컬럼비아 행정구역의 노예변상 해방 법안에 서명했다.

VII

링컨의 군사계획도 마찬가지로 한심한 상황이었다. 매클렐런을 강등시킨 뒤 군사 일에는 전혀 경험이 없는 대통령과 국방장관은 대륙 절반에 배치된 거대한 군대를 관리해야 하는 일에 시달리게 되었다. 링컨은 체이스와 베이츠의 조언을 따라 군사고문을 뽑기로 작정하고, 64세의 노장 에선 앨런 히치콕을 불렀다. 독립전쟁의 영웅 에선 앨런의 손자인 히치콕은 단지 집안 전통 때문에 군복을 입었던 장군으로, 전략보다는 스웨덴보리(18세기 스웨덴의 철학자—옮긴이)에 관심이 많아서 1855년 군복을 벗고 종교와 철학에 전념하던 사람이었다. 히치콕은 3월에 국방장관으로부터 대통령의 지시니 워싱턴으로 와 달라는 소명을 받았다. 링컨은 히치콕이 도착한 다음날 그를 만나서 매클렐런의 적들이 지어준 매클렐런의 별명, '매국노 매클렐런'의 영향을 군대에서 없애 달라고 부탁하면서, 정부 조직상 대통령이 군사 전권을 잡고 있지만 자기는 군사 일에 관해서는 아무것도 모른다고 실토했다. 두 번씩이나 치질로 고생을 했던 노장 히치콕은 대통령이 자기에게 매클렐런을 대신해서 포토맥 군단의 지휘를 맡기려는 것으로 잘못 알아들었다. 노장은 우물쭈물하면서 자기는 아무런 자리도 맡을 수 없다고 피했다. 그러나 그는 대통령과 국방장관이 군사 일에는 전혀 감이 없는 것을 깨닫고, 할 수 없다는 듯 국방성 본부의 참모 자리를 맡았으나 실상 대통령이나 국방장관에게 전혀 도움이 되지는 못했다.

링컨과 스탠턴은 하는 수 없이 다시 군대를 지휘하게 되었으나 전방 소식은 계속 신통치가 않았다. 서부 전선 테네시 강변 피츠버그랜딩의 샤일로(4월 6~7일) 전투에서는 그랜트 군이 연맹군에게 참패를 당할 뻔했다가 때마침 합세한 뷰엘 장군의 구원군 때문에 살아났다. 결국 샤일로 전투는 연방군의 승리로 끝났으나, 연방군 사상자가 1만 3,000명이나 되는 큰 전투로, 전쟁이 시작된 이후 제일 치열한 유혈 전투였다. 헬렉은 사상

자가 많았던 것이 그랜트의 책임이라며 그랜트를 몰아내려 했다. 링컨은 그랜트를 해임시킬 수 없다며, 조용히 "그 사람이 없으면 안 되오. 그랜트 장군은 싸움을 하는 장군이오"라고 말했다. 그러나 그랜트가 지탄을 받는 상황에서 헬렉은 군세가 약화된 서부군을 직접 지휘하겠다며, 미시시피 주의 코린트로 완만하고 어려운 진격을 시작했다.

동부 전선도 느리기는 마찬가지였다. 프레먼트는 새로 조직한 산악군단이 군사들을 더 보충 받고 군수물자를 지원받기 전에는 진격할 수 없다고 뻗대었다. 대통령은 프레먼트에게 지원해 줄 군사도 없었고 물자도 없었는데, 매클렌런이 포토맥 군단의 대부분을 이끌고 포토맥 강을 내려가서 반도작전을 실시하겠다는 것 때문이었다. 그러나 링컨이나 스탠턴은 매클렌런을 이제 믿을 수 없었다. 스탠턴은 매클렌런이 불충스럽다는 보고서를 돌리고서, 동시에 장군에 대한 이런 근거 없는 보고서는 믿을 수 없다고 공표하는 작전을 썼다. 링컨도 겉으로는 매클렌런의 충성심을 의심할 이유가 없다고 말했지만, 브라우닝에게는 "매클렌런의 군무 처리가 못마땅하다"라고 불평하면서, "매클렌런은 패기도 없고 공격을 못 하는 장수"라고 불만을 토로했다. 그는 자기가 그동안 느낀 바로는 매클렌런은, "큰 전투를 하기 위해서 군사를 조련하는 능력은 있지만, 행동이 필요한 시점에서는 뱃장이 없고 무거운 책임감에 눌려서 우유부단하며 결단력이 없다"라고 평했다.

매클렌런을 믿을 수 없게 된 링컨은 그에게, 수도 워싱턴이 '완전히 안전할 만큼' 방위 병력을 배치한 후에는 반도작전에 들어가도 된다고 지시했다. 이런 문제로 두 사람은 더욱 서로를 이해하지 못하게 되었다. 링컨은 수도 방위가 정치적으로 얼마나 중요한가 장군이 이해하게끔 설득시키지 못했고, 매클렌런은 수도 워싱턴 방위의 최상책은 적군 수도 리치먼드를 치는 것이란 자기 주장을 대통령에게 납득이 가게끔 설득시키지 못했다.

반도로 진군하기 전 매클렌런은 지시받은 대로 군사회의를 열어 수도 방위를 의논했다. 군단장들의 의견은 수도 방위에 4만 내지 5만 병력이 필요하다는 것이었다. 매클렌런은 2만 2,000병력을 워싱턴 안팎에 배치하고 나머지 군사를 워싱턴에서 가까운 매나서스, 워렌턴, 셰넌도어 계곡, 포토맥 강 하류에 배치함으로써 링컨의 지시를 따랐다고 생각했다. 그러나 그는 이런 작전계획을 링컨에게 설명도 없이 헬렉에게만 잠시 보고한 후 아무에게도 군사배치에 관해서 사전 통고도 안 하고 반도로 진격했다. 아직 업무에 익숙지도 않고 신경질적이었던 스탠턴은, 수도 방위가 걱정되어 히치콕과 수도방위군 사령관 제임스 웨즈워스 장군에게 수도가 정말 안전한지, 매클렌런이 대통령의 지시를 따랐는지, 확인할 것을 지시했다. 두 사람은 매클렌런이 대통령의 지시를 그대로 수행하지 않았다고 보고했다. 링컨은 4월 3일, 매클렌런이 반도작전에 투입하려던 병력의 3분의 1인 맥도웰 군단 병력을 워싱턴 방위를 위해 뒤에 남게 했다.

이런 일이 있은 후, 매클렌런과 워싱턴 민간인 지도부는 계속 서로를 헐뜯었다. 매클렌런은 반도 요크타운에 진을 치고 있던 연맹군 병력을 터무니없이 크게 보아 워싱턴에 계속 지원군을 요청했다. 그는 맥도웰 군단 없이는 승산이 없다고 믿어서 요크타운의 연맹군을 공격하지 않고 대치 상태로 주저앉았다. 링컨은 답답한 마음으로 매클렌런의 병력은 맥도웰 군단이 없어도 10만 명은 된다고 주장하면서 매클렌런에게, "당장 적군을 공격하라"고 지시했다. 매클렌런은 화가 머리끝까지 나서 자기 부인에게, '지금 같아서는 대통령에게 직접 군사를 지휘하라고 말하고 싶소'라고 편지에 썼다.

링컨은 브라우닝에게, "매클렌런이 꼼짝도 안 하니 심히 못마땅하다"라고 불만스럽게 말했지만, 그는 매클렌런을 달래기 위해서 왜 자기가 맥도웰 군단을 뒤로 처지게 했는지 자세히 설명했다. 그러나 그는 설명 끝에 다시 자기 입장을 정당화하는 말을 첨부했다. "장군도 기억해야 할 것은 나는 항상 체서피크 만으로 진군하느니 가까운 매나서스에서 적군을 공격하는 것이 낫겠다는 생각이었소. 체서피크 만으로 진군하는 것은 난관을 해결하는 것이 아니라 이전하는 것이라고 생각되었소. 그곳에 가더라도 꼭 같은 적군, 꼭 같은 적진을 대치해야 하는 것에는 변함이 없다고 생각했소." 대통령은 장군에게 자기가 할 수 있는 한 최대의 지원을 하겠지만, "이제는 꼭 진군을 해야 한다"고 엄중히 경고했다.

사령관 매클렌런과 전군 총수 링컨 사이는 서로 불만이었으나 그렇다고 적이 된 것은 아니었다. 링컨은 워싱턴 방위군의 병력을 점검한 후 맥도웰 군단에 속한 프랭클린 사단을 매클렌런에게 보냈다. 매클렌런은 대통령의 "확고한 우의와 자기에 대한 신임"에 감격해서 몽고메리 블레어에게 자기는, "대통령이 순수한 동기에서 일을 처리한다는 것을 믿는다"고 말했다. 그는 머지않은 장래에 "사람들이 깜짝 놀랄 만한 전공을 아군의 손상 없이" 세울 것이라고 장담했다.

5월 3일 연맹군이 요크타운을 버리고 철수한 후, 매클렌런이 오래 준비해 온 반도 진격을 시작했을 때, 링컨은 전선을 자신이 직접 참관하기로 결심했다. 그는 체이스와 스탠턴을 대동하고 에그버트 L. 비엘 장군의 호위를 받아 재무성에서 새로 구입한 밀수 감시정 마이애미 호를 타고 포토맥 강을 내려가서, 다음날 78세의 노장 존 E. 울 장군이 사령관으로 있는 먼로 요새에 도착했다. 매클렌런이 윌리엄스버그에서 적을 격파하고 리치먼드 방향으로 진격 중이라 대통령 일행을 영접할 수 없다는 소식을 듣고 대통령 일행은 제임스 강 남쪽 지류에 위치한 노포크 항을 해방시키기로 작정했다. 노포크 항에는 아직도 연방 해군이 두려워하는 메리맥 함정이 웅크리고 있었다.

울 장군 휘하 참모들은 해안에 깔린 암초들 때문에 노포크에 상륙하는 것이 불가능하다고 경고했지만, 체이스는 막무가내로 마이애미 호와 예인선을 끌고 해안가로 접근했다. 링컨도 지도를 펴놓고 근처 상륙 지점을 점검하고 있었다. 환한 달빛 아래서 대통령과 국방장관은 예인선을 타고 해변에 도착했고, 재무장관은 마이애미 호에서 여차하면 대포를 쏘기 위해 조준하고 있었다. 대통령은 배에서 내려서 버지니아 주민들이 "성역"이라고 부르던 노포크 해안을 밝은 달빛 아래서 거닐었다.

 상륙이 가능한 것을 안 후 링컨은 그 다음날 진짜 상륙전에는 참관하지 않고 먼로 요새에 남아서 일을 처리했다. 그날 저녁 그는 체이스가 군인들과 상륙한 후 연방군을 이끌고 노포크 시의 항복을 받은 일을 보고받았다. 그날 밤 연맹군은 메리맥을 자폭시켰는데, 링컨 일행은 메리맥이 자폭한 것을 폭음소리로 알았다. 체이스는 자기 딸에게, '이런 식으로 이번 주 대통령의 장거(壯擧)가 끝났다. 확실한 것은 대통령이 이번에 내려오지 않았으면 노포크는 아직도 적들이 차지하고 있었을 것이며, 우리가 그토록 무서워하던 메리맥도 아직 노포크에서 도사리고 있을 것이 분명하다'라고 편지를 보냈다.

 이 사건은 별로 큰 뜻은 없었고, 다만 링컨과 스탠턴이 직업군인들을 못 미더워했다는 사실을 보여준 예라 할 수 있겠다. 그러나 링컨은 이 일을 부풀려서 매클렌런을 비난하려는 사람들을 용납하지 않았다. 그후 울 장군 사령부에서 만찬을 할 때 같이 앉아 있던 사람이 매클렌런을 좋지 않게 말했다. 링컨은 그 사람에게, "매클렌런 사령관을 그렇게 험담하면 안 됩니다. 듣기가 매우 안 좋습니다"라고 잘라 말했다.

 그러나 승리가 금방 손아귀에 잡힐 것 같이 생각했던 매클렌런은 링컨처럼 관대하지 못했고, 링컨이 최근 지시한 조처를 뒤바꾸려 고집했다. 그는 대통령이 억지 지시로 배정해 놓은 군단 편성에 처음부터 절대 반대였기 때문에, 윌리엄스버그 전투에서 "하마터면 참패를 했을지도" 모른다고 주장하면서 군단이나 사단을 지휘하는 "무능한 사령관들"을 갈아 치우겠다는 것이었다. 링컨은 하는 수 없이 매클렌런이 하자는 대로 쫓아갈 수밖에 없었으나 자기가 한 일은, "귀관과는 의논을 할 수 없었지만 귀관을 제외한 의논해 볼 만한 군사 전문가들과는 전부 의논을 하고 모든 현대 군사서적을 읽은 후"에 결정을 한 것이라고 말했다. 그는 매클렐런에게 이런 식으로 사령관들을 갈아치우면 딴 사람들은 매클렐런이, "자기가 편애하는 사령관들 한둘만 총애하고 그들과 사이가 좋지 않은 사령관들을 무시하고 내모는 것"으로 보일 거라고 경고했다. 그는 매클렐런에게 섬너, 하인첼만, 키스 같은 사령관들도 강등시킬 작정이냐고 따졌다.

매클렐런은 우세한 연맹군과 싸우기에는 자기 쪽 병력이 부족하다고 계속 불평이었다. 그는 링컨에게 워싱턴 방어를 위해 뒤로 남겨 둔 맥도웰 군단 병력을 보내 달라고 졸랐으나 맥도웰 군단장은 원치 않았다. 그는 맥도웰이 계속 후방에서 전사위원회 사람들에게 자기를 비판하는 적이라고 생각했다. 워싱턴을 무방비 상태로 만들 수는 없다고 생각한 링컨은 절충안을 내어서 맥도웰 군단을 반도에서 진군하는 매클렐런 주력 부대의 오른쪽 길을 택해서 리치먼드 쪽으로 진군할 것을 제안했다. 그러나 매클렐런의 판단력을 아직도 믿을 수 없었던 링컨은, 맥도웰 군단장에게 매클렐런의 지휘와는 상관없이 독자적 지원군으로 진격하라고 지시했다. 매클렐런은 물론 이 조치에 반대하면서 맥도웰 군단이 강을 타고 반도 쪽으로 자기를 쫓아와야 한다고 주장했다. 그는 자기가 맥도웰보다 선임 장군이니까 군법 62조에 따라 맥도웰은 자기 명령에 복종해야 한다고 주장했다.

대통령은 맥도웰이 자기의 뜻을 확실히 이해했나 확인하고자 스탠턴 장관과 요즈음 그가 상당히 좋아하게 된 존 A. 달그렌이란 해군장교를 대동하고 아퀴아 강을 따라 내려갔다. 대통령 일행이 포토맥 강에 도착했을 때, 맥도웰은 100피트가 넘게 깊이 파인 계곡에 자기 군사들이 놓고 있는 구각(構脚)다리를 보라고 자랑했다. 대통령은 어린아이같이 신이 나서 다리를 걸어서 건너자고 제안했다. 널빤지 한쪽 폭밖에 안 되는 다리를 링컨은 앞장을 서서 걸었다. 다리 중간쯤에 다다르자 스탠턴은 어지러워서 비틀거리기 시작했고, 자신도 좀 어지러웠던 달그렌이 스탠턴을 부축해주었다. 일에 몰려 항상 피곤했던 링컨은 어지럼도 없이 다리를 수월하게 건넜다.

그러나 정치적으로는 다리를 건널 때처럼 수월치가 않았다. 1862년 5월 말 정부는 이렇다 할 신나는 일이 없었다. 동부 전선이나 서부 전선에서 연방군이 연맹군에게 이겼다는 소식은 별로 없었다. 단지 먼 곳에 있는 미시시피 강 하류에서 데이비드 G. 패러거트 제독이 적진을 물리친 후 뉴올리언스 시를 점령했다는 소식이 왔다. 재무성 재원은 고갈돼 체이스는 마음에 내키지는 않았지만 국회에 법화(法貨, 사람들은 이 종이 돈을 이후에 그린백이라고 불렀음)의 발행을 청구했다. 링컨도 체이스처럼 법화가 과연 헌법으로 허용되는지 확신이 없었으나 별 다른 수가 없어서 체이스의 제안에 동의할 수밖에 없었다. 외교적으로도 사태가 심각했다. 연방의 남해안 봉쇄로 유럽 제국은 목화를 구하지 못해 방직공장들이 문을 닫아 실직 문제가 심각해져 연맹을 국가로 인정하자는 국론이 높아졌다. 국회에서도 대통령을 지지하는 의원들이 없었고 공화당 과격파들까지 대통령의 일거수일투족을 계속 씹어대어 대통령의 앞길은 먹구름이 깔린 상태였다. 영국에서 발간되는 「스펙테이터」와 월간지 『맥밀런』의 미국 특파원 에드워드 다이시는, 앞으로 역사는 링컨을 '그의 임기가 끝나면 아쉬워할 것도 없으나 뷰캐넌보다는 조금 더 존경을 받을 것'이라고 평했다.

13

하느님 역사의 연장

링컨은 일이 잘 안 풀릴 때면 그가 어렸을 때부터 그랬던 것처럼, 숙명론으로 모든 일을 체념하는 버릇이 있었다. 1862년 6월 20일 진보적 교우회 소속 퀘이커교 대표들이 백악관을 찾아와 링컨에게 노예해방을 선포하라고 종용했을 때도 그의 대답은 숙명론적 색깔이 짙었다. 그는 대표들과 몇 마디 이야기를 나눈 후, 자기가 대통령이지만 남부 여러 주에서 헌법 집행도 못 하고 있는데 하물며 노예해방을 선포한다고 일이 성사될 것으로 믿느냐고 물었다. 그는 "선포문 하나로 노예들을 해방시킬 수 있다면 존 브라운이 더 잘할 수 있었을 것이요"라고 가볍게 말하더니, 진지한 표정으로 되돌아가 자기 자신과 국가가 직면한 이 문제는 "하느님의 도움이 필요하다는 것을 절감하고 있다"라고 덧붙였다. 자신이 "이 큰 역사(役事)를 감당하라고 선택받은 하느님의 연장(鍊匠)일지도 모르겠다"면서 자신의 "운명이 그렇게 정해져 있다면 피하고 싶은 생각은 없다"라고 말했다. 그는 찾아온 사람들에게 "그러나 하느님의 뜻이 당신네들 생각과 다를지도 모르겠다"라고 경고했다.

I

    1862년 여름 링컨은 하느님의 도움이 그 어느 때보다도 더 절실했다. 모든 일이 잘 풀리지 않고 전쟁은 끝이 보이지 않았다. 서부에서는 미시시피 강을 열기 위해서 남진하던 연방군이, 미시시피 주 코린트 시를 점령한 후에 빅스버그에서 진을 치고 있던 연맹군에게 가로막혀 버렸다. 테네시 주의 뷰엘 장군은 산악지대로 진격하라는 대통령의 군령을 따르지 않아, 산악지대에 살고 있던 연방주의자들을 곤경에 빠뜨리고 있었다. 연방군은 수륙 양면 작전으로 뉴올리언스를 점령하고, 사우스캐롤라이나 해안도서들과 하테라스 곶을 차지했으나 그것은 말뿐인 점령이었고, 오히려 해방된 루이지애나 주에서는 연방 내 반대 세력간의 알력이 심해서 대통령을 못살게 굴었다. 그리고 제일 한심한 것은 매클렐런이 이끄는 포토맥 군의 소식이었다.

    전투에서 승리하지 않고 국내 온건파 세력을 결집해서 연방을 원상 복구하기는 불가능했다. 남부 연맹에서 연방에 충성하는 세력이 조금 남아 있었지만 남부 여러 주를 연방으로 조속한 시일 내에 복귀시키겠다는 대통령의 약속은 믿을 수 없게 되었다. 북쪽에서는 반노예주의 개혁파 세력들이 대통령에게 노예해방을 지연시키며 꾸물거린다고 아우성이었고, 링컨이 노예주의 접경주들 손에 놀아나고 있다고 비난했다. 그와 동시에 링컨이 접경주에서만이라도 노예들을 점진적으로 변상 해방시키자는 정책도 별 실효성이 없었다. 접경주에서 연방에 충성하는 사람들은 반란 주 노예들은 내버려두고 왜 자기들 노예만 해방시켜야 하느냐고 모두들 시큰둥했다. 국회에서는 대통령 체면을 세워주느라고 해방된 노예들을 소개 식민하는 데 필요한 비용으로 50만 달러를 책정했으나 대통령 이외에 아무도 이 계획의 실현성을 믿는 사람은 없었다.

    매클렐런의 반도작전이 성공해야만 이 소강상태를 벗어날 수 있었다.

그러나 링컨은 포토맥 군이 리치먼드 문턱까지 도달했을 때 매클렐런이 요구한 지원군을 보내지 못했다. 그는 맥도웰 군단을 매클렐런에게 보내겠다고 약속해 놓고, 맥도웰 군단이 리치먼드 쪽으로 출발하기 바로 직전, 연맹군 장수 토마스 J. (석벽) 잭슨이 리치먼드의 공성을 방해하려고 날뛰는 셰넌도어 계곡으로 행선지를 바꾸도록 조치했다. 석벽장군 잭슨은 프레먼트, N. P. 뱅크스, 제임스 실즈(링컨의 일리노이 주 구정적) 장군들이 이끄는 셰넌도어 계곡의 연방군을 신출귀몰 이리저리 치며 전투할 때마다 이기는 바람에, 이제는 하퍼스 페리를 향하여 북진 중이란 소식까지 들리니 연방 군사들은 옛날 불 런 전투 때처럼 총기를 버리고 싸우기도 전에 줄행랑을 놓는다는 한심한 소식이 들려왔다. 잭슨이 북진해서 포토맥 강을 건너면, 수도 워싱턴도 위협을 당할 형편이었다. 링컨도 걱정이 되어 매클렐런에게, '당장 리치먼드를 공략하든지 아니면 회군해서 수도 워싱턴을 지키라'는 메시지를 보냈다.

그러나 링컨이 수도 방위 때문에 그런 메시지를 보낸 것은 아니었다. 링컨은 잭슨 군의 움직임을 지켜보면서 이때야말로 본거지에서 멀어진 남군을 차단 포위해서 섬멸할 기회라고 생각했다. 그는 잭슨이 뱅크스를 쫓아서 하퍼스 페리 근처까지 내려온 후 방향을 남쪽으로 돌릴 것이라고 예측하고, 그때 잭슨 군을 포위할 작정이었다. 링컨은 수도 안전보다는 이런 이유에서 맥도웰 군단을 셰넌도어로 급히 보내 프레먼트 군과 협동 작전을 벌이자는 것이었다. 전군 총사령관이나 참모총장이 없는 상태에서 링컨과 스탠턴은 하루하루 군사 이동을 직접 지휘했고, 어떤 때는 시간 시간 잭슨 군을 포위하려는 군사작전을 지휘해 나갔다. 대통령은 이때 맥도웰과 뱅크스, 하퍼스 페리의 사령관인 루퍼스 색스턴, 프레먼트에게 직접 세밀한 작전 명령을 직송했다.

그러나 잭슨은 맥도웰 군이 따라잡기 전에 날쌔게 철군하는 바람에 이 작전은 수포로 돌아갔다. 링컨은 연맹군을 잡는 것은 "다리 싸움"이라면서, 맥도웰에게 "있는 힘을 다해 쫓아가라"고 명령했다. 그러나 프레먼트가 링컨의 명령을 어기고 먼 길로 돌아가는 바람에 70마일 거리를 진군하는 데 8일이나 걸렸고, 그와 대조적으로 잭슨 군은 50마일 거리를 이틀만에 행군 철수해버렸다. 링컨의 작전계획은 너무 거창했다. 계곡에 있는 연맹군을 잡기 위해서는 3개 군단이 한몸같이 움직여 주어야 가능한 일이었다. 서쪽에서는 프레먼트가, 북쪽에서는 뱅크스가, 동쪽에서는 맥도웰이 동시에 진격을 해야만 잭슨을 포위할 수 있었다. 그런데 링컨은 단호하게 정확하고 권위가 있는 작전명령을 적시에 내릴 수 있을 만큼 군사적 경험이나 상식이 없었다. 노포크에서 성공적으로 작전을 폈다고 생각했다가 실패로 돌아가자 그는 자기가 정치적 지도자이지 군사 지도자는 될 수 없다는 것을 깨달았다.

잭슨은 셰넌도어 계곡에서 좌충우돌함으로써 정작 큰 전투가 벌어지고 있는 반도로부터 링컨의 주의를 돌리는데 성공했다. 매클렐런은 반도에서 리치먼드를 향하여 하루에 2마일씩 천천히 기계적으로 진격했으나 계속 적군의 숫자를 실제보다 더 많다고 걱정했고, 비가 너무 내려서 길이 막혔다면서 증원군이 오지 않는다고 불평이었다. 5월 31일 조셉 E. 존스턴이 이끄는 연맹군은 포토맥 군이 치카호미니 강을 끼고 분산되어 있을 때 반격을 시작했다. 이때 링컨이 할 수 있는 일은 워싱턴에 앉아서 매클렐런에게 격려를 하는 것밖에 없었다. "굳게 지키시오. 한치의 땅도 내주지 말고, 하는 수없이 내준다 하더라도 계속 싸우면서 질서 있게 물러나시오." 당시 이러한 링컨의 격려는 필요했을지 모르지만 연방군은 세븐 파인(혹은 패어 오크스라고 부름)이란 곳에서 적군과 치열한 전투를 벌여 이틀만에 연맹군을 퇴각시켜 리치먼드 방위선으로 물러나게 만들었다. 존스턴 장군은 전투 도중 부상을 당해서 로버트 E. 리 장군이 연맹군 지휘를 맡게 되었다.

이 전투에서 5,000명의 사상자를 낸 매클렐런은 증원군을 보내라고 아우성이었고, 링컨도 자기가 취할 수 있는 조치는 다 취했다. 그는 맥도웰 군단에 속한 맥콜 사단을 반도로 보내라고 지시했고, 울 장군이 지휘하던 먼로 요새의 병력을 매클렐런 지휘 밑으로 편입시켰으며, 번사이드 장군에게도 노스캐롤라이나에 있는 병력 중 동원이 가능한 병력을 매클렐런에게 급송하라고 지시했다. 그러나 맥도웰 군단의 나머지 병력을 반도로 보내는 계획은 실천할 수 없었다. 맥도웰 군단에 소속된 실즈 사단은 잭슨 군을 셰넌도어 계곡에서 급히 추격하다가, '모두가 실신 상태'에 빠져 움직일 수 없는 상황이었다.

 매클렐런은 13만 군사를 이끌고, 비가 그치고 대포들을 운송할 수 있으면 리치먼드로 진격할 참이었다. 6월 18일 대통령은 조심스럽게 매클렐런에게, 언제 리치먼드를 공략할 것이냐고 물었다. 장군은, "내일 이후 하느님이 도와주시면 적군을 언제라도 공략할 것"이라고 대답했다. 그는 겉으로는 이렇게 대답했으나 속으로는 대통령의 잔소리가 못마땅했다. 그는 정보 수집 총책 앨런 핑커턴의 말만 믿고, "대통령은 다시 나의 적들 손에 놀아나서 이제는 내 편이 아니다!"라고 불평했다. 그는 군사령부에서 전투 현황을 취재하는 종군기자들에게 연맹군의 숫자가 아군보다 훨씬 더 우세하다면서 이제까지 자기가 정부로부터 얼마나 푸대접을 받았는지 내놓고 떠들어댔다. 매클렐런의 심복 참모 피츠-존 포터 장군은 현 정권이 매클렐런 사령관의 증원군 요청을 묵살했다고 비난했다. 그는 「뉴욕 월드」의 편집장에게 신문논설을 이렇게 써달라고 종용했다. '(무능한 국방장관에게 꼼짝도 못하는) 우리 대통령은 전쟁을 지연하기 위해서 반도 전투에서 일부러 아군이 지게끔 만든 것은 아닌가?'

 6월 25일 매클렐런이 리치먼드를 공략하기 전에 연맹군이 선수를 쳤다. 매클렐런은 신임 연맹군 사령관 리 장군을 완전히 잘못 판단하고 있었다. 그는 리를, '너무 소심하고 취약해서 큰 임무를 맡을 사람이 아니며⋯⋯ 개인적으로는 용감하고 의지가 있을지 모르나⋯⋯중책을 맡기면 소신이 없어서……정작 결단이 필요할 때 우물쭈물하는 사람'이라고 생각하고 있었다. 그러나 리 장군은 후일 '7일 전투'(6월 25일부터 7월 1일까지)로 알려진 치열한 전투에서 포토맥 군을 치카호미니 강 반대편으로 내몰았고, 연방군은 반도 남쪽까지 퇴각해 제임스 강에 정박하고 있던 연방 해군 함정의 대포 사정권 내로 피신, 안전을 찾지 않으면 안 되게 되었다.

포토맥 군이 반도에서 치열하게 싸우고 있을 때, 링컨은 소문내지 않고 수도를 빠져나와 스콧 장군을 만나러 웨스트포인트를 찾았다. 노장 스콧은 늙고 병들었으나 사람들은 아직 모든 군사의 권위자로 여겼고, 링컨이 믿을 만한 장수는 이 노장밖에 없었다. 링컨이 당면한 최대 문제는 수도를 방위하기 위해서 프레드릭스버그에 주둔한 맥도웰 군단을 매클렐런에게 보내야 하는 가였다. 링컨과 스콧 사이에 있었던 이때의 기록은 남아 있지 않지만, 면담 후 노장이 대통령에게 보낸 메모에서 그는 대통령의 셰넌도어 계곡 작전이 잘못이었다고 지적했고, 맥도웰 군단을 수로(水路)를 이용해서 즉각 매클렐런에게 보내는 것이 좋겠다고 진언했다. 노장은 대통령에게, "반군을 리치먼드에서 섬멸하든지 쫓아내면 이 전쟁은 끝이 날 것"이라고 예측했다.

대통령이 수도를 떠나 돌연히 북쪽에 나타났다는 소문을 듣고 다음날 돌아오는 길 저지시티에서는, 사람들이 대통령에게 한마디 해달라고 모였다. 링컨은 "무슨 큰 일이 있어서 여행을 한 것은 아니다"라고 사람들을 안심시켰다. 사실 이번 일로 매클렐런의 반도작전이 바뀐 것은 없었다. 링컨은 스콧과의 면담으로 마음이 바뀌기는커녕 경험이 많다는 군인들의 판단에 더욱 의구가 갔다. 그는 맥도웰 군단을 매클렐런에게 보내지 않았다. 링컨은 웨스트포인트에서 돌아온 다음날 북 버지니아 주에 배치된 모든 연방군들, 프레먼트 군대와 뱅크스 군대 및 맥도웰 군단을 통합해서 버지니아 군을 만들고 존 포프를 버지니아 군의 사령관으로 임명했다. 포프보다 서열이 높았던 프레먼트는 포프 밑으로 들어가는 것을 즉석에서 거부하고 스스로 예비역으로 돌았다.

링컨이 이렇게 군 재편성을 강행한 것은 매클렐런을 점점 더 못 믿게 된 것이 근본 이유였다. 그는 매클렐런이 군대 조직과 운영에는 능력이 뛰어났지만 리치먼드를 앞에 두고 일전불사는 가망이 없다고 판단했다. 매클렐런 사령부에서는 진군할 수 없다는 핑계와 불평만 계속 링컨에게 보냈다. 장군이 비가 너무 내려 길도 진흙탕이고 다리도 모두 쓸려내려 갔다고 전하자, 화가 난 링컨은 날씨가 그렇게 나쁘다면 적군은 어떻게 막히지 않고 신속하게 진격을 할 수 있는가 반문했다. 링컨은 매클렐런에게 하느님이 의로운 자보다 불의한 자를 더 선호한다고 믿느냐고 비아냥 거렸다. 장군은 아직도 핑커턴의 정보에만 기대면서 적 병력이 아군보다 훨씬 많아 20만은 된다고 엄살을 떨었다. 울 장군과 메이그스 장군에게서 정보를 받고 있던 링컨과 스탠턴은 적군 병력이 이쪽과는 비교가 안 되게 적다는 것을 확인하고 있었다. 그러나 매클렐런은 계속 증원군을 요청하다가 급기야는 증원군을 보내라고 강압적 요구를 했고, 링컨은 화가 나는 것을 참고 매클렐런에게 보낼 군사가 없다고 설명했다. 매클렐런이 분수를 넘어 5만 병력을 보내라고 강청하자 링컨도 참을 수가 없었던지, "말 같지도 않은 소리는 하지 말라"고 반박했다.

매클렐런은 정부가 군대를 유기(遺棄)했다면서 참모장 랜돌프 B. 마시 장군과 함께 어쩌면 항복해야 할지도 모르겠다는 한심한 소문을 퍼뜨렸다. 그는 6월 28일 스탠턴 국방장관에게 보내는 편지에서, '본관이 이 군대를 구제할 수 있다면 그것은 전적으로 본관이 한 일이지, 당신을 포함해서 워싱턴 어느 누구에게서도 도움을 받아야 할 일은 아니란 것을 밝혀둡니다. 당신은 이 군대를 희생시키려고 최선을 다했던 것 같소'라고 적었다. 매클렐런의 이 망언은 누가 보아도 하극상이라 전신실에 있던 책임자는 이 구절을 전문에서 삭제하고 대통령과 국방장관에게 보냈으나 몇 달이 지난 후 전문 내용이 밝혀졌다.

II

 이렇게 사태는 한심했고 링컨은 매일 걱정이었다. 스탠턴은 대통령이, "너무 피곤해 보인다"라고 걱정했다. 링컨은 노심초사 끼니 때가 되어도 식사를 제대로 못해서 체중은 눈에 띄게 줄어들었다. 한 번은 위생관리국 헨리 W. 벨로우스 박사에게, "요즘은 계란도 제대로 넘길 수가 없다"고 한탄하면서, "그저 이럭저럭 견디어낸다"라고 말했다. 메리 링컨도 남편이 잠을 못 잔다고 걱정이었고, 브라우닝도 링컨이 저러다가는 건강을 크게 해칠 것 같다고 걱정했다. 브라우닝이 대통령에게 대놓고 걱정하자, 링컨은 그의 손을 꼭 잡더니 부드러운 목소리로 "브라우닝 씨, 나도 언젠가는 죽어야 할 목숨이요"라고 말했다.

 그러나 이렇게까지 건강이 나빠진 대통령이었지만 겉으로는 아무렇지도 않게 보이려고 노력했다. 그는 매클렐런에게, "가능하다면 그곳에서 버티도록 노력하되 할 수 없는 경우라면 먼로 요새까지 후퇴해서라도 군사들을 살려야 한다"라고 지시하면서, "아직 우리 쪽 국력은 든든하니까 필요하다면 더 징병을 하도록 하겠다"라고 말했다. 링컨은 실제로 군사가 더 필요한 상황이었으나 당장 징발령을 내리면 민심이 소란하고 이탈할 것을 걱정해서 수어드를 보내서 뉴욕 주에 모인 몇 주지사들에게 군대를 더 보내줄 것을 종용하라고 지시했다. 그는 수어드에게, "나는 이 전쟁에서 이길 때까지 버틸 작정"이라면서, "내가 죽거나, 적에게 지거나, 내 임기가 끝나거나, 국회나 국민이 나를 저버릴 때까지 나는 싸울 작정"이라고 비장한 각오를 밝혔다. 수어드는 대통령의 이러한 비장한 말투가 오히려 국민들에게 역효과를 낼지도 모르겠다고 판단해서 그는 주지사들에게 대통령이 부탁하기 전에 자발적으로 군사모집을 대통령에게 제안해 달라고 부탁했다. 주지사들은 수어드의 수단에 말려들기가 싫었으나 결과적으로는 대통령에게 그 비슷한 제안서를 보냈고, 제안서를 받아든 링컨은

'이 불필요하고 자멸적 내란을 조속하고 완전히 끝내기 위해서는' 30만 명 추가 징병이 필요하다고 공표했다.

링컨은 이제 매클렐런 식으로 전쟁을 계속하다간 연맹군을 진압할 도리가 없다고 확신하게 되었다. 이런 결단을 내리기까지는 시간이 한참 걸렸으나 시간이 흐르면 흐를수록 매클렐런은 가망이 없다고 생각하게 되었다. 지난 6월에는 반도에서 병원으로 쓰기에 제일 좋은 로버트 E. 리 저택을 매클렐런이 점령할 수 없다는 명령을 내려서 군의가 대통령에게 직접 항의한 적이 있었다. "우리 군사들이 죽어가는데 매클렐런 장군은 반란군 저택을 보존하려고 합니다. 그것이 더 중요하단 말입니까?" 링컨은 이 군의에게, "매클렐런이 약속을 했던 모양인데 그 약속은 틀린 것이오. …… 장군은 약속을 어기기 싫은 모양이니 내가 대신 그 약속을 어기도록 하겠소"라고 대답했다.

매클렐런도 링컨을 이해한 적이 없었고 완전히 믿은 적도 없었다. 그는 대통령이 보낸 공문을 읽으면서 대통령이 자신에게 점점 불만이 많다는 사실을 느끼고 있었다. 대통령의 공문은 부드러운 어투로 이론에 맞는 편지였으나, 그는 이 공문들을 보내서 매클렐런을 움직이기보다는 후일 사람들에게 자신이 이 한심한 사령관을 움직여보려고 얼마나 노력했나를 보이기 위해서였다.

어떻든 간에 링컨은 7월 초 해리슨 랜딩에 있는 매클렐런의 사령부를 친히 방문해서 포토맥 군단을 직접 사열하기로 결정했다. 그는 도착하는 날 저녁에 군대를 사열했는데, 대통령이 말을 타고 가는 곳에 수천 개의 총검이 달빛에 번쩍였다. 장교 한 명은 대통령이 군대를 사열하는 동안 군사들이, '끝없이 열광적으로 그를 환영했다'라고 적었다. "최근에 있었던 참사로 의기소침했던 군사들은 대통령이 나타나자 사기를 다시 찾은 것 같았다." 의기소침했던 사령관은 이 장교가 적은 말에 동의하기는커녕 군사들이 대통령을 환호한 것은 자기가 그렇게 하도록 명령했기 때문이고, 환호성도 별 볼일이 없었다고 평했다. 장군은 자기 부인에게 보내는 편지에서 링컨이, '늙어빠진 나뭇가지같이 보였으며 그것도 변변치 못한 재목이 늙은 것' 같아 보였다고 혹평했다.

　대통령이 도착한 직후 매클렐런은 대통령에게 비밀서신을 전했다. 그는, '반란 현황에 관한 자신의 의견'을 개진하면서 자신의 의견이, '아군의 현재 입지나 자신의 공적 책임과 부합하지는 않는다'라고 시인했다. 그는 연맹군과 전쟁을 할 때, '기독교 문명의 최고 원칙에 준한 전쟁'이어야 한다고 주장했다. 말하자면 연방국회에서 논의한 것처럼 반란 세력의 재산도 몰수해서는 안 되고 노예제도도 강제로 없애서는 안 된다는 것이었다. 그는, '합헌적이고 보수적'이랄 수 있는 이 정책을 수행하기 위해서는 대통령이 군 총사령관을 임명해야 하는데 자신은, '그 자리를 원하지는 않지만 만일 저를 그 자리에 임명한다면 명령 계통을 철저히 따라 제 임무를 수행하겠노라'고 약속했다.

　매클렐런의 이 편지는 문체도 정중했고 반항적 내용은 들어 있지 않았다. 그는 이전에 대통령에게 전쟁에 관한 자신의 개괄적 의견을 서면으로 제출해도 괜찮으냐고 물은 적이 있었고 링컨도, "전국에 걸친 군사현황에 관한 장군의 의견"을 받아보고 싶다고 대답한 적이 있었다. 해리슨 랜딩에서 매클렐런 편지는 나중에 그의 반대 세력이 주장한 것처럼 불순하거나 사리에 어긋난 편지는 아니었다. 매클렐런은 이 편지에서 전면적으로 노예제도를 폐기하는 것은 반대했으나 노예주들에게 보상을 함으로써 특정 주, 즉 미주리나 메릴랜드 같은 주에서는 노예들을 해방시키는 것은 연방정부의 권한일 수도 있다는 의견을 내기까지 했다. 그러나 매클렐런은 이 편지에서 이 전쟁은 민간인들에게는 가능한 한 피해를 주지 말고 직업군인들 사이에서 결판을 내야 한다고 주장했다.

　링컨도 이러한 정책을 1년 이상 실행해 왔으나 결과적으로 실패했다고 믿고 있었다. 그는 매클렐런의 편지를 읽고 구체적으로는 별 말없이 그냥 편지를 잘 읽었다는 내용의 답장을 보냈다. 후일 링컨은 사람들에게 자신은 매클렐런의 편지를 읽고, '어느 성질 사나운 말이 발길질을 하다가 제 말굽이 등자에 걸리는 것을 보고, 말 주인 마부가 한심하다는 듯이 네 놈이 올라탄다면 나는 네 놈에게서 내리고 말 테다' 라고 중얼대던 마부가 생각나더라고 말했다.

대통령은 매클렐런과 전쟁을 어떻게 해나갈까 의논하러 해리슨 랜딩으로 내려간 것은 아니었다. 그는 막대한 피해를 보면서도 전과가 없는 이 전투를 어떻게 끝낼까 직접 확인하러 내려간 것이다. 링컨은 매클렐런에게 이번 전투의 전후를 물어보지도 않았고 왜 전투에서 이기지 못했냐도 따지지를 않았다. 그는 자신의 생각은 밝히지 않고 전투에 참가한 사령관 장군들 개개인에게 아군의 병력은 얼마며 적군의 위치나 병력은 어떤 정도인가 물어보았다. 그는 사령관들의 보고를 받고 매클렐런에게, "장군이 그렇게 할 심산이면 군대를 무사히 철군시킬 수는 있겠는가?"라고 물었다. 매클렐런은 드디어 링컨의 의중이 어떤가 깨닫고 자기 부인에게 보낸 편지에 대통령이, '무슨 일을 저지를 것처럼 보이는데 양심에 꺼리는 것 같다' 라면서 그는, '대통령의 이번 방문이 무슨 꿍꿍이가 있는지 모르겠으나 내 생각에는 그릇이 큰 사람도 아니고 이런 위기를 감당할 사람도 아니니까 별 볼일 없을 것 같다' 고 썼다.

대통령은 워싱턴으로 돌아온 지 이틀 뒤인 7월 11일 드디어 그의 꿍꿍이를 드러내 놓았다. 그는 헨리 W. 핼렉 장군을 미합중국 전군원수로 임명했다. 링컨은 핼렉을 전군원수로 임명함으로써 매클렐런의 군 서열을 떨어뜨리고, 그의 전략을 무시하겠다는 결단을 표시한 것이었다. 링컨은 수주일간 숙고 끝에 이 결단을 내린 것이다. 그는 6월 스콧 장군을 방문했을 때, 이미 사령관 경질이나 전략 수정을 고려하고 있었다. 그는 웨스트포인트를 방문하고 워싱턴으로 돌아오는 길에 신문기자들이 몰아세우자, "장군을 경질할 생각은 조금도 없다"라고 말했지만, 이것은 진심이 아니었다.

링컨이 포프를 사령관으로 임명했을 때, 그는 이미 전략 변경을 계획 중이었다. 포프는 링컨이 일리노이에서 알던 사람의 아들이었고, 스프링필드에서 워싱턴으로 올 때 수행원 중 한 명이었는데, 미시시피 강의 10번 도(島)를 점령했을 때 수훈을 세웠고, 코린트 공략 시 핼렉 군 소속 부대를 지휘한 적도 있었다. 그는 매클렐런 휘하 장군들과는 달리 철저한 반노예제도 공화당 소속이었고, 체이스 재무장관이 감싸고 돌보아주는 장군이자 오하이오 주 출신 연방 하원의원의 사위이기도 했다. 이런저런 이유로 링컨은 포프에게 무척 큰 기대를 갖게 되었고, 특히 앞뒤 안 가리고 하고 싶은 말을 막 해대는 포프가 마음에 들었다. 포프는 매클렐런을 비롯해서 적군 숫자를 불리면서 미리 겁을 먹은 동부 전선의 장수들을 내놓고 조롱했고, 전투보다는 전략이 더 중요하다고 주장하는 동부 사령관들을 내놓고 겁쟁이라고 비난했다.

링컨은 포프가 아는 것도 많고 언변도 좋은 것을 보고, 7일 전투 때는 포프를 워싱턴에서 대통령 군사고문이자 특보로 비공식 발령을 내렸다. 포프는 국방성 전신실에서 매일 대통령과 함께 지내며 대통령에게 매클렐런이 보내는 전신문들을 해석해 주었다. 그는 매클렐런이 제임스 강으로 후퇴한 것은 큰 실수라고 주장했다. 그러나 포프는 대통령 고문 같은 행정직은 싫어했고 전선으로 가기를 원했다. 포프가 계속 졸라대는 바람에 링컨은 스콧이 추천했던 핼렉을 워싱턴으로 불러들였다.

사무직에서 벗어난 포프는 사령관으로 부임하면서 자신은 매클렐런과 달리 속전속결주의라고 떠벌렸다. 그는 생각도 없이 전투에 지친 동부 군사들에게, 자신은 서부에서 싸웠고 서부 군사들은 적들에게 잔등을 보인 일은 없었다며 앞으로 자신의 전략은 전진만 있을 뿐 후퇴란 없다고 큰소리를 쳤다. 그는 군사들에게 필요한 군수물자를 현지 충당하라고 지시하면서 연방군 전선의 후방에서 살고 있는 민간인들까지 충성서약을 시키고 도망병은 모두 엄벌에 처하겠다고 얼러대었다. 물론 이런 포고문이나 지시들은 모두 존 포프 자신이 쓴 말들이지만, 그는 이 포고문들을 사전에 대통령에게 보냈고 대통령은 포프의 이런 과격한 말들에 별다른 이견 없이 동의해 주곤 했다.

포프가 군사령관이 되면서 링컨도 자신감이 다시 생긴 것 같았다. 이렇게 자신 있고 정열이 넘쳐 흐르는 신임사령관은 군대 사기를 곧 재확립했고, 연맹 수도 리치먼드를 정면으로 공격하려고 했다. 매클렐런에게 리치먼드를 정면 공격하라고 계속 종용하던 링컨으로서는 포프의 전략에 전적으로 찬성이었고, 8월 중순쯤 그는 신명이 나서 찰스 섬너에게 리치먼드는 2주 내에 함락될 것이라고 전망했다.

III

링컨이 핼렉을 전군총수로 임명한 지 이틀 뒤 그는 노예제도에 대한 정책도 군 인사에 못지않게 바꾸어놓았다. 그는 항상 그랬듯이 이 두 가지 변경에 대해서 크게 공표하지도 않았고, 이때까지 시행해온 과거 정책에서 크게 벗어나지도 않았다. 그는 매클렐런의 반도전투를 지원하면서도 포프를 사령관으로 새 군대를 조직했듯이 이제까지 밀어왔던 정책, 즉 점진적으로 노예들을 변상 해방하자던 정책을 계속 밀면서도 전반적 노예해방 쪽으로 기울기 시작했다.

그는 대통령 취임 당시 연방정부는 각 주의 노예제도 문제에 개입하지 않겠다는 약속을 지키면서도 실제로는 각 주 정권에게 연방정부에서 재정지원을 할 테니까 점진적으로 노예들을 변상 해방시키라고 종용했다. 그는 국회가 휴회로 들어가기 바로 전 7월 12일 접경주 상·하원 의원들을 백악관으로 불러서 자기의 정책을 지지해 달라고 한 번 더 종용했다.

그는 이들 국회의원들에게 접경주의 노예제도는 이 전쟁의 갈등과 마찰로 인해서 곧 자연도태가 될 것이라고 예측했다. 그는 노예제도에 대한 북쪽 반감 때문에 멀지 않은 장래에 자신도 어쩔 수 없이 이 문제를 해결해야만 할 때가 올 것이라고 말했다. 그는 접경주 의원들의 애국심과 정치 감각에 호소한다면서 의원들에게 출신지로 돌아가면 주민들에게 자기 정책을 설명해서 이 전쟁을 빨리 끝내는 방향으로 노력해 달라고 부탁했다. 그는, "여러분들이 전 세계에서 제일 훌륭한 이, 국민을 위한 국민의 정부를 존속시키는 것을 원하신다면 절대로 이 문제를 외면해서는 안 됩니다"라고 주장했다.

접경주 국회의원들을 만난 다음날 링컨은 일리노이 주 출신 국회의원 아이잭 N. 아놀드와 오웬 러브조이에게, "접경주들이 내 의견을 들어준다면 얼마나 좋을까! 그렇게만 된다면 아놀드 의원과 러브조이 의원을 포함해서 우리 모두가 산 보람이 있을 거란 말이요!"라고 흥분해서 말했다. 그러나 그가 예상했던 대로 접경주 의원들은 몇 명을 제외하고는 링컨의 의견에 반대였고, 링컨의 정책이 이치에 맞지도 않고 일관성도 없다는 장문의 반대 의견을 보내왔다. 이 반대 의견의 골자는, '헌법에서 규정한 대통령 권한 밖의 일은 상관하지 말 것'이란 요지였다.

그러나 링컨은 의원들이 반대 의견을 듣기도 전에 변경된 정책을 밀고 나가기 시작했다. 그는 7월 13일 스탠턴의 어린 아들의 장례식에 참석하기 위해 내각에서 보수파에 속한 수어드와 웰스 장관과 마차를 함께 타고 갈 때, "이제는 노예들을 해방시켜야 한다"면서, "노예를 해방시키지 않으면 우리가 질 수밖에 없다는 결론에 도달했다"라고 운을 떼었다. 이제까지 연방정부가 노예 문제에 개입해서는 안 된다고 주장해오던 대통령이 갑자기 이런 말을 하자 두 장관은 몹시 놀라서 생각할 시간을 달라고 얼버무렸다. 대통령은 두 사람에게 이 문제는 곧 결단을 내려야 할 문제니까 심각하게 고려해 보라고 부탁했다.

대통령 포고령으로 노예를 해방시키자는 제안은 새로운 것은 아니었다. 섬터 요새가 포격을 당했다는 소식이 워싱턴에 전해지자 섬너는 백악관으로 달려가 반란 분자들의 노예들을 해방시키는 것은 대통령 전시 권한에 속한 것이니까 노예들을 해방시키라고 종용했다. 1861년 8월 프레먼트가 미주리 주의 노예들을 해방시킨 것도 대통령 권한을 다시 확인해 준 사건이었다. 같은 해 12월 국방장관 캐머론은 국방장관으로서 마지막 쓴 보고서에서 대통령에게 대통령 포고령으로 노예들을 해방시키자고 제안했다. 최근에는 5월에 남부 관할 군사령관 데이비드 헌터 장군이 자유 지역에서 노예제도와 군 계엄령은 공존할 수 없다는 이유로 플로리다, 조지아, 사우스캐롤라이나 주의 노예들은 모두 영구히 자유의 몸이라고 선언했다.

재무장관 체이스는 헌터 장군의 포고령을 지지하면서, 링컨에게 절대로 철회하면 안 된다고 주장했으나 링컨은 이전 프레먼트 때와 마찬가지로 그 즉시 헌터의 포고령을 법적 근거 없는 포고라고 무효화시켰다. 그는, "이 일은 대통령이 해야 할 일인데 대통령과 상의 없이 현지 사령관이 결정할 일이 아니다"라고 체이스에게 답했다. 그러나 헌터의 포고령을 철회시키면서 링컨은 처음으로 새로운 법 해석을 첨가했다. 그는 대통령이 헌법상 노예를 해방시킬 권한이 있다는 의견을 처음으로 밝혔다. 그는 이러한 대통령 권한을 실제로 행사할지 안 할지는, 정부를 존속시키기 위해서 실력 행사가 필요할지 않을지에 달렸다고 해명했다. 그는 얼마 후 노예해방 선언은 법적으로나 헌법상 대통령 권한에 속한 것이 분명하다며, 대통령이 육·해군 총수로서 반적을 진압하기 위해서는 어떤 조치도 취할 수 있다는 강경론을 개진했다.

링컨은 헌터 포고문을 철회시킨 뒤, 노예해방은 원칙적 문제가 아니라 정치적 문제로 해결해야 한다고 생각하게 되었고 자신의 소신대로 노예해방 선언문을 구상하기 시작했다. 그는 국방장관 스탠턴과 5월에 이 문제를 상의했던 것 같고, 6월 18일 부통령 햄믈린과 선언문 기초를 상의했던 것 같다. 링컨은 이즈음 국방성 전신실에서 전방 소식을 기다리곤 했는데, 6월 말쯤 전신실 근무 토마스 T. 엑커트에게 중요한 문서를 작성할 일이 있으니까 대판지 몇 장만 구해 달라고 부탁한 일이 있었다. 그는 사람들에게 계속 시달려야 했던 백악관보다는 조용한 전신실에서 일하는 것이 더 효과적이라고 말했다. 그는 엑커트 책상에 앉아서 창 밖 펜실베이니아로를 쳐다보면서 작문을 시작했는데, 첫날은 문장을 빨리 작성한 것 같지는 않았다고 엑커트가 후일 회상했다. "대통령은 생각에 잠겼다가 정리가 되면 한두 줄 글을 쓰고는 또 계속 생각에 잠기는 것 같았다." 링컨은 첫날은 한 페이지를 다 못 채웠고 종이를 엑커트에게 간수하라고 주면서 딴 사람들에게는 절대로 보이면 안 된다고 지시했다. 이후 수주간 그는 매일 종이를 달라 해서 이미 써놓은 부분은 수정을 하고, 몇 줄씩 더 쓰면서 작문이 다 끝나자 엑커트에게 자기가 쓴 글이 남부 노예들에게 자유를 부여하는 포고문이었다고 말해 주었다.

링컨은 이렇게 6월과 7월 사이에 포고문을 기초하면서 노예들을 해방시키라고 백악관을 찾아오는 방문객들과 숨바꼭질을 했다. 그동안 국방성에서 작성 중인 포고문이 바로 이 방문객들이 원하던 것이었는데, 그는 이 방문객들에게 이견을 내세우면서 자신의 포고문을 수정해 나갔다. 그는 변호사가 변론을 준비하듯 방문객들과 토론하면서 포고문에서 취약한 부분을 공고한 변론으로 수정했다. 그는 내놓고 노예해방을 공식적으로 토론한 것은 아니어서 자신의 지론을 마음대로 수정 변경할 수 있었다.

7월 4일 섬너는 백악관을 두 번이나 방문해서 대통령에게 노예해방 선포로 독립기념일을 축하하자고 종용했으나, 링컨은 그러한 대통령 포고령은 "좀 지나친 것" 같다고 답했다. 섬너는 대통령이 최소한 동 버지니아에서는 그러한 포고령을 공표해도 괜찮겠다고 생각한 것 같았으나, 링컨은 그런 포고령이 내리면 미주리, 켄터키, 메릴랜드가 연방에서 떨어져

나갈 것이라고 걱정했다. 그는 아무튼 포고령을 선포해도 집행하기는 불가능하기 때문에 기껏해야 허세에 불과하다고 대답했다.

IV

그러나 7월 중순이 되자 링컨은 결단을 내릴 마음의 준비가 되어 있었다. 링컨은 후일 이때를 회상하면서, "당시 사태는 악화일로를 치달으면서 마지막 카드를 써서 전략을 바꾸지 않으면 게임에서 질 수밖에 없고 모든 노력이 수포로 돌아갈 지경까지 이르렀다"라고 말했다. 매클렐런이 반도작전에서 실패한 것도 이유 중 하나였고 포토맥 군단의 사기 저하, 군 내부의 음모 등이 링컨의 결단을 촉구하는 계기가 되었다. 북부에서는 반노예주의 세력이 이구동성으로 노예해방을 부르짖었고, 군자원병 숫자도 계속 줄어들면서 매사추세츠 주지사 앤드루는 노예제도를 방치하자는 전쟁이라면 더 이상 자원병을 보낼 수 없다고 대통령에게 통보했다.

1862년 7월 17일에는 국회에서 공화 당원들이 일치 단결하여 제2 몰수 법안을 통과시켰다. 이 법안은, 반란군을 반역으로 규정하면서 노예해방을 포함해서 반역자들의 재산을 몰수하자는 과격한 법안이었다. 링컨은 이 몰수법에 서명하기를 거부하면서, "혹독한 법안이 항상 최고 정책은 아니다"라고 법안을 국회로 반려시켰다. 그는 페센덴 상원의원과 긴밀한 협의 끝에 여러 가지 조항을 많이 수정시킨 후 법안 서명에 합의했으나 국회 법안문 위에 자기의 반대 의견을 첨부하는 선례가 없는 조치를 취했다.

링컨이 제2 몰수 법안에서 제일 반대했던 조항은, 법안 채택 60일 후 반란 분자들의 노예는 "전부 영구적으로 해방시킬 것이며 일단 해방된 노예들은 다시 노예로 만들 수 없다"란 조항이었다. 링컨은, "국회가 각 주 영토 내의 노예를 해방시킬 수 있다는 의견은 받아들이기 힘들다"라면서, "자신을 포함해서 공화당 국회의원들 모두가 각 주 노예 문제에 관계하지 않겠다고 약속한 공화당 선거공약"을 상기시켰다. 그는 브라우닝에게, "국회는 각 주 노예 문제에 관여할 권한이 없다"라면서, "노예 문제는 전쟁이 끝난 후 각 주가 알아서 해결해야만 될 문제"라고 주장했다. 노예를 해방시킬 수 있는 권한이 연방정부에 있다면, 그것은 전시에 발동되는 군 총수인 대통령에 특권으로 해방시킬 수는 있겠지만, 국회에는 그러한 권한이 헌법에 규정되어 있지 않다고 그는 주장했다. 그러나 링컨은 국회와 정면충돌을 피하고 법안에 동의하면서 자신이 먼저 노예해방 선언문을 공표함으로써 기선을 제압하기로 작정했다.

그는 7월 13일 수어드, 웰스와 먼저 상의를 하고 일주일 후 전 내각을 모아 이 문제를 상의할 작정이었다. 7월 22일 내각회의에 참석한 각료들은 자신들이 역사적 사건에 참석한다는 사실을 모르고 있었다. 장관들은 포프 장군의 불평불만에 더 신경들을 썼고, 흑인들의 중남미 소개 식민에 관해서 왈가왈부하는 통에 대통령이 역사적 포고문을 읽어 내려갈 때에도 주의들이 산만했다. 포고문은 시작이 상당히 어색하고 딱딱했는데, 링컨은 아직도 점진적 변상 해방정책에서 벗어나지 못했고, 과격한 전면적 해방 안이 속으로는 편치 않은 상태였기 때문이었다. 선포문 초두에서 링컨은 남부 사람들이 반란에 계속 참여하고 방조하거나 협조하는 한, 국회를 통과한 제2 몰수법이 60일이면 실행법이 된다고 밝혔다. 그리고 반란 주를 포함한 모든 주들이 노예들을 점진적으로 변상 해방시키는 데 동의한다면 어느 주를 막론하고 특별지원을 해주겠다고 약속했다. 그는 포고문 마지막 부분에 이르러서야, "본인은 미합중국 육·해군 총수 자격으로, 정의라든가 불의 문제 때문이 아니라, 군사 전략에 필요하고 합당한 조치로서 1863년 1월 1일을 기하여 그때까지도 미합중국의 합헌적 정권을 실제로 인정하지 않는 영토 내의 모든 노예들은 영구적으로 자유의 신분이 될 것"이라고 공표했다.

　대통령은 회의 시작 때 자신은 이미, "이 일을 실행하기로 내심 결단했기 때문에 각료들의 조언을 구하자는 것이 아니고 선포문을 내각에 알리자는 것"이라면서 회의를 시작했다. 스탠턴과 베이츠는 즉석에서 선포문을 채택 공표하자고 동의했으나 체이스는 어쩐 셈인지 시큰둥했다. 그는 노예해방 선포문이 정부 재정을 뒤흔들지도 모를 "위험한 조치"라고 경고했다. 체이스는 차라리 장군들을 시켜서 "노예들을 군대에 편입시켜 무장시키면 적의 세력을 약화시키고 약탈과 학살을 방지하는 일석이조의 효과를 보면서 조용히 노예해방을 성취할 수 있다"고 주장했으나, 결국에는 링컨의 포고문을 전적으로 지지하겠다고 약속했다.

　회의에 늦게 도착한 우정장관 블레어는 이 선언서를 지금 발표하면 가을 선거에 큰 영향을 미칠 것이라며 적극 반대했다. 내무장관 스미스는 전부터 노예해방 정책을 반대해 왔으나 이 회의에서는 잠자코 있었다. 그는 대통령과 멀어지면서 곧 장관직에서 사임할 생각을 하고 있었다. 링컨에게 며칠 전 귀띔을 받은 수어드는 그동안 노예해방 선언문에 관해서 생각할 시간이 있었다. 그는 선언문을 당장 선포하는 것은 절대로 안 된다는 의견이었다. 그는 지금 선언문을 공표하면 외국과의 관계가 어려워지고, 목화 생산도 60년간은 힘들어질 것이라고 주장했다. 그는 이 유럽 열강들이 저희들이 필요한 목화 원료를 확보하기 위해서 이 선언문을 미끼로 반란 주들 편을 들 것이라고 예측했다. 그는 현 시점에서 이 선언문을 공표한다면 국민들에게 막다른 골목에 몰린 정권이 마지막 발악을 하는 꼴로 보일 것이라고 반대했다. 링컨은 후일 회상하기를, 수어드는 "우리 편이 도망을 가면서 마지막 비명을 지르는 것"이라고 주장했다고 말했다.

　이렇게 내각의 의견이 갈리자 링컨은 결정을 내리지 못한 채 정회를 했으나 그는 내심 그 다음날 선언문을 공표할 생각이었다. 그러나 그날 밤 수어드의 동료인 설로우 위드가 백악관으로 찾아와 선언문을 지금 공표한다면 당장 실효도 못 보면서 접경주들이 멀어질 수도 있다고 경고하는 바람에 링컨은 마지못해 선언문 공표를 보류시켰다. 섬너는 이후 5일간 매일 백악관을 찾아와 링컨에게 선언문을 공표하라고 닦달을 했는데, 링컨은 "우리 쪽 군사가 전투에서 큰 승리를 할 때까지는 절대로 공표할 수 없습니다"라고 잘라 말했다.

V

 링컨은 이후 수주간 계속 노예해방 문제에 관해서 심사숙고를 했다. 그는 자신의 생각을 정리하기 위하여 일리노이의 옛 친구 레오너드 스웨트를 백악관으로 불러 노예해방에 대한 찬반론을 함께 의논하면서 찬반론자들이 보낸 편지들을 일일이 검토했다. 스웨트는 후일 회상하기를, "그는 자기 의견을 주장하기보다는, 상대방에게 말하면서 자신의 견해를 자신에게 일깨우는 것 같이 보였다"라고 말했다. 이때 스웨트가 보기에는 대통령이 전적으로 중립적이어서 스웨트는 부인에게 보내는 편지에서 링컨은 절대로 흑인들을 해방시키는 선언문을 공표하지 않을 것이라고 적었다.
 이후 스웨트의 이러한 예측이 맞았는지 링컨은 계속 노예해방 정책을 회피하는 것 같이 보였다. 노예해방주의자들은 노예해방의 원칙성을 주장했고, 북부 주지사들은 징병 할당을 흑인들로 충당하려는 실질적 필요에서 노예해방을 원했으나, 링컨은 흑인노예들을 군인으로 편입시키는 것에는 절대로 반대했다. 그는 "인류 공동체의 입장"에서 연방군 쪽으로 도망온 흑인노예들을 "입히고 먹여 살게끔 해주는 것"에는 찬성이었으나 그들을 군대에 편입시키는 것은 안 된다고 생각했다. 그는 흑인들이 전투를 할 수 있을까 의문이었고 흑인들에게 총을 주면 그 총들이 곧 반란군에게 넘어갈 것이라고 걱정했다. 그는 브라우닝에게, "흑인들을 무장시키면 연방군들이 크게 불만일 것이니 이득보다는 손실이 많다"라고 말했다. 섬너는 링컨에게 흑인들을 무장시키면 반란군의 후방이 연방군의 전방으로 바뀔 테니까 흑인들을 해방시키자고 계속 주장했으나, 링컨은 흑인들을 무장시키면 연방군의 절반 이상이 총대를 버리고 싸움을 안 할 것이고, 최소한 3개 주가 연방에서 이탈할 것이라며 반대했다. 그는 이 문제에 대해서 입장을 굳히고 서부 출신 정치가 일단이 흑인연대 구성을 집요하게 요청하자 더 참을 수 없다는 듯, "여러분, 내 마음은 결정했소이다. 나는 한참을 생각한 후 결단을 내린 것이니까 당신들이 싫다면 나는 대통령 자리를 사임하겠소. 당신들은 햄플린 씨에게 의논해 보시오"라고 결연히 말했다.

　링컨은 이렇게 고집을 피우면서도 한편으로는 장차 시기가 됐을 때를 준비해서 노예해방에 관한 여론조성을 준비하기 시작했다. 노예해방 반대의 주요한 이유 중 한 가지가 흑백이 같이 살 수 없다는 지론이라 링컨은 전에 생각했던 흑인들의 해외식민 소개정책을 재고하기 시작했다. 그는 8월 14일 흑인 지도자들을 백악관으로 불러서 흑백 관계의 장래를 의논했다. "당신들과 우리는 다른 인종이요." "우리 두 인종 사이의 차이는 어느 인종들 사이보다도 더 심한 것이 사실이요." 북미 땅에서는 어느 곳을 막론하고 흑백을 평등하게 생각하는 곳은 없으니까 그는, "서로 떨어져 사는 것이 두 인종을 다 위하는 길"이라고 결론지어 말했다. 그는 이들 흑인지도자들에게 정부가 지원해 줄 테니까 중미 어느 곳에 소개 식민하는 것을 제안했다. 그는 흑인들 백 명 아니면 50명, 아니 25명만 있으면 여자들과 아이들을 데리고 식민지 개척을 시작해 볼 수 있지 않겠냐고 주장했다. 그는 흑인지도자들에게 진정으로 호소하면서, "당신들 자신을 위해서도 아니고, 지금 살아 있는 흑인이나 백인들을 위해서도 아니고, 인류의 장래를 위해서" 자기 제안을 신중히 고려해 보라고 달랬다.

　흑인 지도자들 거의 모두가 링컨의 제안을 즉석에서 강경하게 거부했다. 흑인들 간에 영향력이 큰 흑인신문「패시픽 어필」은 링컨의 제안은 대통령과 그의 내각, 현정권이 흑인들의 권리를 무시하는 정책을 드러내 보인 짓이며, 흑인들은 남부와 북부의 자존심과 편견 사이에서 깔려죽고 말 것이라고 비난했다. 반노예주의자 백인들도 링컨의 제안에 반대했다. 체이스는 일기에, '유색 인종에 대한 편견을 정정당당하게 반대하는 것이 얼마나 훌륭한 일인가! 자유인들에게 미국 땅을 집으로 제공할 수 있다는 것이 얼마나 좋은 일인가!'라고 적었다. 노예해방주의자들은 대통령의 인종관을 비난했지만 미국 역사에서 대통령이 흑인지도자들을 백악관으로 초청한 것은 이번이 처음이었다. 그리고 당시 흑인들 간에 영향력이 컸던 흑인목사 헨리 하일랜드 가넷 같은 사람도 링컨의 목적이, "해방된 흑인 형제들을 다시 노예 신분 상태로 붙잡아두는 것을 피하려는 것"이라고 말하면서, 링컨의 제안은 "지금까지 역대 정권 중 노예들의 복지에 제일 관심을 보인 인간적이고 고마운 조치"라고 평했다.

흑인이나 백인 모두 링컨을 비난하던 사람들은, 링컨이 흑인을 소개 식민시키자고 주장한 것은 물론 진정이었으나, 사실은 최종적으로 노예해방 선언을 하기 위한 준비작업이란 것을 모르고 있었다. 링컨은 자기의 제안에 반대가 많을 것을 알고 있었다. 그러나 소개 식민을 제안함으로써 그는 접경주 주민들이 노예해방을 받아들일 마음의 준비를 할 수 있게 되기를 기대했고, 또한 북부 사람들이 남부에 있던 흑인들 모두가 북부로 몰려올지도 모른다는 걱정을 없애고자 한 것이었다.

이 일이 있은 직후 링컨은 여론을 자기 쪽으로 조성하기 위해서 호러스 그릴리가「뉴욕 트리뷴」에 쓴 '이천만의 기도(祈禱)'란 과격한 사설에 공식 응답을 발표했다. 그릴리는 신문논설에서 링컨이 제2 몰수 법안에 의거하여 노예들을 해방시키지 않는 것은 이해할 수 없는 일로 혼란을 가져올 것이라며, 노예를 해방시키지 않고 반란을 진압시키려는 것은 앞뒤가 뒤바뀐 쓸데없는 짓이라고 비난했다. 링컨은 이 논설에 공식 응답을 보냈다. '이 투쟁에서 본인의 지상 과제는 연방을 보전하는 것이지, 노예제도를 보전하거나 폐지시키는 것이 목적은 아니다. 본인은 노예제도를 그대로 두어서 연방을 살릴 수 있다면 노예제도를 그대로 둘 것이다. 반대로 노예들을 전부 해방시켜야만 이 연방을 보존시킬 수 있다면 본인은 노예들을 전부 해방시킬 것이다. 만일에 노예들을 일부는 해방시키고 일부는 그대로 두는 것이 연방을 살리는 길이라면 나는 그렇게 할 것이다. 본인은 연방을 살리기 위해서 노예제도나 흑인들에 관한 정책을 추진하는 것이지 노예제도를 폐지하기 위해서 이 투쟁을 하는 것은 아니다. 그런데 지금 본인이 꺼리는 것은 노예를 해방시키겠다고 당장 선포하는 것이 연방 보전에 도움이 안 된다고 믿기 때문이다.'

　노예해방 선언문 기초가 이미 완성된 시점에서 링컨이 그릴리에게 보낸 공식 응답은, 이상하게 보일 수도 있고 국민을 속이는 것같이 보일 수도 있다. 그러나 대통령에게 그런 의도는 전혀 없었다. 그는 전쟁 목적이 노예해방으로 바뀌는 것을 원치 않던 북부 주민 대다수를 안심시키는 동시에, 반노예주의자들에게는 이 괴상한 제도를 없애기 위해서 앞으로 더 무슨 조치를 취하겠다는 신호를 보낸 것이었다. 링컨의 속마음은 연방을 보존하기 위한 전쟁이냐 노예제도를 없애기 위한 전쟁이냐를 분별할 필요를 느끼지 않았다. 그는 다른 공화당 정치가들이 오래 믿어온 것과 마찬가지로 노예제도의 확산을 막으면 종국에는 노예제도가 자멸할 것이라고 믿었고, 이 내란에서 접경주들을 연방 쪽에 잡아두면 노예제도는 결국 없어지리라고 믿었다. 이러한 이유 때문에 연방을 보존하는 것은 그의 '지상목표' 라 할 수 있었다. 그러나 링컨은 항상 단어 선택에 신경을 쓰는 사람으로서 그의 '지상목표' 란 말은 '최우선' 이나 '주목적' 이란 뜻이었지, '유일한 목표' 란 말은 아니었다.

　링컨의 그릴리에 대한 응답은 거의 모든 북부 신문에서 대서특필했고, 모든 사람의 지지를 받았다. 설로우 위드는, "링컨의 답변으로 모든 일이 분명해졌고, 우리 모두가 설 자리가 생겼다"라고 판단했다. 조지 애시먼은 링컨이, "자신의 확고한 목적을 온건하지만 분명하게 밝힘으로써 대통령의 정책이 얼마나 현명하고 합리적인가를 우리에게 보여주었다"라고 극찬했고, 위스콘신 주 출신 상원의원 티모시 O. 하우는, "시카고 전당대회 이후 우리 당의 제1 강령을 제일 시원하게 표현한 말"이라고 칭송하면서, "성실하고 정직한 국민은 모두 이 웅변에 따를 것"이라고 장담했다. 모든 사람들은 링컨의 공문에 이렇게 공감하면서도 "어디에 살든 상관없이 모든 사람이 자유롭게 사는 것이 내 소신이요 꿈이다. 본인은 곧 새로운 의견을 채택할 텐데 그것이야말로 진실한 내 의견이 될 것이다"란 말을 주목하지 못했다.

그러나 그는 아직까지는 자기의 소신이나 새 의견을 공표할 수 없었다. 그는 노예해방 선언문을 금고에 넣어 잠가두고 가끔 꺼내서 문장을 이곳 저곳 수정하고 다듬으면서 사태의 진전을 주시하고 있었다. 그는 큰 전투에서 연방군이 승전할 때를 기다리고 있었다.

VI

그러나 기다리는 승전 소식은 오지 않았다. 7월 중 매클렐런은 그의 거대한 군사와 함께 반도에서 땀을 흘리며 주저앉아서, 공격도, 후퇴도 하지 않고 있었다. 매클렐런은 자기가 아니고 핼렉이 전군총수가 된 것에 화가 머리끝까지 나서 링컨과 스탠턴이 자기를 무시했다고 불평이었다. 그는 핼렉이 전군총수로 임명된 것을 신문기사를 읽고 알았다. 그는 링컨이, "최대한 자기를 무시했으며 자기에 대해서 눈곱만치도 예의나 우의를 보이지 않았으니까, 어디로 보든 링컨이 자기편은 아니다"라고 투덜댔다.

그는 부인에게 보내는 편지에 '링컨이 그럴 배짱만 있으면 내일이라도 나를 해임시킬 텐데 겁쟁이라 그러지 못한다'라고 썼다.

링컨은 매클렐런이 싸울 의사가 전혀 없다고 결론지었다. 그는 브라우닝에게, "무슨 기적이 일어나서 내가 매클렐런에게 오늘 10만 군을 더 보낸다면 그는 신이 나서 고맙다고 한 뒤 내일 당장 리치먼드로 진격을 하겠다고 해놓고서는, 그 다음날 적군 숫자가 40만이니까 증원군이 없이는 진격을 못 하겠다는 전보를 보낼 것"이라고 한심해 했다.

대통령은 전군총수로 임명된 핼렉에게 매클렐런을 포토맥 군단 사령관으로 그대로 유임시켜도 괜찮고 원한다면 그 자리에서 해임시켜도 괜찮다고 전했다. 그러나 신임 전군총수 핼렉도 한심한 장군이었다. 웨스트포인트에서 교관을 지낸 핼렉의 별명은 올드 브레인(늙은 두뇌―옮긴이)이었는데, 그는 워싱턴으로 부임하기 전 전사(戰事)에도 박식하고 서부에서 연맹군을 때려부순 실전의 명장이란 소문과는 달리, 전쟁 이론에만 밝았지 진짜 전쟁에는 깜깜이었다. 핼렉은 링컨과 스탠턴이 딴 장관들과 함께, 자기를 시켜서 매클렐런을 쫓아내려는 계획을 눈치채고 자기는 그렇게 못 하겠다고 발뺌을 했다. 그는 자기 부인에게 보낸 편지에, '저희들이 하기 싫은 일을 나에게 넘기려 한다'라고 썼다. 링컨은 핼렉을 제임스 강으로 보내 전방시찰을 하라고 지시했으나, 그는 내려가서도 대통령이 임명한 전군총수 노릇을 제대로 못 해냈다. 핼렉은 여러 번 매클렐런에게 군사를 반도에서 워싱턴 쪽으로 이동해서 포프 군을 지원해 달라고 조르기도 하고 달래기도 하고 명령까지 했으나 매클렐런은 자기의 최강 경쟁자인 포프를 도울 생각은 조금도 없었고, 핼렉은 우물쭈물 혼자서 속만 끓이고 있었다. 전군총수란 사람이, "도저히 감당할 수 없다"라면서, "매클렐런을 어떻게 해야 할지 모르겠다"라고 말했다.

매클렐런이 반도에서 꼼짝도 안 하는 바람에 이제 남은 희망이라곤 매나서스 남쪽으로 진격하는 존 포프의 버지니아 군단이 승리하는 것밖에 없었다. 링컨은 포프의 진군에 기대를 걸고 열심히 지켜보았다. 석벽장군 잭슨이 8월 9일 시더 산에서 포프를 저지했다는 소식에도 링컨은 희망을 버리지 않고 매클렐런에게 제임스 강을 떠나서 포프를 지원하라고 종용했다. 남군 총수 리 장군은 매클렐런이 리치먼드를 공략할 사람이 아니라고 판단한 뒤, 제임스 롱스트리트 장군을 앞장세워 북 버지니아 군 병력의 대부분을 잭슨에게 보내 제2차 불 런 전투를 감당하게 했다. 이렇게 사태가 급박해졌으나 링컨은 아직까지는 낭패하지 않고 전장 소식을 기다렸다. 전투가 시작한 뒤 이틀 간(8월 28~29일) 그는 전신실에서 떠나지 않고 전방에서 들어오는 소식을 받아 읽었다. 그는 8월 30일 스탠턴이 초청한 만찬에 참석할 정도로 큰 걱정이 없었다. 스탠턴은 대통령에게, "바보짓을 하지 않으면 아군이 이 전투에서 질 수가 없다"고 장담했고, 저녁 후 핼렉도 국방성에 앉아서 전투에 이길 것이라고 자신만만했다. 링컨은 아침이면 승전보가 들어오리라고 기대하면서 그날 저녁은 백악관으로 돌아갔다. 그는 자신이 꾸며 놓은 전략이 들어맞았다고 생각했다.

그러나 그날 저녁 8시쯤 되어 링컨은 존 헤이의 방에 나타나 방금 들어온 소식을 전했다. "존, 우리 쪽이 또 당한 것 같네." 포프는 전투에서 지고 센터빌로 후퇴해서, "그곳에서 버틸 수는 있을 것"이라고 보고했다. 링컨은 매클렐런이 그동안 계속 보내온 메시지와 비슷한 이 보고를 접하고 한심한 생각이 들었다. "자기 군사가 버틸 수 있다니!" 전선에서 보내오는 소식은 전부 한심했으나 링컨은 계속 공격 쪽으로 생각을 굳혔다. "적군이 도망가기 전에 두들겨 패야 되는데. 이번만큼은 적을 무찔러야지."

다음날 아침 링컨은 포프가 참패한 것을 확인했다. 수도는 다시 연맹군의 손에 넘어갈 위기에 처했고, 워싱턴에 있는 병원들은 전상자들로 가득 찼으며, 거리에는 부대를 잃어버린 군인들과 도망병들이 우왕좌왕하고 있었다. 군사들은 제1차 불 런 전투에 졌을 때보다는 사기가 나아 보였으나 군사를 이끄는 장군은 한심했다. 포프는 매클렐런이 지원병을 안 보냈다고 비난하면서 피츠-존 포터 장군과 윌리엄 B. 프랭클린 장군을 군법회의에 회부하겠다고 야단이었다. 장군들이 서로 싸우는 동안 군사들은 수도 근처로 후퇴해 버렸다.

전선 소식을 챙기며 계속 전신실에 앉아서 포프에게 증원군을 보내려고 속을 썩던 링컨은 깊은 우울증에 빠졌다. 링컨이 계획했던 전략은 또 허무하게 깨져버리고 말았다. 리의 군사를 쳐부수지도 못했고, 반군 수도 리치먼드를 뺏지도 못한 처지에 노예해방 선언문을 공표할 수는 없었다. 링컨이 아무리 애를 써도 연방군의 전승은 요원했고, 링컨은 예의 비관적 숙명론으로 다시 돌아왔다. 그는 수첩에, '하느님이 이 전쟁을 더 하라는 것 같이 생각된다. 아직은 전쟁을 끝내려는 것이 아닌 것 같다'라고 메모했다. 전능하신 하느님이라면, '전쟁이 없이라도 이 연방을 보전하거나 파멸시킬 수 있는데', 전쟁이 시작되도록 내버려두었다. '전쟁이 시작된 후 어느 때라도 어느 한쪽이 승리하게끔 하실 수도 있는데 전쟁은 끝없이 계속되고 있다.' 그는 전에 말했던 것처럼, "하느님은 이 내전에서 쌍방이 원하는 것 이외의 목적이 있으신 것 같다"고 말하면서 얼마 후 백악관을 찾아온 영국인 퀘이커 교도에게, "하느님께서는 우리들이 전혀 짐작도 못하는 딴 목적이 있으신 것 같다"라고 말했다.

대통령은 전혀 그러고 싶지 않았으나 전략을 공격에서 수비로 바꾸는 수밖에 없었다. 전략을 수비로 바꾸자 그는 다시 매클렐런에게 기대는 수밖에 없었다. 매클렐런에게 다시 기댄다고 해서 링컨이 매클렐런을 다시 본 것은 아니었다. 그는 매클렐런이 겁쟁이고 일을 가로막는 훼방꾼이라고 경멸했으며, 매클렐런이 보내오는 전문들은 애매모호하고 부정확하며 대부분이 약자의 변명으로 들리며 불평투성이라고 매도했다. 그는 매클렐런이 포프에게 지원군을 안 보낸 것도 용서할 수가 없었다. 이런 모든 불만에도 불구하고 매클렐런에게 다시 기댈 수밖에 없었던 것은, 매클렐런이 조직을 구성하고 훈련을 시키는 것에는 뛰어난 재주가 있었기 때문이었다. 더 중요한 사실은 사기가 땅에 떨어진 포토맥 군단의 군사들을 다시 재편성할 수 있는 장군은 매클렐런 이외에는 아무도 없음을 인정할 수밖에 없었다. 링컨은, "지리멸렬한 포토맥 군단을 다시 살릴 사람은 매클렐런밖에 없다. 군사들은 매클렐런을 따른다"라고 판단했다. 그는 각료들과 상의도 없이 핼렉에게 매클렐런을 불러서 군대를 수도 근처에 집결시킨 후 수도 방위를 맡게 하라고 지시했다. 링컨과 스탠턴에게 계속 당하기만 한다고 화가 난 매클렐런은 마지못해 임무를 수락하면서 링컨과 핼렉에게 자기의 소임이 무엇인지를 조목조목 따졌다. 그는 부인에게 보낸 편지에 '나는 오로지 나라를 생각하고 하느님의 계시에 따라 이 임무를 맡는 거요'라고 적었다.

내각 전원이 자신과 마찬가지로 매클렐런을 불신하는 것을 알았기 때문에 링컨은 장관들과 상의 없이 매클렐런을 다시 불렀다. 이 소식을 들은 스탠턴은 화가 머리끝까지 나서 웰스를 찾아가, "절대로 있을 수 없는 일이고 참을 수 없는 일"이라고 투덜댔다. 웰스가 장군을 임명하는 것은 대통령 혼자서 마음대로 할 수 있는 권한이라고 설명하자, 스탠턴은 자신에게 항상 대드는 장수를 소환해서 자기를 이렇게 곤경에 몰아넣는 대통령 밑에서 어떻게 일을 할 수 있는가 반발했다. 그는 체이스와 상의한 뒤 매클렐런은 무능한 장수일 뿐만 아니라 반역자일지도 모른다는 메모를 기초한 후 딴 장관들에게 공동서명을 종용했다. 이 메모에 스미스는 서명을 했으나, 법무장관 베이츠는 '매클렐런 장군에게 이 중임을 맡기는 것은 위험한 처사'라고 말투를 부드럽게 바꾼 뒤 서명했다. 웰스는 서명을 거부하면서 "매클렐런을 해임시킨 것은 국민이 원했고 국가를 위해서 그랬으며, 대통령이 결단을 내렸는데, 반대하는 것은 합당하지 않다"라고 말했다.

지난 패전에 크게 상심한 링컨은 이 메모를 받자 속이 너무 상한 나머지 내각회의에서 장관들에게, "어떤 때는 차라리 죽어버리고 싶은 충동을 느낀다"라고 참담한 심경을 토로했다. 그는 내각회의에 참석한 장관들이

(수어드는 없었고 블레어는 투표를 안 했음) 전원일치로 매클렐런의 복직을 반대하자, 장관들의 충정은 알겠으나 "차라리 자신이 사임했으면 좋겠다면서 지금 형편에는 매클렐런 이상으로 일을 잘 할 사람은 없으니 갖고 있는 연장을 이용해야 한다"고 장관들을 설득시켰다.

링컨은 매클렐런을 시켜서 군사를 재편성하고 수도 방위를 잠시 맡기려는 것이었다. 연맹군의 리는 불 런 전투에서 이긴 후 포토맥 강을 건너서 메릴랜드를 공략했다. 리가 군사를 이끌고 메릴랜드를 침공하자 링컨은 오히려 이것을 기회라고 생각했다. 그는 "리가 해리스버그와 필라델피아로 가면" 보급선도 길어지고 증원군도 받을 수 없으니 그때를 타서 적군을 잡을 수 있다고 믿었다. 그러나 연맹군이 들이닥치자 펜실베이니아 주 관리들은 야단들이 났고, 자원병들도 반란을 일으킬 것 같아 보였다. 핼렉은 계속 매클렐런이 아니면 리를 대적할 수 없다고 주장했다. 링컨은 마지못해서 매클렐런을 총사령관으로 영구 복직시켰으나 이것은 전적으로 핼렉이 결정한 일이라고 밝혔다. 링컨은 웰스에게, "나는 매클렐런을 믿지 못해서 절대로 영구 복직을 시킬 수가 없었노라"고 설명했다.

링컨은 마지못해서 매클렐런을 다시 불러 그 다음 2주간 매클렐런의 군사를 최대한 지원했다. 그는 매클렐런의 군사를 흩어지지 않게, 반군들에게 쫓기는 지방 관리들의 증원군 요청을 모두 거절했다. 펜실베이니아 주지사 커틴이 일이 급하니까 8만 명 군사를 보내 달라고 요청했을 때, 링컨은 제대로 훈련된 군사 8만 명이 내게는 없다고 대답했다. 그는 해리스버그, 필라델피아, 볼티모어 시장들이 일이 위급하다고 연락했을 때도, 그 도시들을 방어하기 위해서라도 연방군을 분산시킬 수는 없다고 대답했다.

연맹군이 제2차 불 런 전투에서 대승하고 승승장구 메릴랜드로 진군하자, 북쪽에서는 대통령과 그의 전략에 대해서 비난이 더욱 심해졌다. 조지 템플턴 스트롱도 링컨은 정직한 사람이지만 이런 큰일을 감당할 그릇은 아니라고 평가했다. 링컨과 가까웠던 오하이오 주의 새뮤엘 갤로웨이도 대통령에게 매클렐런을 포프로 갈아치우고 다시 포프를 매클렐런으로 갈아치우는 군 인사 때문에 여론이 현정권의 능력을 의심하게 되었다고 걱정했다. 시카고 감리교 목사 로버트 레어드 콜리어는 한술 더 떠서 대통령은 국민을 이끌 만한 덕이 없다고 한탄하면서, "덕담이나 농담만 일삼아서야 이런 위기를 어떻게 감당하려는지 모르겠다. ……이런 위기에는 국민을 위해서 단호하고 결연하게 앞장 설 지도자가 절실하게 요구된다"고 설교했다.

정계에서는 현정권의 조직 개편이 우선이라고들 떠들어댔다. 켄터키 상원의원 개릿 데이비스는 대통령에게 스탠턴과 체이스가 제일 한심하니까 당장 해임시키라고 종용했다. 딴 사람들은 또 매클렐런을 해임시키라고 야단들이었다. 체이스는 대통령이 너무 취약하고 수동적이라고 비난했다. 그는 링컨이, "진실하고 나라에 헌신적으로 봉사하는 사람"이지만, "접경주 사람들과 흑인들을 혐오하는 집단에게 너무 비겁할 정도로 양보해왔고, 이제는 벼랑까지 와서 더 양보할 것도 없는 지경에 이르렀다"고 한심해 했다. 매사추세츠 주지사 앤드류는 대통령이 나라를 망치는 것을 막기 위해서 9월 말에 모든 주지사들이 펜실베이니아 주 앨투나에서 모이자고 제안했다.

VII

양쪽에서 비난을 받게 된 링컨은 전략뿐만이 아니라 노예해방 정책까지 재고할 수밖에 없었다. 그는 매클렐런을 다시 불러서 제한적 방어전으로 전략을 바꾸고, 이미 노예제도가 합법적인 주에서는 노예제도에 간섭하지 않겠다던 선거공약으로 돌아갔다. 링컨을 변함없이 오랜 세월 지지해

온 사람들이 이 정책을 밀었고, 그들은 링컨이 더 급진적 정책을 쓰면 가을 국회의원 선거에서 공화당이 크게 밀릴 것을 걱정했다. 일리노이 주에서 공화당 후보들을 위해 선거운동을 하던 브라우닝은 링컨에게 오로지 흑인들만 생각하고 꿈꾸는 과격파들 말을 들어선 안 된다고 경계했다. 그는 링컨이 온건책을 쓰면 공화 당원들만이 아니라 민주 당원들도 그를 지지할 것이라고 확신했다.

매클렐런을 다시 불러들인 후, 링컨은 생각이 자주 온건책으로 돌아가는 것 같았다. 9월 13일 시카고 기독교인 대표들이 백악관을 찾아와 노예해방 선언문을 공표하라고 종용하자, 링컨은 그들에게 노예들을 해방시키는 일의 실질적 난관에 관해서 설명했다. 그는 최근에 국회에서 통과시킨 몰수 법안에도 불구하고 실제로는 노예들이 한 명도 우리 쪽으로 온 것을 보지 못했다고 말했다. 그는, "내가 노예해방 선언문을 공표한다 해도 그것이 지금 상황에서 무슨 효과가 있습니까?"라면서, "실효가 없다는 것을 세상이 다 아는 그런 선언문을 공표할 수는 없습니다"라고 설명했다.

그러나 링컨은 점점 더 모든 상황이 심각해지는 것을 느끼고 있었다. 자원병 소집도 지지부진했고, 북부 주지사 몇몇은 대통령이 노예제도에 관한 결단이 없는 한 징집할당을 채울 수 없다고 내놓고 반발했다. 곧 소집될 주전파 주지사 회의에서도 노예해방 선언서를 물고늘어질 것이 분명했다. 유럽 열강들도 미 연방이 노예 문제에 우물쭈물하면 곧 남부 연맹을 국가로 인정할 태세였다.

여론에 앞서 가거나 물러설 여지가 없는 행동을 취하기 싫어하던 링컨은 오랜 생각 끝에 이 일은 하느님에게 맡기기로 결심한 듯 보였다. 그는 노예해방을 종용하는 시카고 기독교인들에게, "이 일에 관해서 하느님의 뜻이 어떤지 정말 알고 싶은 심정입니다. 하느님의 뜻이 어떻다는 것을 알 수만 있다면 저는 그 뜻을 따를 것입니다"라고 말했다. 그는 정말 하느님의 뜻을 해독하려는지, 리 군의 메릴랜드 동정과 매클렐런의 군대 이동을 주시하고 있었다. 그는 후일 내각회의에서, "우리 쪽이 전투에서 이기면 그것은 하느님의 뜻이라고 인정해서 노예해방 선언문을 공표할 생각이었다"라고 말한 적이 있었다.

매클렐런은 9월 17일 앤티텀 전투에서 링컨이 바란 만큼 크게 이기지는 못했지만 승전했다고는 할 수 있었다. 대통령은 이 승전을 계기로 그동안 간수했던 노예해방 선언문을 꺼내 주말에 약간 손질한 다음 9월 22일 내각회의를 소집했다. 그는 일단 결심을 한 뒤 지난 몇 주 동안 고민한 것을 다 잊고 이제는 속이 편해진 것 같았다. 그는 장관들에게 자기 기분도 알리고 회의를 부드럽게 하려고 최근에 알테머스 워드가 보내준 『우티카(Utica)의 고압적 노여움』이란 책에서 읽은 우스갯소리를 전했다. 우스갯소리란 것은 우띠키(우티카의 변음)에 살던 뚱뚱보가 최후의 만찬에 참석한 사도들의 납 인형들을 보고, 유다가 어떻게 뻔뻔스럽게 우리 마을〔우띠키〕에 앉아 있을 수 있는가라고 떠들었다는 이야기인데, 링컨은 이 이야기가 재미있다고 소리내어 웃었다. 내각회의에 앉아 있던 장관들은 스탠턴을 제외하고는 모두들 정말인지 덩달아서 우습다고 따라 웃었다.

대통령은 정색을 하고 지난번 의논했던 노예해방 선언이 그동안 왜 지연되었는가 설명했다. 그는, "이제 때가 온 것 같습니다. 모든 여건이 더 나았으면 하는 생각도 듭니다"라고 말했다. 그는 전에 자신에게 약속한 일을 실천에 옮길 때가 되었다고 말하면서 약간 주저하는 것 같다가 이것은 자기가 하느님에게 약속한 일이기도 하다고 말했다. 그는 전에도 그랬고 지금도 '주제'는 이미 자기가 결정한 뒤라 의논이 필요없고 단지 작은 문제들에 관한 의견이나 논평을 해주기 바란다고 말했다.

대통령이 내놓은 선언문은 이제까지 그가 즐겨 써오던 명구들은 없고, 삭막한 문장으로 만들어져 있었다. 까다롭기로 소문난 규로스키란 사람은 이 선언문을 읽고는, "가장 삭막하고 가장 평범한 문장으로 내용이 너그럽지도 않고 국민이 바라던 높은 대의가 결여된 졸작"이라고 타박했다. 링컨은 이 선언문에서 노예제도의 야만성이나 부도덕한 점에는 전혀 언급이 없었다. 그는 자기가 노예제도를 폐지할 수 있는 것은, 자신이 "미합중국의 대통령 및 육·해군 총수"이기 때문이며, 1·2차 전시몰수법 조항에 의하여 발동된 권리라고 말했다. 그가 선언문에서 밝힌 노예해방의 유일한 목적은 미합중국과 여러 주들 간의 헌법적 관계를 복원시키자는 것이었다. 대통령은 이 시점에서도 노예들의 무조건 해방을 꺼려했다. 그는 노예들의 유상(有償)해방과 외지 소개 식민을 계속 추진하겠다고 약속했다. 어떻든 간에 그는 선언문 마지막 구절에서 1863년 1월 1일을 기하여 반란 주에 거주하는 노예들은 모두 이 날자 이후에는 영원히 자유인이라고 선포했다.

링컨은 노예해방 선언문을 내각에 발표하면서 과연 이 선언문이 적절한 것인가, 이 선언문 한 장으로 노예들을 정말 해방시킬 수 있는가 하는 자신의 의구심까지 고백했다. 그는 국민이 이 선언문을 어떻게 받아들일지 자신이 없었다. 그는, "딴 일도 그렇지만 이 일에 관해서도 본인은 본인보다 이 일을 더 잘 해낼 수 있는 사람이 있다고 믿습니다. 국민이 나보다도 어느 딴 사람을 더 신임한다고 확신이 가면, 그리고 그런 사람에게 합헌적으로 권력이양이 가능하다면 본인은 기꺼이 그 사람에게 내 자리를 내주겠습니다. 그러나 이 모든 것이 불가능하니까 본인은 능력껏 이 일을 수행할 것이고 일단 선언을 한 후에는 모든 책임을 본인이 질 것입니다"라고 말했다.

수어드는 선언문에서 그리 중요하지 않은 문구 두 군데를 바꾸자고 제안했다. 체이스는 깊은 생각 끝에, "이 선언문이 내 뜻과 완전히 부합된 것은 아니지만 작성된 문구대로 발표하는데 찬성이며, 일단 발표된 이후에는 혼신을 다해서 이 선언문을 지지할 것"이라고 말했다. 선언문 발표에 반대한 사람은 블레어 한 명뿐이었는데, 그는 노예해방에 반대한 것이 아니라 선언문을 발표하면 접경주나 군인들에게 악영향을 미칠 것과 가을 국회의원 선거에서 민주당이 유리하게 될 것을 걱정해서였다. 링컨은 블레어에게 첫 번째 걱정은 자기도 이미 고려했던 바이고, 두 번째 걱정은 고려 대상이 아니라고 말했다. 그는 선언문을 국무장관에게 복사하라고 주면서 선언문을 공표하라고 지시했다.

  이틀 후 사람들이 백악관으로 몰려와서 노예해방 선언문을 지지 환호할 때까지도 링컨은 아직 자기가 한 일이 잘 한 일인지 확신이 가지 않았다. 그는 모인 군중에게, "본인이 이 일을 결행한 것이 잘 한 일인가 아니면 잘못한 일인가 하는 것은 이제 하느님에게 맡길 수밖에 없습니다. 이제 이 나라와 전 세계가 이 일이 옳은가 그른가 판단할 것입니다. ……저는 이 문제에 관해서 더 언급을 안 하겠습니다"라고 말하고는, "내 입장은 어디를 둘러보아도 사면초가라 할 수 있습니다"라는 결론을 지었다.

14

말안장 양쪽 주머니에 호박 하나씩

그러나 시간이 흐르면서 링컨은 노예해방 선언을 자기 정권의 최고 업적으로 생각하게 되었다. 그는 켄터키 옛 친구 조슈아 F. 스피드에게 이 노예해방 선언은 자신의 이름을 인간의 복지를 위해 일한 사람으로 알리게끔 할 것이라고 자랑했다. 그러나 그는 노예해방 선언문을 공표한 후 몇 달간은 아주 낙관적은 아니었다. 링컨은 전쟁이 시작된 후 공화당, 주전파 민주당과 접경주 세력의 결속을 어렵사리 구축해 왔는데, 이 노예해방 선언으로 이 결속이 무산될 위기에 처했다. 반면 이 선언으로 민주당 내에서는 평화파 세력이 득세하게 되었고, 군에서는 반란이 일어날 조짐도 보였다. 노예해방 선언문을 공표한 후 100일간 링컨은 집권 중 어느 때보다도 가장 위험한 시기였고, 계속 일어나는 위기 때문에 정권의 존속조차 불투명했다.

I

　노예해방 선언문에 대한 북쪽 사람들의 반응은 예상했던 대로였다. 반노예주의자들은 모두 선언문을 열광적으로 지지했다. 「뉴욕 트리뷴」의 호러스 그릴리는 '하느님께서 에이브러햄 링컨을 축복하실 것'이라고 열광했고, 「시카고 트리뷴」의 조셉 메딜은 '이제까지 인간이 발표한 선언문 중에서 제일 위대한 선언문'이라고 단언했다. 북쪽에 있는 모든 큰 도시에서는 화톳불을 올리고 열광적인 횃불행진과 다투어 지지연설을 하면서 노예해방 선언문 공표를 축하했다.

　대통령 집무실에는 수십 장이나 되는 지지 편지들이 쌓였고, 펜실베이니아 주 이리에서는 기자 3명이, '하느님께서는 귀하가 선언한 말을 듣고 축복을 내리실 것입니다!'라면서, '지구상의 모든 선인(善人)들이 귀하를 칭송할 것이고 하늘에서는 천사들이 경하할 것입니다'란 편지를 보내왔다. 펜실베이니아 주 노예해방주의자 J. M. 맥킴은, "세상에서 덕 있는 사람들, 생각이 깊은 사람들, 지성을 갖춘 애국자들, 이 모두가 한 목소리로 귀하의 선언문을 칭송할 것"이라고 축하했고, "우리 모두가 귀하로 하여금 이렇게 큰일을 하게 하신 하느님께 감사를 드린다"고 말했다. 한 볼티모어 시민은 선언문을 축하하는 뜻으로 대통령에게 돼지고기 햄 여섯 덩이를 보내오기도 했다.

　지식인들 거의 모두가, 특히 뉴잉글랜드 지방의 명사들이 노예해방 선언문을 지지했다. 존 그린리프 휘티어, 윌리엄 컬른 브라이언트, 제임스 럿셀 로웰 같은 사람들이 모두 펜을 들어 칭송하는 글을 발표했다. 이제까지 링컨에게 냉담했던 랄프 월도 에머슨까지도 링컨의 단점, 실수, 주저했던 일을 모두 잊을 수 있다면서 대통령은 역사상 어느 미국인보다도 미국을 위해서 가장 큰일을 해낸 사람이라고 칭송했다.

　링컨의 당내에서도 이제까지 링컨을 비난해오던 세력이 조용해졌다. 링컨이 무능하고 노예해방을 지연시킨다고 링컨을 지독하게 못살게 굴던 새듀스 스티븐스나 벤저민 F. 웨이드도 이제는 할 말이 없었다. 찰스 섬너는 이때 매사추세츠에서 재선을 위해 선거운동을 하고 있었는데 해방 선언문을 읽고, 자신은 "북쪽 모든 애국자들과 함께 진심으로 대통령을 적극 지지한다"고 발표했다. 북부 주지사들은 앨투나에 모여서 링컨에게 전쟁을 제대로 수행하라는 결의문을 채택하려 했는데, 링컨의 선언문으로 사전에 명분을 잃고 말았다. 그들은 모인 주지사들 중 대표를 선정해서 워싱턴으로 내려가 대통령의 선언문은, "정의롭고 확고한 정책"이라고 칭송했다.

이제까지 여론에서 얻어만 맞던 링컨은 각계에서 쏟아져 들어오는 격려와 칭송에 기분은 좋았겠지만, 그는 이런 격려와 칭송으로 일이 해결된다고 믿기에는 너무 현실주의자였다. 그는 한니발 햄믈린에게, "머리가 빈 사람들은 신문이나 유명인사들이 칭찬해 주는 것을 좋아하겠지요"라면서, 국채 매입이 줄어든 것과 자원 입대가 줄어든 것 등 현실적 문제들을 걱정했다. 그는 "북쪽에서는 선언문에 대해서 입으로만 떠들어대는데 입만 가지곤 반군들을 죽일 수는 없습니다"라고 말했다.

남부에서는 노예해방 선언문에 대해서 전적으로 부정적이었다. 제퍼슨 데이비스는 노예해방 선언문은 노예들의 반란을 부추기는 짓이며 남부 연맹은 독립을 위해 끝까지 투쟁해야 한다고 주장했다. 남부의 연방주의자들도 이 선언문을 읽고 몹시 못마땅하게 생각했다. 테네시 주의 「에머슨 이서리」는 링컨의 선언문은 남부 연방주의자들의 뒤통수를 친 것이나 다름없다고 비난했다. 남부 이탈을 적극적으로 반대해온 테네시 주 동부의 토마스 A. R. 넬슨도 링컨의 선언문은 흉악하고 야만적이라고 매도했다. 링컨은 남부에 있는 흑인노예들이 이 선언문을 어떻게 받아들였는지는 알 수가 없었다. 전쟁이 끝난 후에야 그는, 흑인들이 구전으로 이 소식을 듣고는 기회만 오면 북쪽으로 도망가 자유를 얻을 계획을 했었다고 전해 들었다.

 노예해방 선언문으로 링컨이 또 바랐던 것은 영국과 프랑스의 중립이었는데, 선언 직후에 외국에서 들어오는 소식들은 아주 안 좋았다. 그러나 시간이 흐르면서 영국의 런던과 버밍햄, 기타 도시에서 군중들이 링컨의 선언문을 지지하는 대대적 시위를 벌여서 영국 정부는 남부 연맹을 독립국가로 인정할 수는 없었다. 아무튼 노예해방 선언문 공표 직후 딴 나라들의 반응은 좋지 않았고, 연방 내의 흑인노예들은 그대로 두고 연방군 관할 밖의 노예들을 해방시키는 것은 실효가 없다는 것을 알고 있었다. 어떤 사람들은 흑인폭동을 우려했는데 영국대사 존 러셀 경은, "보복과 약탈, 선동"이 끊이지 않을 것이라고 걱정했다. 수어드가 미리 경고했듯이 유럽 사람들은 노예해방으로 자기들이 필요한 목화 원자재를 공급받지 못하는 것은 아닐까 큰 걱정들이었다.

 북부 사람들도 선언문 공표 직후의 열광이 식자, 모두들 링컨을 의혹의 눈으로 보기 시작했다. 그들은 링컨이 노예해방에 조건부를 달았고, 발효 시점인 1월 1일 이전에 선언문을 철회할지도 모른다고 의심했다. 몇몇 사람들은 제2 몰수법에서 법으로 제정된 노예해방이, 이 노예해방 선언문 때문에 지연됐다고 떠들어댔다. 처음에는 열광적이던 그릴리까지 링컨이 루이지애나와 테네시를 빼놓았다고 시비였다. 윌리엄 로이드 개리슨도 선언문이 노예제도를 일부는 그대로 인정했으며, 속칭 친연방 접경주들은 아직도 노예주로 건재하다고 비난했다.

 더욱 한심했던 것은 온건파 지지자들조차 선언문을 못마땅하게 생각하는 것이었다. 그들은 이 선언문 때문에 메릴랜드, 켄터키, 미주리 같은 접경주들이 반연방 쪽으로 돌아설 것을 우려했다. 공화당 보수파들도 이 선언문을 위헌적이고 밝지 못한 처사라고 비난했다. 링컨과 오랫동안 가까운 사이였고 링컨이 자주 의견을 물었던 오빌 H. 브라우닝조차 선언문을 읽고 너무 화가 나서, 그후 대통령과 공적으로 의논하기를 기피했다. 수어드는 결단을 내린 후 전적으로 계속 대통령을 지지했으나 속으로는 선언문이 별 효과도 없고 불필요했던 문서라고 생각했다. 몽고메리 블레어도 잠자코는 있었으나 그의 누이는 블레어 가문을 대표해서 이 선언문은, "아무짝에도 쓸데없는 무용지물 실수작"이라고 혹평했다. 내무장관 캘렙 B. 스미스는 별로 대단한 사람은 아니었으나 링컨 선언문이 못마땅했고 건강도 좋지 않아 11월에 장관직에서 사임하고 말았다.

민주 당원들은 애초부터 선언문에 절대적으로 반대였다.「뉴욕 월드」는 링컨이, '급진적 광신정치로 정처 없이 헤맨다'라고 비난했고,「뉴욕 이브닝 엑스프레스」도 노예해방 선언문은 헌법과 국법을 위반한 문서로 선언문 공표는 혁명행위랄 수 있으며, 이제는 기존 헌법이나 연방의 복원은 물 건너 갔다고 한탄했다.「뉴욕 커머스 저널」도 이 선언문으로 인해, '전쟁은 한없이 계속될 것이며, 우리는 끝이 안 보이는 암담한 미래에 직면했다'고 걱정했다.

그러나 노예해방 선언문에 대한 반대는 소극적이었다. 왜냐하면 대통령은 9월 24일 전국적으로 헤비어스코퍼스를 유보하고, 반역적인 활동을 하든지 적을 돕든지 연방정부의 권위에 도전하는 자는 필요한 대로 체포 구금하겠다고 선포한 것이었다. 대통령은 이 선포문을 대수롭지 않게 생각했는지 내각회의에서도 언급이 없었다. 스탠턴은 1862년 7월 17일 발표된 국민병 법에 의거해서 새로 징집령을 내리고는 이에 반대하는 세력을 징계하기에 바빴다. 이 법령 때문에 전국적으로 공민의 자유가 제한당했고, 선량한 시민들도 근거 없이 무시로 체포되곤 했다. 링컨은 단순히 이러한 일련의 비상대책을 재확인하려는 것이었으나 제임스 A. 베이아드 같은 민주당계 상원의원은, "대통령은 이제 독재자가 되었다"고 비난했다. 어쨌든 이 선언문은 반대파들의 입을 막은 결과가 되었고, 신문 편집인들도 라파예트 요새나 워싱턴에 있는 구캐피털 감옥이 두려워 정권 비판을 삼가게 되었고 개인들조차도 편지 쓸 때 조심하게 되었다.

II

 무서워서 내놓고 비난은 못 해도 여론은 무시할 수 없는 것이어서, 1862년 가을 주지사와 국회의원 선거에서 대통령 집권당은 크게 당했다. 링컨도 이러한 선거 결과를 예기치 못한 것은 아니었다. 1860년 선거에서도 그는 과반수도 안 되는 표를 받아 대통령에 선출되었고, 공화당 국회의원들도 반대당들이 분열되었기 때문에 국회의원으로 선출된 것이었다. 전쟁이 지지부진하면서 민주당 세력이 확장되었고, 링컨이 이끄는 연방군은 가끔 이기기는 했으나 전쟁에 승리한 것은 아니었다. 전쟁으로 인한 인명 피해나 고생은 말할 수 없었고, 대통령이 60만 장정이 더 필요하다는 것을 보면 전쟁은 아직 한참 더 계속될 모양이었다. 국가재정은 도산 직전이었고, 금화에서 지폐로 화폐를 바꾼 것은 마지막 발악으로 받아들여졌다.

 1862년 초반 내내 사람들은 대통령에게 집권당이 큰일났다고 계속 경고했고, 대통령도 가을 선거에서 패배할 것을 예상하고 있었다. 그는 칼 슐츠에게, 민주당은 현정권이 너무 과격하기 때문에 지지를 못할 것이고 공화당은 현정권이 충분히 과격하지 못해서 지지하지 못할 것이라고 이죽거렸다.

 이렇게 비관적 선거 전망에 놀란 공화당 지도부는 대통령에게 대통령 영향력을 행사해서라도 당권을 신장하라고 종용했다. 펜실베이니아 신문 편집인 존 W. 포니가, "대통령이 가까운 사람들을 요직에 앉히면 민주당 득세는 막을 수 있을 것"이라고 탄식했는데도 링컨은 요지부동으로 움직이지 않았다. 그는 옛 친구 오웬 러브조이가 일리노이 주에서 재선을 위하여 안간힘을 쓰는데도 그를 공적으로 지지해 주지 않았다. 1862년 여름, 대통령은 연방 대군을 지휘하느라고 정신이 없었다. 그러나 링컨은 평생 정치적 포석과 작전이 몸에 배었던 사람으로 단지 바쁘다는 이유로 선거에 무심했던 것은 아니었다. 그는 이번 국회의원 선거에 전혀 관여하지 않았는데, 진짜 이유는 관여를 했더라도 선거 결과를 바꿀 수 없다고 생각했기 때문이었다. 그는 대선이 아닌 중간선거에서 대통령의 영향력이란 미미하다는 것을 이미 알고 있었다. 그리고 링컨은 당시 자기가 국민들에게서 신임을 못 받는 대통령이란 것도 알고 있었다. 그는 9월 중 어느 내각회의에서, "국민들이 전처럼 나를 지지하지는 않는 것 같소이다"라고 한탄한 적이 있었다.

대통령은 또한 자기가 지방 선거에 간섭을 시작하면 자신도 자기 당 세력간의 알력에 말려들 것을 걱정했다. 예를 들면, 뉴욕 주에서는 E. D. 모건의 주지사 임기가 끝났는데, 수어드와 설로 위드는 공화당 세력을 연방 세력과 결속시키려고 주전파 민주당 소속인 존 A. 딕스 장군을 주지사로 밀고 있었다. 수어드를 수구파라고 항상 의심하면서 과격파 공화당을 지지했던 호러스 그릴리는 노예해방주의자 중에서도 가장 골수분자였던 제임스 S. 워즈워스 장군을 주지사로 밀었다. 이 두 후보의 알력은 공화당을 약세로 몰아서 공화당 공천을 받은 워즈워스 장군은 한 팔이 꺾인 상태로, 말솜씨 좋고 유능한 민주당 후보 호레이쇼 시무어와 선거전을 치르게 되었다.

대통령은 출신지 일리노이 주 선거에는 하고 싶어서 한 것이 아니라 할 수 없이 선거에 관여를 하게 되었다. 연초에 민주당 주 헌법 개정안이 주 의회에서 거의 통과할 뻔한 불상사에 크게 놀란 일리노이 주 공화 당원들은, "애국에는 당 소속이나 감정이 문제가 되선 안 된다"라면서 국회의원 선거구 경계선을 재조정했다. 본래 민주당 세력이 강했던 링컨 출신지 생가먼 카운티는, 공화당 세력이 강했던 인접 3개 카운티와 통합되어서 이 새로 만들어진 카운티에서는 데이비드 데이비스를 선출할 계획이었다. 그러나 데이비스가 공천 받기 전 링컨은 고향사람들에게 자기의 옛 친구 데이비스를 그가 항상 바라던 연방 대법원 판사로 곧 추천할 계획이란 것을 알렸다. 일리노이 주 공화 당원들은 데이비스 대신 링컨 공천 때 데이비스와 함께 애를 썼던 리오너드 스웨트를 후보로 선출했고, 민주당에서는 링컨과 첫 번째 법률사무소 파트너였던 존 토드 스튜어트를 후보로 선정했다.

국회의원 공천이나 주지사 공천은 거의 모두가 노예해방 선언문의 공표 전에 이미 결정되었으나 북부 지방 선거에서는 이 문제가 선거의 주 쟁점이 될 수밖에 없었다. 뉴잉글랜드 지방이나 북서 지방에서는 이 선언문으로 공화당이 강세로 변해서 전에는 곁으로 돌던 노예해방주의자들이 공화당에 합세했다. 버몬트 주의 한 기자는 이 선언문 때문에 공화당은 배를 타고 순풍에 대양을 달리게 되었다고 신이 났다. 그러나 딴 지방에서는 대통령이 예상했던 대로 모두들 부정적이었다. 한 신문기자는 체이스 재무장관에게 북부 민주 당원들은 모두 "우리들이 예상했던 대로 이 전쟁은 노예들을 해방시키기 위한 전쟁이지 딴 목적은 없는 전쟁"이라고 떠든다고 전했다.

링컨은 공화당이 노예해방 선언문으로 표를 잃으리라고 예상했으나, 민주당이 9월 24일 자기가 공포한 헤비어스코퍼스 유보를 문제 삼아 공격할 것은 예상치 못했다. 민주당은 이 법령이야말로 링컨이 독재자가 되려는 심산이라고 비난했다. 민주당계 신문「일리노이 스테이트 레지스터」는 연방정부가 정부에 충성스러운 주에서 군인들이 재판도 없이 시민들을 체포하고, 국가에 충성하는 시민들을 터무니없는 혐의로 압박하고, 헌법에 보장된 표현의 자유, 언론의 자유를 무시한다고 비난했다. 뉴욕 주에서도 민주당이 선거에서 이 문제를 물고 늘어졌다. 호레시오 시무어는 현 정부가 임의로 시민을 체포한다면 길거리가 피바다가 되더라도 정부와 싸우겠다고 약속했다. 일리노이 주에서 존 토드 스튜어트는 이를 이용해서 상대방 후보 스웨트와의 정견토론을 피했다. 그는 자기가 말을 함부로 하면 잡혀갈지도 모른다면서 토론하기를 거부한 것이다.

선거날이 가까워지면서 대통령은 선거 결과에 대해서 걱정이 많아졌다. 백악관을 찾은 방문객들은 대통령이, "근심 때문에 정말로 허리가 굽어진 것 같다"고 말했다. 시카고에서 온 한 여자는 대통령이 눈에는 수심이 가득했고, 걷는 것도 마치 몽유병자 같아 보였고, 얼굴은 걱정과 근심, 피로로 지쳐 보였다고 말했다. 딴 때는 전혀 속을 내보이지 않던 링컨이 이 몇 주 동안은 자제력을 잃은 것 같이 보였다. 헨리 클레이의 아들 토머스 H. 클레이가 어느 특정 사단병력을 켄터키로 휴가를 보내줄 수 있겠냐고 청해오자 링컨은 그답지 않게, "전쟁이 당신 원하는 대로 즐겁고 쉬웠으면 얼마나 좋겠소. 전쟁을 하면서 휴일을 따질 수는 없소"라고 야박스럽게 일축해버렸다.

링컨의 걱정은 사실로 나타나 선거 결과는 대통령과 그의 당이 완패했다고 말할 수 있었다. 1860년 공화당을 지지했던 주들이 이번 선거에서는 모두들 민주당으로 돌아서서 지난번 대선에서는 표가 갈렸던 뉴욕, 펜실베이니아, 오하이오, 인디애나, 일리노이, 뉴저지 주 모두가 이번에는 민주당으로 기울어졌다. 전에는 완전히 공화당 쪽이었던 위스콘신 주의회도 이제는 분열 상태였고, 연방하원에서 지도부에 속했던 뉴욕 주의 로스코 컹클링, 오하이오 주의 존 A. 빙함, 하원의장이었던 펜실베이니아 주의 갈루샤 A. 그로우 같은 공화 당원들이 모두 선거에서 지고 말았다. 대통령 출신지인 일리노이 주에서도 스튜어트가 스웨트를 물리치고 승리했다. 38차 연방하원에서 공화당은 간신히 다수를 유지했고, 1863년 12월부터 회기가 시작될 예정이었다. 뉴저지 주에서는 민주당 소속 조엘 파커를 주지사로 선출했다. 링컨 정권에서 제일 심각하게 생각했던 선거는 뉴욕이었는데, 이곳에서도 시무어가 주지사로 선출되었다. 전국에 걸친 선거 결과는 대통령에 대한 불신임으로밖에 볼 수 없었다.

선거 결과 때문에 불만이 많은 공화 당원들은 각기 선거에서 참패한 결과 분석에 나섰다. 일리노이 공화 당원들은 스탠턴 국방장관이 시기가 부적절하게 공표한 명령 때문이었다고 비난했다. 스탠턴은 노예해방 선언 며칠 전 컨트라밴드들을 일리노이 주 카이로에 임시 소개 정착시킨다는 군령을 내렸다. 민주 당원들은 현정권이 일리노이 주를 아프리카로 만들 심산이라고 비난했다. 그러나 많은 공화 당원들은 공화당 소속 장정들이 전장에 나가 있기 때문에 민주당이 선거에서 이겼다고 믿었다. 링컨도, "우리 쪽 사람들이 전쟁에 나갔기 때문에 민주당이 다수가 되었다"라고 한탄했다. 그러나 이러한 결론은 사실과 달랐다. 왜냐하면 친민주당 카운티에서도 친공화당 카운티만큼이나 자원병을 많이 내보냈기 때문이다.

뉴욕 변호사 데이비드 더들리 필즈는 선거에서 참패한 이유는 시민들을 아무나 멋대로 체포한 정책 때문이었다고 해석했다. 그는 대통령에게 정부 임의로 시민을 체포하겠다는 이 선언을 합법으로 볼 사람은 아무도 없다면서, 합법으로 본다 해도 이 법이 적절하다고 생각할 사람은 아무도 없다고 주장했다. 그는 현정권이 시민을 체포할 때 법적 절차를 밟아 제대로 하기 전에는 정부를 정상적으로 끌고 가기 힘들 것이라고 경고했다. 링컨은 이러한 조치 때문에 선거에서 졌다고 시인하지는 않았다. 그는 사실 임의 체포가 과도하게 집행된 1862년 이런 사태에 대해서 별다른 주의를 하지 않았으나 이후 몇 달간 사태를 전보다 더 조심스럽게 지켜보았다. 그는 대통령의 전시 특권을 계속 유지한다는 입장은 바꾸지 않았으나 전시 특권의 정당성에 관한 해석을 강화했다. 그는 뉴욕에서 찾아온 민주당 사람에게 앞으로는 내놓고 정책을 바꾸지는 않겠지만 헤비어스코퍼스의 유보 같은 극한 조치는 점차로 없애버릴 작정이라고 말했다. 국방성은 11월 22일 징병을 방해했다거나 불충한 행동으로 체포되었던 많은 죄수들을 석방시켰다.

많은 사람들은 공화당의 참패를 지지부진한 전쟁 현황 때문이라고 해석했고, 그 책임은 대통령에게 있다고 비난했다. 칼 슐츠는 링컨 정권이 내놓고 전쟁에 반대하는 사람을 기용했다고 비난하면서 이제는 국가에서 제일 막강한 세력으로 부상한 군대를 적에게 맡긴 꼴이라고 주장했다. 뉴욕 출신 과격파 공화 당원은, 링컨을 취약하고 우유부단하며 도덕성이 결여된 대통령이라고 비난하면서 매클렐런이나 뷰엘 같은 반역자들을 사령관으로 기용했기 때문에 선거에서 참패했다고 주장했다.

공화당 지도부도 이 의견에 대부분 찬성이었다. 선거 직후 펜실베이니아 의원들은 백악관을 심방해서 선거에서 참패한 이유를 지지부진한 전황으로 단정하면서, 매클렐런이나 뷰엘 같은 장군들에게 책임이 있다고 주장했다. 링컨이 장군들을 쫓아낼 수 없다고 하자 피츠버그 출신 의원 한 명은, "각하에게 모든 책임을 뒤집어씌우는 것은 아닙니다"라면서, 그러나 펜실베이니아 공화 당원들은 어느 날, "폭도들이 각하를 백악관 앞 가로등에 목을 매달았다고 해도 대수롭지 않게 생각할 것"이라고 심한 말을 퍼부었다.

대통령은 참담한 기분으로, "어느 날 아침 당신이 그런 꼴을 볼 수도 있겠소이다. 폭도들이 이곳으로 몰려온다고 해도 예상 밖이라고 놀랄 일은 아니요"라고 대답했다.

III

링컨이 정말 걱정을 했다면 그것은 불만에 가득 찬 공화 당원들이 아니라 군대 사령관들이었다. 연방군 병사들이나 상·하사들은 모두 정부를 지지한다고 볼 수 있었으나 장교들 사이에서는 현지 사령관들을 못살게 구는 스탠턴이나 핼렉을 때려잡고 독재자를 옹립하자는 말이 돌고 있었다.

서부 전선에서는 그런 말이 없었고, 링컨은 미시시피 군을 지휘하는 그랜트 장군을 전적으로 신임하고 있었다. 그랜트는 본래 민주당 계였으나 정치에는 관심이 없었고, 링컨의 노예해방 선언에도 전적으로 찬성이었으며, 자신은 반군을 때려잡는 것이 주 임무라고 생각하고 있었다. 그랜트는 10월 3일과 4일 미시시피 주 코린트에서 벌어진 접전에 W. S. 로즈크랜스 장군 군대를 보내 연맹군을 격퇴시켰다. 1862년 마지막에 연방군이 확실하게 승리한 전투는 이 전투밖에 없었다.

링컨은 테네시 주 중부에 위치한 오하이오의 군사령관 뷰엘 장군의 충성심을 의심하지는 않았으나, 매클렐런처럼 꼼짝도 안 하는 뷰엘에게 열통이 났다. 그는 반군이 테네시 동부를 점거하고 연방에 충성하는 그곳 주민들을 못살게 굴었을 때, 뷰엘에게 테네시 동부로 진군하라고 군령을 보냈으나 뷰엘은 내슈빌에서 꼼짝도 안 하고 있었다. 그해 가을 리는 메릴랜드로 진군하고 브랙스턴 브래그와 에드먼드 커비-스미스 등 연맹군 장군이 켄터키를 침입했을 때, 뷰엘은 루이빌로 후퇴했다. 링컨은 너무 화가 나서 조지 H. 토머스 장군에게 뷰엘이 전쟁할 의사를 보이지 않으면 사령관직을 떠맡으라고 지시했다. 그러나 뷰엘은 10월 8일 켄터키 주 페리빌에서 미미하지만 반군과 접전을 벌였고, 이 때문에 사령관직에서 쫓겨나지는 않았다.

그러나 포토맥 군단은 서부 전선 군대와는 사정이 달랐다. 포토맥 군단의 사령관들과 참모진들 대부분이 민주당 소속이었고, 이제까지의 전통적 전법을 무시하는 공화당 대통령에게 특별한 충성심이 없었다. 포토맥 군단의 고급 장교들은 모두 매클렐런에게 충성하고 있었고, 전쟁은 매클렐런과 같은 직업군인들 간의 문제이며 사유재산—노예들을 포함해서—은 군대가 건드려서는 안 된다고 믿었다. 그들은 매클렐런이 반도작전에서 실패한 이유를 민간인 정치가들이 전쟁에 관여했기 때문이라고 믿었다. 포토맥 장교들은 포프가 제2차 불 런 전투에서 참패한 것이나 링컨이 매클렐런을 복직시키는데 주저한 것이나 모두 대통령이 못나서 일어난 일로 간주했다. 앤티탐 전투 바로 전에 매클렐런 휘하 참모장교들은 워싱턴으로 진격해서 대통령을 혼내주어 노예해방을 철회하면 전쟁은 끝날 것이라고 모의를 한 것으로 알려졌다. 피츠-존 포터 장군은 군부 내에서 대통령의 노예해방 선언문을 조롱하고 불만하는 세력들이 많아서 여차하면 반란이 일어날 수도 있다고 보고했다. 포프 장군도 포토맥 군 장교들 간에는, 링컨이 심약해서 전쟁을 못 하니까 더 강한 사람을 세워야 한다는 말이 나돈다고 보고했다.

앤티탐 전투 후 링컨은 매클렐런이 이런 음모에 주범인가를 밝히려고 조심스럽게 조사를 시작했고, 매클렐런은 대통령이 아직 자기를 신임하나 궁금하게 생각했다. 매클렐런은 앤티탐 전투가 최고의 전략으로 대승한 전투로 자만했는데, 링컨이 보낸 메시지가 별로 신통치 않은 것을 보고 대통령이 남의 말만 듣고 이제는 자기를 신임하지 않는다고 걱정하게 되었다. 그는 정보 수집에 유능하다고 믿었던 막하의 정보담당 앨런 핑커턴을 백악관으로 파견했다. 핑커턴은 노예해방 선언문이 공표된 9월 22일 백악관에서 대통령과 장시간 면담을 했다. 매클렐런은 대통령의 의중을 떠보기 위해서 스파이를 보낸 것이었고, 대통령은 현지 최고사령관의 의중을 그가 보낸 스파이를 통해서 파악하려 했다.

링컨은 핑커턴으로부터 당자가 생각했던 것보다 많은 정보를 캐냈다. 그는 변호사 시절 반대 심문하던 방식으로 핑커턴이 눈치채지 못하게 매클렐런의 동정을 캐물었다. 핑커턴은 매클렐런에게 대통령께서는 장군이 군무에 너무 시달려서 미처 보고하지 못한 것이나 너무 사소한 문제라 보고를 안 한 것 등등을 물어왔다고 보고했다. 대통령의 말투가 너무 진지해서 핑커턴이 심문을 당한다는 눈치를 채기 전에 링컨은 일련의 질문을 던졌다. 앤티탐 전투 바로 전에 하퍼스 페리 방위대가 스톤월 잭슨에게 항복했을 때 왜 매클렐런 장군은 그들을 지원하러 오지 않았는가? 앤티탐 전투 때 연방군과 연맹군 병력은 상대적으로 얼마였는가? (그는, 리의 병력이 실제로는 5만 2,000명이었는데 14만 명이었다는, 매클렐런과 핑커턴의 터무니없는 보고를 믿는 척했다.) 왜 전투 다음날 연방군은 다시 전투를 재개하지 않았는가? 연맹군은 연방군이 건재한데 어떻게 포토맥 강을 건너 철수할 수 있었는가?

링컨은 핑커턴에게 자신은 매클렐런을 매우 가깝게 생각하고 있는 것처럼 말했다. 핑커턴은 대통령이 과장된 표현으로 매클렐런이 사우스 마운틴과 앤티탐 전투에서 결정적 승리를 이끌어서 온 국민이 장군에게 깊이 감사하고 있다고 하자 대통령 말을 액면 그대로 받아들였다. 링컨은 매클렐런이 앤티탐 전투에서 어느 장군보다도 더 훌륭하게 싸운 것을 믿어 의심하지 않을 뿐더러 매우 감사하고 만족해 한다고 너스레를 떨었다. 핑커턴은 매클렐런에게 보낸 보고서에서 자신은 대통령을 잘못 알고 있었노라면서, '대통령은 장군에게 진정인 것 같아 보였고 장군을 위해서 애쓰는 것으로 보인다'고 적었다.

핑커턴에게서 나온 소리를 종합해 보면, 앤티탐 전투는 연방군의 대승이 아니라 포토맥 사령부의 실수로, 주어진 좋은 기회를 차버린 바보 같은 짓이었다고 링컨은 판단했다. 핑커턴의 보고만으로는 매클렐런이 연방에 불충하다고 결론을 내릴 수 없었으나, 여러 가지 이야기를 종합해 보면 포토맥 군단의 사령관들은 연맹군을 분쇄할 의지가 없는 것으로 판단되었다.

링컨의 이러한 판단이 사실에 의거한 판단이라곤 할 수 없었다. 그는 앤티탐 전투와 노예해방 선언으로 정신적으로 피곤해 있었기 때문에 군인들이 독재자를 모의한다는 술집에서 나온 유언비어나 군인들의 가십을 진짜로 받아들인 것이다. 그러나 링컨은 이러한 골칫거리를 끝장내기로 결심했다. 핑커턴이 백악관을 다녀간 며칠 후, 대통령은 헬렉 장군의 참모인 존 J. 키 소령이 연방군이 앤티탐 전투 후 연맹군을 격멸하지 않은 것은, 그것이 승부 게임의 요건이 아니었기 때문이라고 말하는 것을 들었다는 한 보고를 받았다. 키 소령의 지론은 전쟁의 목적은 양군이 상대방을 너무 살상하지 않고 전투를 계속하다 보면 쌍빙이 지쳐서 협상을 벌일 것이고 노예제도를 존속시키는 방향으로 모든 문제가 해결될 거라는 것이었다.

대통령은 9월 27일 키 소령을 백악관으로 불러서 즉석 군법재판을 열었다. 그는 키 소령에게 불리한 증언을 들은 뒤, 미합중국 장교가 그런 말을 함부로 지껄인 것은 용서할 수 없는 일임으로 키 소령을 당장 미 육군에서 제명 처분하라고 지시했다. 대통령은 연방군들이 이 전쟁을 게임이라고 생각한다면 당장 그 게임을 박살내겠다고 말했다.

링컨은 안됐다고 생각했지만 키 소령의 군인 경력에 종지부를 찍었다. 그는 키 소령을 제명 처분하는 것으로 그에게 동조하는 상당수 연방군 장교들에게 경고를 보내, 장교들 사이의 불충스러운 밀담을 미연에 막고자 한 것이었다. 링컨은 존 J. 키 소령의 큰형이 매클렐런 사령부에서 법무감으로 있으면서 매클렐런의 심복이란 것을 알고 있었다.

매클렐런은 나라에 불충하지는 않았으나 링컨의 정책에 반대한 것은 사실이었다. 그는 링컨의 노예해방 선언에도 반대였고 사적으로는 노예해방 선언을 한심한 소행이라고 비난했으며, 헤비어스코퍼스의 유보에도 반대하는 입장이었다. 그는 뉴욕에 있는 정치고문 윌리엄 H. 애스핀월에게 정부의 이런 정책에 자기가 어떻게 말해야 하느냐고 물으면서 링컨 정권이, "노예전쟁을 시작해서 노예들을 해방시키려 하며 펜촉 하나를 움직여 자유의 나라를 독재로 바꾸려 한다"고 비방했다. 애스핀월은 매클렐런에게 장군은 군총수인 대통령에게 복종하겠다고 서약했으니까 공식 성명할 필요가 없다고 충고했다. 블레어 사람들이 매클렐런에게 키 소령의 불명예 제대에 관해서 귀띔을 해주자 매클렐런은 정부 정책에 대한 공식 반대 성명을 포기하고 말았다.

대통령은 매클렐런 사령부의 장교들이 정말 불충스러운가 알아보고자 아무에게도 알리지 않고 10월 1일 워싱턴을 빠져나와 최근 격전지도 돌아보고 군대도 시찰하러 전방으로 내려갔다. 그는 늦게 매클렐런 군단에 도착했다. 병사들은 미합중국 대통령이 시시한 구급차를 타고 긴 다리로 턱을 받치고 원숭이처럼 창 밖을 내다보며 웃는 꼴에 모두들 실망했다. 병사 하나는, "링컨 씨는 세상에서 제일 못생겼을 뿐만이 아니라 몸을 움직이는 것도 보기에 민망할 정도로 이상했다"고 표현했다. 매클렐런은 대통령을 9월 17일 격전지 앤티탐으로 인도해서 그날 일어난 상황을 설명하려 했으나 대통령은 갑자기 시찰을 중단하고 캠프로 돌아와 버렸다. 그는 그날 저녁 매클렐런 옆 텐트에서 밤을 보냈다.

다음날 날이 새자 링컨은 스프링필드의 이웃이었던 O. M. 해치를 불러서 전군이 내려다보이는 높은 고지로 올라갔다. 링컨은 낮은 목소리로 해치에게, "해치 씨, 저것들이 다 무언지 아시오?"라고 속삭였다. 해치가, "링컨 씨, 저것은 포토맥 군단이 아닙니까"라고 대답하자, 대통령은 허리를 쭉 편 후, "아니오, 해치 씨, 저것은 매클렐런 장군의 개인 경호단입니다"라고 큰 소리로 말했다.

링컨은 그날 검은색의 사나운 말을 타고 군대를 사열했는데, 그는 정렬한 군대를 잘 보지도 않고 말을 빨리 몰아붙였다. 이것을 본 한 장교는 화가 나서, "대통령은 칭찬 한마디 없었고, 군대 사기를 진작시키는 미소도 없었다"라고 불평을 했다. 번사이드 군단을 사열한 뒤 대통령 일행은 2, 3마일 떨어진 피츠-존 포터 군단으로 향했는데, 링컨은 이때 워드 힐 라몬에게 '20년 전'이란 슬픈 노래를 부르라고 요청했다. 슬픈 노래로 분위기가 침울해지자 링컨은 라몬에게 '피커윤 버틀러'란 노래 등 익살맞은 노래 두세 곡을 더 부탁했다. 사람들이 후일 링컨은 전사한 연방군의 전지(戰地) 성역을 훼손했다고 비난했고, 링컨도 이때 일을 실수라고 후회했다.

이번 방문 시찰 동안 링컨은 매클렐런을 못마땅하게 생각하는 자신의 속을 안 보였고, 매클렐런도 대통령을 한심하게 생각하는 자신의 속을 감추었다. 매클렐런은 부인에게 보낸 편지에 대통령은, '개인적으로는 매우 친절하고 인품이 좋은 사람'이라면서, '대통령은 나를 나라에서 제일 유능한 장군으로 생각하고 있다'라고 적었다. 링컨의 방문 직후에 매클렐런은 링컨에게 감사하다는 뜻에서인지 포토맥 군단에게 처음으로 대통령이 노예해방 선언문을 공표한 것, 그리고 군인은 정부가 공표한 법에 복종해야 한다는 요지의 군령을 내리고 이 군령이 대통령에게까지 전해지도록 신경을 썼다.

링컨은 이번 시찰에 목적을 이루었다고 좋아했다. 그는 아는 사람에게, "이제는 내가 매클렐런보다 포토맥 군단에서 더 강한 위치에 서게 되었소"라고 말했다. 링컨이 포프를 사령관으로 임명한 것을 몹시 못마땅하게 생각하던 군사들도, 매클렐런을 사령관에 복직시킨 것으로 더 이상 링컨이 잘못했다고 생각하지는 않게 되었다. 군사들은 또한 지난 번 전투에서도 링컨과 국방성은 매클렐런이 필요한 모든 것을 지원했는데도 매클렐런이 잘못해서 리 군을 섬멸할 절호의 기회를 놓친 것으로 인식하게 되었다. 링컨은 기분이 좋아서, "이제는 민간인이 다시 군대를 통솔하게 되었고 행정부가 모든 일을 관할하게 되었다"라고 말했다.

링컨은 매클렐런을 해임시켜도 군사반란은 없을 것으로 확신했으나 그 즉시 매클렐런을 내쫓지는 않았다. 링컨은 앤티탐에서 매클렐런에게, "너무 소심하지 말라"고 경고했기 때문에 매클렐런이 곧 리를 공격해서 버지니아로 진군할 것으로 믿었다. 그는 사령관에게 기회를 다시 한 번 주자는 것이었으나, 링컨의 비서 니콜라이는 "대통령은 매클렐런을 자식같이 생각하는지 잔소리만 하지 벌은 안 준다"라고 못마땅하게 생각했다.

매클렐런은 제 버릇대로 다시 핑계를 대기 시작했다. 군대가 지쳤다는 둥 군수물자가 바닥이 났다는 둥 그는 계속 엄살을 떨어서 링컨의 인내를 시험했다. 참다못한 링컨은 매클렐런이 군사 한 명이 포토맥 강을 건너게 하는데 19일이 걸렸고, 전군을 도강(渡江)시키는 데는 9일이 더 걸렸다고 매클렐런을 책망했다. 포토맥 군단이 강북에서 꿈쩍도 안 하고 있을 때,

남군의 젭 스튜어트는 기병대를 이끌고 메릴랜드와 펜실베이니아를 공략했고, 챔버스버그에서는 연방군 무기고와 기계창, 기차들을 때려부수고 유유히 귀대한 사건이 일어났다. 이 일은 군사적으로는 별 영향이 없었으나 선거가 코앞에 닥친 판에 여론에는 좋지 않은 한심한 사건이었다. 링컨은 무척 화가 났으나 이번에도 또 참는 쪽을 택했다.

앤티탐과 페리빌 전투 후 대통령은 점점 더 전사나 전략에 밝아지는 것 같았다. 소심하고 한심한 핼렉은 별 도움이 되지 않아서 링컨은 그냥 일반적인 분별력으로 군사를 처리하기 시작했다. 링컨은 앤티탐에 내려가는 길에 수많은 낙오병과 배회하는 병사들을 목격했다. 그중에는 도망병들도 있었으나 휴가를 받은 병사들도 많았다. 링컨은 11월 초 백악관을 찾아온 사람에게, "마을마다 도시마다 휴가병으로 가득 찼습니다. ……병사를 모으는 것이 꼭 삽으로 이 떼를 모으는 것 같소이다. 모아 놓으면 뿔뿔이 도망가니 어떻게 군대를 만들 수 있습니까?"라고 한탄했다.

그는 문제의 근본 원인은 장군들이나 병사들이 아직도 전쟁을 실감하지 못하고 있는 것이 이유라고 판단하게 되었다. 그들은 싸움을 하지 않고 전쟁에 이길 수 있다고 생각하는 것 같았다. "이 사람들이 전쟁을 전략만 가지고 이길 수 있다고 생각하는 것 같아! 그래, 전략들만 믿고 있어! 매클렐런 장군도 전략으로 적을 때려잡겠다는 거지. 그러니 병사들이 싸움을 하겠는가!" 링컨은 큰 소리로 한탄했다. 이런 이유로 뷰엘도 테네시에서 브래그와 싸움을 안 한 것이고, 매클렐런도 앤티탐에서 리를 쫓지 않은 것이었다.

링컨은 핼렉에게 뷰엘을 담당하라고 지시하고 자신은 매클렐런을 닦달하기 시작했다. 그는 매클렐런에게 계속 짧은 메시지를 보내서, 니콜라이 말에 의하면, 매클렐런의 갈비뼈를 계속 막대기로 쑤셔대는 것이었다. 매클렐런은 워싱턴에서 오는 메시지들을 더럽고 치사하다면서 자기 부인에게 보내는 편지에, '워싱턴에 있는 어떤 사람은 고릴라와 그렇게 흡사할 수가 없다'라고 적었다.

10월 말경에 더 이상 참을 수 없는 일이 일어났다. 선거전에서 수세에 몰린 오하이오, 인디애나, 일리노이 주 공화당 후보들이 링컨에게 오하이오 군사령관 뷰엘을 해임시키라고 종용했다. 뷰엘이 후방에서 자기에 관한 의견이 어떠한 지도 모르고, 테네시 동부로 진격하지 않고 겨울을 안전한 내슈빌에서 보내겠다고 하자 링컨도 더 이상 뷰엘을 두둔할 수 없게 되었다. 그는 10월 24일 뷰엘을 해임시키고 며칠 뒤 오하이오 군을 컴벌랜드 군으로 재편성한 뒤, 로즈크랜스 장군을 사령관으로 임명했다.

거의 같은 때 매클렐런은 대통령에게 군마들이 지치고 먹을 것이 없어서 포토맥 군은 리 군을 추격하지 못하겠다고 전해왔다. 링컨은 화가 머리끝까지 나서, "도대체 앤티탐 전투 후 포토맥 군마들은 무얼 했다고 지쳤단 말이오!"라고 질책했다. 링컨은 너무 과했다 싶어 이후 편지를 부드럽게 바꿨으나 매클렐런은 이제 물 건너 간 사람이었다. 그는 프랜시스 P. 블레어경에게, "무딘 곡괭이로 땅을 아무리 파보아야 헛일입니다"라고 한탄했다.

그는 체이스 장관에게 매클렐런을 선거 전에 해임하는 것은 좋은 계책이 아니라고 말했지만, 11월 5일 핼렉에게 매클렐런을 해임시키고 포토맥 군사령관에 앰브로즈 E. 번사이드 장군을 임명하라고 지시했다.

IV

로즈크랜스와 번사이드를 사령관으로 임명한 것은 현명한 처사였다. 특히 번사이드를 사령관으로 임명한 것은 잘한 일이었다. 번사이드는 라노크 섬 정벌로 인정을 받았을 뿐만이 아니라 우선 생긴 것이 훌륭한 장군

감으로 보였다. 그는 체격도 좋았으며 위엄이 있었고 잘 다듬은 구렛나루도 보기에 남자다웠다. 그는 매클렐런이 밀어주고 감싼 장군이었지만 앤티탐 전투 이후 냉대를 받고 있었다.

로즈크랜스와 번사이드는 정치적으로 중립이어서 대통령의 정책을 대체로 지지하는 편이었다. 그들은 매클렐런같이 민주당에 속하지도 않았고, 공화당 온건파나 과격파 등 특정 세력에 가깝지도 않았다. 얼마 전까지 공화당 온건파는, 전쟁은 매클렐런이나 뷰엘같이 직업군인들이 하는 것이고 일반 민중에게까지 피해를 주어서는 안 된다고 생각했다. 그러나 과격파 사람들—특히 쟈코뱅 같은 초과격파들—은 반란 주 주민들을 공략해서 연맹국 사회의 근본 조직을 때려부수자는 조셉 후커 장군을 지지했다. 링컨은 어느 쪽 편도 들지 않고 중립을 지키려고 했다.

번사이드나 로즈크랜스를 사령관으로 임명한 것이 정말 잘한 짓인지는 두고 봐야 했다. 번사이드는 스스로 포토맥 군단을 거느릴 자격이 없다고 말했고, 로즈크랜스도 대규모 군단을 이끌 그릇은 아니라고들 생각했다. 그러나 모두들 당장은 이 장군들에게 기회를 주어보자는 의견이었고, 링컨은 몇 달 동안 매클렐런이나 뷰엘 때문에 등한히 했던 딴 일들을 돌 볼 시간이 생겼다.

대통령은 계속 일에 매달려 살았다. 그는 밤에도 잠을 제대로 못 잤으며, 아침 일찍 일어나서 식사 전에 집무실로 내려갔다. 그는 매일 삶은 계란 한 알과 커피로 아침을 때우고 다시 집무실로 내려가 약 1시간 동안 책상에 쌓인 서류를 검토하기도 하고 임명장에 서명을 하기도 했다. 매일 대통령이 해야 하는 잡무는 참으로 많았다. 바덴의 레오폴딘 공주가 호헨로에 랑겐버그의 헬만 공작에게 시집가게 된 것을 바덴의 프레드릭 공작에게 축하하는 일 따위였는데, 국무성에서 공식 축하문을 작성했지만 서명은 대통령이 직접 해야 하기 때문이었다. 대통령은 검토하는 서류에 간단한 메모를 적어 일을 해결하곤 했다. '적절하다고 생각되면 핼렉 장군에게 허가하도록 지시할 것', 캘렙 스미스에게는 '추천한 대로 임명하기 바람', '국방장관이 임의로 처리하기 바람' 등등의 주를 달아 메모를 보냈다.

열시가 되면 대통령은 방문객과 청원을 들고 온 사람들을 만났다. 백악관을 찾았던 C. 밴 샌트부어드란 사람은 어느 날 아침, 대통령이 만난 사람들을 관찰한 뒤 기록으로 남겼다. '옷을 잘 차려입고 얼굴이 매끈한 동안의 청년'이 낮은 목소리로 대통령에게 공무원 자리를 부탁하자 대통령은 큰 소리로 "알겠네, 자네 같은 사람이 원하는 것이 무엇인지 다 알고 있네, 내 고려해 봄세"라고 말해 내보냈다. 아직 흑인들을 정식으로 군대에 편입시키기도 전에 한 위관급 장교가 찾아와서 자기를 흑인 연대의 연대장으로 만들어 달라고 부탁했다. 링컨은 이 장교가 진심이 아니라 영관급으로 진급할 목적으로 찾아온 것을 간파하고 야단을 쳐서 내보냈다. '몸집이 건장하고 정직해 보이는 독일계 상이군인'이 다리 하나를 잃은 몸으로 목발을 짚고 들어와 취직자리를 부탁했으나 다리를 어쩌다 어떻게 잃었는지 아무 증빙서류가 없었다. 링컨은 짓궂은 웃음을 지으면서, "내가 당신이 전장에서 다리를 잃었는지 아니면 과수원에서 덫에 걸려 다리를 잃었는지 어떻게 알겠나?"라고 놀리다가 짐짓 정색을 하고 취직 추천장을 즉석에서 써주었다.

다음 방문객은 상이군인처럼 좋은 대접을 못 받았다. 이 방문객은 자기가 너무 늙어서 혼자서는 사업을 벌일 수 없으므로 대통령의 이름을 좀 빌려도 되겠냐고 찾아온 것이었다. 링컨은 화가 나서, "안 됩니다!"라고 소리를 질렀다. "당신은 미합중국 대통령을 소개비나 챙기는 브로커로 아시오? 당신은 물론이고 딴 사람들도 마찬가지지만 이곳을 이런 일로 찾아오다니! 썩 나가시오!"

다음에는 '백발의 노신사'가 '젊고 예쁘게 생긴' 딸과 함께 대통령에게 인사를 드리러 찾아왔다는 것이다. 링컨은 좋은 말로 정중하게 감사한 후 두 사람을 내보냈다. 다음은 스코틀랜드에서 온 한 신사가 자기는 노예해방 선언을 전적으로 지지한다면서 대통령에게 군건하게 버티기를 축원한다고 말했다. 링컨은 "하느님이 도우신다면 내가 옳다고 생각하는 이 원칙이 실현될 거요!"라고 응답했다.

그날 아침 마지막 방문객은 험하게 생긴 서부에서 온 시골 사람이었는데, 백악관을 찾아온 목적이 대통령을 만나 직접 악수하는 영광을 얻고 싶어서 왔다는 것이었다. 키가 무척 큰 이 시골 사람을 보고 링컨은 예의 버릇대로 키를 재 보자고 제안했다. 시골 사람이 자기보다 약간 더 키가 큰 사실을 알고 링컨은 신이 나서, "당신은 오늘 대통령 위에 서 있게 되었소"라며 시골 사람을 축하해 주었다.

밴 샌트부어드가 관찰했던 날, 링컨은 정오까지만 방문객을 받았는데 보통 때는 간단한 점심 후, 오후에 다시 청원을 들고 온 사람들을 접견하곤 했다. 링컨의 비서들은 이런 하찮은 일로 시간을 낭비한다고 잔소리를 했으나, 링컨은 이것이 바로 "여론으로 목욕을 하는 것"이라며 비서들의 잔소리를 일축하곤 했다. 링컨은 이렇게 일반 시민들이 대통령과 현 정권을 어떻게 생각하고 있나 직접 관찰했던 것이다.

일주일에 이틀 간 오후에는 내각회의 때문에 방문객을 받지 않았다. 링컨은 가끔 시간이 나면 오후에 말을 타고 백악관을 나섰다. 항상 링컨의 건강을 걱정했던 메리는 남편에게 마차를 타고 같이 나가자고 졸라대어 이럴 때면 두 부부는 워싱턴 근교의 군사 진지나 군 병원을 돌아보곤 했다. 링컨은 저녁식사 때 자기 앞에 놓인 음식을 건성으로 먹고는 다시 집무실로 돌아와 서너 시간 더 일하는 것이 보통이었다. 큰 전투가 한창일 때는 회색 숄을 두르고 호위도 없이 혼자 국방성 전신실로 걸어가 방금 들어온 전보문들을 읽어보고 전신 기사들과 이야기를 나누곤 했다. 이렇게 자정이 가까워서야 링컨은 백악관 살림집으로 돌아오곤 해서, 메리는 남편이 11시경 침실로 돌아와 이야기를 나누는 날은 행복한 날이라고 한탄하곤 했다.

V

 번사이드와 로즈크랜스를 사령관으로 임명해서 좀 조용해진 기간 중에도, 밴 샌트부어드가 관찰한 것처럼 링컨에게 조용한 날은 별로 많지 않았다. 대통령만이 결정할 수 있는 중대사는 거의 매일 있었다. 이해 10월 11월 링컨은 미네소타 주에서 일어난 인디언 수(Sioux)족의 봉기로 신경을 써야만 했다. 수족은 자기들의 땅을 거의 다 연방정부에 내놓았는데, 그때 연방정부로부터 매년 연금을 받기로 약속 받았다. 그런데 관리들의 불찰로 연금이 제때 지급되지 않아 그들은 거의 아사지경에 빠지게 되었다. 그해 여름, 수족을 관리하던 대리인이 식량을 지급 받으러 배급창을 찾아갔을 때 배급창 관리는, "내가 알 바 아니다, 배가 고프면 풀을 뜯어 먹든지 저희들 똥을 먹든지 맘대로 해라"고 억지를 부렸다. 그러던 중 8월에 젊은 수 인디언 하나가 미네소타 주 액턴에 있는 농가를 침입해서 달걀을 빼앗다가 백인 정착민 5명을 학살한 사건이 일어났다. 이 사건을 계기로 미네소타 남서부에 수족들이 큰 변을 일으켰는데, 그 봉기를 진압할 때까지 350명이나 되는 백인들이 살해당하는 참변이 일어났다. 이 일은 미국 역사상 인디언이 백인을 제일 많이 살해한 사건이었다.
 이 참사 소식이 워싱턴에 보고되었을 때, 링컨은 메릴랜드 주로 침입한 리의 연맹군 때문에 정신이 없어 인디언 난리에는 별로 신경을 쓸 새가 없었다. 그는 제2차 불 런 전투에서 패한 포프 장군을 보내 수족을 진압하라고 지시했다. 포프는 대통령이 불 런 전투 후 자기를 소홀히 대했다고 불만이 많았고, 수족 진압 작전을 탐탁하게 여기지 않았다.
 미네소타에 도착한 포프는 대통령에 대한 불만을 변을 일으킨 수족에게 퍼부었다. 그는, "위스콘신과 미네소타 주민들이 공포에 떨고 있다"면서, "당장 진압하지 않으면 서부 변방 전역에서 인디언들이 봉기할 것"이고, "내가 지휘권을 갖고 있는 동안 수족을 멸종시키겠다.……수족은 미친개나 들짐승과 마찬가지"라고 선언했다. 미네소타 관리들은 수족을 멸종시키면 원수도 갚고 인디언들의 땅도 더 차지할 생각에 포프 군대를 적극 지원했다. 연방군은 10월 초 인디언 반란을 진압하고 남녀노소 모두 합쳐서 생포한 1,500명의 인디언을 군법재판에 회부했다.

10월 중순 군법재판 소식이 워싱턴에 올라오자 링컨은 자기 허락 없이는 인디언을 사형시키지 말라고 명령했다. 그는 상황을 더 정확히 판단하기 위하여 내무성 차관(곧 내무성 장관으로 임명될) 존 P. 어셔를 미네소타로 파견하고, 성공회 주교 헨리 B. 휘플이란 사람의 조언도 구했다. 휘플은 인디언들은 백인들에게 억압과 무시를 당한 사람들이라면서 앞으로는 그들에게 속임수 없는 정직한 정책으로 대해야 할 것이라고 충언했다.

링컨은 자신이 인디언 문제에 관해서 별로 아는 바가 없다고 시인했다. 9월 존 로스 추장이 연맹 관할로 넘어간 체로키족을 연방군이 보호해 달라고 청하자, 대통령은 너무 바빠서 미국 정부와 체로키족 사이에 조약 조건이 어떻게 되어 있는지 검토할 시간이 없었다고 대답했다. 그는 인디언들을 잘 알지 못했고, 당시 많은 백인들이 그랬던 것처럼 인디언들은 야만인으로 백인들의 서부 진출에 방해가 되는 존재로 생각했다. 그는 인디언들이 요란스러운 자기네들 복장을 입고 백악관을 찾으면 반겨서 맞았으나 그것은 단지 신기한 그들의 복장 때문이었고, 대통령은 인디언들이 쓰는 악센트를 흉내내면서 인디언들의 '위대한 백인 아버지' 노릇을 했다. 그는 가끔 백악관을 찾아온 인디언들에게 지구는 둥글다는 둥 문명을 배우면 인디언들에게 이롭다는 둥 잔소리를 하곤 했다. 그는 백인들은 인디언들과 달라서 사냥보다는 주로 농업으로 식량 문제를 해결함으로써 인디언들보다 인구도 많고 잘 사는 것이라고 설명하고, 백인들은 인디언들같이 서로 싸우지 않기 때문에 종족으로서 성공한 것이라고 말했으나 이는 남북전쟁이 한창 때인 당시로서는 이상한 말로 들릴 수밖에 없었다.

링컨은 내무성의 인디언 관리국이 무슨 일을 하는지도 아는 바가 없었다. 캘렙 B. 스미스를 내무장관으로 임명하고, 윌리엄 P. 도울을 인디언 관리국장으로 임명한 것도 인디언들을 생각해서 한 일이 아니고, 정치적 보상으로 그들을 자리에 앉힌 것이었다. 이들 밑에서 일하는 관리들도 거의가 다 공화당 국회의원들이 부탁한 사람들이었다. 스미스에게 보낸 메모에 링컨은, '위스콘신 국회의원들이 추천한 이 사람을 위스콘신 아무데나 빈자리에 인디언 담당관리로 발령 내주기를 바랍니다'라고 썼다. 이렇게 임명된 인디언 담당 관리들이나 중개상들은 개인 이익도 챙기고 공화당에도 도움이 되리라고 생각들 했다.

그러나 당시 미네소타에서 일어나고 있던 일들은 사기나 협잡 정도의 문제가 아니었다. 인디언들의 봉기로 혼이 난 백인들은 복수를 하겠다고 날뛰었다. 공화당계 주지사 알렉산더 램지는 수족들을 살인마들이고 아녀자들을 능욕한 동물들이라고 욕했다. 그는 주민들이 이런 동물들과 같이 살 수 없다며, 수족들만이 아니라 평화스러운 치피워스족들까지 주 경계 밖으로 내쫓고 그들의 땅을 빼앗으려 했다.

11월 8일 링컨은 군법재판에서 사형 선도를 받은 303명의 수 인디언 명단을 받았다. 대통령은 즉각 포프 장군에게 중범이 누군지 누가 반란의 주동자인지 자세한 보고서를 보내라고 지시했다. 포프는 미네소타 주민들이 너무 화가 나서 명단에 실린 인디언 전부를 사형에 처하지 않으면, 주민들이 남녀노소를 가리지 않고 모든 인디언들을 살해할 것이라고 보고했다. 미네소타 상원의원 몰턴 S. 윌킨슨도 인디언들을 법에 따라 처벌하지 않으면 주민들이 법을 무시하고 그들을 살해할 것이라고 경고했다. 주지사 램지도 사형 선고를 받은 모든 수 인디언을 처형하지 않으면 이 지방에 있는 인디언들이 모두 살해당해도 어쩔 수 없다고 경고했다.

그러나 휩플 주교와 도울 관리 국장에게서 인디언들의 비참한 상황을 전해들은 링컨은 사형 집행을 간단히 재가하지 않았다. 그는 조엡 홀트 법무감에게 사형 집행 결정을 주 정부에 맡길 수 없겠느냐고 물었다. 홀트 법무감은 사형 집행 결정은 대통령만이 할 수 있는 일이라고 확답하자 링컨은 한 사람 한 사람 죄의 경중을 검토하고 무고한 정착민 농민을 학살한 인디언들만 추려냈다. 그는 친필로, '테-히-도-니-차' 라던가 '플란-두-타' 라고 불리는 "타주" 라던가 39명의 사형 확정 인디언들의 이름을 정확히 기록했다. 그는 전신수에게 이름이 틀리면 죄 없는 사람이 죽을 수도 있다고 사형수들의 이름이 틀리지 않도록 특별히 조심시켰다.

12월 26일, 38명의 인디언(한 명이 더 사면을 받았음)들이 사형당했는데, 이것은 미국 역사상 가장 많은 사람들이 공개 처형된 참사였다. 링컨이 사형수 숫자를 줄이자 미네소타 주민들이 항의하는 바람에 내무장관은 피해를 본 사람들에게는 정부에서 보상을 하겠다고 약속했다. 그러나 미네소타 주민들은 이때 불만으로 링컨이나 그의 정권을 미워하게 되었고, 1864년 선거 때 공화당은 미네소타에서 지고 말았다. 전 주지사 램지는 대통령에게 더 많은 인디언들을 처형했더라면 미네소타 선거에서 이겼을 것이라고 말하자, 링컨은 표와 사람 목숨을 바꿀 수는 없다라고 대답했다.

VI

미네소타 인디언 봉기는 대통령이 그해 국회 메시지에서 다룬 많은 문제 중 일부분밖에 안 되는 문제였다. 12월 1일에 국회로 보내야 할 메시지 작성 때문에 대통령은 11월 중 방문객들을 맞는 시간을 두 시간으로 제한해야 했다.

링컨은 이 국회 메시지로 정권의 기본 목표를 재조정할 심산이었다. 새로 소집된 국회는 대통령에게 비판적이었다. 선거에 이겨서 하원 의석수가 44석에서 72석으로 늘어난 민주당 하원의원들은 공화당 대통령에게 협조할 자세가 아니었고, 공화당 상·하원 의원들도 그리 쉽지는 않았다. 보수계 공화당 의원들 특히 뉴욕, 펜실베이니아, 오하이오 주 대표들은 이제 레임덕으로 영향력이 없는 사람들이었다. 과격파 공화 당원들은 점점 더 사납게 굴었다. 그들은 링컨이 선거 결과 때문에 보수파 당원들 의견에 더욱 치우칠 것이라 생각했다. 과격파가 지지하던 조셉 후커 장군 대신 번사이드를 사령관에 임명한 것도 못마땅했고, 링컨이 1월 1일 공포하게 되어 있는 노예해방 선언문을 유보할지도 모른다고 불만들이었다. 새듀스 스티븐스는 메뚜기 떼(민주 당원들)가 몰려오기 전에 대통령으로 하여금 혁신파 프로그램을 채택하게 만들어야 한다고 생각하고 있었다. 국회는 대통령의 국회 메시지가 대통령의 뜻을 정의할 것으로 기대하고 있었다.

  링컨이 직접 국회로 가서 메시지를 발표한 것은 아니고, 당시 통례대로 대통령 비서 존 헤이가 메시지를 국회로 갖고 가서 국회 서기에게 전하면 국회 서기가 이 메시지를 대독했다. 메시지 대부분의 내용은 상투적인 것으로 각 부처의 그해 업무보고였고, 대통령이 직접 준비한 것이 아니라 장관들이 보고한 내용이었다. 첫 부분은 수어드가 기초한 장문의 국무성 외교 업무보고였다. '우리 나라와 외국 간의 관계 현황이 이전보다 덜 만족스러운 상황이라지만 지금처럼 불행한 일로 고난을 겪고 있는데 비하면 그나마 만족스러운 것은 확실하다.' 그 다음은 재무장관 체이스가 기초한 메시지로, 그는 모든 이해관계를 고찰한 뒤 가장 적당하고 빠른 시일 내에 화폐를 정화본위로 회복시키겠다고 약속하면서 국립중앙은행 설립을 제안했다. 그는 우정성 업무에 관해서는 편지 배달이 매우 향상되었다고 말했고, 내무성 보고에는 수 인디언 봉기에 관해서 설명했다. 그는 새로 조직된 농림성에 관해서 설명했는데 농림성은 아직 장관이 아닌 행정관이 담당하고 있었다.

  다음에 링컨은 갑자기 주제를 바꾸어 미합중국이 두 나라로 갈릴 수 없는 이유를 설명하면서, 취임연설 때 했던 말을 인용해 길게 되풀이했다. 그는 다음으로 이상하게 미시시피 강 상류 지방과 오하이오 계곡 평야 지방 사람들을 치켜세우면서, 이곳이야말로 "우리 공화국의 본체"라고 칭찬했다. 이 지방들은 사실 연방에서 떨어져 나올 수가 없었던 것이 양쪽 다 바다와 면한 땅이 없어서 연방에서 이탈하면 고립될 수밖에 없었기 때문이었다.

국회 서기는 계속 대통령 메시지를 읽어내려 갔는데 내용은 별로 새로운 것도 없고 지루하게 이어지다가, 노예해방에 따른 변상 문제를 거론하자 의원들도 경청하게 되었다. 의원들은 이 문제가 노예해방 선언문으로 이미 정리된 문제라고 생각했다가 대통령 메시지에서 다시 거론한 것을 듣고 놀랍게 생각했다. 그러나 링컨은 아직까지도 노예해방 선언문의 실효성에 대해서 의구심을 버리지 못했다. 그는 이 문제에 관해서 사적으로는 더욱 비관적이어서 군사 관할지역 밖에 있는 노예들은 해방시킬 수 없다고 예견하고 있었다. 이때 링컨은 백악관에 찾아온 목사들을 맞아 서부 지역 어느 법정에서 꼬리까지 세면 소 다리가 다섯이라고 주장한 변호사 이야기를 하고 있었다. 그러나 판사는 쇠꼬리를 아무리 다리라고 주장해도 꼬리가 다리는 아니라고, 쇠다리는 네 개뿐이라고 판결을 냈다는 것이었다.

대통령은 노예를 말로 해방시켰다고 해방되는 것은 아니라고 결론지었다. 대통령은 예비 선언문이나 1월 1일에 선포될 노예해방 선언문 한 장으로 접경주나 남부 북쪽 지역의 노예제도가 없어지리라곤 생각하지 않았다. 그는 노예해방 선언문이 전시 조치니까 가능한 것이지 법적 근거가 없다는 것도 알고 있었다. 그는 또한 전쟁이 끝나고 평화가 오면 법원에서 이 선언문을 위헌으로 판결할 수도 있고, 다음 정권이 이 선언문을 무효화할 수도 있다는 것을 알고 있었다.

이런 모든 난관을 감안해서 대통령은 국회에 보낸 메시지에서 노예제도를 영구히 없앨 안을 제시했다. 그는 행정부 수반으로서는 과감하다고 할 수 있는 세 가지 헌법 수정안을 국회에 제출했다. 첫째는 1900년 1월 1일까지 노예제도를 폐지하는 주 정부에게 연방공채를 보증해 주자는 것이고, 둘째는 이 전쟁으로 자유의 몸이 된 노예들에게는 자유를 보장하고 이렇게 재산(노예)을 잃은 노예주들에게는 그들이 반란분자가 아니었다면 상당한 보상을 하자는 것이었다. 셋째는 이렇게 해방된 노예들을 그들이 원한다면 국회에서 외국 땅으로 소개시키는 비용을 배정해 달라는 것이었다.

이 세 가지 안은 새로운 제안으로 보였으나 대통령이 3월 국회에 보낸 메시지나 6월 접경주 국회의원들에게 설명한 제안과 내용은 대충 비슷한 것들이었다. 대통령의 메시지를 미리 읽은 사람들은 대통령의 제안이 실효성이 없다고 내다보았다. 체이스는, 대통령의 메시지가 고결하고 훌륭한 의지가 담긴 글이지만 현실적으로는 노예 문제로 헌법 수정에 필요한 3분의 2라는 표를 바라기도 어렵고, 전국 주들의 3분의 2 동의도 불가능하니까 이 메시지에 구체적 수정안을 넣는 것은 바람직하지가 않다고 말했다. 브라우닝도 대통령의 헌법 수정안은 반대가 없더라도 4년이란 세월이 걸릴 것을 감안하면 대통령은 몽유병에 걸린 것 같다고 한탄했다.

링컨도 수정안 통과에 장벽이 너무 높다고 생각했는지 더글러스와의 토론 이후 가장 열띤 달변과 열변으로 이 수정안의 타당성을 주장했다. 데이비드 데이비스는, "링컨은 이 변상 해방 수정안에 완전히 빠져서 국회에서 반대만 없으면 일이 성사된 것으로 생각하는 것 같다"라고 의문을 제기했다. 링컨이 이렇게 열을 올리게 된 것은 메릴랜드와 켄터키에서 변상 해방에 동의할지도 모른다는 소문 때문이었다. 더구나 링컨은 국회 메시지에는—그런 말을 안 썼지만—해를 넘기기 전에 남부 노예주 몇이 연방으로 복귀할지 모른다는 희망을 갖고 있었다.

그해 가을 링컨은 남부의 연방주의자들과 군 지휘관들에게 연맹에서 이탈해서 연방으로 복귀하라고 설득해왔다. 그는 이들에게 연방에 충성하는 사람들을 상원의원과 하원의원으로 선출해서 연방 국회로 보내라고 했다. 그는 연방군이 점령한 테네시 지방, 아칸소 지방, 버지니아 주 노포크 지방에서 선거가 가능하다고 생각했고, 특히 루이지애나 주에서는 '전쟁 이전 그대로의 헌법을 존중할 것을 서약하고 반란 세력과 동조하지 않은 유지들'이 나서면 이 주들은, '전쟁 이전 합중국 헌법에 따라서 평화를 다시 찾고 연방에 돌아올 수 있을 것'이라고 희망했다. 그는, "그 사람들은 9월 22일 선포문과 연방 복귀의 상관관계를 알고 있을 것"이라고 말했다. 다시 말하자면 어떤 주든 간에 연방에 충성하는 정권을 세우고 대표를 선출해서 연방국회로 보내면 노예해방 선언의 실효를 얻을 수도 있다는 것이었다.

링컨은 이렇게 반란주들을 연방으로 끌어들이면서, 만일에 번사이드나 로즈크랜스, 그랜트 장군이 큰 승리를 거두면, 딴 주들도 연방으로 돌아와서, 1월쯤이면 전쟁도 거의 끝나고 연방이 복원될지도 모른다고 희망했다—그러나 이렇게 되면 미합중국은 계속 노예주들이 일부 존속하는 나라로 남게 되는 것이었다.

그러나 링컨은 걱정하지 않았다. 그는 노예제도가 앞으로 언젠가는 없어지리라고 굳게 믿고 있었다. 그해 11월 링컨을 찾은 한 방문객은, "대통령은 이 내란으로 반군들 자신이 노예제도의 뿌리를 흔들어 놓은 것이라고 믿고 있다"라고 전한 적이 있었다. 이제는 노예제도가 존속하느냐 안 하느냐가 문제가 아니라 노예제도를 어떤 식으로 자유로 바꾸는가가 문제였다. 지난 선거에서 패한 공화당으로서는 어떻게든지 접경주 백인들이 용납할 수 있는 방식을 써야 했고, 남부 남단에 사는 백인들을 연방 쪽으로 끌어들이려면 그들도 용납할 수 있는 방식을 써야 했다. 그러나 링컨이 제일 걱정한 것은 흑인들을 어떻게 처우해 줄 것인가였다. 그는 아직까지도 흑인들이 소개 식민을 할 것으로 생각하고 있었고, 그렇게 되면 남부는 도제(徒弟) 시스템으로 돌아갈 수밖에 없을 것이라고 생각했다.

그는 자기 계획이 성공하면 이 모든 목적을 달성할 수 있다고 믿었다.

그러나 이 계획이 성공하려면 시간이 촉박했고 1월 1일 노예해방 선언문을 정식 공표하기 전에 서둘러야 했다. 그는 백악관을 찾아온 방문객에게, "노예해방 선언문이 공표되면 그때는 시기를 놓쳐서 전쟁의 본질적 성격이 바뀔 것입니다. 그렇게 되면 이 전쟁은 종속과 말살의 전쟁이 될 것입니다"라고 말했다. 접경주들이 자발적으로 노예들을 해방시킬 가능성도 없어질 것이고 남부 연맹 쪽 백인들도 선포 이후에는 그들의 '괴상한 제도'에서 더 찾아먹을 것이 없기 때문에 링컨을 지지할 이유가 없어질 것이다.

국회로 보낸 메시지에서 내놓고 설명하지는 않았지만, 링컨이 서두른 또 한 가지 이유는 그동안 그가 열심히 구축해 놓은 정치 연대가 지난 6개월 동안 필요에 의해서였던 일이 그렇게 꼬이려고 해서였던지 링컨이 걱정한 대로 과격파 쪽으로 기울어진 것이었다. 노예해방 선언과 매클렐런을 해임한 것이 그런 징조라고 할 수 있었다. 그는 이런 추세로 온건파의 지지를 잃었고, 그렇다고 과격파 공화 당원들의 지지를 공고히 한 것도 아니었다. 대통령이 정치적으로 살아남기 위해서는 다시 중간노선으로 당을 이끌어 놓는 수밖에 없었다.

링컨은 이런 이유들로 해서 그가 보낸 국회 메시지에서 좀 '지나치게 회유적'인 어조를 쓸 수밖에 없었다. 그는 국회의원들에게 자기의 계획을 지지해 달라고 종용하면서 자기의 계획이 성공한다면, "국가의 권위와 번영이 영원히 복구될 것"이라고 전망했다. "이제까지 말없이 해온 독단은 현재 우리가 처해 있는 위기에는 적합하지 않습니다. 현재 우리들이 처한 위기를 넘기려면 그 위기에 맞게끔 현명하게 일을 처리해야 할 것입니다. 우리가 지금 처한 상황은 전에는 없었던 전혀 새로운 상황입니다. 우리는 거기에 맞게 새롭게 생각해야 하고 새롭게 행동해야 할 것입니다. 우리는 과거의 속박에서 벗어나야 우리 나라를 살릴 수 있을 것입니다."

그는 국회 메시지를 다음과 같이 종결했다. "국민 여러분! 우리는 역사를 외면할 수는 없습니다. 현 시점에서 국회와 정부를 담당하고 있는 우리들은 우리가 원하든 원하지 않든 간에 후세 사람들은 우리들을 잊을 수 없을 것입니다. 우리들은 이 연방을 어떻게 하면 구할 수 있는지 모두 알고 있습니다. 온 세상이, 우리들이 이 연방을 어떻게 하면 구할 수 있는지 알고 있다는 것도 알고 있습니다." 링컨 대통령은 이제는 행동밖에 남은 것이 없다며 셰익스피어 논조로 메시지를 마감했다. "우리는 노예들에게 자유를 줌으로써 자유인들의 자유를 확인하는 것입니다. 이들에게 자유를 주는 것은 그 자체가 고귀한 일이며 우리들의 자유를 확보하는 것도 고귀한 일입니다." 이제 결단의 시간이 닥친 것이었다. "우리는 이 지구상에서 최상의 마지막 희망을 고결하게 살릴 수도 있고 아니면 부끄럽게 잃어버릴 수도 있습니다."

VII

이렇게 연방을 조속히 복원하려던 링컨의 계획은 12월 13일 산산조각이 나고 말았다. 포토맥 군사령관 번사이드가 대통령의 경고와 반대에도 불구하고 포토맥 군을 이날 래퍼해녹 강을 건너 프레드릭스버그로 진격시킨 것이었다. 그는 어처구니없게도 연맹군이 고지에 진을 치고 기다리고 있던 메라이스 고지로 군사를 몰아 올려 보냈다. 그날 하루 종일 전투 끝에 연방군은 10명 중 1명이 사상하는 참패를 당하고 말았다. 연맹군 사상자 수는 연방군의 절반도 안 되었다. 이것은 미 육군 전사(戰史)에서 전무후무한 최악의 참패였다.

하루 종일 안절부절못했던 대통령은 이 참패 소식을 그날 늦게야 신문기자 헨리 빌라드에게서 들었다. 링컨은 전투 현지에서 곧장 달려온 빌라드에게 그날의 전투상황과 결과를 자세히 물었다. 연방군의 손실은 얼마인가, 군대 사기는 어떠한가, 반격을 하면 성공할 가능성은 있는가? 빌라드는 대통령이 아직 연방군이 어느 정도로 참패했는지 이해를 못하는 것 같아, 현지 전투사령관 모두가 반격은 말도 안 된다고 말했다고 전하며, 만일 연방군이 반격을 하면 지금보다 더 지독한 사상자가 날 것이라고 강조하면서, 포토맥 군을 당장 강 북쪽으로 철군시켜야 한다고 주장했다. 링컨은 너무 기가 막힌지 서글픈 미소를 지으면서, "아무려면 그렇게까지 상황이 나쁘단 말인가?"라고 중얼댔다.

상황은 정말 나빴다. 프레드릭스버그 참패 소식이 북쪽에 퍼지면서 나라 전체가 분노로 진동했다. 애초부터 자신은 사령관 재목이 아니라면서 사령관직을 회피했던 번사이드는 분노의 대상이 아니었고 핼렉과 스탠턴이 지탄 화살의 목표였으나 결과적으로 모든 일은 링컨과 링컨 정권이 무능하고 군대 지원을 제대로 못해서 이 참화를 당했다고 여론이 들끓었다. 「시카고 트리뷴」의 조셉 메딜은, '아군이 전투에서 참패하고, 세금은 올라가며 화폐 가치는 떨어지고, 목화 원자재는 바닥나……국가 빚은 산더미 같고, 군인들은 계속 죽는데 전쟁에서 이길 희망조차 없어 보이고, 미시시피 강은 계속 반적들 때문에 막혀 있고……이런 모든 사태로 국민들은 분노하고 절망할 수밖에 없다'라고 논하면서, '국민들은 이 전쟁이 불명예스럽고 흉측하게 종결되리라고 걱정하고 있다'라고 결론지었다.

반도작전 실패 이후 링컨 정권에 대해 불평과 실망이 쌓여 오던 중 프레드릭스버그 참패 소식으로 이제는 모두들 내놓고 목청을 높였다. 몇몇은 대통령을 개인적으로 공격하기도 했다. 화가 난 한 위스콘신 주민은 링컨과 '반역자 링컨 부인'은 함께 사임해야 옳다고 떠들어댔다. 수 인디언 사건 때 불만이 있었던 미네소타 주 윌킨슨 상원의원은, "대통령이 죽고 새 정권이 들어서지 않는 한" 나라의 장래는 암담하다고 떠들어댔다.

그러나 이런 사람들은 소수이고 대부분은 대통령을 의지는 약하나 선한 사람으로 여겼다. 아직 임기가 2년이나 남아 있는 대통령을 갈아치울 수는 없다고 생각했던 사람들 가운데 그라임스 상원의원 같은 사람은, "대통령은 배 뒤에서 키를 움직이는 사람"이니까, "내각 장관들을 강하고 능력 있는 사람들"로 보충해야 한다고 주장했다.

이런 식으로 링컨 정권의 취약한 이유가 내각이 부실해서라는 말이 돌자, 1862년 후반에는 신문들이 계속 곧 개각이 있을 것이라고 예견했다. 대다수 신문들은 링컨 내각의 문제가 서로 간의 불화라고 지적했는데, 이것은 대충 사실이었다. 수어드를 제외한 딴 장관들은 링컨이 자기들과 제대로 상의를 하지 않는다고 불평이었다. 본래 규정에는 일주일에 두 번은 내각회의를 하게끔 되어 있었으나 실제로는 기디언 웰스가 말한 것처럼 자주 모이지 않았고 규정을 따라 정기적으로 열리지도 않았다. 수어드는 내각회의에 자주 불참했는데, 국무장관이 없으면 중요한 안건을 의논하기가 힘든 것은 사실이었다. 기디언 웰스는 수어드가 이런 식으로 일하는 것이 못마땅해서 자신의 일기에다, '수어드 장관은 종일 많은 시간을 대통령과 같이 지내면서 대통령을 마음대로 주무르고, 대통령에게 잔소리도 해대고, 우스갯소리를 주고받으며 국회 상원에서 일어난 일들을 전하기도 하고, 대통령을 자신이 생각하는 쪽으로 유도한다'고 불평했다. 웰스는 국방장관 스탠턴도 못마땅하게 생각해서, 스탠턴이 내각회의에 참석할 때는 대통령을 한구석으로 불러서 둘이서만 속닥대고 대통령이 주머니에서 무언가 꺼내 주는 종이조각을 받아가곤 했다고 일기에 적었다. 사실 링컨의 내각회의는 절도 없이 진행되는 회의였다. 찰스 섬너도 초청을 받아 내각회의에 참석하곤 했는데, 링컨은 책상에 올려놓은 두 발이 머리보다 더 높은 위치에 있을 정도로 뒤로 들어 누워 있었고, 장관들도 다리를 올려놓느라고 딴 의자를 끌어다 놓고는 했다고 말했다. 체이스는 내각회의가 정식 안건도 없이 진행되었고, 장관들 사이에 별로 토론도 없이 진행되는 엉터리 회의라고 불평했다. 내무장관 스미스도 링컨은 딴 대통령과는 달리 가장 중요한 정책을 장관들과 의논해서 결정하는 것이 아니라 노예해방 선언문처럼 자기 혼자서 다 결정해 놓고는 장관들의 의견은 참작 정도로 생각했다고 말했다.

그리고 링컨 내각의 장관들은 서로 사이가 좋지 않았다. 웰스와 체이스는 수어드를 싫어했다. 그들은 수어드가 너무 수수하고 낙천적이어서 현 시국이 얼마나 심각한가 이해를 못하고 있다고 생각했다. 스탠턴은 본래 성미가 날카롭고 속을 털어놓지 않는 괴짜여서 딴 장관들과 어울리지를 못했으나 체이스 장관하고는 그런대로 사이가 괜찮은 편이었다. 거대한 가발을 쓴 해군장관 웰스는 딴 장관들의 놀림감이었다. 링컨도 웰스를 농담조로 "아버지 넵튠(海神)"이라고 불렀고, 이렇게 고령인 웰스는 "미 해군에서 쓸 노아의 방주를 연구 중"이라고 농담을 하곤 했다. 내각에서 제일 한심한 존재는 내무장관 스미스였는데, 데이비드 데이비스는 스미스를 진심도 없고 정도 없는 인간이라고 말했다. 내각에서는 모두들 스미스가 곧 자진해서 사임하기를 바라고 있었다. 우정장관 몽고메리 블레어는 자신이나 자기 가족에게 반대한다고 생각되는 사람은 무조건 싫어했고, 체이스와 스탠턴을 몹시 증오했다.

물론 링컨은 내각 각료들의 불화를 잘 알고 있었다. 그는 이런 불화를 용인했을 뿐 아니라 어떻게 보면 이런 불협화음을 조장하는 것처럼 보이기도 했다. 그는 각료들 사이의 불화가 원칙적으로 심각한 불화라고는 생각지 않았다. 그들의 성격이 서로 달라서 불화한 것이지 이념이 서로 달라서 그렇지는 않았고, 무의식 중에 대통령이 자기를 딴 사람들보다 더 인정해 주고 좋아해 주는 것을 바라고 있었다. 링컨은 본래 사람들을 자석같이 끄는 지도자로서, 주위 사람들과 항상 이런 문제가 있었다. 수어드와 체이스 사이의 알력이나 스탠턴과 웰스 사이의 질시는 스프링필드 시절 메리 링컨과 헌돈 사이의 알력과 다름이 없다고 생각했고, 현재 백악관에서는 링컨 부인과 비서들 사이의 알력도 이런 종류의 문제라고 생각하고 있었다.

　대통령이 과격한 정책을 추진하는 것처럼 보였을 때 수구파 공화 당원들은 링컨에게 개각을 해야 한다고 주장했다. 예를 들면, 9월 초 새뮤엘 갤로웨이는 링컨에게 장관들이 개인 생각 때문에 나라를 생각하지 않는다고 비난하면서, 노예 문제에 너무 급진적이라고 평이 난 체이스를 내쫓으라고 종용했다. 내각 안에서도 몽고메리 블레어는 수어드와 상의한 뒤 대통령에게 국방성에 제대로 된 지도자가 없다며 스탠턴을 내쫓으라고 건의했다.

　11월 이후에는 반노예주의 과격파들이 대통령에게 개각을 종용했다. 과격파들은 처음에는 무용지물인 스미스를 내몰려고 했고 골동품이라고 불린 베이츠를 공격했으나, 그들의 최종 목표는 링컨 정권의 무능을 혼자 걸머지게 된 수어드 국무장관이었다. 그들은 국무장관은 처음부터 전쟁에는 관심이 없어서 노예해방에 반대하는 주들이 이탈했을 때도 연맹군 사절과 협상을 벌였고, 섬터 요새를 보강하는 것에도 반대였고, 매클렐런을 제일 지지했으며, 노예해방 선언문 공포도 지연시켰고, 설로우 위드와 함께 과격파 장군 위즈워스의 뉴욕 주지사 경선을 훼방 놓은 장본인이라고 비난했다. 그들은 수어드가 12월에 영국대사 찰스 프랜시스 애덤스에게 보낸 외교문서를 예로 들면서, 수어드는 이 전쟁의 참뜻을 이해하지 못한다고 비난했다. 수어드는 7월 5일경까지 이 내란은 아프리카 노예들을 고집하는 극단 세력과 그 반대파 극단 세력 때문에 일어났다고 비난했다. 「시카고 트리뷴」의 조셉 메딜은 '수어드가 계속 내각에 있으면 큰 문제다'라면서, '그는 링컨의 판단을 나쁜 쪽으로 흐리게 하는 명수다. 그는 사실상 대통령의 권한을 갖고 있으며 엉클 에이브의 코밑에 클로로포름을 계속 대놓고 있다'라고 비난했다.

　수어드는 이러한 비난 여론에 못 이겨서 프레드릭스버그 전투 사흘 뒤 대통령에게 사임서를 보냈다. '본인은 미합중국 국무장관직에서 사임하겠습니다. 사임서를 즉시 수락해 주시기를 앙망합니다.' 수어드의 아들 프레드릭 수어드도 국무성 차관에서 물러나겠다고 아버지와 똑같은 사임서를 보내왔다. 사임서를 들고 온 메신저와 같이 백악관을 찾아온 뉴욕 상원의원 프레스턴 킹을 경악의 표정으로 쳐다보면서 링컨은, "이게 무슨 뜻이오?"라고 놀라워했다.

프레스턴 킹은 링컨에게 프레드릭스버그 참패로 들끓는 여론을 무마하기 위하여 공화당 상원의원들이 비상 간부회의를 열어서, "여론을 진정시키고 현 위기를 벗어나려면 모종의 극단 조치를 취해야겠다"고 결정한 것이라고 전했다. 그러나 이 회의의 진짜 목적은 수어드를 내각에서 내쫓자는 것이었다. 회의에서 윌킨슨 상원의원은 수어드가 대통령을 좌지우지한다고 비난하면서 수어드가 국무장관으로 남아 있는 한 전쟁에도 지고 큰 변을 피할 수 없다고 내다보았다. 상원의원 그라임스는 국회에서 국무장관 불신임안을 통과시켜서 대통령에게 국무장관 해임을 요청하자고 제안했다. 국회에서 명망이 높았던 제이콥 콜래머도 대통령에게 진정한 의미의 내각은 부재한다고 비난했고, 입이 사나운 윌리엄 피트 페센던은 정부 내각에는 뒷계단이 있어서 모든 일을 거기에서 결정한다며, 수어드 이름을 대놓고 거론하지는 않았으나 상원의원들 모두가 알 만한 사람이 그 장본인이라고 독설을 퍼부었다. 수어드를 지지하던 상원의원들은 이 갑작스러운 공격에 미처 준비가 없었으나 그래도 그라임스의 불신임안 가결은 막아내었다. 화가 난 과격파들은 할 수 없이 16대 13으로 불신임안 표결을 다음날로 미루자고 가결했다.

킹은 표결 결과도 보지 않고 곧바로 수어드에게 가서 상원에서 일어난 일들을 전해 주었다. 수어드는, "그자들 마음대로 해보라지. 그렇지만 나 때문에 대통령께서 난처해질 수는 없소이다"라면서 그 즉석에서 사임서를 썼다.

그날 저녁 대통령은 수어드를 찾아갔으나 수어드는 사임하기로 결심을 굳힌 것 같아 보였다. 그는 워싱턴으로 내려올 예정이었던 가족들에게도 오지 말라고 전했고, 아들과 함께 고향 오번으로 돌아간다고 서적이랑 서류들을 정리하고 있었다.

대통령은 수어드의 사임서를 이틀 동안 비밀로 하고 공화당 의원들의 간부회의 결과를 기다렸다. 지난 몇 달 동안 이 과격파 공화 당원들은 링컨이 내각과 상의 없이 일을 처리한다고 뒤에서 소문을 퍼뜨리던 체이스 장관과 자주 연락이 있었다. 그는 재커라이어 챈들러에게, "현재 내각이란 유명무실한 조직입니다"라면서, "장관들은 이따금씩 만나기는 하나 보고하는 것도 없고 토론도 없으며 중론을 모아 결론을 짓는 일도 없다"고 전했다. 페센던이 백악관의 뒷계단 어쩌고저쩌고 한 것도 체이스에게서 나온 얘기였다. 이렇게 체이스의 사주를 받은 공화당 간부회의에서는 내각 재편성을 촉구하자고 결의했다. 상원의원들은 만장일치로—공화당 상원의원 2명은 결석이었고, 킹 상원의원은 무투표로—대통령에게 보낼 의원단을 구성하기로 결의했다.

공화당 간부회의 모의를 주시하고 있던 링컨은 프레드릭스버그 참패 직후 이런 정치적 공세를 감당하기가 어려웠다. 12월 18일 오후 브라우닝을 만난 링컨은, "그 사람들이 원하는 것이 뭐요?"라고 물었다가 자신의 질문에 자신이 대답했다. "그 사람들 나를 내쫓고 싶은 모양인데 어떤 때는 그렇게 내버려두고도 싶소." 그는 브라우닝에게, "우리들 모두가 파멸 직전이오. 하느님께서 우리를 버리시는 것같이도 생각되고 도무지 앞날이 막막하기만 합니다"라고 한탄했다.

그러나 상원 간부회의 대표단이 그날 저녁 7시에 백악관을 찾아왔을 때 대통령은 여유를 되찾았고, 상원의원들을 품위 있게 맞아들였다. 그는 대표단 단장 컬래머 상원의원이 간부회의에서 결의한 장문의 건의문을 읽어 내려갈 때 잠자코 듣기만 했다. 결의문은 특정 인물을 지적하지는 않앉지만 장관들을 대통령과 의견이 비슷한 사람들로 갈아치우고, 전쟁 수행은 대통령의 원칙을 지원할 수 있는 사람들을 시켜서 해야 한다는 내용이었다.

같이 왔던 웨이드 상원의원은 밑도 끝도 없이 링컨이 전쟁을 목적도 알지 못하는 사람들에게 맡겨왔다고 비난하면서, 지난 선거에서 공화당이 참패한 이유도 군사 일을 반대파 민주당 사람들에게 맡겼기 때문이라고 성토했다.

페센던은 대통령이 진실한 사람이고 나라를 사랑하는 것은 분명하지만 내각을 우습게 알아서 잘 의논하지도 않고, 중요한 국가 정책을 장관들과 정식으로 상의하지도 않고, 어떤 때는 장관들이 알지도 못하고 있는 것 같다고 비난했다. 그는 수어드가 전쟁을 망치고 있다고 주장하면서 군사령관들도 노예주의자들로서 남부에 동조하고 있다고 비난했다. 그리고 매클렐런 같은 사령관은 전쟁할 생각은 안 하고 사령관 자리를 이용해서 정부를 비판하기만 했다고 주장했다.

링컨은 이쯤에서 페센던의 말을 가로막았다. 법정에서 오래 단련된 링컨은 이렇게 분위기가 험악해졌을 때에는 주제를 잠시 돌리는 것에 익숙했다. 돌아가는 분위기가 이렇게까지 심각하지 않았더라면 그는 예의 농담 한두 마디로 시작했을 테지만, 대신 종이 한 뭉치를 꺼내서 자신이 매클렐런에게 보낸 편지들을 거의 반시간 동안 읽어 내려가면서 매클렐런을 현정권이 얼마나 성실하게 지원했나를 설명했다.

상원의원들이 다시 본론으로 돌아왔을 때 그들은 진정이 좀 되었고, 섬너가 수어드 국무장관이 대통령의 허락이나 동의 없이 과격한 외교 전령을 보냈다고 비난했을 때는 별 반응을 보이지 않았다.

회담은 세 시간 뒤 아무런 조처 없이 끝났다. 페센던이 보기에, 링컨은 회담이 끝났을 때 기분 좋은 안색으로 대표단이 들고 온 제안서를 신중하게 고려하겠다고 약속했다. 과격파 공화 당원들은 백악관을 나오면서 이제는 내각을 전원 내쫓게 될 것 같다고 좋아들 했다. 챈들러는 현정권의 걸림돌 수어드를 내몰게 됐다고 신이 났다.

　대통령은 물론 생각이 달랐다. 그는 다음날 아침 수어드만 빼고 다들 모인 내각회의에서 국무장관의 사임서 제출과 지난 밤 공화당 간부회의 의원들의 방문을 전했다. 그는 이 사람들이 모든 실수의 책임은 수어드 장관 때문이라고 한다고 전했다. 링컨은 우스갯소리처럼, "그들은 대통령이 정직하다고 믿는다면서 대통령이 좋은 구상을 하면 언제든 수어드 장관이 그것을 내 머리에서 쏙 빼낸답디다"라고 말했다. 그는 각료들에게 이 문제에 대해서, "좀더 자유롭게 토론하자"면서 그날 저녁 7시 반에 다시 만나자고 했다.

　같은 시각에 도착한 상원의원 대표단도 내각이 모인 것을 보고 모두들 놀란 표정이었다. 대통령은 장시간 평온한 말투로 대표단이 지적한 대로 사실 내각 전원을 모아 정규적으로 회의를 한 적은 드물지만, 중대한 문제는 항상 깊이 있게 토론했고 내각이 서로 반목하거나 합심하지 못한다는 대표단의 지적은 사실이 아니라고 설명했다. 그는 장관들에게, "우리가 합심을 못 했거나 중대한 문제를 충분히 토론하지 않았다"고 생각하느냐고 물었다.

　장관들은 기분이 좋지는 않았으나 모두들 중대한 문제가 있으면 대통령이 자기들과 상의를 했다고 대답했으나, 체이스는 매우 난처한 입장에 빠지고 말았다. 그는 지금 상원의원들에게 속닥였던 말을 복창하면 대통령에게 불충했던 것이 드러나게 생겼고, 링컨의 주장을 지지하면 그동안 상원의원들에게 거짓말을 한 것이 될 입장이었다. 그는 기분이 나쁘고 당황해서 상원의원들과 이런 식으로 만날 줄 미리 알았더라면 이 자리에 참석하지 않았을 거라고 투덜댔다. 그러나 이미 덫에 걸린 체이스는 하는 수 없이 대통령은 중대한 문제들을 충분치는 않았지만 장관들과 토론을 했고 내각 안에 불화도 없다고 답했다.

상원의원들은 잠시 더 수어드 장관을 씹었으나 체이스의 답변으로 모두들 맥이 빠지고 말았다. 새벽 1시쯤 상원의원들과 장관들이 백악관을 나올 때 결론은 없었으나 대체로 개각은 안 하는 것으로 생각하게 되었다.

체이스는 이제 궁지에 몰린 자기 입장을 깨닫고 재무장관 자리의 사임서를 써놓았다. 다음날 아침 체이스는 링컨이 백악관으로 와 달라고 부르자 그는 사임서를 들고 갔다. 스탠턴과 웰스도 이미 와 있었다. 링컨은 체이스에게 단도직입적으로, "이 문제 때문에 너무 골치가 아파서 좀 오시라고 했다"고 말했다. 체이스는 자신도 지난밤 일 때문에 큰 상처를 받았다면서 사임서를 썼노라고 말했다.

"그게 어딨소?" 링컨이 급하게 물었다. "사임서를 갖고 왔습니다"라고 체이스가 대답하자 링컨은, "그걸 내게 주시오"라면서 그 긴 팔을 내밀어 체이스에게서 사임서를 빼앗듯이 낚아챘다. 재무장관이 뭐라 말을 하려니까 링컨은 사임서를 펴보곤, "이제야 이 골치가 나았군"이라면서, "이 문제는 이제 해결된 거요"라고 좋아했다.

스탠턴이 자기도 사임하겠다고 말하자 링컨은 당치도 않은 소리 말라며 두 사람 다 이제는 나가 보라고 떠다밀었다.

수어드와 체이스, 두 사람에게서 사임서를 받은 대통령은 두 사임서를 모두 수락할 수 없다며, 둘 다 내각에 남아 도와달라고 강권했다. 그는 뉴욕 상원의원 아이라 해리스에게 자기는 균형을 얻었다고 좋아했다. 인디애나 농부 아들이 말로 호박을 나르는데 양쪽 안장주머니에 하나씩 넣어 이제 균형이 잡혔다고, 그래서 말이 제대로 걸을 수 있게 되었다고 예를 들어 이 사태를 비유했다.

주말이 되자 정국 위기는 지나간 것 같았지만, 어떻게 보면 문제들이 완전히 해결된 것은 아니었다. 그러나 이번 위기로 분명해진 것들도 있었다. 과격파들은 아무리 자기들이 용의주도하게 계획을 모의해도 대통령으로부터 행정권을 빼앗을 수는 없다는 사실을 알았다. 링컨은 브라우닝에게 분명하게 말했다. "내가 주인인데 그 사람들이 그럴 수는 없습니다." 체이스의 정치적 주가는 땅에 떨어졌다. 위기가 지나간 뒤 상원의원들은 컬래머에게 체이스가 어떻게 자기들에게는 내각이 엉터리라는 둥 불화라는 둥 떠들다가 대통령 앞에서는 그럴 수가 있느냐고 묻자 페센던은 간단히, "그자가 거짓말쟁이라 그렇지"라고 대답했다. 페센던이 한 말은 사실이었다. 그는 "체이스는 우리들의 적들이 무서워 동지들을 배반한 자로 앞으로 많은 사람들이 절대로 용서하지 않을 것"이라고 단정했다. 수어드는 이 위기를 계기로 자리가 더 확고해졌다. 그는 대통령의 신임과 존경을 확인함으로써 반대 세력으로부터 일종의 승리를 거둔 것이나 다름없었다. 그러나 수어드는 생각할수록 이번에 목이 안 떨어진 것은 대통령 덕분이란 것을 깨닫고, 이후로는 말도 더 조심하고 딴 부서 일에 참견하는 것을 자제하게 되었다.

링컨도 이번 일로 배운 바가 있었다. 그는 자신이 내각회의 때 회의에 걸맞는 예의도 지키지 않았고, 장관들에게도 예의를 갖추지 않았다는 사실을 자각했다. 그는 그후 얼마 동안 문제가 있으면 소관 장관에게 예의를 갖추어 의견을 묻곤 했다. 예를 들면, 그해 말 대통령은 버지니아 주 서부 지역이 웨스트버지니아 주로 독립을 하려 하는데 장관들은 어떻게 생각하느냐고 서면으로 의견을 내달라고 부탁했다. 그는 또 12월 30일 내각회의 때는, 1월 1일 공표할 노예해방 선언문을 장관들에게 돌리면서 의견들을 제출하라고 부탁했다. 그러나 그는 장관들이 제출한 의견 중 골자 내용을 바꾸자는 의견들은 모두 무시하고 형식적인 수정 몇 가지만을 채택했다. 예를 들면, 그는 섬너가 체이스에게 제안한 마지막 구절을 선언서에 삽입했다. '이 법령은 정의에 입각한 법령이라고 믿으며 헌법에도 상부하고 군사적 필요성에도 부합된 법령으로써 본인은 인류 사회와 전능하신 하느님의 긍정적 평가를 축원합니다.'

그러나 무엇보다도 이 위기로 인하여 링컨은 자신의 힘을 확인했다. 그는 1년쯤 지난 후 존 헤이에게, "그때 그 일은 더 이상 잘 처리할 수 없을 정도로 잘 마무리지었다고 생각하네. 나는 내가 옳았다고 확신하네. 그때 내가 기우뚱해서 수어드 장관을 내쫓았더라면 그뒤로 나는 모든 지지 세력을 잃었을 것이라고 생각하네. 체이스가 사임서를 냈을 때 모든 결정권은 내 손안에 들어왔고 그래서 일을 밀어붙인 것일세"라고 설명했다. 그는 과격파와 온건파를 모두 거둔 것에 크게 만족했고, 그래서 리오너드 스웨트에게는, "내가 딴 대통령들보다 더 위대하지 않을지는 몰라도 분규 세력을 단속하는 데는 누구에게도 처지지 않소이다"라고 자랑했다.

15

국민들이 무어라 할건가!

1863년 1월 1일 백악관 신년 리셉션에는 많은 사람들이 몰려들었다. 대통령이 의전상 제일 먼저 접견한 사람들은 정장으로 차려입은 외교사절들이었고, 국무장관이 일일이 외교관들을 대통령에게 소개했다. 링컨은 나무를 쪼개듯 팔을 휘두르며 정중하게 외교관들과 악수를 나누었다. 링컨 옆에는 영부인 메리가 비싼 벨벳 드레스를 차려입고, 아들 윌리가 죽은 지 얼마 안 되었기 때문에 검은색 마름모 허리띠를 두르고 있었다. 외교사절 다음에는 현직 장관들을, 그 다음에는 육·해군 장성들을 접견했다. 이어 '평민'이란 자격으로 수어드 장관의 딸 패니 수어드가 신년인사를 했다. 정오가 지나서야 링컨은 신년 하객들에게서 벗어나 2층으로 도망치듯 올라왔다. 국무장관 수어드와 그의 아들 국무성 차관 프레드릭이 정식 날인을 한 노예해방 선언문을 들고 왔다. 노예해방 선언문은, 테네시 주와 이미 연방군 관할권에 들어온 남부 주들을 제외한 반란 주들에 살고 있는 모든 노예들은, "오늘부터 그리고 영구히 자유의 몸이 될 것"이라고 선언했다. 대통령은 헌법에 보장되어 있고 군사적 필요성에서 비롯된 이 정의로운 법령은 전 인류의 긍정적 평가를 받을 것이며, 하느님이 가상하게 여기실 것이라고 선언했다. 그는, "나는 평생 한 일 중에서 이 선언문에 서명하는 것보다 더 옳은 일을 한 적은 없다고 생각합니다"라고 말했다. 그는 오전 내내 악수를 하는 바람에 팔이 저리다고 불평하면서, "앞으로 후세 사람들이 내 서명을 자세히들 볼 텐데 내 손이 떨린다면 내가 서명할 때 주저했다고 말들 할거요. 어떻든 간에 이제 서명을 하리다!"라고 말하곤 펜을 들어 천천히 조심스럽게 선언문 끝에 자기 이름을 사인했다.

이후 몇 달간 힘든 문제가 사방에서 계속 일어나서 링컨은 선언문 서명 때처럼 조심스럽고 굳건하게 모든 일에 대처해야만 했다. 연방군 육군은 전투에서 지기만 하고 움직일 줄을 몰랐다. 연방군 해군도 출전했으나 듣기에도 끔찍한 실패의 연속이었다. 접경주에서는 계속 난리였고, 미주리 주는 게릴라전으로 위기의 연속이었다. 외국 세력은 남북전쟁을 중재하겠다고 나섰고, 북부 사람들은 전쟁에 지쳐 있었다. 친연맹 세력이 현정권의 전복을 음모하고 있다는 정보가 대통령에게 보고되었다. 공화당 내에서도 과격파와 보수파의 대립이 심각했고, 두 파 모두 링컨은 희망이 없다고 비난했다. 링컨은 1862년 12월 내각의 위기를 잘 넘겨서 자신감이 생겼으나, 그후 6개월간 개인을 상대하고 설득하는 것과 단체를 상대해서 설득하는 것은 전혀 다르다는 것을 철저히 통감했다. 간단히 말하자면 링컨은 대통령으로서 아직 배워야 할 것이 많이 남아 있었다.

I

해가 바뀌었어도 전선에서 들어오는 소식은 신통한 것이 없었다. 로즈크랜스 군사는 테네시 동부 스톤 강에서 12월 30일부터 1월 2일까지 브래그스 군사와 격전을 벌여 군사가 많이 다친 끝에 적군을 물리쳤다. 링컨은 로즈크랜스 장군이 지용을 겸비했고 지구력과 담력이 있는 장수라고 격찬했지만, 연맹군이 도망가는데도 로즈크랜스는 추격을 하지 않았다. 링컨은 겨울 내내 로즈크랜스에게 채터누가로 진격하라고 종용했지만 로즈크랜스는 머피스보로에서 꿈쩍 않고 주저앉아 있었다. 로즈크랜스도 전 사령관 뷰엘이나 마찬가지로 길이 험하다, 군수품이 모자란다, 내슈빌이나 루이빌의 연락망이 너무 위험하다는 등 여러 가지 구실을 대면서 진군하기를 거부했다. 링컨은 로즈크랜스에게 연맹군도 위험하기로는 우리 군사와 다를 바가 없다고 지적하면서 왜 우리는 적군같이 기습 작전으로 적군에게 피해를 입히고 진군하면서 군수품을 자급하지 못하느냐고 물었다. 그리고 적군의 기습에 반격을 가하라고 종용했으나, 로즈크랜스는 민간인이 군사 일에 개입한다고 링컨의 충고를 들은 척도 하지 않았다. 그는 전투할 생각은 없이 링컨이 자기를 무시한다고 불만이었고 그랜트가 소장으로 진급해서 자기보다 서열이 높아지자 심한 말로 불평을 토로했다. 대통령도 더 이상 참지 못하고 로즈크랜스에게 심한 말로 반격했다. "사실을 말하자면 서류상 계급이 누가 높고 누가 낮은지 당신들 장군들에게는 중요한지 모르겠으나 나에게는 조금도 중요하지 않소. 세상 사람들은 당신이 스톤 강에서 격전을 벌인 것을 기억하지, 당신이 그랜트 장군보다 위였는지 아래였는지는 아무도 관심이 없을 거요."

중서부보다 서쪽에서 싸우던 연방군은 더 한심했다. 텍사스 주 갤베스턴의 연방군 수비대는 1월 1일 연맹군의 공격을 받아 항복하고 말았다. 루이지애나 주의 벤저민 F. 버틀러 장군은 어찌나 탐욕스러웠는지 대통령은 그를 사령관직에서 해임했고, N. P. 뱅크스 장군으로 교체했으나, 뱅크스 장군이 어떤 지휘관인지는 아무도 몰랐다. 이때 서부에서 가장 심각한 사태는 그랜트 장군이 아직까지도 빅스버그를 점령하지 못하고 있는 것이었다. 그랜트는 육로로 미시시피 중부를 공략하려다 실패하자 W. T. 셔먼 장군에게 공격을 맡겼는데, 셔먼은 12월 29일 빅스버그 방위선인 치커소 절벽을 공격했다가 번사이드의 프레드릭스버그 참패를 연상시킬 정도로 형편없이 패했다. 링컨은 빅스버그가 얼마나 중요한가 알고 있었기 때문에 이곳 전황을 특별히 주목하고 있었는데, 셔먼이 참패한 뒤 계속 들리는 말은 그랜트에 대한 험담뿐이었다. 「신시내티 커머셜」의 무래트 헬스테드 기자는, "그랜트 장군은 문자 그대로 얼간이고 술만 마시는 건달로, 맨정신이 돌아오면 무용지물이고 항상 반쯤 취해 있던지 아니면 만취한 상태"라고 비난했다. 이런 상황에서 그랜트가 "유대인 장사꾼"들을 군대 막사에 못 들어오게 금지령을 내리자 그랜트에 대한 비난은 한층 더 높아졌다. 대통령은 그랜트의 금지령을 곧 해제시키면서, "우리 군사들 중에는 유대인들이 많이 있는데 이런 식의 종교적 차별은 용납할 수 없다"라고 공표했다.

가장 심각한 걱정은 프레드릭스버그 참패 후 사기가 땅에 떨어진 포토맥군이었다. 번사이드는 프레드릭스버그 참패가 대통령이나 국방성 책임이 아니고, 전적으로 포토맥 군사령관인 자신에게 있다고 장군답게 시인함으로써 얼마간의 신임을 되찾았다. 부하 장수들에게서 항상 책임을 전가하거나 변명만 들어오던 링컨은, 번사이드의 발언을 듣고 매우 기분이 좋아져서 그는 번사이드에게, "나에게서 티끌만한 책임이라도 가져가 자기가 걸머지려고 한 사람은 장군이 처음인 것 같소"라고 고마워했다. 그러나 번사이드는 수하 참모들과 군사들로부터는 신뢰를 잃고 말았다. 번사이드가 다시 철옹성 같은 프레드릭스버그를 공략할 계획이란 것을 알고 번사이드 밑에 있던 윌리엄 B. 프랭클린 소장과 윌리엄 F. 스미스 소장은 명령계통을 위반하고 대통령에게 직접 번사이드의 이번 작전은 실패할 것이라고 경고했다. 그러나 핼렉이 계속 포토맥 군은 출동하지 않고 요지부동이라고 야단이어서 번사이드는 계획했던 대로 포토맥 군을 프레드릭스버그 남쪽 래퍼해녹 강을 건너 측면 공격을 하려고 군사를 정렬하고 있었다.

일이 이렇게 되자 포토맥 군단 내의 불만은 터져버렸다. 번사이드가 무능하다고 생각한 고급 장교들은 반(反)사령관 반란을 일으킬 지경이었다. 일이 위급한 상태에 이르자 존 뉴턴 장군과 존 코크레인 장군은 12월 30일 급하게 상경해서 대통령에게 포토맥 군의 급한 상황을 보고했다. 링컨은 장군들의 진짜 목적은 매클렐런을 다시 복직시키려는 계획이라고 의심했으나, 그는 일단 번사이드에게 내가 동의하기 전에는 전군 출동을 하지 않는 것이 좋겠다고 지시했다.

1월 1일 신년 리셉션이 시작되기 바로 전에 번사이드는 백악관을 찾아와 링컨에게 자기의 작전계획을 설명하고 설득시키려 했다. 그는 버지니아에서 적과 대치하고 있는 12만 대군을 당장 프레드릭스버그의 북쪽이나 남쪽을 공격하게 하는 것이 자기의 작전계획이었으나, 수하 사단장들이 이 작전에 모두 반대이기 때문에 자기는 작전계획을 포기할 수도 있고 포토맥 군 사령관직도 사임할 준비가 되어 있다고 말했다. 그는 사령관직을 어떤 장군에게나 넘겨줄 용의가 있다면서 링컨에게 전투사령관의 자질도 고려해야 하겠지만, 우선 고려해야 할 것은 국방장관 스탠턴과 총사령관 핼렉의 충성심이나 정직성이라고 말했다. 그는 스탠턴과 핼렉이 대통령의 정책을 적극적으로 지지하지 않았으며 책임도 지지 않았다고 비난했다.

대책이 없는 링컨은 핼렉에게 번사이드의 작전계획을 어떻게 생각하느냐고 물었다. 총사령관 핼렉은 전이나 마찬가지로 현지 사령관이 현황을 참작해서 작전계획을 세워야 한다면서 의견 내기를 거부했다. 대통령은 한심해서 핼렉에게 그렇다면 번사이드 사령부로 직접 가서 지세를 관찰하고 장교들과 상의한 뒤 번사이드의 전략이 옳은지 그른지 판단하여 번사이드에게 명령을 내리라고 지시했다. 그는 헬렉에게, "귀관이 바로 이런 위기에 나를 도와주지 못한다면 귀관을 총사령관으로 임명한 것을 잘못으로 생각할 수밖에 없소이다. 귀관이 이 일을 해결하지 못한다면 귀관은 나에게 소용이 없소이다"라고 신랄하게 비판했다.

헬렉의 대답은 간단히 자신이 총사령관직에서 사임하겠다는 것이다. 그는, "현지 사령관들과 본관과의 이견 때문에 총사령관 직무를 자신과 대통령에게 만족할 만큼 수행할 수 없는 사정으로 사임하겠다"고 말했다.

링컨은 하는 수 없이 자신이 보낸 명령서를 철회하고 말았다. 내각에서는 두 선임 장관들이 사임서를 내고 딴 장관들도 사임서를 내려는 것을 간신히 막아 위기를 넘겼는데, 언제 반란을 일으킬지 모를 포토맥 군단 지휘관들을 염두에 둔다면 총사령관의 사임을 수락할 수는 없었다. 그러나 링컨이 명령서를 쉽게 철회한 것은 아니었고, 그는 이후 헬렉을 '고급 서기' 밖에는 안 된다고 평했다.

번사이드는 더 골칫거리였다. 링컨은 충성스러운 장군을 아무리 전투에서 실수를 했다 해도 당장 해임시키는 것은 마음에 내켜하지 않았다. 자신도 전에는 국민에게 실수가 많은 대통령으로 보이기도 했다. 링컨은 진심으로 번사이드의 충성과 겸손을 좋아했다. 그는 번사이드의 한계를 알면서도 그의 투지를 높이 평가했고, 적들이 앞에 있는데 강을 건넜던 기술도 훌륭한 용병술로 평가했다. 딴 장군들이 번사이드를 헐뜯으면, 그는 그들을 매클렐런의 추종자라고 의심했다. 어쨌든 간에 번사이드의 뒤를 이어 총사령관직을 맡을 사람도 마땅치 않았다. 링컨은 솔직하게 번사이드에게, "지금 포토맥 군단의 지휘관을 바꿔 봐야 우리에게 이로울 것이 하나도 없습니다"라고 전했다.

장군은 한 번 더 기회가 있었다. 그는 헬렉의 동의를 받아 래퍼해녹 강을 프레드릭스버그 서쪽에서 건너 리의 군대를 측면에서 공격하는 작전계획을 세웠다. 링컨은 번사이드의 계획을 허락은 했지만 걱정이 되어서 조심하라고 당부했다. "부디 조심하시오. 이 정부나 국민이 장군에게 진군하라고 억지로 떠미는 것은 아니란 것을 생각하시오." 1월 19일 포토맥 군단은 서서히 움직이기 시작했으나 번사이드의 사단장들은 시작도 하기 전에 이 작전은 실패할 것으로 생각하고 있었다. 설상가상으로 날씨도 번사이드 편이 아니었다. 진군을 시작하자마자 내리던 비가 폭우로 변해서 땅은 진흙탕이 되었다. 번사이드는 사흘 동안 진군하다가 할 수 없이 철군 명령을 내렸다. 사람들은 이번 진군을 "진흙탕 진군"이라고 비꼬아 말했다.

진지로 돌아온 번사이드는 화가 머리끝까지 치밀어 이번 실패는 수하 장수들이 불충했기 때문이라면서, 소장(少將)급 사령관 네 명의 해임서와 기타 장군 네 명을 사령관직에서 해임시키는 명령서를 그 자리에서 작성했다. 그는 이 해임장을 들고 백악관으로 대통령을 찾아가 자기가 물러서든지 장군들을 해임시키든지 양자택일을 하라고 말했다. 링컨은 "장군 말이 옳은 것 같소이다"라고 대답했지만, 그는 스탠턴과 핼렉을 만난 뒤 결정을 내리겠다고 그를 돌려보냈다. 다음날 아침 번사이드가 백악관으로 들어오자, 링컨은 번사이드를 포토맥 사령관직에서 해임해 버렸다.

대통령은 후임을 찾는데 애를 먹었다. 여러 사람들이 매클렐런을 다시 부르는 것이 어떻겠냐고 건의했으나, 링컨은 들은 척도 안 했다. 그는 아직 혁혁한 공을 세운 적은 없으나 로즈크랜스나 그랜트를 생각하고 있었다. 그러나 서부 전선에 있는 사령관을 동부 포토맥 군단 사령관으로 임명하면 포토맥 군단의 사기가 문제였다. 번사이드 밑에 있던 장군들 중 E. V. 섬너는 너무 나이가 많았고, 프랭클린이나 스미스 장군은 매클렐런 편이었다. 그외 장군들은 아직 큰 군대를 지휘한 경험이 없었다.

링컨은 확신은 없었으나 조셉 후커를 후임으로 정했다. 그러나 후커 장군은 결점이 많았다. 그는 술고래였고, 말이 많았다. 후커는 번사이드가 무능하다고 떠들어댔고, 대통령과 워싱턴 정부도 모두 바보들이어서 더 이상 무슨 계획이 없다고 비판했다. 그는 신문기자에게, "우리들 중에서 독재자가 나와야지 그렇지 않으면 아무것도 제대로 되는 일이 없을 것"이라며, "독재자는 빠를수록 좋다"라고 떠들어댔다. 그러나 얼굴이 불쾌하고 잘생긴 후커 장군은, 그동안 그가 참여했던 전투마다 용감하게 싸웠고 반도작전 때와 앤티탐 전투 때도 용감하게 싸우다 부상을 당해서 '전투장군 조'란 별명까지 붙게 되었다. 이런 점을 감안해서 링컨은 후커를 시험해 보기로 결단을 내렸다.

그는 후커를 백악관으로 불러서 자신이 직접 쓴 충고 편지를 건네주었다. 그는 장군의 용맹과 기지, 자신감을 칭찬해 주었으나, "당신에게는 몇 가지 믿음직하지 못한 점도 있다"라고 충고했다. 그는 후커에게 번사이드를 헐뜯은 일은 잘못이라고 일깨워 주었고, 최근에는 장군이 "군대나 정부나 독재자가 필요하다"라고 말한 것을 들었다고 전해주었다. 링컨은 '내가 이런 점들 때문에 장군을 총사령관으로 임명하는 것은 아니고, 이런 점에도 불구하고 장군에게 대임을 맡기는 것'이라고 편지에 적었다. 그는 신임 사령관에게, "전쟁에 이긴 장군들만이 독재자가 될 수 있는 것"이라며, "우선 나가서 군대를 이끌어 승리로 거두시게나. 그 다음에 독재자가 필요한지 검토해 보지"라고 타일렀다. 그는 전적으로 신임 사령관을 돕겠다고 약속하면서, "급하게 굴지 말라"고 충고했다.

후커 임명은 북부에서 대충 지지를 받아서 대통령은 당분간 한시름 놓게 되었다. 모두들 신임 사령관이 진격하기 전에 군대를 재정비하고 사기를 높이기 위하여 시간이 필요하다고 인정했으므로 대통령은 당분간 급한 일들에 신경을 쓸 시간이 생겼다.

II

 링컨은 외교에 많은 시간을 쓰지는 않았다. 그는 수어드 국무장관에게 외교에 관한 모든 일을 거의 다 맡겼고, 딴 부서도 장관들에게 일을 맡기고 간섭을 별로 안 했다. 그는 수어드를 믿었고, 수어드의 외교 수완을 높이 평가했다.

 미국은 당시 거의 모든 국가들과 관계가 좋아서 국무장관이나 대통령이 크게 신경 쓸 일은 별로 없었다. 시암 국왕은 미국인의 고통을 위로한다는 의미에서 자신의 사진과 장검(長劍), 코끼리 상아를 선물로 보내면서 코끼리를 번식시키기 위한 종자 코끼리 여러 마리를 보내주겠다고 제안해왔다. 링컨은 이 제안을 상당히 재미있다고 생각하면서, 수어드를 시켜서 우리 나라는 코끼리가 살기 좋을 만큼 남쪽에 위치하지 않고 또 육지에서나 물에서 증기로 화물을 운송하기 때문에 코끼리는 필요없다는, 호의에 감사하는 답을 보내게 했다.

 가끔 미국 외교관들이 정부의 허락도 받지 않고 비정상적인 행동을 해서 말썽이 나곤 했다. 이전에 「일리노이 슈타츠-안차이거」란 신문으로 링컨을 위해서 일하다가 이제는 비엔나에서 미국 영사를 지내고 있는 시오도어 커니시어스란 사람은, 본국과 의논도 없이 당시 유명했던 이탈리아 장군 가리발디에게 연방군의 한 군단을 지휘해 달라는 교섭을 시작했던 일도 있었다. 당시 이 사건보다 더 심각했던 일은 러시아의 상트페테르부르크에 주재하는 대사를 계속 갈아치웠던 일이다. 링컨은 시카고 전당대회에서 수훈을 세웠던 노예해방주의자 캐시어스 M. 클레이를 러시아 대사로 보냈다. 클레이는 러시아 사람들과 보위 나이프(Bowie knife)를 휘두르며 결투를 할 정도로 성미가 급했는데, 이제 러시아 생활에 진력이 나서 연방군 장교로 입대하기를 원하고 있었다. 그래서 링컨은 당시 국회조사단에서 비리 부정으로 조사를 받게 될지도 모를 국방장관 사이몬 캐머론을 러시아 대사로 쫓아버렸다. 그러나 캐머론은 차르에게 신임장을 제출하고는 곧 휴가를 받아 펜실베이니아로 돌아와 상원의원 선거에 출마했다. 미국으로 돌아온 클레이는 링컨에게 계속 전쟁을 어떻게 이끌어나가야 한다는 둥 말이 많아서, 링컨은 클레이를 다시 러시아로 발령했다. 러시아 차르는 미국의 변덕에 상관없이 남북전쟁이 난 후 한결같이 계속 연방 쪽을 지지했고, 미국 내전에 유럽이 참견하는 것에 절대 반대였다.

그러나 대영제국과 프랑스는 미국 내전이 어떻게 되어가는 가에 관심이 많았고, 이해득실이 많다보니 참견 또한 많았다. 이 두 나라 정부는 연방의 전쟁 목적을 지지하지도 않았고, 이 나라의 상류 계급은 오히려 노예제도를 존속시키자는 남부를 선호하면서 북부의 민주주의 사상을 겁도 내고 또한 경멸했다. 연방 해군이 반란 주 해안을 봉쇄하자 남부의 목화 수출이 끊어져 영국과 프랑스의 방직 공장들은 실제로 큰 피해를 입게 되었다. 프랑스 조선업자들과 특히 영국 조선업자들은 연맹 해군의 함정들을 무장시키는 일로 한밑천 잡을 생각이었다. 이렇게 이해득실에 얽힌 영국과 프랑스는 미국에서 내전이 시작되자 연방국과 남부 연맹을 모두 인정하면서(연맹국을 국가로 승인하지는 않았지만) 중립을 선언했다. 이것은 국제법 관례상 적절한 선언이었고 필요한 선언이었지만, 링컨 정권은 이들의 중립선언을 도발로 간주했다. 트렌트 호 사건 때문에 영국이 미국과 일전불사 직전까지 갔던 것을 보면 미국 내전은 국제 간의 실력 전으로 확대될 가능성이 많았다. 프랑스의 나폴레옹 3세가 멕시코의 꼭두각시 정권 막시밀리안 황제를 돕기 위해서 군대를 파견한 것도 미국의 먼로주의(Monroe Doctrine)나 연방정부에 대한 도전으로 보였다.

링컨은 항상, "두 군데 전쟁은 피해야 한다"라면서 영국과 프랑스 외교를 수어드에게 맡겼으나, 사태가 심상치 않을 때는 자기가 직접 나서서 평화를 유지하는 쪽으로 일을 해결했다. 예를 들면, 1863년 연방 해안봉쇄 해군이 멕시코 마타모로스로 가던 영국 상선 피터호프 호를 텍사스 주

브라운스빌 건너의 리오그란데 강에서 나포했을 때 영국은 미국이 국제법을 무시했다고 항의했고, 웰스 해군장관은 피터호프 호가 반군에게 줄 금수품을 싣고 있었다고 주장했다. 피터호프 호에 적재된 우편물이 말썽이었는데, 이 우편물들을 조사하면 피터호프 호가 이적 행위를 했다는 것이 드러날지도 모를 형편이었다. 이때 수어드 국무장관은 영국 편을 들어 국제법상 우편물은 아무도 건드릴 수가 없다는 주장을 폈고, 상원 외교분과위원회의 섬너와 웰스 해군장관은 피터호프 호를 나포한 것은 법정에서 판결을 해줘야 한다고 주장했다. 별로 대단치도 않았던 이 사건이 큰 사건으로 바뀔 가능성도 있었고, 국무장관과 해군장관은 5월 중순까지 이 일로 서로 실랑이를 벌여서 링컨은 양쪽 의견을 신중히 경청했다. 대통령은 결국 국무장관 편을 들어서 우편물을 돌려주기로 결정했다. 그는 이런 작은 일로 외국과 전쟁을 일으키면 그 후유증은 누구도 장담할 수 없다면서 자신의 결단을 설명했다.

    링컨은 모든 외교 문제를 크던 작던 신중하게 처리했다. 링컨과 수어드는 1862년 여름과 가을, 영국과 프랑스가 자칫 미국 내전에 참견했을 수도 있었다는 것을 모르고 넘어갔다. 영국의 W. E. 글래드스톤은 미국 내전에 관여를 하자고 주장했는데, 이때는 제퍼슨 데이비스가 계속 연전연승을 하고 있었다. 프랑스에서는 경제가 힘들어지고 국제무역은 엉망인 상태인데 미국 내전은 끝이 안 보이자, 나폴레옹 황제는 영국에게 양국이 미국 내전에 개입하자고 제안했다. 영국 수상 파머스턴 경과 외상 러셀 백작은 이 제안에 솔깃했었으나, 영국 의회에서는 열띤 논의가 벌어졌고, 매클렐런이 앤티탐에서 1승을 거두고 링컨이 노예해방 선언문을 공표했다는 소식이 전해지자 영국의 개입은 연방을 지지하는 영국의회에서 무산되고 말았다.

    워싱턴에서는 이런 불길한 소식이 소문으로만 전해졌기 때문에 링컨은 공식적으로 무슨 조치를 취할 필요는 없었다. 그러나 1863년에 들어서서 외국이 미국 내전에 간섭할 것 같은 조짐을 보이자 링컨은 가만히 있을 수 없었다. 변덕이 심한 「뉴욕 트리뷴」의 호러스 그릴리는 전쟁이 희망 없다고 결론을 짓고 막강한 영향력이 있는 신문사설에, '북부는 연방을 이전 그대로 복원시킬 용의가 있다'란 내용의 의견을 냈다. 링컨에게 노예해방 선언문을 공표하라고 성화를 부렸던 그릴리가 이제는 그 선언문을 취소하고 영국, 프랑스 또 스위스가 중재를 한다면 북부는 그 중재를 환영해야 한다고 주장했다. 그릴리는 이때 나폴레옹 3세의 중재 제의를 받아들고 프랑스에서 미국으로 돌아온 성격이 불안정한 탄광업자 윌리엄 코넬(콜로라도) 주웨트란 사람과 가까웠는데, 그는 나폴레옹 3세의 친서를 받고 흥분해서 그 즉시 워싱턴으로 달려가 프랑스 대사 앙리 메르시에와 상의했다. 그러나 대통령은 별로 반응이 없었고 상원 외교 분과위원회의 찰스 섬너는 연방군이 한 번 더 승리할 수 있는 일전이 필요하다는 의견이었다. 그러나 그릴리는 실망하지 않고 동료인 「뉴욕타임스」 편집장 헨리 J. 레이몬드에게 유럽 나라들의 중재로 이 전쟁을 종결시키겠다고 말했다. 레이몬드가 대통령은 무어라더냐고 묻자 그릴리는 이제 두고 보면 내가 링컨을 설복 시킬 것이라고 장담했다.

    그릴리의 평화 공세를 못마땅하게 생각했던 수어드는 로건 법(미국 일반 시민이 외국과 협상을 하면 안 된다고 정해 놓은 법—옮긴이)으로 그릴리를 기소하겠다고 얼러댔다. 링컨은 농담조로 그릴리가 결과적으로는 다른 어떤 방법보다도 더 낫게 전쟁을 도운 것이라고 말했다. 왜냐하면 그릴리가 딴 나라의 중재로 평화를 찾자고 너무 떠들어대서 주전파는 오히려 더 역겨워하고 전의가 굳어졌다는 것이었다. 아무튼 그릴리가 너무 미리 떠들어댔기 때문에 정작 나폴레옹 3세의 중재 안이 거론되었을 때는 효과가 별로 없었다. 나폴레옹 3세의 중재 안이란 연방국과 연맹 세력이 대표를 보내 다시 합치든지 아니면 두 나라로 영구히 갈라지든지 협상을 하라는 것이었다. 수어드는 링컨의 전폭적 지지를 받아 이 중재 안을 즉시 거부했다. 전국 신문들은 이 정부의 결단을 모두 칭찬했고, 말이 많은 「뉴욕 헤럴드」조차 "우리 현명한 국무장관이 외교에 관한 중대 국사를 능수 능란하게 처리했다"고 극찬했고, 링컨도 수어드를 도와 "굳건하고 한결같이 이 일을 아주 잘 처리했다"라고 격찬했다.

이번 일로 대통령은 외국의 국민 여론이 외교 문제를 해결하는데 얼마나 중요한가를 알게 되었다. 영국 대사 찰스 프랜시스 애덤스와 프랑스 대사 윌리엄 L. 데이튼은 모두 훌륭하게 일을 처리했으나 그들은 직위 직분 때문에 할 수 있는 일에 한계가 있었다. 링컨 정부는 영국과 프랑스에서 보다 많은 시민들을 설득하기 위하여 비공식적인 선을 통하여 선박 대기업주 존 머리 포브스나 철도 사업가 윌리엄 H. 애스핀월 같은 사업가들을 보냈고, 또한 교직자로는 천주교 대주교인 존 J. 휴스나 성공회 주교 찰스 P. 맥일베인을 보냈다. 정치가 중에서는 세상사에 밝고 수완이 좋은 설로우 위드 같은 사람을 보내 미국 정부의 입장을 설명하면서 영국과 프랑스의 지지를 구했다.

그와 동시에 링컨은 자기가 직접 나서서 대영제국의 여론을 연방 쪽으로 이끌려는 캠페인을 시작했다. 그는 비공식 정부보조금을 영국으로 보내서 연방을 지지하는 집회를 자주 열게 했고, 특히 노예해방을 지지한다는 대중 집회를 많이 열게끔 일을 꾸몄다. 미국인 중에서 외국 사람들을 제일 많이 안다는 찰스 섬너의 도움을 받아 링컨은 맨체스터와 런던에 사는 노동자들에게 그들이 일자리를 잃은 데 대해서 지극히 마음이 아프다면서, 영국에서 목화 원자재가 부족을 빚는 것은 연방 해군이 해안을 봉쇄해서가 아니고, 미국의 일부 반란 세력 때문이라고 설득력 있는 메시지를 초안했다. 그는 영국 노동계급이 실리를 따지면 연맹을 지원해야 하는데 그 반대로 연방을 지원해 주는 것에 깊이 감사한다고 말했다. 대통령은 영국 노동계급에게 그들은 이제까지 어느 나라에서도 볼 수 없었던 기독교적 희생정신을 보여줬다고 극찬했다.

링컨은 영국 노동계급에게 보낸 메시지에서 미국 내전을 지나칠 만큼 간단하게 해명했다. 그는 정부가 거의 2년간 노예해방은 전쟁 목적이 아니라고 주장해온 것을 무시하고, 이 전쟁은 인간의 자유를 실현하려는 정부가 인간을 노예로 부리자는 정권과 싸워서 이길 수 있는가를 시험하는 전쟁이라고 주장했다. 그는 영국 사람들이 이 내전을 그런 식으로 이해하게 되면 영국 때문에 걱정할 필요가 없다고 생각했다. 그는 자기의 주장을 더 확실하게 밝히기 위해서 섬너를 통해서 "반란 주의 목적은 인간을 노예로 부리는 체제를 존속시키고 더 확산시키려는 것"이라고 말하면서, "그런 목적을 안고 있는 나라는 시작부터 문명 기독교 세계에서는 영입할 수 없을 것"이라고 주장했다.

링컨의 이러한 노력의 결과는 측정하기 힘들다. 사실상 영국과 프랑스 두 나라는 내정 형편에 따라 움직였고 또한 연맹을 국가로 인정했다가 후일 미국의 복수가 두려워서 중립을 계속 지킨 것이었다. 그러나 링컨이 백악관을 연단(演壇)으로 삼아서 설득하기 힘든 정치가들을 제치고 외국 일반 시민들에게 직접 호소한 것은 대통령의 권한을 신장한 결과를 얻었다. 링컨은 후일 이런 식으로 내정도 국민들에게 직접 호소를 하곤 했다.

III

외국 세력을 끌어들여 그들의 중재로 평화를 찾자는 주장은 그릴리만이 아니었다. 지난 가을 선거에서 이긴 민주당 세력도 프랑스 황제의 중재로 평화를 찾자고 링컨 정권을 못살게 굴었다. 12월 국회가 소집된 첫날, 오하이오 주의 S. S.(선셋) 콕스 하원의원은 연단에 나가서, "모든 정치범을 즉각 석방시켜야 한다. 시민을 임의로 체포하는 것은 헌법에 어긋나는 일이며, 미합중국에는 그런 법이 없다. ……이것은 국민들이 통치자에게 허락하지 않은 정권의 전횡"이라고 비난했다. 1월 들어 전쟁 상황이 갈수록 나빠지자 얼굴이 험상궂게 생긴 델라웨어 주 상원의원 윌러드 솔스베리는 대통령이 내놓고 인권을 우습게 알며 외면하고 있다고 비난했다. 솔스베리는 링컨이 계속 인권을 유린한다면, 최근에 공표된 노예해방 선언문을 기초한 사람으로 후세에 웃음거리밖에 안 될 것이라고 한탄했다. 1월 14일, 국회 하원의원 클레멘트 L. 밸런디감도 장시간 연설로 링컨을 공격했다. 얼굴이 잘생기고 설득력이 있고 언변이 좋은 이 오하이오 주 출신의 연방국회 하원의원은, 전쟁으로 연방을 하나로 지키려는 링컨의 정책은 누가 보아도 철저하게 실패한 정책이며, 나라를 피바다로 만들어놓았다고 비방했다. 그는 현 대통령은 계속해서 시민들을 불법 체포했고, 헤비어스코퍼스를 유보했으며, 우편물의 개인자유권을 유린했으며, 개인주택을 침범했고, 신문과 개인 의사표현의 자유를 짓밟았으며, 이외에도 국민의 자유와 개인의 권리를 무시한 것을 다 통틀어 고찰하면 미합중국은 지구상에서 제일 지독한 독재국가로 바뀌었다고 비난했다. 밸런디감은 우방의 중재를 통해서 연맹을 비공식적이지만 실질적 국가로 인정해서 평화를 찾아야 한다고 주장했다.

그러나 밸런디감이 민주당 전체를 대변해서 말한 것은 아니었다. 주전파 민주 당원들은 연맹을 진압하려는 링컨의 정책을 계속 지지했고, 링컨 정권의 정책 중 합헌적이라고 생각되는 것은 모두 성심껏 도왔다. 그러나 전국 각 주에 산재한 민주 당원들은 이제 피를 보는 것이 지겨워서 중재와 협상을 통한 종전을 희망했다. 예를 들면, 뉴욕 시에서 모인 민중궐기 대회에서는 평판이 좋지 않았던 전 시장 페르난도 우드가 평화파 민주 당원들을 대변해서 떠들어댔다. 그는 대통령에게 전쟁을 당장 중지하고 남부 연맹과 회담을 열어 더 이상 피를 보지 말고 연방을 복원시키는 것이 현명하다고 주장했다. 현정권을 극렬하게 비난하던 극단적 반대 세력은 무슨 대가를 주고라도 평화를 찾아야 한다고 주장했다. 이들 세력 중 일부는 링컨 정권의 전복을 기도했고, 남부와 접촉을 시도했다. 공화당은 이들 세력을 아무런 경고도 없이 사람을 공격하는 독사의 이름을 붙여, "카퍼헤드(Copperhead)"라고 불렀다.

불만이 제일 많아 위험했던 곳은 중서부였다. 전쟁이 시작됐을 때 서부 사람들은 곧 연방군 쪽으로 자원해서 연방군 정병으로서 미시시피 계곡 전선을 담당했다. 그들은 전쟁이 일어난 후 2년간 가장 참혹한 살상을 당해서 많은 군사들이 이제는 분노와 실망에 젖어 있었다. 1862~1863년 겨울에 자원입대가 거의 끊기자 군사를 충당하기 위하여 대통령은 3월 4일 신징병법에 서명했다. 이 법으로 인하여 서부에 있는 가구들은 더 큰 수난을 각오해야 했다.

서부 사람들이 불만이 많았던 큰 이유 중의 하나는 전쟁 덕분에 호황을 누리게 된 북부에 비해 서부는 혜택에서 제외됐다고 의심했기 때문이었다. 미시시피 강을 연맹군이 장악하고 있는 한, 서부의 생산물을 수로를 통해 운송하는 것은 극히 힘들어서 서부 사람들은 운하나 철도에 고액의 운송비를 부담해야 했다. 이런 상황에서 공화당 국회는 비싼 운임세를 입법했는데, 이 법 때문에 서부 농민은 큰 손해를 보고 북동부 생산업자들은 보호를 받는 결과가 나왔다.

이렇게 여러 가지로 불만이 누적된 서부 사람들에게 제일 증오의 대상이 된 것은 링컨의 노예해방 선언문이었다. 서부 사람들은 노예해방주의자라고는 할 수 없었다. 1850년대에 공화당에 입당한 서부 사람들은 링컨과 마찬가지로 노예제도를 아주 없애자는 것보다는 노예제도를 서부 변방에 확산시키는 것에 반대하는 입장이었다. 서부에 정착한 사람들의 다수는 특히 오하이오, 인디애나, 일리노이 주 남쪽에 정착한 사람들은 친족들이 남부에 많았고, 남부와 교역이 많아서 스티븐 A. 더글러스의 민주당 세력같이 연방의 보존이 심각한 문제였지, 노예가 어떻게 되든 상관이 없다고 생각했다. 이런 판국에 노예해방 선언문은 서부 사람들의 전쟁 목적을 뒤바꿔놓은 것이었다. 서부 주들의 민주 당원들은 기회를 놓치지 않고 떠들어댔다. "우리들이 진작에 그러지 않았습니까? 이 전쟁은 오로지 노예들을 해방시키려는 전쟁이었습니다. 우리는 반란군을 진압하려고 싸우는 거지 반노예주의자들을 위해서 싸우자는 것은 아니었습니다."

서부 사람들은 남부에서 해방된 노예들이 떼거리로 북쪽으로 이주할 거라는 생각 때문에 현정권을 더욱 혐오하게 되었다. 어떤 사람은, "오하이오 주는 장차 흑인들로 가득 찰 것이다. 흑인들은 당신네들과 경쟁을 할 거고 당신네들의 노임은 형편없는 수준으로 낮아질 것이다. 당신네들은 흑인들과 같이 일하게 될 것이고 그들과 같은 밥상에서 밥을 먹어야 할 것이다. 당신네들의 아내와 자식들은 그들과 같이 살아야 할 것이고, 우리 모두가 장차 흑인들 수준으로 내려갈 것이다"라고 예견했다. 서부 사람들의 이러한 걱정이 전혀 근거 없는 걱정은 아니었다. 스탠턴은 이해 9월, 군에 입대한 장정들을 대신해서 농사를 지으라고 '컨트라밴드'라고 불리는 흑인들을 일리노이 주 카이로 마을로 보냈다. 링컨도 서부 사람들이 노예해방을 반대한다는 소식을 듣고 1862년 12월 국회로 보낸 메시지에서 노예해방에 관해서 악감이랄 수도 있고 가공적(架空的)인 반대를 하는 사람들을 향하여 여러 장에 걸쳐 해명을 했다. 그는 말을 돌려서 해방된 노예들을 날씨가 좋고 비슷하게 생긴 사람들이 사는 곳으로 이민시키자고 제안했다. 그러나 서부 사람들은 링컨의 제안에 넘어가지 않았고 대통령의 노예해방 선언문은 흑백평등을 의미한다고 믿었다.

서부에서는 이렇게 쌓인 불만은 폭력 행사로 치닫곤 했다. 연방군에서 이탈한 도망병을 체포하려면 주민들이 들고일어나 방해하곤 했다. 또한 휴가로 고향에 돌아온 연방군 병사가 살해당하는 일도 일어났다. 전쟁을 당장 끝내라고 군중 궐기대회가 열렸고, 이럴 때면 추악한 인종 차별이 설치곤 했다. 디트로이트에서 일어난 폭동으로 흑인들이 많이 살해당했고, 집 36채가 방화로 타버린 참사도 일어났다.

곳곳에서 군중대회가 열렸고 카운티마다 정견토론회가 열려서, "무력으로는 연방을 복원시킬 수 없다"라고 규정했고, 전쟁의 목적을 연방 존속에서 노예해방으로 바꾸는 것은 결사반대라고 정권을 규탄했으며, 새로 제정될 징병법은 위헌이라고 주장하면서 즉각 정전을 요구했다. 이렇게 모인 군중대회에서 늘 따르는 주제는 거국 국민회의를 열자는 주장이었다. 구체적으로, 국민회의를 4월 첫 화요일 루이빌에서 열어서 정전과 전투 종식 문제를 투표에 부치자는 것이었다. 당시 반전운동이 어찌나 심했던지 「런던 타임스」는 링컨의 노예해방 선언문은 북부의 결속을 이완시키는 촉매가 됐고, 서부 여러 주는 이미 산산조각이 난 연방에서 또 떨어져나가 새로운 국가를 수립할 것이라고 예견했다.

서부에 사는 연방주의자들 중 많은 사람들이 이 불길한 예견이 사실로 발전할 것을 걱정해서 링컨에게 자기들의 걱정을 전하곤 했다. 일리노이 주에서 소신 있기로 유명했던 민주 당원 존 A. 맥클레르넌드도 대통령에게 이렇게 사태가 악화일로라면 앞으로 중서부와 서북부 주들은 뉴잉글랜드 주와 결별할 수도 있고, 심지어는 반란 주들과 한 나라로 뭉칠 수도 있을 것이라고 걱정했다. 공화 당원들은 한술 더 떠서 사방 천지에 반역자들만 깔려 있다면서 반역자들은 모두 뻔뻔스럽고 줏대가 없으며 간덩이가 부어 있는 불한당이라고 열을 올렸다. 민주당이 반수가 넘는 일리노이 주의회에서는 링컨이 노예해방 선언문을 철회하지 않으면 연방을 복원하기가 어렵다면서 링컨에게 정전을 선언하라고 종용했다. 일리노이 주의회는 루이빌 국민대회에 보낼 대표들을 진짜로 선정하려 했었고, 임의 체포를 불법으로 규정하면서 흑인들이 일리노이 주에 이주하는 것을 금지하는 법을 제정하려 했다. 공화당 소속 주지사 리처드 예이츠는 할 수 없이 사상 처음으로 주의회를 정회시키고 의회 없이 주 행정을 집행하는 이변이 생겼다. 인디애나에서도 이와 비슷하게 주의회의 다수를 차지하고 있던 민주당이 주 군사정책을 자기들이 맡겠다고 의회에서 표결에 부치려 했다. 공화당 의원들은 모두 의회에서 퇴장을 함으로써 표결을 유산시켰고, 주의회는 예산을 결의하지 못했다. 이후 2년간 공화당 소속 인디애나 주지사 몰턴은 의회의 허락 없이 예산을 집행하는 이변이 생겼다. 주지사들은 민주당 사람들의 외고집을 친연맹파 비밀결사의 소행으로 비난했고, 그중에서도 금환 기사회(Knights of the Golden Circle) 회원들이 서부에서 반애국적 단체의 대표라고 단정했다.

   링컨은 이런 불만과 음모가 있다는 보고를 사실이라고 믿었다. 그는 예이츠 주지사를 여러 해 알고 지냈으며 그를 믿었으나 몰턴 주지사는 달랐다. 링컨은 몰턴을, "때로는 내가 아는 사람들 중에서 제일 불안정한 사람"이라고 평했다. 몰턴 주지사가 현 난국에 관하여 펜실베이니아 주 해리스버그에서 회담을 하자고 제안했을 때, 링컨은 연방 대통령과 주지사가 동시에 자리를 비우고 만나는 것은 사람들에게 옳게 보이지 않을 것이란 이유로 만나기를 거절했다. 그러나 링컨은 몰턴이 보내온 장문의 보고서는 주의해서 읽어보았다. 몰턴 보고서는 개혁주의자 로버트 데일 오웬스가 기초한 것이었는데, 그 내용은 서부에서 준동하고 있는 주화파 비밀결사들의 동태, 민주당의 종전계획, 즉 연맹을 인정하고 북동부를 제외한 타 주들을 결속해서 새 나라를 만들자는 계획 등을 보고한 것이었다. 링컨은 이러한 모든 소식들을 듣고 상당히 번민했다. 그는 서부 사람들이 공화당 정책에 반대하는 것은 그럴 수 있다 치지만 연방이나 전쟁 자체를 증오한다는 것을 받아들일 수 없었다. 그는 깊이 걱정하다가 찰스 섬너에게 "후방의 위협", 즉 북서부 지방의 반전 세력이 전선에서 일어나는 일보다 더 심각하다고 토로했다.

   링컨 정권은 곧 서부에 있는 충성파 공화당 조직을 보강하고 반대파의 불만 불평을 진압하는 노력을 시작했다. 예이츠는 1월 링컨에게 잘 무장된 연방군 4개 연대를 일리노이 주로 배치시켜 달라고 요청했다. 그는 여차하면 주의회를 해산시킬 준비를 해둘 요량이었다. 링컨은 에이츠의 요청을 받는 즉시 허락했다. 주의회를 해산시키고, 주 살림을 집행하던 몰턴에게 주 재정이 바닥이 나자 스탠턴은 연방 방위비 중 25만 달러를 돌려주기도 했다.

정부는 신개병제(新皆兵制)를 실시해서 군사를 모았는데, 이것은 모자란 군사력을 보충하기 위해서이기도 했지만, 불평분자들을 군대로 차출하려는 의도도 있었다. 링컨은 제임스 B. 프라이 대령을 헌병감으로 임명하고 각 주에 부헌병감을 보내서 주지사와 긴밀하게 협조하게끔 지시해 놓았다. 이들 부헌병감의 주 임무는 군사를 모으는 것이었으나, 서부에서처럼 불평분자가 많이 색출되면 그들을 헤비어스코퍼스 유보를 근거 삼아서 재판도 없이 감옥에 가두곤 했다. 정부를 너무 신랄하게 비난하거나 징병에 반대하는 신문들은 그런 사설이 난 특정 판을 발매 금지시키거나 어떤 때는 장기간 정간 조치를 내리기도 했다.

링컨은 판단 잘못으로 앰브로즈 E. 번사이드를 서부 오하이오 주 사령관으로 임명해서 서부를 관할하게끔 지시했다. 번사이드는 프레드릭스버그의 참패를 오하이오에서 만회하고자 서부에서 준동하는 '반역자'들은 진짜든 가짜든 몽땅 발본색원하겠다고 날뛰었다. 그는 4월 13일 일반 군령(軍令) 38호를 공포했다. 군령 38호는 어느 누구든지 국가의 적에게 이로운 일을 하는 자는 즉시 체포해서 스파이나 반역자로 재판될 것이라는 내용이었다. 군령 38호에는 적을 방조하는 언행을 금지한다는 내용도 있었다.

서부에서 주화파 민주당의 우두머리였던 밸런디감은 헌법에 보장된 표현의 자유를 무시해버린 이 군령을 시험해 보기로 작심하고, 5월 1일 오하이오 주 마운트 버논에서 번사이드의 일반 군령 38호는 폭군의 월권행위라고 신랄하게 비판했다. 그는 현 대통령 링컨 왕이 흑인들은 해방시키고 백인들은 노예로 만들려고 이 전쟁을 하고 있다고 비난했다. 밸런디감은 사흘 후 번사이드에게 체포되었고, 군법재판에서 반란을 진압하려는 정부 시책을 반대해서 불충한 발언을 했기 때문에 전쟁이 끝날 때까지 군사 요새에 가두어야 한다는 판결이 내려졌다.

밸런디감 사건으로 링컨은 난처하게 되었다. 링컨은 보고를 받고 부하 사령관의 판결이 옳았다고 손을 들어주고 싶었다. 번사이드는 군령 38호를 워싱턴에 보냈고 핼렉이나 대통령은 그 군령을 읽은 후 군령을 취하하지는 않았다. 번사이드는 링컨이 1862년 9월 24일 공포한 헤비어스코퍼스 유보에 근거해서 이 군령을 공포한 것이었다. 더구나 이후 국회에서는 대통령에게 이 기본권을 유보시킬 수 있는 권리가 있다고 동의했기 때문에, 링컨은 5월 8일 번사이드에게 밸런디감의 체포 구금을 지지한다는 전신을 보냈다.

그러나 시간이 지나고 다시 생각해 보니까 밸런디감을 체포한 것을 재고하지 않을 수 없게 되었다. 각료들 전원이 밸런디감을 체포한 것을 잘했다는 사람이 없었고, 체포의 필요성조차 의심했다. 기디언 웰스는 간단히, "번사이드가 잘못한 짓입니다"라고 말했다. 정부 내에서는, 당시 오하이오 민간인 법정이 있었는데도 불구하고 전 국회의원을 군법 재판에서 재판한 것에 불만인 사람들도 있었다. 이제는 연방대법원 판사가 된 데이비드 데이비스는 이런 군법재판은 헌법에 어긋난 행위라고 계속 비판했으며, 자기가 개인적으로 알기에는 링컨도 이런 군법재판에 반대한다는 사실을 계속 읊조렸다. 핼렉은 번사이드에게 보낸 편지에서, '연방 쪽에 속한 오하이오 주에서 민간인 재판은 민간에게 맡기는 것이 좋겠다'라고 충고했다. 어떤 사람들은 밸런디감을 연맹 쪽으로 추방해버리지 왜 금고 실형을 때렸느냐고 못마땅하게 생각했다.

정부 내에서는 번사이드의 처사를 못마땅하게 생각하는 정도였으나, 밸런디감의 체포 소식이 알려지자 전국 여론이 물 끓 듯했다. 민주당계 신문 「뉴욕 애틀러스」는 사설에서, '밸런디감의 체포구금은 군사독재의 전황'이라면서, '이 사건은 워싱턴 정권의 약점과 우매, 포악과 비리를 드러낸 처사'라고 힐난했다. 뉴욕 시에서 열린 큰 궐기대회에서 한 연사는 밸런디감의 체포를 방관하면 표현의 자유가 사멸될 것이고 그렇게 되면 우리들의 자유, 헌법이 사멸하고 궁극적으로는 우리 나라가 사멸할 것이라고 주장했다. 또 한 사람은 밸런디감의 연설은 링컨이 포크 대통령의 멕시코 전쟁을 매도한 연설과 비교하면 아무 것도 아니라고 대놓고 주장했다. 어떤 사람은 심지어 워싱턴에서 대통령 자리에 앉아 있는 작자는 남부 반란 분자보다 더 반역자라고 떠들어댔다. 나라 전체에 걸쳐 이제까지 연방에 충성했던 신문들이 입을 모아 밸런디감의 체포를 비난했고「뉴욕 헤럴드」는 밸런디감의 체포를 시작으로 앞으로 더 심한 일이 계속될 것이며 급기야는 나라가 피투성이 혼란에 빠질 것이라고 걱정했다.

여론이 이렇게 들끓자 링컨은 번사이드 장군의 반대에도 불구하고, 5월 19일 밸런디감을 풀어놓아 연맹 쪽으로 추방시키라고 지시했다.

밸런디감 사건 이후 링컨은 조심스러워졌다. 번사이드가 6월 1일 극단적 반전파 신문「시카고 타임스」를 정간시키려 했을 때 링컨은 즉시 그 조치를 중지시켜 버렸다. 월버 F. 스토리가 편집장으로 있던「시카고 타임스」는 현정권의 노예해방 정책은 가증스러운 월권행위며 범죄적 비리로써 국가적 자멸을 초래할 잘못이라고 주장하면서 대통령은 대의도 없는 전쟁으로 군사들을 희생시키고 있다고 비난했다. 그러나 링컨은 이 신문을 억압하는 것이 그런 사설을 사람들에게 읽히는 것보다 더 좋지 않은 결과가 날 것이라며, 신문 정간 명령을 취소시켜 버렸다.

그러나 밸런디감 체포는 엎질러진 물이었다. 오하이오 민주 당원들은 대통령이 보라는 듯, 추방당해서 부재중인 밸런디감을 주지사 선거 후보로 추대했다. 더 한심했던 것은 이 사건은 주전파 민주 당원들에게 심각한 영향을 미친 것이었다. 주전파 민주당의 입이라고 할 수 있었던 뉴욕 주지사 호레시오 시무어는 밸런디감의 체포는 우리들의 제일 신성한 권리를 침해한 것이라며, 현정권은 혁명과 군사독재로 치닫고 있다고 경고했다.

IV

시무어의 연설로 공화 당원 다수와 주전파 민주당으로 구성하려던 중간 노선의 신당 창당이 무산되고 말았다. 지난 여러 달 동안 이러한 신당 창당의 움직임이 활발했다. 1862년 가을 선거 때 여러 주에서 공화 당원들은 자기들이 1860년 소수당이었던 것을 참작하고 민주 당원들은 이전에 민주당이 남부와 가까웠던 것을 참작해서 새로운 이름의 '연방당'을 만들려 했다. 이들은 이런 신당 연합에는 성공하지 못했으나 새로운 당을 만들자는 구상은 계속 지속되었다.

접경주에서 세력이 강한 프랜시스 프레스턴 블레어가에서도 새로운 연대를 추진하고 있었다. 블레어가에서는 우정장관 몽고메리 블레어가 주동이 되어, 대통령에게 수어드와 스탠턴을 내쫓아 개각을 하고 매클렐런을 다시 군사령관으로 임명하라고 종용했다. 몽고메리 블레어는 자기 아버지 프랜시스 프레스턴 블레어는 미국에서 제일 유능하고 제일 경험이 많은 정치가란 것은 자타가 공인하는 사실이라며, 자기 아버지를 대통령의—대통령을 좌우하자는 것이 아니고—자문으로 앉혀야 한다고 주장했다. 법무장관 베이츠는 블레어가는 술수에 능하고 모략에 능한 사람들이라고 몽고메리의 주장을 일축했고, 그래서 블레어가는 물을 먹고 말았다.

사실 설로우 위드 같은 뉴욕의 보수파 공화 당원들이 구상했던 계획이 더 실질적이라고 볼 수 있었다. 그들은 1862년 선거에서 진 원인이 호러스 그릴리와 노예 해방주의자들 때문이었다고 지적하면서, 위드 파는 되도록 속히 민주당에서 반란 주 동조자들을 내몰고 공화당에서는 극단적 세력을 내몰아 1864년 선거에 대비해서 새로운 조직을 만들어야 한다고 주장했다. 이런 사람들은 수어드가 공화당 보수 세력과 연방에 충성하는 민주당 세력을 대표하는 온건파들을 대변해서 1864년 대통령 후보로 나서 달라는 주장이었다. 그러나 수어드는 이 말에 펄쩍 뛰었다. 수어드는 노예해방 문제로 링컨과 의견이 달랐고, 노예해방 선언문은 바람직하지도 않을 뿐더러 이(利)보다는 해(害)가 많다고 생각했으나, 그는 링컨에게 충실한 국무장관이었다. 뉴욕 보수파들이 접근했을 때 수어드는 링컨을 극찬하면서 자기는 현 대통령을 자기가 만났던 사람들 중 제일 선하고 현명한 사람으로 믿는다고 단언했다.

새로운 연합노선을 구성하는 또 하나의 방법은 공화당 보수파와 링컨을 지지하는 접경주 사람들이 모여서 호레이쇼 시무어를 지원하던 민주당 세력과 힘을 규합하는 것이었다. 시무어는 현정권을 부지런히 비판했으나 그렇다고 카퍼헤드 족은 아니었다. 설로우 위드는 이것이야말로 한 번 해볼 만한 일이라며 자기가 맡았던 유력지「얼버니 이브닝 저널」의 편집장 자리를 내팽개치고 이 일에 전적으로 매달렸다. 그는 당을 떠나서 한 개인 자유인의 자격으로 그릴리와 노예해방주의자들의 광적인 발작에 대응하겠다는 것이었고, 이 자들을 그냥 내버려두면 나라도 그렇고 정부도 끝장이라고 경고했다. 그러나 위드가 하도 설치는 바람에 사람들은 그에게서 등을 돌렸고 부통령 햄믈린은 위드가 결국에는 민주당으로 가버릴 것이라고 예견했다.

링컨도 당을 중간노선으로 끌어오는 것에는 찬성이었다. 그는 1월에 시무어가 현정권의 정책을 지지하게끔 만들려고 접근을 시작했다. 그는 시무어 주지사의 동생 존 시무어에게 그의 형 시무어도 연방이 깨지면 같이 당할 처지라고 달래면서, 만일 연방이 끝장나면 공화 당원이 되건 민주 당원이 되건 미합중국의 대통령은 없어지는 것이라고 그들을 일깨웠다.

존 시무어는 공화당 당원들이 저희들 혼자서 애국을 다하는 것처럼 군다고 불평하자, 링컨은 귀를 기울여 시무어의 불평을 들어주었다. 링컨은 시무어가 연방에서 제일 큰 주의 주지사란 것을 이해했으므로 그는, "주지사와 서로 더 잘 알기 위해서" 직접 편지 왕래를 시작했다. 그는 짐짓 자기와 주지사는 둘 다 "국가의 생명과 보전을 유지하는 것"에는 이견이 없다면서 둘 사이의 차이점을 극소화하고 서로 상대방에 대한 불필요한 불신은 불식하자고 제안했다. 시무어는 이게 무슨 덫인가 매우 조심스러워서 회답을 3주 이상 미루다가 링컨에게 답신을 보내왔다. 그는 앞으로 국사를 담당하는 현정권에 걸맞은 예의와 경의를 차리겠으며 정부가 헌법에 확인된 권한 내에서 하는 일들에는……적절하고 충분한 지원을 하겠노라는 것이었다. 링컨은 옳거니 하고 이후 몇 달 동안 주지사가 요청한 것은 아무리 작은 일이라도 정중하고 신속하게 처리해 주었다.

링컨과 시무어 사이에 오간 편지로 인해, 대통령이 위드를 중간에 놓아 시무어가 지금 반란군을 진압하는데 협조하면 시무어를 1864년 대선에서 자기 대신 연방당 대선 후보로 밀어주기로 약속했다는 소문이 나돌았다. 대체로 소문이란 것이 다 그렇지만 이 소문도 과장된 것이었다. 가당치도 않았지만, 설혹 링컨이 재임을 포기했더라도 자기 혼자 힘으로 시무어를 대통령으로 만들 것도 아니었고, 링컨이나 시무어 당사자들이 이런 약속을 했다는 언급은 어디에서도 찾을 수는 없다. 위드가 한 말을 보아도 링컨이 당시, "시무어 주지사는……민주당을 조정할 능력이 있으니까 반란을 진압하고 정권을 보존시킬 수 있는 사람"이라면서, "시무어 주지사에게 나라를 위해서 협조해 주면 기꺼이 내 후계자로 밀겠노라고 전해 달라"고 말했다고 후일 기억했다. 그러나 링컨의 이 말이, 시무어에게 대통령 후보 자리를 양보하겠노란 약속으로 언급한 말일 수는 없다. 이것은 단지 시무어 주지사가 자신의 권한으로 반란을 진압하고 나라를 위해 일하면 그 사람은 차기 대통령이 될 가망이 있다란 예측을 한 것이었다.

그러나 연합노선을 구성하기 위해서 시무어를 설득시키려던 노력은 밸런디감 사건으로 무산되었고, 주전파 민주당은 사분오열되어서 민주당의 주도권은 링컨을 철저하게 반대하던 세력이 장악하게 되었다.

V

이때 대통령에게 반대하는 세력은 민주당뿐만이 아니라 자당인 공화당에서도 점점 더 심각해졌다. 링컨이 1862년 12월 내각 위기를 극적으로 극복했는데도 불구하고 공화당 사람들 몇몇은 계속 개각과 새로운 지도자가 필요하다고 믿고 있었다.

1862년 12월에 소집된 국회는 모두가 링컨에게 화가 난 의원들이었다. 이번에 모인 국회의원들은 레임덕 국회였고, 지난번 가을 선거에서 참패한 공화 당원들은 선거에서 진 것은 현정권의 책임이라고 화가 나 있었다. 접경주 출신 하원의원들과 북서부 남쪽 출신 하원의원들은 공화당 참패의 이유가 노예해방 선언문 때문이라고 주장했고, 뉴잉글랜드와 동부의 중부, 북서부 북부 지역의 출신 국회의원들은 링컨이 노예제도 폐지를 우물쭈물했기 때문에 선거에서 졌다고 불평이었다. 이들은 모두 링컨을 불신하고 있었다. 1월에 워싱턴을 방문한 전 대법관 벤저민 R. 커티스는 모든 사람들이 대통령을 무능하다고 생각하고 있으며, "대통령은 박살이 났고, 정신이 빠진 천치바보며, 대통령이 자멸한데도 이상할 것이 조금도 없다"고 매도했다. 공화당 보수파들은 대통령이 그럴 필요도 없는데 연방 보존을 위한 전쟁을, 노예해방 전쟁으로 바꾸어놓았다고 생각하고 있었다. 그들은 또한 현정권이 표현의 자유를 억압한다고 비난했고, 현정권이 신문을 통제하고 정치적 반대 세력을 임의로 체포 구속한다고 비난했다.

그와 반대로 과격파 공화 당원들은 링컨이 노예해방에 너무 느리고, 남부 반란 주들을 연방에 다시 귀속시키기 전에 남부 사회 전체를 개조시켜야 되는 것을 이해하지 못한다고 불만이었다. 이렇게 불만에 가득 찬 국회에서는 반대파들이 서로를 헐뜯다가 이제는 공공연히 백악관을 향하여 포문을 열었다. 하원에서 제일 과격한 새듀스 스티븐스는 전쟁 발발 후 링컨의 모든 정책은 공공연한 월권행위로써 전 국민의 비난을 받아야 한다고 떠들어댔다. 스티븐스는 자신의 주장에 따라 대통령이 남부를 피점령국처럼 엄하게 다뤄야 한다고 주장했다.

이렇게 저희들끼리 싸우면서도 제17차 국회는 괄목할 만한 일련의 법안을 통과시켰다. 그들은 2차 회기(1862~1862)에서 실효성이 있는 새로운 징병법을 통과시켰다. 1862년 징병법은 각 주에 쿼터를 배정했는데, 새 징병법으로 연방정부는 20세에서 45세까지의 장정을 직접 정규군으로 징집할 수 있게 되었다. 국회는 또한 링컨의 지지를 받으면서 체이스 재무장관이 강력하게 제안한 국립중앙은행법을 통과시켰다. 이 법이 통과되면서 미국은 처음으로 국가화폐를 만들었으며, 국립은행을 전국 각지에 설립하게 되었다. 제17차 국회 전 회기에서는 자작농장법을 통과시켰고, 미국 과세제도를 영구히 바꿔놓은 연방소득세법을 만들었으며, 미국 산업을 실질적으로 보호해 주는 관세를 채택했고, 대륙횡단 철도를 허가해 주었고, 연방 정부에서 토지를 무상불하(無償拂下)로 분양한 주립대학들을 세웠고, 농림성을 창설했다. 이 국회는 전무후무한 대규모의 내전을 치르며, 또한 전쟁에 필요한 군사를 지원하고 그와 동시에 이 모든 법안을 입안하고 통과시켰다. 공화당의 모든 당원들은 힘을 합하여 대통령과 함께 일사불란하게 큰일들을 처리해 나갔다. 이것은 많은 사람들을 놀라게 했으나 「시카고 트리뷴」의 조셉 메딜는 공화당 사람들이 왜 이렇게 일들을 열심히 했나 간단히 설명했다. '우리 당이 맡은 책임은 막중하다. 우리 당이 전쟁에 승리하면 국민들은 우리들에게 계속 정권을 맡길 것이고,

우리가 전쟁에서 지면 모든 것은 끝장이다. 연방도 끝장이고 우리 당도 끝장이고 우리의 대의, 자유, 그리고 노예해방도 끝장이 날 것이다. 그러므로 우리는 체이스의 국립중앙은행제를 지원한 것이고, 스탠턴의 일시적 충동 행위도 참아주는 것이고, 웰스의 치매도 참아주고, 링컨이 우물쭈물하는 것도 참는 것이다. 우선 배를 암초에서 벗어나게 한 뒤 잘못한 놈들은 군법재판에 넘기든지 할 것이다."

 1863년 초에는 많은 공화 당원들이 기회만 오면 대통령을 군법재판에 넘긴다고 벼르고 있었다. 매사추세츠 출신으로 작가 겸 변호사였던 리처드 헨리 데이나 2세는, 3월 워싱턴을 들렀을 때 워싱턴 사람들 중 한 명도 대통령을 존경하는 사람이 없는 것 같다고 한탄했다. 지방 유력지「신시내티 커머셜」의 편집장 뮤래트 헬스테드는 대통령은 너무도 무력하고 한심한 바보라고 지적하면서 링컨 같은 바보가 아니었다면 현재 시국이 이렇게 심각하지는 않았을 거라고 혹평했다. 과격파들도 마찬가지여서 미시간에 사는 한 주민은 대통령이란 사람은 항상 우왕좌왕하며 심약하고 겁이 많은 무식한 사람이어서 도무지 일말의 희망도 보이지 않는다고 한탄했다. 어떤 사람은 링컨 정권은 장차 제임스 뷰캐넌 정권보다도 더 한심했다는 평을 면하지 못할 것이라고 예견했다.

 온건파 공화 당원들은 링컨 내각에서 수어드나 블레어가를 실력자로 만들려 했고, 과격파 공화 당원들은 정부에서 보수파들을 내쫓자고 야단들이었다. 과격파들의 주된 과녁은 계속 수어드 국무장관이었다. 그들은 엉큼하고 괴상하고 음흉한 수어드 때문에 연방군이 계속 전투에서 패했다고 비난했다. 미시간 주 과격파 상원의원 재커라이어 챈들러는 화가 머리 끝까지 나서, 수어드는 악질적인 반역자임에 틀림없다고 단정했다. 뉴욕주의 반 수어드파 제임스 W. 화이트 판사는 수어드를 몰아내기 위해서 탄원서에 서명운동을 벌여 트럼불이나 새듀스 스티븐스 같은 과격파 의원들의 서명을 받아냈으나 수어드를 이어 국무장관이 되기를 바라던 찰스 섬너로부터는 서명을 받지 못했다. 1월 중 스티븐스는 링컨 정권에 대한 불신임 안을 국회에 내려 한 적이 있었고, 공화당 간부회의는 대표단을 백악관으로 다시 보내어 수어드의 사임을 재요구하려 한 적도 있었다.

과격파들은 정권을 뒤엎어 버리는 것에 실패하자 정권을 개혁시키려 했다. 그들의 공격 대상 표적 중 하나가 군 지도부였다. 그들은 군 지도부가 이제까지는 물론 지금 현재도 민주당 계열이 많고 민주당 장성들은 연방의 전쟁 목적에도 찬성하지 않았으며 노예해방을 방해했다고 지적했다. 온건파들이 대통령에게 매클렐런을 복직시키라고 졸라댔다면, 과격파들은 벤저민 F. 버틀러를 다시 불러야 한다고 야단이었다. 배가 볼록 튀어나오고 눈은 사팔뜨기였던 버틀러 장군은, 전쟁이 나기 전 매사추세츠 정치인으로 민주당 소속이었는데 최근 지독한 과격파로 전향했다. 그는 반란세력이 가장 지독했던 뉴올리언스 시를 점령한 뒤, 그곳 점령군 사령관으로 부임해서 노예들을 해방시키고 해방된 흑인노예들을 연방군에 편입시켰다. 그러나 버틀러는 사기와 부정을 방관했을 뿐만 아니라 자신도 부정에 연루되어, 링컨은 버틀러를 갈아치울 수밖에 없었다. 그러나 링컨은 섬너가 계속 버틀러를 복직시켜야 한다고 주장하는 바람에 버틀러를 미시시피 계곡 남부로 내려보낼까 생각 중이었는데, 야심이 많은 버틀러는 미시시피 같은 촌으로는 내려갈 생각이 없었고 워싱턴에 남아 있기를 바랐다. 그래서 버틀러는 백악관 만찬에 한 번 초대받은 것으로 군대를 떠나고 말았다.

과격파들이 밀었던 프레먼트도 마찬가지 신세였다. 과격파들은 미주리 주에서 연방정부의 허락도 없이 노예들을 해방시켰던 프레먼트를 좋아했는데, 프레먼트는 버틀러와 마찬가지로 미주리에서 스캔들이 너무 많고, 정치적 영향력이 강했던 블레어가와 철저히 반목하는 사이였다. 프레먼트는 셰넌도어 계곡 전투에서 별 공도 세우지 못하고 싸우다가 저 혼자 화를 내더니 사령관 자리를 사임해 버렸다. 링컨은 과격파들이 계속 들볶는 바람에 할 수 없이 프레먼트 장군과 1862~1863년 겨울에 상의를 하고 나서 그로 하여금 대규모 흑인군대를 징집해서 1만 명 병력의 군대를 조직하려 했으나, 육군사관학교 출신을 선호했던 헬렉의 반대에 부딪쳐 이 일은 성사되지 않았고, 프레먼트는 또 화가 나서 뉴욕으로 올라가 버렸다.

시간이 흐르면서 과격파 공화 당원들은 점점 더 장관들이나 장성들이 문제가 아니라 대통령이 문제라고 생각하게 되었다. 그래서 1863년 초 과격파 당원들 일부는 햄믈린 부통령을 만나 1864년 대선에 대통령 후보로 나서면 밀어주겠다고 종용했다. 햄믈린은 링컨이 비록 현 위기를 감당할 만한 재목은 못 되지만, 개인적으로는 세상에서 제일 선한 사람이라고 생각한다면서 과격파들의 제안을 일축해버렸다. 그는, "본인은 링컨 대통령에게 충성해왔고 우리 모두가 개인적 감정을 접고 대통령을 도와야 한다"고 말했다.

과격파들은 현 위기를 감당할 사람은 버틀러라고 믿어서 독재 권력을 주더라도 그를 밀어야 한다고 희망했으나, 실제로 대통령이 될 수 있는 사람은 체이스 재무장관밖에 없다는 데에 중의를 모았다. 체이스는 내각 위기 때 몇몇 상원의원들의 신뢰를 잃었으나 아직도 그는 사람들로부터 박력 있는 지도자이자 탁월한 행정가이며 무엇보다도 제일 신망 있는 반노예주의자로 인정받고 있었다. 원로 노예해방주의자 조슈아 R. 기딩스는 공화당 대선 후보로는 체이스밖에 없다면서 체이스가 나서면 반대할 사람이 없을 거라고 주장했다. 체이스는 이러한 과격파 주장을 함구(緘口)로 은근히 지원했다. 그는 12월 내각 위기 전부터 자기를 따르는 사람들에게, "공화당을 새롭게 바꾸어야 한다"는 자기의 뜻을 전했고, 진정한 민주주의와 진정한 공화국을 만들려면 본래는 민주당에 속했다가 공화당 열성 당원이 된 사람으로 지도자를 선정해야 한다고 주장했다. 이것은 바로 자기를 공화당 대선 후보로 뽑아달라는 얘기였다.

VI

이렇게 사면초가에 선 링컨은 극도로 낙심하게 되었다. 그해 2월 링컨을 본 사람은 그의 손이 떨렸으며……얼굴은 말이 아니었고 피곤해 보였으며 불안정해 보인다고 전했다. 당시 백악관을 자주 들렀던 존 A. 달그렌 제독도 2월 6일 일기에, '대통령은 요즈음 농담을 전혀 하지 않는다'라고 기록했다. 매사추세츠 노예해방주의자 웬델 필립스가 링컨에게 재임 가능성에 관해서 의논하자 링컨은, "필립스 씨, 나는 이제 재임에 관해서 개인적으로 어떤 기대도 안 하고 감정도 없는 상태입니다. 이렇게 지독하게 당하고, 힘든 적은 없었던 것 같습니다"라고 대답했다.

링컨은 이때 매일 관리들을 접해야 하고, 군대요직을 부탁하는 사람들과도 만나야 했고, 백악관을 구경하러 온 사람들도 만났지만, 그는 워싱턴에서 제일 외로운 사람이었다. 브라우닝이 상원 재선에서 떨어지자 국회에는 개인적인 친구가 한 명도 없게 되었다. 장관들 중에서 링컨은 수어드를 제일 좋아했고 농담도 많이 나누었으나, 이 두 사람은 큰 정치가가 된 다음에 만났기 때문에 진짜 속을 털어놓고 얘기할 수 있는 사이는 아니었다.

링컨은 메리에게서도 정신적 도움을 바랄 수 없었다. 메리는 아직까지도 자식을 잃은 슬픔에서 벗어나지 못했고, 윌리가 죽은 2월이 돌아오자 다시 정신분열을 일으켰다. 메리는 기디언 웰스 부인에게, "나처럼 지독한 슬픔을 겪은 사람만이 죽은 애의 기일이 돌아올 때마다 그 고통이 얼마나 큰지 짐작할 뿐입니다"라고 호소했다. 그녀는 윌리를 못 잊어서 죽은 혼을 불러온다는 무당들을 만났고, 그중에서도 네티 콜번이란 여자에게 빠졌다. 그녀는 백악관 안에서 최소한 여덟 번 세앙스(招魂禮)를 열었고, 한 번은 링컨도 참석했으나, 그는 사자(死者)의 혼이 함께 있다곤 믿지 않았다. 메리는 점점 더 이런 데에 빠져서 무당 없이도 자기 혼자 사자의 혼을 부를 수 있다고 믿었고, 자기 이복동생에게 "윌리는 살아 있단다. 밤마다 내 침대로 와서 예전이나 다름없이 나를 웃는 얼굴로 쳐다본다. 가끔 아기 에디도 데리고 나타나……"라고 말한 적이 있었다.

영부인이 실성해서 오락가락하는 백악관이 즐거운 곳일 수는 없었다. 메리는 백악관을 치장하기 위하여 이제까지 열심히 사모은 비싼 가구나 화려한 장식에도 관심이 없었다. 백악관 공식 리셉션도 이제는 시들해졌고, 그녀는 모든 공식 리셉션을 귀찮게 생각했다. 백악관을 찾아오는 건달 방문객들이 기념물로 간직한다고 카펫도 잘라가고 커튼도 잘라가서 백악관 내부는 꼴이 말이 아니었다. 메리는 거창한 신년 하례식에도 마지못해 참석은 했으나 손님들에게 기계적으로 인사하는 정도였다.

이즈음에는 백악관에서 여흥이나 공연도 보기가 힘들었다. 예외라면 메리가 급하게 초대해서 오게 된 '톰 섬 장군'(찰스 셔우드 스트래튼)의 리셉션이었다. 뉴욕에서 2월 10일 결혼한 톰 섬 부부는 메리가 불러서 백악관을 방문했는데, 키가 6피트 4인치나 되는 대통령이 3피트 4인치밖에 안 되는 이 난쟁이 부부를 맞아 허리를 절반으로 굽혀 심각한 얘기를 하며 이들을 환영하고 신기해 한 리셉션이었다.

메리는 이때 거의 실성한 사람이어서 매일 고통 속에 지내는 남편이 자기의 도움이 필요하다는 것도 생각하지 못했고, 메리의 정신상태가 어떻다는 것을 아는 링컨은 그녀에게 자기의 고통을 나눌 생각도 하지 않았다. 어쨌든 간에 메리는 이때 링컨을 도울 수 있는 힘이 없었다. 스프링필드에서 살 때에 그녀는 정치적으로 남편을 많이 도왔으나 수도로 온 후에는 그럴 힘이 없었다. 메리는 만나는 사람을 모두 친구 아니면 적으로 구분했고, 남편과 정치적 경쟁자라고 생각되는 사람들을 지독하게 미워했다. 그녀는 수어드를 처음부터 의심해서 수어드가 국무장관직에서 사임하기를 바랐다. 그녀는 또한 링컨보다도 먼저 체이스의 대통령 꿈을 간파했다. 메리는 링컨이 내각 위기를 잘못 처리했다고 생각했고, 내각 위기 때 링컨에게 충성스러운 몽고메리 블레어 장관을 빼고는 모든 각료를 갈아버렸어야 했다고 생각했다. 메리가 사람을 잘못 판단하는 것은 대수롭지 않은 일이었으나, 그녀가 자기의 주장을 공석에서 떠들어대거나 편지에 쓰는 것은 링컨에게 큰 골칫거리였다. 메리는 대통령 영부인으로서 그녀의 일거수일투족이 모두 정치적 의미를 띤다는 것을 깨닫지 못했다. 그녀는 로다 화이트란 여자를 가깝게 사귀었는데, 그 여자의 남편 제임스 W. 화이트 판사는 수어드를 내각에서 내몰려는 탄원서를 주동한 인물이어서, 메리의 처사는 링컨을 곤혹스럽게 만들었다. 이런 일들을 감안해서 링컨은 메리에게 중요한 일들은 의논을 안 하는 것이 낫다고 생각하게 되었다.

링컨은 막내 아들 태드를 항상 귀여워했고, 윌리가 죽은 후 더욱 태드에게 더 많은 시간을 쏟았다. 그는 바쁜 중에도 막내와 같이 놀아주었고 막내가 기르는 고양이와 개를 같이 돌보아주었다. 막내 태드는 성격이 밝고 정이 많았으나 버릇이 형편없고 발육이 비정상적인 아이였다. 태드는 9살이 되었는데도 혼자서 옷을 찾아 입을 줄 몰랐고, 가정교사를 계속 두었으나 읽지도 못하고 쓰지도 못하는 저능아였다. 링컨은 태드의 저능에 대해서 태연한 척했다. 그는 딴 사람들에게, "태드는 그냥 놀게 내버려두지. 아직 나이가 있으니까 천천히 읽는 것 쓰는 것도 익힐 것이고 철이 나겠지"라고 두둔했다. 태드는 말하는 것도 정상이 아니어서 링컨만이 이 아이의 말을 알아듣고 딴 사람들은 알아듣지를 못했다. 태드는 내각회의에 뛰어 들어와서 링컨을, "빠빠 데이(파파 디어, Papa Dear)"라고 불러대곤 했는데, 이럴 때면 링컨은 내각회의를 중단하고 아들이 하는 말에 귀를 기울이곤 했다. 태드는 아버지를 제일 많이 따라서 밤늦게까지 아버지 사무실에서 놀다가 소파에서 잠이 들곤 했다. 링컨은 늦게까지 일하다가 소파에서 잠든 아이를 안아 자기의 침대에 데려가 같이 잠을 자곤 했다.

큰아들 로버트는 이때 하버드 대학에 가 있었기 때문에 아버지 링컨과 부자간의 사랑을 키울 사이가 없었다. 링컨은 로버트를 자랑스럽게 생각해서 사람들에게, "돈이 너무 들어서 탈이지만 우리 큰애는 최고 교육을 받고 있다"고 말하곤 했다. 그러나 링컨은 가끔 자식과 경쟁의식을 느꼈던지, "우리 큰애는 나보다 더 똑똑한 것 같아. 나는 학교라고는 1년도 채 못 다녔으니까. 그렇지만 그놈이 나보다 더 잘될 것 같지는 않구면"이라고 평한 적이 있었다. 로버트는 휴일 같은 때 워싱턴에 내려와서 백악관에서 지냈는데, 그때 그를 본 사람들은 로버트가 생기기도 잘생겼고 행동거지가 예의 바르고 유머도 아는 청년이라고 평했다. 그러나 로버트는 아버지 앞에서는 항상 불편한 기색이었고 부자는 별로 주고받는 이야기가 없어서 마치 학교로 돌아가는 것을 기다리는 것 같았다.

링컨은 큰아들 로버트 대신에 두 젊은 비서를 더 친자식같이 생각하는 것 같았다. 링컨은 존 G. 니콜라이와 존 헤이 두 비서와 하루 종일 같이 일하면서, 이 두 젊은이를 잘 알게 되었고 그들을 자식같이 사랑했다. 두 비서는 백악관 안에서 살았기 때문에 링컨은 밤에라도 비서가 자는 침실에 들러서 그날 있었던 일에 관해서 의견을 말하거나 잡담도 했다. 언젠가는 한 번, 자정이 다 됐을 때, 링컨은 헤이의 침실에 들러서 토마스 후드의 익살맞은 시편을 읽어주며 혼자 웃어댔다. 헤이는 다음날 일기에, '각하께서는 어젯밤 셔츠만 걸치고 그 긴 다리를 다 내놓은 꼴이 꼭 타조 같아서 읽어주는 시보다도 자신이 더 우스꽝스럽다는 것을 전혀 의식 못하는 것 같았다'라고 적었다.

링컨은 자신에 대한 두 비서의 절대적 충성을 알고 있었고, 두 젊은 비서들은 링컨이 대통령이 된 후 큰 정치가로 성장하는 것을 옆에서 지켜보면서, 링컨이 정치적 줄다리기에서 기막힌 솜씨를 발휘하는 것에 감탄했다. 그들은 링컨을 "시골 주피터"라고 명명하고, "전쟁을 벼락같이 해내면서 정부를 꿋꿋하고 한결같이 이끌어가는 지도자"라고 평했다. 이 두 비서는 누구보다도 먼저 링컨의 완벽한 언어구사를 확인했고, 그에 감탄했다. 브라운 대학을 졸업한 존 헤이는 링컨의 문장에 악문이 끼어 있고 촌스러운 대목이 있으나, 후세 역사에서 링컨의 연설문이 위대한 사람의 위대한 발언으로 인정받으리라고 확신했다. 링컨에게 절대적 충성을 바치던 이 두 비서는 자기들 이외의 누구라도 링컨에게 접근하는 것을 싫어했다. 때문에 백악관에서 같이 살던 두 비서와 링컨 부인은 서로 지독하게 미워하게 됐는데, 이러한 반목은 백악관 살림이나 보수 비용 때문에 일어난 일이라고들 했지만 근본적으로는 대통령의 총애를 두고 서로 반목 질시했던 것이 사실이었다.

VII

링컨은 1863년 초 수개월간 국민들이 자신을 불신하는 것도 알고 있었고, 그 원인이 무엇인지도 이해하고 있었다. 당시 뉴잉글랜드 지방의 노예해방주의자 일단이 백악관을 찾아와, 북부 사람들은 현지 사령관들이 노예해방 선언문을 제대로 수행하지 않는 것 같아서 불만이라고 불평했을 때, 링컨은 그들에게 "제 생각에는 국민들이 불만스러운 것은 아군이 전쟁에서 지지부진한 것 때문입니다. 군대가 전투할 때마다 지고 실패하면 모든 일이 잘못된 것처럼 보일 수 있습니다"라고 대답했다.

이때 연방군 사령관들이나 제독들은 연맹군을 부수기 위한 총공격을 준비하고 있었고, 링컨은 그들을 지원하기 위해 자기가 할 수 있는 일들은 모두 챙겨 주고 있었다. 그는 전군 총수로서 현지 사령관들이 필요한 물적 인적 자원을 확실하게 지원해 주려고 노력했다. 그러나 인적 자원이 큰 문제였다. 전쟁을 2년 가까이 치르면서 인적 손실이 막대했고, 많은 군사들의 자원 입대기간이 거의 만기가 되어서 고향으로 돌아가려는 군사가 태반이었다. 이런 상황에 도망병들도 몇 천 명이라 링컨은 자진해서

원대 복귀하는 군인들을 사면한다는 사면령을 내렸으나 전장으로 돌아오는 군사들은 별로 없었다. 자원 입대하는 사람은 거의 없었고, 새로 국회를 통과한 징집법으로 군사를 모으려 해도 실효를 보기까지는 몇 달을 기다려야 했다.

이렇게 사정이 급박해지자 링컨은 자신이 절대로 그러지 않겠다고 했던 마지막 수단을 동원하기로 결단했다. 흑인들을 전투병으로 군대에 편입시키는 것이었다. 노예해방주의자들이나 흑인 지도자들은 전쟁 초부터 흑인들을 군사로 써야 한다고 주장했었다. 프레드릭 더글러스는, "노예들과 자유인 신분의 흑인들을 군대에 편입시켜서 남부 노예들을 해방시키는 해방군으로 만들어 남부로 진격하자"고 주장했다. 그러나 강력한 북부 보수 세력은 절대 반대였다. 그들은 흑인들은 절대로 싸움을 못할 것이며 흑인들에게 총칼을 쥐어주면 총칼이 모두 반란군에게 넘어갈 것이라고 반대했다. 그리고 어떤 사람들은 흑인들에게 총칼을 쥐어주면 이전에 자기들을 괴롭힌 노예주들만 찾아 살육해서 산토도밍고에서 일어났던 참사가 남부 곳곳에서 일어날 것이라고 예측했다.

1862년 징집령에는 흑인들의 정규군 입대를 인정했으나 링컨은 이런 혁명적 정책은 수행할 수 없다는 이유로 흑인들의 무장을 꺼려 했다. 남부 지역 점령군 사령관 데이비드 헌터 장군이 사우스캐롤라이나 주에서 흑인으로 구성된 연대를 무장시키려 했을 때, 링컨은 사령관의 조치를 취소시키면서 "흑인들을 잡부로 쓸 수는 있으나 병정으로 만들 수는 없다"라고 말했다.

링컨은 예비 노예해방 선언문을 공표한 후에도 흑인들을 군사로 쓸 수는 없다고 생각했다. 이 선언문에서 링컨은 반란 주들에게 100일 이내에 연방으로 돌아오지 않으면 남부 반란 주들의 모든 노예들은 자유의 신분이 된다고 공표했다. 하지만 이때 자유 신분이 되는 노예들을 연방군에 편입시키겠다고 했으면, 이런 조치는 사람들에게 합리적으로 보이지도 않았을 것이고 공감을 얻어내지도 못했을 것이었다. 링컨은 이때 해방된 노예들을 외국 땅으로 소개 식민시킬 작정이었지 군대에 편입시킬 생각은 없었다. 그러나 시간이 흐르면서 흑인들의 군대 편입을 막을 수 없게 되었다. 사실은 노예해방 선언문이 공포되기 전부터 스탠턴은 링컨의 허락은 없었으나 그렇다고 링컨이 적극적으로 반대를 한 것도 아니어서 루퍼스 색스턴 장군을 시켜 사우스캐롤라이나 주에서 흑인들을 군대에 편입시키도록 했다. 루이지애나 주에서는 벤저민 F. 버틀러 장군이 자유 신분의 흑인들을 군대로 편입시키기 시작했고, 캔자스 주에서는 제임스 H. 레인 장군의 제이호크 군에서 피부색에 관계없이 군대에 지원하는 사람 모두를 받아들이기로 했다.

내각 위기 때 중립을 지켜서 링컨을 도와준 섬녀는 계속 링컨에게 흑인들의 군대 편입을 주장했다. 링컨은 여러 사람들에게 밀리고 섬녀의 충고로 차츰 흑인의 군대 편입에 관한 자기의 입장을 바꾸기 시작했다. 부통령 햄블린도 자기 아들까지 포함한 일단의 청년장교들을 백악관으로 데려왔는데, 이 청년장교들은 한결같이 흑인군대를 이끌겠다고 자청하는 것이었다. 많은 사람들의 인종편견에도 불구하고 자신들의 장래를 흑인들에게 걸겠다는 이 청년장교들에게 감복한 링컨은, "이제 때가 온 것 같습니다"라고 말하면서 "이제까지는 노예해방 선언이 연방군 징병에 불리한 이유가 되었으니까 이제부터는 흑인들을 군대에 편입시켜서 이득을 볼 수도 있겠습니다"고 말했다.

링컨은 최후의 노예해방 선언문에서 이전에 노예로 있던 흑인들을 군대에 편입시킬 수 있다고 공표했으나 편입된 흑인들은 연방 요새나 진지를 방위하거나 각종 군함에서 노역(勞役)병으로만 쓸 수 있다고 단서를 달았다. 이 선언문에서는 흑인들의 외국 소개 식민에 대한 정책이 삭제되어 링컨은 사실상 흑인들을 장래 미합중국 시민으로 인정한 것이었다.

생각을 바꾸자 이제는 적극적으로 현지 사령관들에게 흑인들을 군대에 모으라고 지시했다. 그는 버지니아 주에서 요크타운과 먼로 요새를 지키는 존 A. 딕스 장군에게 흑인들로 요새의 경비를 담당하게 하고 백인군사들을 전투 병력으로 돌리라고 지시했다.

봄이 되면서 대통령은 흑인 병력을 대대적으로 군대에 편입시키라고 사령관들에게 지시했다. 링컨은 버틀러 장군과 프레먼트 장군에게 흑인 병력을 모으러 남부로 가 달라고 부탁했다. 이들이 남행을 거절하자 링컨은 테네시 점령군 지사로 있던 앤드류 존슨에게 직접, "흑인들이야말로 연방을 복원하는 데 제일 큰 공헌을 할 수 있으면서도 이제까지는 이용을 못한 자원"이라면서 존슨 지사에게 적극적으로 흑인들을 모병하라고 부탁했다. 링컨은 존슨에게, "흑인들을 5만 명 무장 훈련시켜서 미시시피 강안에 도열시키면 그 장관(壯觀)만 보아도 이 반란은 금방 끝날 것"이라고 장담했다.

링컨은 시간이 흐르면서 보다 더 적극적인 흑인 모병 정책을 펴나갔다. 그는 봄이 되면서 전군이 출동할 시기가 오자, 뉴욕 주의 대니엘 울맨 장군에게 루이지애나 주에서 해방된 흑인들로 자원병 사단을 구성하라고 지시했다. 그는 한 걸음 더 나아가서 스탠턴과 상의한 뒤 로렌조 토마스 장군에게 미시시피 계곡으로 가서 흑인 모병을 주도하라고 지시했다. 토마스 장군은 1863년 말까지 흑인군사들을 20개 연대로 만드는데 성공했다.

링컨은 이렇게 연방군의 인적 자원을 확보하면서 최고의 신식 장비를 보내려고 부단히 노력했다. 그러나 링컨의 노력은 책임지기 싫어하고 꾸물거리는 육군 관리 조직 때문에 항상 말썽이 많았다. 1794년에 태어난 군수 총책인 제임스 W. 리플리는 전통주의자로서 모든 새로운 착상에 우선 반대부터 해놓고 자문위원회를 소집했는데, 새로운 착상을 시도해 보기도 전에 죽어버리고 말았다. 리플리는 새로 나온 후장식 소총도 반대했고, 연발총이나 '커피-밀 총(coffee-mill gun, 후일 기관총으로 발전함―옮긴이)' 같은 모든 새로운 무기를 반대했다. 해군은 육군보다 좀 나은 편이어서 해군장관 웰스는 딴 사람들의 반대를 무릅쓰고 철갑선 모니터 함정의 건조를 도왔으나, 해군에서도 관리 조직의 타성은 마찬가지였다.

링컨은 관리들과는 반대로 전쟁을 단축할 수 있는 무기나 새로운 착상이라면 무엇이나 관심이 많았고 지원하려고 노력해서, 어떤 때는 실현성 없는 일에 시간을 허비한 적도 있었다. 그는 프랜시스 L. 케이펜이란 사람이 정확한 일기예보로 많은 인명과 군비를 절약할 수 있다고 장담하는 것을 듣고 케이펜과 많은 시간을 같이 보냈다. 그는 케이펜과 여러 날을 보낸 뒤 4월 28일, '케이펜이란 사람은 일기를 잘 모르는 사람인 것 같다. 그는 사흘 전에 나에게 4월 30일이나 5월 1일까지는 절대로 비가 오지 않을 것으로 예측했었는데, 비가 지금 10시간 이상 계속 내리고 있으니 이 사람을 믿을 수 없다'라고 기록해 놓았다.

어쨌든 간에 링컨은 새로운 기계나 기구에 관심이 많아서 백악관에는 신종 무기 창작품이 널려 있었다. 예를 들면, 너무 무거워서 병사들이 입을 수도 없는 철갑 방패막이라든지, 대통령 전용 문진(文鎭)으로 쓰이고 있는 수류탄, 국토 양도문서를 눌러 놓은, 놋으로 만든 대포모형 등등이었다. 자기 자신도 발명하기를 좋아했던 링컨은 이런 새로운 착상들을 좋아했고, 그런 사람들에게 기회를 주려고 노력했다. 링컨은 이런 발명품들을 백악관 뒤뜰에서 실험했고, 자주 워싱턴에 있는 해군기지창을 찾아가 그곳에 있는 열성분자 달그렌과 같이 실험하기도 했다. 해군장관 웰스는 달그렌을 대통령의 비위를 맞추는 아첨꾼으로 못마땅하게 생각했는데, 링컨은 52세의 필라델피아 출신 달그렌을 박식하고 판단력이 있는 훌륭한 사람으로 보았다. 이즈음 링컨은 해군기지창을 일주일이 멀다하고 찾았는데, 백악관을 찾아오는 구직자들과 딴 방문객들을 피하기 위해서도 기지창을 자주 찾았고, 거기에서 새로운 무기나 폭약을 실험하는데 참관하곤 했다.

그는 이때 라파엘이란 프랑스 발명가가 만든 연발총에 관심이 많아서 이 신종 무기를 달그렌에게 맡겨 실험을 부탁했었다. 달그렌은 실험 결과가 좋다며 대통령을 기지창으로 초청했는데, 이때 링컨은 수어드, 스탠턴, 「뉴욕 트리뷴」 기자를 대동하고 기지창으로 가서 2시간 이상 라파엘의 연발총으로 표적을 사격하는 것을 참관하기도 했다. 사격 실험이 끝나자 이 연발총 후신에서 가스가 잘 안 빠진다는 의견이 나왔는데, 링컨은 짓궂은 미소를 지으면서 「뉴욕 트리뷴」 기자에게 "신문에서 새어나가는 가스를 막는 무슨 새로운 기계를 발명했다는 사람은 없습디까?"라면서 농담을 했다.

이렇게 신종 무기를 좇아서 자주 해군기지창을 찾은 링컨은 신종무기보다 나들이를 함으로써 자신의 건강에 도움을 받았다. 이때 그가 참관한 무기들이 실제로 군사들에게 쓰이고 전쟁에 도움이 된 사례는 거의 없었고, 기디언 웰스는 대통령의 열성은 알아줄 만하지만 대통령이 이런 신무기 사기꾼들에게 속지나 않았으면 좋겠다고 투덜댔다.

VIII

3월에 국회가 휴회로 들어가자 링컨은 예상치 않게 시간이 남아돌았다. 자기를 들들 볶아대던 상원의원들도 없었고, 불러서 달래야 할 하원의원들도 없었고, 자기의 서명이 필요한 법안도 없었다. 유럽 열강들이 간섭할 걱정도 없어졌고, 서부에서 카퍼헤드들이 소동을 부릴 염려도 없어진 상태였다. 그는 4월 어느 날 해군기지창에서 달그렌과 하루 종일 지낸 뒤 기지창을 떠나면서 "이제 집으로 가봐야 하겠소. 이곳에 더 볼일도 없고 옛날 변호사 한 명이 말했듯이 딴 데도 별 볼일이 없는 것 같소이다만"이라고 농담을 했다.

이렇게 링컨이 망중한을 즐길 수 있게 된 이유는 봄이 오면서 연방군 전군이 연맹군을 총공격하게 될 그 폭풍 직전의 고요라고 볼 수 있었다. 남쪽 바다에서는 철갑선을 위시해서 모든 군함들이 연맹국의 심장이라고 할 수 있던 찰스턴 항을 공격하려 집결하고 있었고, 그랜트와 셔먼 장군은 연맹의 동부와 미시시피를 연결해 주는 마지막 전략적 요지 빅스버그를 공격할 준비를 끝내고 있었다. 뉴올리언스에서는 뱅크스 장군이 북상해서 그랜트와 합세하기로 되어 있었고, 테네시 동부에서는 로즈크랜스가 채터누가로 진격해서 미시시피 계곡의 반란 주와 바다를 연결하는 철도를 단절시킬 계획이었다. 그렇게만 되면 링컨이 그렇게 바라던 산악지방의 친연방 세력을 연맹으로부터 해방시킬 수 있게 될 것이다. 동부에서는 후커의 포토맥 대군이 리의 북 버지니아 군을 공격할 준비를 끝내고 있었다.

  링컨은 이렇게 반군을 섬멸할 전국적 대전략을 준비하면서, 전군의 움직임을 세세히 점검하고 있었다. 그는 사우스캐롤라이나 주 해안의 해군 작전에 관해서 웰스 장관과 자주 상의했고, 전군의 준비 동태와 움직임을 살피기 위해서 거의 매일 국방성을 들렀다. 그는 특히 포토맥 군의 상황을 제일 세세히 감찰했는데 포토맥 군이 바로 옆에 있어서 그랬겠지만, 아직도 후커를 완전히 믿지 못해서이기도 했다. 그런 이유로 걱정이 많았다. 후커는 사령관에 임명되기 전에는 말썽도 많고 허황한 말도 많이 했지만, 사령관이 된 후 몇 달이 지나면서 그는 군 조직에 뛰어난 사령관으로 인정을 받았고, 거대한 포토맥 군은 그 어느 때보다도 사기가 높고 정비가 잘 된 군대로 정렬되었다.

  링컨은 4월 초 메리의 제안에 따라 매일 시달리던 백악관 집무를 떠나 북 버지니아로 후커의 포토맥 군을 시찰하기로 결정했다. 후커는 링컨에게, "각하를 수행하는 사람들이 우리들 환영 부대보다 훨씬 작은 것이 유감입니다"라고 허풍을 떨었다.

링컨은 메리와 태드, 법무장관 베이츠, 스프링필드 시절의 의사 친구인 앤슨 G. 헨리,「새크라멘토 유니언」워싱턴 주재기자 노아 브룩스 등 몇몇만 데리고 비무장선 캐리 마틴 호를 타고 포토맥 강을 내려갔다. 일행은 길을 떠난 뒤 큰 폭설로 여행이 지연되다가 기차 편으로 후커 사령부에 도착했다. 4월 6일 링컨은 후커가 최근 단일 군단으로 통합한 포토맥 군의 전 기병대를 사열했다. 군사들은 링컨이 잘생기지는 못했다고 평했으나 어떤 한 장교가 일지에 적은 것처럼, '링컨의 한결같은 성실성과 그의 훌륭한 전쟁 수행 능력'을 높이 사서 대통령을 열광적으로 환영했다. 링컨 부인은 상냥해 보이지만 별로 똑똑한 여자로 보이지는 않았다는 신통치 않은 평을 받았으나, 막내 아들 태드는 회색 망토를 휘날리면서 승마장화를 신고 악착같이 망아지를 몰아붙여 모든 군사들의 인기를 독점했다.

이후 3일간 대통령은 육군 야전병원에도 들러보고 후커 지휘에 속해 있는 6만 이상의 대군을 사열했다. 링컨은 이때 몸집이 큰 적갈색 말을 타고 군대를 사열했는데, 링컨을 본 군사들은 자기들을 찾아온 대통령을 큰 소리로 환영했다. 메리 링컨은 네 마리의 멋진 갈색 말이 이끄는 마차에 법무장관 베이츠와 동승해서 군대 사열을 참관했다. 군대 사열이란 심신이 고된 일이었으나 보기에 사뭇 웅장했고, 링컨은 군대가 훌륭하게 잘 준비된 것을 보고 기분이 좋았다. "군사들의 복장은 모두 깨끗했고 무기도 새 것같이 반짝거렸으며, 모든 장비가 최고로 정비되어 있었다." 포토맥 군 사령부를 떠나면서 링컨은 자기가 앞으로 닥칠 전투에 대비해 군사들에게 해줄 수 있는 일은 다 했다고 만족했고, 아키아 강에 정박한 모든 전함들과 육지에 있는 기관차들이 고동과 기적을 울리면서 군기를 휘날릴 때, 대통령 일행은 이만하면 됐다는 자신감을 느낄 수 있었다.

평생 모든 것을 조심스럽게 대처했던 대통령은 군대를 사열하고도 다가올 전투에서 연방군의 승전이 확실하다고 생각하지는 않았다. 군대가 출동하면서 사람들이 연방군의 전망을 어떻게 보느냐고 묻자 링컨은, "일이 잘 되리라고 믿지만 최악의 경우도 미리 대비하고 있다"고 대답했다. 링컨이 후커 사령부를 시찰하고 있을 때 군사들의 높은 사기에 고무는 됐지만 연맹 신문이나 전방에서 전해오는 찰스턴 항 공격 현황은 별로 좋은 소식이 아니었다.

링컨은 후커 사령부에서 보고들은 것도 마음에 들지 않았다. 후커는 대통령에게 자기의 작전을 설명하면서 계속, "아군이 리치먼드로 진격할 때"라던가, "아군이 리치먼드를 취했을 때"라고 말했다. 링컨은 노아 브룩스를 한쪽으로 끌고 가더니, "후커가 저러는 것이 난 정말 걱정이오. 저렇게 자신만만하다니"라고 속삭였다. 후커와 그의 참모들은 계속 리의 좌측을 돌아갈 거냐 아니면 우측을 돌아갈 거냐 의논이 분분했다. 링컨은 장군들에게 돌릴 메모를 적었다. '아군의 진짜 목표는 바로 우리 앞에 있는 반란군이지, 리치먼드가 아니오. 리치먼드를 공략하는 것은 반란군을 치면서 부수적인 것이지, 우리의 진짜 목표는 적군을 정면으로 공격하는 것이오.' 링컨은 이제 현지 사령관보다 전략에 대해 실제적이었고 옳은 판단을 내릴 수 있었다. 그뿐만이 아니라 전투가 곧 시작되려 했을 때, 링컨은 후커가 전 사령관들처럼 전군을 투입하지 않고 군사를 나누어 작은 병력으로 공격할까 봐 걱정했다. 그러나 전투의 진행까지 일일이 지시할 수는 없다고 생각한 링컨은 전선을 떠나기 바로 전 후커 사령관과 대리어스 N. 카우치 장군에게, "두 분에게 내 의견을 말하자면, 전투가 시작되면 전군을 한꺼번에 투입해서 적을 치는 것이 상책이라고 생각하오"라고 언급했다.

링컨의 걱정은 이후 몇 주간 사실로 나타나기 시작했다. 4월 7일 링컨이 후커 사령부를 아직 떠나지 않았을 때, 철갑선 7척으로 구성된 새뮤엘 F. 듀퐁 제독의 함대가 찰스턴 항으로 들어가 섬터 요새를 공격했는데, 하루 종일 싸운 결과 함대가 크게 결딴나서 듀퐁 제독은 후퇴하고 말았다는 소식이 왔다. 기디언 웰스가 옆에서 관찰한 바에 의하면, 링컨은 이상하리만큼 이런 큰 전투 직전에는 설명할 수 없는 직감을 갖고 있었다. 링컨은 남북전쟁에서 제일 규모가 컸던 이 함대 작전을 불안한 눈으로 보고 있었다. 매클렐런이 뭍에서 기었다면 듀퐁은 물에서 긴 꼴이 되었고, 링컨은 이것을 한심한 대로 그냥 두고 바라볼 수밖에 별 도리가 없었다. 이때 어떤 사람이 링컨에게 듀퐁이 연맹군의 반격을 호되게 받아 물러섰다고 전하자, 링컨은 단호한 어조로 듀퐁이 반격을 당해 물러선 것이 아니라 다만 진격을 멈추어서 당한 것이라고 대답했다. 그는 듀퐁에게 찰스턴 항을 떠나지 말고 그곳에 정박해서 연맹군이 찰스턴 항의 방책이나 포대를 복구하지 못하게끔 감시하라고 명령했다.

미시시피 강 쪽에서 일어나는 일들도 모두 신통치가 않았다. 그랜트는 빅스버그를 비켜 가려고 미시시피 강의 루이지애나 쪽 강변에 봄 내내 운하를 팠는데, 둑이 무너지면서 모든 것이 수포로 돌아갔다. 또한 연방군 군함들은 빅스버그 포대의 포격을 무릅쓰고, 그 앞으로 강을 거슬러 올라갔는데 빅스버그를 지나기는 했으나 손실이 많았다. 그랜트는 아무에게도 알리지 않고 군사를 이끌고 강 서편으로 내려가 미시시피를 건너 사라져 버렸다. 워싱턴에서는 그랜트가 어디로 갔는지 무슨 계획인지 아는 사람이 없었다. 뱅크스는 꿈쩍도 않고 있다가 그랜트가 사라진 후에야 뒤늦게 미시시피 강을 끼고 북쪽으로 올라와 루이지애나의 허드슨 요새를 공격하다가 성과도 없이 군사들만 상했다.

이와 반대로 로즈크랜스는 테네시에서 꼼짝도 않고 눌러앉아 있었다. 로즈크랜스는 전쟁이란 전투를 한 곳에서만 해야 한다는 이상한 철학이 있는 것 같았다. 그랜트가 빅스버그를 공략할 때, 로즈크랜스는 테네시 동부에서 꼼짝 않고 움직이지 않았다. 링컨이 아무리 심하게 말해도 소용이 없었다. 로즈크랜스는 연맹군의 브래그 군사를 공략하지도 않았고, 그렇다고 그랜트 군사를 지원하지도 않으면서 계속 워싱턴 정부가 자기를 무시한다는 둥 자기를 모함한다는 둥 불평이었다. 링컨은 참다못해서,

"내가 확실히 말하지만 귀관에 대한 불평은 한 번도 들은 적이 없었소"라고 비아냥댔지만, 로즈크랜스는 마이동풍 꼼짝도 하지 않았다.

그러나 링컨이 제일 주시했던 군사는 포토맥 군단이었다. 후커는 4월 28일, 7만 명 군사를 동원해서 래퍼해녹 강을 건너서 리 군의 측면을 공격하는 작전을 시작했다. 대통령은 진군이 시작되기 전 작전계획을 자세히 보고하라고 지시하고, 전투가 시작되면 상황 보고를 자주 보내라고 지시했다. 대통령은 전선에서 보내온 소식에 만족하지 않고 후커의 참모장 대니엘 버터필드 장군에게 계속 전신을 보냈다. "후커 사령관은 어디에 있나? 세지위크 장군은 어디에 있나? 스톤 장군은 어디에 있나?" 그는 연방군 전군이 한꺼번에 전투에 투입되는 것을 바랐다.

후커는 시작은 잘 하는 것 같더니 링컨이 걱정했던 대로 공격을 멈추고 챈슬러스빌에서 우물쭈물하면서 주저했다. 리는 이 틈을 타서 수적으로 열세인 반군을 나누어 석벽장군 스톤월 잭슨을 후커 군의 우측으로 돌아가 공격하도록 했다. 연맹군은 또 완승하고 후커는 래퍼해녹 강 북쪽으로 후퇴했다.

챈슬러스빌 전투 소식은 첫날만 괜찮고, 전투가 진행되면서 점점 더 한심한 소식이 들어왔다. 링컨은 매일 국방성에서 챈슬러스빌의 전신을 직접 챙겼다. 그는 후커가 반격을 당할 것은 짐작했으나 참패를 하리라곤 생각하지 않았다. 그러나 5월 6일 정오쯤 링컨은 전방에서 보내온 전보를 들고 백악관으로 돌아와 그곳에 있던 의사 헨리와 노아 브룩스에게 전보를 보여줬다. 링컨의 안색은 창백했고 목소리가 떨렸다. "이 전보를 읽어보시오, 전방에서 온 전보요." 브룩스는 링컨이 이때처럼 낙심한 것을 본 적이 없었다고 말했다. 링컨은 완전히 지친 얼굴로 유령 같아 보였다. 두 사람이 전보를 읽는 동안 링컨은 집무실 안을 왔다갔다하더니, "오, 하느님, 나의 하느님! 국민들이 무어라 할건가! 국민들이 무어라 할건가!"라고 비명을 질렀다.

16

자유의 새로운 탄생

슬러스빌 전투에서 참패한 뒤 2주간은 링컨의 대통령 임기 중 가장 암울한 나날이었다. 모든 일이 잘못되고 있었다―연방 해군은 찰스턴에서 패하고 빅스버그 전선에서도 진전이 없고 테네시 동부에서는 연방군이 꼼짝도 안 하고 북 버지니아 주에서는 연방군이 참패를 당했다. 모든 전선에서 계속 연방군이 지거나 물러나자 여론은 다시 전쟁을 중단하고 남부와 평화 협상을 하자는 쪽으로 들끓었다. 여론은 정부가 밸런디감을 체포한 것도 잘못이고, 시민들의 기본권을 침해하고 있으며, 무능하기 짝이 없다고 씹어댔다. 뉴욕 시에서 모인 평화궐기대회에서는 한 민주당 소속 정치인이 대통령을 도자기 상점 안에서 날뛰는 당나귀에 비유하면서, 빨리 제거하지 않으면 도자기들을 다 깰 것이라고 연설했다. 그와 반대로 미주리 주 급진파 공화당원은 링컨이 우유부단하고 신념이 없어서 프레먼트나 버틀러 같은 노예해방주의자 장군들을 사령관으로 쓰지 않는다고 야단이었다. 더욱 한심한 것은 연방군 제2 기병대장 찰스 J. 파이팅이란 자가, "이 빌어먹을 깜둥이 전쟁"이라면서 대통령이 깜둥이들을 해방시킨 것이나 헤비어스코퍼스를 유보시킨 것은 그의 권한 밖의 일이며, 공화당이 전쟁을 끝낼 수 있어도 끝을 안 내는 이유는……모두들 전쟁을 질질 끌어서 한밑천 마련할 목적 때문이라고 공공연히 떠들어대는 것이었다.

링컨은 암울한 기분으로 자기를 비판하는 사람들에게, "국민들이 자기를 대통령으로 뽑아놓은 것은 불행한 일이지만 국민들이 대통령으로 일단 뽑아놓은 이상 죽는 한이 있더라도 최선을 다해 맡은 임무를 수행할 것"이라고 대답했다. 그러나 링컨은 지난 반년간 모든 일이 계속 악순환의 연속이었다고 인정하고 군사(軍事)든지 여론을 더 확실하게 이끌어나갈 것을 결심했다. 그는 단호한 결심으로 지난 6개월 동안 잃었던 모든 것을 다시 복구하기 시작했다.

I

챈슬러스빌 참패 후 제일 시급했던 문제는 포토맥 군의 처리였다. 링컨은 공식적으로는 챈슬러스빌의 패전을 대수롭지 않은 일로 생각하는 척했으나, 사적으로는 챈슬러스빌의 패전을 "딴 어떤 전투보다도 연방군에 심각한 영향을 미칠 것"으로 내다보았다.

링컨은 곧 참패의 책임이 누구에게 있는가 알아보기 위해 5월 6일 핼렉 장군을 대동하고 포토맥 군사령부가 있는 버지니아 주 팰머스로 내려갔다. 그는 포토맥 군이 패퇴는 했지만 사기가 전과 다름없는 것을 보고 적이 안심이 되었다. 그러나 사령관 후커는 참패에 대한 책임감도 느끼질 못하는 것 같았고, 교훈을 얻은 것 같지도 않았다.

링컨은 후커의 솔직하고 용감한 성격을 좋아했기 때문에 후커를 어떻게 조치해야 할지 망설여졌다. 링컨은 후커가 이번 작전을 출동 전에 철저히 잘 준비했다는 것도 알게 되었고, 전투가 초반에는 잘 진행되다가 사령부로 쓰던 챈슬러 가옥이 반군의 대포에 맞아 천장 보가 떨어지면서 후커의 머리를 쳐서 사령관이 갑자기 정신을 못 차리는 사태가 벌어졌던 것도 알게 되었다. 천장 보가 후커의 머리가 아닌 몸 밑 부분을 쳤더라면 연방군은 승리했을 것이 분명했다. 링컨은 팰머스를 떠나면서 신문기자들에게 자신은 후커 사령관과 포토맥 군에 대한 신뢰에는 조금도 변함이 없다고 선언했다. 신문기자 한 명이 링컨에게 후커를 갈아치울 거냐고 묻자 링컨은 매클렐런도 여러 번 봐주었는데, 후커를 두 번 보아주지 않을 이유는 없다고 농담조로 일축해 버렸다.

링컨은 그러나 이번에는 후커의 작전에 직접 관여하기로 마음을 정했다. 그는 후커에게 이제 어떻게 할 것인가 물으면서 군사들 사기를 진작시킬 묘안이 있느냐고 물었다. 후커는 지난 번 전투는 연방군은 3분의 1 병력으로 싸웠다면서, 이번에는 자기가 직접 지휘해서 전군을 쏟아 부어 공격하겠다고 대답했다. 링컨은 그것이 바로 자기가 말했던 작전이 아니냐고 말하고 싶었으나 꾹 참고 말을 아꼈다.

후커는 이미 작전을 세웠으나 이번에도 가망이 없는 작전이었다. 그는 리 군이 래퍼해녹 강을 건너 북상한다는 정보를 받고 리 군의 후진을 프레드릭스버그에서 공격할 생각이었다. 링컨은 후커의 작전을 듣자마자 강을 끼고 공격하는 것은, 소가 담을 넘는 것이나 마찬가지로 담을 넘기 전에 개 떼들이 덤벼들면 큰 낭패를 볼 것이라고 경고했다. 그러나 후커는 링컨의 경고를 알아듣지 못했는지, 일주일 후에 리가 북쪽으로 진군할 때 자신은 남쪽으로 가서 리치먼드를 공격하겠다고 말했다. 링컨은 답답해서 후커에게 전쟁의 진짜 목표를 다시 상기시켰다. "귀관의 진짜 목표는 리가 거느린 군사지, 리치먼드가 아니오."

후커도 머리가 둔했지만 후커가 실패한 것은 대통령에게도 책임이 있었다. 전쟁이 오래 계속되면서 링컨은 장군들보다 전략이나 작전을 더 잘 이해하게 되었으나, 그는 직업군인이 아니었고 전략을 적절한 작전 명령으로 실천할 만큼 실무에 능하지는 못했다. 그리고 직업군인 장군들은 민간인이 전사(戰事)에 일일이 참견하는 것을 지독히 싫어했다. 이런 이유로 링컨은 장군들에게 전략에 관한 의견을 말할 때 전군총수가 내리는 명령이라고 하지 않고, 자기의 개인 의견이라고 말할 때가 많았고, 자신이 직접 명령을 내리지 않고 총사령관으로 앉혀 놓은 핼렉을 통해서 전할 때가 많았다.

이렇게 한 다리 걸러서 나가는 명령은 명령이 무엇인지 분명하지도 않았고 중간에서 우물쭈물하는 핼렉 때문에 제대로 전달되지도 않았다. 핼렉은 지휘력이 출중하지도 않았고, 책임을 지기 싫어하는 무능한 장군이었다. 핼렉은 매클렐런과 마찬가지로 대통령의 의견이 마음에 들지 않으면 실천을 안 하고 복지부동 하는 거북이 장군이었다. 그는 링컨이 의견을 낼 때마다 왜 링컨의 뜻을 실천할 수 없는가 항상 반대 의견이나 핑계를 댔고, 링컨은 이럴 때면 군사 일은 총사령관이 전문이니까 총사령관이 알아서 처리해야 한다고 자기의 주장을 접곤 했다. 기디언 웰스는 이렇게 돌아가는 악순환을 정확하게 표현했다. "모든 사태가 얼마나 심각한지 또한 얼마나 중요한지 대통령보다 더 잘 아는 사람은 없다. 대통령은 할 수 있는 모든 일을 실천에 옮기려 하나 군사들은 움직이지 않고, 대통령은 무능하고 답답하고 지도력이 없는 총사령관(핼렉)의 동의를 구해서 일을 하려 한다."

링컨이 더욱 힘들었던 것은 총사령관 핼렉 장군이 후커 사령관을 몹시 싫어하는 것이었다. 후커는 옛날 캘리포니아 주에 있을 때 핼렉에게 돈을 꾸고 갚지 않은 적이 있었다. 핼렉은 링컨이 후커를 포토맥 군사령관으로 임명하는 것을 애초부터 반대한 사람이었다. 그와 반대로 후커는 핼렉 총사령관을 철저히 경멸해서 되도록 핼렉과 상관 안 하고 지내려 했다. 그래서 후커는 포토맥 사령관이 된 후 총사령관을 무시하고 대통령과 직접 연락을 취했는데, 리가 북상을 하자 이제는 핼렉 총사령관이 자기를 믿지 않는다고 또 불평이었다.

반군이 메릴랜드 서쪽으로 몰려오자 수도 워싱턴은 온통 불안에 휩싸였다. 사람들은 포토맥에 정박한 증기선이 여차하면 대통령과 장관들을 싣고 수도에서 도망갈 거라고 수군댔다. 그러나 대통령은 원기 왕성해서 매일 국방성 전신실에서 상황을 점검하며, 그곳에서 일하는 군인들과 농담을 하곤 했다. 링컨은 이때 올피우스 C. 커라는 작가가 쓴 우스개 책을 읽으며 즐거워했는데, 병참사령관 몽고메리 C. 메이그스 장군에게도 커의 책을 읽지 않은 사람은 이교도라면서 읽기를 권했다. 커는 독특한 해학으로 거의 모든 사람들을 조롱의 대상으로 삼았는데, 대통령은 딴 사람들을 조롱한 것은 재미있다고 웃다가 조롱의 대상이 자기가 되면 이것은 잘못 됐다고 싫어했다. 그는 소리내어 웃으면서 해군장관 웰스에게 "웰스 장관님, 이것 좀 보시오. 장관님을 이렇게 한심하게 만들어놓았는데, 저에게는 우습지만 장관님은 재미없겠지요. 사실 저도 제 이야기를 써놓은 것은 우습지가 않습니다"라고 말했다.

링컨이 이때 기분이 좋았던 것은 리의 군사가 북상을 하면 그들을 자루 안에 잡아넣을 수 있다고 생각했기 때문이다. 링컨은 연맹군이 연방 땅으로 들어온 이상, 포토맥 군은 지휘자만 제대로 된 사람이 있으면 연맹군을 때려잡을 수 있다고 생각했으나 후커가 바로 그런 지휘자인지는 믿을 수 없어 걱정이라고 말했다.

링컨은 후커를 생각하면 조마조마했고 딴 사람들이나 마찬가지로 그가 술을 너무 마신다는 소문도 듣고 있었다. 챈슬러스빌 전투 이후 장군들이 후커에게 불만이 많다는 소식도 들어왔다. 대리어스 N. 카우치 장군과 헨리 W. 슬로컴 장군은 대통령에게 후커를 갈아치우라고 청원했고, 백악관을 찾아와 대통령과 장시간 면담을 한 존 F. 레이놀즈 장군은 자신이 포토맥 사령관을 원하는 것은 절대로 아니라면서, 후커는 가망이 없으니까 자기와 같은 펜실베이니아 주 출신인 조지 고돈 미드 장군으로 경질하면 좋겠다고 조언했다. 링컨은, 총이 한 번 불발했다고 갈아치우는 것은 좋지 않다며 후커를 유임시켰으나 후커에게 귀관의 사단장들이 귀관에게 불만이 있으니 근신하라고 충고했다.

대통령이 후커와 담판을 하게 된 것은 후커가 링컨의 지시를 따르지 않았기 때문이었다. 링컨은 군사 명령식이 아니라 부드럽게 타이르는 방법으로 후커에게 지시를 하곤 했는데, 후커는 그것을 군사명령으로 받아들이지 않고 자기 마음에 들지 않으면 무시하곤 했다. 후커는 총사령관 핼렉의 명령도 우습게 알았는데, 이 명령들이 핼렉의 명령이 아니고 대통령의 명령이란 것을 미처 생각하지 못한 소치였다. 링컨은 참다못해 준엄한 명령서를 후커에게 보냈다. '귀관이 잘못 알고 있는 것을 고치기 위해서 확실히 말해 두는데 귀관은 일개 군의 사령관이고, 핼렉 장군은 전군의 총사령관이란 것을 다시 밝혀둔다. 이제까지 이런 명령체계를 이해하지 못했다면, 다시 설명하면, 이제부터는 대통령인 본인이 총사령관으로 하여금 귀관에게 명령을 내리게 하는 것이니 귀관은 총사령관의 명령에 복종해야 한다.'

II

 링컨은 이때 포토맥 군의 명령 질서를 재정비하면서 여론의 방향도 바꾸어 보려고 노력했다. 그는 대통령으로 취임한 뒤 이제까지는 대통령은 일단 당선된 후에는 국민과 직접 관계를 안 한다는 전통을 따라 국민과의 직접 대화를 피해왔다. 대통령의 임무는 행정부를 이끌고 정부의 정책을 국회에 보고하는 것이었다. 대통령은 휴가 아니면 백악관을 떠나는 적도 없고 원칙상 국민들의 여론이나 정치적 압력에 초연해야 한다는 것이었다.
 자기 혼자 힘으로 성장한 사람들이 거의 다 그렇듯이 링컨도 통상적인 관습을 매우 존중해서 이런 전통에서 벗어나는 것을 꺼려했다. 그는 자기가 직접 국회로 가서 연설을 하는 것은 생각조차 해본 적이 없었다. 제퍼슨 대통령 임기 이후 국회에서 직접 연설한 대통령은 한 사람도 없었기 때문이었다. 링컨은 가끔 워싱턴에서 열린 연방 궐기대회에 나가 몇 마디 하곤 했지만, 그는 즉흥적 연설을 잘 못해서 백악관 밖에서 공식석상에 나서는 것을 별로 좋아하지 않았다. 그가 딴 대통령들과 달랐던 점은 백악관을 개방해서 호기심으로 찾아온 사람들, 불평하러 찾아온 사람들, 한 자리 얻으려고 찾아온 사람들, 무슨 부탁이 있어서 찾아온 사람들을 모두 만나준 것이었다.
 링컨이 이렇게 백악관을 개방한 것은 사람들에게 호감을 샀지만 그렇다고 대통령의 메시지가 국민들에게 전달된 것은 아니었고, 1863년 중반에는 현정권의 정책을 국민들에게 이해시키지 않으면 파국이 날지도 모를 위기에 부닥치게 되었다. 국민들에게 이해시켜야 하는 정책 중 제일 중요한 것은 시민 기본권의 폐기(廢棄)였다. 많은 국민들은 현정권이 왜 표현의 자유, 언론의 자유를 제약하고 정부에 반대하는 사람들이나 불충한 사람들을 잡아넣는가, 특히 인간의 기본권으로 정립된 헤비어스코퍼스를 유보시켜야 하나, 이해하지를 못했다. 주화(主和)파 민주 당원들은 이전부터 이런 정책을 맹렬히 공격했는데, 정부가 밸런디감을 체포하자 주전파 민주 당원들도 정부를 비방하기 시작했다. 민주당뿐만 아니라 대통령의 당인 공화 당원들도 정권을 비방하기 시작했다. 링컨의 친구인 보수파 브라우닝도 링컨 정권이 정책적으로 시민들을 체포하는 것은 불법이고 엉터리며 득보다는 실이 많고, 정부를 보강하는 것보다는 취약하게 만들 것이라고 경고했다. 과격파 라이먼 트럼불도 군부(軍部)가 시민을 임의로 체포하는 것은 잘못되기가 쉽고 정권에 도움도 안 된다며, 이런 사태가 계속되면 민간인 법정은 무용지물로 바뀌고 결국 군인들이 정권을 뒤엎을 수도 있다고 경고했다. 대통령 측근인 기디언 웰스까지도, 연방군 사령관들은 필요하지 않은 경우에는 절대로, 정부나 국가가 기본을 두고 있는 원칙을 무시해서는 안 된다고 경고했다. 매사추세츠에서 온 한 병사는 가족에게 보내는 편지에, '현 사태는 대통령을 법적으로 제한할 수 없는 상태여서, 우리 대통령은 정상적인 세상 사람들을 놀라게 해서는 안 된다는 단 한가지 이유로 러시아 같은 군주독재를 못하고 있는 것 같다'고 적었다.

  링컨은 많은 사람들이 불만에 가득 찬 것을 걱정하면서도 백악관 밖으로 나올 생각은 하지 않았다. 그는 7월 4일 독립기념일 날 필라델피아에서 대통령 취임 후 처음으로 대중에게 직접 공식 연설을 할 예정이었는데, 리가 펜실베이니아로 북진하는 바람에 이 기념식도 무산되고 말았다. 링컨은 맨체스터와 런던에 있는 친연방 세력에게 공식 서한을 보내 좋은 반응을 얻었는데, 그런 식으로 국민에게도 왜 정부가 헤비어스코퍼스를 유보시켜야 했나 직접 설명해 보려고 준비하기 시작했다. 그는 이런 모든 문제에 대해서 생각하다가 적절한 설명이 머리에 정리되면 그것을 메모해서 책상 서랍에 넣어두곤 했다. 그는 장차 모든 문제에 대한 개괄적 설명이 준비되면 공식 서한으로 국민에게 직접 호소할 작정이었다.

뉴욕 민주 당원들이 밸런디감의 체포가 옳지 않다고 궐기했을 때, 링컨은 이제 자기가 기다리던 기회가 왔다고 판단했다. 뉴욕 센트럴 철도회사 사장 이래스터스 코닝이 주동이 되어 모인 이 데모에서 뉴욕 민주 당원들은 밸런디감을 군인들이 체포해서 재판한 것은 국법과 헌법을 위반한 처사로써, 표현의 자유, 언론의 자유, 배심원 재판, 증거물 재판, 헤비어스 코퍼스 기본권을 전부 무시한 폭군의 처사라고 비난하고, 만일 대통령이 밸런디감의 체포를 묵인한다면 만인 위에 법이 있다는 원칙과 주 헌법과 연방헌법을 모두 위배하는 폭거(暴擧)라고 정의했다.

링컨은 이 궐기대회의 정의를 받아 읽고 이제 데모꾼들이 내 손아귀에 들어왔다고 판단했다. 올버니에서 모인 민주 당원들은 코닝을 제외하고는 모두 정치적으로 이름이 없었던 사람들이었고 연방에 충성하는 사람들도 아니었다. 그들은, 그들이 서명한 결의서에 주지사 시무어 호레이쇼 이름을 집어넣는 과오를 범했다. 이들은 원칙을 따져서 링컨을 비난한 것이 아니라 당을 내세워 대통령을 무시하든지 대통령을 몰아붙여서 꼼짝도 못하게 만들자는 주장이었다.

링컨은 그동안 정리해 둔 메모를 꺼내서 세심한 주의를 기울여 이제까지 볼 수 없었던 답을 준비했다. 그는 사람들에게는 민주당의 결의서를 보고 그 즉시 답을 준비했다고 연막(煙幕)까지 쳤다. 링컨은 딴 때와 달리 자기가 준비한 답서를 6월 5일 내각회의에서 장관들에게 보여주었다. 기디언 웰스는 링컨의 답서를 읽고 약간만 수정하면 활력과 확신에 가득 찬 강력한 메시지가 되겠다고 그날 일기에 기록했다. 링컨은 그러고도 6월 12일까지 답서를 손보고 수정한 뒤에, 코닝에게 답서를 보내면서 유력 일간지 「뉴욕 트리뷴」에도 답서의 사본을 보냈다.

링컨은 이 공식 답서에서 올버니 데모꾼들이 그들의 결의서에서 연방을 보존할 것이며, 현정부가 헌법에 따라서 취한 모든 조치는 자기들도 지지하겠다는 서두(序頭)는 과연 칭송할 만하다고 딴청을 부렸다. 그는, 솔직히 자기가 취한 조치들은 평화 시에는 물론 헌법에 위배되는 조치라고 인정하면서, 그러나 헌법에도 '반란이나 외침으로 인해서 공안(公安)이 위태로우면', 시민의 기본권을 유보시켜도 괜찮다는 조항이 있다고 주장했다. 그는 미합중국이 지금, '분명하고 도발적이고 거대한' 반란에 직면한 것은 모두가 아는 사실이라고 주장하면서, 이런 위기에서는 공안을 위해서 헤비어스코퍼스 기본권은 유보할 수 있다고 단정했다. 링컨은 시민의 기본권은 자신이 제일 존중한다면서 자신의 정권은 이런 기본권을 유보하지 않고 위기를 넘기려고 최대한 노력했다고 주장했다. 그는 그러나 언론들은 장차 이 정권이 피의자들을 너무 적게 체포했다고 비난하면 했지, 너무 많이 체포했다고 비난하지는 않을 것이라고 예견했다.

그 다음 그는 밸런디감을 반란 지구도 아니고 후방에서 체포할 필요가 없었다는 반대파의 주장을 일축하면서 헌법상 공안을 위한 것이라면 기본권은 어떤 곳에서도 유보시킬 수 있다고 주장했다. 그는 밸런디감이 현정권의 정적이거나 번사이드 사령관의 적이어서 체포한 것이 아니라, 국가의 운명을 걸머진 우리 군사에게 해를 끼쳐서 나라의 운명을 위태롭게 했기 때문에 체포한 것이라고 밝혔다.

대통령은 다음으로 정곡을 찌르는 비유를 들었다. 그는 군대에서 도망간 탈주병은 사형을 시켜서라도 징계하여 군대를 유지하는 것이 대통령으로서의 의무이자 권리라고 주장하면서, "단순히 겁이 나서 도망간 나이 어린 탈주병은 사형을 시키는데 그런 애들을 군대에서 도망가라고 사주한 '교활한 선동자'는 머리털 하나 건드려도 안 된다는 이론이 옳습니까?"라고 물었다.

마지막으로 링컨은 전시에 군대가 민간인들을 체포한다고 해서 전쟁이 끝나도 계속 그럴 것이라고 주장하는 것은 말도 안 된다고 반박했다. 링컨은 이런 억지 주장은 마치 몸이 불편해서 구토제를 복용한 환자가 건강을 회복했는데도 평생 구토제를 먹을 것이란 주장과 마찬가지라는 비유로 답을 끝냈다.

링컨은 이제까지 자기가 작성한 국서(國書) 중 이 답서가 제일 잘된 국서라고 생각했다. 이 답서가 신문에 게재되자 여론은 대통령 쪽으로 돌아섰다. 물론 반정부파, 주화파 민주 당원들의 마음을 이 답서로 돌릴 수는 없었지만, 대통령이 너무 심하다고 생각했던 연방 지지자들은 이 답서를 읽고 대통령을 이해하게 되었다. 그는 밸런디감을 체포한 것은 마지못해서 한 것이고, 그 사람을 체포하기로 결정했을 때 자기는 마음이 아팠다고 말하면서, 사회가 안정되어 그를 감옥에 둘 이유가 없어지면 그 즉시 석방하겠다고 약속했다. 링컨이 이렇게 나오자 여론은 대통령을 지지했고, 우리 대통령은 폭군이 아니라 행정가라고들 치켜세웠다. 링컨의 답서는 밸런디감의 체포를 헌법에서 찾지 않고 현시점에서 밸런디감을 체포할 수밖에 없었다는 사정을 설명한 것이었다. 답서에서 링컨은 밸런디감을 "교활한 선동자"로 불렀는데, 이후 신문들은 밸런디감을 계속 이 별명으로 불렀다.

링컨은 매우 흡족해서 비서 니콜라이에게 이 답서의 사본을 공화당 지도자들에게 보내라고 지시했다. 공화당 지도자들의 반응은 열광적이었다. 「워싱턴 크로니클」의 존 W. 포니는, "대통령의 답서야말로 적소(適所)에서 적시(適時)에 적절한 사람이 적절한 말을 한 것"이라고 좋아했고, 전 주지사 E. D. 몰건은 "귀하가 이제까지 쓴 국서 중 제일 잘된 문서"라고 칭찬해 왔다. 한 뉴욕 사람은 대통령의 답서는 어떤 전승(戰勝)보다도 우리의 대의를 잘 대변한 것이라고 칭송했고, 최근 국회의원 선거에서 낙방한 로스코 컹클링은 곧 다가올 뉴욕 선거에서 이 답서야말로 최고의 선거

선전물이 될 것이라고 내다보았다. 답서가 「뉴욕 트리뷴」에 게재된 후 연방 출판회란 모임에서 이 답서를 50만 장을 찍어 돌렸는데, 당시 전 국민들 중 약 천만 명이 이 답서를 읽어본 것으로 추정되었다.

링컨이 처음으로 국민에게 직접 시도한 답서는 대성공이었다. 링컨은 시기를 놓치지 않고, 곧 두 번째 답서를 매슈 버차드와 함께 백악관을 방문한 오하이오 민주당 대표단들에게 보냈다. 이들 또한 밸런디감의 체포, 구금, 추방을 항의하러 백악관을 찾아온 것이었다. 오하이오 주지사 데이비드 토드는 링컨에게 이 방문객들은 형편없는 무리니까 그에 맞게 푸대접을 해서 보내라고 부탁했다. 오하이오 정치인들을 잘 이해했던 체이스는 링컨에게, 대표단을 직접 맞지 말고 답서로 반박하라고 충고했다. 오하이오 민주당이 범법자로 유죄 판결을 받아 나라 밖으로 추방된 밸런디감을 주지사 후보로 공천한 것을 알고 있던 링컨은 심한 말로 답서를 준비했다. 그는 밸런디감이 탈주병들과 징병기피 사태에 직접적 책임을 져야 하고, 연방주의자들이 암살당하는 것도 그자의 책임이라고 징계했다. 링컨은 오하이오 민주 당원들이 밸런디감을 주지사 후보로 뽑은 망발은 그들도 도망병과 징병 기피자들을 사주 방조한 것이라고 매도했다. 그는 민주당 대표단 전원이 앞으로 육·해군의 장교들과 병사들을 잘 대우하고 먹이고 입혀서 부족한 것이 없도록 보장하겠다는 서약서에 모두 서명하면 밸런디감의 사면과 귀국을 고려해 보겠다는 말로 답서를 마감했다.

오하이오 민주당 대표들은 물론 이런 서약서에 서명할 리가 없었고, 링컨의 답서를 읽은 국민들은 링컨이 국가를 보존하기 위해서 비상조치를 취한 것이지 독재가 아니라고 링컨을 지지하는 방향으로 바뀌었다.

III

 국가를 보존하기 위해서는 포토맥 사령관도 갈아치워야 했다. 리가 포토맥 강을 건너자 후커는 리의 뒤를 바짝 쫓으면서 워싱턴과 볼티모어를 방어하고 여차하면 리 군과 북쪽 땅에서 한바탕 싸울 준비를 했다. 그러나 그는 제 성미대로 움직였지 위에서 내려오는 명령을 우습게 알고 복종하지 않았다. 링컨은 남군이 북상하는 것을 보고 이제야말로 전쟁이 시작된 후 최고의 기회라고 말하면서, 하퍼스 페리에 꽤 큰 규모의 수비군을 두어 앤티탐 전투 때와 마찬가지로 리 군을 좌우로 갈라지게끔 하라고 지시했다. 이렇게만 되면 후커는 1862년 9월 매클렐런이 미처 실천하지 못했던 작전으로, 북 버지니아 군을 섬멸할 수 있을 터였다. 후커는 링컨의 말을 듣지 않고 군대는 한 몸으로 움직여야 막강한 것이라면서 하퍼스 페리에서 수비군을 빼내 버렸다. 헬렉이 후커에게 하퍼스 페리를 지키라고 명령하자, 후커는 이제 곧 전투에 들어가는 마당에 설마 자기를 갈아치울까 하는 배짱으로 사임서를 제출했다.

 그러나 뜻밖에도 후커의 사임서는 즉각 수리되었다. 여러 사람들은 링컨에게 매클렐런을 부르라고 주장했으나, 링컨은 6월 28일 포토맥 군단장 중 한 장군인 조지 고돈 미드를 포토맥 군 사령관에 임명했다. 미드 장군은 제1차 불 런 전투 때부터 모든 주요 전투에 참가한 장군으로서, 포토맥 군에서도 제일 실전 경험이 많은 군단장이었다. 키가 크고 몸이 바짝 마른 데다 안경을 낀 미드는, 카리스마가 있는 장군으로 볼 수는 없었으나 군사들은 그를, "비유하면 용하다고 할 수 있는 주치의"라고 정의했다. 아무튼 미드는 조직에 능한 직업 군인으로서, 휘하 장병들의 사랑은 받지 못했을지 모르나 군사들은 그를 유능한 사령관으로 존경했다.

 미드는 군사를 이끌고 리를 쫓아 펜실베이니아로 진군했다. 링컨은 후커를 상대하면서 장군들 다루는 방법을 많이 익혔다. 그는 후커에게 진저

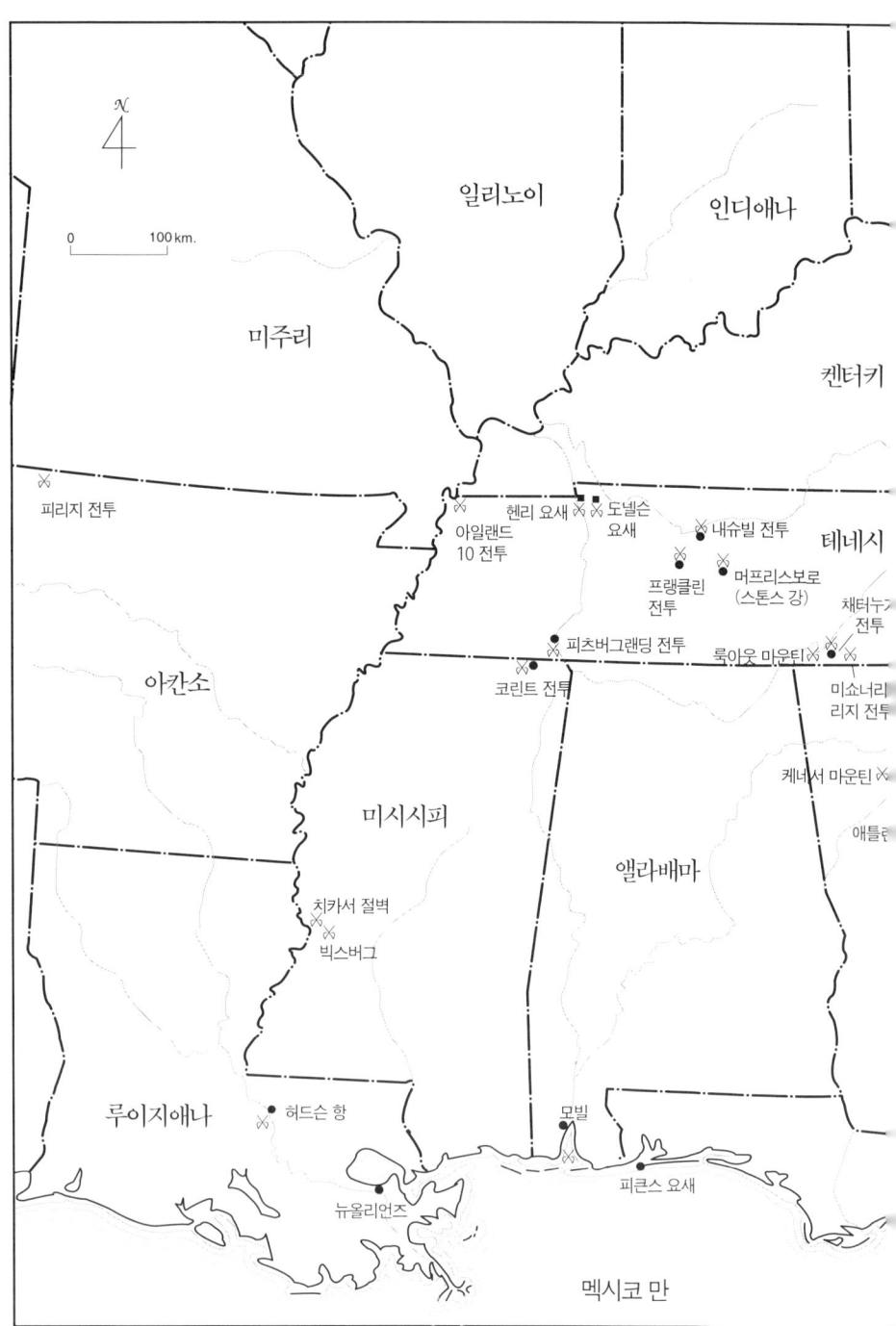

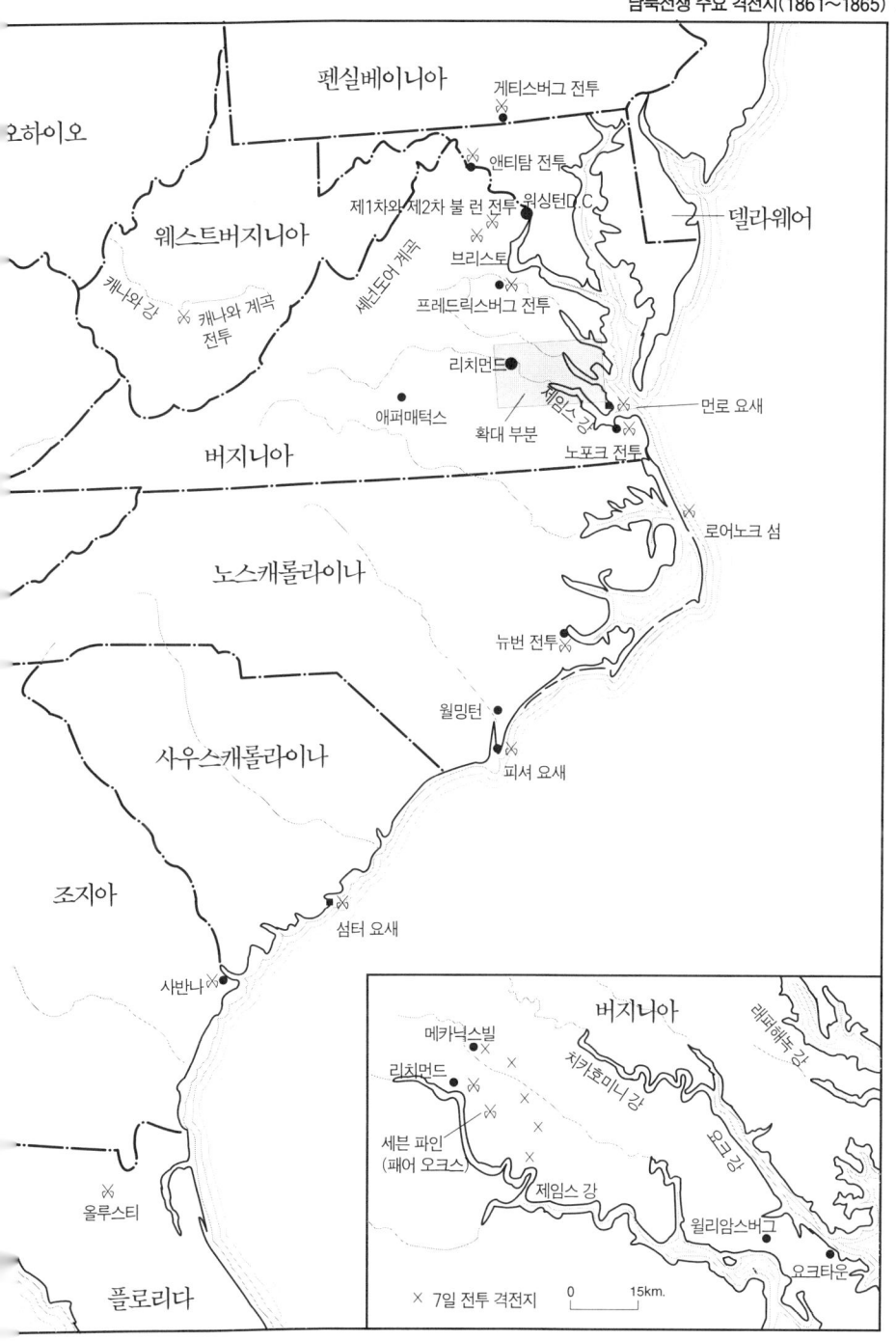

남북전쟁 주요 격전지(1861~1865)

제16장 자유의 새로운 탄생 257

리가 나도록 데어서 전처럼 훈계도 삼갔고 작전에 대해서 간섭을 하지도 않았다. 그는 미드에게 자기가 생각하는 것을 직접 전하지 않고 꼭 헬렉을 통해서 전했다. 대통령은 미드가 서스쿼해나 강을 무사히 건너고 필라델피아로 통하는 길목들을 안전하게 지킬 수 있도록 증원군을 마련하는데 전력을 다했고, 연맹군이 자기들 땅을 침범한다고 조바심을 치던 펜실베이니아, 뉴저지의 주지사들을 무마하는데 시간을 많이 썼다.

링컨은 이때 포토맥 군을 도와주면서 빅스버그를 공략 중인 그랜트 장군에게도 신경을 많이 썼다. 대통령은 그랜트에게 한 번도 이래라 저래라 한 적이 없었다. 미시시피 강은 워싱턴에서 지휘하기에는 거리가 너무 멀었다. 그러나 링컨은 그랜트가 빅스버그를 우회해서 남쪽으로 내려가, 루이지애나 주 남쪽에서 미시시피 강을 타고 북상하는 내서니엘 뱅크스 군과 회합을 하는 것이 상책이라고 생각하고 있었다. 그러나 그랜트는 군사를 이끌고 미시시피 주로 쳐들어가 일련의 전투에서 연맹군을 두드려 패고 존 C. 펨버턴 군을 빅스버그 안으로 몰아넣었다. 그랜트는 이번 전투를 시작하면서 자기의 전략을 아무에게도 알리지 않았고 어디론가 대군을 몰고 사라져 버렸다. 그랜트에게서 편지도 오지 않고 전보도 불통되자, 링컨은 계속 연맹국 신문들 뉴스를 찾았다. 그는 먼로 요새를 지키는 존 A. 딕스 장군에게, "리치먼드 신문에 빅스버그 소식이 났습디까?"라고 물었고, 머피스보로에 있는 로즈크랜스 장군에게도 "그랜트 장군에게서 소식이 왔습니까?" 하고 조바심을 쳤다.

그랜트 전투 소식이 하나 둘 들어오면서 링컨은 그랜트의 전략 윤곽을 이해하기 시작했다. 그랜트가 빅스버그를 에워싸자 링컨은 그랜트의 전략이 얼마나 장하고 희한했나 드디어 느낌이 왔다. 그는 5월 26일 그랜트에 관해서 불평을 한 어떤 사람에게, "그랜트 장군이 빅스버그를 함락시키든 못 하든 그랜트 장군의 이번 작전은 세상 사람들이 다 놀랄 만한 희한한 작전이다"라고 격찬했다.

빅스버그를 일단 포위는 했으나 농성은 6월 후반까지 계속되어서 링컨은 그랜트와 그랜트 군사에 관해서 걱정이 많았다. 그는 연맹국 신문들을 열심히 읽었다. 연맹국 신문들은 모두 거짓말 기사들만 보도했는데 셔먼 장군이 빅스버그 농성에서 중상을 입었다는 둥, 허드슨 요새를 공략할 때 뱅크스 장군이 한 팔을 잃었다는 둥, 연맹군의 에드먼드 커비-스미스 장군이 빅스버그의 농성을 풀기 위하여 미시시피 지구에서 증원군을 이끌고 온다는 둥 오보들만 게재했다. 연맹군이 빅스버그의 펨버턴을 돕기 위하여 딴 전선에서 군사들을 뽑아보낼까 봐 링컨은 계속 테네시의 로즈크랜스에게 조셉 E. 존스턴 연맹장군이 빅스버그 쪽으로 움직이지 못하게 견제하라고 지시했다.

두 군데 대군의 결정적인 전투를 앞두고 링컨은 어찌나 신경이 곤두섰는지 건강이 나빠졌다. 그는 어머니를 따라 필라델피아로 쇼핑을 간 태드가 나오는 악몽을 꾸었다. 그는 태드가 갖고 놀던 반장난감 권총이 악몽에 나와서 메리에게 잘 간수하라는 전보까지 보냈다. 이때 백악관을 들렀던 한 방문객은 대통령의 얼굴은 근심 걱정으로 가득 찼고, 눈꺼풀은 늘어져서 꼭 부은 것 같고, 눈 밑은 시꺼메졌으며, 그 큰 입 주변에는 주름살이 깊었다고 기록했다.

7월 4일 링컨이 고대하던 소식이 들어왔다. 그는 국방성 전신실에서 살다시피 했는데, 지난 3일간 펜실베이니아 주 게티스버그란 마을에서 무지무지한 유혈전투가 벌어졌고, 자세한 소식은 없었지만 리가 참패해서 지금 퇴각 중이란 소식이었다. 대통령은 펄쩍 뛸 정도로 기뻐서 국방성 신문 기사를 작성했다. '우리 연방의 대의가 승리한 이날, 우리들의 뜻이 아니고 하느님의 의지가 실현되었으니 모든 사람들은 깊은 감사와 경외로 이 날을 기억해야 할 것입니다.' 이로부터 사흘 뒤 기디언 웰스 장관은 데이비드 딕슨 포터 제독으로부터 빅스버그 함락 소식을 받아들고 백악관으로 달려갔다. 소식을 받은 링컨은 희열에 넘친 얼굴로 웰스의 손을 잡고 얼싸안으며, "이렇게 영광스러운 소식을 들고 온 우리 해군장관님께 무엇을 해드릴 수 있을까! 장관님, 저는 말로는 무어라 표현할 수 없습니다. 장관님, 이것은 굉장한 일입니다, 정말 굉장한 일입니다!"라고 소리를 질렀다.

7월 초 며칠 간은 전쟁이 곧 끝날 것 같은 기분이었다. 빅스버그가 함락되면서 펨버턴 휘하의 3만이란 연맹군사가 항복했고, 허드슨 요새는 7월 8일 함락되었으며, 카이로부터 뉴올리언스까지 미시시피 주가 연방 쪽으로 다시 복귀한 것이었다. 7월 6일 듀퐁 제독으로부터 지휘권을 물려받은 달그렌 제독은 계속 찰스턴을 함포사격으로 잿더미를 만들고 있었다. 동부에서는 미드가 후퇴 중인 리 군을 여름비로 물이 불어난 포토맥 강을 건너기 전에 일전, 섬멸시키면 전쟁은 끝날 것이었다.

그러나 미드가 재빨리 움직이지를 않았다. 그는 참모들과 군사회의를 한 뒤 리 군을 추격하는 것을 연기하기로 결정했다. 미드는 꾸물거리는 동안 리는 포토맥 강을 건넜다. 링컨은 전에 없이 실망하고 화를 냈다. 그는, "내가 올라갔더라도 적군을 섬멸할 수 있었을 것"이라고 화를 내면서, "아군은 적을 손아귀에 넣고도 움켜쥐지를 못했다"라고 한탄했다. 미드가 게티스버그 승전을 두고 "침략자들을 우리 땅에서 몰아낸 장거"라고 칭찬했다는 말을 듣고 링컨은, "전국이 우리 땅인데 그게 무슨 소리냐!"고 화를 냈다. 링컨은 미드가 리를 일부러 섬멸하지 않고 강을 건너 보냈다고 생각했다. 이때 링컨의 노여움은 쉽게 가라앉지 않아서 몇 주 지난 뒤에도 미드가 리 군을 섬멸하지 않았다고 화를 냈다. 그는, "미드는 피와 땀으로 단련된, 무르익을 대로 무르익은 포토맥 군을 정작 수확할 때가 되자 딴청을 부려 썩도록 내버려 둔 꼴이 되었다"라고 통탄했다.

링컨은 속이 너무 상해서 미드의 게티스버그 대첩을 축하하는 편지를 쓰면서 동시에 미드를 나무랄 수밖에 없었다. '미드 장군, 귀관은 리 군이 무사히 도주케 내버려 둔 것이 우리에게 얼마나 심각한 불운(不運)이었는지 모르는 것 같소이다. 리는 장군의 손아귀 속에 있었고, 연방군이 딴 곳에서 승전한 것을 감안한다면 귀관이 그때 리를 끝냈으면 이 전쟁은 끝났을 것이오. 그런데 리는 무사히 도주해서 이 전쟁은 다시 한없이 지연될 것이오. 장군의 호기(好機)는 지나갔고 그 때문에 본인은 한없이 낙심하고 있소이다.'

링컨은 편지는 썼지만 미드에게 보내지는 않았다. 마음이 좀 가라앉자 링컨은 자기가 미드에게 너무 많은 것을 바랐다는 것을 깨달았다. 게티스버그에서 전투가 시작되었을 때 미드는 포토맥 군사령관으로 임명된 지 나흘밖에 안 됐고, 아직 참모들과도 손발이 맞지 않을 때였다. 미드 군사는 치열했던 게티스버그 전투에서 크게 손상당했고, 가장 유능하고 용감했던 장군들 몇몇도 전사했던지 중상을 입었다. 사령관 자신도 당시 완전히 지친 상태였다. 미드는 7월 8일, 자기 부인에게 보낸 편지에 '지난 열흘 간 나는 옷도 못 갈아입고, 제대로 자지도 못하고, 어떤 날은 전혀 눈도 부치지 못했고, 며칠 동안 세수나 면도도 못했소. 때맞추어 식사를 하지도 못했고, 계속 말도 못할 정도로 불안한 시간의 연속이었소'라고 전투가 얼마나 치열했나를 전했다. 이런 상황에서 리를 추격해서 섬멸하라는 것은 너무 무리한 요구였다.

링컨은 자기가 쓴 편지는 보내지 않았으나 헬렉을 통해서 미드에게 리 군의 도주로 인해서 대통령이 몹시 불만이라는 점을 전했다. 미드는 당장 사임서를 보내왔고, 헬렉은 할 수 없이 미드에게 자기가 보낸 전보는 미드 사령관을 문책하는 것이 아니라 앞으로도 적을 부지런히 격퇴하라는 격려의 편지였으니 사임서를 반송한다고 전했다.

링컨은 다시 안정을 찾은 뒤 미드를, "용감하고 유능한 진짜 장군"이라고 칭찬하면서 게티스버그 대첩은 미드의 공이라고 말했다. 대통령은 이제 진짜 기분이 좋아져서, '리 장군의 북침'이란 농시(弄詩)를 자작해 존 헤이에게 주었다.

1863년 당당히,

대군을 이끌고,

나와 연맹군의 제프(연맹 대통령—옮긴이)는,

필-델(필라델피아-델라웨어—옮긴이)로 올라갔네,

양키들은 우리 꽁무니로 쫓아와서,

우리를 못살게 굴었네,

할 수 없이 우리는 꽁무니를 빼고,

필-델은 내버려두고 뺑소니를 쳤네.

IV

    링컨의 기분 좋은 시간은 잠깐이었다. 7월 2일, 필라델피아에서 돌아온 메리 링컨은 혼자서 군인의 집에서 백악관으로 마차를 타고 돌아오던 길에 사고를 당했다. 링컨 일가는 한여름 지독한 무더위를 피하기 위하여 워싱턴에서 3마일 떨어진 곳에 있는 군인의 집에 자주 갔었다. 그런데 어떤 자가 대통령을 목표로 했는지 마차 위, 사람이 앉는 의자의 스크루를 느슨하게 돌려놓은 것이었다. 의자가 마차에서 떨어져 나오자 말들은 놀라서 질주했고, 메리는 마차에서 떨어져 날카로운 돌에 머리를 찧었다. 메리의 부상은 처음에는 좀 심한 찰과상처럼 보여 링컨은 큰아들 로버트에게, '놀랄 것까지는 없다. 너의 어머니가 낙상으로 약간 다치셨다'라고 전보를 보냈다. 그러나 메리의 상처는 염증이 생겨서 3주간이나 밤낮으로 치료해야 했다. 전부터 메리를 못살게 굴던 두통은 이후 더욱 악화되어 로버트의 말에 의하면 그녀는 이후 정상이 아니었다.

    링컨은 메리 옆에서 간병해 줄 여가도 없었다. 7월 13일 뉴욕에서는 징병을 반대하는 폭동이 일어났다. 새로 통과된 징집령이 공포되자 전국 사방에서 반대 운동이 일어나서 오하이오 주의 홈즈 카운티, 인디애나 주의 러시 카운티와 설리반 카운티, 밀워키, 펜실베이니아 주의 탄광 지역 등에서 시위가 벌어졌으며, 뉴욕에서는 시위가 아닌 폭동이 일어나 사흘 간 주로 아일랜드계 폭도들에 의해 가두 시위, 약탈, 방화로 난장판이 되었다. 폭동으로 100명 이상의 사람이 죽은 뒤에야 게티스버그에서 차출된 연방군들이 들어와 폭동을 진압시켰다.

링컨은 「뉴욕 트리뷴」의 편집장 시드니 하워드 게이에게서 보고를 받으며 사태를 주시했다. 이때 뉴욕 시 폭동과 리 군이 무사히 포토맥 강을 건넜다는 소식을 동시에 받은 링컨은 심한 우울증에 빠졌다. 그는 내각회의에 참석한 장관들에게, "오늘은 내각회의에서 토의할 것이 없습니다. 우리 모두가 제정신이 아닌 것 같습니다. 최소한 저는 오늘 내 정신이 아닙니다"라며 회의를 중단해 버렸다. 그는 시무어 주지사가 연방의 지원을 요청하지 않은 상황에서 뉴욕 시 폭동을 어떻게 진압해야 할지 묘안이 없었다.

뉴욕 시 폭동이 진압된 뒤 여러 사람들은 대통령에게 폭동의 원인을 규명할 조사위원회를 구성하라고 주장했다. 링컨은 좀 생각해 본 뒤 조사위원회를 구성하지 않기로 결정했다. 그는 조사위원회를 구성해서 보고서를 공표하면, 그것은 화약고에 불을 붙이는 결과를 초래할 것으로 내다보고 이 사건은 그냥 덮어두기로 결정했다. "우리는 지금 한군데 반란밖에 감당할 수 없습니다"라고 그는 결론지었다.

이후 여름동안 대통령은 비교적 조용한 시간을 보낼 수 있었다. 군사일은 미드와 그랜트 같은 유능한 사령관들을 믿어도 되었고, 국회는 휴회여서 대통령을 들들 볶지 않았다. 이해 여름은 지독히 더워서, 링컨은 군인의 집에서 혼자 피서를 하고 있었다. 메리는 상처가 다 치료된 후 로비트와 태드를 데리고 뉴햄프셔의 화이트 마운틴으로 피서를 가 백악관에 없었다. 대통령은 이따금 외롭기도 했지만, 여행 중인 가족들에게 편지도 쓰고 전보도 보내면서 지냈다. 그중 한 편지에는 태드가 사랑하던 염소 내니의 소식도 적혀 있었다. 이 염소는 군인의 집 정원을 다 망가뜨린 후 백악관으로 옮겨졌는데, 백악관에서도 태드의 침대를 다 뜯어먹고는 어디론가 사라졌다는 소식이었다.

이렇게 시간적 여유가 생기자 링컨은 자기의 정권이 이제까지 해온 일들을 정리하고 성찰해 볼 정신적 여유도 생겼다. 그는 자기의 정권이 지금까지 성취한 일들을 돌아보며 대충 만족스럽다고 생각했다. 그동안 계속되는 전투와 정치적 역경 때문에 감각이 둔해졌던 링컨은, 이런 여유가 생기자 자신에게도 충성스러운 사람들이 많이 따르고 스스로 이제 그들을 이끌 만한 지도자가 됐다는 자신이 생겼다. 이렇게 자신이 생기자 링컨은 장관들과 점차 더 상의하는 일이 드물어졌다. 그는 장관들이 각자 맡아하는 일들은 그들에게 맡기고 별로 상관하지 않았다. 한 번은 재무장관 체이스가 대통령을 찾아와서 남부와 교역하는 복잡한 규정을 자세히 설명하려니까 링컨은 체이스 장관에게, "이런 것은 장관님이 나보다 훨씬 더 잘 아시니까 나는 서명이나 하겠습니다"라며 규정서를 읽지도 않고 서명했다. 그는 내각회의를 불규칙하게 가끔 열었고, 모여도 별로 상의하는 일이 없었다. 장관들은 이런 식의 내각회의에 모두 불만이 많았다. 베이츠는, "내각회의는 알맹이가 없는 쇼다. 가끔 모여 별로 중요치 않은 일만 의논하다가 헤어지고, 중요한 국사를 의논하는 적은 거의 없다"라고 불평했다. 링컨에게 한결같이 충성하던 기디언 웰스조차도 노예 문제나 남부 반란 주들을 연방에 귀속시키는 중요한 국사들은 정식으로 의논한 일이 없다고 불만을 토로했다. 그는 한 신문기자에게, "이 정권에 확실한 정책이 있다면 신문에 나는 정도이며, 그 이상은 나도 모른다"라고 실토한 적이 있었다.

물론 링컨이 일부러 장관들을 무시한 것은 아니었다. 이때 "전쟁은 거의 끝장이 났다"라고들 생각했었고, 링컨은 장관들이 노예제도를 완전히 폐기하는 일이나 남부 반란 주들을 연방으로 귀속시키는데 특별히 뛰어난 묘책은 없다고 생각했다. 이런 문제들은 대통령 자신이 해결할 문제였다. 그는 이런 책임을 겁내지 않았고 더구나 이제 자신이 국민의 지도자란 확신이 생겼기 때문에 여론을 유도하는 일이 재미있었다. 존 헤이는 8월 일지에, '타이쿤은 요즈음 기분이 좋으신 것 같다. 그분이 이제까지 이렇게 자신 있어 보이고 바쁜 적이 없었다. 지금 그분은 전쟁, 징병, 외교, 연방 재건을 한꺼번에 조정하고 계신다. 그분이 내각을 얼마나 꽉 움켜잡고 좌지우지했는지 전에는 미처 몰랐다. 가장 중요한 일들은 그분이 결정하는데 딴 사람들은 꼼짝도 못한다'라고 기록했다.

이렇게 자신이 선 링컨은 뉴욕 폭동 후 시무어가 걸고 들어온 시비를 시원하고 신속하게 처리했다. 사람들은 폭동 당시 시무어가 폭도들을 비호했다고 비판했는데, 폭동이 가라앉자 시무어는 대통령에게 뉴욕에서의 징병을 중지해 달라는 것이었다. 그는 기본적으로 징병법은 위헌이며 뉴욕 주에 배당된 징병 배당수가 딴 주와 비교해서 너무 형평을 잃었다고 주장했다.

링컨은 헤이가 '사크달러저(sockdolager, 결정타)'라고 명명한 이 답서에서 지난 6개월간 우물쭈물 하던 것과는 달리 분명하게 시비를 가렸다. 이 답서는 신문에 많이 게재됐는데, 링컨은 시무어에게 징병법이 뉴욕을 불리하게 차별했다는 것을 구체적으로 밝힐 수 있으면, 자신은 타 주에 맞게 뉴욕 주의 요구에 응하겠다고 말했다. 그는 시무어가 대법원에서 징병법이 위헌이란 판결을 얻어낼 때까지는 징병을 계속하겠다고 말했다. 그는 연맹 반란 주들은 소들을 도살장에 몰아넣듯 모든 장정들을 군대로 보내고 있는 상황에서, 연방은 이미 실패한 자원병제도를 운운하며 법정에서 판결을 내릴 때까지 기다리자는 소리나 하고 있는데, 이는 도저히 있을 수 없는 일이라고 잘라 말했다.

뉴욕 주지사와 대통령은 몇 주를 계속해서 공개 서한을 받고 보냈다.

시무어는 계속해서 뉴욕 주에 배당된 징병자 수는 억지라고 주장했고, 링컨은 정부의 목적은 공평하고 정당하려고 노력은 하지만 징병을 안 하고 시간을 허비할 수는 없다고 주장했다. 대통령은 참을 때까지 참다가 결국 뉴욕 민병대를 연방군으로 소집해서 징병을 강행하려 했으나 시무어가 때를 맞추어 링컨의 요구를 받아들였기 때문에, 8월 6일 별탈 없이 징병이 시작되었다. 주지사와 대통령의 씨름에서 주지사가 항복하고 만 것이었다.

이렇게 시무어와 실랑이를 하면서 링컨은 밸런디감 논란이 났을 때 코닝 답서와 버차드 답서가 큰 역할을 한 것을 상기하고, 징병 논란에 관해서도 다시 국민에게 직접 답서를 쓰기 시작했다. "국민 여러분, 이런 일은 전례를 찾아서 말씀드릴 수 없습니다만 국민들과 공직에 봉사하는 사람들 사이에 오해가 없어야 하기 때문에 말씀드리는 것입니다." 그는 징병법이 위헌이라고 주장하는 반대파들에게는 헌법에서 군사를 모으고 지원하는 것은 국회의 권한이라고 명기되어 있다고 반박하면서, 그러므로 징병법은 미합중국 헌법을 문장 그대로 준수한 것이라고 주장했다. 그는 또한 이번 징병은 꼭 필요한 것이기도 했다고 주장하면서 군사를 추가로 모집하지 않으면 이 공화국의 장래나 영토의 보존이 불가능하다고 해명했다. 그는 군사가 없는 군대란 있을 수 없고 지원병 제도가 없어진 지금 상황에서 징병은 불가피하다고 설명했다.

그러나 아직도 징병법에는 300달러 면제비를 내면 딴 장정으로 대치할 수 있다는 조항이 있었는데, 링컨은 이 조항에 대해서는 시원한 설명을 못했다. 그는 이 조항이 가난한 사람들을 위한 조항이라면서 이 조항이 징병법에서 빠지면 면제비가 한없이 올라 가난한 사람은 모두 병역을 모면할 도리가 없다고 설명했다. 그는 각 주나 카운티에 정해진 징병 할당제에 관해서도 납득이 안 가는 설명을 했는데, 징병 할당의 절대적 형평은 불가능하고 아무리 노력을 해도 잘못된 결과가 나올 수 있다고 변명 아닌 변명으로 답서를 마감했다.

링컨은 답서를 기초한 다음 자기의 변호가 억지였다는 사실을 깨닫고, 이 답서의 공표를 포기했다. 그는 국민에게 직접 호소하려면 더 확실하고 설득력 있는 변론을 준비해야 한다고 결론지었다.

V

그런데 이런 식의 공문이나 사신으로는 미주리 주에서 벌어지고 있는 투쟁을 해결할 방법이 없었다. 전쟁 전 캔자스 주에서 일어났던 유혈투쟁을 주동했던 미주리 주는, 아직도 서부 개척의 전초지로 주민들이 사나워 링컨 정권에게는 골칫덩어리였다. 1862년 3월 7~8일 새뮤엘 R. 커티스 장군이 아칸소 주 피리지 전투에서 대승을 거둔 후 미주리에서 조직적인 반란 세력은 없어졌으나 남부군은 미주리 주 경계를 드나들면서 게릴라들이나 흉한들을 동원해 주민들을 괴롭혔다. 이중 제일 악명이 높았던 패거리가 윌리엄 C. 콴트릴이란 자였다. 미주리에서는 이렇게 친연맹 불한당들이 날뛰는 동시에, 과거 캔자스 폭동 때 캔자스를 괴롭히던 미주리 불한당들을 징계한다는 제이호커(캔자스 주민의 별명—옮긴이)들까지 설치는 바람에 미주리 주민들은 쌍방향에서 괴롭힘을 당했다. 이렇게 난장판인 미주리에서는 주민들의 생명이나 재산이 보호받을 수 없었고, 연방군이나 주 방위군들이 주둔하고 있는 곳 이외에는 모두 무법천지였다.

1861년 주지사 클래본 F. 잭슨이 미주리에서 도망간 후 전(全)주민대회에서는 전(前)휘그 당원 해밀턴 R. 갬블을 임시 주지사로 선출했고, 갬블은 1864년까지 임시 주지사로 근무했다. 링컨이 헬렉 후임으로 임명한 존 M. 쇼필드 사령관은 갬블 주지사와는 별일 없이 사이좋게 지냈는데,

1862년 9월 쇼필드 사령관의 후임으로 들어온 커티스 장군과는 사이가 나빴다. 커티스는 미주리의 반노예주의자들과 가까워졌는데, 이들은 갬블을 복지부동 하는 기회주의자라고 비난했다. 주지사와 군사령관은 서로 헐뜯기 시작했고, 둘은 대통령에게 지원을 청했다.

미주리 주의 반대 세력들이 대통령이 보기에도 분명한 일을 제의해오면 대통령은 주저 않고 자신이 옳다고 생각하는 방향으로 일을 지시했으나, 대통령의 지시에 따라 일이 움직이지는 않았다. 1862년 12월 연방군은 세인트루이스의 파인 스트리트 장로교회 목사 새뮤얼 B. 맥피터스를 반란 동조죄로 체포했다. 링컨은 커티스 장군에게 정부가 교회를 운영할 생각은 없다며 교회는 교회 사람들에게 맡기라고 명령했다. 대통령은 이 목사를 면접한 후 진짜 반군 동조자라는 확신이 갔지만, 이 목사가 내놓고 반란군을 돕지 않았다면 체포 구금할 수는 없다고 생각했다. 그러나 링컨은 최종 결정을 커티스 장군에게 맡긴 뒤 자기의 지시대로 일을 처리했을 것으로 믿고 이 일의 결과를 다시 챙기지는 않았다. 그런데 그는 1년쯤 지나서 어느 기회에 커티스가 맥피터스 목사를 교회에서 설교하지 못하도록 조치해 놓은 것을 알고, 링컨은 커티스의 명령을 취하하면서 자신의 입장을 분명히 밝혔다. "본인은 교단(敎壇)에서 누가 설교를 해야 한다고 간섭한 일도 없고, 본인의 권위를 앞세워 누군가 간섭했다면 그것을 알고도 내버려둔 적은 한 번도 없었다."

링컨은 미주리 주에서 일어나는 복잡하고 심각한 문제들을 민간인 주 정부나 군사령부에 맡기지 않고 자신이 직접 처리했다. 갬블 주지사가 새로 편성될 주 방위군이 주지사 명령 계통에 속할 것인가, 아니면 연방군 사령관 명령 계통에 속할 것인가는 미리 결정해 달라고 링컨에게 문의했을 때, 링컨은 이런 문제를 가상적으로 다룰 수 없다고 거절하면서, 자기의 결정이 이랬을 때와 저랬을 때에 실제로 미칠 영향에 대해서 의논한 뒤, 그 결과를 자기에게 알려 달라고 대답했다. 무슨 문제든 실질적으로 처리하는 성격의 링컨은 베이츠 법무장관에게, "어떤 문제가 생겼을 때는 그 문제를 구체적이고 실질적인 차원에서 해결을 구하는 것이, 개괄적이거나 가상적으로 해결을 구하는 것보다 낫다고 생각합니다. 딴 문제들을 많이 포함했을지도 모르기 때문이지요"라고 자기의 의견을 보냈다.

전쟁이 장기전이 되면서 미주리 주의 연방주의자들은 서로 지독히 미워하는 두 파로 갈려서 싸웠다. 흑인들과 노예해방을 지지하는 파를 차콜(검정숯—옮긴이)이라고 불렀고, 그 반대파를 클레이뱅크(황갈색—옮긴이)라고 불렀는데, 이들의 원칙이 흙 색깔처럼 분명치 않다는 비난에서 비롯한 이름이었다. 이들은 양쪽 다 대통령에게 지원을 요청했으나 링컨은 어느 편을 들 수가 없는 형편이었다. 링컨은 기질적으로는 클레이뱅크들과 가깝다고 생각됐는데, 이유는 클레이뱅크들 거의가 전 휘그 당원으로 노예 문제에 관해서 보수적 생각을 가진 사람들이었기 때문이다. 갬블이나 그를 추종하던 보수 세력은 반란 주들이 연방을 이탈할 때 흔들리지 않고 연방에 충성했던 사람들이었다. 대통령도 그 점을 인정해서 클레이뱅크들은 전쟁에 대한 임무를 충실하게 수행한 사람들이라고 말한 적이 있었다. 그러나 클레이뱅크들은 선거 때 성분이 분명하지 않은 후보에게 투표한 것도 사실이었다. 이에 반해서 차콜(과격파)들은 이념밖에는 모르는 자들로서 무조건 노예해방을 해야 하고 도덕적으로 자기들이 우월하다고 주장해서, 링컨은 사실 이들을 달갑게 생각하지 않았으나, 이들이야말로 연방에서 이탈한 반란 세력과는 한치도 양보하지 않는 순수분자들이었다. 차콜들은 대통령을 개인적으로 지독하게 미워했고, 링컨은 이들을 상종 못할 마귀들이며 시온 쪽만 바라보는 이상주의자들이라고 말한 적이 있었다.

그는 이 두 파벌의 알력 다툼에서 어느 쪽도 편들지 않았다. 과격파들이, 대통령은 세인트루이스 인선(人選)에서 보수파 편을 들어줬다고 비난하자, 링컨은 그들에게 자신은 미주리 세력 다툼에 관여한 적도 없고 앞으로도 관여할 마음은 조금도 없다고 잘라 말했다. 그러나 사태는 점점 더 악화되어서 링컨은 참다못해 1863년 5월 미주리 사람들에게 메모를 보냈다. '당신들 미주리 사람들이 자신들의 문제로 나를 이렇게 괴롭히는 것은 참을 수가 없습니다. 양쪽 세력이 몇 달을 두고 계속 나를 괴롭히면서 내 호소에는 모두들 마이동풍, 우습게들 생각하는 것 같습니다.'

링컨은 5월 말 이 귀찮고 한심한 세력 다툼을 끝내려고 과격파와 가깝다고 소문이 났던 커티스 사령관을 양쪽 사람들에게 미움을 덜 산 전 사령관 쇼필드로 갈아치웠다. 그는 쇼필드에게, "만일 양쪽 세력이 모두 장군을 심히 괴롭히거나, 아니면 양쪽이 모두 장군을 그대로 내버려두면, 장군은 일을 제대로 처리하고 있다고 믿겠소. 그러나 만일 한쪽은 장군을 물어뜯고 반대쪽은 장군을 칭찬하면, 장군은 극히 몸조심을 해야 하는 것으로 아시오"라고 충고했다.

링컨은 바로 이런 식이었다. 보수파들은 링컨이 차콜의 앞잡이라고 생각하고 있었는데, 그 반대로 과격파들은 대통령이 갬블 주지사 편을 들어서 쇼필드를 임명하여 노예주 세력들을 비호하려는 음모를 꾸미고 있다고 생각했다. 새로 부임한 쇼필드는 괭이같이 냄새를 피운다고 도무지 믿지 않았다.

과격파와 보수파들은 똑같이 링컨을 못살게 굴었다. 1863년 여름에 미주리 사람들은 노예들을 점진적으로 해방시키자는 의제를 갖고 토론했다. 링컨은 전부터 노예들을 점진적으로 해방시키자는 쪽이었다. 그는 언젠가 한 연방 하원의원에게, "당신과 나는 언젠가는 죽을 것이오. 그러나 우리들이 힘을 합하여 미주리 주에서 노예들을 해방시킨다면 그것으로 우리 세대의 과업을 다했다고 말할 수 있습니다"라고 말한 적이 있었다. 그는 이제까지 노예제도를 인정해왔던 접경주에서 과격파들이 주장하는 것같이 하루아침에 노예제도를 폐지한다는 것은 지극히 위험한 일이라고 주장했다. 그는 과격파들의 주장을 다음과 같이 비유했다. "노예제도를 인정해온 주들은 목 뒤에 혹이 있는 사람과 마찬가지입니다. 어떤 사람목 뒤에 혹이 났는데, 이 혹을 한꺼번에 제거하면 환자는 목숨을 잃을 것입니다. 환자의 혹을 조금씩 조심해서 치료하면 환자의 목숨을 살릴 수 있을 것입니다." 그는 미주리 주에서 일시에 노예들을 해방시키는 것보다는 점진적 노예해방을 주장하는 사람들이 자기의 생각과 부합하는 사람들이라고 자기의 의견을 밝혔으나 그렇다고 노예제도를 1870년까지 존속시키고 노예해방을 되도록 늦추자는 보수파 사람들의 의견은 받아들일 수 없다고 주장했다. 링컨은 이런 식으로 노예해방을 지연시키는 것은 노예신분에서 해방되어 지금 그 혜택을 누릴 수 있는 사람들에게는 차마 못할 일이라고 주장했다.

주지사 갬블은 링컨의 중립 자세에 화가 나서 백악관으로 대통령을 찾아갔다. 그는 보수파 제안을 대통령에게 강권했으나 링컨은 반응이 없었다. 화가 난 갬블은 링컨을 술수에 능하고 이치만 따지는 보잘것없는 정치꾼이라고 매도했다.

링컨의 중립 자세에 화가 나기는 과격파도 마찬가지였다. 그들은 찰스 D. 드레이크를 수석대표로 만들어 과격파 대표단을 백악관으로 파견해서 쇼필드 사령관의 해임을 요구했다. 그들은 죽기 아니면 살기 식으로 대통령에게 우리 편을 들 것인지 아니면 반대파를 지원할 것인지 밝히라고 불한당 패거리들처럼 대들었다.

미주리 주 알력 때문에 시간과 신경을 너무 많이 빼앗기고 멀쩡하게 일을 잘하고 있는 쇼필드 사령관을 갈아치우라고 억지를 쓰는 과격파들에게 화가 몹시 난 링컨은, 9월 30일 백악관을 찾아온 미주리 주 과격파 사람들을 쌀쌀하게 맞았다. 그는 쇼필드를 경질하라는 과격파의 요구를 일축하고 미주리 주 전체에 다시 계엄령을 내리면서 당장 노예들을 해방시켜서 군대로 편입시키는 조치를 인가했다. 그는 과격파 사람들에게 자기도 미주리에서 계속되는 혼란의 원인을 그들만큼 이해하고 있다고 말하면서, 전시(戰時)에는 "피가 뜨거워지면서 유혈사태로 발전할 수도 있습니다. ……서로 믿지를 못하고 의심을 하게 됩니다. 서로 반발과 보복만 생각하면서 타지에서 못된 새들이 날아오고 전갈류들이 활개를 칩니다. 그래서 혼란은 범죄로 악화, 발전되는 것이 전쟁입니다"라고 한탄했다. 그는 전시에는 극단 조치가 필요하고 그래서 쇼필드 장군은 극단 조치를 형편에 따라 효과적으로 수행한 사령관이라고 변호했다. 그는 과격파들에게 단호한 어조로 쇼필드 장군의 경질은 생각도 말라고 쏘아붙이고, "나는 내 임무라고 생각하는 일들을 밀어붙일 작정이오. 물론 여러 사람들의 의견을 참작은 해야겠지만 그러나 마지막으로 결단을 내리거나 유보시킬 사람은 나란 말이오"라고 과격파들을 몰아붙였다. 미주리 과격파들은 그때부터 링컨을 영원한 숙적으로 미워하게 되었다.

링컨은 미주리 문제를 만족할 수 있는 해결책은 없다고 생각했다. 그는 법무장관 베이츠에게, "이제 미주리에는 우리 편은 한 명도 없는 것 같습니다"라고 한탄하면서, 미주리 사태는 자기가 어렸을 때 밭을 갈면서 힘들던 때를 상기시킨다고 비유했다. 밭을 일구면서 뽑아버리기에는 뿌리가 너무 깊고 태워버리기에는 너무 축축한 나무뿌리를 만나면 할 수 없이 뿌리를 돌아 밭을 일구는 수밖에는 없다라고 말했다.

VI

자당(自黨) 내에서 일어나는 알력은 어쩔 수 없었으나, 그는 당 지도자로서 곧 다가오는 추계 선거에서 모든 공화 당원들이 단합하고 주전파 민주 당원들도 현정권이 지지하는 후보들을 지원해 주도록 종용했다.

1863년 가을 선거는 링컨과 공화당에게는 결정적으로 중요한 선거였다. 이 선거로 메인, 매사추세츠, 펜실베이니아, 오하이오, 위스콘신, 미네소타, 켄터키, 아이오와 주의 주지사들을 선출하게 되어 있었다. 이 선거에서도 1862년 선거 때처럼 민주당이 이기는 결과가 나오면, 공화당은 차기 대선에서도 어려울 전망이었다. 백악관 측근 한 명은 이번 가을 선거야말로 결정적이라면서, 만일 민주당이 이기면 대통령은 전쟁을 종결시키기 힘들어지고 남부 반란 세력은 새로운 활기를 찾아 전쟁을 계속할 것이라고 걱정했다.

링컨은 공화당 선거 요원들의 보고를 받으면서 각 지방의 선거들을 주시했다. 대통령은 전통적으로 선거에 직접 관여하지 않는 것이 상례였으나 링컨의 수하들은 대통령의 허락이 있건 없건 민주 당원의 선출을 막기 위해서 필요한 조치를 적극 취했다. 켄터키 주에서는 번사이드 장군이 계엄령을 선포하고 민주당 후보와 지지자들을 가두어, 링컨 정권이 지지하던 연방주의자 민주 당원 토마스 E. 브래믈레트를 주지사로 선출했다. 펜실베이니아 주에서는 공화당 주지사 커틴이 펜실베이니아 주 대법원장 조지 W. 우드워드와 경선에 맞붙었다. 우드워드 대법원장은 지난 9월 징병법의 합헌 여부의 재판을 담당했던 판사였다. 재무장관 체이스는 은행가 제이 쿠크와 전쟁으로 돈을 번 모든 은행 사람들을 동원해서 커틴을 지지하라고 종용했다. 체이스는, "커틴의 당락이 링컨 정권의 성패와 직결된다고 할 수 있으니까 모두 힘을 써달라"고 부탁했다. 커틴은 펜실베이니아 공무원들이 투표할 수 있도록 15일 휴가를 주자고 링컨에게 요청했고, 링컨은 이를 인가했다. 국방장관 스탠턴도 펜실베이니아 출신 군인들 중 공화당 쪽에 투표할 만한 군사들은 휴가를 주어 고향에 가도록 사령관들에게 지시했다.

오하이오 주에서는 민주당에서 밸런디감을 주지사 후보로 내세워 링컨에게는 눈의 가시였다. 대통령은, "진짜 애국자라면 어떻게 밸런디감 같은 자에게 투표할 수 있을까?"라며 한탄했으나, 링컨의 반대파 세력은 이 선거를 현정권과의 한판 정면대결로 끌고 갔다. 링컨은 오하이오 주지사 선거를 걱정스럽게 지켜보면서 기디언 웰스에게 1860년 자신의 대통령 선거 때보다 더 걱정이 된다고 말했다. 그는 아는 사람들에게 오하이오 주지사 선거에서 공화당 후보 존 브로우를 꼭 당선시켜야 된다고 주지시키면서 적극적으로 그의 선거를 지원해 달라고 부탁했다. 오하이오에서도 펜실베이니아와 마찬가지로 공무원들이나 군인들에게 휴가를 주어 고향으로 돌아가 투표를 하게끔 했다. 오하이오가 자기 출신 주인 재무장관 체이스는 브로우를 위해서 유세를 다녔고, 일리노이 주지사 예이츠와 인디애나 주지사 몰턴도 브로우를 위해서 선거유세를 했다.

링컨의 출신지 일리노이도 마찬가지로 중요한 주였고, 이곳에서는 링컨이 고향이란 이유로 선거에 직접 관여할 수 있었다. 이상하게도 일리노이 주에서는 게티스버그와 빅스버그에서 연방군이 크게 이겼다는 소식이 어떻게든 전쟁을 끝내자는 운동으로 연결되어 일리노이 주 공화 당원들은 대통령에게 직접 지원을 요청했다. 게티스버그와 빅스버그에서 연방군이 대승하기 전부터, 6월 17일 스프링필드에서는 민주당 상원의원으로 선출된 윌리엄 A. 리처드슨 주동으로 반전 평화궐기대회가 소집되었다. 이 궐기대회에 참여한 일리노이 주민들은 민주 당원들의 신랄한 반정부 연설을 들은 뒤, 연방을 전처럼 복원시키고 전쟁은 이제 끝내야 한다는 선언서를 결의했다.

링컨은 북부 여러 곳에서 결의하는 이런 반정부 선언서들은 근본적으로 틀렸다고 믿었다. 연방을 전쟁 이전 그대로 복원하자는 것은 노예해방 선언문도 취소하고 그동안 노예제도에 관해 정부가 취했던 여러 가지 조치들을 모두 무시하자는 것이었다. 그것은 또한 연방군에 흑인들은 편입시킬 수 없다는 결과를 초래하는 주장이었는데, 이때 흑인군사들은 미시피 강 허드슨 요새에서 수훈을 세웠고 찰스턴 항에서는 로버트 굴드 쇼 대령이 이끌던 제54 흑인 보병연대가 왜그너 포대를 점령하지는 못했지만 딴 백인부대에 앞서 용감하게 포대를 공격한 일도 있었다.

대통령이 보기에는 남부와 평화 협상을 벌리자는 것도 말이 안 되는 소리였다. 게티스버그 전투와 빅스버그 함락으로 이제 연방정부가 확고하게 나가기만 하면 곧 와해될 반란 주들과 무엇 때문에 협상해야 하는지, 협상은 말이 안 된다고 링컨은 존 헤이에게 말했다. 링컨은 이제 군대가 남부를 장악하고 있다고 확신했다. 연맹군은 제퍼슨 데이비스가 원했으므로 존재하는 군이었기에 연방군과 싸울 수도 있고, 어쨌든 남부 주민들을 관장하고 있었다. 만일 연맹군이 없다면 남부 주민들은 전쟁 전 체제로 돌아설 것이 분명했다. 그러니까 연맹군이 평화를 원하게 될 때까지는 진정한 협상이란 불가능했다. 이런 이유로 링컨은 남부 연맹의 부통령 알렉산더 H. 스티븐스가 잠시 휴전을 조건으로 포로교환을 협상하기 위해서 워싱턴으로 오겠다는 것을 거절했다. 전쟁 전 스티븐스와 가까웠던 링컨은 먼로 요새로 가서 스티븐스를 만나보고 싶었으나, 내각과 상의한 뒤 데이비스 정권과 어떤 공식적 접촉도 안 하기로 결정했다. 적과 평화 협상을 하는 것 같이 보이면 적에게 이로울 것이었다.

제임스 C. 컹클링이 9월 3일 스프링필드에서 "나라의 법과 질서를 위하고 합헌적 정권을 지지하기 위하여" 궐기대회를 가진다고 전했을 때, 링컨은 즉석에서 자신의 입장을 직접 국민들에게 밝히기 위하여 참석하겠다고 응답했다. 컹클링은 링컨에게 군중들은 대통령을 열광적으로 환영할 것이며, 전 국민이 대통령을 축하해 줄 기세라고 전하면서 일리노이주에서는 공화 당원들이 이미 선거운동을 시작했고, 모두들 차기 대통령 선거도 준비하기 시작했다고 전했다.

대통령은 정말로 스프링필드 군중 궐기대회에 참석하고 싶었다. 그러나 로즈크랜스가 드디어 오랫동안 기다려왔던 채터누가 작전을 시작한다고 해서 그는 워싱턴에 남아 있어야 했다. 그는 컹클링에게 군중대회에서 대독할 편지를 보내면서, "이 편지를 아주 천천히 읽어주시오"라고 부탁했다. 그는 국민들이 자기의 의견을 잘 알아들었으면 하고 희망했다.

이 연설문은 링컨 정권의 정책에 관해서 추호의 양보도 없는 결정적 사자후(獅子吼)였다. 그는 연방에 조건 없이 충성해온 모든 사람들에게 감사한다고 연설을 시작했으나 연설문의 전체 내용은 공화당 정책의 설명과 변호였다. 그는 자기가 "협상을 통한 평화"를 거부한다는 반대파의 비난을 일축하면서, 자신은 반군으로부터 평화 협상에 관한 제의도 받은 적이 없고 그런 기미도 없었다고 말했다. 그는 이어서 반대파들이 위헌이라고 공박한 노예해방 선언문을 변호했다. 링컨은 "본인은 절대로 그렇게 생각하지 않습니다"라면서, "본인은 헌법에서 전시(戰時)에는, 전시에 적합한 법을 군 총수인 대통령에게 허용하고 있다고 믿습니다"라고 주장했다. 그리고 그러한 전시법에는 필요하다면 노예를 포함한 모든 적산(敵産)을 몰수할 수 있다고 주장했다. 그는 군사적 필요에 따라서 노예들에게 자유를 약속했고, 일단 약속한 이상 이 약속은 이행해야 한다고 주장했다. 노예들을 해방시키기 위한 전쟁은 안 하겠다고 주장하는 반대파에게 링컨은, "그렇다면 연방을 보존하기 위해서 싸우시오!"라고 대답했다. 그러나 이제 평화를 찾으면 많은 흑인들은 자신들이 인류의 희망에 일조했다고 생각하는 반면, 어떤 백인들은 자신들이 인류의 희망을 방해했다는 것을 잊을 수 없게 될 것이라고 매도했다.

그는, "사태는 호전되었습니다"라면서 서부 군은 빅스버그를 점령함으로써 물의 근원이라고 부르는 미시시피를 장악하여 이제 미시시피는 바다까지 막히지 않고 흐르게 되었으며, 뉴잉글랜드, 뉴욕, 펜실베이니아, 뉴저지 군대는 반군을 진압했고, 남부에서는 유색인들도 연방군으로 참전하여 큰공을 세웠다고 치하했다. 그는 우리 "연방군의 오리발"은 이제 다닐 수 없는 강이나 항만, 늪을 모두 정복했다고 치하했다. 그는 이 모든 군사들 덕분에 이 위대한 공화국은 인류의 밝은 장래를 위한 원칙을 갖게 되었다고 치하하며, 우리 모두가 군사들에게 감사하자는 말로 연설문을 끝냈다.

스프링필드 궐기대회에 모인 5만 내지 7만 5,000의 군중들은 대통령의 메시지를 열광적으로 환호했고, 전국 주요 신문들은 대통령의 메시지를 전문 게재했다. 친민주당 신문「뉴욕 월드」는 링컨의 연설문을 선거유세라고 비판했으나 대통령을 지지하는 사람들은 훌륭한 연설이었다고 찬사를 보냈다. 매사추세츠 출신 헨리 윌슨 상원의원은 이 연설을 고귀하고 애국적인 기독교인의 연설이라고 극찬했고, 찰스 섬너도 진실되고 애국적인 역사적 문서라고 칭송했다. 뉴욕 시에서는 이 연설을 군중들에게 다시 읽어주었는데, 모인 군중들은 소리를 지르며 갈채 했고 감격해서 눈물을 흘리는 사람들도 많았다.「뉴욕 타임스」는 냉철하지만 사려가 깊고 흔들리는 일 없이 정직한 에이브러햄 링컨 같은 지도자가 국가의 위기를 현명하게 처리해 나가는데 온 국민은 깊은 감사를 느낀다는 논설을 실었다. 「시카고 트리뷴」도 이 연설문은 지극히 명쾌하고 강력한 연설문으로 링컨 씨 같은 사람이나 쓸 수 있는 명문이라고 극찬하고, '올드 에이브에게 하느님의 축복이 있을 것'이라고 논설을 끝냈다.

링컨 연설문에 대한 열광은 9월 말 연방군의 실전(失戰)으로 열기가 약간 식었다. 링컨은 9월 21일 아침, 존 헤이 침실로 들어와 침대에 걸터앉아 "헤이 군, 내가 걱정했던 것 같이 로즈크랜스가 되게 얻어맞은 것 같아. 여러 날 걱정이 되더니만 말이야. 이런 변을 당할 땐 며칠 전부터 기분이 이상해지고 미리 느낌이 오는 것 같군"이라고 말했다. 로즈크랜스는 채터누가를 지나서 더 깊숙이 진군했는데, 반군은 치카모가 전투에서 연방군을 치명적으로 두들겨 팼다. 연방군이 매우 위태할 때 조지 H. 토마스 장군의 분투로 컴벌랜드 군은 간신히 참패를 면했고, 이후 연방군은 채터누가 시에 갇혀, 모든 지원이 단절되었는데 이때 링컨은, "로즈크랜스는 머리를 한 대 얻어맞은 오리같이 꿈쩍도 못하고 있다"고 한탄했다.

상황이 너무 심각해지자 스탠턴은 군인의 집에 가 있는 대통령을 불러서 9월 23~24일 밤에 긴급 군사회의를 열었다. 그는 로즈크랜스가 열흘 이상은 지탱하지 못할 것이니 당장 지원군을 보내야 한다고 주장했다. 그는 미드가 현재 급한 작전이 없으니까 포토맥 군에서 3만 명을 차출해서 버지니아, 애팔래치아 산맥, 켄터키, 테네시를 기차로 가면 닷새 안에 도달할 수 있다고 말했다. 링컨은 전에도 이런 계획을 세웠다 군대가 꾸물거리는 바람에 실패했던 일을 상기하고, "오늘 명령이 나가도 군사들을 워싱턴에 모으는데 닷새는 걸릴 것"이라고 말하면서 스탠턴의 제안을 믿지 않았다. 스탠턴은 자신 있다고 반발하면서, 조셉 후커 밑에 있는 제11 군단과 제12 군단을 즉시 동원해서 2만 명 군사와 3,000 군마를 버지니아로부터 테네시 동부까지 1,200마일이나 되는 거리를 기차로 운송, 로즈크랜스를 지원함으로써 링컨을 놀라게 했다.

링컨은 곧 오하이오, 컴벌랜드, 테네시의 서부 군을 하나로 통합해서 미시시피 군을 새로 편성한 뒤 사령관에 그랜트 장군을 임명하고 로즈크랜스는 토마스 장군으로 경질, 교체했다. 그랜트는 10월 말경에 채터누가를 점령하고 연방군은 브래그스 연맹군을 조지아로 몰기 시작했다.

그랜트의 승전보는 공화당에게는 감우(甘雨)같이 반가운 소식이었다. 연방군이 우세로 돌자 아이오와 공화 당원들은 선거에서 주 전체를 휩쓸었다고 보고해왔다. 펜실베이니아 주지사 선거에서도 커틴의 재선이 확실해지면서 대통령에게, "펜실베이니아는 모두 각하를 지지하며 메인 주부터 캘리포니아 주까지 전국이 연방과 함께 움직입니다"라고 전해왔다. 링컨에게 제일 반가웠던 소식은 오하이오 주지사 선거에서 밸런디감이 형편없이 참패했다는 것이었다. 공화당은 다음달 뉴욕 선거에서도 완승했다. 한 민주 당원은 전국적 선거 결과에 기가 막혀서, "공화당이 완승했고 앞으로 국민들은 현정권이 반민주적 행정을 강행해도 묵인해 줄 것 같다"라고 한탄했다.

공화 당원들은 이번 선거에서 크게 이긴 이유를 대통령의 대 국민 연설문, 특히 컹클링에게 보낸 연설문 덕분이라고 칭송했고, 코닝과 버차드에게 보낸 밸런디감에 관련된 편지와 징병에 관해 시무어에게 보낸 공한 또한 훌륭했다고 칭송했다. 공화당은 선거 뒤 이 연설문들을 모두 모아서 『국가정책에 관한 링컨 대통령의 편지들』이란 22페이지 책자로 만들어 8센트씩에 판매했다. 이 책자가 유권자들에게 미친 영향을 정확하게 판단하기는 어렵지만, 메인 주지사 이스라엘 워시번은 링컨에게 메인 주 선거는 현정권을 전폭적으로 지지하는 결과이며, 컹클링에게 보낸 편지가 유권자들의 마음을 돌리는데 큰 일조(一助)를 했다고 전해왔다.

　공화당의 전승이 분명해지면서 링컨은 전에 없던 인기를 누리게 되었다. 항상 대통령과 현정권을 못마땅하게 비평하던「시카고 트리뷴」조차 링컨은 나라에서 제일 인기가 높은 사람이라면서 올드 에이브가 지금 대선에 나서면 어느 누구의 도움 없이도 문제없이 대권을 유지할 수 있을 것이며, 그것은 링컨의 특출한 능력과 진정한 애국심, 의문의 여지가 없는 정직성 때문이라고 대통령을 극찬했다.

VII

　1863년 가을에는 채터누가 전투를 제외하고는 전쟁이 전반적으로 정체 상황에 들어갔다. 달그렌 제독이 지휘하는 연방 해군 함대는 계속 찰스턴 항을 포격했으나 결정적 승리는 얻지 못했다. 버지니아 북부에서는 미드 장군이 리 군과 계속 소규모 소모전을 벌였고 대규모 접전은 없었다. 대통령은 전에 없이 시간적 여유가 생겨서 특수한 귀마개를 발명해서 군에 납품하겠다는 헛터 부인도 만나고 L부인의 사촌을 재무성에 추천해 주는 한가한 일들도 챙겼다.

　메리가 산악지방 휴양지에서 건강해져서 돌아오자 백악관의 사교 행사도 다시 시작되었다. 링컨 부부는 극장 구경도 다시 함께 가서 매기 밋첼이 주연한 〈귀뚜라미 팬천〉이란 연극을 포드 극장에서 관람했다. 그러나 메리는 11월 12일, 재무장관 체이스의 딸 케이트 체이스가 로드아일랜드의 상원의원이자 백만장자인 윌리엄 스프레이그와 결혼할 때는, 핑계를 대고 결혼식에 링컨만 보냈다. 메리는 케이트 체이스가 자기보다 젊고 더 예쁘고 더 날씬하다는 이유와 수도에서 사교계의 제일인자 노릇을 하려한다고 질시했고, 케이트가 자기 아버지 샐먼 체이스의 대권 선거운동을 준비하고 있다고 의심했는데 이것은 사실이었다. 어쨌든 부인을 동반하지 못한 링컨은 결혼식에서 일부러 딴 때보다 오랜 시간을 머무르며 고역을 치렀다.

비교적 조용하고 시간이 생긴 링컨은 다시 국민들에게 보내는 메시지를 생각했다—이번에는 코닝, 버차드, 시무어, 컹클링에게 보냈던 메시지와는 달리 국민들에게 나라 전체가 겪고 있는 이 거대한 전쟁의 의미가 무엇인지를 설명하고자 했다. 링컨은 장시간 이 문제에 관해서 숙고해왔다. 게티스버그와 빅스버그 전투 소식이 들렸을 때, 링컨은 백악관에 모인 군중에게 두 곳의 전투가 독립기념일과 일치한 것은 우연이자 필연이라고 말한 적이 있었다. 80여년 전 7월 4일 인류 역사상 처음으로 민중의 대표들이 모여서 '만인은 평등하게 태어났다' 란 진리를 선언한 날, 두 곳에서 연방군이 대승한 것은 독립기념일을 가장 적절하게 자축한 것이라고 그는 말했다. 남부 반란은 바로 이러한 원칙을 뒤엎으려는 것인데, 그 반란 세력들이 독립기념일에 치명적인 패전을 당한 것이었다. 그러나 이때만 해도 대통령의 논리는 아직 충분히 정리가 안 된 상태라 그는, "여러분, 오늘은 영광스러운 날이고 연설을 해야 할 날이지만 저는 오늘 이 기쁜 소식에 걸맞는 연설을 할 준비가 되어 있지 않습니다"라고 즉흥연설을 끝냈다.

이후 몇 달간 대통령은 계속 전쟁의 의미에 대해서 숙고했다. 게티스버그와 빅스버그의 대첩 이후 북부 사람들은 전쟁이 곧 끝날 것이라고 믿어서, 전후 남부 반란 주들을 어떤 방식으로 연방에 복원시킬까를 논의하기 시작했다. 링컨은 논의가 더 진전되기 전에 전쟁의 의미를 정의해야 한다고 생각했다. 많은 사람들은 대통령이 직접 국민에게 이 내전의 의미를 정의하고, 왜 그렇게 큰 희생이 필요했는지 직접 설명해야 한다고 종용했다. 게티스버그와 빅스버그 전투 소식이 전해지기도 전에 링컨의 대 국민 메시지, 올버니 민주 당원들에게 보낸 링컨의 답서를 읽고 감탄했던 호러스 그릴리는, 링컨에게 '전쟁의 원인과 평화 복구의 필수조건'이란 제목으로 대 국민 메시지를 발표해 달라고 종용했다. 보스턴에서 철도사업으로 큰돈을 번 사업가 존 머리 포브스란 사람도 대통령은 이제 북부 주민들과 남부 연방 주민들에게 이 전쟁은 남과 북이 싸운 것이 아니라 민중과 귀족계급의 투쟁이었다는 것을 밝혀야 한다고 주장했다. 포브스는 대통령이 이 좋은 기회를 포착해서 이 전쟁은 민주주의를 위한 전쟁이고 자유체제를 정립하기 위한 전쟁이란 기본 이념을 국민들에게 설득시키면 반란은 곧 진압될 것이라고 주장했다.

  선거가 끝난 뒤 11월 포브스가 바라던 기회가 왔다. 수천 명이 전사한 게티스버그에서, 죽은 군인들의 신분을 확인하고 다시 매장한 뒤 그 묘지를 봉헌하는 기념식에 대통령이 참석해 달라는 요청이 왔다. 이 기념식에서 주제 연설을 맡은 사람은 전 하버드 대학 총장이자 전 미합중국 상원의원이었고, 국무장관을 지냈던 에드워드 에베레트로 상당히 긴 연설이 예정되어 있었다. 게티스버그 묘지봉헌위원회는 대통령에게 국가 최고책임자로서 이 성역을 봉헌하는 예식에 참석해서 간략하게 한마디 해달라고 요청했다. 그렇다고 봉헌위원회 회장 데이비드 윌스와 위원들이 대통령 참석을 와도 좋고 안 와도 좋다고 생각한 것은 아니었다. 그들은 대통령이 꼭 참석하도록 대통령의 측근이었던 워드 힐 라몬에게 비공식적으로 접촉했고, 대통령의 참석이 확정되자 라몬을 봉헌행사 행진대열의 총책으로 임명했다.

링컨은 봉헌식에 참석하겠다고 전한 뒤, 11월 19일에 해야 할 이 간략한 연설에 대해서 깊이 장고했다. 링컨은 이 연설을 극히 중요하게 생각해서 게티스버그 묘지의 조경을 맡은 윌리엄 선더스를 백악관으로 불러, 전투 당시 전황보고로 이미 자세히 알았으나 실제로는 한 번도 가보지 않았던 게티스버그의 지형을 자세히 묻고 의논했다. 링컨은 백악관 문장이 들어간 편지지에다 자기가 게티스버그와 빅스버그 전투 이후 생각한 것들을 메모하기 시작했다. 그는 이번에는 사실(史實)을 정확히 검토해서 전처럼 독립선언이 80여년 전이라 하지 않고, '87년 전(Four score and seven years ago)'이라고 연설문 시작을 적었다. 그는 그동안 많이 생각해 온 주제이기 때문에 이 연설문을 막힘 없이 적어나갔다. 그러나 첫 페이지 마지막 부분에 와서는 단어 선택에 확신이 안 갔는지 문장 끝에 '오히려 우리 살아 있는 사람들이 이곳에 서서……'란 부분에서 세 단어를 지워버리고, '우리가 몸을 바쳐야 하겠습니다'로 끝냈다. 그는 연설문 마지막 대목이 마음에 안 들었던지 게티스버그로 떠나기 바로 전 제임스 스피드에게 시간이 없어서 연설문을 반밖에 끝내지 못했다고 말했다.

그러나 11월 18일 백악관을 떠날 때쯤 연설문은 링컨의 머리 속에 다 정리가 되어 있었고, 마지막 손질만 남아 있었다. 그는 연설문의 단어들을 신중하게 선택했고 긴 말보다는 짤막한 말을 쓰고, 라틴어에서 유래한 단어보다는 앵글로-색슨 언어에서 유래한 어휘를 선택했다. 그는 첫마디부터 'Four score'란 두 단어로 운을 맞추어 웅장한 음악적 효과를 찾았고, 다음에도 "우리는 이 땅을 봉헌할 수도 없고, 우리는 이 땅을 신성화할 수도 없으며, 우리는 이 땅을 정화(淨化)할 수도 없습니다"란 반복화법으로 강조의 효과를 얻었다. 그는 또한 대조법을 이용하여 산 사람과 죽은 사람이라든지, "우리가 여기서 하는 말"을 "그들이(군인들) 여기서 한 일"로 조응하여 대조의 효과를 노렸다. 그는 의식적이건 무의식적이건 자기 머리에서 항상 떠돌던 간단한 어휘들을 사용하고 이상하거나 낯선 어휘를 피했다. 링컨의 연설문은 여러 부분을 킹 제임스(King James)판 성경에서 인용했다. 마지막 부분 '국민의, 국민에 의한, 국민을 위한 정부'는, 1830년 대니엘 웹스터의 '국민을 위해 만들고, 국민에 의해서 만들어진, 국민에게 책임을 지는 미국 정부'란 구절을 인용한 것 같기도 하고, 아니면 헌던이 말했던 시어도어 파커 설교문에서 민주주의를, '모든 사람의 정부, 모든 사람에 의한 정부, 모든 사람을 위한 정부'라고 정의한 것을 인용했을 가능성도 있다. 링컨 자신도 1861년 7월 국회에 보낸 메시지에서 미합중국을, '국민의 정부, 국민에 의한 민주주의'란 구절로 표현한 적이 있었다.

링컨은 과거에서 현재로, 현재에서 미래로, 연설을 개진하면서 모래시계 같은 형태를 취했다. 그는 연설 시작에서는 게티스버그 전투까지 일어난 일들을 상기했고, 현재에 대해서는 세 구절로 언급하면서, 마지막 부분에서는 원대한 국가 장래를 논했다. 그는 일부러 추상적 논조를 이용하면서 게티스버그 전투나 지금 봉헌하기 위해서 모인 게티스버그 묘지에 관해서 특별히 언급하지는 않았다. 그는 남부나 연맹에 대해서도 구체적인 언급을 피했고, 포토맥 군이나 군사령관의 이름도 언급하지 않았다. 그는 계획적으로 특정 사건을 총괄적 논리로 확대해서 전개시켰다.

링컨은 게티스버그 연설문을 게티스버그에 도착하기까지 아무에게도 보여주지 않았고, 자기가 왜 이 봉헌식 초청을 수락했는지 아무에게도 설명하지 않았고, 이 연설로 무엇을 성취하려 생각하는지 아무에게도 상의한 적이 없었다. 그러나 이 연설문을 읽어보면 그의 목적이 무엇이인지 분명히 알 수 있다. 링컨은 자기 연설문을 기초하면서 주제 연설을 맡은 에드워드 에베레트가 무슨 말을 할지 확실히는 몰랐으나, 전 온건파 휘그당에 속했던 에베레트가 무슨 말을 할지 대강은 짐작할 수 있었다. 에베레트는 남쪽 사람들과 북쪽 사람들이 한 줄기에서 나온 사람들로서 말도 같고 신앙이나 법도 같다는 공동성을 강조할 것이고, 헌법에 기초해서 조속한 시일 내에 연방을 복원해야 한다고 주장할 것이다. 에베레트의 연설은 협상을 통한 평화 운동을 재론하게 만들 수도 있고, 전쟁 전 그대로의 연방 복구를 주장할 수도 있었다. 말하자면 헌법에 보장된 주 자주권이라든가 주의 권한, 즉 노예제도 같은 주 제도를 복구하자고 주장할 수도 있는 것이었다.

보수파들이 에베레트의 연설을 빌어 이런 주장을 할 수도 있다고 예견한 링컨은 컹클링에게 보낸 자기의 주장—연맹과는 협상을 통해서 평화를 찾을 수는 없다는 주장—을 다시 확인하는 것이 중요하다고 생각했다. 그는 게티스버그 연설에서 미합중국은 단순한 정치적 연합이 아니라 하나의 국가란 것을 다섯 번이나 강조했다. 링컨은 하나의 나라란 개념은 연방정부의 권한을 제한했던 1789년 헌법보다 더 선행한다고 믿었다. 그는 하나의 나라란 개념은 1776년 독립 선언 때 시작되었다고 믿었다. 연설문 처음의, '우리 국부들께서는 자유에서 착상됐고 만민 평등의 대전제에 입각한 새로운 나라를 이 땅에 건립했습니다' 란 말은 독립선언서에 기초한 것이었다. 이것은 링컨이 이번에 새롭게 주장하기 시작한 개념은 아니었다. 그는 대통령 취임연설에서 연방이 헌법보다 먼저란 사실을 밝힌 적이 있었다. 이러한 주장은 미국 정치에서도 새로운 개념은 아니었고, 휘그당에서는 대니엘 웹스터가 일찍부터 이런 사상을 주장해서 이 개념은 휘그당의 근본이라고 할 수 있었다. 그뒤 연방정부의 권한을 확대하려던 정치인들은 모두 한결같이 헌법에서 인정한 주 자주권보다는 독립선언서에서 주창한 자유가 더 옳은 것이라고 주장해왔다.

링컨은 독립선언을 인용하면서 게티스버그에 모인 사람들뿐만이 아니라 자기의 연설을 읽을 모든 국민들에게 미 연방은 헌법에서 보장한 자유만이 아니라, 모든 인간은 동등하게 태어났다는 이상에 기초를 둔 국가란 것을 상기시키고자 했다. 연맹국이 이러한 이상을 존중하지 않는다는 사실은 다시 언급할 필요도 없이 자명한 사실이었다. 그 대신에 링컨은 세대(世代)라던가 잉태(혹은 着想)라던가 하는 비유의 어휘로써 이 국가의 근원은 독립선언서란 것을 강조했다. "이곳에서 싸우다가 전사하신 분들이나 살아남은 모든 용감한 분들"이 독립선언서의 기본 권능을 부활시켰고, "이분들이 헌신하신 그 대의에 보다 더 큰 헌신을 맹세해야 하고 우리 모두가 여기서 돌아가신 이분들의 죽음이 헛되지 않도록, 그리고 하느님이 보우하시는 이 나라가 새로운 자유 속에서 다시 태어날 수 있도록 해야 한다"고 말했다.

모두 합쳐야 272자밖에 안 되는 단어로 압축된 이 연설에서 링컨은 현 정부의 정책을 변호했고, 왜 이렇게 지독한 전쟁을 계속해야 하나를 설명했고, 이 희생으로 국민의, 국민에 의한, 국민을 위한 정부는 이 지구상에서 영원히 존속할 것이라고 확인했다.

링컨이 이렇게도 세심하게 연설을 준비했는데, 하마터면 게티스버그에 가지도 못할 뻔했다. 게티스버그에 떠나기로 예정된 날 갑자기 태드가 아파서 아침도 먹을 수 없게 되자, 얼마 전에 윌리를 잃은 메리는, 남편이 자기를 혼자 두고 떠난다고 광적인 발작을 일으켰다. 링컨은 게티스버그 연설을 중요한 행사로 생각했고 자기의 연설문을 자기가 직접 낭독해야 한다고 믿어서 메리의 광적인 바가지를 무시하고, 정오에 네 개로 구성된 특별기차 편으로 워싱턴을 떠났다. 내각 전원이 초대를 받았으나 수어드와 블레어, 내무장관 존 P. 어셔만이 대통령을 수행했다. 하필이면 수행한 장관들 셋이 다 보수파란 것을 알고 모두들 말이 많았는데, 미합중국 재무관 자리에 앉아 있던 프랜시스 E. 스피너는 "사자(死者)들이 사자(死者)들을 파묻게 내버려두자"고 비아냥거렸다. 대통령을 수행한 사람들은 장관들 이외에도 대통령 비서 니콜라이와 헤이가 있었고, 링컨의 흑인 시중꾼 윌리엄 존슨과 이 봉헌식에 부를 성가를 작곡한 벤저민 B. 프렌치란 사람, 라몬과 외교 사절, 외국에서 온 방문객들, 해병 군악대와 부상군 경호대가 같이 좇아왔다. 대통령은 기분이 좋은지 기차에 같이 탄 사람들과 농담을 하며 소리내어 웃기도 했다. 한 정거장에서는 예쁜 여자아이가 대통령이 탄 기차 창문으로 장미 꽃다발을 들이밀면서, "대통령님께 드리는 꽃"이라고 말하니까 링컨은 허리를 굽혀 소녀에게 입을 맞추곤, "아가야, 너도 이 꽃처럼 예쁘구나. 앞으로 너도 이 꽃처럼 예쁘고 착하게 피길 바란다"라고 좋아했다.

대통령 일행은 오후 5시 게티스버그에 도착했고, 기차역에는 데이비드 윌스와 에드워드 에베레트가 마중을 나왔다. 링컨은 역에서 스탠턴의 전문을 읽고 마음이 놓였다. 스탠턴은 '미세스 링컨께서 아드님이 오늘 저녁 큰 차도가 있다고 전해 주셨습니다'란 전문을 보내왔다. 링컨이 웅장한 데이비드 윌스 저택에서 저녁식사를 끝냈을 때, 사람들은 저택 앞에 모여 서서 제5 뉴욕 포병대 군악대의 연주가 끝난 후, 링컨에게 연설을 요청했다. 링컨은 연설을 못하겠다면서 그 이유가 몇 가지 있지만 제일 큰 이유는 하려고 해도 할 연설을 갖고 있지 않다는 것이었다. 링컨은, "저 같은 자리에 있으면 바보 같은 말은 안 할 수 있으면 되도록 안 하는 것이 낫다고 생각합니다"라면서 모인 사람들에게 사과했다. 한 사람이, "바보 같은 소리를 안 할 수가 없겠지"라고 큰소리를 지르니까, 링컨은 "그렇지요. 바보 같은 소리를 자주 하니까 이번에는 안 하도록 하겠습니다"라고 응수했다.

이번 봉헌식에 참석하러 온 홀랜드 대사는 링컨의 대답을 한심한 소담(笑談)이라고 못마땅하게 평했는데, 어쨌든 링컨에게서 신통한 연설을 못 들은 군중들은, 수어드가 묵고 있는 방으로 찾아가 연설을 부탁했다. 수어드는 군중들이 바라던 내용의 연설을 했다. 그는, "미국이 인류 역사상 가장 다채롭고 광활하고 아름답고 웅장한 역사를 창출할 수 있는 유일한 나라"라고 정의했다. 그러나 남부 사람들을 계속 친구라고 부르고 형제라고 말하면서 이번 전쟁의 유일한 목적은 민주 정부의 기본 원칙을 재확인하자는 것으로 규명한 수어드의 연설은 다음날 링컨이 하려던 연설과는 내용에 너무 차이가 있었다. 그래서인지 링컨은 윌스 호텔 자기 방에서 연설을 마지막으로 손질한 뒤 수어드가 묵고 있는 방을 찾아가 연설 원고를 큰소리로 읽었다고 한다.

19일 아침 링컨은 마지막으로 연설 원고를 점검한 뒤, 10시경 윌스 호텔 정문에 나타났다. 그는 이날 아침 검은색 새 옷을 차려 입고 흰 장갑을 끼고 있었으며 실크해트에는 죽은 아들 윌리를 기리는 검은 상장을 두르고 있었다. 그날 키가 유난히 큰 링컨에게 너무 작은 말이 배정되었는데 사람들이 많이 모여서 행렬은 지연되었고, 링컨은 그를 보러 모여든 많은 주위 사람들의 환영에 일일이 악수로 답례했다. 행렬 선두에는 4개조 군악대가 앞장을 섰고, 대통령과 장관 3명, 군 장성들, 묘지 봉헌위원회 대표들이 참석해서 호텔부터 묘지까지 4분의 3마일 되는 거리를 행진했다. 대통령은 시종 표정이 근엄했고, 생각에 잠겨 있는 것 같이 보였다.

연단에 도착한 대통령은 북부 주지사들과 인사를 나눈 후, 아직까지 나타나지 않은 에드워드 에베레트를 기다려야 했다. 방광이 좋지 않았던 에베레트는 봉헌위원회 사람들에게 부탁해서, 연단 바로 옆에 작은 천막을 마련해서 연설을 시작하기 바로 전에 배뇨를 할 수 있도록 준비를 했다. 우선 국회 하원 담당 목사의 지루한 장시간의 축도가 있었고, 에베레트가 장장 2시간의 긴 연설을 읊었다. 에베레트의 연설은 사람들이 기대했던 것만큼 웅변은 아니었고, 주로 군 보고서를 기초로 해서 나라의 운명이 걸렸던 사흘 간의 게티스버그 전투의 재연이었다. 에베레트는 그 긴 연설을 암기했는지, 원고를 보지도 않고 읊어 내렸는데 후일 그는 자기가 원고를 보지 않고 연설을 했기 때문에 어떤 부분은 잘 기억을 못했고 어떤 부분은 너무 간략하게 줄였고 또 연설 중 생각나는 대로 바꾼 부분도 있었다고 회고했다. 군중들은 4시간이나 되는 긴 시간을 용케 참고 경청했고, 연설이 끝날 무렵에야 몇몇 사람이 연설장을 떠나 전지(戰地)를 살펴보았다. 벤저민 B. 프렌치에 의하면 에베레트의 연설은 감동적이었고, 많은 사람들이 여러 번 눈시울을 적셨다고 회고했다. 에베레트의 연설이 끝나자 링컨은 연사의 손을 꼭 잡고, "참으로 훌륭하십니다. 진심으로 감사드립니다"라고 말했다.

다음에는 봉헌식을 위하여 새로 작곡했으나 별로 신통치 않은 프렌치의 찬송이 있었고, 라몬이 일어서서 미합중국 대통령을 큰소리로 소개했다. 링컨은 동부 사람들에게는 생소하게 들리는 켄터키 사투리로 높고 꿰뚫는 듯한 목청으로 연설을 시작했다. 에베레트의 긴 연설에 잠시 웅성대던 청중들은 마침 대통령을 찍으려고 사진기를 준비하던 사진사에게 시선들이 쏠렸다. 청중들은 대통령의 연설도 에베레트의 연설만큼 길 것으로 예견했는데, 링컨은 곧바로 "국민의, 국민에 의한, 국민을 위한 정부가 이 지구상에서 영원히 존속되도록"이라고 말하고 자리에 앉아버렸다. 대통령의 연설은 어찌나 짧았던지 그곳에 참석했던 사람들의 당시 기억은 서로 엇갈렸다. 혹자는 링컨이 연설을 암송했다고 기억했고, 혹자는 링컨이 원고를 보면서 연설했다고 주장했다. 혹자는 링컨이 연설을 하면서 제스처를 썼다고 기억했고, 혹자는 링컨이 "하느님이 보우하시는 이 나라"를 연설에 삽입했다고도 했고 안 했다고도 주장했다. 심지어는 링컨이 연설 도중에 박수 때문에 연설을 중단했었나 안 했었나가 논란의 대상이 되기도 했다.

연설을 끝냈을 때, 링컨은 자신의 연설이 실패였다고 생각했다. 그는 자리에 앉으면서 라몬에게, "라몬, 이 연설은 가래질이 안 됐어(scour, 켄터키 지역 농사꾼의 말로 밭의 땅을 제대로 못 갈았다는 뜻―옮긴이)"라고 말했다. 링컨이 게티스버그 연설을 실패로 낙심한 것은 연설이 너무 짧아서 청중들과 교감할 사이도 없었고, 청중들은 연설의 의미를 음미할 사이도 없이 연설이 끝났기 때문에 별다른 반응을 보일 시간이 없었기 때문이다. 링컨은 이때 여행으로 피곤하기도 했고, 열병이 막 시작될 무렵이어서 연설의 반응을 제대로 판단할 만큼 정신이 맑지도 않았다.

연설을 직접 들은 사람들의 반응이 당장 어땠는지는 확실치 않으나 이 연설이 점차로 일반 국민에게 미친 영향은 재론할 필요가 없었다. 거의 모든 신문들은 게티스버그 묘지봉헌식을 보도하면서 에베레트의 연설을 높이 평가했으나 링컨의 연설은 극찬했다.「시카고 트리뷴」이 제일 먼저, '링컨 대통령의 연설은 인류사에 남을 것'이라고 극찬했고,「워싱턴 크로니클」의 존 W. 포니는 링컨의 연설은 '간략하지만 보석같이 빛나며 이 연사의 특성인 선량하고 푸근함으로 가득 차 있는 연설'이었다고 극찬했다. 매사추세츠 주의「스프링필드 리퍼블리컨」의 조자이어 G. 홀랜드는 더 자세한 평을 신문에 실었다. '링컨의 짤막한 연설은……깊은 감정에서 우러나온 연설로 사고와 표현이 농축된 명문이며 모든 어휘의 선택도 훌륭했다'고 평했다.「프로비던스 저널」은, '대통령의 간략한 연설보다 더 훌륭한 연설은 본 적이 없다'라면서, '가장 정교하고 찬란한 연설로서 아름답고 감동적이고 영감적인 연설'이라고 극찬했다.「하퍼스 위클리」의 편집장 조지 윌리엄 커티스는 '대통령의 짤막한 연설은 영혼과 영혼이 서로 닿는 말이었으며 이제까지 사람이 한 말 중에서 가장 간결하고 적절하며 성실한 말이었다'고 극찬했다.

링컨은 게티스버그 연설 후 많은 사람들에게서 연설문의 친필본을 달라는 부탁을 받았다. 링컨 친필의 게티스버그 연설문은 5개가 남아 있는데, 아마 많이 없어져서 그렇지 그보다 훨씬 더 많았을 것으로 추정된다.

이 연설문이 얼마나 중요한 영향을 미쳤는지는, 반대파들의 독설로도 증명되었다. 연설문이 발표되자 반대파들은 연설문을 대통령의 한심스러운 논지라고 일축했으나 이 연설문 내용의 중요성을 감지한 반대파 식자들,「뉴욕 월드」는 연설문 내용에 반론을 제기했다. '미합중국은 대통령이 억지로 주장한 것 같이 독립선언서에 기초한 것이 아니라 헌법이란 합의서에서 나온 단체'라면서, '헌법에는 평등이란 단어가 없다'고 주장했다. 극렬파 민주당계 신문「시카고 타임스」의 윌버 F. 스토리도 링컨이 독립선언서를 인용한 것은 전쟁의 목적을 바꾸겠다는 얘기라고 비난했다. 그는 게티스버그 연설문을 의도적인 역사 왜곡이라면서 뒤에 숨긴 목적이 빤히 들여다보인다고 주장했다. 스토리는 계속해서 게티스버그에서 목숨을 바친 사람들은 헌법과 헌법에 기초한 국가를 위해서 목숨을 바친 것이지, 만인은 평등하다는 이념 때문에 목숨을 바친 것은 아니라고 주장했다. 반대파들이 이렇게 소리를 높여 분개한 것을 보면 링컨의 본래 목적, 즉 전쟁의 목적을 연방에서 연방과 평등으로 바꾸는데, 성공했다고 볼 수 있었다.

17

실제적인 정치가에게
제기된 가장 큰 문제

링컨은 게티스버그에서 일종의 가벼운 천연두인 가두(假痘)에 걸려서 돌아왔다. 그는 이후 3주간 백악관에서 병 치료를 하면서 방문객을 거의 만나지 않고 공무도 최소한으로 줄였다. 그러나 링컨은 심기가 편해서 아픈 중에도 농담까지 했다고 한다. 그는 밤낮을 안 가리고 몰려오는 구직자들에게 이제는 골고루 나누어 줄 것이 생겼다고 농담을 했다.

그는 병 치료를 하면서 장차 자기가 해야 할 일들을 생각해 볼 기회가 생겼다. 우선 제일 급한 문제가 국회에 보낼 대통령 연두교서였다. 그는 이 메시지에서 장차 남부 반란 주들을 어떤 방식으로 연방에 복귀시킬 것인가라는 어려운 문제를 다뤄야 했다. 대통령은 이 문제야말로 실제로 정치가에게 주어진 가장 큰 문제라고 믿었다. 그리고 이 문제와 함께 꼬인 다음 문제는 차기 대선 후보 선정 건이었다. 이 모든 문제는 앞으로 연방군이 어떻게 하느냐에 그 성패가 걸려 있었다. 연방군이 앞으로도 계속 이기고 공화당이 대통령을 중심으로 뭉치면 차기 대선의 재선과 남부 재건 계획의 전망은 문제가 없었다.

I

 1863년 가을, 링컨은 정치적으로 고지(高地)에 앉아 있었다. 그는 최근에 공표한 공식 서한으로 국민 여론을 현정권 쪽으로 돌리는데 성공했고, 가을 선거에서 자당에 대한 국민의 지지도와 자당의 지구력을 확인한 바 있었다. 군사 일도 호전되어서, 11월에는 그랜트와 셔먼이 결정적 승리를 거두었고, 조지 H. 토마스 장군이 룩아웃 마운틴과 미쇼너리 리지 전투에서 승리해서 반군을 테네시 주에서 완전히 내몰고, 이제는 반군의 심장부라 할 수 있는 조지아 주를 공격할 참이었다. 링컨 정권은 외교에서도 큰 성과를 거둔 바 있었다. 영국의 래어드 조선소에서는 연맹군을 위하여, 연방 해군의 해안 봉쇄를 위협할 수 있을 정도의 거대한 램(ram, 충각〔衝角〕)을 건조하고 있었는데, 영국 정부가 9월 이 충각 건조를 중단시킨 것이었다. 이는 링컨과 수어드의 외교 승리라고 말할 수 있었다. 러시아는 같은 달 러시아 함대를 대서양과 태평양 항구에 정박시켰는데, 이 러시아 군사 조치는 러시아가 영국과 해상 교전에 돌입할 경우 러시아 함대가 발트 해에 갇히는 것을 피하기 위한 사전 조치였으나, 미 국민들은 러시아가 영국과 프랑스가 미국 내전에 개입하지 못하게 사전 예방 조치를 한 것으로 해석해서 러시아의 이 조치를 환영했다. 세상에서 제일 철저한 독재 정권과 제일 민주적인 정권이 손을 잡은 이 돌변사를 이용하고자 링컨 정부는 러시아 방문객들을 예우했다. 존 헤이는 이것이 못마땅해서 일기에, '더럽고 치사한 일'이라면서, '거대한 흡수 세력들의 폭거'라고 열을 올렸다.

 대통령은 12월 소집되는 제38차 국회에서 전보다는 적은 숫자의 공화당 과반수와 일하게 되었으나, 너무 막강해서 조정이 힘들었던 공화당 절대 과반수보다는 오히려 행정부에 더 협조적일 수도 있었다. 링컨은 가을 동안 계속 새 국회의 조직 상황을 주시하고 있었다. 그는 하원 서기 에머슨 이서리지가 신임 공화 당원들의 신용증서에 문제를 제기해 국회의원 임명을 거부해서 국회를 민주당 소수에게 넘기려는 음모가 있다는 보고를 받고, 모든 북부 공화당 지도자들에게 신임 국회의원들의 신용증서를 완벽하게 준비시키라고 주의시켰다. 그는 국회하원이 소집되는 날 공화당 의원들은 모두 참석하라고 재삼 강조했다. 대통령은 냉혹한 어조로 만일에 이서리지가 계속 음모를 꾸미면, "나무 판때기에라도 실어 내쫓겠다"면서, 필요하다면 군사까지 풀어놓겠다고 으름장을 놓았다.

이 음모가 사실이든 아니면 뜬소문이든 국회하원 조직은 제대로 진행되었고, 대통령은 그 다음 하원의장 선거에 신경을 곤두세웠다. 하원의장 물망에 오른 사람은 인디애나 주의 스카일러 콜팩스였는데 링컨은 콜팩스를, "괜찮지만 믿을 수는 없는 좀스러운 음모꾼"이라고 생각했다. 더구나 콜팩스 뒤에는 체이스 장관과 호러스 그릴리 같은 과격파 거물들이 도사리고 있었다. 링컨은 이즈음 우정장관 몽고메리 블레어의 동생, 프랭크 블레어를 하원의장 감으로 생각하고 있었다. 프랭크 블레어는 미주리 주에서 온건파 공화당의 지지로 다시 하원의원에 선출됐는데, 그는 북부 주전파 민주 당원들과 매우 가까운 사이였다. 블레어가 하원의장에 당선되면 국회는 중간 노선의 온건파가 주류가 될 수 있을 것이고, 그렇게 되면 공화당은 거국 연방당으로 탈바꿈 할 수 있을 것이며, 이것은 링컨 지지자들이 상당 기간 강력하게 추진해온 일이기도 했다.

그러나 문제는 프랭크 블레어가 테네시의 셔먼 군에서 소장으로 재임하는 현역이란 사실이었다. 링컨은 블레어에게, "수도로 돌아와서 잠시 소장 계급장을 나에게 맡기고, 하원에 들어가 하원 요직 선정에 참가해서 현정부의 군사정책을 지지하는 국회를 구성하는 데 참여해 달라"고 부탁했다. 블레어가 하원의장에 당선되면 하원을 이끌어 대통령의 정책을 지지하게끔 만들고, 만일에 하원의장으로 선출이 안 되면 그때 다시 일선으로 돌아가라고 지시했다. 그러나 블레어는 이때 테네시 동부에서 연맹군을 추격하느라고 빨리 수도로 돌아올 수 없었다. 링컨은 다음 단계로 일리노이 시절 때부터 친구였던 E. B. 워시번을 하원의장으로 밀었다. 하지만 워시번이 하원의장이 될 가망성이 없다고 판명되자, 링컨은 콜팩스를 백악관으로 불러서 자기를 전적으로 지지하겠다는 약속은 못 받았으나 국회에서 과격파와 온건파 싸움에 중간 입장을 지키겠다는 약속을 받아냈다.

링컨이 이렇게 하원의장 선출에 신경을 쓴 이유는 앞으로 누가 하원의장이 되느냐에 따라서 남부 반란 주들을 어떻게 연방으로 귀속시키는가 하는 정책이 큰 영향을 받을 것이기 때문이었다. 이것은 링컨에게 갑자기 닥친 문제는 아니었고 전쟁이 시작됐을 때부터 생각해온 문제였다. 전쟁이 시작됐을 때 링컨은 메릴랜드, 켄터키, 미주리 주들을 연방에 남게 하기 위해서 연방군 병력을 투입했는데, 이 때문에 중앙 정부와 주 정부 간의 상대적 관계가 바뀌게 되었다. 링컨은 1862년 테네시, 루이지애나, 아칸소, 노스캐롤라이나 주에 군사령관을 지사로 임명함으로써, 연방정부와 주 정부 관계는 돌이킬 수 없는 변화가 왔다. 링컨은 군사적 조치로 이런 임명을 행사했지만 이제까지 연방군이 게티스버그, 빅스버그, 채터누가 등지에서 계속 이기는 상황에서 연맹이 망하면 남부 재건을 어떻게 할 것인가가 실제적 문제로 대두하게 된 것이었다.

링컨은 남부 재건에 세 가지 방안이 있다는 것을 주지하고 있었다. 첫째는 뉴욕 주의 친연맹파 민주 당원 페르난도 우드로부터 메릴랜드 주의 연방파 리버디 존슨 들이 지지하던 방안으로, 대통령이 노예해방 선언문을 취소하고 반란군을 전면 사면해 주는 방안이었다. 그렇게 되면 원칙적으로는 연방에서 분리해 나간 것을 인정한 적이 없는 남부 주들은 새로 뽑은 국회의원들을 워싱턴으로 보내고 전쟁을 간단히 끝내자는 방안이었다.

보수파 공화 당원들은 전쟁 목적이 연방 보존만이 아니라 자유라고 주장해왔다. 그들은 노예해방 이외에는 전쟁에 패한 남부에게 관용을 주장했다. 수어드는 노예들을 해방시키는 것 이외에는 아무 조건 없이 남부를 다시 받아들이자고 주장했고, 수어드와 같은 편인 설로우 위드는 남부 전 휘그 당원들이 연맹이 이제 곧 망할 테니까 이런 관용을 베풀면 연방으로 귀속할 것이라고 믿었다. 몽고메리 블레어는 대통령에게 남부 영세 자농(自農)들에게 노예소유주들을 뒤엎고 연방으로 귀속하도록 설득시켜야 한다고 주장했다. 우정장관은 또한 해방된 노예들을 강제로 추방해서 해외로 식민시키자고 주장했다.

셋째는 과격파 공화 당원들의 주장으로 전쟁의 목적이 연방 보존과 노예들의 자유 이외에도 만인의 평등에 있다는 것이다. 과격파들은 대부분 반란 주들을 연방에 다시 받아들이기 전에 남부의 사회적 경제적 구조를 철저히 바꿔 놓아야 한다고 주장했다. 막강한 권력을 행사하는 하원 세입 위원회의 의장인 새듀스 스티븐스는, 남부 반란 주들을 정복당한 적국으로 취급해야 하고 모든 정책은 국회에서 주관해야 한다고 주장했다. 찰스 섬너는 한술 더 떠서 남부 반란 주들은 모든 정부 기관을 포기했으니까 이제는 국회가 관할하는 서부 변방들과 마찬가지로 취급해야 한다고 주장했다. 그는 법의 보호 없이는 존속할 수 없는 노예제도는 이제 링컨의 노예해방 선언문에서 제한한 특정 지구에서만이 아니라 나라 전역에서 폐지된 것으로 간주해야 한다고 주장하면서, 남부 주민들 전체가 피부색에 관계없이 똑같이 법의 보호를 받아야 마땅하다고 주장했다. 섬너는 반란 주들이 이제까지 법을 무시하고 비인간적 망동을 해온 것을 생각하면 남부 땅을 모조리 연방에 충성한 군인들, 가난한 백인들, 해방된 노예들에게 재배분해야 한다고 극단적 조치를 요구했다.

남부 재건에 관한 논쟁은 여러 달 물밑에서 논란이 되어왔는데, 그해 10월에 섬너가 『애틀랜틱 몬슬리』란 잡지에, 자기의 이름을 밝히지 않고 '국내 문제에 관한 글'이란 제목으로 기사를 쓰는 바람에 공화당 내분은 표면화되었다. 섬너의 글을 읽고 화가 난 블레어는 과격파 국회의원 후보

헨리 윈터 데이비스가 자기 집안을 메릴랜드 패거리라고 비난하는 바람에 분을 참지 못하고, 10월 3일 메릴랜드 주 로크빌에서 공식적 반격을 가했다. 블레어는 초과격파 극렬분자들의 혁명적 주장 때문에 헌법에 보장된 주권(州權)이 말소되었고, 백인과 흑인의 혼혈이 현실로 다가온다고 비난했다. 그는 남부 재건의 최상책은 반란 주들의 정부 조직을 연방에 충성했던 그 지방 지도자들에게 맡겨서 연방의 타 주들이나 다름없이 주권과 의무를 공유하는 일원으로서 연방에 다시 편입시켜야 한다고 주장했다. 그는 국회가 남부 재건을 주관해야 한다는 섬너의 주장에 대통령의 안전하고 회유적 정책만이 연방 재건의 정확한 정도라고 맞주장했다.

섬너의 기사와 블레어의 연설로 정계는 죽기 살기로 서로 헐뜯기 시작했는데, 링컨은 이 정쟁에 휘말리지 않고 혼자서 중립을 지켰다. 사람들은 대통령이 자기 주장을 우정장관 블레어를 시켜서 국민들을 떠본 것이라고 떠들어댔으나, 링컨은 블레어의 주장을 찬성한다고도 안 했고 자기는 관계없다고 부인도 안 했다. 코네티컷 상원의원 제임스 딕슨이 블레어의 연설이야말로 진리이며 정의라고 칭찬하면서 섬너의 주장은 억지라고 주장했을 때도 링컨은 아무런 말이 없었고, 새듀스 스티븐스가 블레어를 배반자라고 지적하면서 이제까지 카퍼헤드가 한 연설 중 제일 악랄한 연설이라고 매도했을 때도 링컨은 가만히 지켜보고만 있었다.

링컨은 이 논쟁 모두가, 외형상 논쟁이지 아무 것도 아니라고 생각하고 있었다. 그는 블레어가 아무리 남부 주민들의 자결권을 주장하더라도, 제퍼슨 데이비스를 미시시피 주 대표로 국회에 받아들이지는 않을 것이라고 믿었고, 그 반대로 섬너가 아무리 남부를 심하게 대하자고 주장해도 남부의 연방 충성파들이 스스로 일을 해결해서 국회로 대표를 보내면 그들을 끝까지 방해하지는 않을 것이라고 믿었다. 그는 남부 재건이 국회 소관이냐 대통령 소관이냐 싸울 것도 없고 연방에 충성하는 사람이라면 반란 세력들이 충성파를 다시 억누르지 못하게끔 조치하는데는 서로 이견이 없을 것이라고 생각했다.

대통령은 병상에서 국회에서 읽을 메시지를 기초하면서 공화당 반대 세력의 두 극단적 정책을 다 피하는 방향으로 노력했다. 그는 메시지를 준비하면서 장관들에게 자문하기도 했다. 국방장관 스탠턴에게는 군사 자료를 자문했고 재무장관에게는 남부 재건 계획을 자문하기도 했다. 그래서 연두교서의 전반은 장관들이 보내온 보고서를 요약한 것이었고, 장관들의 상세한 장문 보고서는 따로 묶어 출간하기로 했다.

이 연두교서는 매우 힘들게 만들어졌고, 신문 논설위원들은 링컨의 메시지가 전과 같이 '링컨답지' 가 못하다고 평했다. 사실 이 메시지는 여러 가지 할 말을 빼놓은 메시지였다. 대통령은 게티스버그 연설문 주제와 연결해서, "내전으로 단련된 우리 나라가 새로운 삶을 시작하게 되었다" 라고 말했으나 자유의 새로운 탄생에 관해서는 언급하지 않았다. 그는 『고디스 레이디스 북』이란 잡지의 편집장 새라 조세파 헤일의 제안에 따라 11월 마지막 목요일을 추수감사절로 정하고서도 이에 대한 언급이 없었고, 그 어려운 전쟁 중에서도 그해 12월 2일 간신히 완성한 국회의사당 돔과 토머스 크로포드가 제작한 높이가 19피트나 되는 돔의 자유신(自由神) 동상에 관해서도 언급하지 않았다.

대통령은 전쟁에서 점차로 비중이 커지는 흑인들의 참전 노력에 관해서도 언급이 없었다. 그는 현재 흑인군사가 10만 명이 넘는다고 메시지에서 발표했으나 전처럼 그들의 무용을 칭송하지는 않았다. 또한 스탠턴과 의논해서 미시시피로 파견하여 많은 흑인들을 군대에 편입시킨 로렌조 토머스 장군의 노력에 관해서도 언급이 없었고, 북부에서 흑인군사를 모집하는 데 큰공을 세운 자유인 흑인 프레드릭 더글러스와 자신의 교분에 대해서도 언급이 없었다. 링컨은 8월 프레드릭 더글러스를 백악관으로 초청해서 면담했는데, 이때 더글러스가 링컨이 흑인 모병을 꺼려하는 것 같다고 걱정하자, 링컨은 "잘 모르시는 것 같은데 나는 한 번 마음을 먹으면 절대로 뒷걸음친 적은 없습니다"라고 안도시킨 적이 있었다.

메시지 끝부분에서 링컨 연설다운 대목이 나오기 시작했다. 대통령은 전반적 사면(赦免)과 복구를 선언하면서, 연맹국에서 고위관직을 지낸 사람들을 제외하고 나머지 주민들은 누구든지 장차 미합중국 헌법을 준수하겠다고 서약하고 노예해방에 관한 국회 및 대통령 선언문을 따르겠다고 약속하면, 노예소유권 이외의 모든 재산권을 인정하고 사면할 것이라고 제안했다. 그는 남부 여러 주의 정치적 재조직을 권장하기 위해서 충성서약을 한 사람들이 1860년 유권자 수의 10분의 1만 되더라도 그들이 다시 조직한 주 정부를 인정하고 연방으로 받아들일 것을 제안했다.

링컨은 자신의 제안은 헌법에 확실히 보장되어 있는 것으로 반란 주 주민들에게 그 이상의 무엇을 베풀자는 것은 아니라고 주장했다. 그는 사면을 해주기 위해서 남부 주민들이 해야 하는 충성서약도 반란분자와 연방충성파를 구별하기 위한 것 이외에는 딴 의미가 없으므로 전에 잘못을 인정하는 반란 주민들은 모두 사면해야 한다고 주장했다. 충성서약에서 헌법을 준수하고 노예제도의 폐지를 수락하겠다고 약속 받는 것은 새로 자유의 몸이 된 흑인들을 다시 노예로 부리는 일이 없도록 하기 위한 것이고, 만일 그런 일이 생기면 그것은 잔인한 배신행위라고 주장했다. "본인이 현 직위에 앉아 있는 동안에는 노예해방 선언을 취소하거나 수정하는 일은 절대로 없을 것입니다. 그리고 노예해방 선언으로 자유신분이 된 사람이 다시 노예신분으로 돌아가는 일은 절대로 없을 것입니다." 대통령은 남부 재건에 딴 의견이 있을 수도 있다면 자기의 제안만이 정답이라고 고집하지는 않겠다고 말했다. 그는 "본인은 어떤 특정 의견을 이번에 제안하지만, 그렇다고 딴 방법을 전혀 고려하지 않겠다는 것은 아닙니다"라고 말했다.

1863년 12월 국회로 보낸 메시지를 보면 링컨이 이제까지 생각해오던 남부 재건 계획에 큰 변화가 생긴 것을 알 수 있다. 전쟁이 처음 일어났을 때 링컨은, 내전은 일부 소수 극렬분자의 소행으로 남부 주민 대다수는 연방에 충성하면서 반역자들을 내몰고 연방으로 다시 국회의원과 대표들을 보내리라고 믿었다. 군사령관들을 점령지 지사로 임명한 것도 이런 연방 충성파들을 도와주기 위해서였다. 그런데 전쟁이 장기전으로 돌입하면서 링컨은 연방에 충성하는 사람들이 남부에서 다수가 아니라고 생각하게 되었다. 그러지 않기를 바랐지만 전쟁은 점점 지독해져서 끔찍한 혁명전으로 바뀌었고, 사태가 이렇게 바뀌자 링컨은 남부의 사회적 경제적 기본 구조를 바꾸기 위하여 결국은 노예들을 해방시킨다는 선언까지 한 것이었다. 그런데 1863년 말경 링컨은 남부 반란 세력이 자신이 전쟁 초기에 주장하던 것을 그대로 지금 실행할 것 같아 보여 걱정이었다. 연맹 세력이 패전을 자인하고 자신들은 연방에서 이탈한 적이 없다고 주장하면서—이것은 바로 전쟁 초 링컨의 주장이었다—1861년 연방을 저주하고 연방에서 떨어져나갔던 사람들이 다시 연방으로 돌아올 가능성을 배제할 수는 없었다. 링컨은 이런 식으로 악질분자들을 다시 연방으로 들어오게 할 수는 없다고 생각해서, 사면을 해주기 위한 충성서약문 내용을 더 철저히 하고 노예해방 문제는 다시 거론할 수 없도록 만들어야 한다고 믿었다.

  링컨이 국회로 보낸 메시지는 전에 했던 연설처럼 웅변은 아니었으나 정치적으로는 빈틈이 없는 연설이었다. 그의 연설은 모든 사람들을 전부 배려했다고 할 수 있는 연설이었다. 대통령은 남부 반란은 몇몇 반역자들의 공모이지, 주 전체가 반역을 한 것이 아니란 공화당 온건파의 주장에 동조하면서, 반란 주들이 계속 연방에 속했나 아니면 변방 체제로 바뀌었나 따위의 논쟁은 의도적으로 회피했다. (그는 이에 관한 문장을 연설 초고에서 삭제해 버렸다.) 그는 보수파들의 제안을 받아들여 연방으로 돌아오는 반란 주들은 주 이름, 경계, 지방 조직, 주 헌법 등을 전쟁 전이나 마찬가지로 유지할 것이라고 안심시켰다. 극우파와 주전파 민주 당원들에게 가장 중요했던 문구는 링컨이, "연방 대법원이 무효라고 판결하지 않는 이상 노예해방 선언문은 절대로 취소할 수도 없고 변경할 수도 없다"고 주장한 것이었다.

그러나 링컨의 메시지에는 과격파 공화 당원들이 듣기 좋은 내용도 담겨 있었다. 남부 반란 세력이 노예해방을 절대적으로 받아들여야 한다는 조건과 노예해방 선언문으로 자유 신분이 보장된 흑인들을 다시 노예로 만들 수는 없다란 메시지는 과격파들이 듣기에 시원한 약속이었다. 반란 주에 살던 모든 주민들은 충성서약을 해야 한다는 조건이 있었는데, 얼마 동안은 남부 주민들이 연방 주민들보다는 낮은 지위에 있어야 한다는 것을 규명한 조항이었다. 그리고 남부 여러 주의 정부를 반란 세력이 전복시켰다고 규정함으로써 링컨은 남부 반란 주들을 헌법상 북부 연방 여러 주들과 동급이 아니란 사실을 밝힌 것이었다. 이렇게 과격파와 온건파의 주장과 소망 사항들을 견제, 충족시킴으로써 민주당 계열지「뉴욕 월드」가 지적한 대로 링컨은 공화당 양극 세력을 교묘하게 회유했다고 볼 수 있었다.

12월 9일 국회에서 읽혀진 이 메시지가 얼마나 교묘했는지 메시지에 대한 반응은 존 헤이가 일기에 적은 대로, '훌륭하다'라고 할 수 있었다. 과격파들 중 섬너 같은 사람은 메시지를 듣고 얼굴이 밝아질 정도였고, 최근에 대통령에게 결단을 요구했던 재커라이어 챈들러는 대통령의 메시지에 큰 기쁨을 느꼈다고 했으며, 매사추세츠의 헨리 윌슨은 대통령이 자유를 위해서 또 한 번 일격을 가했다고 칭송했다. 그 반대쪽에 서 있는 보수파 상원의원 딕슨이나 주전파 민주 당원 리버디 존슨도 대통령의 메시지가 매우 만족스럽다고 말했다. 존 헤이는 양 떼와 사자 떼들이 함께 좋아하는 것을 보면 지복(至福)천년이 다가온 것 같다고 일기에 적었다.

연설에 대한 반응은 전국적으로 좋았다.「뉴욕 저널 오브 커머스」나「시카고 타임스」같은 몇몇 민주당 계열 지들은 링컨의 연설을 예전과 마찬가지로 미친 소리라고 매도했으나, 그외 거의 모든 신문들은 한결같이 링컨의 연설을 지지했다. 그릴리의「뉴욕 트리뷴」은 링컨의 연설을 워싱턴 대통령이래 가장 만족할 만한 연설이라고 추어올렸고, 반개혁파「뉴욕 헤럴드」는 대통령이 섬너의 노예해방 정책을 일축했다고 좋아했다. 섬너 자신은 링컨의 연설이 특정 제안을 고집하지 않았으므로 자기로서는 최고로 만족스럽다고 칭송했다. 그 반면 블레어가에서는 링컨의 연설은 보수파를 지지한 연설로 해석하면서 섬너와 체이스 일당의 반란 주 변방 정책을 일축한 쾌거라고 칭송했다. 대통령은 전국에서 지지한다는 편지를 받았고, 사람들은 이 연설을 읽고 모두들 좋아라 날뛰었다. 워싱턴 주민 하나는 이 연설이, "희한했다"고 말했고, 어떤 기자는 링컨에게, "귀하는 이 나라에 명예와 평화, 번영을 안겨준 위인으로 후세가 칭송할 것"이라고 극찬을 보냈다. 오하이오에서는 링컨에게, "적시에 적언을 한 연설"이라고 칭송을 보내왔다.

이제까지 링컨을 자주 비판해온「시카고 트리뷴」의 조셉 메딜은 최고의 찬사를 신문에 실었다. 그는, '링컨의 메시지로 나라의 정치적 장래가 밝아졌다' 면서, 전쟁을 끝내고 연방을 재건하기 위해서는 '명석한 머리와 정직한 심성, 때묻지 않은 사람이 절대로 필요한데, 이 큰 사업을 시작했던 사람이 누구였던가? 그리고 이 큰 사업을 이제까지 훌륭하게 수행해온 사람이 누구였던가? 장차 대통령 선거를 앞두고 능력 있는 정치가들이 많이 나서겠지만, 우리가 믿을 수 있는 사람은 단 한 명밖에 없다. 그 사람의 이름은 바로 에이브러햄 링컨이다' 라고 결론지었다. 조셉 메딜은 사신에서, '링컨은 이제 걱정할 필요가 없게 되었다. 다음 공화당 전당대회에서 그는 대통령 후보에 만장일치로 선출될 것이다' 라고 적었다.

II

　남부 재건 문제는 이제 차기 대통령 선거의 쟁점으로 부상했다. 그 전해에 이따금씩 링컨의 재선에 관한 이야기가 있었으나 별로 진지하지도 않았고 전적인 지지도 받지 못했다. 공화당 계열 지들도 차기 대선에 링컨의 재선을 운운했으나 항상 딴 후보들의 가망성, 수어드, 체이스, 뱅크스, 버틀러, 프레먼트 등의 이름을 같이 거론하곤 했다. 링컨 자신은 1864년 재선에 관해서는 되도록 생각하지 않으려 노력했다. 그는 전쟁이 발발한 뒤 2년 반 동안 사신이나 공문에서 한 번도 자신의 재선에 관해서 언급한 적이 없었다. 이제 신문들이 링컨의 재선에 관해서 떠들기 시작하자, 링컨은 신경질적으로 "그 사람들 내 앞에서 내놓고 대통령 선거 이야기를 하는 것, 매우 듣기 거북하군"이라고 말한 적이 있었다.

　링컨은 그러나 그렇게 괴로운 자리에 다시 뽑히기를 바라고 있었다. 그는 대통령 재선 문제를 국민들이 다가올 남부 재건이란 힘든 사업에 딴 사람들보다는 자기를 더 믿는 것으로 이해했다. 1863년 가을 E. B. 워시번이 링컨에게 차기 대통령 선거에 무슨 결심을 했느냐고 묻자 링컨은, "대통령에 재선되면 큰 영광이자, 동시에 큰 역사(役事)를 감당해야 할 것이오. 만일에 국민들이 이 두 가지를 다 나에게 맡기려 한다면 나는 거절하지는 않을 것이오"라고 대답했다. 그해 11월 일리노이에서 온 한 방문객에게 링컨은 더 분명히 자기의 의사를 밝혔다. 일리노이 친구는, "링컨은 우리들이 밀어주면 다시 뛰겠다고 말했소"라고 전했다.

　링컨 자신이 재선을 위해서 뛸 수는 없었다. 대통령 후보 자신이 직접 나서서 선거유세를 하든가 지지를 구하는 것은 전통적으로 금기되어 왔다. 그러나 후보 공천 시기가 다가오자 링컨은 백악관에서 사람들을 많이 만나기 시작했다. 링컨 부부는 1863~1864년 겨울 동안 백악관에서 자주 연회를 열어서 자신의 재선을 위해 노력하기로 작정했다.

메리 링컨은 남편의 재선을 위해 자발적으로 나섰다. 그녀는 정신적으로나 육체적으로 전보다 많이 나아졌고, 막내 이복 동생 에밀리의 비극을 보면서 자신의 비탄을 제어할 힘이 생겼다. 메리의 이복 동생 에밀리 토드 헬름의 남편은 연맹군 장군 벤저민 하딘 헬름이었는데, 벤저민이 치카모가 전투에서 전사한 것이었다. 그녀는 남편을 잃고 최남단 남부에서 자기 고향 켄터키로 돌아가고자 연방군 전방을 통해 백악관을 찾아온 것이었다. 링컨 부부는 에밀리의 백악관 방문을 사람들에게 숨기려 했다. 반군에서 장군으로 싸우다 남편이 죽은 전쟁 미망인이 백악관에서 지낸다는 말이 새나가면 링컨의 입장이 난처할 것이고, 에밀리는 아직도 자신은 연맹국에 충성하겠다고 공공연히 떠들어댔기 때문이었다. 하지만 결국엔 반란군 장성 미망인이 백악관에 있다는 소문은 밖으로 퍼졌고, 게티스버그에서 다리 하나를 잃은 댄 식클스는 대통령에게 "각하, 반역자를 집에 두시면 안 됩니다"라고 대들었다. 링컨은 식클스에게 "식클스 장군, 우리 집 손님은 미세스 링컨과 내가 결정할 것이오. 이런 문제를 딴 사람들이 참견할 필요는 없소이다"라고 잘라 말했다. 일주일 뒤 에밀리는 대통령에게서 통행증을 한 장 받아 고향 켄터키로 떠났다.

에밀리의 방문으로 정신이 들었는지 메리는 백악관 신년하례식에 상복을 벗고 벨벳으로 장식한 자주색 옷을 입고 나왔다. 대통령은 검은색 긴 코트를 입었는데, 하례식에 참석한 한 영국인은 "대통령은 옷을 입은 게 아니라 어깨에 걸어놓은 것" 같다고 전했다. 대통령 부부는 전과 달리 조금은 밝은 표정으로 신년하례식에 인사 온 사람들을 맞았다. 이 신년하례식에는 미국 역사상 처음으로 피부색이 다른 많은 신사들이 참석했다고 한 신문기자가 전했다. 대통령은 방문객 모든 사람과 일일이 악수를 하며 "굿모닝, 미스터 존스"라든가, "스미스 씨, 처음 뵙겠습니다"란 간단한 인사를 했고, 이따금 옛 친구를 보면 몇 마디 대화를 나누곤 했다. 어떤 여자손님 하나가 대통령에게 일일이 악수하기가 힘들지 않느냐고 묻자, 링컨은 "아닙니다,

부인, 힘은 좀 들지만 저는 본래 완력이 좋습니다. 그리고 이런 때는 저에게 화가 났거나, 제가 줄 수 없는 것들을 내놓으라고 떼를 쓰는 사람들은 없으니, 사실 쉬는 거지 힘든 일이 아닙니다"라고 대답했다.

신년하례식 외에도 링컨 부부는 여러 번 만찬회를 열어서 정치적 지원자들을 초청했다. 링컨과 경쟁자라고 생각하면 참지를 못했던 메리는, 1월 14일 니콜라이가 준비한 만찬 초청자 명단에서 재무장관 체이스, 체이스의 딸 케이트와 케이트의 남편 윌리엄 스프레이그의 이름을 삭제했다. 니콜라이가 대통령에게 이 일을 보고하자 대통령은 그 사람들을 다시 명단에 집어넣으라고 지시했다. "그날 백악관에서는 전에 없던 고성발작이 일어났었다." 니콜라이는 뒤에서 메리를 "마녀 폐하"라는 별명으로 불렀는데, 메리는 앞으로 백악관 만찬은 자기가 직접 관장하겠다고 나섰다. 그러나 백악관 만찬을 주관하는 것이 쉬운 일은 아니어서, 메리는 하는 수 없이 만찬이 있는 날 오후면 니콜라이를 불러 미안하다고 사과하고 도움을 청했다. 니콜라이는 마녀에서 마(魔)가 빠지니까 좀 나아보였다고 비꼬아댔다.

대통령 부부는 찰스 섬너에게 특별히 더 신경을 썼다. 찰스 섬너는 지난여름 현정권의 정책에 정면으로 반대하곤 했었다. 링컨은 섬너가 박식하고, 노예해방에 헌신적이고, 대의와 목적에 철두철미하다는 것을 알고 존경하게 되었고, 의식적이고 냉정한 표정 뒤에는 진실한 인격이 들어앉은 것을 알면서, 두 사람은 상당히 가까워졌다. 메리는, "섬너 씨와 링컨 씨는 학교 친구처럼 떠들고 웃어대곤 했다"라고 후일 회상했다. 메리도 이 용모가 준수하고 평생 혼자 사는 상원의원에게 호감이 가서 둘이는 금방 친구가 되었다. 그들은 서로 프랑스 말로 편지를 주고받았고, 책을 서로 빌려주기도 하고 마차를 타고 같이 시내 구경을 나가기도 했다. 섬너는 자기에게 온 유럽 유명 인사들의 편지를 메리에게 보여주었고, 메리는 백악관 온실에서 꺾은 꽃을 섬너에게 보내곤 했다. 메리는 후일, "섬너 상원의원은 백악관에 자주 들러서 대통령 집무실이나 살림집 응접실에서 시간을 보내곤 했다. 그는 나의 남편을 잘 이해하였고, 나도 어느 누구보다도 섬너의원이 편했고 서로 말을 많이 나누었다"라고 회상했다. 이렇게 서로 이해하고 존경한 것 이외에도 대통령은 섬너가 공화당 노예해방주의자 극렬파들을 선도하는 막강한 존재란 것을 인지하고 있었다.

　찰스 섬너에게 꽃을 보내고 백악관에서 만찬을 한다고 해서 대통령에 재선되는 것은 아니었다. 앤드류 잭슨 이후 어느 대통령도 재선된 일이 없었고, 공화당 내에서도 대통령직은 돌아가며 하는 것이 낫다는 생각이 중론이었고, 특히 링컨을 반대하는 세력들이 링컨의 재선을 반대하고 있었다. 링컨을 제일 심하게 반대하던 세력은 뉴잉글랜드 지방이나 서부 지방의 노예해방주의자들이었고, 그들은 링컨이 남부와 평화협상을 할 때 노예제도를 뿌리까지 뽑아버리지 않을 수도 있다고 걱정했다. 오하이오 주에서 노예제도의 폐지를 주장하는 극렬파들은 간부회의에서 링컨을 별 볼일 없는 사람이라고 규정하고, 링컨 때문에 혁명의 수레바퀴가 돌아가지 않는다고 비난했다. 그들은 링컨은 켄터키 출신이고, 처남들은 반란 세력에 가담했으니까 아무래도 반역 분자들을 비호하는 편이라고 비난했다. 독일계 미국 시민들도 링컨에 대해서 불만이 많았다. 그들은 링컨과 스탠턴, 특히 핼렉 장군이, 반이민주의자들로 프란츠 시걸이나 칼 슐츠 같은 독일계 장수들을 차별했다고 믿었다. 독일계 사람들이 많이 읽던 「인디애나 프라이 프레스」는, '우리들은 도저히 링컨에게 투표할 수도 없고 투표해서도 안 된다. 링컨에게 투표하면 우리 공화국을 배반하는 것이며, 또한 우리 독일계 시민들은 영원히 2등 국민으로 남게 될 것이다' 라고 주장했다. 차콜이라고 불리던 과격파들은 대통령을 찾아갔을 때 냉대받은 것을 절대로 잊지 않았다.

　북부에서는 모든 주에서 어느 공화당 계파건 링컨의 재선에 반대하고 나섰다. 어떤 데는 전 휘그 당원과 전 민주 당원들의 싸움 때문이었고, 어떤 데는 그냥 개인적 감정 때문에 서로들 싸우고 있었다. 뉴욕에서는 수어드와 설로우 위드가 한패가 되어 링컨 정권에서 나오는 공직이랑 혜택을 나눠 먹었으므로, 그 반대파인 그릴리와 데이비드 더들리 필드는 링컨에 대해서 비판적이었다. 메릴랜드 주에서는 블레어가와 헨리 윈터 데이비스가 계속 죽기 살기로 싸우고 있었고, 링컨이 몽고메리 블레어를 계속 우정장관으로 붙들고 있자, 데이비스는 차마 들어줄 수 없는 독설로 대통령을 씹어댔다.

그러나 대통령에 대한 각 계파의 불만들이 기본 사상의 차이에서 비롯한 경우는 거의 없었다. 공화 당원들은 모두가 한결같이 전쟁은 승리할 때까지 계속해야 하고, 노예제도는 무슨 일이 있어도 없애야 하며, 남부 반란 주들을 연방으로 다시 받아들이기 전에 몇몇 조건을 확실히 해야 한다고 주장했으나, 링컨이 과연 이런 일을 해낼 수 있는 지에는 의견이 분분했다. 많은 사람들은 링컨을 현정권의 무능과 비리를 묵과한, 무능한 행정관리로 평가하고 있었다. 링컨이 무능하다는 가장 뚜렷한 증거로는 2년 반 동안 그 많은 피를 흘리면서 싸우고, 북부 2,000만 인구를 데리고 반란주 500만 백인 집단을 평정하지 못했으니 알아볼 일이라는 것이었다.

정권이 어떻게 돌아가는지 제일 잘 알았던 공화당 국회의원들도 링컨의 재선을 지지하지 않았다. 국회에서 제일 막강한 상원 분과위원회를 주도하던 상원의원들, 군사 분과위원회 위원장인 매사추세츠 주 출신 헨리 윌슨 상원의원, 변방관리 분과위원회 위원장인 오하이오 주 출신 벤저민 F. 웨이드 상원의원, 통상 분과위원회 위원장인 미시간 주 출신 재커라이어 챈들러 상원의원, 콜롬비아 행정구 분과위원회 위원장인 아이오와 주 출신 제임스 W. 그라임스 상원의원, 이 모두가 공개적으로 링컨의 재선에 반대했고, 링컨이 세심하게 신경을 쓴 덕분에 외교 분과위원회의 위원장인 찰스 섬너만이 이 재선 반대 세력에 가담하지 않았다. 국회 하원의 공화당 지도부도 링컨을 곱게 보지 않고 있었다. 1864년 초, 신문편집장 한 사람이 새듀스 스티븐스를 찾아와 링컨의 재선을 선호하는 하원의원을 만나고 싶다고 청하자, 스티븐스는 그 편집장을 펜실베이니아 대표인 아이잭 N. 아놀드에게 데리고 가서, "이 사람이 링컨 지지자를 만나보고 싶답니다. 내가 알기로는 국회에서 링컨을 지지하는 사람은 당신 하나밖에 없으니까 한 번 만나 보시구려"하고 소개했다.

링컨과 그를 지지하던 사람들은 공화당 의원들이 링컨의 재선을 막으려 한다는 사실을 알고 있었으나, 일부 불평 분자 국회의원들에 국한되어 있다고 믿으며 위안을 삼았다. 그러나 국민 다수는 그렇게 생각하지 않았고, 링컨 지지자들은 국민들이 링컨의 재선을 점점 더 많이 지지한다고 믿었다. 「시카고 트리뷴」은 링컨이 재선을 걱정할 필요가 없다며, 국민들은 그를 신임하고 사실은 존경하고 사랑한다고 주장했다. 링컨은 유권자들로부터 수많은 격려와 지지 편지를 계속 받고 있었다. 보스턴 유권자 한 사람은 링컨에게, "자신의 소신대로 일해 달라"면서 "국민들은 귀하를 전폭적으로 지지하고 있으니까, 반대파들에게 귀를 기울일 필요도 없고, 아첨꾼들에게 솔깃하지도 말며, 계속 소신껏 일해 달라"고 부탁했다. 링컨 지지자들에게 가장 반가웠던 것은 군인들의 열렬한 지지였다. 포토맥군의 한 병사는, "군인들은 오로지 에이브러햄 링컨밖에 없다며, 하느님께서 에이브러햄을 다시 대통령 자리에 불러 앉히실 것"이라고 말했다.

링컨의 지지자들은 링컨에게 이런 편지들을 전하면서, 대통령이 정치하는 사람들의 지지는 못 받아도 국민들의 지지를 받는 대통령이라고 평했다. 연방 여러 주에서는 군중들이 궐기대회를 열고 링컨은 국민의 후보라고 결의하면서, 공화당 전당대회에서는 국민의 후보를 다시 대선 후보로 뽑아야 할 것이라고 주장했다. 이러한 움직임은 뉴욕 시에서 가장 활발했는데, 연방 링컨 후원회의 전국대회를 주관했던 사업가 시미언 드레이퍼는 전국 유권자들에게 2월 22일 집회를 열어 링컨의 재선을 위해 궐기하라고 종용했다. 민주당 계열 지 「뉴욕 월드」도 링컨이 공화당 전당대회에서 만장일치로 재선 후보에 당선될 것은 기정 사실이라고 예상했다.

일이 이렇게 진전되자 반대 세력들은 링컨과 경쟁할 수 있는 후보가 필요했다. 일부는 그랜트를 후보로 세우려 생각했고, 일부는 뉴올리언스에서 악명이 높았던 벤저민 F. 버틀러가 어떨까 생각했으나, 링컨은 버틀러를 먼로 요새 사령관이란 한직에 임명해서 그를 후보 경쟁 대상에서 탈락시켰다. 존 C. 프레먼트를 지지하는 세력도 있었다. 프레먼트는 링컨을 지독히 싫어하는 사람으로 알려져 있었고, 독일계 시민들과 과격파들의 지지를 받고 있었다. 그러나 1863~1864년 겨울, 링컨에게 도전하는 제일 강력한 경쟁자는 샐먼 P. 체이스였다.

체이스는 1862년 12월의 내각 위기 때 망신을 당한 뒤, 자기 자신이 몸담고 있는 현정권에 대해서 불만이 점점 더 많아졌다. 그는 링컨과 함께 일은 잘 했으나 개인적으로는 서로 사이가 좋지 않았다. 체이스는 딱딱했고, 예의범절을 중요시했으며, 재미없는 사람이었다. 그는 보통 대화를 할 때도 자주 심오한 척 문자를 많이 썼는데, 예를 들자면 "우리들이 인생이나 역사 속에서 비상하는 야심과 비열하거나 악랄한 것이 무한정 발악을 부리다가 실패하는 것을 보고, 그 반대로 근실하거나 정직하면 곧바로 성공하는 것을 보는 것은 진정 교훈적이라고 할 수 있겠습니다"란 말을 아무렇지도 않게 했다. 그는 링컨과 수어드가 스스럼없이 서로 자주 만나는 것을 매우 싫어했다. 대통령은 수어드 집에 자주 불쑥 들러서 최근 소식이나 가십도 전하고 농담을 하곤 했는데, 체이스의 집은 방문할 생각조차 못했다. 그러나 링컨과 체이스의 관계는 근본적으로 좋을 수 없는 이유가 있었다. 체이스는 자신을 정치가로서나 행정가로서 링컨보다 나은 사람으로 자만하고 있었다.

체이스는 또한 자신이 재무장관으로 열심히 일하는 것을 링컨이 몰라준다고 불만이었다. 그는 전쟁에 소요되는 전비를 조달하기 위해서 돈을 꾸고 세금을 걷는 등 열심히 일을 했는데, 이런 자기의 노력을 아무도 몰라

준다고 불만이었다. 그는 대통령이 장관들 각자에게 임무를 맡기곤 도무지 관여를 안 한다고 불만이었는데, 자기는 죽도록 돈을 만들면 국방성, 해군성 등 딴 부서에서는 자기와 의논도 없이 돈을 펑펑 써댄다고 불만이었다.

그는 대통령이 항상 자기를 따듯하게 대했고, 또한 공평하고 성실한 사람이란 것은 의심한 적은 없었다. 그러나 그는 링컨이 남부 반란 주들이나 노예제도에 관해서 너무 조심스럽고 느리다고 믿었다. 체이스는 전쟁이 끝나면, 모든 반란 주에서 흑인노예들을 무조건 즉각 해방시켜야 한다고 주장했고, 노예해방 선언문에서 조금도 물러서면 안 되고, 노예제도를 즉각적이고 영구적으로 완전히 없애기 전에는 반란 주들이 다시 연방에 돌아올 수 없다고 주장했다. 그는 계속 대통령에게 연방군이 점령한 남부 지역에서 노예들을 해방시키라고 종용했다. 그는 섬너의 주장, 즉 남부에서 연방에 진정으로 충성하는 사람은 흑인밖에 없다고 믿게 되었고, 반란 주의 재건에는 해방된 흑인노예들이 참여해야 한다고 주장하게 되었다.

링컨은 물론 재무장관의 이러한 불만을 잘 알고 있었다. 그러나 체이스는 대체로 자신의 불만을 공개적으로 정정당당하게 발표했고, 대통령도 이런 재무장관을 별로 나무라지 않았다. 1862년 연방소득세 행정이 시작되면서 재무성 직원들이 엄청나게 늘어났는데, 체이스는 이들 재무성 직원들을 정부보다는 자신에게 충성하는 집단으로 만들었으나, 링컨은 이런 체이스의 처사를 알면서도 별로 반대하지 않았다. 재무장관은 기회만 있으면 영향력이 많았던 상원의원들의 환심을 사려고 별짓을 다했는데, 예를 들자면 샌프란시스코의 관세청장을 뽑을 때, 그는 캘리포니아 주 상원의원 존 커네스에게 사람을 추천해 달라고 부탁했다. 링컨은 이때도 재무장관이 하는 대로 내버려두었다. 하지만 링컨이 어떤 영향력이 큰 사람의 비위를 건드리는 결정을 내리면, 체이스가 기회를 놓치지 않고 그 사람에게 접근해, 자기가 그 자리에 있다면 그런 불공정한 결정은 안 내렸을 거라고, 뒤에서 이간질을 하는 데에는 링컨도 기가 막힐 수밖에 없었다. 프레먼트가 미주리 주 자기 관할 구에 있던 노예들을 해방시켰을 때 링컨이 프레먼트의 군령을 취소해 버리자 체이스는 프레먼트에게 이런 식으로 접근했었고, 링컨이 헌터 사령관의 노예해방령을 번복했을 때도 마찬가지였고, 링컨이 버틀러 장군을 뉴올리언스에서 소환했을 때도 그랬고, 링컨이 로즈크랜스 장군을 토마스 장군으로 경질했을 때도 체이스는 로즈크랜스 편이었고, 미주리 과격파들이 링컨에게 냉대를 받았을 때도 체이스는 과격파들에게 접근해서 링컨을 비방했다. 링컨은 존 헤이에게, "체이스 장관이 재무성의 자기 할 일만 확실히 잘 한다면, 이런 음모들을 꾸며서 성공을 하든 실패를 하든 나는 전혀 상관하지 않겠네"라고 말한 적이 있었다.

링컨은 체이스가 이렇게 음모를 꾸미는 것을 별로 상관하지 않고 재미있다는 듯이 지켜만 보았다. 그는 체이스가 추천하는 사람들을 거의 모두 재무성 관직에 임명했고, 체이스가 하고자 하는 일들을 반대해서 싸우기보다는 그냥 내버려두는 쪽을 택했다. 링컨은 체이스가 해임당한 로즈크랜스와 가깝게 됐다는 소식을 전해 듣고, "그 사람은 쉬파리를 닮았는지 똥만 보면 알을 까놓는군" 하고 웃어젖혔다. 링컨이, 이렇게 음모 꾸미기에 바쁜 재무장관을 그대로 내버려 둔 이유는 체이스가 대통령 감이기는 하나, 절대로 대통령이 될 수는 없다고 확신했기 때문이었다.

링컨이 이렇게 확신할 수 있었던 이유는, 북부에서 자기를 지지하는 세력이 자신의 재선을 위해서 물밑에서 부지런히 움직인다는 것을 알고 있었기 때문이었다. 대통령이 자신의 재선을 위해서 나서는 것은 당시 전통으로는 생각할 수 없는 일이었기 때문에 링컨은 공적으로는 철저히 침묵을 지켰다. 그러나 공화당 간부들은 워싱턴에 오면 백악관에 꼭 들러서 대통령과 장시간 의논을 하곤 했다. 드디어 때가 와서 공화당 간부들은 체이스를 그의 고향인 뉴햄프셔에서 공격하기로 작정했다. 뉴햄프셔 공화 당원들이 1월 7일 컹코드에 모였을 때 표면상 회의 목적은 주지사 조셉 A. 길모어를 다시 주지사 후보로 추천하자는 것이었으나, 나이가 젊은 윌리엄 E. 챈들러는 기회를 놓치지 않고 링컨의 전무후무한 지모와 경륜을 칭송하면서, 차기 대선 후보는 민중이 선택한 링컨이란 것을 결의하자고 주장했다. 체이스 지지자들은 할 수 없이 챈들러의 주장에 동의하면서, 재무장관의 재무 능력을 칭송하는 결의문을 내놓고 재무장관은 정부 내의 부패와 비리를 즉각 조사, 공개하고 처벌하라는 뚱딴지 같은 결의문을 채택했다.

펜실베이니아 주의 사이먼 캐머론은 뉴햄프셔 주에 질세라 즉각 행동을 개시했다. 그는 자신이 링컨 밑에서 국방장관으로 있을 때 여러 가지 비리를 링컨이 같이 책임져 준 처사를 고맙게 생각했고, 링컨을 자기 쪽에서 대권 후보로 추천하면 같은 주의 반대 세력인 새듀스 스티븐스를 견제할 수 있을 것으로 계산했다. 지난 12월, 대통령이 재선을 가망 없게 생각하고 낙심해 있었을 때, 캐머론은 링컨에게 앤드류 잭슨 대통령의 재선 예를 들면서, 잭슨과 같이 펜실베이니아 주의회 의원들로부터 재선에 출마해 달라는 진정서를 받아보지 그러냐고 제안했다. 링컨이 캐머론에게 그런 걸 구할 수 있느냐고 묻자, 캐머론은 한 번 해보겠다고 약속하고 즉시 활동을 개시했다. 그는 1월 9일, 펜실베이니아 주의회 상·하원에 속한 모든 공화당 주의회 의원들로부터 링컨의 재출마를 요구하는 진정서에 서명을 받아내곤, 존 헤이에게 "내가 약속한 일은 지켰네"라고 자랑했다.

다른 공화당 조직들도 즉각 대통령 재선운동에 동참했다. 군사 문제나 정치적으로 상황이 나빴을 때, 북부의 사기를 진작하기 위해서 조직했던 유니언 리그의 북부 지회들도 모두 링컨의 재선을 지지하고 나섰다. 필라델피아 지회는 링컨이야말로 일개 당의 지도자라기보다는 전 국민의 지도자라고 칭송했고, 트렌턴 지회에서도 링컨이 대통령직에 최우선 적임자라고 공표했다. 전국 900개 신문에 논설을 보내지만 절대로 어느 특정

인을 내놓고 지지한 적이 없었던 뉴잉글랜드 로열 출판회도 전통을 깨고 링컨의 재선을 지지하는 강력한 논설을 출판했다. 뉴저지, 캔자스, 캘리포니아 주의 주의회 연방 당원들과 콜로라도 변방 주의회 연방당 의원들도 링컨의 재선을 지지하고 나섰다.

링컨의 지지자들이 움직이기 시작하자, 체이스를 후원하던 무리들은 이제 더 이상 뒤에서 우물쭈물 할 수가 없었다. 그들은 링컨이 사면선언서를 공표한 12월 9일 이미 조직을 시작했는데, 이날 그들은 워싱턴에 모여서 체이스를 차기 대통령으로 만들 계획안을 꾸미고자 자문위원회를 구성했다. 이 자문위원회의 중심은 오하이오 주 출신 하원의원 두 사람, 오하이오 주 출신 재무성 소속 병참관, 체이스를 항상 지지해 온 「신시내티 가제트」의 워싱턴 특파원인 화이틀로우 리드 등이 있었다. 이후 이 자문위원회에 가담한 유명 인사들은 둘 다 오하이오 주 출신인 존 셔먼 상원의원과 제임스 G. 가필드가 있었고, 링컨이 자기의 정적인 제임스 H. 레인을 더 봐준다고 생각해서 링컨에게 불만이 많았던 캔자스 주 상원의원 새뮤엘 C. 포므로이 등이 있었다.

2월 초 체이스 선거운동원들은, 주의회나 공기관에서 링컨을 무조건 차기 대통령 후보로 밀고 있다고 비방하는 내용의 글이 담긴 『차기 대통령 선거』란 책자를 내놓고 정계의 반응을 살폈다. 이 팸플릿에서 체이스 지지자들은, '국민들은 이제 링컨이 반란을 진압하고 연방을 보존할 능력이 있다고는 믿지 않는다' 라면서, 대통령은 우왕좌왕하면서 우유부단한 사람으로 의지가 약하고 무능하며 상황을 제대로 파악하지 못해서, 연방군은 반적을 진압하지 못했다고 비방했다. 그들은 링컨이 절대로 재선될 수 없다고 단정하면서, 차기 공화당 대선 후보는 진보적 사고를 지니고, 정치적으로나 경제적으로 남보다 훨씬 경험이 많은 정치가, 현대의 이념을 잘 이해하는 사람이 나서야 한다고 주장했다. 그들은 체이스 이름을 직접 거론하지는 않았으나, 모든 사람들이 팸플릿에서 규정한 사람이 누구인가 알고 있었기 때문에 이름을 직접 거론할 필요조차 없었다.

그러나 링컨을 익명으로 뒷전에서 비방한 이 팸플릿은 오히려 이를 돌린 사람들을 불리하게 만들었다. 워드 힐 라몬은 이미 2월 6일, 이 '쌍스럽고 황당한' 팸플릿이 나돈다는 것을 알고 대통령에게 보고한 바 있었다. 오하이오 주에서 이 팸플릿이 셔먼 상원의원과 제임스 M. 애쉴리 주위에 돌기 시작했을 때, 링컨 지지자들은 이미 준비가 되어 있었다. 한 신문기자는 셔먼 상원의원에게 이 팸플릿은 질이 나쁘고 내용이 너무 비겁해서 셔먼 상원의원의 이름과 정치적 명예를 더럽힐까 걱정이라고 경고했다. 또 어떤 사람은 셔먼 의원에게, "워싱턴에 있는 정치꾼 몇몇이 올드 어네스트 에이브를 모함하려 한다"고 비난하면서, "당신이 그런 짓에 가담한다면 앞으로 의회에서 10표도 얻지 못할 것이고 국회 재선은 꿈도 꾸지 말라"고 경고했다.

체이스 지지자들은 이런 경고를 받으면서도 2월 말경 링컨의 재선은 불가능하다는 내용의 회보를 '사신(私信)'이라고 겉장에 표시하고, 포므로이 상원의원이 서명한 두 번째 회보를 돌렸다. 이번 회보에서 그들은 솔직하게 체이스의 이름을 거론하면서, 체이스야말로 투명하고 나무랄 데가 없는 경력을 가졌으며, 특출한 능력을 소유한 정치가이자 가장 유능한 행정가로서, 어느 누구보다도 확실한 차기 대통령 후보 감이라고 주장했다. 체이스 지지자들은 '포므로이 회보'라고 불리게 된 이 책자를, 수백 명 공화 당원들에게 돌려서 이제는 이 회보가 사적이 아니라 공적인 문서가 되어버렸다. 「워싱턴 컨스티튜셔널 유니언」은 2월 20일 이 회보를 전재했고, 이틀 후 「내셔널 인텔리전서」도 이 회보를 전재했다.

체이스는 또다시 입장이 불편해졌다. 그는 링컨 덕분에 장관직에 앉았는데 자기를 뽑아 앉힌 링컨에게 불충한 꼴이 되어서, 포므로이 회보와 자신은 아무런 관계가 없다고 공언했다. 그는 링컨에게 자신은 마음이 내키지 않는데, 사람들이 보채서 차기 대통령 후보로 거론이 되고 있다는 내용의 편지를 보냈다. 체이스는 링컨에게 보낸 편지에서 극히 말을 조심하면서, 포므로이 회보가 나가기 전에 자신은 그런 문서가 있다는 것도 몰랐다고 주장했다. 그러나 이 말이 정말일 수도 있다. 하지만 이 회보를 기초한 제임스 M. 윈첼의 후일 회상을 들어보면, 체이스는 이때 이 회보가 준비된 것도 알았고, 이것을 돌리는 데 전적으로 찬성했었다. 체이스는 링컨에게, "각하의 신임이 없이는 본인은 재무장관직을 하루도 더 수행할 수 없습니다"라며 사표를 제출했다.

링컨은 체이스의 사표를 냉담하게 받아 거둔 뒤, 시간이 나면 고려해보고 답하겠다는 말로 체이스를 가시방석에 앉혀 놓았다. 링컨 보좌관들은 "재무성 쥐새끼들"이 더러운 수단으로 대통령을 위해한다고 화를 냈으나, 링컨은 일주일 동안 이 일에 관해서 아무에게도 말이 없었다. 그러다 방학으로 백악관에 내려온 아들 로버트에게 갑자기 이 문제에 대해 언급했다. 그는 어느 날 저녁 무렵 아들이 묵고 있는 방에 들어와서는 체이스의 사표를 보여주었다.

그는 아들에게 펜과 종이를 가져오라고 한 뒤, 자기는 이 사건으로 재무장관을 바꿀 생각은 없다란 내용의 답서를 기초했다. 자신은 포므로이 회보를 읽은 적도 없고, 앞으로도 읽어볼 생각이 없노라고 적었다. 그는 이미 몇 주 전 포므로이가 체이스 지지자들을 주도하고 있다는 소문을 들었기 때문에 이 회보가 돌고 있다는 것에 놀랄 일도 없었다고 적었다. 링컨은, '본인은 내 주위 사람들이 알려오는 정보를 받아본 정도입니다. 그들이 회보를 내게 갖다주었지만, 그것을 읽지는 않았습니다. 그리고 자기들이 판단한 대로 나에게 그 내용들을 말했지만, 나는 그냥 듣기만 하고 더 물어보지는 않았습니다'라고 체이스를 안심시켰다.

로버트가 놀라서 정말 그 전단을 읽어본 적이 없느냐고 묻자, 링컨은 근엄한 표정으로, 많은 사람들이 듣기도 싫은 말을 전했지만 체이스에게 쓴 편지의 내용은 사실이라고 대답했다.

그러나 답장이 체이스에게 배달되기도 전에 링컨은 이미 딴 방식의 대답을 보냈다. 2월 22일, 공화당 전국위원회(이후 선거운동 때는 전국 유니언 당이라고 지칭함)가 워싱턴에 모여서, 대부분 링컨이 지명했던 연방 관리들 중 4분의 3이 링컨의 재선을 지지한 것이었다. 위원회는 또한 링컨이 희망했던 대로 전당대회를, 이른 시기 6월 7일에 볼티모어에서 개최하기로 결의했다. 그 다음날에는 인디애나에서 체이스파를 견제하기 위해서 일하던 정부 출판부 책임자였던 존 D. 데프리스가 인디애나폴리스에서 인디애나 공화당 대회를 열고, 링컨의 재선을 지지하는 결의를 채택했다. 그 이틀 뒤 오하이오 주 공화당 대회에서도 대통령을 지지하는 공화 당원들이 링컨의 재선을 지지한다는 결의를 밀어붙였다. 2월 27일에는 대통령의 허락을 받아, 전방에서 수도로 잠시 돌아온 프랭크 블레어가 연방 하원에서 재무성 관리들의 비리를 통렬하게 공박하는 연설을 하면서 이 모든 비리의 최종 책임은 재무장관 체이스에게 있다고 주장했다. 블레어는 포므로이 회보를 직접 거론하면서, 자신을 장관직에 임명한 분에게 이런 음모를 꾸미고, 이제 그 음모가 백일하에 드러났는데도 철면피처럼 그냥 장관직에 앉아 있다는 것은 상식 이하의 일이라고 매도하고, 하루라도 더 그 자리에 앉아 있으면 명예를 중시하는 사람들에게는 체이스 재무장관이 그만큼 비열하게 보일 테니까, 대통령께서는 급할 일이 없을 것이라고 체이스를 매도했다.

일이 이렇게 되자, 체이스는 속은 쓰리지만 할 수 없이 자기 고향 오하이오 주가 딴 후보를 선호했으니까 자신은 대선에 나서지 않겠다고 후퇴해 버렸다. 체이스는 이 편지 사본을 대통령에게 보냈다. 사람들은 체이스의 진의를 알고 있었다. 「뉴욕 헤럴드」는 체이스의 이름을 빌려 풍자적 논설을 실었다. '연어(salmon)란 생선은 본래 괴상해서, 무척 부끄럼을 타고 조심성이 많은 고기다. 이 고기는 미끼를 물지 않고 뱅뱅 돌다가 물었다 하면 정신 없이 미끼를 삼켜 버린다. 그래서 이 연어란 놈은 미끼에 걸렸더라도 항상 낚싯줄을 길게 놓았다가 천천히 감아들여서 건져내야 한다.' 다시 말하자면, 체이스가 대통령 꿈을 완전히 포기한 것은 아니고 아직도 기회가 오면 다시 날뛸 것이란 논설이었다. 대법원 판사가 되었지만 아직 대통령 자문 역을 맡고 있던 데이비드 데이비스는 더 직설적이었다. "체이스 씨가 사퇴하겠다는 것은 연극이다. 연극 중에도 삼류극이다. 체이스의 계획은 프레먼트와 그 부류들을 부추겨서 링컨 반대 세력을 조성한 뒤, 전당대회에서 자기를 다시 내세울 것이다."

III

이런 정치적 줄다리기는 결국 링컨의 남부 재건 계획에도 영향을 미쳤다. 항상 독재 위협을 경계해온 민주 당원들은 링컨의 10% 계획의 정치적 의미를 간파했다.「뉴욕 월드」는 논설에서 '아칸소, 루이지애나, 테네시, 노스캐롤라이나에서 유권자들의 10%를 대표하는 주 정부를 수립하게 되면, 링컨은 다음 선거에서 선거인단 표 수를 마음대로 조정할 수 있을 것'이라고 주장하면서, 대통령 계획대로 남부 주 정부가 수립되면, 아칸소 유권자 한 명이 뉴욕 주 유권자 열 명과 맞먹는 결과가 나올 것이라고 경고했다. 주지사 호레이쇼 시무어는 링컨의 계획을 따르면 연방으로 돌아온 남부 주들의 유권자 7만 명이, 뉴욕, 펜실베이니아, 일리노이, 인디애나, 매사추세츠, 미주리, 켄터키, 위스콘신을 다 합친 600만 유권자와 맞먹을 것이라고 주장했다.

그러나 공화 당원들은 링컨의 사면 선포를 환영하기에 바빠, 처음에는 링컨 재건 계획의 정치적 의미를 별다르게 생각하지 않았다. 연방 하원은 대통령 계획을 입법화하기 위해서 대통령의 선포 후 곧 특별위원회를 구성다. 이 위원회 의장은 현정권에 비판적이었던 헨리 윈터 데이비스였으나, 위원회는 1월 2월 주로 제임스 M. 애쉴리가 주장이 되어 대통령이 제안했던 계획을 법으로 국회에 상정했으며, 동시에 흑인 참정권도 법안으로 제출했다.

이런 참에 공화당 의원들은 연방군이 진주하고 있는 남부 여러 주에서 대통령의 수하들이 정치적 활동을 하고 있다는 소식을 전해 들었다. 테네시에서 1862년 이후 점령군 지사로 일했던 앤드류 존슨은, 전국적 연방당의 이해보다는 링컨의 재선을 위한 당 조직에 앞장서서 뛰고 있다는 소식이었다. 아칸소에서는 대통령의 지시로 프레드릭 스틸 장군이 주 재건 계획을 주관했는데, 부정기적으로 모이던 주 당대회에서 카운티를 대표하는 사람이 하나란 이상한 현상이 일어나, 모두들 이래도 되나 의아해 하고 있었다. 링컨도 이런 식의 재건이 합법적인가 의구는 있었지만, 스틸 장군에게 법적 문제는 상관하지 말고 주 임시 정부에서 노예제도를 폐지하면 그 이외의 문제들은 천천히 해결해도 된다고 지시했다. 플로리다에서는 믿을 만한 '신사들'이 주 재건에 참여할 것이란 소식을 전해 듣고, 링컨은 존 헤이를 보내서 이 사람들의 충성서약을 받아놓도록 지시했다. 링컨의 이 계획은 결국 실패로 돌아갔는데, 왜냐하면 이 계획을 지지하던 군 세력이 2월 20일 올러스티 선거에서 패했고, 존 헤이는 1860년 유권자 수의 10분의 1인 1,400명 서약을 받아내는데 실패했기 때문이었다. 링컨의 정적들은 링컨이 군대를 이용해서 남부 주에 정부를 수립함으로써, 자신의 재선을 도모하고 있다고 비난했다.

대통령과 국회 간의 갈등은 루이지애나에서 실제로 판가름나게 되었다. 루이지애나는 전략적으로나 외교적으로, 이제까지 연방군이 점령한 어느 남부 주보다도 중요한 주였다. 미시시피 하구에 위치한 이 남부 주는 연맹장군 에드먼드 커비-스미스가 거느린 텍사스 지역을 공략하는 거점이었고, 모빌 항을 공략하는데도 중요한 거점이 될 수 있었다. 루이지애나 지역은 본래 프랑스계와 스페인계들이 많이 살던 지역으로 유럽 열강들에게 잘 알려진 지역이었고, 뉴올리언스 시는 당시 남부에서 제일 큰 도시이자 항구였다. 루이지애나 재건 계획이 제대로 수행되면, 유럽 열강들은 남부가 이제 곧 망할 것으로 볼 수도 있었다.

1862년 4월 패러거트 제독이 뉴올리언스를 점령한 뒤, 링컨은 루이지애나 주가 즉시 연방 쪽으로 귀속하기를 바랐다. 루이지애나에서 다수라고 주장하던 연방파 세력이 연방 이탈 결의를 취소하고 연방으로 돌아오기를 바랐는데, 이 사람들은 앞으로 나서기를 꺼려하고 가만히 지켜보고만 있었다. 링컨은 답답해서 이 사람들은, "돛이나 펌프는 건드리지도 않고, 가만히 선객으로 앉아서 폭풍이 지나가 안전한 곳에 도착하기를 기다리고 있다"라고 비유했다. 주민들이 이 지경이니 연방군 사령관 벤저민 F. 버틀러 장군이나 대통령이 사령관 주지사로 임명한 조지 F. 셰플리는 루이지애나 귀속에 별 진전을 보지 못하고 있었다. 그러나 대통령은 루이지애나에 연방 쪽 정부를 수립하라고 계속 지시하면서, 버틀러와 셰플리에게 당장 지방선거를 실시하라고 종용했다. 그는 "하루라도 서둘러서 선거를 집행하시오. 되도록 법을 따르되, 가능하면 다수의 의견을 모으도록 하시오"라고 지시했다. 그는 지방 주민의 선거래야 의미가 있다고 주장하면서, 연방 군사들이나 '북부 뜨내기 정치가(carpetbagger)'들이 참견을 해서는 안 된다고 주장했다. 그는 셰플리에게, "북부 사람들을 대표로 뽑아보내면 국민들은 총칼로 선량을 날조했다고 비난할 것"이라고 경고하면서, 만일 그런 일이 일어난다면 그것은 용납할 수 없는 폭거라고 주의시켰다. 그러나 링컨의 재촉에도 결과는 신통치 않았다. 버틀러는 1862년 12월 연방군이 점령한 두 선거구에서 벤저민 F. 플랜더스란 사람과 마이클 한이란 사람을 뽑아 워싱턴으로 보냈으나 두 사람 다 루이지애나를 대표한다고는 볼 수 없었다. 워싱턴에서는 이들의 자격에 대해 논란만 하다가, 회기가 거의 끝날 때가 되어서야 하원 의석을 인정해 주었다.

대통령은 1862년 말 버틀러를 내서니엘 P. 뱅크스로 경질한 뒤, 일이 전보다는 나으리라고 기대하면서, 뱅크스 장군에게 더 큰 임무를 맡겼다. 링컨의 노예해방 선언은 반군이 관장하고 있는 지역의 노예들에게만 해당됐기 때문에 루이지애나 주민들이 몰려 사는 뉴올리언스 주위의 노예제도는 폐지할 수 없는 상황이었다. 이제 전쟁이 곧 끝날 상황에서 링컨은 루이지애나 주가 연방으로 돌아온다 해도 노예주로 복귀하겠다고 우기면 어쩌나 걱정되었다. 이런 일을 막기 위해서 링컨은 뱅크스에게 루이지애나 자유파들이 새 정부를 구성하여 자유주로써 연방에 복귀하도록 만들라고 지시했다. 그는 루이지애나 주의 노예제도를 자기가 폐지시킬 권한은 없다고 믿었으므로, "장차 두 인종이 점진적으로 관계가 향상되어 종말에는 이웃으로 살 수 있는 정책이 있다면, 본인은 그 정책을 지지하겠다"라고 공표했다. 그는 뱅크스에게, '본인은 루이지애나 사람들이 노예제도를 스스로 폐지하기를 바라지만, 그렇지 않다고 해서 내가 나설 수는 없다' 란 내용의 편지를 보냈다.

1863년 전반에도 루이지애나 친연방 주 정부 구성은 별 진전이 없었고, 뱅크스 장군은 미시시피 강 허드슨 포구 공략과 연맹 주 텍사스 공략 계획에 온 정신을 쏟고 있었다. 링컨은 8월에 뱅크스에게 한이나 플랜더스 같은 루이지애나 주민 지도자들과 상의해서 루이지애나 주 법무장관 토마스 J. 듀랜트가 추진하는 주 헌법 주민회의를 곧 개최하라고 강력히 지시했다.

대통령의 강력한 지시에도 불구하고 4개월이 지났는데도 루이지애나의 친연방 주 정부 구성은 진전이 없었다. 링컨은 몹시 실망해서 뱅크스에게 왜 움직이지 않느냐고 질책하자, 뱅크스는 주 정부 구성이 자기 책임인 줄은 몰랐다면서, 일을 시도했다가도 셰플리나 듀랜트 같은 사람들에게 막혀서 진전이 없었다고 변명했다. 링컨은 뱅크스에게 귀관이 군사령관으로서 루이지애나의 최고 책임자라면서, "앞으로 무슨 논란이 있던지 결정권은 귀관에게 있다는 사실을 잊지 말라"고 몇 번이나 강조했다.

뱅크스는 대통령의 재촉을 다시 받기 전에 루이지애나 주의 자유주 정부 구성 작업을 착수했다. 그는 "앞으로 60일이면, 아니 필요하다면 30일 이내라도, 주 정부를 수립할 수 있다"라고 링컨에게 장담하면서, 예의 자기식대로 지름길을 택했다. 그는 주 헌법을 투표하는 주민회의를 소집하지 않고, 일을 빨리 처리하기 위해서 노예제도에 관한 법규만 무효라고 선언한 후, 전쟁 전 루이지애나 법에 의해서 선거를 집행한다고 공포했다.

링컨이 이런 식의 선거를 바란 것은 아니었다. 주 법무장관 토마스 J. 듀랜트나 자유주 조직위원회 사람들도 이런 선거를 선호한 것은 아니었다. 그들은 노예제도만 폐지한다고 일이 해결될 수는 없고, 전쟁 전 주 헌법이 농장주들에게 이롭기 때문에 주 헌법을 전반적으로 수정해야 한다고 믿었다. 그들은 뱅크스 식으로 선거를 치르면 루이지애나 주민들은 노예해방 선언문을 준수하겠다고 서약하기만 하면 투표를 할 수 있고, 결과적으로 루이지애나 노예제도는 없어지지 않을 것으로 예상했다. 그러나 뱅크스는 대통령에게 루이지애나 주민들은 자기 방법을 받아들이는데 반발이 적을 것이라고 주장하면서, 만일 노예 문제를 선거에서 거론한다면 주민들은 찬반을 표시할 수밖에 없어서 문제가 커질 것이라고 우려했다.

링컨은 뱅크스의 제안에 찬성하면서, 뱅크스에게 2월 22일로 예정된 주 정부 관리 7명의 선거를 곧 치르라고 지시했다. 듀랜트와 플랜더스, 자유주 위원회 사람들은 뱅크스의 선거 방식에 불만이었으나 뱅크스는 듀랜트 무리의 불평 따위는 들은 척도 하지 않았다. 자유주 조직위원회의 대변인이랄 수 있는 듀랜트는 본래 지독히 보수적인 연방주의자로서, 루이지애나 주에 연방군이 진주했을 때, 이 때문에 남부 노예주와 노예들 사이의 기존 관계를 망칠 수도 있다고 불평했던 사람이었다. 대통령은 뱅크스의 선거 방식이나 시기가 자유주 위원회 사람들의 선거 방식과 차이가 없다고 생각했고, 자신이 빨리 움직이라고 종용했던 부하 장군이 이제 빨리 움직이려 하는데 제동을 걸 생각은 조금도 없었다.

루이지애나 주에서는 2월 22일 선거 날, 연방에 충성할 것을 서약하고 노예해방에 관한 대통령 선포문을 지지하기로 서약한 주민들, 약 1만 1,000명이 비교적 순조롭게 투표를 했다. 뱅크스가 지지했던 한이란 후보가 자유주 위원회가 밀었던 후보인 플랜더스와 보수파 후보인 J. Q. A. 펠로우스를 물리치고 주지사로 뽑혔다. 뱅크스는 신이 나서 대통령에게, 1863년 1월 이후 역사상 이런 일은 처음이라면서, 루이지애나 주는 이제 세상에서 제일 충성스럽고 풍성한 주가 될 것이라고 약속했다.

링컨은 뱅크스의 호언장담을 액면 그대로 받아들이지는 않았으나, 선거 결과를 비교적 만족스럽게는 생각하고 있었다. 그는 루이지애나에서 자유주 정부를 수립하고 전 주민 투표로 루이지애나 주가 연방에 복귀하면 연방 재건의 첫 걸음이 시작될 것으로 믿었다. 그러나 그는 선거에서 자유주 지지자들 중 보수파가 승리한 것을 전적으로 탐탁하게 생각한 것은 아니었고, 해방된 흑인노예들을 백인들과 동등하게 만들라는 일부 주장과 북부 노예해방 과격파들의 압력에 민감했다. 그는 마이클 한에게 자유주로 바뀐 루이지애나에서 처음 주지사로 당선된 것을 축하하면서도, 교육을 받은 흑인들, 특히 전쟁에서 용감하게 싸웠던 흑인들에게 투표권을 주면 어떻겠냐고 제안했다. 그러나 그는 연방 헌법상 대통령이 그런 요구를 할 수 없다고 믿었기 때문에, 이 제안은 단지 제안에 불과할 뿐 딴 뜻은 없다고 덧붙여 강조했다.

공화당 국회의원들은 상당수가 루이지애나 선거를 곱게 보지 않았다. 반노예주의자들은 이미 뱅크스를 불신하고 있었는데, 왜냐하면 뱅크스는 루이지애나 노동법에 농장주들이 옛 노예들을 그대로 농장에 고용해서 작물의 14분의 1만 임금으로 주어도 된다는 조항을 넣어 놓았기 때문이다. 공화당 노예해방주의자들은, 이것은 흑인들을 법적으로만 노예가 아니라고 정한 것이지, 실제로는 노예로 그냥 남아 있는 것이나 다름없다고 믿었다. 루이지애나 자유주의자들은 공화당계 연방 국회의원들에게 계속 뱅크스에 관한 불평을 퍼부었고, 듀랜트는 뱅크스 사령관의 정책이란 괴상하고 독단적이라 계엄령과 다를 바가 없다고 매도했다. 자유주 지지자들은 공화당 과격파들의 정치적 득실을 마음에 두고 흑인 선거권을 거론함으로써 뱅크스에게 도전했다. 이들은 링컨의 심중을 몰랐기 때문에, 새로 자유의 신분이 된 옛 노예들은 제외하고, 전쟁 전 자유의 신분이었던 흑인들이나 혼혈인들에게 투표권을 부여하자고 제안했다. 하지만 뱅크스는 흑인들의 투표권보다는 딴 일들이 더 급하다고 생각하고 있었다.

일이 이렇게 진전되면서, 북부 공화 당원들은 대통령이 제안한 방식대로 남부를 재건하면 정치적으로 어떤 결과가 나올까 알아차리기 시작했다. 이런 식으로 점령 주들을 다시 연방에 복원시킨다면 그들은 공화당 전당대회에도 대표를 보낼 수 있고, 대통령 선거에도 투표를 할 수 있을 것이다. 남부 주들의 연방당이 어느 쪽에 가까운가는 확실하지 않았지만, 반란 주들을 대통령 방식으로 복원시키면, 그들은 현대통령 링컨을 지지할 것이 분명했다. 일례로 루이지애나에서 마이클 한이 주지사로 당선되자 보수파 연방 당원 한 사람은 이것을 체이스를 물리친 링컨의 승리라고 내놓고 주장하면서, 루이지애나는 자유주가 되기를 원하지만 공화당 과격파와는 일을 같이 할 수 없다고 선언했다.

이렇게 전후 사리가 분명해지자, 링컨 재선을 반대해온 과격파 공화당 국회의원들은 링컨의 재선을 막기 위해서 대통령의 반란 주 복원 방식을 정면으로 반대하기 시작했다. 메릴랜드 주 정치판에서 블레어가와 죽기 살기로 싸우면서, 링컨이 블레어 편이라고 불평이 많았던 헨리 윈터 데이비스는 1월 말경 링컨은 블레어와 한통속이라고 비난하면서 연방 하원에서 공개적으로 링컨을 공격하기 시작했다. 그는, "행정부가 루이지애나 주에서 선거를 실시하는 것은 위헌"이라면서, 만일 행정부가 선거를 강행한다면 미합중국의 국권을 무시하는 처사라고 주장했다. 데이비스는 2월

15일 하원에서, 반란 주 복원에 대한 대통령 방식을 대충 정리한 애쉴리 법안에 대한 대안을 제의했다. 그는 반란 주 복원은 대통령이 맡아 하는 것이 아니라 국회에서 맡아야 한다는 주장이었다. 그는 대통령의 복원 방안은 양성(兩性) 괴물이라면서, 반은 군사통치이고 반은 공화국으로, 마치 루이지애나의 악어 떼들과 개구리들을 합쳐 놓은 괴물이라고 비난했다. 데이비스의 대안이 체이스를 대통령 후보로 추대하자는 포므로이 회보가 배포되기 사흘 전, 국회에 제의된 것은 우연이 아니었다. 링컨은 메릴랜드 주 하원의원 데이비스가 체이스 선거운동에 관련되었다고 단정했고, 자신의 남부 복원 계획이 차기 대선과 직결되어 있다고 내다보았다.

IV

사실 차기 대선은 전적으로 전쟁이 어떻게 돌아가느냐에 달려 있었다. 그러나 1863~1864년 겨울에 전황은, 연방 쪽에 불리해서 링컨 정권의 전망은 어둡게 보였다. 동부 전선에서는 게티스버그 대전 이후, 포토맥 군과 북 버지니아 군은 서로 견제만 하고 있었다. 서부 전선에서는 룩아웃 산과 미쇼너리 리지 대승 이후 연방군은 6개월간 별 움직임이 없었다. 연방군 병력은 질병과 탈영으로 점점 약화됐는데, 새로 자원 입대하는 군사는 거의 없는 상황이었다. 링컨은 할 수 없이, 2월 1일 50만 명을 새로 징집하라고 명령했고, 이어서 3월 14일에는 20만 명을 더 징집하라고 지시했다.

이렇게 답답한 세월이 계속되자 이제까지는 볼 수 없었던 링컨의 무자비한 결단이 겉으로 나타나기 시작했다. 링컨이 일선 군인들에게 무자비한 것은 아니었다. 그는 하느님이 겁쟁이 두 다리를 주어 총알이 비 오듯

하면 총을 버리고 도망치는 것은 어쩔 수 없는 일이라고 도망병을 사면해 준 일도 있었다. 그러나 그는 이 전쟁이 그 많은 피를 흘리고 재원을 탕진하면서도 이제까지 질질 끌게 된 것은 용서할 수 없는 일로써, 이제는 끝장을 봐야겠다고 결심한 것 같았다. 그는 9월에 신병보호법을 거들면서 군사징집을 방해한 판사들을 체포하거나 추방시키겠다고 으름장을 놓았다. 체이스와 몇몇 각료들이 적극적으로 이를 만류하는 바람에 링컨은 전국에서 헤비어스코퍼스를 유보한다고 공포하고 판사들의 체포 구금은 포기했다.

남부 연맹에서 포로가 된 흑인군사들을 사형에 처하겠다고 위협하는 것을 보고 링컨은 화가 나서, "반란군들이 전법(戰法)을 어기고 미합중국 군인 포로를 죽인다면, 연방군에 포로가 된 반란 군인을 똑같은 숫자로 처형할 것이고, 흑인군인들을 다시 노예로 만든다면 반란군들을 공공사업 중노동에 강제로 사역시키겠다"고 으름장을 놓았다. 연맹군들이 연방군 포로들을 가혹하게 다룬다는 소식에 분개한 북부 주민들은 링컨의 으름장에 전적으로 동감했다. 호러스 맨 미망인은 링컨에게 정부는, "반군 포로들 중에서 가장 유능한 장교들을 가려내서, 한꺼번에 총살을 시키든지 목을 매 죽이라"는 제안을 해오면서, 랠프 월도 에머슨도 자기의 의견에 동감이라고 주장했다. 그러나 링컨은 남군이 연방군 포로들을 가혹하게 대하는 것에 화가 났던 것이지, 남군 포로들을 정말로 보복, 처형하지는 않았다. 그는 스탠턴 국방장관에게, "피를 피로 막을 수는 없고, 정부가 원수를 갚기 위해서 보복적 만행을 할 수는 없습니다"라고 지시했다.

이렇게 전쟁이 지지부진하고 좌절감이 깊어지자 링컨은 반군 수도 리치먼드를 단숨에 공략하는 전략을 궁리하게 되었다. 이 안은 달그렌 제독의 아들인 울릭 달그렌 대령의 안으로써, 링컨은 이 젊은이를 오랜 세월 자기 옆에 두고 있었다. 이 젊은이는 전투에서 한 다리를 잃었으면서도 혈기왕성했고 투지에 불타는 청년이었다. 그는 링컨에게 기병대를 둘로 나누어 주력 부대를 휴 저드슨 킬패트릭 장군에게 맡기고 지원부대는 자신이 직접 이끌어 리치먼드를 양쪽에서 협공하여 연맹군 방어선을 뚫은 뒤, 연방군 포로가 많이 갇혀 있는 악명 높은 벨 아일 감옥을 점령하겠다는 안이었다. 이 무모한 작전은 2월 28일 감행되었고, 연방군은 리치먼드 외곽에서 참패하고 달그렌도 전투 중 전사하고 말았다. 연맹군은 달그렌의 사체에서 달그렌이 리치먼드를 점령하면 연방군 포로들을 석방한 뒤 리치먼드를 쑥밭으로 만들어 제프 데이비스와 그 일당을 처형하겠다는 작전문서를 발견했다고 주장했다. 연방군 고위 장성들은 이것을 터무니없는 조작이라고 일축하면서, 이 작전은 링컨과 전혀 관계가 없다고 주장했다. 그러나 이 달그렌 작전은 무슨 수를 쓰더라도 이 전쟁을 종결시키겠다는 대통령의 의지의 표현이었다.

대통령은 포토맥 군사령관들이 현 상황을 자신과 같이 절박하다고 생각하지 않는다고 불만이었다. 그해 가을과 겨울 동안 미드 사령관은 리 군과 숨바꼭질을 했으나 브리스토, 켈리스 포드, 마인 런 같은 전투에서 별 효과를 보지 못하고 허송세월만 했다. 대통령은 답답한 나머지 미드 장군에게 전투 전날, "적을 만나면 죽기살기로 싸우시오. 전 국민이 포토맥 군을 주시하고 있소"라고 독전했지만 미드는 북 버지니아 군과 정면 격돌할 의사가 조금도 없었다. 링컨은 마지막 방법으로 미드에게, "미드가 전군을 쏟아 넣어 일전을 한 뒤 전투에서 이기면 그것은 미드의 전공이고, 전투에서 지면 대통령인 자기의 책임"으로 할 테니, 한 번 싸워보라고 종용했다.

링컨이 이렇게 미끼를 던져도 미드는 미끼를 물지 않았다. 미드는 링컨과 핼렉이 게티스버그에서 리를 도망치게 내버려두었다고 아직도 자신을 못마땅하게 생각한다고 의심해서, 더 이상 잘못을 하지 않겠다는 속셈이었다. 그는 사령관으로서 군사를 이끌지 않고 워싱턴에서 내려오는 지시만 따랐다. 미드는 자신이 공세를 취하겠다고 하면 워싱턴에서는 대통령이 사령관을 독촉해서 마지못해 하는 전투는 하지 말라는 전언이 왔고, 수

세를 취하겠다고 하면 대통령으로부터 수적으로 우세한 군사를 거느리고도 왜 적군을 공격하지 않느냐는 문책이 온다고 믿었다. 미드가 리 군을 리치먼드로 몰아서 꼼짝도 못하게 하겠다는 말을 전해 듣고 링컨은, "리치먼드가 목표가 아니고 리 군이 목표"라고 전했으나, 현지 사령관들은 링컨이 무슨 뜻으로 그런 말을 했는지 이해하는 사람이 하나도 없었다.

링컨은 이렇게 복지부동인 포토맥 군을 그랜트와 셔먼이 지휘하는 서부 군과 비교하기 시작했다. 그러나 그는 서부 군이 수도에서 멀리 떨어져 있어서 대통령이나 국방장관, 총사령관의 간섭을 받지 않아 전쟁을 현지 사령관 마음대로 수행했기 때문에 승전을 했다는 것까지에는 생각이 미치지 못했다. 링컨은 미드가 동부 테네시에서 싸우던 롱스트리트 군을 싸움 한 번 안 하고 웨스트버지니아로 퇴군하게끔 내버려두었다는 소식을 듣고 화가 머리끝까지 치밀었다. "이 포토맥 군은 정말 무용지물이다. 사령관들이 바보가 아니든지, 군인들이 두 다리가 붙어 있으면, 3만 명을 린치버그로 진군시켜 롱스트리트를 잡을 수 있었을 것"이라고 한탄하면서, "그랜트 장군이 그곳에 있었다면 롱스트리트를 그냥 보내지는 않았을 것"이라고 통탄했다.

링컨은 그러나 그랜트를 동부 전선으로 불러오지는 않았다. 이유는 사람들이 그랜트를 1864년 대선 후보로 말하기 시작했기 때문이었다. 유력한 「뉴욕 헤럴드」가 그랜트를 지지하기 시작했고, 그랜트의 정견이 무엇인지 확실하지 않아서 민주당과 공화당이 모두 그랜트를 포섭하려 했다. 매클렐런 장군이 민주당과 손을 잡고 정치에 나선 마당에 또 다른 총사령관을 정치판에 끌어들이는 것을 염려했던 링컨은, 그랜트와 동향인 E. B. 워시번 하원의원에게 그랜트 장군의 정치적 야망이 어떤가 알아보라고 부탁했다. 워시번은 그랜트와 가까운 친구 J. 럿셀 존스와 연락해서 존스는 그랜트의 편지를 들고 백악관을 찾아왔다. 그랜트는 편지에 자신은 절대로 대선에 나설 의사가 없고, 링컨이 재선될 가능성이 있는 한 링컨과 맞설 의사는 추호도 없다고 단언했다. 대통령은 그랜트의 편지를 읽고, "이렇게 나를 기분 좋게 만든 편지는 처음"이라면서, "대통령 병이 한 번 들면 거기에서 벗어나기가 얼마나 힘든가를 그랜트는 아직 모르는 것 같다"면서, "그랜트는 무슨 병이 있는지 모르겠다"고 언급했다.

그랜트의 의중을 알고 나서 링컨은 국회에 조지 워싱턴 이후 어느 장군에게도 주어본 적이 없던 중장 계급을 그랜트에게 주자고 제안했다. 그랜트는 워싱턴으로 오라는 전갈을 받고 3월 8일 워싱턴에 도착했는데, 이날은 마침 백악관 리셉션이 있는 날이었다. 그랜트는 여행 트렁크 열쇠를 잃어버려 정복을 꺼내 입지 못하고 낡아빠진 군복을 입고 있었는데, 이날 자기가 꼭 참석해야 한다는 전갈에 백악관 리셉션에 그 먼지투성이의 군복을 입고 나타났다. 백악관에 도착한 그랜트는 북적대는 방문객들을 뚫고 키가 큰 대통령에게 다가갔다. 수수하게 차리고 몸집이 작은 그랜트를 본 대통령은, "어이구, 그랜트 장군, 정말 반갑소이다!"라고 인사를 건넸다. 링컨은 그랜트 장군을 수어드 국무장관에게 소개했고, 수어드는 그를 영부인 메리에게 소개했다. 잠시 후 그랜트는 사람들로 북적대는 동실로 안내되었다. 동실에 있던 사람들이 그랜트에게 몰려들어, 그랜트는 사람들에게 밟히지 않으려고 소파 위에 올라서 섰다. 얼굴이 벌겋게 되어 땀을 흘리며 대통령에게 돌아온 것은 1시간이 넘어서였다.

링컨은 그랜트에게 내일 중장으로 임명하는 간단한 예식이 있을 거라고 귀띔을 해주었다. 그랜트가 이런 공식석상에서 연설을 해본 일이 없을 것이란 생각에 링컨은 그랜트에게 자신이 쓴 연설문 카피를 주면서, 그랜트도 연설을 미리 준비하는 것이 낫겠다고 충고했다. 그는 그랜트에게 연설문 내용은 포토맥 군을 격려해 주면서 딴 사령관들이 질투하는 것을 포용할 수 있는 내용이 좋겠다고 조언했다.

링컨은 이번 일을 널리 알리기 위하여 내각 전원에게 백악관에서 거행되는 그랜트 중장 임명식에 참석해 달라고 지시했다. 1시 정각이 되자 스탠턴과 헬렉이 그랜트를 안내해서 대통령 집무실로 들어왔다. 링컨은 그랜트에게 임명장을 수여하고 간단한 연설을 했다. "장군에게 이 영광을 돌리지만 영광에는 책임이 따른다는 것을 말씀드립니다. 전 국민이 장군을 믿으니까 하느님께서 장군을 보호하실 겁니다." 그랜트는 미리 준비해 온 연설문을 조끼 주머니에서 꺼내어 읽기 시작했으나 목소리가 제대로 나오지 않았다. 그는 허리를 쭉 펴고 목을 가누더니 시작부터 다시 읽어 내려가 연설문을 끝냈다. 그는 자기에게 주어진 책임을 전적으로 수락한다면서 그 전날 밤 링컨이 말했던 두 가지 충고를 직접적으로는 언급하지 않고 단지, 우리들 조국을 위해서 그 많은 전장에서 싸운 영용한 육군에 찬사를 보낸다고 말했다. 연설이 끝나자 내각 전원이 그랜트에게 다가가 치하했다.

　그랜트를 전군 총사령관으로 임명하고 헬렉을 그랜트의 참모장으로 임명한 것은 모든 사람들의 지지를 받았다. 이번 군 인사 조치는 군사적으로 보아도 이치에 맞는 인사였고, 정치적으로 보아도 현명한 조치였다. 「뉴욕 헤럴드」는 그랜트가 대통령 후보로 나서는 것을 막기 위해서 그를 승진시켰다고 링컨을 비난했으나 이것은 부당한 시비였다. 그랜트는 이미 절대로 대통령 선거에 나서지 않겠다고 명백하게 공표한 뒤에 승진이 된 것이었다. 어쨌든 간에 그랜트도 대선에서 빠지고 체이스도 현재로선 대선 후보에서 탈락되었으니 링컨의 재선 가망은 한층 밝아졌다고 볼 수 있었다. 오하이오 주의 전 주지사 데니슨은 대통령에게 보낸 편지에, '이제 대선 후보 경쟁은 실질적으로 끝났습니다'라면서, '정권을 이어받을 사람은 귀하밖에는 없습니다'라고 단정했다.

18

물을 건너는 도중에
말을 바꿔 타다니

링컨은 그랜트를 총사령관으로 임명한 뒤 얼마간 사람들로부터 전투에서 언제 승리할 거냐는 재촉을 덜 받았다. 사람들은 새로 임명된 사령관이 군대를 장악하고 전략을 세우려면 얼마간 시간이 필요할 것이라고 인정했기 때문이었다. 그러나 정치판에서는 휴전이란 있을 수 없어서 공화당 과격파와 온건파들은 서로를 견제하기에 바빴다. 공화당 전당대회 전 몇 주 동안 링컨은 자당 내의 파벌 싸움에서 중립을 지키고 주전파 민주당을 포섭하는데 힘을 썼다. 링컨은 이런 식으로 당 공천은 손쉽게 확보했으나, 그랜트가 버지니아 작전에서 계속 큰 인명 피해를 냈다는 신문보도로 대통령에 재선되는 것은 아직 확실하지 않았다. 링컨은 자주 낙심하면서 전쟁과 자기 정권의 승패가 자신의 노력과는 상관없이 운명에 달린 것이라고 생각하게 되었다.

I

2월 말 연방 하원의원 제임스 A. 가필드는, "저는 국민들이 링컨 씨의 재선을 바라고 있는 것으로 확신합니다"라고 말했다. 가필드는 체이스를 대통령으로 밀었던 사람이어서 가필드가 이렇게 공언한 것은 주목할 만한 일이었다. 링컨이 그랜트를 총사령관으로 임명한 뒤 거의 모든 공화 당원들은 가필드와 비슷한 결론을 내렸다. 메인 주에서 보내온 보고서도, '이곳에서도 링컨 씨를 전적으로 지지하고 있습니다. 링컨 씨가 공천되는 것은 기정 사실입니다'라고 확언했다. 캘리포니아 주에서도 모든 사람들은 링컨의 재선을 희망한다고 전해왔다.

그러나 다수 정치인들은 국민들이 확신 없이 링컨을 지지하는 것이라고 믿었다. 라이맨 트럼불도 국민들이 링컨의 재선을 지지하는 것은 사실이지만 자기가 보기에는 그 지지란 것이 별로 믿을 것은 못 된다고 기록했다. 링컨이 공천될 것은 확실하지만 국민들이 링컨을 전적으로 신임하지는 않는다는 주장이었다. 당에서 떨어져나간 오하이오 출신 한 공화 당원은 많은 유권자들이 링컨을 미니까 자신도 하는 수 없이 따라서 링컨을 지지한다고 투덜거렸다.

링컨을 싫어하는 반대 세력들도 링컨을 대체할 어느 특정 후보에 합의를 보지 못했다. 이 반대 세력들은 하는 수 없어서 6월 7일 볼티모어에서 예정된 전당대회를 연기하자는 주장을 들고 나왔다. 「뉴욕 이브닝 포스트」의 편집장 윌리엄 컬른 브라이언트와 「뉴욕 트리뷴」의 편집장 호러스 그릴리 그리고 기타 유력한 뉴욕 주 공화 당원들은 전당대회를 최소한 9월 1일까지 연기하라고 요구했다. 그들은 사설 칼럼에서 지금 나라가 대통령 선거에 휩싸일 때가 아니라고 주장했다. 그들은 차기 대선은 링컨 정권이 이번 봄과 여름에 전쟁을 어떻게 수행하는가에 달려 있다고 주장했다. 뉴욕 주 공화 당원들은 타 주 공화당 지도부를 포섭했고, 그래서

「시카고 트리뷴」의 메딜은 전당대회가 8월까지 연기되어도 자기는 상관없다면서, 링컨은 우매하고 취약해 보인다고 공격했다. 그러나 펜실베이니아 주의 사이먼 캐머론은 전당대회의 연기에 반대였다.

반대 세력들은 링컨을 대체할 후보도 없이 무조건 전당대회를 연기하자는 주장은 통하지 않는다는 것을 깨닫고, 대회를 연기하자는 주장은 철회하고 후보 물색에 나섰다. 「뉴욕 헤럴드」는 계속 그랜트를 들먹였으나 그랜트 자신은 꼼짝도 안 했다. 프레먼트를 지지하는 사람들은 미주리 주의 독일계 과격파들뿐이었다. 벤저민 F. 버틀러는 공천 경쟁에 관심은 있으나 대통령 반대 세력과 손잡을 생각은 없다고 분명히 말했다. 재무장관 체이스가 대통령 경선에 다시 뛰어들 가능성도 있었다. 체이스 지지자들은 아직도 체이스를 물밑에서 지지하는 사람들이 많아서 링컨이나 프레먼트, 둘 중에서 선택하는 것보다는 차라리 C(체이스)를 지지하겠다는 사람들이 꽤 된다고 믿었다.

링컨은 그랜트에 관해서는 걱정을 안 했으나 그외 딴 후보들은 조심해야 하는 정적들로 생각했다. 그는 프레먼트만은 어쩔 수 없는 적으로 치부했다. 프레먼트는 미주리와 버지니아 서부 사령관직에서 자기를 쫓아낸 링컨을 몹시 증오하고 있어서, 공화당에서 링컨을 대선 후보로 선출할 것이 분명하면 자신은 제3당 후보로 출마하겠다고 위협했다. 그래서 볼티모어 전당대회 1주 전인 5월 31일 클리블랜드에서 따로 당 대회를 소집하겠다고 얼러댔다.

체이스 지지자들은 버틀러에게 부통령 자리를 가지고 접근했는데, 이 사실을 알고 있던 링컨은 버틀러를 어린애 다루듯 했다. 그는 버틀러를 한심한 사람으로 생각했으나 버틀러가 뒤틀리면 골치를 썩일 수도 있다고 생각해서 버틀러의 비위를 맞추어 주었고, 그랜트가 무능한 버틀러를 먼로 요새 사령관직에서 해임하려 하자 버틀러를 열심히 비호한 적도 있었다. 캐머론은 대통령 지시라면서 버틀러에게 링컨-버틀러 티켓을 제안했는데, 버틀러는 링컨이 4년치 부통령 월급을 공채로 자신에게 전액 선불하고, 링컨이 대통령에 당선된 뒤 3개월 안으로 죽든지 사임한다고 약속하면 부통령 후보 자리를 맡겠다는 우스개 대꾸를 해왔다. 링컨은 캐머론의 보고를 듣고 더 이상 버틀러 걱정은 하지 않았다.

그러나 체이스는 간단하지가 않았다. 링컨 지지자들은 대통령이 체이스가 대통령 경선에서 떨어져 나간 포므로이 사건 뒤에도 왜 체이스를 내각에 남겨두고 있는지 이해할 수가 없었다. 버틀러도 링컨에게 체이스를 내쫓으라고 조언한 적이 있었으나 링컨은 생각이 달랐다. 링컨은 불만스러워하는 체이스를 내각에 그대로 두는 것이, 내각에서 쫓겨난 뒤 밖에서 시끄럽게 떠드는 체이스보다 훨씬 덜 위험하다는 생각이었다.

몇 달 동안 계속해서 정부 부채는 눈덩어리처럼 불었고, 국회는 돈을 실질적으로 거둘 수 있는 과세법안의 통과를 저지시키고, 화폐 가치는 떨어지고, 금값은 뛰자, 체이스는 사임을 하고 싶었다. 이때 연방관리직에서 제일 관리 임명권이 많다는 뉴욕 세관장 자리가 문제에 올랐다. 1861년 체이스는 과격파 세력이 지지하던 하이램 바니란 사람을 뉴욕 세관장에 임명했는데, 뉴욕 보수파 공화 당원들이 그의 교체를 요구하고 나섰다. 대통령은 바니와 문제가 없었고 바니를 정직하고 곧은 사람으로 믿었으나 일이 이렇게 되자 하이램 바니를 포르투갈 영사로 보내려 했다. 하이램 바니는 잘못도 없는데 불명예스럽게 세관장 자리를 내놓을 수는 없다고 반항했고, 체이스는 바니를 지원했다. 체이스가 바니를 해임시키면 자신도 재무장관에서 사임하겠다고 나서는 바람에, 링컨은 하는 수 없이 포기하고 말았다.

링컨이 바니를 유임시키자 이번에는 보수파 공화 당원들이 시끄러웠다. 설로우 위드는 데이비드 데이비스에게, 2년간이나 적인 체이스를 도운 세관장을 내쫓지 못하는 링컨은 대통령에 재선될 자격이 없다고 항의했다. 링컨이 체이스 재무장관의 추천을 받아들여서 뉴욕 세관 감정관에 존 T.

호지붐이란 사람을 임명하자 공화당 보수파들은 더 펄펄 뛰었다. 에드윈 D. 몰건 상원의원은 대통령이 거절을 못하는 성격이라 체이스의 친구를 이 자리에 임명했다고 비난했고, 이 소식을 들은 설로우 위드는 펄펄 뛰면서 화를 냈다. 위드는 "이런 모욕이 있을 수 있는가"라면서, 이제까지 대통령을 도운 일들이 모두 허사인 것 같으니까 앞으로는 대통령에게 다시는 편지나 충고를 하지 않겠다고 공언했다. 링컨은 이 말을 듣고 걱정이 되어 개인 비서 니콜라이를 보내 이 공화당 거물을 회유했으나 허사였다. 위드는 계속 이제까지 링컨 정권을 도운 것은 잘못된 일이었고 링컨의 재선에 회의를 느낀다고 떠들어대는 바람에 사람들은 노정치인 위드가 링컨에게 반기를 들었다고 믿었다.

대통령이 뉴욕에서 과격파들 편을 들었다면 그 반대로 워싱턴에서는 보수파들의 편을 들어주는 것 같이 보였다. 4월 말 하원의원 프랜시스 P. 블레어 2세는 재무성 관리들이 자신을 모략했다고 화를 내면서 하원 연단에 나가 미시시피 강 지역에서 불법거래와 협잡으로 착복한 돈으로 체이스 대선 운동을 돕고 있다고 매도했다. 그는 체이스가 악랄한 포므로이 회보 사건 이후 정말로 대선에서 물러난 것이 아니라고 격렬하게 비난하면서, 체이스는 지하로 들어가 더러운 돈으로 포므로이 운동을 더 열심히 추진하고 있다고 고발했다. 그는 체이스가 프레먼트를 앞잡이로 세워 링컨을 대선 후보에서 밀어낸 뒤 자신이 그렇게 대범하게 고사한 대선 후보 자리가 다시 돌아오면 점잖은 척 수락할 심산이라고 비난했다.

공화당 과격파들은 블레어의 연설에도 화가 났지만 그들이 더욱 화를 냈던 이유는 블레어가 이 통렬한 연설을 마친 뒤 국회의원직을 사임하면서 곧 소장 계급을 달고 셔먼 군의 군단사령관으로 부임한 사실 때문이었다. 블레어는 자신이 국회의원직을 사임하면 언제든지 다시 군에 복귀해서 사령관이 될 수 있다는 묵계가 링컨과 있었다는 소문이었다. 링컨의 정적들은 이것은 불법이요 위헌이라고 비난하면서, 대통령과 블레어가

짜고 체이스를 무고했다고 비난했다. 화가 난 체이스는 곧 재무장관직에서 사임하겠다고 했으나 자신의 지지자들이 말리자 못이기는 척하면서 대통령과 직접 면담할 때까지 사임을 미루겠다고 말했다.

4월 25일 오하이오 출신 전 하원의원 앨버트 G. 리들이 재무장관의 충복 루퍼스 P. 스펄딩을 대동하고 백악관을 찾아왔을 때, 링컨은 그들을 차갑게 맞았다. 그러나 리들이 대통령에게 자신들은 대통령에게 따지러 온 것이 아니고 대통령이 블레어를 시켜서 국회 연설을 하게 한 것은 아니란 사실을 확인하러 왔다고 전하자, 대통령은 한결 부드러워져서 자신은 블레어의 연설을 미리 읽은 적도 없고, 사실은 블레어를 소장으로 임명하여 군에 복귀시킨 뒤 3시간이 지나서야 그 사실을 전해들었다고 설명했다. 그는 '벌집을 쑤셔놓은 꼴'이 됐으니 블레어의 소장 임명을 재고할 수도 있으나 기왕 저지른 일이니 그냥 내버려두는 것이 좋겠다고 말했다. 그는 방문객들에게 자신이 일을 잘못 처리했으면 앞으로는 고칠 수 있을 것이라고 달랬다.

볼티모어 전당대회가 다가오면서 공화당 내 두 세력간 알력 때문에 대통령은 마음 편할 날이 없었다. 5개월만에 대통령을 처음 본 리들은 대통령의 형편없는 몰골에 매우 놀라서 링컨 대통령이, "근거 없는 험구와 끈질긴 비난으로 지친 것 같아 보였고, 비겁하고 사나운 사람과 사냥개들에게 몰린 가여운 수사슴처럼 보였다"라고 회고했다.

II

이즈음 링컨은 정치인들보다는 장군들과 지내는 것이 더 편했다. 그는 그랜트 총사령관을 믿었고 좋아했다. 링컨은 겉으로 수수하게 보이고 군인답게 단순한 그랜트를 좋아했고, 그랜트가 일리노이 주 출신이란 사실도 마음에 들었다. 그랜트는 계급이나 격식에 구애를 받지 않았고 딴 장군들처럼 허식에 신경 쓰는 일이 없었다. 링컨은 그랜트의 직설적이고 간단한 보고서에도 감명을 받았다. 그랜트는 보고서를 자주 보내지는 않았으나 쓸 때는 용감하고 단순했다. 링컨은 1863년 7월, "그랜트 장군은 직무에 충실한 맹장이지만 보고서를 쓰거나 전신을 보내는 데는 인색한 사람"이라고 평한 적도 있었다. 그랜트는 매클렐런이나, 뷰엘 기타 장군들과는 달리 링컨의 노예해방 정책이나 흑인을 병사로 징집하는 것에 군말 없이 복종했다. 링컨은 언젠가 딴 장군에게 자기가 왜 그랜트를 그토록 좋아했나 토로한 적이 있었다. "그랜트 장군은 나를 걱정시키고 귀찮게 한 적이 없습니다. 그는 증원군을 보내 달라고 졸라댄 적도 없고 우리가 보낸 군대를 이끌고 그가 할 수 있는 한 최선을 다했습니다."

 대통령은 신임 총사령관에게 자기가 해줄 수 있는 것은 모두 해주려 노력했다. 그는 그랜트가 포토맥 군의 기병대를 분리시켜서 새 부대로 조직하겠다고 건의했을 때 즉시 허락해 주었고, 그랜트가 새로 편성된 기병대 사령관에 필립 셰리던을 천거했을 때도 즉석에서 동의했다. 링컨은 그랜트가 전방에서 멀리 떨어진 접경주에서 교통이나 치안을 담당하고 있던 부대를 감소시키자고 했을 때도 동의했고, 별 볼일 없이 여러 달 찰스턴 항에 파견되었던 부대를 소환했을 때도 즉시 찬성했다. 그랜트가 군병참부, 군조달부 등을 자신의 지휘하에 두겠다고 제안했을 때도 링컨은, 그랜트에게 법적으로는 그런 부서들을 사령관 소속으로 돌릴 수는 없지만 그랜트의 명령을 제한할 수 있는 사람은 대통령밖에 없는데 자신은 그랜트 사령관의 명령을 제한할 생각은 조금도 없다고 답했다. 한 번은 그랜트가 수도 워싱턴 방위 병력을 대폭 줄이는 바람에 국방장관 스탠턴의 뜻을 거스른 적이 있었다. 그랜트와 스탠턴이 백악관으로 와서 대통령에게 서로 자신들의 입장이 옳다고 주장했다. 링컨은 두 사람의 의견을 듣고 나서 스탠턴 국방장관을 달랬다. "스탠턴 장관, 미세스 스탠턴이 항상 그렇게 불러서 나도 그렇게 부르겠는데, 이 그랜트 씨는 우리 모두가 서부를 떠나 산을 넘어 우리 일을 맡아달라고 이곳으로 오게끔 초청한 분이요. 그러니 이 분이 하자는 대로 일을 맡기는 것이 좋겠소이다."

대통령은 그랜트를 처음 만났을 때 자신은, "직업군인도 아니고 전쟁을 어떻게 수행해야 하는지 문외한이니까 절대로 군사 일에는 간섭을 안 하겠다"고 약속했다. "전에는 장군들이 복지부동으로 움직이지를 않고, 언제든 항상 국민들과 국회의 압력 때문에" 군사 일에 간섭한 적이 있지만, "자기가 원한 것은 어떤 누구든 장군다운 장군이 나타나서 이 군사를 이끌면, 자신은 정부의 자원을 총동원해서 그 장군이 필요한 것을 뒤에서 지원하는 일을 해야 한다고 생각했다"고 말했다. 그는 그랜트 장군에게 보낸 편지에서, '상세한 군사 작전에 대해서는 알지도 못하고 알고 싶지도 않습니다. 장군은 부지런하고 스스로 알아서 일을 처리하는 사람이니까 나는 장군이 하는 어떤 일에도 일체 간섭을 안 할 것입니다' 라고 쓴 적이 있었다.

링컨이 그랜트에게 군사 일을 전적으로 맡긴다고 약속하면서도 사실상 그랜트의 작전을 전면 수정하게끔 만든 것은 링컨이 인사 관리에 탁월했기 때문이었다. 그랜트는 워싱턴 정치꾼들에서 멀리 떨어진 곳에서 군을 지휘하라는 셔먼 장군의 제안을 따라 서부에 군 총사령부를 두려 했는데, 링컨의 설득에 따라 포토맥 군사령부를 군 총사령부로 정한 뒤 자신은 전군의 전략을 총괄하면서 미드로 하여금 전투 전술을 담당하도록 했다. 헬렉을 총사령부의 참모장으로 임명한 것도 그랜트가 원해서 그런 것이 아니고 링컨의 제안을 그랜트가 받아들인 것이다. 헬렉은 참모장으로서 군 총수인 대통령과 국방장관, 총사령관의 중재 역할을 훌륭히 수행했다. 링컨은 또한 정치적 이유에서 그랜트가 별로 탐탁하게 생각하지 않았던 여러 장군을 지방 사령관직에 임명했다. 그는 군사에 어두운 벤저민 F. 버틀러를 과격파 공화당을 무마시키려고 제임스 강 지구 군사령관에 유임시켰고, 역시 군사에 무능했으나 독일계 미국인들에게 인기가 높았던 프란츠 시겔 장군에게 셰넌도어 계곡 지구 사령관직을 맡겼다.

이보다 더 중요한 것은 링컨이 핼렉의 도움을 받아 그랜트의 기본 작전을 바꿔놓은 것이었다. 그랜트는 포토맥 군과 북 버지니아 군이 3년 동안 전무후무한 살상의 전투를 계속하면서 별 소득 없이 싸워온 사실을 통감하고 있었다. 그는 이런 식으로 전투를 계속해서는 전쟁에 이길 수 없다면서 이제까지 시도했던 리치먼드 공격 작전을 전면 수정하자고 제안했다. 그는 반란군들을 여러 곳에서 동시에 공격해야 한다고 주장했다. 그는 결정적 효과를 바랄 수 없는 소수 기병대의 습격작전을 포기하고, 6만 명 소수 군으로 모든 중요 보급 철로를 파괴하자고 제안했다. 이런 식으로 1지군은 뉴올리언스의 뱅크스 군으로 앨라배마의 모빌을 공략한 뒤 앨라배마와 조지아 철도 선을 파괴하고, 2지군 셔먼 군사로는 조지아 주 전부를 휩쓴 뒤 연맹의 동서 보급로를 차단시키자고 제안했다. 3지군은 버지니아 주 서포크 군으로 웰던과 노스캐롤라이나 주 럴리 사이의 철로를 차단시켜 리 군의 보급로를 끊어버리자고 주장했다. 그랜트는 이렇게 3면 공격을 하면 버지니아 주가 무너지고 동시에 테네시 동부도 무너질 것이라고 전망했다.

그러나 링컨과 핼렉의 영향으로 그랜트는 이 작전을 거의 모두 포기하고 말았다. 링컨은 리 군과 수도 사이에 있는 연방군을 약화시키는 것에 반대했다. 그는 그랜트가 노스캐롤라이나 공략으로 수도에서 멀리 떨어진 동안 리가 수도를 점령하고 북쪽으로 진군할 것을 우려했다. 그리고 링컨은 이제 소위, '작전'이란 것을 믿지 않았다. 그는 반란군을 꺾기 위해서는 계속 정면으로 반군을 치는 수밖에 없다고 생각했다. 링컨은 수개월간 미드에게 반군을 치라고 지시했으나 미드는 꼼짝도 안 했는데, 이제 그랜트가 왔으니 그랜트는 싸울 것으로 기대했다.

그랜트는 자신의 작전계획을 링컨이 바꾸었다고 깨닫기도 전에 자신의 작전계획을 전면 수정했다. 연방군 전군을 동원해서 연맹의 심장부를 동시에 공격하는 작전이었다. 뱅크스는 모빌 쪽으로 진군하고 셔먼은 애틀랜타 쪽으로 진군하며, 시겔은 셰넌도어 계곡의 철로를 끊고, 버틀러는 제임스 강을 끼고 올라가 피터스버그를 공략한 뒤 리치먼드를 치고, 미드는 북 버지니아 군을 리치먼드로 밀어붙이자는 작전이었다. 이 모든 진군은 5월 5일을 기해서 시작될 것이다.

그랜트가 링컨에게 이 작전을 설명했을 때 링컨은 그랜트의 작전이 이제까지 자신이 뷰엘과 핼렉에게 계속 주장해왔던 작전계획과 다름이 없다고 느꼈으나, 그는 시치미를 뚝 떼고 그랜트에게 이것은 신임 사령관의 새로운 작전인 것처럼 느끼게 만들었다. 그랜트가 전투에서 이기지 못하더라도 이 작전을 강행하면 종국에는 연방군이 전승할 것이라고 내다보자, 링컨은 자기가 기다린 것이 바로 이것이라고 동의하면서, "서부 사람들 속담에 의하면, 짐승 가죽을 벗기지 못하는 사람들은 짐승 다리라도 잡아야 한다는 것이 바로 이 작전"이라고 좋아했다.

그랜트는 이렇게 전면 수정한 작전계획을 전부 실현하지는 못했다. 뱅크스 군을 모빌로 진군시키고 앨라배마 중부를 공략하려던 계획은 포기할 수밖에 없었다. 그랜트가 총사령관에 부임하기 전 대통령의 주장으로 국방성은 뱅크 군을 레드 강으로 파병하여 루이지애나의 나머지를 해방시키고 5만 내지 15만 베일의 목화를 남군으로부터 빼앗는 임무를 맡았기 때문이었다. 링컨은 뱅크스 군을 레드 강에 보냄으로써 막시밀리언 대공작을 멕시코 허수아비 황제로 세운 프랑스의 나폴레옹 3세에게 경고를 보내고자 한 것이었다. 그러나 이 레드 강 작전은 실패로 돌아갔고, 결과적으로는 4만 뱅크스 군이 그랜트의 전면 작전에 참전하지 못하는 결과만 낳았다.

그러나 그랜트의 다른 작전은 계획대로 진전되었다. 수요일이었던 5월

4일 새벽, 포토맥 군은 래피단 강을 건너서 북 버지니아 군을 공격했다. 다음날인 5월 5일 버틀러 군 3만은 제임스 강 남쪽에 상륙해서 피터스버그로 진군했고, 5월 7일에는 셔먼 군이 애틀랜타를 점령하려 진군을 시작했다.

링컨은 모든 일을 전폐하고 그랜트의 군사작전을 주시했다. 그랜트 군은 길도 없고 잡목만이 빽빽하게 들어선 윌더니스(황무지—옮긴이)로 사라져서 이틀간 무소식이었다. 그랜트가 신문기자들이 보내는 전신을 통제한 때문이었다. 대통령은 전황실에서 보기에 딱할 정도로 걱정하면서 소식을 기다렸다. 금요일 아침이 되어서야 그랜트가 직접 보내지도 않은 간단한 전신이 들어왔다. '모든 일이 아군에게 이롭게 진전되고 있음.' 다음날 아침 2시경 그랜트는「뉴욕 트리뷴」기자와 인터뷰를 했다. 그랜트는 기자에게, "대통령을 만나 뵈면……그랜트 장군은 후퇴란 것을 모른다고 전하시오"라고 말했다. 링컨은 이 말을 전해듣고 한 펜실베이니아 여인에게, "전방에서 들어온 낭보로 이제는 안심"이라고 말했다. 그는 백악관 앞에 모여든 군중에게, "우리 용감한 전사들"과 "그들을 이끄는 영용한 지휘관들"에게 감사하며, "특히 우리에게 승리를 가져다줄 하느님께 감사한다"고 말했다.

그러나 들어오는 소식은 아군의 승전이 아니었다. 그랜트는 포토맥 군 10만을 끌고 그보다 훨씬 수가 적은 리 군을 측면에서 공격했는데, 이틀간 격전에서 1만 4,000명의 사상자가 났다는 것이었다. 그랜트는 1차 공격에서 리 군을 꺾지 못하자 동쪽으로 돌아서 리 군을 공격했는데, 5월 10일과 19일 스폿실배니아 전투에서 다시 1만 7,500명이 전사했거나 부상했다. 2주간 전투에서 연방군은 3만 2,000이란 군사를 잃었고 실종자들도 수천이 된다는 것이었다.

링컨은 이런 기막힌 소식에도 불구하고 정부를 정상적으로 운영하려 했으나 절망감과 초조함을 감출 수는 없었다. 이때 백악관을 방문했던 하원의장 콜팩스는 링컨이 절망적으로 보였으며, "왜 아군은 이렇게 당하기만 하는가! 이 지독한 유혈전쟁을 피할 수 없는가! 이 전쟁은 정말 언제 끝난단 말인가!"라고 절규했다고 전했다. 링컨은 밤에 자지도 못했다. 이때 링컨 대통령의 노예해방 선언이란 회화를 그리고 있던 젊은 화가 프랜시스 B. 카펜터는 대통령이 잠옷 바람으로 집무실 앞 복도를 서성거리면서 목을 늘어뜨린 모습이 수심과 걱정, 초조의 화신처럼 보였다고 회상했다.

그러나 이러한 유혈 참극에도 대통령은 절망하지 않았다. 그랜트는 이전 총사령관들과는 달리 수많은 군사를 잃으면서도 뒤로 물러설 줄을 몰랐다. 그랜트는 스탠턴에게, "이 여름이 다 가도록 싸우더라도 물러서지는 않을 것"이라고 전했다. 대통령은 이렇게 지독한 그랜트에 희망을 걸고 있었다.

그랜트가 스폿실배니아에서 실패를 했어도 링컨은 계속 총사령관을 전적으로 지지했다. 그랜트 이외에는 대안도 없었다. 아직 독립적으로 군사를 이끌어본 적이 없는 셔먼 장군과 꾸물댄다는 평판이 있는 조지 H. 토머스 장군 이외에는 총사령관 재목이 없었다. 그리고 그랜트는 대통령이 원했던 작전과 전투를 수행하고 있었다. 링컨은 겉으로는 태연한 척했고, 그랜트가 새로운 전투를 계속하는 사실에 고무를 받았다. 그는 윌더니스 전투 중, "그랜트 장군의 위대한 점은 항상 냉정하고 흔들림이 없는 성격이다. 그는 쉽게 흥분하지 않는 사람이다. 그는 투견 불독같이 맹렬해서 한번 물면 절대로 놓지 않는 사람이다"라고 사람들에게 말했다.

III

자신만큼이나 연맹군을 섬멸시키려고 철저하게 노력하는 총사령관을 얻은 링컨은 군대에 물자지원과 증원군 확보를 위해 노력했다. 군사 확보는 항상 골칫거리였다. 많은 연방군 병사들은 3년 만기로 입대했고, 1864년이면 만기 제대를 할 사람들이었다. 국회는 휴가나 보상으로 만기가 된 병사들의 재복무를 권장했으나, 최소한 10만 명은 이를 거부하고 집으로 돌아갔다. 윌더니스에서 사상자들이 많이 나고, 10만 명이 제대함으로써 병력 확보를 위하여 징병이 절실하게 되었다. 자원병은 거의 찾을 수 없는 상황에서 링컨은 5월 17일, 30만 병력을 추가 징집한다는 대통령령을 포고하려 했다.

이 징집령은 공포되지 못했는데, 5월 18일 「뉴욕 월드」와 「커머스 저널」이 백악관 소식이라면서 대통령은 괴로운 심정이지만 연방의 대의를 위해서 40만 명을 군대에 징집할 예정이라는 기사를 썼기 때문이었다. 이 기사가 나돌자 월 스트리트에서는 소동이 났고, 금값은 지폐에 비해서 10% 이상 뛰어올랐다. 이 가짜 기사는 「브룩클린 데일리 이글」이란 신문의 편집장 조셉 하워드와 기자 프랜시스 A. 멜리슨이란 자의 소행이었는데, 이들은 징집령이 곧 공포될 것이란 소식을 듣고 앞질러 발표하고는 미리 투자했던 금 시장에서 큰돈을 벌었다.

링컨 정부는 이 두 신문을 강력히 제재하기로 작정하고, 스탠턴을 시켜서 군대를 풀어 두 신문의 건물을 점령하고 편집장과 사주를 구속했다. 군 수사기관은 곧 하워드와 멜리슨이 기사를 쓴 장본인이란 사실을 확인한 뒤, 두 사람을 라파예트 감옥에 구금시켰다.

구속되었던 사주와 편집장은 곧 석방되었고 두 신문 모두 다시 발행을 시작했으나, 이 사건은 링컨이 전쟁을 수행하는 데 얼마나 철저하고 단호한가에 대한 의지를 보여주었다. 신문기자들이 신문 정간과 사주 구속이 링컨 자신이 한 일이 아니고 부하가 한 일이라고 해명할 기회를 주었으나 그는 그런 식의 해명을 단호히 거절해 버렸다. 그는 전쟁이나 정부를 이용해서 치부하는 자들을 매우 못마땅하게 생각하고 있었다. 더구나 하워드같이 금 시장을 조종해서 돈을 번 사람은 용서할 수 없었다. 링컨은 커틴 주지사와 함께 있을 때 주먹으로 탁상을 치면서, "이런 자들은 모두 사형시켰으면 좋겠소이다!"라고 화를 냈다.

링컨에게 다행이었던 것은 이런 사기 투자가들이나 그랜트 군의 사상자 소식이 정치에 별로 악영향을 미치지 않았다는 것이다. 전당대회가 다가오면서 각 주들은 속속 현 대통령을 지지한다고 발표했고, 캘리포니아, 아이오와, 위스콘신 같은 서부 주들이 특히 링컨의 재선을 지지하고 나섰다. 일리노이 주에서는 한 공화 당원이, "하느님께서 최고로 만들어 놓으신 것이 링컨 씨라고 믿으니까 우리는 모두 링컨 씨의 재선을 위해서 힘써야 한다"고 말했다.

동부에서는 캐머론이 미리 약속했던 대로 링컨을 지지하게끔 만들어 놓아서 펜실베이니아 주는 전당대회에서 52표 전부를 링컨에게 투표하기로 결의했다. 매사추세츠 주에서도 급진파 노예해방주의자 웬델 필립스 무리들의 반대와 주지사 존 A. 앤드류의 주저에도 불구하고, 24표 전부를 링컨에게 투표하기로 결의했다. 오하이오 당 대회에서는 링컨을 전적으로 지지하면서, 재무장관 체이스의 공헌을 기리자는 결의는 부결되었다. 뉴욕 주에서는 링컨에게 화가 났던 설로우 위드가 잠시 마음을 돌렸는지 주 대회에서 66표 전부를 링컨에게 투표하기로 결의하는데 주도적인 역할을 했다.

링컨의 공천에 걸림돌은 이제, 불만을 가진 세력이 5월 31일 따로 클리블랜드에서 열고자 하는 공화당 대회밖에 없었다. 그들은, "전쟁 수행에 무능하고 우유부단한 현정권"을 고발한다면서 모였는데, 처음에는 링컨도 실질적 위협으로 느끼고 경계해서 운동원들도 보내고 했으나, 대회에 참석한 사람 숫자가 350명에서 400명에 지나지 않았고, 그중에서 정식 대표는 158명에 지나지 않아 별 볼일 없는 대회가 되었다. 이들은 대부분 미주리에서 프레먼트를 지지하고 링컨을 반대했던 독일계 시민들이었고,

동북부에서 내려온 급진파 노예해방 지지자들이었다. 이들은 이제 링컨을 지지하는 윌리엄 로이드 개리슨과 갈라져서 웬델 필립스를 추종하였고, 링컨 정권이 완전히 실패했다고 비방하며 링컨의 남부 재건 계획도 자유에 대한 직접 위협이라고 비난했다. 클리블랜드 대회에 참석한 사람들은 대부분 무명인사들이었고, 공화당 동부 지도부는 그랜트를 밀다가 클리블랜드 대회가 프레먼트를 지지하는 사람들로 조직되었다는 소식을 듣고 참석하지 않았다. 또한 전에는 클리블랜드 대회를 밀었던 「뉴욕 트리뷴」의 호러스 그릴리도 이제는 지지하지 않았다.

클리블랜드에 모인 대표들은 토론도 없이 노예를 해방시키는 헌법 수정과, "모든 사람들은 법 앞에서 절대적으로 평등할 것"을 보장하는 강령을 채택했다. 그들은 대통령 직접선거와 단임제, 표현과 언론의 자유, 헤비어스코퍼스, 반란군들의 사유지 몰수 등을 요구했다. 이들은 급진파처럼 만장일치로 프레먼트를 대통령 후보로 선출했다.

링컨이 보낸 당원 중 한 사람은 이 대회에 모인 사람들을 "어이없는 바보들"이라고 조롱했고, 현정권을 지지하던 「뉴욕 타임스」는 이 대회를 유권자들의 대변인도 아니고 표를 갖지도 않은 불만분자들의 작당이라고 혹평했다. 존 헤이도 이 대회를 보잘것없는 모임이라고 일축했다. 링컨도 참석자가 적은 이 대회의 진행을 듣고 책상에 놓인 성경을 집어들더니 새뮤엘 1장을 찾아 읽어 내려갔다. "근심과 걱정에 찌든 사람들 모두, 빚에 쪼들리는 사람들 모두, 불만에 가득 찬 사람들 모두가 다 모여서 그분에게로 왔더라. 그분은 이 모든 사람들의 주장(主將)이 되셨으니, 모인 사람들 숫자가 대략 400이었더라."

볼티모어에서 전당대회가 열리기 전 주에, 대의원들은 대회에 참석하기 전 워싱턴에 들러서 자기 주 출신 국회의원들을 만나기도 했지만, 헤이가 일기에 적은 것처럼 많은 대의원들은 장래를 생각해서 타이쿤(링컨)을 만나러 들린 것이었다. 거의 대부분은 진짜 대의원들이었으나 개중에는 가짜들도 섞여 있었다. 링컨은 이들 모두를 반갑게 맞아들였다. 어떤 사람이, 링컨을 찾아온 사우스캐롤라이나 주 대의원들이 사기꾼이거나 목화 상인들, 종군(從軍) 장사치들이라며 주의하라고 경고하자, 링컨은 "그 사람들이 나에게는 사기를 못 칠걸" 하며 웃어넘겼다.

이제 링컨의 재공천이 확실해지자 많은 사람들은 링컨이 부통령 후보를 누구로 정할 것인가 궁금해 했다. 링컨은 꼭 집어서 누구라고 말하지 않고 확실히 정한 사람이 없다고만 말했다. 왜냐하면 현 부통령인 한니발 햄블린, 벤저민 F. 버틀러, 앤드류 존슨 등 기타 후보들이 모두 가까운 사람들이기 때문이었다. 링컨의 두 비서 중 한 명은 링컨이 햄블린을 선호한다고 생각했고, 또 하나는 존슨이라고 생각했다. 누구를 지명할 것이냐고 물으면 링컨은 막연히, "햄블린 씨도 좋은 사람이다"라고 대답했다. 이렇게 링컨이 막연했기 때문에 여러 사람들은 자신이 부통령 후보라고 확신하면서 볼티모어 전당대회에 참석했다.

6월 7~8일에 소집된 볼티모어 전당대회는 별 사건 없이 진행되었다. 프론트 스트리트 극장에서 열린 이 전당대회를 참관한 규로스키 백작은, 대회에 참석한 사람들이 모두 신경질적이고 욕심이 많아 보이는 정치꾼들 같았고, 많은 사람들이 사기꾼, 모사, 돌팔이 신문쟁이, 욕심쟁이들로 보였다고 전했다. 링컨은 이 대회에 니콜라이가 참가하도록 내버려두었는데, 니콜라이는 대회에 참석해서 이 대회가 1860년 시카고 대회만큼 재미있거나 열정이 없었다고 실망했다. 대통령 후보가 이미 확정된 대회라 사람들은 별로 흥이 없었고, 그나마도 콜드 하버에서 그랜트의 실전(失戰)으로 7,000명 연방군 군사가 살상당했다는 소식이 들어와, 대회 분위기는 암울했다. 한 일리노이 대의원은, "이 전당대회는 시골마을 모임보다도 못하다"라고 투덜거렸다.

이번 대회가 끝나면서 정치에서 은퇴할 예정인 E. D. 몰건—공화당 연방 전국집행위원회 회장이었고 뉴욕 주 출신 연방 상원의원—은 링컨의 제안에 따라 아프리카계 흑인노예제도를 미국에서 절대로 금지하는 헌법 수정을 추진하자는 주장으로 전당대회를 시작했다. 모든 대의원들은 몰건의 제안을 박수로 찬성함으로써 과격파들의 주장을 전당 강령으로 만들어 오히려 기선을 제압하려 했다.

많은 연사들은 이 전당대회가 제3차 공화당 전당대회가 아니고 제1차 연방당 전당대회임을 강조했다. 전당대회 임시회장직을 맡았던 켄터키의 로버트 J. 브리켄리지 박사는 개회연설에서, "우리 연방당의 일원으로서 본인은 지구 끝이라도 여러분과 함께 가겠습니다. ……그러나 노예제도 폐지파나, 공화당, 휘그당, 민주당을 따라가야 한다면, 본인은 한 발짝도 움직이지 않을 겁니다"라고 말했다. 전당대회의 영구회장인 오하이오 주의 윌리엄 데니슨 주지사도 같은 의견을 반복했다. 그는 이 전당대회에 모인 대의원들은 구정당을 대표해서 모인 것이 아니라, 새로이 명명된 연방당의 일원으로서 현정부와 연방에 절대적이고 무조건 충성할 것을 약속해야 한다고 주장했다. 공화당 지도부는 이렇게 당명을 새로 지으면서 공화당 내 두 파간의 알력을 없애고 주전파 민주 당원들을 영입하자는 작전이었다. 이 목적을 달성하기 위해서는 링컨을 재선 후보로 추대하는 것이 우선이었다.

전당대회는 전적으로 링컨 지지자들의 잔치판이었다. 일이 이렇게 돌아가자 이번에도 링컨의 재선운동을 담당했던 데이비드 데이비스 판사는 전당대회에 나타나지도 않았다. 그는 대통령에게, "반대파들을 철저히 눌러놓아서 제가 대회에 참석할 이유가 없습니다"라고 전했다. 몇 가지 안건은 모두 대통령이 바라던 대로 처리되었다. 과격파 새듀스 스티븐스가, "빌어먹을 반란 주 놈들"이라고 반대했지만, 링컨의 10% 규정에 따라서 주 정부를 재건 중인 테네시, 루이지애나, 아칸소의 대의원들을 정식 대회의원으로 인정해 주었다. 미주리 주에서는 클레이뱅크스(보수파)와 차콜(과격파)이 각기 따로 대의원들을 보내서 말썽이 났는데, 링컨 지지자들이 대회 진행 중 과격파들이 난장판을 벌리지 않으면 그들도 대의원으로 받아들이겠다는 합의해 충돌을 피할 수 있었다.

전당대회 강령은 '실질적으로 현명하고, 무사봉공(無私奉公)한 사람으로서, 헌법을 수호한 사람' 링컨을 차기 대선 후보로 선정한다고 채택했다. 당 강령은 「뉴욕 타임스」 편집장 헨리 J. 레이먼드가 꾸민 것으로, 현 정부를 전적으로 떠받드는 내용이었다. 이 강령에서 그는 미합중국의 일체성을 주장했고, 연맹국의 무조건 항복과 노예제도를 폐지하는 헌법 개정을 촉구했다. 당내 불만 세력들은 수어드, 블레어를 포함한 당 보수 세력을 징계하는 문구를 강령에 넣자고 주장했지만, 채택된 문안에는 '국정을 담당한 지도부는 서로 협력해야 한다'면서, '전당대회 강령을 지지한다고 공언하는 사람들'만이 공직을 맡을 자격이 있다란 애매한 말로 적당히 넘어갔다.

일사불란하게 진행된 전당대회에 약간의 소요가 있었다면, 그것은 누가 링컨의 이름을 차기대선 후보로 제안하는 영광을 누릴 것이냐고 다툰 것이었다. 일단 투표가 시작되자 모든 주 대의원들은 표 전부를 링컨에게 투표한다고 선언했는데, 미주리 대의원들은 미주리 지구당 대회의 결의에 따라 22표를 그랜트에게 투표했다. 하지만 투표 결과가 전체 506표 중 절대 다수인 484표가 링컨에게 몰리자 미주리 주 대의원들도 가세하여 링컨은 만장일치 차기 대선 후보로 추대되었다.

대통령 후보에 링컨을 추대한 뒤 부통령 후보를 선출하려는데, 링컨 지지자들도 누구를 밀어야 하는지 말들이 없었다. 처음에는 현 부통령 햄믈린이 자동으로 후보로 지명되는 줄로 생각들을 했는데, 회의가 진행되면서 주전파 민주 당원 존슨이나 버틀러, 링컨에게 충성해온 뉴욕 주 법무장관 대니엘 S. 디킨슨 등이 거명되었기 때문이다. 대의원들은 니콜라이에게 대통령의 의중이 누구냐고 묻자, 니콜라이는 백악관에 남아 있던 존 헤이에게 대통령의 뜻을 알아보라고 요청했다. 링컨은 헤이에게, '부통령 후보 선출에 관계하고 싶지 않음. 당 강령에 참견하지 않을 것임. 당 대회에서 선출하기를 바람'이라고 전했다.

링컨이 점찍은 사람이 없다는 것이 알려지자, 대의원들은 자기들이 미는 후보를 위해 뛰었다. 「신시내티 가제트」의 기자인 화이틀로우 리드는, '햄믈린은 사람들의 지지를 잃었다. 사람들은 현 부통령을 다시 미는 것이 옳다고는 생각했으나, 별로 신이 나서 그러는 것 같지는 않았다'라고 보고했다. 뉴잉글랜드 대의원들도 의견이 갈려서 많은 대의원들이 존슨이나 디킨슨에게 투표했다. 그러나 뉴욕 출신 디킨슨이 부통령이 되면 수어드가 국무장관직을 사임해야 한다는 사실이 알려지자(같은 주에서 정부 최고직 둘을 맡을 수 없다는 불문율 때문), 그들은 존슨을 밀었다. 이미 남부와 서부에서 큰 지지를 받았던 존슨은 뉴욕 주가 그의 편으로 돌면서 부통령 후보가 되었다.

링컨은 왜 부통령 후보를 자기가 직접 선정하지 않았는지를 해명한 적이 없었다. 여러 해 지난 뒤 펜실베이니아 공화 당원 알렉산더 K. 맥클루어란 사람은, 링컨이 볼티모어 전당대회에서 존슨을 밀라고 지시했었다고 주장하면서 당시 전당대회에 참석했던 딴 여러 사람들도 이것을 확인했다고 주장했다. 그러나 링컨이 평생 거짓말을 한 적이 없었다고 믿었던 니콜라이는 이 말을 일축해 버렸다. 햄믈린 부통령의 손자 찰스 E. 햄믈린도 자기 조부가 부통령 후보에서 밀린 것은 과격파 찰스 섬너들의 조작이었다면서, 링컨은 햄믈린을 밀었다고 주장했다. 아무튼 이 일은 역사에서 확인할 수 없는 일이 되어버렸다.

확실한 것은 링컨이 햄믈린을 원했다면 전당대회에서 햄믈린을 다시 부통령 후보로 선정했을 거란 사실이다. 추측하건데 링컨은 햄믈린이 노예제도나 남부 재건에 지독한 과격파란 사실을 감안해서 햄믈린을 적극적으로 밀지 않았던 것 같다. 링컨은 언젠가 남부 사람들이 자기를 암살할 걱정은 안 해도 된다고 말한 적이 있었다. 왜냐하면 자기가 죽고 햄믈린

이 대통령이 되면 남부가 더 곤란해질 것이기 때문이었다. 그리고 주전파 민주당계를 부통령 후보로 세우면 연방당이 모든 세력을 다 끌어들이는 영입 지상주의로 비칠 수 있었고, 남부 출신인 존슨을 세우면 남부가 이제까지 계속 연방에 남아 있었다는 해석이 가능할 수도 있었다. 존슨은 자신의 고향인 테네시가 연방에서 이탈한 뒤에도 자신은 연방에 충성했던 사람이고, 테네시 군 총독으로 부임한 뒤에도 링컨의 남부 재건 계획을 전폭적으로 지지한 사람이었다. 링컨은 존슨의 이러한 고마웠던 점들을 감안해서 존슨을 밀었을 수도 있었으나, 링컨은 본래 부통령직을 대수롭지 않게 생각했다. 링컨은 거의 모든 대통령들과 마찬가지로 부통령을 자주 만나지 않았고, 부통령에게 중요한 일을 맡겨서 자기와 동격을 만들 생각도 없었다. 이렇게 부통령 후보 선임에 관계를 하지 않음으로써 링컨은 전당대회에 모인 대의원들이 대통령 의견만 따르는 허수아비가 아니란 것을 주장하고, 자신들이 선호하는 부통령 후보를 선출할 기회를 주었을 수도 있다.

  어떻든 간에 링컨은 전당대회의 결과에 만족스러워했다. 6월 9일 전당대회 대표들이 전당대회의 결과를 전하러 백악관으로 링컨을 찾았을 때, 링컨은 "이 소식을 받으면서 제가 기쁘다는 것을 숨길 필요는 없겠습니다. 그리고 연방 사람들이 전당대회에 모여서 제가 지금 맡은 현직을 다시 한 번 맡아도 괜찮겠다고 결의하셨다니 감사한 마음을 금치 못합니다"라고 말했다. 그는 노예제도를 폐지하는 헌법 수정에 전적으로 동의한다면서, 그래도 당 강령을 주의해서 읽기 전에 후보 추천을 수락할 수는 없다고 말했다. 같은 날 링컨은 볼티모어 전당대회의 결의를 지지하기로 한 전국 연방 리그 대표들을 만난 자리에서, 자기를 재신임한 사람들에게 감사한다고 전하면서, "옛날 네덜란드에 살던 농부 한 사람이, 냇물을 건너는 도중에 말을 바꿔탈 수는 없다"고 말했다는 고사를 읊었다.

IV

링컨은 재선 후보로 지명되면서 현정부나 당에서 자신이 최고 지도자란 사실을 확인 받았다. 이러한 사실을 제일 빨리 실감한 것은 재무장관 체이스였다. 체이스는 전쟁에 소요되는 막대한 군자금을 충당하느라 고심이 많았다. 국회는 재무장관의 요구를 무시했고, 국가 재정에 필요한 최소한의 과세도 인정해 주지 않았다. 전쟁 초기에 체이스를 도와 국채를 성공적으로 소화시킨 은행가 제이 쿡이 연임하지 못하고 떠난 뒤, 체이스는 혼자 힘으로는 국채를 조정하지 못했다. 화폐가치는 떨어지고 금값은 치솟았다. 국회는 체이스의 요구에 따라 금 투기를 불법으로 만들었으나, 이 법은 정직한 사업가들을 지키고, 투기꾼들에게는 계속 돈을 버는 기회를 마련해 준 셈이었다.

체이스는 이런 모든 난관 때문에 대통령과 더욱 사이가 멀어지고 있었다. 두 사람은 자리를 같이하면 서로 불편했고, 체이스는 내각회의에 이따금씩 나타나는 정도였다. 링컨은 더 이상 체이스가 필요없었다. 그는 매사추세츠 하원의원 새뮤엘 후퍼를 통해서 자기의 뜻을 전하려 했으나, 후퍼는 대통령의 의중을 잘못 알고 체이스에게 말을 제대로 전하지 않았다. 링컨은 체이스에게 아직도 재무장관의 능력이나 충성은 믿지만 서로 관계가 불편해진 것은 사실이어서 자리가 나는 대로 체이스를 대법원장에 임명하겠다는 것이었다.

6월 말 재무장관이 말썽을 일으켰다. 신임이 높았던 뉴욕 시 연방 재무성 차관 존 J. 시스코가 사임을 했는데, 이 자리는 재무성에서 장관 다음으로 중요한 요직이었다. 체이스는 대통령이 자신을 불편하게 여기게 된 사실도 모르고, 자신의 충복인 몬셀 B. 필드를 임명하려 했다. 이것은 정치적으로 도저히 불가능한 인사였다. 전 주지사였고 연방당 전국 집행위원회 회장을 지낸 E. D. 몰건 상원의원이나 아이라 해리스 상원의원은 딴 사람을 밀고 있었다. 링컨은 필드의 임명을 거부하고, 체이스에게 재고하라고 요청했다.

체이스가 대통령에게 면담을 요청하자 링컨은 필요없다고 거절했다. 그는 체이스에게, "우리 둘이서 만나 상의한다고 해결될 문제가 아닙니다. 옛날 속담에 신발이 잘 안 맞는 것은 신어본 사람만이 알 수 있는 겁니다"라고 답했다. 뉴욕 시에 있는 여러 공직 임명은 링컨에게 항상 거북하게 부담을 준 임명들이었다. 링컨은 체이스에게 그가 바니를 뉴욕 세관장으로 임명했을 때도 자신은 부담감을 느꼈고, 홋지브룸 판사를 임명했을 때는 뉴욕 공화 당원들(설로우 위드 이름을 직접 거론하지는 않았지만)이 내놓고 반기를 들려 했다고 말했다.

체이스는 대통령에게 정면 도전을 하기보다는 시스코가 자진 사퇴를 하게끔 하고 대통령에게 사건 전말을 보고하면서, 자신은 적재를 적소에 임명했지 인사에 계파를 고려한 적은 없노라며, 대통령을 훈계하는 식으로 말하면서 자신과 대통령 사이가 불편하면 자신은 사임하겠노라고 말했다.

링컨은 체이스의 편지를 받고, 체이스가 "귀하는 도리에 맞지 않게 처신했습니다. 나에게 정식으로 사과하고 계속 일해 줄 것을 간청하지 않으면, 그리고 내가 하자는 대로 내버려두지 않으면 귀하가 아무리 졸라대도 나는 이 자리에 머무를 생각이 없습니다"라고 투정을 부린 것이라고 말했다. 링컨은 체이스의 사임서를 수락하기로 결정했다. "귀하의 능력이나 애국심은 전에도 의심한 적이 없고 지금도 변한 바가 없습니다. 그러나 우리 두 사람의 공적 관계는 이제 극복하기 힘들 정도로 불편해졌고, 나라를 생각해도 계속될 수 없다는 결론이 났습니다."

체이스는 또 한 번 심술을 부려보다가 대통령이 자기의 사임서를 수락했다는 소식에 기가 막혔다. 그는 볼티모어 전당대회 이후 정치판도가 급속도로 바뀌었다는 것을 미처 생각지 못한 것이었다. 체이스는 자기 일기장에, '나는 대통령을 여러 가지로 못마땅하게 생각해왔다. 그런데 대통령이 나를 못마땅하게 생각하는 이유는 이해할 수 없다. 내가 공직 임명을 사사로운 이해관계 없이, 파벌간 암투에 상관없이 한 것이 못마땅하다면 모를까 이해할 수 없는 일이다'라고 기록했다.

체이스의 동료들은 링컨에게 재고하라고 강권했으나, 링컨은 일단 사임서를 수락한 뒤에는 흔들리지 않았다. 워싱턴을 방문한 오하이오 주지사 존 브로우가 자신이 이 문제를 중재하겠다고 자청하자, 링컨은 "체이스 장관이 사임서를 낸 것이 이번이 세 번째입니다. 나도 이제는 더 이상 구걸하기도 싫고 나라에 그 사람이 꼭 필요한 것도 아닙니다. 그러니까 브로우 지사, 이 일은 그냥 내버려두셨으면 합니다"라고 말했다.

링컨은 재정적으로나 정치적으로 피해를 최소한으로 줄이고자 곧 신임 재무장관을 추천했다. 그는 누구 하고도 상의 없이 전 오하이오 주지사 데이비드 토드를 추천했으나, 토드는 재정에 일자무식한 사람으로 재무장관 재목은 아니었다. 토드는 금화를 선호하는 사람으로서 현정부가 지폐를 찍어내는 것에 반대했다. 국회 재정분과위원회의 윌리엄 피트 페센던을 위시해서 국회의원 여럿이 토드의 임명에 절대 반대였으나 링컨은 고집을 부리다가, 토드가 건강상태를 이유로 고사하는 바람에 정치적 대결은 저절로 해결되었다.

다음날 아침 링컨은 페센던을 재무장관으로 추천했고, 상임위원회 집행부는 2분간 토론한 뒤, 페세던을 재무장관으로 확인해 주었다. 페센던은 자기와는 미리 상의도 없이, 자신이 재무장관이 되었다는 소식에 아연했다. 그는 상원을 떠날 의사도 없었고, 행정부에서 일할 생각도 없었으며, 건강상 직무 수행에도 자신이 없어서 링컨에게 고사하는 편지를 보냈다. 대통령은 이를 거부하고 페센던에게 국가를 위해서 이 자리를 맡아 달라고 조르면서, "나라가 이렇게 위태로울 때는 생명을 바쳐서라도 국가 일을 맡아야한다"고 재고를 종용했다. 페센던이 스탠턴에게 자신이 이 자리를 맡으면 죽을지도 모르니 어쩌면 좋겠냐고 조언을 청하니까, 스탠턴은 한마디로 "나라를 위해서 일하다가 죽는 것처럼 장한 일이 어디 있겠소"라고 일축했다. 그리고 이 소식이 알려지자 상공위원회, 은행가, 공직자들 모두가 페센던에게 국가 재정 위기를 해결할 사람은 페센던밖에 없다고 졸라댔다.

페센던은 억지 벼슬을 할 수 없이 맡기로 했으나, 가까운 친구인 아이오와 상원의원 그라임스의 충고에 따라, 딴 장관들의 모략이나 중상 때문에 몇 주 하다가 그만둘 벼슬은 맡기 싫다며, 7월 4일 링컨에게 재무장관의 재정 소관은 절대로 독립적이어야 한다는 약속을 받은 뒤 재무장관에 취임했다. 대통령은, "재무장관 허락 없이는 누구도 인사에 관여하지 않겠다"는 약속을 해야만 했다. 페센던은 반면 대통령이 원하는 사람은 자기가 최대한으로 고려하겠다는 약속을 했다.

링컨은 내각을 정비한 뒤, 공화당계 국회의원들의 결합을 위해 최대한 노력했다. 1864년 6월 말 제38차 정기국회의 제1차 회기는 건설적 입법보다는 서로 아옹다옹 싸움이 많았던 국회였다. 공화당계 국회의원들은 전보다 더욱 급진파와 보수파로 갈려서 두 파 모두가 대통령에 대한 비판이 심했다. 행정부가 전시(戰時)란 비상사태를 악용해서 입법부를 무시하고 제멋대로 설친다고 불만이 많았다. 대통령에 대한 비판 중 제일 극심했던 것이 남부 재건 방법이었다. 루이지애나 주를 다시 연방 주로 편입시킬 때 뱅크스가 전쟁 전 주 헌법을 그대로 유지하도록 했기 때문에, 흑인들의 인권이 무시되었다. 이런 일이 있은 뒤 공화당 급진파는 링컨의 10% 남부 주 재건 방안을 반대하고 나섰다. 그들은 루이지애나와 아칸소 주에서 뽑힌 새 연방 국회의원들을 인정해 주지 않았다. 공화당 소속 다수 의원들은 대통령에 대한 불만의 표시로 기타 건설적인 입법도 질질 끌고 통과시키지 않았다. 흑인들을 노예신분에서 자유의 몸으로 바꾸어주는 일을 맡게 될 자유인 관할청(Freedmen's Bureau)의 입법도 통과시키지 않았고, 대통령과 전국 연방당 전당대회에서 강력히 추진했던 제13 헌법 수정안도 다수로 통과시키는 것이 불가능했다.

회기 말, 많은 국회의원들이 자리를 비우자 공화당 지도부는 노예제도, 자유신분이 된 흑인들, 남부 재건 등등의 주요 안건들이 하나도 통과되지 않고 회기를 넘기게 된 것을 느끼고 당황했다. 그들은 황급히 "이번 국회에서 제기된 노예해방 건 중 제일 실질적인 안"이라고 평가된 헨리 윈터 데이비스 안을 통과시켰다. 웨이드-데이비스 법이라고 이름을 붙인 이 법안은 행정부가 아니라 입법부에서 남부 재건을 주관해야 한다는 내용이 골자였다. 이 법안은 연방에서 이탈했던 주가 다시 연방에 들어오기 위해서는 노예제도를 완전히 폐지해야 한다는 조건을 달았다. 그리고 이탈하기 전 주민의 10%가 아니라 50%가 주 정부 재편 선거에 참여해야 선거 결과를 인정해 주겠다는 것이었다. 그리고 선거를 통해서 주 정부 관리직을 맡게 될 사람들에게, 앞으로 연방 정부에 충성하겠다는 약속이 아니라, 이제까지 전쟁 중 연방 정부에 반대해서 총기를 든 적도 없었고 반란 세력에 가담했던 적도 없었다고 서약하라는 것이었다.

이 법안은 7월 2일 국회에서 통과되었는데, 이 법은 메릴랜드 공화당 주류인 블레어 가문(링컨과 가깝게 지낸 가문)을 증오했던 데이비스가 사적 감정을 법문화한 것이라고 볼 수 있었다. 또한 급진파 공화 당원들이 전 당대회가 끝난 이 무렵까지 링컨의 재선을 반대한다는 증거로도 볼 수 있었다. 그들은 아직까지도 제2, 제3의 후보를 생각하고 있었고, 남부 재건을 링컨에게 맡기면 루이지애나, 아칸소, 테네시 등지에서 링컨이 압도적으로 승리할 것을 걱정하고 있었다.

이렇게 공화당 국회 지도부가 반발하고 나서자 링컨은 자신의 권위를 재확인하기로 결심했다. 그럴 수밖에 없었던 것이, 링컨이 지금까지 아슬아슬하게 유지해온 주전파 민주 당원들과 공화 당원들의 결속이 있어야만 자신의 차기 대통령 재선이 가능했다. 정계에서는 대통령이 이 법안을 거부할 것이란 소문이 나돌았다. 국회가 휴회로 들어가기 이틀 전, 하원의원 새듀스 스티븐스, E. B. 위시번, 펜실베이니아 주의 존 L. 도슨 등은 백악관으로 대통령을 예방해서 대통령에게 국회에 전할 말이 있느냐고 물었으나, 실은 웨이드-데이비스 법안에 서명하라고 조를 참이었다. 링컨은 국회의원들을 맞아 인사를 나누더니 스티븐스가 메시지를 읽는 동안 등을 돌리고 책상에 앉아 하던 일을 계속했다. 도슨은 대통령이, "스스로 창피하게 느껴 불편한 것 같이 보였다"고 전했고, 국회의원들은 링컨이 이 법안을 분명히 거부할 것으로 생각했다. 이 소식을 전해듣자, 링컨과 옛날 가까웠고 일리노이 주 급진파 공화 당원이었던 제시 O. 놀턴은 급하게 백악관으로 달려갔다. 그러나 링컨을 만난 놀턴도 링컨이 이 법안을 거부하리라는 인상을 받았다. 놀턴은 링컨이 큰 잘못을 저지를 것 같지만 아무도 그의 잘못을 막을 사람이 없다고 전했다.

7월 4일 정오에 국회에서 회기를 마감할 무렵, 대통령은 국회의사당 자신의 방에서 국회에서 통과시킨 여러 가지 안건들에 서명을 하고 있었다. 웨이드-데이비스 법안에 대통령이 과연 서명을 할 것인가 아닌가 궁금했던 공화당 상·하원 의원들은, 대통령 주위에 모여 그를 주시했으나 대통령은 그 법안을 옆으로 밀어 놓았다. 미시간 주 출신 과격파 공화 당원 재커라이어 챈들러 상원의원이 들어와 대통령에게 그 법안에 서명할 것인가 추궁하자, 링컨은 화가 난 목소리로 대답했다. "챈들러 씨, 이 법안은 국회가 휴회하기 바로 전에 통과시켜서 내가 읽어볼 짬도 없었소이다. 이 법안은 간단히 서명해 버리기에는 너무 중요한 문제인 것 같습니다."

챈들러가 대통령이 이 법안에 거부권을 행사하면 북서부에서 반발이 심할 것이라고 경고하자, 링컨은 재편성된 주 안에 사는 노예들을 해방시킬 법적 근거가 없다고 반박했다. 챈들러가 이 법안이 대통령이 이제까지 주장해온 정책과 무엇이 다르냐고 따지자, 링컨은 계속 차가운 목소리로 자기가 이 법안에 반대하는 이유는 이 법안에 서명하면 그것은 반란 주들이 지금 연방에 속해 있지 않다는 것을 뜻한다고 대답했다. 그는 주위에 모인 사람들에게 이 전쟁은 반란 주들이 연방에서 이탈할 수 없다는 전제에서 해왔기 때문에 이 법안에 내가 서명한다면 나는 대통령일 수가 없고 당신들도 국회의원일 수가 없다고 말했다.

대통령이 국회의사당에서 떠나려 할 때, 사람들은 그에게 공화당 과격파들과 이렇게 정면충돌을 하면 가을 선거에서 큰 피해를 입을 것이라고 경고했다. 링컨은 화가 나는 것을 억제하면서, "그들이 이 일을 문제삼으면 분명히 피해를 입을 것이오. 그러나 그들은 나에게 호의를 보인 적도 없었고, 이 일로 해서 생각들을 바꾸리라곤 믿지 않소이다. 아무튼 모든 일에서 옳은 방향으로 일을 처리해야 하고 얼마간은 원칙과 양심에 따라 일을 해야 된다고 믿소이다."

링컨은 화를 삭인 후에 웨이드-데이비스 법안을 그냥 무시하기로 작정했다. 말하자면 서명을 미루고 안 한다면 국회가 곧 휴회로 들어갈 테니까 이 법안은 제정될 수가 없는 것이었다. 그는 자기의 주장을 국민들에게 직접 호소하기로 작정했다. 그는 자신은 남부 재건에 관한 한 어떤 특정 안에 묶이지는 않겠다면서, 아칸소나 루이지애나같이 이미 자유주 헌법과 주 정부를 편성한 남부 주들을 소급해서 무효화할 수는 없다고 말했다. 그는 자신이 만일 이런 주장에 동조하면 딴 남부 주들은 앞으로 자유주로 연방에 편입할 의지를 잃을 것이 분명하다고 주장하면서, 국회에서 주들이 인정하는 노예제도를 폐지하는 것은 위헌이라고 거듭 주장했다. 그러나 국회와의 정면충돌을 피하기 위해서 링컨은 이 법안에 들어 있는 남부 재건 방법에는 전적으로 찬성이며, 어떤 주든지 이 법안에 따라 재편성하겠다면 자신은 적극적으로 지원하겠다고 공약했다. 그러나 사실상 이 공약이 무의미했던 것이, 대통령의 재건 계획보다 남부 주들에게 훨씬 강압적이라 남부 주들이 이 법안을 따를 리가 없었던 것이다.

과격파들은 웨이드-데이비스 법안이 대통령 때문에 공문(空文)이 된 결과에 모두 화를 냈다. 그들은 대통령이 자기들을 우롱했다고 믿었다. 대통령은 우선 이 법안에 서명하지도 않고 거부하지도 않으면서 무시하더니, 다음에는 거부나 다름없는 대 국민 성명서를 발표하였다. 남부 주들에게는 이 법안에 따라 재편성해도 된다고 선심을 쓰는 것 같이 말했으나 이것은 실효성이 없는 선심인 것이 분명했다. 한 신문기자는 데이비스 의원이 화가 나서 얼굴이 창백해졌고, 두 팔을 휘두르며 입에 담지 못할 욕으로 대통령을 매도했다고 전했다. 찰스 섬너도 "기가 찰 노릇"이라고 한탄했다. 그러나 이 법안을 정독하지 않았던 국회의원들은 대통령이 반대하는 이 법안을 대통령에게 강요했던 것은 잘못이라고 생각하게 되었다. 이런 식으로 국회의원들 간에는 말들이 많았으나 결과적으로 링컨은 행정부와 입법부, 남부 재건 방책을 모두 자신이 관장하게 되었다.

V

링컨이 얼마나 오랫동안 실권을 장악할 수 있는가는 전적으로 군대가 얼마나 잘 싸우는가에 달렸는데, 당시 군사현황은 좋지가 않았다. 7월이 되면서 그랜트 작전은―그 작전은 바로 링컨이 구상했던 대작전이었는데―실패한 것으로 보였다. 뱅크스 군은 레드 리버 작전에서 실패한 뒤 사기가 땅에 떨어진 상태였고, 뱅크스의 상관이었던 에드워드 R. S. 캔비 장군이 모빌로 진군해서 승리한 것은 여러 달 후였다. 조지아에서는 셔먼이 조셉 E. 존스턴 장군이 이끌던 연맹군을 애틀랜타 쪽으로 추격했으나 존스턴은 셔먼이 파놓은 함정을 용케도 항상 피해 나갔다. 화가 난 셔먼은 결국 케니소우 산에 진을 친 연맹군을 정면 공격했으나, 6월 27일 많은 사상자를 내고 패했다.

동부 전선에서는 버틀러가 휘하의 제임스 군을 제임스 강과 애퍼매턱스 강 사이에 주둔시켜 놓았는데, 마치 코르크로 단단히 막은 병 속에 갇힌 신세처럼 꼼짝도 못하게 되었다. 셰넌도어 계곡 전선에서는 프란츠 시겔 장군이 5월 15일 뉴 마켓이란 곳에서 참패를 당해 사령관직에서 해임당하고 말았다. 후임 데이비드 헌터 장군은 셰넌도어 계곡을 초토로 만드는 작전을 썼으나, 리 장군이 주발 A. 얼리 장군을 보내자 그는 캐나와 계곡에 숨어들어 도망갔고, 셰넌도어 계곡은 연맹군들이 주 통행로같이 진입할 수 있었다.

가장 심각한 것은 그랜트가 직접 지휘한 포토맥 군이 맥을 못 쓰는 것이었다. 그랜트는 윌더니스와 스폿실배니아에서 리 군을 진압시키지 못하고, 콜드 하버란 곳에서 무모하고 가망 없는 공격을 시도했다. 그랜트는 이번 전투에서도 패하자, 그후론 작전 얘기를 피하고, "내가 생각했던 것보다는 훨씬 더 많은 희생을 치르지 않고는 이 전쟁에서 이길 수 없다"라고 말했다.

그는 작전계획을 수정해서 6월 14일 이전에 매클렐런이 1862년 싸웠던 것처럼 치카호미니 강을 건너서 제임스 강 남쪽으로 군사를 옮겼다. 그곳에서 포토맥 군은 버틀러 군과 합세해서 바다 쪽에서 지원을 받으며 리치먼드와 남부를 연결하는 철로를 끊어버렸다. 그랜트는 리가 미처 손을 쓰기도 전에 감쪽같이 군사를 옮겼고, 이것은 그가 본래 계획했던 작전으로 돌아간 것이었다. 그는 제임스 강을 건너자마자 남쪽으로 철로가 세 곳이나 연결된 남군의 철옹성 피터스버그를 두들겨 팼다. 그러나 반군의 저항은 완강해서 그는 피터스버그를 포위하여 반군이 셔먼 쪽으로 지원군을 보내는 것을 막기로 했다.

이로부터 6주간 밤낮없이 계속되는 유혈전에서 연방군은 10만 이상의 사상자가 났는데, 이 숫자는 전쟁 초 리 군의 전체 숫자보다 더 많은 숫자였다. 북부 사람들은 그랜트가 총사령관이 된 뒤 이제는 전쟁이 잘될 것으로 믿었고, 국방성에서 보도관제를 했기 때문에 그랜트가 계속 전투에서 승승장구하는 줄만 알았지, 아군의 피해가 얼마인가는 모르고들 있었다. 그러나 전사자 명단이 매일 신문에 실리고 종군기자들의 보도와 군인들이 집으로 보낸 편지들 때문에 국민들은 전쟁의 실태를 파악하게 되었다. 워싱턴에 있는 병원들에는 매일 수천 명의 사상자들이 후송되었고, 이제는 이 엄청난 인명 피해를 국민들에게 감출 수가 없었다. 국민들은 모두 전율했고, 호러스 그릴리는 대통령에게 "나라는 피를 뿌리고 파산해서 죽어간다"면서, 국민들 전부가 "새로운 징병과 이 참혹한 유혈극"에 질려 있다고 전했다.

링컨도 이 참혹한 유혈극으로 극도의 고민에 빠져 있었다. 이때 링컨을 만난 아이잭 N. 아놀드는 링컨이 심각하고 지쳐 보였으며, 마치 집안식구들이 죽은 것같이 참담해 보였다고 전했다. 링컨은 어느 날 저녁 아놀드와 말을 타고 가다가 줄지어 지나가는 응급차들을 보고, "저 사람들을 보시오. 도저히 견디기가 힘들군. 이렇게 많은 사람들이 죽다니, 참으로 끔찍한 일이요"라고 통탄했다.

링컨가는 이 와중에 할 수 있는 일들을 하면서 참화를 견디어냈다. 메리 링컨은 정기적으로 병원을 심방해서 부상자들에게 백악관 온실에서 딴 꽃들로 위문을 했다. 대통령은 일주일 중 하루 아침 시간을 내서 극심한 전투에 견디지 못하고 전선에서 도망간 군인들이 군법재판을 받아 사형언도를 받은 실태들을 조사했다. 어떤 주에는 67건이 올라왔고 또 한 주에는 72건, 또 딴 주에는 36건이 올라왔다. 그는 가능하면 군인들의 사형선고를 사면해 주고 다시 전장으로 돌려보냈다. 그는 백정처럼 사람을 잡을 수는 없다고 말했으나, 이 모든 비극이 자신에게 책임이 있다고 통탄했다.

링컨은 점점 더 전쟁이란 비극과 자신의 역할에 관해서 고민하고 있었다. 그는 인디애나 출신 하원의원 대니엘 부어리스에게 "내가 이 자리에 있는 것이 이상하지 않소?"라고 한탄하면서, "나는 집에서 키운 닭 한 마리도 못 잡고 피를 보면 못 견디는 사람인데, 이런 참혹한 전쟁으로 피를 뒤집어쓰다니, 이게 무슨 일이란 말이요!"라고 아파했다. 그는 직무에서 시달리다 틈이 나면 항상 읽던 성경을 찾아 답을 구하곤 했는데, 특히 구약성경에 나오는 예언자들과 잠언을 많이 찾아 읽었다.

그는 성경에서 위안과 확신을 찾았다. 그는 어느 특정 교회의 교인도 아니었고 교회의 의식이나 교리에 얽매이지 않아서 메리 링컨의 말에 의하면 기독교인이라고 말할 수는 없었으나, 링컨은 성경에서 힘을 얻었고 종교적 회의에서 벗어날 수 있었다. 1864년 전쟁이 제일 참혹했던 때, 링컨과 제일 가까웠던 친우 조슈아는 링컨이 성경을 열심히 읽는 것을 보고, "자네가 유용한 시간을 보내는 것을 보니 내 마음이 기쁘네"라고 말했다. 대통령은 "맞아, 유용한 시간을 보내고 있네"라고 답했다.

스피드는, "자네는 (종교적) 회의에서 벗어난 것 같은데, 유감스럽게도 나는 아직 벗어나지 못했네"라고 말했다.

링컨은 스피드를 바로 쳐다보면서 "스피드, 자네가 틀렸어. 자네 이성을 전부 모아 이 책을 읽어보게. 그래서 믿음을 요량할 수 있다면, 자네는 이 생에서도 더 나은 삶을 찾을 수 있고 죽을 때도 행복하게 죽을 수 있어"라고 말했다. 또한 볼티모어에서 흑인들이 찾아와 훌륭하게 장정된 성경을 전하자 링컨은, "이 위대한 책은……하느님이 인간에게 준 제일 귀한 선물"이라고 감사했다.

링컨은 성경을 읽으면서 자신이 전부터 믿어오던 필연성을 재확인할 수 있었다. 링컨은 어느 개인의 행위는 인간이 이해할 수 없는 지고한 존재가 미리 정해 놓은 대로 움직이게 되어 있다고 믿어왔는데, 끝이 안 보이는 이 참혹한 전쟁을 수행하면서 그는 이 숙명론에 점점 더 쏠리게 되었다. 그는 4월에「프랭크포르트(켄터키) 커몬웰스」의 편집장인 앨버트 G. 호지스에게 긴 편지를 보내서, 자신이 왜 취임연설에서 노예제도에 관여하지 않겠다고 약속해 놓고 이제는 노예들을 해방시키려 하나를 자세히 설명했다. 그는 이 편지에서 개인의 의무에 관한 자신의 견해를 분명히 밝혔다. '나는 나에게 일어나는 일들을 내가 미리 조정했다고 주장하지 않습니다. 그 반대로 내 주위에서 일어나는 일들이 나를 조정한 것이 사실입니다. 이제 3년이란 세월이 흐르면서 일어난 나라 형편은 어떤 개인이나 정당이 미리 계획하고 조정해서 이렇게 된 것이 아니라, 전적으로 신의 뜻에 따라 이렇게 된 것으로 저는 믿습니다.'

그는 이 거대한 전쟁이나 손실이 모두 하느님의 뜻에 따라 진행되는 것이라고 거듭 확인하는 발언을 반복했다. 그는 9월 신우회(信友會)에서 위문과 기도를 전해왔을 때, 미세스 엘라이자 P. 거니란 사람에게 보낸 편지에서 자신의 생각을 확연하게 전했다. '우리 유한한 인간들이 미리 알 수는 없지만, 전능하신 하느님의 뜻은 완전한 것이고 우리는 하느님의 뜻을 따라야 합니다. 우리는 이 참혹한 전쟁을 훨씬 이전에 좋게 끝내려 했으나, 하느님만이 아시는 일로 일은 그렇게 되지 않았습니다. ……우리는 하느님이 보여주시는 길을 따라 우리의 최선을 다해서 순종하면 하느님은 우리에게 위대한 결실을 주실 것입니다. 분명히 하느님은 지고지순한 목적이 있어서, 우리 유한한 인간은 생각할 수도 없고 견딜 수도 없는 이 시련을, 계속하시는 것입니다.' 대통령은 이 참혹한 고난에 대한 책임을 하느님에게 얼마간 돌리면서 자신의 평화를 찾을 수 있었다.

VI

그랜트와 셔먼이 적과 사투를 벌이는 동안, 링컨은 군대가 필요한 것을 지원하고 후방 국민의 사기를 돋우는데 전력을 기울였다. 그는 기회 있을 때마다 사람들에게 그랜트 장군과 연방군을 위해서 만세삼창을 하자고 제안했다. 그는 계속해서 연방 군사들과 장군들, 특히 우리 연방군을 진두지휘하는 충용하고 겸허한 사령관에게 감사한다고 말했다. 그는 전당대회에서 재지명을 받은 뒤 오하이오 대의원들이 찾아와 세레나데를 했을 때도, "우리가 원하는 것은 볼티모어 전당대회나 대통령 선거가 아니라, 그랜트 장군의 개선"이라고 말하면서, 국민 전체가 합심해 용감한 우리 군사들을 지원해야 한다고 강조했다.

링컨 자신은 그랜트를 완전히 신임했지만, 여론은 그 반대로 쏠리고 있었다. 많은 사람들이 그랜트의 역량을 의심하기 시작했고, 그랜트가 제임스 강으로 진을 옮긴 것이 매클렐런이 한 짓이나 다름이 없다고 비판했다. 상원의원 그라임스는 그랜트 작전을 완전 실패라고 혹평하면서, 그랜트가 제임스 강 남쪽으로 속공했으면 7만 5,000이란 사상자를 내지 않고 승리했을 것이라고 주장했다. 메리 링컨조차 그랜트를 백정이라고 비난하면서 총사령관 재목이 아니라고 그랜트를 씹어댔다.

이렇게 그랜트에 대한 비난이 심해지자, 대통령은 자신이 직접 포토맥군을 시찰하기로 마음먹고, 6월 20일 태드를 데리고 시티 포인트에 있는 그랜트 사령부를 찾았다. 당시 그랜트의 부관이었던 호러스 포터는 대통령이 검은 옷을 차려입어 마치 장의사 주인처럼 보였다고 전했다. 대통령은 사령부에 도착해서 그랜트에게, "생각난 김에 배를 불러 타고 장군을 보러 이렇게 내려왔소이다. 내가 별로 도울 수 있는 일도 없고 혹시 방해가 될지 모르니, 장군은 나를 부하라 생각하고 지시할 것이 있으면 지시해 주고, 내가 이곳에서 방해가 된다면 얼른 쫓아 버리시오"라고 말했다.

그는 이틀간 그랜트, 미드, 버틀러와 군사들을 방문했다. 그는 이때 그랜트가 타는 군마, 신시내티를 타고 돌아다녔다. 그는 승마에 불편은 없었으나 잘 탄다고도 할 수 없었고, 바지는 무릎까지 기어올라가 당시 링컨을 관찰한 포터는, "시골 농군이 일요일 정장을 하고 나타난 것" 같이 보였다고 전했다. 군사들은 대통령이 내려왔다는 소식을 듣고는 모두 소리를 지르면서 대통령을 환영했다. 대통령이 흑인들로 구성된 제18군을 방문하자 군사들은, "소리를 지르고, 열광했으며, 웃다가 울곤 했고, 하느님을 기리는 찬송가를 열창하면서……우리 주인 링컨을 하느님께서 가호하소서!" "아버지 아브라함을 하느님께서 보호하소서!" "이제 우리에게 가절(佳節)이 왔다"고 부르짖었다. 대통령은 세심하게 자질구레한 병사일을 점검하고 다녀, 마치 딴 목적은 없는 사람처럼 보였으나, 실은 군사작전에 한마디 조언하러 내려온 것이었다. 그는 앞으로 치를 전투에 관하여, "내가 무얼 안다고 말할 수는 없습니다. 그러나 유혈을 최소한으로 막는 쪽으로 작전을 꾸미시기 바랍니다"라고 말했다.

링컨은 햇볕으로 검게 타고 피곤한 기색으로 6월 23일 백악관으로 돌아왔는데, 이때 링컨을 만난 기디언 웰스는 대통령이 이번 여행으로, "심신이 달라져 보였다"고 좋아했다. 그는 그랜트가 자신에게 약속한 말을 계속 되풀이하곤 했다. "각하, 앞으로 소장에게서 소식이 온다면 리치먼드를 점령한 뒤에나 받으실 겁니다. ……이 여름이 다 갈지 모르겠으나, 기어코 리치먼드를 공략할 것입니다." 그러나 법무장관 에드워드 베이츠는 대통령이 동부 전선의 지지부진함에 실망한 기색을 놓치지 않고 있음을 간파했다. 링컨은 이 전쟁이 무한정 계속되고 무한정 피해가 클 것을 다시 확인한 것이었다.

19

나는 휘청거리지 않았소이다

18

64년 7월 초 백악관을 찾은 한 방문객은 링컨이 참담하게 기운이 빠진 것을 목격했다. 국민들은 끝없이 계속되는 전쟁에 질렸고, 어떻게든 남부와 협상해서 이 살육전을 끝내자는 쪽으로 기울고 있었다. 중서부에서는 카퍼헤드들이 날뛰면서, 소문에는 그쪽에서도 반란을 일으켜 북서부 연맹을 만들려는 움직임이 있다는 것이었다. 민주당에서는 8월 말 시카고에서 전당대회를 열어 평화 협상을 당 강령으로 채택할 조짐이 있었다. 공화 당원들 간에도 지독하게 내분이 일어나 일부는 링컨이 남부에 너무 관대하다고 씹어댔고, 일부는 너무 지독하다고 씹어댔다. 제일 한심한 것은 연방군이 꼼짝도 못하고 정체 상태에 빠진 것이었다. 서부 군을 이끄는 셔먼은 애틀랜타로 진군하고 있었으나 존스턴 군을 잡은 것은 아니었고, 동부에서는 포토맥 군이 피터스버그 공성에 묶여 있었다.

I

사태가 더 악화되느라고 수도 워싱턴이 위험하게 되었다. 북 버지니아군 제2 군단을 이끌던 연맹군 장수 주발 A. 얼리가 리치먼드를 위협하는 그랜트 군의 압박을 풀기 위해서 셰넌도어 계곡을 내려와 7월 5일 포토맥 강을 건너는 사태가 벌어진 것이다. 주발 군은 1만 5,000명 소수 군대였으나, 메릴랜드 시골을 휩쓸고 헤거스타운과 프레드릭을 공략한 뒤, 워싱턴 쪽으로 동진(東進)했다. 주발은 7월 9일 모노카시 강변에서 연방장군 루 월레스가 이끄는, 전투 경험이 없는 백일 기한 자원병으로 구성된 연방군에 일격을 가하고 수도로 접근해왔다.

아무도 수도 방위를 책임진 사람이 없는 것 같기도 했고, 모두가 수도 방위를 책임진 것 같기도 했다. 버지니아에 있는 그랜트는, 반군이 많은 군사를 동원해서 북진할 리가 없다고 판단해서 피터스버그 포위 병력을 분산시킬 생각이 없었다. 스탠턴도 얼리 군을 큰 위협이라고는 보지 않았다. 핼렉은 정부 관리들에게 총을 나눠주고 간호병들을 무장시켰으나, 이들에게 수도 방위를 맡길 수는 없었다.

에산 앨렌 히치콕 장군은 사태가 위험한 것에 놀라, 대통령에게 수도가 위태하다고 경고했다. 대통령은 피곤한 듯, "우리가 할 수 있는 일은 모두 하고 있다"라고 답했다. 히치콕은 주발 군이 워싱턴을 점령, 진주할 만큼 강하지는 않으나, 만일 며칠이라도 수도에 들어온다면 나라 망신이고 외국 열강들이 연맹을 인정할지도 모른다고 걱정했다. 그는 그랜트가 구원군을 수도로 빨리 보내야 한다고 주장했다. 링컨은 모든 의지를 잃은 사람처럼 힘없는 목소리로 국방장관과 의논해 보겠다고 말했다.

대통령은 딴 사람들과 달리 자기 자신의 안전에는 전혀 걱정을 하지 않았다. 그는 마지못해 국방장관의 요청에 따라 메리와 토드가 지내던 군인의 집을 떠나 백악관으로 옮겼으나, 후에 거스테이버스 V. 폭스 함장이 여차하면 링컨 일가를 피신시키기 위해 군함 한 척을 포토맥 강에 대기시켰다는 보고를 받고 몹시 화를 냈다.

링컨은 지난번 반군이 북진했을 때도 그랬지만, 이번에도 수도의 안전보다는 가까이 있는 반군을 무찌르는 것에 더 신경을 썼다. 그러나 그는 그랜트에게 절대로 간섭을 안 하겠다고 약속했으므로 그랜트에게 이래라저래라 할 수가 없었다. 그는 전에 매클렐런의 작전을 간섭해서 일을 그르쳤다는 비난을 상기해, 이번에는 총사령관에게 일절 간섭하지 않기로 작정했었다. 링컨은 주발 얼리의 움직임을 주시하면서 수도 워싱턴과 볼티모어 시민들의 동요를 막는 수밖에 딴 도리가 없었다. 그러나 그랜트는 수도 방위에 이미 충분한 병력이 배치되어 있으며, 대통령이 원한다면 자신이 수도로 와서 직접 수도 방위를 담당하겠다고 전했다. 대통령은 7월 10일, 그랜트에게 피터스버그 공격에 필요한 병력은 그대로 남겨두고 나머지 병력을 총사령관이 직접 이끌고 와서 수도 부근에서 움직이는 적군을 분쇄하라고 대답했다. 그러나 대통령은 전신 끝에, '이것은 장군의 제안에 대한 나의 의견이지, 명령이 아닙니다'라는 주를 달았다.

그랜트는 아직 사태가 얼마나 심각한지 모르고, 자신은 피터스버그에 남아 있는 대신 호레이쇼 G. 라이트가 이끄는 정예부대 제6 군단을 수도 방위를 위해 파병했다. 구원병이 워싱턴에 도착하기 전 7월 11일, 주발 얼리는 7번가 도로로 진군해서 프랜시스 프레스턴 블레어와 우정장관 몽고메리 블레어가 사는 실버 스프링을 통해 스티븐스 요새로 접근했다. 연맹군은 연방군 진지 150야드쯤까지 가깝게 진군했으나 연방군 포격을 받고 후퇴하고 말았다.

반군이 스티븐스 요새를 공격했을 때, 링컨은 요새 안에 있었다. 그는 워싱턴에서 마차를 타고 요새에 도착해 적의 동태를 살피기 위해 성벽으로 올라갔다. 그는 신호장교 에이사 타운센드 애보트로부터 망원경을 빌려서 다가오는 적군을 관찰했다. 애보트는 대통령이 긴 프록코트를 입고 눈에 띄는 모자를 쓰고 성벽에 우뚝 서 있었기 때문에 저격 목표가 되었다고 훗날 회상했다. 적병이 요새에 가까이 다가오자 한 장교가 두 번씩이나 대통령에게 주의할 것을 경고했는데도 링컨은 아무런 상관을 하지 않았다. 옆에 있던 병사 한 명이 다리에 총을 맞자, 또 다른 병사가 대통령에게 엎드리지 않으면 총에 맞겠다고 소리를 질렀다. 링컨은 침착하게 성벽에서 내려와 마차를 타고 워싱턴으로 돌아와, 제6 군단의 병사들을 맞아 딱딱한 빵 조각을 함께 씹어 먹으며 담화를 나누었다.

주발 얼리는 다음날 수도를 점령하기 위해서 마지막 공격을 시도했고, 전날이나 마찬가지로 스티븐스 요새에서 치열한 접전이 있었다. 대통령과 영부인은 유명 인사들을 대동하고 다시 전지에 나와 전투를 참관했다. 라이트는 대통령을 안내해서 성벽 위로 올라가 연방군이 적군을 무찌르는 것을 참관하게끔 했는데, 대통령은 이때도 매우 침착하고 겁내는 기색이 조금도 없었다. 군인 한 명이 총에 맞아 넘어지자, 라이트는 성벽에 있던 사람들을 모두 내몰고 대통령에게도 대피할 것을 종용했다. 링컨은 라이트 말에 상관없이 성벽에 우뚝 서서 전투를 참관했다. 라이트가 대통령에게 강제로 대피시키겠다고 말하니까, 대통령은 성벽 위에 서 있지는 않고 성벽 포대 뒤에 서 있겠다고 말했다.

주발 얼리는 마지막 공격이 실패로 끝나자, 워싱턴을 포기하고 퇴각하기 시작했다. 라이트는 주발 얼리 군을 건성으로 추격하다가, 링컨이 화가 나서 비아냥거린 말처럼, "반군을 잡기가 두려워" 추격을 포기하고 말았다. 대통령은 화가 나서 라이트, 헌터, 시겔, 월러스 등 장군이 여섯 명이나 있었는데도 도망가게 내버려두었다고 한탄했다. 국방차관 찰스 A. 데이나는 그랜트에게 보낸 편지에서, '이곳에는 지휘할 사령관이 없습니다. 핼렉 장군은 명령을 받을 줄만 알지 내릴 줄은 모르는 사람이고, 대통령도 명령을 내릴 생각이 없는 것 같습니다. 장군이 직접 분명한 명령을 내려야 이곳 한심한 사정이 바뀔 것 같습니다'라고 한탄했다.

링컨은 이제 그랜트에게까지 참을성이 적어졌다. 주발 얼리는 셰넌도어 계곡에서 수시로 북부 마을들을 노략질하다가, 7월 30일에는 펜실베이니아 주 챔버스버그 마을에 들어가 주민들에게 50만 달러를 지폐로 내든지 아니면 금화로 10만 달러를 내라고 위협하다가, 마을 유지들이 돈이 없다고 거절하자 마을에 불을 질러 버렸다. 이 일이 알려지자 북부 신문들은 이렇게 한심한 일이 있는가 말들이 많았고, 연방군 지휘 계통에 문제가 있다고 시끄럽게 굴었으나, 그랜트는 피터스버그에서 꼼짝도 안 하고 이런 비난에 전혀 신경을 쓰지 않았다. 링컨은 7월 31일 그랜트를 먼로 요새로 불러서 주발 얼리 문제를 상의했는데도, 그랜트는 무슨 이유에선지 아무 조처도 하지 않았다. 그러다가 얼리가 계속 말썽을 부리자, 그랜트는 북쪽에 있는 사령관들에게 얼리 부대 남쪽으로 집결해서 적을 섬멸할 때까지 계속 추격하라고 명령했다. 링컨은 이 명령을 전해 듣고 그랜트에게, 장군의 작전계획은 옳지만 현지 사령관들이 장군의 말을 듣지 않을 것 같으니까 매일 매시 현지 사령관의 움직임을 점검하고 재촉하라고 전했다. 이제야 사태가 심각한 것을 감지한 그랜트는 워싱턴으로 달려와 대통령과 상의한 뒤, 필립 세리단이란 유능한 젊은 기병장교를 사령관으로 임명해서 셰넌도어 계곡의 모든 연방군을 지휘하도록 만들었다.

II

지독하게 덥고 암울했던 1864년 여름, 링컨의 인내를 시험한 사람은 그랜트만이 아니었다. 보통 때 같으면 자질구레한 불평이나 탄원을 들고 오는 사람들을 바쁜 중에도 시간을 내어 참을성 있게 만나보던 링컨도 이제는 지친 것 같았다. 한 번은 메인 주에 사는 두 사람이 개인적 문제를 들고 대통령을 찾아오자 링컨은 그들에게, "나더러 당신들 문제를 끝내 달란 말이오? 그렇게 해주지요. 다시는 나에게 이 문제에 관해서 떠들지들 마시오"라고 잘랐다. 며칠 뒤 청구법원의 검사장이었던 찰스 깁슨이 공화당 과격파들의 강령에 반대하나, 자신에게 개인적으로 자상하고 친절했던 대통령에게는 감사한다면서 사임을 했을 때, 그는 다시 화를 내었다. 그는 보통 때는 볼 수 없던 독설로, 깁슨이 자신으로부터 친절과 자상함을 받았다면 그것은 그 자가 자기 직무를 열심히 한 적이 없었고 나에게 비수를 꽂았기 때문이었다고 말했다.

또 한 번은 좀 무식한 펜실베이니아 사람이 대통령에게 편지를 보냈을 때였다. '백인은 1등 종족이고 흑인은 2등 종족이니까 백인들이 흑인들을 지배하는 것은 당연합니다'란 내용이었다. 이런 무식한 내용의 편지에 보통 때 같으면 웃어넘겨 버렸을 링컨은 이때만큼은 니콜라이를 시켜서 답장을 보냈다. '당신이 백인인지 흑인인지는 모르겠으나, 어쨌든 간에 당신이 공평한 판단을 했다고 볼 수는 없습니다. 만일 당신이 황인종이나 적인종이 되어서 3등, 4등 종족에 속한다면, 당신의 판단이 공평할 수도 있다고 하겠습니다'라고 비아냥거렸다.

이때 링컨은 가까운 사람들에게까지 신경질을 부렸다. 실버 스프링에 살았던 우정장관 몽고메리 블레어가 얼리 군에게 당해서 집이 불탔을 때, 그는 수도 워싱턴 방위를 담당한 "바보 겁쟁이들"을 내놓고 비난했다. 군대를 씹는 사람은 모두 자기 적으로 생각했던 핼렉이 대통령에게, "이렇게 도매금으로 우리 군사를 매도한" 우정장관은 공식 사과를 하든지 아니면 해임시켜야 한다고 건의하자, 링컨은 그 사람이 큰 피해를 당하고 이성을 잃은 상태에서 말이 과했는지는 모르겠으나, 그런 말을 했다고 파면시킬 수는 없다고 핼렉의 건의를 일축해 버렸다. 그는 장관을 경질하는 것은 자기가 알아서 할 일이라며 내각 전원을 모아놓고 준비된 메모를 엄숙하게 읽어내려 갔다. "여러분들을 유임시키거나 해임시키는 것은 나 혼자서 판단할 일입니다. 여러분들 중에서 어떤 한 사람이 딴 사람을 해하려고 하거나 비난한다면, 그런 짓은 나를 해하는 짓이고 나라를 해하는 짓입니다."

남부 연맹과 평화 협상을 하느냐 안 하느냐 같은 중대한 문제는 화를 내서 될 일이 아니었다. 그는 이 문제에 관해서는 철저히 냉정했다. 평화 협상 운동의 주동자는 변덕이 많고 흥분을 잘하는 「뉴욕 트리뷴」의 편집장인 호러스 그릴리였다. 그릴리는 얼리 군이 워싱턴으로 진격했을 때 링컨에게, 자기의 못 말리는 친구인 윌리엄 C.(콜로라도) 주에트란 사람이 알아본 바로는 연맹 정부의 사절들이 나이아가라 폭포 저쪽 캐나다에 와 있는데, 평화 협상의 전권을 위임받고 온 것이라는 말이었다. 그릴리는 대통령에게 나라가 이렇게 피폐했으니 이 사절단과 만나보라는 것이었다. 그릴리는 만일에 연방 정부측에서 포괄적이고 관대한 조건들을 내걸었다가 저쪽에서 조건들을 수락하지 않으면, 정부는 이를 국민에게 알려서 가을 대선에 이롭게 유도할 수 있다는 해석이었다.

링컨은 정확하게 이것은 함정이라고 판단했다. 연맹 사절이란 사람들은 전 미시시피 연방 하원의원인 제이콥 톰슨, 전 앨라배마 상원의원 클레멘트 C. 클레이, 버지니아 대학교 교수 제임스 P. 홀콤 등이었는데, 링컨은 이들이 캐나다에 온 목적이 무엇인지 확실치 않았으나, 평화 협상보다는 북부 정치에 간섭하여 가을 대선의 결과를 조정하려는 것이 아닌가 직감적으로 판단했다.

링컨은 그릴리를 믿을 수 없고 거짓이 많은 사람으로 생각했으나, 그렇다고 평화 협상을 일축해 버릴 수는 없었다. 이 연맹 사절들이 북부 여론을 뒤바꿔 놓을 수도 있었다. 「뉴욕 트리뷴」은 동부만이 아니라 서부에도 독자들이 많아서, 전국에서 판매 부수가 제일 많은 신문이라고 자랑하고 있었다. 편집장이 보낸 편지에서, 그는 많은 국민들이 국가적 영예와 보전에 손상이 없는 한 정당한 조건을 제시하여 평화를 복구하는 것을 바라고 있다고 말하면서, 링컨이 자기의 제안을 거부하면 이 문제를 국민에게 직접 거론하겠다고 협박했다. 만일 「뉴욕 트리뷴」에서 링컨이 평화 협상을 해보지도 않고 일축했다고 기사화하면 그것은 치명적일 수도 있었다.

링컨은 이때 기민하게 그릴리에게 당신이 나이아가라에 있는 연맹 사절단에게 가서 그 사람들을 만나보라고 부탁했다. 만일 그 사람들이, '연방의 보전과 노예제도의 폐지에 관한 제퍼슨 데이비스의 직접적이고 서면으로 보장하는' 증거가 있다면 그 사람들을 워싱턴으로 안내하라는 것이었다. 그릴리는 이 제안에 즉각 항의했다. 그릴리는 겉으로는 천방지축처럼 보였을지 몰라도 진짜 바보는 아니었다. 그는 이런 협상에 자신이 대리인이 될 수는 없다고 반대했다. 그러나 대통령도 그릴리를 간단히 내버려둘 수는 없었다. 그는 그릴리에게, "저도 이 평화 협상에 적극적으로 임할 것이며, 귀하가 이 협상의 성공에 증인이 되도록 할 것입니다"라고 전했다. 그릴리가 다시 편지를 보내자, 링컨은 사람이 오기를 바랐지 편지를 기다린 것이 아니라며 존 헤이에게 연맹 사절과 협상할 용의가 있다는 자신의 친서를 갖고 그릴리를 따라서 나이아가라를 다녀오라고 지시했다.

링컨은 이 편지를 수어드에게만 보여주고 자신이 직접 기초했다. '이 문제에 관련된 제위 앞'으로 시작되는 이 편지에서 링컨은, '연방 전체의 보전과 노예제도의 폐지에 합의하면서 평화 회복을 제안한다면, 미합중국 행정부는 이 제안을 수락하고 심사할 것'이라고 밝혔다. 그는 편지에 연맹 사절의 안전을 보장하고 기타 협상 건들은 폭넓게 해석해서 해결할 의사라고 전했다.

이 편지를 보면 링컨이 정치적 고려와 군사적 필요성을 저울질한 것을 볼 수 있다. 그는 이 편지에서 평화 협상 조건을 최소화함으로써 대선에서 승리할 확률을 올렸다. 링컨이 이때 평화 협상 조건으로 연방의 보전만을 걸었더라면, 그동안 연방 보전을 주장해온 주전파 민주 당원들의 결속을 확인할 수 있었을 것이다. 그리고 제퍼슨 데이비스가 이렇게 관대한 조건을 거부한다면, 민주 당원들도 공화당 대선 후보를 지지할 것이 분명한 일이었다.

그러나 이것은 군사적으로 큰 난관이 있었다. 만일 연맹이 연방 보전을 수락해서 평화 협상에 응한다면 그들이 협상 중 정전(停戰)을 요구하고 나올 수도 있었다. 일단 전쟁이 중단되면 이제 전쟁에 신물이 난 국민들은 다시는 싸우려 하지 않을 것이고, 그렇다면 반군은 전쟁 전 상태를 그대로 유지하면서 평화가 아니라 정전체제를 이어갈 것이 분명했다.

링컨은 이런 이유에서 협상 제안에 응하는 듯 보이면서도 반란 세력이 받아들일 수 없는 조건인 노예제도의 폐지를 들고 나온 것이었다. 노예제도의 전면 폐지는 노예해방 선언이나 국회에서 제안한 노예해방보다도 더 급진적인 제안이었다. 노예해방 선언은 특정 지역의 노예만 해방하는 것이지 노예제도를 폐지한 것이 아니었으므로, 국회도 헌법 수정안 제13조를 통과시키지 못하고 있었다. 이런 상황에서 연맹이 노예제도의 폐지를 평화 조건으로 수락할 리가 없었다.

링컨은 연맹 사절이 자신의 제안을 받아들이지 않으리라 예상했다. 그는 '제위 앞'이라 시작한 제안을 신문에 보내면서, 동시에 리치먼드에 평화 제의를 들고 갔던 제임스 길모어와 제임스 자크의 보고서까지 동봉해 보냈다. 이 보고서를 들고 간 북부 사절은 제퍼슨 데이비스가, "이 전쟁은⋯⋯우리의 적이 우리의 자치권을 인정하지 않는다면⋯⋯이 세대의 마지막 한 사람이 쓰러질 때까지 계속될 것이다. ⋯⋯우리는 노예제도를 지키려고 싸우는 것이 아니다. ⋯⋯우리는 우리의 독립을 위해서 싸우는 것이다. ⋯⋯우리는 독립을 쟁취하든지, 아니면 자멸을 택할 것이다"라고 말했다고 전했다.

III

「뉴욕 헤럴드」는 대통령의 편지가 신문에 발표됨으로써 차기 대선에서 링컨의 운명은 이미 결정 난 것이라고 예견했다. 대통령은 연방 보전만이 아니라 노예제도의 전면 폐지를 주장함으로써, 8월 말 시카고에서 열리는 전당대회에 모이는 민주 당원들에게 구실을 제공한 것이라고 평했다. 링컨의 반대 세력은 링컨이 영예로운 평화를 되찾더라도 이를 박차고 전쟁을 계속할 심산이라고 비난했다. 그들은 대통령으로서 링컨이 행사할 수 있는 일은 남부 반란 주들에게 연방 헌법을 준수하라고 요구하는 것뿐이라고 주장하면서, 연방 주 주민들은 이제부터 흑인들을 위해서 병사와 재정을 지원하지는 않을 것이라고 예견했다.

대통령의 공개 서한을 읽고 자당인 공화당에서도 반발이 많았다. 이상하게도 공화당 과격파 쪽에서 반발이 더 심했다. 그릴리만이 아니고 공화당 급진파 사람들도 그동안 링컨에게 당했다고 생각해서인지 대통령이 노예제도를 폐지하자고 제안했는데도, 대통령이 느리고, 취약하고, 우유부단하고, 무능하고, 반란 세력에 너무 관대하다고 비판했다. 정치를 떠났다는 체이스는 이번 여름 뉴잉글랜드에서 반링컨 공화당 세력과 자주 만나면서, "정직한 모든 사람들이 링컨 씨에게 철저히 환멸을 느꼈다"라고 주장했다. 그는 보스턴에서 섬너와 자주 만났는데, 섬너는 국민들은 "전쟁 계획을 세울 만한 머리가 있고 계획을 수행할 수 있는 대통령을 원한다"고 한탄했다. 본래 체이스를 밀었던 포므로이와 링컨이 거부한 법안을 제안했던 웨이드도 합세해서 "아버지 아브라함"을 못살게 굴었다. 이렇게 과격파들이 날뛰는 것은 뉴잉글랜드에서만이 아니고 아이오와 주의 그라임스도 한몫 거들었는데, "현정권은 그들을 지지했던 우리 모두에게 수치스러운 존재가 되었다. 그래서 나도 책임을 통감하고 앞으로는 절대로 현정권을 돕지 않을 것"이라고 자성했다.

8월 5일, 웨이드와 헨리 윈터 데이비스는 행정부 수반인 대통령이 남부 재건 입법안을 거부하지도 않고 서명하지도 않는 것은 "중대한 월권행위"라고 공식적으로 규탄했다. 국회의원들은 대통령이 자기들과 상의도 없이 직접 국민들에게 공개 서한을 발표한 것에 더 화를 냈다. 그들은 국민들이 선출한 입법부를 이렇게 무시한 것은 역사상 유례를 찾을 수 없다고 화를 내면서, 링컨은 자기 정권의 동지들을 배반했고, 인류의 기본권을 무시했으며, 공화 정부의 기본 원칙을 무시했다고 주장했다. 그들은 계속해서, 링컨은 입법부의 권리가 행정부에 우선하는 것을 인정해야 하며, 입법부의 협조를 바란다면 행정부 일만 관계하고 법에 따라 일을 할 것이지, 법을 만드는 일에는 관여하지 말라고 위협했다.

웨이드-데이비스의 공식 성명은 사람들에게, '메니페스토(성명서)'로 알려졌는데, 이 성명서 때문에 정치계는 잠시 시끄러웠다. 민주당에서는 공화 당원들이 자당의 대통령 후보를 씹는 것이 물론 반가웠으며, 공화 당원 2명이 드디어 행정부의 월권행위를 규탄한 것에 대해 치하한다고 전했다. 「뉴욕 월드」는 이 메니페스토야말로 대통령의 양미간을 때린 것이며, 대통령은 매우 어지러울 것이라고 야유했다. 현정권을 기회만 있으면 씹어오던 「뉴욕 월드」도, 링컨은 완전 실패작이니 자리에서 물러나야 한다고 주장했다. 그러나 링컨에 대한 공격과 야유가 너무 지독해서 오히려 반작용이 났는데, 그 증거로 많은 공화당계 신문들이 대통령보다 웨이드와 데이비스를 더 비판했던 것이다.

링컨은 메니페스토를 읽지 않았다. 그는 웰스 장관에게 웨이드-데이비스와 싸울 생각은 없다고 말했다. 링컨은 노아 브룩스에게, "친구들에게 얻어맞는 것은 도저히 참을 수 없는 일"이라고 참담한 심경을 토로했다. 그러나 그는 이 일로 계속 화를 내지는 않았다. 그는 예의 농담으로 이 일을 제쳐버렸다. "옛날 어떤 사람이 아들 하나를 두었는데, 그 아들이 과학을 좋아한 거야. 그래서 현미경을 하나 사주었더니, 현미경으로 세상 만

물을 들여다보는데, 어느 날 저녁상을 받은 아버지가 치즈 한 조각을 씹으려는 순간, 아버지 그 치즈를 드시면 안 됩니다, 치즈에 벌레가 와글거립니다, 하고 말했어. 그러나 아버지는 치즈를 씹으면서 아들에게, 와글대라면 대라지, 난 상관없으니까, 라고 말했다더군."

밖에서는 많이 안 알려졌지만, 대통령에게 매니페스토보다 더 위험했던 것은 과격파들이 이미 선정된 대선 후보를 무시하고 딴 후보를 물색 중인 것이었다. 그들은 흑인들의 동등권을 인정하는 강력하고 적극적인 후보를 내세워야 차기 대선에서 공화당이 이긴다는 것이었다. 이래서 보스턴, 신시내티, 뉴욕 등지의 과격파들 소수는 공화당 전당대회를 새로 소집하려 했다. 이들 중 일부는 체이스를 밀었고, 일부는 버틀러를 밀었다. 프레먼트 지지 세력은 거의 와해되어서, 일부는 프레먼트에게 링컨이 물러서면 자기도 물러서겠다는 제안을 하라고 졸라댔다. 이때 많은 사람들이 모두 그랜트에게 희망을 걸고 있었다.

8월 18일에 열린 예비회의에는 과격파 28명이 뉴욕 시장 조지 업다이크 집에 모였다. 「트리뷴」의 그릴리, 「이브닝 포스트」의 파크 거드윈, 「인디펜덴트」의 시오도어 틸턴, 「스피리트 오브 더 타임스」의 조지 윌크스 같은 주요 일간지들의 편집장들이 왔고, 웨이드와 데이비스, 매사추세츠 주지사, 존 A. 앤드류 같은 사람들이 모였다. 체이스는 이 모임에 참석은 안 했지만, '나라를 사랑하는 사람들 중, 현명한 사람들이 모여서 나라에 이익 되는 결과가 나오기를 바란다'는 요지의 메모를 보냈다. 섬너도 이 회의에는 참석하지 않았다. 그는, "아직 대선은 틀이 잡히지 않았다. 시카고 민주당 전당대회가 끝나면 앞이 좀 보일 것 같다"라고 전망했다. 전쟁일기를 기록해 이름을 남겼던 조지 템플턴 스트롱이란 사람은 이 회의에 참석했다가, 그곳에 모인 사람들을 "뒷구멍에서 꿍꿍이를 꾸미는 자들, 자칭 비밀스러운 주지사들"이라고 불렀다. 이들은 9월 28일 신시내티에서 전당대회를 새로 개최하자는 회보를 돌리면서, "국민들의 신임을 받는 새로운 후보자를 선택하자"고 당원들을 선동했다. 데이비스는 막가는 말로, "링컨을 쫓아내고 새 입후보자를 구하자"고 주장했다. 그들은 8월 30일 다시 만나서 마지막 결정을 하자고 약속했다.

　이러한 배후 공모는 결국 대통령의 귀에 들어갔다. 링컨은 이런 꿍꿍이에 놀라거나 걱정하지는 않았으나, 이들이 그랜트를 추대하겠다는 소문에는 놀라지 않을 수 없었다. 그는 그랜트가 정치적 야망은 없으리라고 믿었으나, 다시 한 번 확인하기 위하여, 미시시피 계곡에서 그랜트와 가까웠던 존 이튼 대령을 포토맥 군사령부로 보내 그랜트의 진의를 떠보라고 지시했다. 이튼 대령은 그랜트에게, 사람들이 어떤 특정 정당의 후보가 아니라 국민들이 원하는 대통령 후보로 밀고 있다고 의중을 떠보았다. 그랜트는 두 팔로 의자 팔걸이를 내려 짚으면서, "그럴 수는 없다! 절대로 안 된다!"라고 소리를 질렀다. 그는 링컨이 대통령에 재선되어야 대의도 살고 군대도 살 것이라고 선언했다. 이튼이 돌아와서 대통령에게 그랜트의 말을 전하자, 대통령은 크게 안도하는 것 같았다. 링컨은, "그렇지, 이 반란을 진압하기 전에는 대통령이 되라고 졸라도 안 할 사람이지"라고 말했다.

IV

　링컨이 이때 많이 걱정한 것은 '관련 제위 앞' 공개 서한이 이제까지 자신을 지지해오던 보수파 세력에게 미치는 영향이었다. 이 공개 서한이 발표된 뒤 제일 크게 반발한 세력은 주전파 민주 당원들이었다. 민주당계 신문인 「그린 베이(위스콘신) 애드버케이트」 편집장 찰스 D. 로빈슨은 링컨에게 보낸 편지에서, 이제까지는 반전파 민주 당원들이 대통령을 헐뜯어도 자신은 링컨의 전쟁 수행 정책을 지지해왔다고 말했다. 그는 대통령의 노예해방 선언문도 반군들의 세력을 감소시키는 정책의 일환으로 생각해서 지지했는데, 이제 평화 협상 조건으로 노예제도의 폐지를 주장하는 것은 이 전쟁의 목적을 뒤바꾸는 것으로서, 주전파 민주 당원들이 설 자리를 잃었다고 한탄했다.

링컨은 로빈슨의 편지를 읽고 주전파 민주 당원들의 지지를 잃어서는 가을 선거가 위험하다고 생각되어 로빈슨에게 보낼 답서를 기초했다. 그는 평화 협상 조건으로 노예제도의 폐지를 주장하지 않았다면, 반군에서 도망 나와 우리 쪽으로 귀순한 수십만 흑인군사들을 배반하는 꼴이라고 설명하면서, 그런 배반은 하늘이 벌하고 선민들도 용납하지 않을 것이라고 말했다. 그는 이런 도덕적 이유에 앞서서 흑인군사들의 도움이 없으면, 현정권도 그렇고 차기 정권도 이 전쟁에서 이길 수 없다고 설명했다.

대통령은 그러나 로빈슨의 충정은 이해한다면서 자신의 정책을 완화하는 방법을 강구했다. "연방 복구와 노예해방이 평화 조건이라고 말하는 것은 그들이 딴 조건을 들고 오거나 조건을 완화하자는 제안에 반대한다는 뜻은 아닙니다"라면서, "제퍼슨 데이비스가 평화 조건으로 연방 복구만 수락하고 노예해방에 관해서는 언급을 안 한다면, 그것은 그때 또 고려해 볼 일입니다"라고 말했다.

눈치를 챈「뉴욕 타임스」는 다음날 사설에서, '링컨 씨는 연방의 보전과 노예제도의 폐지를 그들이 받아들이면 평화제안을 고려해 보겠다고 그랬지, 이 두 가지 문제를 동시에 받아들이라고 못을 박지는 않았다' 라고 썼다.

그러나 링컨은 로빈슨에게 쓴 편지를 곧장 보내지 않고, 로빈슨과 동향인 위스콘신 전 주지사 알렉산더 W. 랜덜 그리고 조셉 T. 밀스 판사와 의논해 보기로 했다. 링컨은 이 사람들과 상의하면서, 주전파 민주당 사람들에게 점점 더 화가 났다. 그들이 정말 노예제도를 그대로 인정한 상태

제19장 나는 휘청거리지 않았소이다 381

로 전쟁이 끝나기를 원한다면, "이 정책이 채택되기 오래 전에 벌써 끝낼 수가 있었기 때문"이었다. 이제 와서 이 사람들의 의견을 좇는다면, 연방군에 자원 입대한 20만 흑인군사들을 되돌려보내고 싸워야 하는데 일이 그렇게 된다면, "우리는 3주 안에 전쟁을 그만두어야 할 것"이라고 말했다. 이런 실제적 문제 이외에도 도덕적 문제가 있었다. 남부 사람들을 무마하기 위해서, 어떻게 허드슨 항이나 올루스티에서 용감하게 싸운 흑인 군사들을 이전 주인들에게 다시 넘길 수가 있단 말인가? 그는 자기를 찾아온 방문객들에게, "내가 그렇게 한다면 지금도 그렇고 영원히 나는 저주받을 것"이라면서, "일이 어떻게 되든지, 나는 동지들이나 적에게 신의를 저버리지 않겠다"고 확언했다.

같은 날 오후, 링컨은 자신이 존경해오던 흑인 지도자 프레드릭 더글러스에게 그 편지를 보여줬다. 더글러스는 노예문제를 배제하고 반군과 평화 협상을 하겠다는 링컨의 편지를 읽고 몹시 화를 내면서 절대로 안 된다고 반대했다. 그는, "각하가 생각했던 것보다도 훨씬 더 피해가 클 것"이라면서, "이 편지를 공표하면 각하의 노예해방 선언은 전면 무효가 될 것이며, 큰 피해를 입을 것"이라고 경고했다.

링컨은 더글러스의 진심에 감동을 받고, 랜덜과 밀스에게 한 말이 생각나서, 로빈슨에게 편지를 보내지 않기로 결정했다. 그는 주전파 민주당의 지지를 포기하기로 결심한 것이었다. 이래서 주전파 민주 당원들은 가을 대선에 링컨을 떠나서 자당으로 다시 돌아갔다.

링컨에게 더 급했던 일은 공화당 보수파 사람들이었다. 이 온건파 공화당 사람들은 국회뿐만 아니라 전국적인 조직도 되어 있지 않았고, 노예문제나 남부 재건에 대한 정견도 정립되어 있지 않았다. 그들은 거의 모두가 노예제도는 결국 폐지되어야 한다고 믿었으나, 평화 협상 조건에 노예제도의 폐지를 집어넣은 것은 잘못이라는 생각들을 하고 있었다. 뉴욕의 대상(大商) 윌리엄 E. 도지는 자기가 다수 의견을 대변한다면서, 공화당 보수파는 북부에는 영예를 안겨 주고, 남부 사람들에게는 북부가 남부를 증오하거나 말살하려고 이 전쟁을 하지 않는다는 확신을 줄 수 있는, 그런 평화를 원한다고 말했다. 그런데 링컨의 평화 협상 조건을 보면 노예제도의 전면 폐지가 절대적 우선 조건으로 명기되어 있어서, 남부는 마지막 한 사람까지 싸우거나 노예제도 폐지라는 굴욕적인 조건을 받아들이기로 결정할 때까지 싸우게 될 것이라고 걱정했다. 많은 온건파 사람들은 링컨이 자기 정책을 고집하면 남부 사람들은 더 기를 써서 싸울 것이고, 대통령 정책 때문에 자기들은 계속 노예해방주의자, 포용주의자, 혼혈주의자로 몰릴 것이라고 걱정했다.

물론 전쟁이 연방 쪽에 이롭게 진행되고 빨리 끝날 전망이 있었다면 이런 걱정들을 안 해도 됐지만, 1864년 늦여름에는 전쟁이 끝나기는커녕 계속 참화의 연속이었다. 그랜트는 몇 주간이나 피터스버그 공성을 질질 끌다가 7월 30일, 폭약으로 성 밑을 폭파해서 큰 구멍을 뚫은 뒤 4,000명 군사를 구멍으로 들여보냈다. 그러나 무능하고 술에 취해 있던 지휘관들의 잘못으로 연방 병사 4,000명이 죽거나 중상을 당하고 후퇴하는 참사가 일어났다. 이 참사 이전에도 연방군은 계속 사상자가 많이 나서 병력이 감소되었다. 링컨은 하는 수 없이 50만 명 추가 자원 군을 전국 각 주에 부탁했고, 9월이 되어도 자원병 충당이 안 되면 하는 수 없이 강제징집을 해야만 할 형편이었다. 국회에서 300달러 변상으로 군복무를 면제받을 수 있던 징집법을 폐지했기 때문에, 이번 징집에는 중산층 가족들도 많이 징집대상이 될 판이었다. 계속 누적되는 전비로 재무장관 페센던은 2억 달러란 거금의 국채를 발행해야 한다고 주장했으나, 정부 신용이 땅에 떨어져서 국채를 살 사람이 없었다.

이런 많은 난제에도 불구하고 온건파 공화 당원들은 내놓고 대통령에게 반대하지는 않았으나, 그렇다고 적극적으로 지지하지도 않았다. 베이츠 법무장관도 링컨말고 대안이 없었으나 국정의 방향이 불분명하다면서,

앞장서서 나라를 이끌어나갈 유능한 지도자가 필요하다고 일기에 적었다. 링컨과 오랜 세월 가깝게 지내온 온건파 오빌 브라우닝조차 딴 온건파 당원에게, "이상하게 들릴지 모르겠지만, 제가 이때까지 대통령을 좋아했고 충성스럽게 받들어왔고 잘 되라고 노력했지만, 사실은 한 번도 대통령이 그 자리에 맞는 그릇이라는 확신은 없었습니다. 그렇지만 머리가 좋지 않아도 대학교를 졸업할 수 있는 그런 젊은이들같이 이럭저럭 임기를 끝낼지는 몰라도 대통령으로서는 실패작인 것 같다"고 한탄했다.

뉴욕 주 온건파들은 더 문제였다. 전에도 대통령과 마찰이 많았던 뉴욕 주 공화당 온건파 보스인 설로우 위드는 이제 내놓고 대통령을 비판하고 있었다. 설로우 위드는 링컨이 평화 협상 조건으로 노예제도 폐지를 못박은 것은 너무했다고 믿어서, "현황을 돌아보면, 링컨 씨가 재선될 가망은 전혀 없다"고 단언했다. 위드는 수어드에게 보낸 편지에, '국민들은 평화를 갈구하고 있습니다. 그런데 대통령은 평화 조건으로 노예제도 폐지를 주장하고 있습니다'라고 불평했다.

링컨을 절대적으로 지지해온 뉴욕 주 우정장관 에이브럼 웨이크맨은, "위드가 우리 편에서 떨어져 나간 것 같다"고 걱정했다. 이때 위드는 겉으로는 링컨을 지지한다고 말했으나 사실상 민주당과 접촉이 있었고, 연방 보전이 전쟁 목적의 전부라는 1861년 크리텐든 결의를 지지하는 후보가 나선다면, 자신은 그 후보를 밀겠다고 공언했다.

위드는 링컨이 정책만이 아니라 뉴욕 주에서 공직 배분 또한 잘못한다고 불만이 많았다. 체이스의 수하인 하이램 바니가 아직도 막강한 관세청장 자리를 차지하고 있었는데, 공화당 온건파는 바니가 정견이 없고, 무능하다고 비난했다. 그들은 측량관 루퍼스 F. 앤드루스도 바람 부는 대로 왔다갔다하는 변절자로서 공화당 후보를 지지한 적이 없다고 비난했다. 딴 온건파 당원들도 이구동성으로 대통령에게, 뉴욕 관세청장과 측량관을 당장 교체해야 한다고 주장했다.

전국 연방당 집행위원회 회장이었던 헨리 J. 레이먼드도 8월 22일 대통령에게, "상황이 몹시 악화되고 있다"고 보고했다. 워시번은 일리노이 주가 민주당으로 갈 것이라고 경고했고, 캐머론은 펜실베이니아 주에서 링컨이 질 것으로 예상했으며, 몰턴은 인디애나 주에서 이기려면 총력을 기울여야 할 것이라고 경고했다. 레이먼드 자신도 뉴욕 주에서 민주당 후보가 5만 표 차이로 링컨을 이길 것으로 내다보았다. 유권자들은 왜 아군이 계속 전투에서 패하냐고 비난이 많았고, 현정권이 집권하고 있는 동안 노예제도가 폐기되지 않으면 평화도 없을 거라고 걱정한다는 보고였다. 그는 링컨에게, "현정권과 당원들이 정신 차려 단결하지 않으면, 이 나라는 적에게 넘어갈 것"이라고 걱정했다.

물론 링컨도 이런 사정을 모르는 것이 아니었다. 그는 한 측근에게, "내가 대선에서 질 것을 모르고 있는 줄 아시오? 알고 있소이다. 어떤 큰 변화가 일어나지 않는 한 아주 참패할 것으로 생각하고 있소이다"라고 말했다. 그는 8월 23일, 레이먼드 보고서를 앞에 놓고 메모를 기초한 뒤 그 메모에 서명했다. "오늘 아침 생각해 보니, 그리고 지난 며칠 일어난 일들을 돌아보면 현정권이 이번 선거에서 재집권하기가 지극히 힘들 것으로 생각됩니다. 그렇다면 본인은 대통령 당선자와 당선된 후 취임할 때까지 협조해서 이 연방을 구하는데 노력할 의무가 있습니다. 왜냐하면 새로 당선되는 대통령은 이 연방을 구할 수 없는 공약으로 대통령에 당선될 것이기 때문입니다."

링컨은 자기의 앞날에 부정적이었으며, 자신의 재선에 반대하고 나선 세력이 얼마나 강력했는지 현실적으로 파악하고 있었다. 그러나 자기가 낙선해도 연방을 분열시켜, 반란 세력을 나라로 인정해 줄 카퍼헤드들에게 정권이 넘어갈 것으로는 예상하지 않았다. 링컨은 자신이 주장해온 연방 보전이란 대의는 반대당 다수도 공화당과 마찬가지로 찬성해왔고, 어떤 후보라도 연방을 포기한다는 공약으로 선거에 임하지는 않을 것으로 전망했다. 그는 민주당이 대통령 후보로 선정할 것으로 예상했던 조지 B. 매클렐런도 불충한 사람이라곤 생각하지 않았으나, 민주당 강령으로 매클렐런이 당선되면 새 정부는 정전을 추진할 것이고, 그렇게 되면 연맹이 독립국가로 떨어져나가는 것은 분명한 현실이 될 거라고 생각했다.

그는 다음날 아침 내각회의에서 참석한 장관들에게 메모에 서명할 것을 요청했다. 그는 후일, 만일 매클렐런이 대통령에 당선되면 자기가 매클렐런에게, "장군, 이제 국민은 장군을 더 믿는 것 같소. 그러니 장군의 영향력과 내 행정권을 합하여 이 나라를 구합시다"라고 제안할 작정이었다고 말했다. 그는 매클렐런이 자기 말에 동의할 것 같지는 않았으나, 최소한 자기 의무는 다한 셈이고 양심에 거리낄 것은 없었을 것으로 자평했다.

V

그러나 8월 말, 시카고 전국 전당대회를 앞두고 링컨의 재선 전망은 갑자기 밝아졌다. 그는 신문기자 노아 브룩스를 시카고 전당대회에 참관인 자격으로 파견하면서, 전당대회 결과를 예견했다. "그들은 주화파 민주당원을 후보로 뽑으면 전쟁을 계속하자는 당 강령을 채택해야 할 것이고, 주전파 당원을 후보로 뽑으면 평화 협상을 당 강령으로 채택해야 하는데, 나는 어떤 쪽이든 상관없다"라고 말했다. 민주당 전당대회는 링컨이 예상한 대로 진행되었다. 민주당은 당 강령에서, "현정권은 4년간 무력 행사로 연방을 보전하려 했으나 결과는 실패였다. ……정의, 인간성, 자유, 공익을 모두 감안할 때 우리는 이 전쟁을 중단할 수밖에 없다는 결론이 나온다"라고 선언하고, "미연합국"이란 이름 하에 "이 전쟁을 종식시키자"란 당 강령을 채택했다. 민주당 당 강령은 꼭 "평화 강령"이라고 부를 수는 없었고, 민주당도 공화당과 마찬가지로 연방 보전을 공약했으나, 전쟁을 매도하고 전투를 당장 종식시키자는 당 강령은 국민들에게 곧, "시카고 항복"이란 이름으로 전해졌다. 전당대회에서는 주전파 매클렐런을 대통령 후보로 추천했다. 민주당 두 파벌은 매클렐런을 후보로 지명하는 데 합의하면서, 밸런디감이 이끄는 주화파는 당 강령의 기초를 채택하는 일을 주관하고, 그 반대파에서는 대통령 후보를 내기로 묵약했다. 민주당은 사실상, 가을 대선에서 지더라도 민주당의 단합을 선택한 것이었다.

 매클렐런 지지자들은 이 당 강령을 "젖은 담요(실패작—옮긴이)"라고 경고하면서, 이 당 강령은 민주당 후보를 가을 대선에서 낙선시키기 위한 음모라고 비난했다. 매클렐런은 며칠을 끌다가, 자기는 민주당 강령을 좇을 수 없다고 공표했다. 그는, "이제까지 용감하게 싸워서 그 많은 전장을 살아남은 연방 육군과 해군 동지들에게, 이제까지의 노력이 모두 허사로 돌아갈 것이라고 말할 수는 없다"고 선언했으나, 피해를 막기에는 이미 때가 늦었다. 당 강령을 반대하고 나선 대통령 후보가 대통령에 당선될 수는 없는 일이었다.

 9월 4일, 마치 전쟁이 실패라고 떠들어댔던 민주당 전당대회를 비웃기라도 하는 양, 셔먼 장군에게서 승전보가 날아왔다. '애틀랜타를 완승으로 점령했음.' 제퍼슨 데이비스는 유능한 조셉 B. 존스턴 장군을 테네시 연맹군 사령관직에서 해임하고, 변덕이 심한 존 벨 후드 장군을 후임으로 임명했다. 그때 셔먼이 애틀랜타를 에워쌌는데 연맹군은 애틀랜타에서 철수해 버린 것이다. 셔먼의 승전보와 거의 동시에, 데이비드 G. 패러거트 제독이 이끄는 연방 해군은, 연맹군이 최후로 지키고 있던 멕시코 만의 모빌 항을 점령했다는 낭보가 들어왔다. 링컨은 영용한 우리 해군이 모빌을 점령하고, 동시에 셔먼 장군이 이끄는 영용한 육군이 애틀랜타를 점령할 수 있게끔 도와주신 하느님께 감사와 기도를 하자고 공표했다.

 연방군이 대승하고, 민주당에서는 평화 강령을 채택하는 바람에, 그동안 링컨을 갈아치우려고 시끄러웠던 공화당 과격파들은 치명적인 타격을 입었다. 민주당에서 매클렐런을 후보로 선출한 8월 30일, 공화당 불만 세력은 예정했던 대로 뉴욕 시에 있는 데이비드 더들리 필드하우스에 모였으나, 중진급 지도자들은 이 모임에 참석하지 않았다. 체이스는 이제 대세가 결정되었다고 판단해서 자기를 따르던 무리에게 공화당 표를 지지하라고 종용하고, 이 모임에 불참했다. 웨이드도 이 모임에서 무슨 결정을 하지 말라고 충고했고, 섬너도 보스턴에서 떠나지 않았다. 그는 링컨이 후보로 결정된 것은 잘못된 일이고 시기에 안 맞는 일이었다고 한탄하면서, 링컨이 나라를 사랑하는 마음과 진실한 마음으로 후보에서 물러나지 않는다면 대안은 없다고 말했다.

그러나 지독한 과격파들인 그릴리, 헨리 윈터 데이비스, 필드, 컬럼비아 대학 교수 프랜시스 리버, 뉴욕 유니언 리그의 존 오스틴 스티븐스, 파크 고드윈, 시오도어 틸턴, 조지 월크스 등은 이 모임에 참석해서, 링컨을 미는 것은 부질없고 무모한 짓이라고 모두들 동의했다. 이 사람들은 링컨이 딴 후보를 위하여 물러나야 한다고 주장했다. 그들은 자신들의 주장을 관철시키기 위해서 그릴리, 고드윈, 틸턴 이름으로 북부 주지사들에게 편지를 보내 링컨이 과연 당선될 수 있는가, 주지사가 맡고 있는 주에서 이길 수 있는가, 링컨 대신에 딴 후보를 미는 것이 나라를 위한 일이 아닌가 등등의 질문을 보내기로 결의했다.

과격파들은 주지사들이 보낸 답을 받아보고, 그동안 상황이 얼마나 달라졌나 실감했다. 그들은 매클렐런이 후보로 뽑히고, 셔먼이 애틀랜타에서 완승한 것으로 상황이 완전히 바뀐 것을 전혀 감지하지 못한 것이다. 매사추세츠 주지사 앤드류까지 이 모임의 결의에 동의하지 못하겠다고 전해왔다. 앤드류 주지사는, 링컨이 지도자 감은 안 되고 그를 후보로 다시 추대한 것은 잘못이나, 이제 그 잘못을 고치기에는 시기가 늦었고 매사추세츠 주는 링컨이 후보로 남아 있는 한, 연방의 대의를 위해서 그를 지지할 것이라고 전했다. 딴 주지사들은 더 거셌다. 일리노이 주지사 리처드 예이츠는 링컨 대신 딴 후보를 세우는 것은 돌이킬 수 없는 재난이라고 단언했고, 위스콘신 주지사 제임스 T. 루이스도 "내 판단으로는, 연방당의 실리를 생각하고 나라의 영광과 인류의 복지를 생각하면 우리는 모두 링컨 씨가 다시 대통령에 선출되도록 노력해야 한다"고 전해왔다.

설로우 위드는 9월 10일 수어드에게 "링컨 씨를 끌어내리려는 음모는 지난 월요일로 끝장났습니다"라고 전했다. 시오도어 틸턴이 갑자기 마음을 바꿔, 민주당 시카고 당 강령은 미국 역사상 제일 악질적인 정치 매니페스토라고 매도하면서, 셔먼이 애틀랜타에서 완승함으로써 국민의 사기가 순식간에 올라갔다고 논평했다. 이렇게 「인디펜던트」가 링컨 쪽으로 돌아서자, 「이브닝 포스트」와 「트리뷴」도 뒤를 따랐다. 일이 이렇게 돌아가자 그릴리도 공화당 표를 지지하는 연설은 했으나, 링컨 이름은 절대로 언급하지 않았다.

VI

링컨은 돌아가는 일들에 관한 보고를 수시로 받으면서 과격파와 온건파 양쪽에 모두 양보하겠다는 뜻을 내비치면서 당을 결속시키고자 노력했다. 보수파들은 아직도 링컨이 평화 협상 조건으로 노예제도의 폐지를 주장한다는 사실에 불만이 많았다. 전국 연방당 집행위원회 회장인 레이먼드는 "자신들이 대통령의 진실한 동지"라고 주장하면서, 링컨에게 평화 협상 조건을 "헌법의 최고 존엄성만을 유일 조건"으로 만든 뒤, 노예해방까지 포함해서 모든 딴 조건들은 국민투표로 해결하라고 종용했다. 레이먼드는 반란 세력이 이런 제안에 즉각 반발할 것이고, 그렇다면 링컨은 국민의 지지를 받으면서 쉽게 확실한 승리를 할 수 있을 것이라고 예견했다.

링컨은 이런 보수파 계획은 이제까지 지켜온 연방 대의를 완전히 포기하는 것으로 기가 막혔으나 그렇다고 레이먼드의 의견을 당장 무시할 수도 없었다. 그는 8월 말 집행위원회가 워싱턴에 모였을 때 레이먼드와 긴 대화를 나누면서, 리치먼드로 보낼 사절에게 줄 공문까지 기초하려 했다. 링컨은 연맹 대통령 제퍼슨 데이비스를 한 번도 대통령으로 인정한 적이 없기 때문에 데이비스의 호칭은 사절이 알아서 할 것이고, 전쟁을 즉시 중단하고 나머지 문제들은 평화적 협상으로 해결하자는 내용이었다. 남부에서 이런 제안도 반대하고 나선다면, 대통령은 남부에게 어떤 조건이면 평화 협상에 응하겠냐고 물어볼 작정이었다. 레이먼드는 대통령의 기초를 읽으면서, 링컨의 진의를 파악했다. 남부 반란 세력에게 사절을 보내는 것은 이번 선거에서 지는 것보다 더 참담한 비극이고, 이것은 남부에게 무조건 미리 굴복하는 것이라고 생각되었다. 링컨의 진의를 파악한 레이먼드는 대통령 재선운동에 다시 헌신적으로 일했으며, 링컨이 옳았다는 것은 며칠 후, 시카고 사건과 애틀랜타 완승으로 판명되었다.

그러나 설로우 위드 같은 보수파들을 설득하는 것은 말만 갖고 해결될 문제가 아니었다. 대통령은 니콜라이를 뉴욕으로 보내, 보스 위드와 관세청장 경질을 의논하게끔 지시했다. 니콜라이는 이때 이 임무가 매우 위태롭고, 마음이 내키지 않는 힘든 일이었다고 회상했는데, 보수파들은 이미 모든 관직 임명을 과격파와 나눠먹을 생각이 없었기 때문이었다. 링컨은 하는 수 없이 9월 3일, 하이램 바니를 관세청장에서 해임하고 후임으로 위드, 수어드와 가까웠던 뉴욕의 대상(大商) 시미언 드레이퍼란 사람을 임명했다. 그리고 열흘 뒤, 링컨은 체이스 수하였던 앤드루를 뉴욕 측량관 자리에서 해임시키고, 미세스 링컨과 가까웠던 뉴욕 우정장관 에이브럼 웨이크맨을 후임으로 지명했다. 드레이퍼는 관세청장으로 부임하면서, "모든 사람들이 이번 링컨 재선에 얼마나 충성스러운가를 지켜보겠다"고 을러대면서, 링컨의 재선의 재선이 가장 중요한 임무임을 확인했다. 그는 중요 직에 앉아 있던 몇몇 관리들을 교체하고 관세청을 완전히 장악했다.「뉴욕 헤럴드」는 드레이퍼가 취임 후 48시간만에 청내 분위기를 완전히 바꿔 놓아서 관세청에서는 링컨을 반대하는 사람을 한 명도 볼 수 없었다고 보도했다.

VII

링컨은 자기를 계속 씹어대고 딴 사람으로 대선 후보를 선출하려는 과격파들도 달래야 했다. 물론 이 과격파들은 공화당을 창당했던 주역들이라 당에는 진심으로 충성하는 사람들이어서, 회유하기는 보수파들보다 오히려 쉬웠다. 과격파들은 또한 민주당 후보가 대통령이 되는 것보다는, 믿을 수 없어도 자당 후보가 다시 대통령이 되면 자기들에게 이로울 것이란 계산도 있었다.

성미가 급하고 독학으로 자성한 미시간 출신 상원의원 재커라이아 챈들러가 다행히도 총대를 메고 링컨과 과격파 사이의 중재를 맡았다. 챈들러는 아직도 링컨이 그동안 크게 실정(失政)했고, 수어드나 블레어 패거리와 꿍꿍이가 있다고 믿었으나, 자당의 대선 승리가 더 중요하다고 생각했다. 그는 부인에게 보낸 편지에서, '에이브 링컨 혼자라면 그자가 지옥을 가더라도 상관없으나, 우리들 선택이 링컨이냐, 아니면 매국노 매클렐런이냐에는 주저할 여지가 없다' 라고 전했다.

챈들러는 8월 하순, 링컨을 제일 반대하던 과격파 웨이드와 데이비스를 공화당 노선으로 다시 끌어들이려 노력했다. 그는 웨이드를 우선 접촉했다. 웨이드는 웨이드-데이비스 메니페스토에 대한 강력한 여론 반발에 혼이 났고, 레이먼드는 웨이드에게 링컨은 볼터모어 대회가 난장판이 된 뒤 이제는 어느 때보다도 더 막강한 위치에 앉아 있다고 경고했다. 챈들러는 웨이드에게 자존심은 버리고 데이비스가 링컨을 지지한다면 같이 링컨을 지지해 달라고 회유했다. 데이비스도 거의 회유가 된 상태였다. 데이비스는 링컨을 믿지 않았고, 같은 메릴랜드 주에 있는 블레어 가문을 지독히 미워했다. 그는 링컨이 우정장관 몽고메리 블레어를 해임하면 링컨을 지지하겠노란 조건을 달았다. 데이비스의 목적은 블레어가에 일격을 가하고, 동시에 링컨이란 위인(爲人)은 자기 목적을 달성하기 위해서는 친구도 희생시키는 그런 사람으로 만들려는 생각이었다.

챈들러는 데이비스의 조건을 자신이 직접 링컨에게 전하지 않고, 링컨을 자주 만나고 신임하는 사람들을 통해 전달할 생각이었다. 이들은 아마도 리오너드 스웨트, 존 W. 포니, 노아 브룩스 같은 사람들로서 링컨에게 매일 저녁 많은 공화 당원들이 떨어져 나간다는 좋지 않은 소식을 전해서, 링컨으로 하여금, 유령 야화(夜話)에 질린 어린애처럼 겁을 먹게 하는 그런 사람들이었다.

그러나 링컨이 정말 겁을 먹은 것은 아니었다. 그리고 자신의 재선과 당 결속을 위해서 몽고메리 블레어를 내칠 생각도 없었다. 그는 블레어가를 진심으로 존경하고 좋아했다. 노신사 블레어는 온건파 원로로서 전쟁 중 계속 대통령에게 충성하면서 조언을 했고, 그 아들 프랭크 블레어는 국회에서 과격파들을 매도한 후 셔먼 군에 가담해서 혁혁한 공을 세우고 있었다. 대통령은 몽고메리 블레어를 진심으로 좋아했으며, "블레어는 사상 최고로 유능한 우정장관"이었다고 확신했다.

그러나 과격파들이 수어드보다 블레어를 더 미워하게 되어 이제는 정치적 부담이 되었다. 그는 노예해방주의자들을 내놓고 비난했고, 흑인들의 소개 식민을 계속해서 지지했으며, 과격파들의 남부 재건 계획을 강력히 반대하여 악감을 샀다. 그리고 몽고메리 블레어는 쓸데없이 자신에게 이롭지도 않은 개인적 정적을 만들었다. 그는 프레먼트를 계속 씹어댔고, 체이스를 증오했으며, 핼렉을 경멸했고, 스탠턴과는 같은 자리에 앉기조차 역겨워했다. 링컨은 블레어가 많은 사람들을 혐오하거나 증오하는 데 실망이 컸으나, "이렇게 충직하고 진실한 동지를 합당치 않은 이유로 희생시키는 것은 무익한 일"이라고 말했다.

챈들러는 링컨에게 몽고메리 블레어를 해임시키면 웨이드-데이비스의 지지를 확보할 뿐만이 아니라, 프레먼트가 대선에서 물러설 수도 있다고 회유했다. 프레먼트 지지 세력은 상당히 약화됐으나 서부에 사는 독일계 시민들로부터는 아직까지 열렬한 지지를 받고 있어서, 링컨이 그 세력을 포섭하지 않으면 인디애나, 일리노이, 미주리 주를 놓칠 수가 있고, 그렇게 되면 대선에서 이긴다는 보장이 없었다. 챈들러가 보기에는 대통령이 그럴 마음은 없었으나, 마지못해 동의를 한 것 같다고 말했다. 대통령의 동의를 얻어낸 챈들러는 프레먼트를 설득하기 위해서 뉴욕으로 달려갔다.

챈들러는 애스토어 하우스에 캠프를 치고 프레먼트를 여러 번 만나 대통령의 뜻을 따르고, 연방 국회위원회의 뜻을 따르고, 전국 연방 집행위원회의 뜻을 따라서 대선에서 물러나라고 종용하면서, 프레먼트가 고집을 부려 대선에 남아 있으면 이득을 볼 사람은 매클렐런밖에 없다고 설득했다. 챈들러는 프레먼트에게 대선에서 물러나면 다시 연방군 소장으로 복직해서 군사령관직에 임명될 것이고, 그의 숙적 몽고메리 블레어는 내각에서 물러설 것이라고 설득했다.

프레먼트는 챈들러의 제안을 동료들과 상의했는데 모두들 의견들이 달랐다. 웬델 필립스는 대선에서 물러나지 말라고 조언했고, 피츠버그에서 온 한 지지자는 블레어는 당장 해임시키고, 스탠턴도 내각에서 내몰고, 수어드는 다음 정권의 내각에 다시 끼워주지 않겠다는 약속을 받아낸 뒤, 링컨-존슨 표를 지지하라고 종용했다. 9월 17일, 프레먼트를 지지하던 「뉴 네이션」의 거스테이브 폴 클러세레트 편집장은 신문 사설에서, '프레먼트 장군은 자신에게 열광한다고 입발림하는 사람에게만 귀를 기울여 왔고, 선거 비용을 많이 쓰니까 대선에서 이길 것이란 꿈에서 벗어나지 못하는데 이것은 망상이고, 대선에서 패한 뒤 장군은 재정적으로나 사람들의 평판에서 빈털터리가 될 것'이라고 경고했다. 프레먼트는 같은 날, 대선에서 물러나겠다고 공표했다. 챈들러는 프레먼트가 대선에서 물러나면서 몽고메리의 사임을 조건으로 걸기를 원했으나, 프레먼트는 정정당당하게 퇴진하지 그런 요구는 안 하겠다고 거절했다. 그는 챈들러에게 보낸 편지에서, '본인은 그런 조건을 걸지 않겠습니다. 이미 발표 성명문은 준비가 됐고, 내일 신문에 날 것입니다'라고 전했다. 그는 신문사에 보낸 성명서에서 자신은 아직도 링컨이 정치적, 군사적, 경제적으로 실패했다고 확신하지만, 매클렐런이 당선되면 연방이 노예제도를 그대로 둔 채 복원될 것이 분명하기 때문에 대선에서 물러난다고 설명했다.

프레먼트가 대선에서 물러났다는 소식을 받고, 링컨은 프레먼트가 어떤 식으로 물러났는가 자세히 물어보았다. 레이먼드는 프레먼트의 성명서가 비판적인 것은 사실이지만 링컨에게 큰 도움이 된 것이라고 주장했다. 대통령은 마음이 내키지 않았지만 9월 23일 블레어의 사임서를 수락했다. 그는 블레어의 후임으로 오하이오 전 주지사 윌리엄 데니슨을 지명했는데, 데이비드 데이비스의 말에 의하면 데니슨은 정정당당하고, 높은 이상을 가진 순수하고 위엄이 있는 사람이었다. 웨이드와 헨리 윈터 데이비스는 블레어의 사임서가 수락되기도 전에 이미 링컨의 선거운동에 뛰어다니기 시작했다.

이렇게 모든 계열이 속속 링컨 쪽으로 가담하는 중에도 샐먼 P. 체이스와 그 추종자들은 아직도 대통령의 재선에 반대였다. 체이스는 내각에서 쫓겨난 분을 삭이지 못하고 겉으로는 대범한 척 행동하면서도 뒤에서는 링컨 대신 딴 후보를 밀도록 추종자들을 계속 설득했다. 그는 대선에 관해서 상의해오는 사람들에게, 링컨을 충직하고 남자답게 밀어서 그의 재선에 힘을 쓰라고 말하면서도, 자기의 의견을 공표하지는 말라고 꼭 주를 달았다. 9월이 되면서 모든 계열이 링컨 쪽으로 돌아서자 체이스는, "링컨과 존슨이 공화당의 대선 후보"라고 인정하면서도, "모든 일이 우리가 원하는 대로 될 수는 없다"고 단서를 달았다.

체이스는 9월 말이 되자 정치적으로 딴 신호를 보내기 시작했다. 대법원장 로저 B. 터니가 이제 87세가 되어 곧 죽을 것 같았다. 체이스는 여러 번 대법원장 자리를 생각해 본 일이 있어서, 그는 재무성 일로 페센던을 만나러 워싱턴에 들렀을 때 백악관으로 링컨을 찾았다. 링컨은 정중하게 체이스를 맞았으나 별 말이 없었다. 체이스는 링컨을 만난 그날 일기에, '나는 링컨을 모르는 것 같다'라고 적었다. 그러나 이날 이후, 체이스는 링컨에 대해서 좋게 말하면서 적극적으로 지지하고 나섰다. "우리 나라를 위해서는 링컨이 재선되어야 하고, 나도 링컨을 위해 적극적으로 나서겠다."

10월 12일 터니가 사망하자, 차기 대법원장 선임은 많은 사람들의 관심사가 되었다. 섬너는 곧 링컨에게 체이스가 적임자라면서, 전에도 링컨이 체이스를 대법원장으로 고려하겠다고 말한 일을 상기시켰다. 체이스 지지자들도 모두 링컨에게 편지를 보내어 체이스의 대법원장 임명을 종용했다. 그러나 딴 사람들도 대법원장 자리를 원했다. 법무장관 에드워드 베이츠도 링컨에게 대법원장 자리는 자신이 마지막 공직으로 바란 자리라고 부탁했고, 미세스 스탠턴은 전쟁으로 지친 자기 남편을 대법원장에 임명해야 한다고 브라우닝까지 동원해서 링컨에게 청을 했다. 또 많은 사람들은 링컨이 1862년 대법관으로 임명한 반노예주의자인 노아 스웨인을 대법원장으로 임명하라고 야단들이었다. 뉴욕 변호사 윌리엄 W. 이바츠를 미는 사람들도 여럿이었고, 노신사 프랜시스 P. 블레어도 링컨에게 내각에서 사임한 자기 아들의 명예를 회복하기 위해서는 링컨이 몽고메리를 대법원장으로 임명해 주기를 바란다고 요청했다.

링컨은 이 사람들 말을 경청하고 보내오는 편지들을 다 읽었으나, 어떤 사람을 생각하고 있는지는 밝히지 않았다. 그는 체이스를 생각하고 있는 것 같았으나 니콜라이에게는, "이 문제에 관해서는 아무 말도 하지 말라"고 주의를 시켰다. 체이스는 몸이 달아서 링컨에게 오하이오 주 현황에 관해 보고서 형식의 편지를 보냈다. 링컨은 체이스의 편지를 읽지도 않고 서류함에 집어넣었다. 대통령이 침묵을 지키자 섬너가 안달이 나서 체이스에게 자기가 들고 갈 테니 링컨에게 편지를 한 장 쓰라고 채근했다. 체이스는 링컨에게 보내는 편지에, '임명하겠다고 말하시기도 전에 이런 식으로 편지를 보내는 것이 법도에 어긋날지는 모르나, 만일 저를 대법원장으로 지명하시면 저는 기꺼이 수락하겠다는 의사를 전하고 싶습니다' 라면서, 모든 자존심을 버리고 '다행히도 차기 대권은 모든 사람이 큰일을 기대하는 링컨 씨에게 돌아갈 것이 분명합니다' 라고 아첨을 떨었다. 그래도 링컨은 아무 반응이 없었다. 체이스는 드디어 링컨이 무엇을 원하나 깨닫고 그 즉시 링컨을 위한 선거유세에 나서서 루이빌, 렉싱턴, 세인트루이스, 클리블랜드, 디트로이트, 시카고를 돌아다니며 연단에 나섰다.

「뉴욕 헤럴드」는 일이 이렇게 돌아갈 것을 8월에 미리 예견했었다. 이 신문은 과격파 공화 당원들을 '불만 투정쟁이 공화 당원들' 이라고 지칭하면서, '이 자들은 곧 링컨 뒤꽁무니에 따라붙을 것' 이라고 야유했다. 「헤럴드」는 '이 초 과격파, 초 촐랑이, 초 검둥이파들은 모두 링컨 농장에 달려와 아양을 떨고, 소리를 지르면서 맹세를 하고, 펜을 들어, 링컨만이 이 나라의 유일한 희망이라고 고래고래 소리를 지를 것' 이라고 예견했었다.

체이스는 서부에서 분주히 뛰다가, 몇 주 전 뉴욕 사람이 한 말이 생각났다. "링컨은 현명한 사람입니다. 링컨이 과격파 쪽으로 기울었다면 보수파 사람들이 떨어져 나갔을 것이고, 반대로 보수파 쪽으로 기울었다면 과격파가 떨어져 나갔을 것입니다." 체이스는 일기에다 '앞으로 역사가들이 이렇게 판단할 것인가?' 라고 탄식했다.

VIII

　링컨은 선거운동 기간에, "저는 지금 선거운동에 관여할 시간이 없습니다. 선거운동을 하기엔 너무나 할 일들이 많습니다. 선거는 국민들이 하는 것입니다"라고 말했다. 그는 전국 연방(공화)당이 주관한 수많은 링컨 지지행진이나 횃불행진에 참여하지 않았고, 뉴욕의 프랜시스 리버나 보스턴의 존 머리 포브스 같은 공화당 충성파들이 '파당 없이 나라를 위하여!'란 팸플릿을 수백 만 장 돌리는 데도 관여하지 않았다. 많은 공화당계 신문들은 민주당을 카퍼헤드당이라고 비난하고, 민주당은 남부와 평화협상 음모를 꾸미고 있다고 비난해도, 링컨은 이 모든 일에 초연했다.

　링컨은 민주당의 선거 유세 구호에도 일절 반응이 없었다. 민주 당원들은, 11월 8일 말(馬)을 바꾸자라던가, 더 이상 더러운 조크는 참을 수 없다라고 떠들어댔다. 민주당에서는, "링컨의 교리는 전제(專制)의 극치"라면서, 링컨을 "에이브러햄 애프리카누스(Africanus) 1세"라고 호칭하면서, 대통령 10계명 제1계는, "검둥이 이외에는 하느님으로 섬기지 말지어다"라고 야유했는데, 링컨은 이런 말 같지 않은 선거 비방 구호는 들은 척도 하지 않았다. 민주당에서는 계속, 링컨과 공화 당원들은 흑백 간의 결혼을 추진한다고 비난했는데, 링컨은 우스갯소리로 "충직한 연방 애국자를 생산하는 민주적 방법"이라면서, 자신은 "이 특허를 방해할 생각이 조금도 없다"고 응수했다. 민주당계 신문인 「뉴욕 월드」는 그래도 품위가 있는 신문이었는데도 링컨 정권을 무지하고, 무능하고, 부패한 정부라고 비방했다. 그래도 링컨은 이에 대해 아무런 반박이 없었다. 그는 '정직'에 관한 한 거의 광적으로 깨끗하려 했는데, 민주당에서 링컨의 친척이 세인트루이스 병참부를 상대로 사기를 쳤을 때, 링컨이 배후에 있었다는 망발에도 아무런 대꾸가 없었다.

　링컨은 단 한 번 자기를 개인적으로 공격하는 허위보도를 읽고 반응을 보였다. 민주당계 신문들에서 링컨이 1862년 9월 앤티탐 전장을 돌아보다가 워드 라몬에게, "익살스러운 흑인 노래"를 부르게 했다고 씹으면서, 이것이 사실이라면 링컨은 공직은커녕 점잖은 사회인으로도 자격이 없다는 것이었다. 이 기사를 읽은 라몬은 화가 나서 사실무근이라고 펄펄 뛰었지만, 링컨은 일어난 일을 그대로 알리는 것이 낫다며 자기가 기억나는 대로 이 일을 해명했다. 링컨은 당시 앤티탐을 찾았을 때 전투가 끝난 지 여러 날이 지났고, 전장에서도 멀리 떨어진 곳에서 라몬에게, '서글픈 짧은 노래'를 한 마디 부르라고 청한 일이 있었다고 밝히는 해명서를 준비했다. 그러나 그는 라몬에게 해명서를 신문에 보내지 말라고 지시했다. 그는, "내가 잘못한 일도 아닌데 해명서를 보내는 것은 싫다"고 말했다.

선거운동 기간 중 링컨은 거의 공식석상에 나타나지 않았다. 그는 6월 군인들 치료와 복지를 위해 필라델피아에서 열린 전국적인 중앙위생대회에 참석했으나 별로 말이 없었다. 그는 컨티넨털 호텔에 모인 사람들에게, "내 입장에서 정치적 연설을 하는 것은 적절하지 않다고 생각합니다. 그런데 난 정치밖에는 모르니까, 차라리 입을 닫고 있는 것이 좋겠습니다"라고 말했다. 자원병 연대가 만기가 되어 고향으로 돌아가면서 백악관에 들렀을 때도, 링컨은 파당적 정치 얘기를 피하고 자원병들에게 자유 정부를 수호하기 위해서 수고들 많이 했다는 감사의 말만했다.

링컨은 이렇게 선거에 관한 공식적 발언을 자제했으나, 선거에 관한 모든 세세한 문제를 뒤에서 다 관리하고 있었다. 당시 페센던은, "우리 대통령은 선거에 온 신경을 쓰기 때문에 딴 일은 생각할 틈이 없었다"라고 말한 적이 있었다. 그는 당내 파벌간 싸움을 중재하기 위해서 계속 참견했는데, 예를 들자면, 펜실베이니아에서 캐머론과 커틴이 어찌나 심하게 싸우는지 잘못하다가는 선거에서 펜실베이니아를 잃을 수도 있어 보였다. 캐머론은 자기 상원의원 선거를 염두에 두고 링컨 선거운동을 하고 있었고, 주지사 커틴은 파벌싸움에 신물이 났는지, "이번 정권이 다시 정권을 잡으면 우리 모두가 지옥행일 것"이라고 떠들어댔다. 링컨은 커틴 주지사와 그의 보좌관 알렉산더 K. 맥루어를 백악관으로 불러 최소한 선거가 끝날 때까지는 캐머론과 협력해 달라고 신신당부했다.

대통령은 국회에서 파벌싸움 때문에 선거결과에 영향을 미치겠다 싶으면 곧 중재에 나섰다. 뉴욕에서는 보수파 공화 당원들이 당 후보인 로스코 컹클링을 떨어뜨리려고 운동하고 있었다. 컹클링 지지자들이 링컨에게 도움을 청하자, 링컨은 곧 편지를 보냈다. '저는 모든 선거에서 당 공천을 받은 사람을 지지합니다. 뉴욕 지구에서도 컹클링 이상 적합한 사람은 없다고 확신합니다.' 필라델피아에서는 우체국장이 자기 영향력을 동원해서 하원의원 윌리엄 D. 켈리의 선거운동을 방해했다. 링컨은 우체국장을 백악관으로 불러서, "나는 켈리 판사를 믿소. 딴 사람이 켈리 판사보다 낫다는 확신이 없는 한, 당신은 당신 표만 던지면 됐지, 우체국 사람들에게 켈리 판사를 찍지 말라고 강요하지는 마시오"라고 준엄하게 타일렀다.

링컨은 또한 신문이 여론에 얼마나 큰 영향을 미치는지 잘 알고 있어서, 신문 편집장들의 지원을 구했다. 그는 당시 악명이 높았던 「뉴욕 헤럴드」편집장 제임스 고든 베네트까지 달래서 공화당을 지지해 주기를 요청했다. 「헤럴드」의 영향력을 잘 알고 있던 뉴욕 공화 당원들은, 링컨에게 베네트를 치켜세워 주라고까지 당부했다. 베네트는 부도덕한 치한으로 알려져 있었고, 그의 신문도 스캔들만 취급한다고 알려져서, 베네트 자신은 사람들에게 존경을 받는 것을 중요하게 생각하고 있었다. 공화 당원들이 베네트를 설득하려고 찾아왔을 때 그는 밑도 끝도 없이 대뜸, "내가 링컨 씨를 지지하면 백악관을 찾아가도 냉대는 안 할거요?" 하고 따졌다.

20

서로를 불쌍하게 생각하면서

조지 템플턴 스트롱은 선거 다음날, 자기 일기에 라틴어로 '하느님을 찬송하라!'라고 적어놓았다. '위기는 무사히 넘겼고, 투표란 제도가 시작된 후 제일 중요하다고 할 수 있는 이 시민선거에서 국민들은 반역과 연방 분열을 저지했다. ……미 국민은 나라의 영예를 스스로 지킬 수 있다는 것을 이 선거를 통해 증명하였다.' 존 셔먼 상원의원을 취재하던 한 신문기자도, "얼마나 영광스러운 선거 결과인가! 이 선거 결과가 이 나라와 전 인류에게 얼마나 중요했던가는 말로 형언할 수도 없고, 상상할 수도 없었던 인류 역사상 제일 위대한 정치적 이벤트임에 틀림없다"라고 전했다.

링컨도 기쁨을 감추지 못하고, 이 선거야말로 "지독한 내전을 치르는 도중에도 선거를 성공적으로 치를 수 있다는 사실을 증명한 것"이라고 말하면서, 이제까지는 이것이 단순한 가능성이었지, 지구상 어느 나라에서도 실현된 적은 없었다고 주장했다. 링컨은 그러나 선거에서 이긴 것을 개인적 승리로 돌리지는 않았다. 선거 날 저녁, 거스태버스 V. 폭스가 링컨에게 현정권에 가장 악랄하게 굴었던 과격파 두 명이 선거에서 떨어졌다고 말하면서, 보복을 당해 싸다고 말했다. 링컨은 "당신은 나보다도 그 사람들에 대하여 개인적 혐오감을 더 느끼는 모양인데, 내가 이상한 것인지도 모르겠으나, 나는 그런 일에 계산을 해본 적은 없소이다"라고 대답했다. 그는 선거에서 완승했다고 해서 자기를 못살게 굴던 과격파 사람들에게 복수할 생각은 조금도 없었다. 그는, "나는 정치에서는 법정 시효(statute of limitation)가 짧으면 짧을수록 좋다고 생각하오"라고 말했다. 그는 민주당에 이겼다고 좋아하지도 않았고, 사람들이 그의 승리를 축하하기 위해서 백악관에 몰려왔을 때도, 그는 백악관 2층 발코니에서 모인 사람들에게 공화당의 승리를 자축하기보다는 자기의 정적과 화해하고 싶다고 말했다. "이제 선거가 끝났으니까, 우리 모두 힘을 합하여 나라를 구하는 일에 동참하기를 바랍니다." 그는 계속해서, "저는 딴 사람들에게 일부러 해를 끼치려 한 적은 없습니다. 저는 이때까지 이 자리에서 일하면서, 의도적으로 사람들 가슴에 못을 박은 적은 없습니다"라고 말했다.

I

 대통령이 이런 연설을 했다고 그를 지독하게 미워했던 적들의 마음이 바뀌지는 않았다. 북부에 사는 친연맹 세력에게 링컨의 재선은 받아들일 수 없는 참변이었고, 연맹 지도자들도 마찬가지였다. 제퍼슨 데이비스와 그의 부하들은 링컨이 선거에서 지기만 염원하고 있었다. 그들은 캐나다에서 호러스 그릴리와 평화 협상을 벌이는 척하면서 북부 여론을 조종하려 했고, 밸런디감 주화파 민주 당원들에게 자금을 보내 북부 여론을 조정하려 했다. 그들은 민주당 전당대회 때 시카고에서 민중봉기를 계획했다가 실패했고, 선거 날에는 시카고와 뉴욕에 밀정을 보내 선거를 방해하려는 음모를 꾸몄다. 그들은 오대호 지방과 버몬트 주, 세인트 앨반스에서 난동을 일으키려 했다. 그러나 이런 모든 음모와 방해에도 불구하고, 링컨은 대통령에 재선되었다. 남부 신문들은, "우리를 형제라고 부르던 자들이 모두 변심해서 우리들의 피를 원하고 있다. 그리고 이 '추악한 원숭이'가 두목으로 있는 한 이 전쟁의 평화적인 해결은 불가능하다. 이 추악한 원숭이는 모든 독재자들, 왕, 황제, 차르, 카이저, 시저보다도 더 절대적인 독재권을 갖고 있다"라고 매도했다.

 갑자기 이변이 일어나기 전에는 이 전쟁에서 질 것이 분명해진 남부 연맹은, 1864년 마지막으로 자신들의 멸망에서 어떻게 벗어날까 모두들 생각들이 많았다. 아직도 북부와 평화 협상을 해보자는 패거리도 있었고, 또 남부 대통령 제퍼슨 데이비스는 루이지애나 농장주인 던캔 케너를 영국과 프랑스에 보내 노예들을 해방할 테니까 연맹을 주권 국가로 인정해 달라는 외교를 벌였다. 남부 사람들은 또한 연맹군에 흑인들을 징집하자는 극단의 조치까지 들고 나왔다. 이 모든 일이 가망 없다고 판단되자, 몇몇 극렬 분자는 연방정부의 수반을 없애야겠다는 결론에 도달했다.

 에이브러햄 링컨을 없애겠다는 위협은 1864년에 시작된 일은 아니었다. 링컨은 1860년 대통령에 당선되면서부터 생명의 위협을 느끼기 시작했고, 이런 위협이 있을 때마다 메리 링컨은 걱정으로 제정신이 아니었다. 그는 대통령 당선자로서 수도 워싱턴에 들어올 때도 볼티모어에서 반란 세력이 그를 암살하려는 음모가 있다고 해서 몰래 잠입한 일도 있었다. 하지만 일단 백악관에 안착하자 이런 위협에는 조금도 신경을 쓰지 않았고, 협박장을 받으면 읽지도 않고 쓰레기통에 버리곤 했다. 1864년 링컨은 초상화를 그리는 프랜시스 B. 카펜터에게 이제는 이런 협박장에 놀랄 일이 없다고 말했다. 그는 "만성이 되니 아무렇지도 않더군"이라면서 자기의 생명을 위협하는 협박장에 전혀 걱정하는 기색이 없었다.

링컨은 민주 정권에서는 대통령이 민중과 섞여야 한다고 믿었다. 그는 핼렉 참모에게 언젠가, "대통령 집 현관에 칼을 빼든 경호원을 둔다니 말도 안 되는 소릴세. 그러면 대통령과 황제 사이에 다른 점이 무언가?"라고 물었다. 그는 완전한 신변보호란 있을 수 없다고 믿었고, 암살단이 자기를 죽이려고 마음먹으면, 자기를 찾아오는 방문객으로 가장해서 언제든 자기를 죽일 수 있을 거라고 생각했다.

결과적으로 링컨은 자기의 신변안전에 거의 신경을 쓰지 않았다. 그는 대통령으로 취임한 후 첫해는 거의 혼자서, 아니면 한 사람만 동반하고 밤늦은 시간이나 새벽 시간에 워싱턴 거리를 쏘다니곤 했다. 그는 거의 매일 밤, 경호원이나 경비원도 없이 혼자서 깜깜한 백악관 정원을 걸어서 국방성을 갔다오곤 했다. 여름 더위가 지독하면 링컨 가족들은 '군인의 집(Solders' home)'이란 곳에서 머물곤 했는데, 이때도 링컨은 경호도 없이 혼자서 말을 타거나 마차를 타고 백악관과 군인의 집 사이를 왔다갔다 했다. 링컨은 자주 워싱턴에 있는 극장을 찾았는데, 이럴 때도 메리나 태드만 동반했고, 가끔 군인이 아닌 민간인 한둘과 같이 가곤 했다. 링컨의 신변안전은 전적으로 자기 소관이라고 생각했던 링컨의 친구인 수도 연방보안관 워드 힐 라몬은, 링컨이 이런 식으로 나다니는 것을 몹시 못마땅하게 생각하고 걱정했다. 언젠가는 링컨이 찰스 섬너와 나이가 많은 프러시아 대사 게롤트 남작만 데리고 연극 구경을 간 적이 있었다. 라몬은 뒤늦게 이 일을 알고 링컨에게 몹시 화를 내면서, "여자들이 공격해도 당해내지 못할 사람들하고만 다니신다면" 자신은 경호직에서 사임하겠노라고 협박했다.

전쟁이 시작됐을 때도 백악관에는 무장 경호원이 없었고, 두 민간인 문지기도 자리를 비울 때가 많았다. 1862년 수도 방위를 맡았던 제임스 S. 워즈워스 장군은 링컨이 군인의 집으로 갈 때면 기병대를 딸려보냈다. 링컨은 워즈워스에게 기병대 칼과 군화에 달린 박차 소음 때문에 미세스 링컨과 대화도 나눌 수 없다고 투덜댔다. 다음해 여름, 검정말을 탄 오하이오 기병대 100명이 대통령 경호를 위해 배정되었고, 이들 중 2명은 항상 백악관 외곽 정문에서 보초를 서고, 준위 한 명이 백악관 현관에 상주하게 되었다. 그리고 펜실베이니아 버크테일 중대가 백악관 남쪽을 지키게 되었다. 라몬은 워싱턴 수도경찰에 지시해서 경관 4명도 백악관 경호를 담당하게 하였다. 이들은 평상복 차림으로 대통령이 백악관에서 출타하면 곧 호위했고, 밤이면 백악관 2층 살림집 문 앞에도 경관 1명이 배치되었다.

이 모든 것이 대통령의 신변안전을 걱정하던 스탠턴 국무장관의 지시로 이루어진 일이었다. 1864년 링컨은 전보다 훨씬 더 많은 암살 음모에 관한 편지를 받았다. 거의 다 익명으로 쓴 이 편지들이 기록에 남아 있지는 않지만, 그해 7월 '리지 W. S.'란 사람에게서 온 편지에는, 워싱턴에는 대통령을 암살하려는 반란 분자가 득시글거리고, 특히 대통령은 군인의 집에 출입할 때 조심하라는 경고가 적혀 있었다. 이 여자는, '대통령 각하, 각하의 생명을 귀하게 여기신다면 백악관을 출타하실 때 조심하시고, 특히 군인의 집에는 절대로 가지 마십시오'라고 애원했다. 웨스트버지니아 주에 사는 한 노동자는 남부 사람 둘이서 링컨의 암살을 모의하는 것을 직접 들었다고 전해오기도 했다.

　남부 반란 분자들과 북부 불만 세력은 링컨이 4년 더 집권할 것이 분명해지자, 1864년 말 링컨을 살해할 마음이 더 거세졌다. 그들은 링컨을 악마라고 믿었고, 이제까지는 참았지만 링컨의 재선이 확실해지자, 무슨 방법을 써서라도 이 악마를 제거하겠다고 결의를 굳혔다. 위스콘신 주「라 크로스」는 8월, '악마 같은 링컨이 다시 집권하면, 어느 용감한 사람이 링컨의 심장에 비수를 꽂을 것'이라고 경고했다.

　남부 연맹에서는 링컨을 암살하기보다는 납치하는 것이 낫겠다고 생각했다. 미합중국 대통령을 산 채로 유괴해 리치먼드로 데려오면 남부로서는 이용할 가치가 여러 가지였다. 링컨을 납치해오면 링컨이 남부와의 평화 협상에 응할지도 모르고, 그랜트의 공격이 중지될 수도 있고, 링컨과 연맹군 포로 20만 명을 맞교환할 수 있을지도 모른다는 망상이었다. 전쟁 초기 연맹국에서는 이런 절박하고 과격한 발악은 찬성하지 않았다. 남부 연맹의 국방장관인 제임스 A. 세든도, "전쟁법과 정도를 지키고, 기독교 정신과 원칙에 따라서 전쟁을 치러야지 이런 과도한 조처는 고려해서는 안 된다"고 말했다. 그러나 1864년 2~3월에 있었던 킬패트릭-달그렌 기습에서 연방군이 리치먼드를 점령하면 리치먼드를 잿더미로 만들고 제퍼슨 데이비스를 사형에 처하겠다는 내용의 기밀문서를 입수한 뒤, 연맹 지도자들도 같은 식으로 링컨에게 보복하겠다는 생각이 굳어졌다.

　1864년 9월 말, 연맹국의 떠돌이 목사이자 스파이였던 토마스 넬슨 컨래드는 하수인 3명을 데리고 워싱턴에 잠입, 군인의 집을 향하는 대통령을 납치하려 했다. 그러나 뜻밖에도 링컨은 수많은 경호원으로 둘러싸여 있었다. 며칠 전, 대통령의 암살 음모를 미리 탐지한 국방성에서 대통령의 경호를 강화한 것이었다. 전달 8월에는 대통령이 군인의 집으로 가는 도중 한 저격수가 링컨을 쏘았으나 놀란 말이 뛰는 바람에 살아났는데, 다음날 군인의 집에서 근무하던 병사가 총알 구멍이 난 링컨의 8달러짜리 실크해트를 들고 왔다. 컨래드는, 알려진 바로는, 최소한 11월 10일까지 워싱턴에 남아서 기회를 엿보았으나, 결국 실패하고 남쪽으로 돌아갔다.

링컨은 이 컨래드의 납치 계획을 모르고 지냈으나, 자기 목숨을 노리는 자가 많다는 것은 알고 있었다. 그는 존 W. 포니 기자에게 편지통에 꽂힌 협박편지와 경고편지들을 보여주면서, "위험한 것은 알지만, 이런 일 때문에 걱정할 필요는 없다"라고 말했다.

II

선거에서 이긴 뒤 몇 주간, 링컨은 더 중요한 일에 신경을 써야 했다. 두 번째 임기가 시작되면서, 그동안 선거운동에 공을 세운 당원들은 링컨에게 한자리씩 달라고 떼를 썼다. 그는 다시 구직자들에게 시달리게 되었고, "이 사람들 때문에 살점이 깎이는 것" 같다고 한탄했다. 그는 견디다 못해 뉴햄프셔의 대니엘 B. 클라크에게, "어떻게 사람들을 갈아치우지 않고 지낼 수는 없는 거요? 사람들 등쌀에 못살겠소이다"라고 하소연했다. 그는 결국 지금 자리에 앉아 있는 사람들을 그대로 유임시키는 것이 낫겠다고 판단하고, "한 사람을 갈아치우는 것은 쉽지만, 그 자리를 탐내는 사람이 20명이니까 한 사람을 지명하면 19명이 적이 된다"고 한탄했다.

한편 주위에 있던 측근들을 바꿀 때가 됐다고 생각했다. 니콜라이와 헤이는 둘 다 4년간의 격무로 완전히 지쳐 있었고, 특히 니콜라이는 건강이 좋지 않았다. 링컨은 니콜라이에게 파리 대사관의 영사 자리를 주기로 작정했고, 헤이는 프랑스 공사로 임명하기로 작정했다. 그는 새로 채용할 개인비서로 「새크라멘토 유니언」 기자로 있었던 노아 브룩스를 생각하고 있었다. 사람들은 노아 브룩스가 니콜라이보다 훨씬 더 보좌를 잘할 거라고 칭찬하고 있었다.

　대통령은 선거에 이긴 11월부터 3월 취임 때까지 장관 4명을 새로 선임해야 했다. 그는 볼티모어 전당대회를 주관했던 윌리엄 데니슨을 이미 임시 우정장관으로 임명했다가, 그후 정식으로 임명했다. 선거가 끝난 직후, 이제 71세가 된 법무장관 에드워드 베이츠가 사임하기를 원했다. 링컨은 유능하다고 알려진 법무감 조엡 홀트를 법무장관에 임명하려 했으나, 홀트가 싫다고 거절했다. 그는 홀트의 천거로 켄터키 주 출신인 조슈아 F. 스피드의 동생 제임스 스피드를 법무장관에 지명했다. 링컨은 내무장관 존 P. 어셔를 마땅치 않게 생각했는데, 어셔가 3월 8일 사임을 하자 아이오와 주 상원의원 제임스 할랜을 후임으로 지명했다. 할랜은 국회에서 현정권을 제일 열심히 두둔한 사람으로, 그의 딸 메리가 로버트 링컨과 약혼한 뒤 그는 개인적으로도 대통령과 상당히 가까워졌다. 새 정부가 재출범하기 바로 전 2월에, 재무장관 페센던은 다시 상원으로 돌아가고 싶다며 내각에서 물러나기를 원했다. 링컨은 페센던의 후임으로 공화당 전국위원회 회장을 지냈고 볼티모어 전당대회를 주관했던 상원의원 E. D. 몰건을 원했으나 몰건이 사양하는 바람에, 별로 나서지는 않지만, 일 처리를 잘하는 통화감사원장 휴 매컬로우를 재무장관에 지명했다.

　여러 달 걸친 새로운 내각 구성은 차기 링컨 정권의 성격을 미리 보여준 것으로 판단되었다. 전번 내각과는 달리 새로 장관직에 부임한 사람들은 당 중진도 아니었고, 장차 대통령이 되겠다는 사람들도 아니었다. 링컨은 이제 강력한 지도자로서 자당의 파벌을 의식하지 않아도 괜찮을 정도였다. 그는 새로 임명한 장관들의 이데올로기에 신경을 쓸 필요가 없었으나 데니슨, 홀트, 스피드는 공화당 과격파에 가깝다고 할 수 있었고, 몰건과 매컬로우는 보수파에 상당히 가까웠다. 대통령은 주견 없이 자기를 따르는 장관들을 원하지 않았으나, 장관들이 서로 반목할 경우 이들을 위에서 조종하는 것은 문제가 없다고 자신했다. 새 장관들은 전 내각과는 달리 모두 대통령과 개인적으로 원만한 사이였다. 장관직에 유임된 수어드, 스탠턴, 웰스와 함께 새 내각은 링컨에게 모두 충성하는 사람들로 구성되었다.

이때 링컨에게 제일 중요하게 고려되었던 관직은 대법원장 로저 B. 터니의 후임 자리였다. 그는 재임 중 4명의 대법관인 노아 스웨인, 새뮤얼 F. 밀러, 데이비드 데이비스, 스티븐 J. 필드 등을 임명했는데, 이번에 지명하는 대법원장을 합치면 대법관 다수를 구성하게 되어서, 이 다수가 앞으로 남북전쟁으로 제기되는 각종 법 해석을 주관하게 될 것이다. 대통령은 자신이 변호사로서 신임 대법원장은 이론에 집착하거나 이데올로기에 빠진 사람보다는 법에 조예가 깊은 사람이어야 된다고 믿었다. 그는 신임 대법원장은 법원이 원칙만을 따져서 판결을 내리지 않고, 경우에 따라 판결을 내리는, 그런 사람이어야 한다고 믿었다.

링컨은 의도적으로 대법원장 지명을 선거 후로 미뤘다. 그는 여러 사람을 고려했으나, 모두가 대법원장으로 임명하기에는 문제가 있었다. 베이츠는 나이가 너무 많았고, 스탠턴은 국방성에서 빼돌릴 수 없었고, 에바츠는 너무 이름이 알려지지 않은 사람이었고, 블레어는 상원에서 절대로 인준해 주지 않을 후보였다.

링컨은 결국 샐먼 P. 체이스를 재고해야 했다. 체이스의 문제점은 그가 아직도 대통령 꿈을 버리지 못하고 있다는 것이었다. 링컨은 한 상원의원에게, "체이스 장관은 대통령 꿈을 못 버립니다. 내 생각으론 그 사람은 절대로 대통령이 될 수 없는데. 대통령 꿈만 버리면 훌륭한 대법원장으로 좋은 일을 많이 할 사람인데, 대통령 꿈 때문에 아무 것도 못합니다"라고 말했다. 그러나 체이스는 대법원장 후보들 중 제일 적격자였다. 앞으로 4년간 대법원에서는 링컨의 노예해방 정책과 금화가 아닌 지폐로 전비를 조달한 것 등 헌법상 문제를 많이 다룰 것이고, 이런 문제라면 체이스가 제일 잘 처리할 수 있는 일들이었다. 링컨은 매사추세츠 하원의원 조지 S.

바우트웰이란 사람에게, "대법원장 후보에게 앞으로 어떻게 법 판결을 하려는가 물을 수는 없고 물어서도 안 됩니다. 그러니까 이제까지의 의견이나 전력을 잘 살펴본 뒤 결정해야 할 걸로 압니다"라고 말했다. 이런 모든 것을 감안하면 체이스의 전력이 제일 적임자에 해당했다.

대통령이 체이스를 대법원장으로 임명한 것은 체이스가 제일 적임자이기도 했지만, 체이스를 임명함으로써 정치적인 실리도 많기 때문이었다. 그는 체이스를 대법원장에 임명함으로써 공화당을 보다 넓게 결속하고자 노력했다. 그는 과격파 체이스를 대법원장으로 임명하면서 보수파 세력의 반발을 최소한으로 줄이고자 노력했다. 대통령은 노정치가 프랜시스 P. 블레어가 아들 몽고메리를 다시 부탁하자, 몽고메리의 자격은 다 좋지만 현정권에서 일하는 딴 사람들과 논의를 해야 된다고 달랬다. 링컨은, "제가 딴 사람들보다 권한이 높은 것은 사실이지만, 딴 사람들이 모두 반대한다면 그 반대를 무시할 수는 없습니다. 마차를 끄는데 힘이 제일 좋은 놈만 달리고 딴 말들은 제자리에 서 있으면, 마차는 움직일 수 없습니다"라고 말했다. 그러나 정권 내부를 잘 아는 사람들은 이 말이 사실이 아니란 정도는 알고 있었다. 링컨은 대법원장 건을 내각과 상의하기는커녕, 내각에서는 체이스 이름이 상원에 보내진 다음에야 그의 지명을 알게 되었다. 그러나 노신사 블레어는 링컨의 정치 포석을 충분히 이해하고도 남았다. 높은 자리를 누구에게 줄 때는 항상 위원회에서 결정됐다고 바깥세상에 알리는 것이 제일 좋은 수였기 때문이다.

이와 동시에 링컨은 체이스를 선택함으로써 과격파들을 회유할 수 있었다. 과격파들은 모두 체이스가 이제까지 링컨을 계속 씹어댔고 헐뜯은 사실을 잘 알고 있었고, 이 때문에 링컨이 체이스에게 호감을 가질 수 없는 것을 이해하고 있었다. 링컨은 체이스의 이름을 상원에 보낸 뒤 며칠 후, 라몬에게 자기 의중을 털어놓았다. "체이스를 높은 자리에 임명했으니까 과격파들이 내가 앞으로 어떤 사람을 어떤 자리에 임명하든지, 그 사람들

반대는 못할 걸세." 그는 장차 과격파들이 자기 정책에 무조건 반대하지는 못할 거라고 다음 임기를 전에 없이 낙관했다.

III

　링컨의 예상은 정확하게 들어맞았다. 12월 5일 소집된 새 국회는 대통령 정책에 굉장히 협조적이었다. 국회의원들은 선거에서 절대적 국민 지지로 선출된 대통령에게 반대하는 것은 정치적으로 바람직하지 않다고 판단한 것 같았다. 링컨은 연방군의 승리로 더욱 강해졌고, 그랜트가 리 군을 리치먼드에서 꼼짝도 못하게 에워싸고 있는 동안, 셔먼이 애틀랜타를 점령했다는 소식이 날아 들어와 1864년 대선은 이겼다고도 볼 수 있었다. 셔먼은 계속해서 바다를 향해 진군하면서 조지아 주를 쑥밭으로 만들어놓았다. 링컨은 그랜트와 마찬가지로 처음에는 셔먼의 작전에 걱정이 많았고 확신이 없었다. 그는 국회에 보내는 메시지에서, '우리는 지금 군단 하나를 잃어도 우리의 대의를 살릴 수 있다고 생각합니다' 란 구절을 넣었다가, 너무 비관적으로 들릴 것 같아 이 구절을 삭제하고 말았다. 그런데 12월 25일, 셔먼에게서 전보가 왔다. '각하에게 사바나 시를 크리스마스 선물로 드리며, 동시에 아군이 거둬들인 전리품, 중포(重砲) 150기와 총포 다량 그리고 목화 2만 5,000베일을 선물로 드립니다.' 이와 동시에 토마스 장군이 이끄는 연방군은 테네시를 공략하려던 연맹군을 프랭클린에서 저지하고,(11월 30일) 12월 15~16일 내슈빌 전투에서 후드가 거느리는 남군을 섬멸했다. 링컨은 셔먼과 토마스의 양수겸장 완승으로 이제는 어둠이 걷히고 빛이 보인다고 좋아했다.

　대통령은 이때 국회의 협조를 생각하고 있지는 않았으나, 대통령에 대한 국회의원들의 의견이 많이 바뀌어서 이제까지 대통령에게 비판적이었던 사람들이 요즈음은 많이 조용해졌다. 링컨과 현정권을 미워해 온 헨리 윈터 데이비스가 대통령이 멕시코에 있는 프랑스 세력을 내버려두는 것에 대한 경고문을 결의하자고 제의했을 때, 국회에서는 이제까지 링컨의 적이었던 새듀스 스티븐스가 나서서 링컨을 두둔했다. 국회에서는 딴 과격파 의원들까지 합세해서, "우리 나라의 체제를 보존하기 위해서 살신성인으로 노력하는 행정부 수반에게 감사하자"면서, 데이비스 같은 비판 세력이, "대통령의 완전무결한 품격을 손상시키는 일"은 절대로 없어야 한다고 주장했다. 이제 나라는 새로운 희망의 시대로 들어섰다고 「내셔널 인텔리전서」는 보도했다.

링컨은 화합하는 의미에서 공화당뿐만이 아니라 민주당 사람들에게도 지원을 청했다. 그는 국회로 보낸 연두교서에서 반대파 의원들에게 전 미국에서 노예제도를 없애는 헌법 수정안에 동의해 달라고 간절히 요청했다. 이 헌법 수정안은 전 회기에서 민주당 의원 4명을 빼곤 모두 반대표를 던지는 바람에 필요한 3분의 2 찬성을 얻지 못해서 부결되고 말았다. 전국 연방당 대회에서는 링컨의 종용에 따라서 이 헌법 수정안을 당 강령의 중심으로 채택했고, 이 강령에 따라서 링컨은 대통령에 당선되었고 공화당은 국회에서 다수를 차지할 수 있었다. 링컨은 레임덕으로 앉아 있는 제38차 국회에 이 헌법 수정안을 재고해 달라고 부탁했다. 대통령은, "헌법 수정안에 반대했던 사람들의 애국심이나 지혜를 의심해서가 아니다"라면서, 민주당 사람들에게 재고해 보기를 종용했다. 그는 수정안의 내용이 바뀐 것은 아니지만, 이번 국회가 이 법안을 통과시키지 않으면 다음 국회에서는 분명히 통과될 것이라고 내다보았다. 그러니 기왕 통과될 법안이라면 현국회에서 일찍 통과시키는 것이 낫지 않겠느냐는 의견이었다. 그는 다수의 의견이 확실하면 다수의 의견을 존중하는 의미에서 조속한 시일 내에 이 법안은 통과되어야 한다고 주장했다.

그는 이 일에 관해서 말로만 주장한 것이 아니고 자신의 권위와 설득력을 총동원해서 이 법안에 반대하던 민주당 사람들과 접경주 사람들을 설득시켰다. 그는 1862년, 점진적인 노예해방 법안을 접경주 사람들에게 추진했을 때와 마찬가지로 이 법안의 통과를 위해서 열심히 노력했다. 그는 이 수정안을 제안했던 오하이오 출신 하원의원 제임스 M. 애슐리와 의논한 뒤, 돌아설 만한 반대파 의원들을 백악관으로 초청하곤 했다. 예를 들면, 그는 지난 6월 이 법안에 반대표를 던졌던 미주리 출신 하원의원 제임스 S. 롤린스를 백악관으로 초청해서, 헨리 클레이를 추앙하던 옛 휘그당 동지로서 이 법안에 찬성해 달라고 종용했다. 롤린스 의원이 이제는 이 법안에 찬성할 준비가 되었다고 말하자, 링컨은 그에게 미주리 사람들을 설득시켜 달라고 부탁했다. 대통령은, "이 수정안이 통과되는 것이야말로 모든 문제의 관건이며, 이 수정안이 통과되면 그만큼 전쟁도 빨리 끝날 것"이라고 강조했다.

  링컨이 이 헌법 수정 보칙 제13조를 통과시키기 위해서 딴 흥정을 했는지 안 했는지에 대한 분명한 기록은 남아 있지 않다. 후일 새듀스 스티븐스 같은 사람들은 링컨이 흥정을 했다고 떠들었는데, 확실한 증거는 없다. 당시 찰스 섬너는 뉴저지 주 캠든 & 앰보이 철도를 정부에서 조정해야 한다는 법안을 추진 중이어서, 사람들은 링컨에게 뉴저지 민주당 표를 얻으려면 섬너에게 이 법안을 취하하도록 종용하라고 건의했으나, 링컨은 섬너에게 그런 청을 할 수 없다고 거절한 기록이 남아 있다. 이 철도회사를 위해서 로비하던 한 뉴저지 출신 의원은 7월에 이 수정안에 반대했다가 이번 투표에서는 기권을 했는데, 이것이 링컨의 흥정에 따른 투표였는지 확실한 기록은 남아 있지 않다.

  어떻든 간에 이 수정안은 하원에서 3분의 2 이상의 지지를 받아 통과되어, 주의 비준을 받기 위해서 각 주에 보내졌다. 하원에서는 법안 통과를 자축하면서 의례상 대통령에게 법안을 돌려보냈는데, 대통령은 2월 1일이 수정안에 기꺼이 서명했다. 1798년 대법원 판결에 의해 헌법 수정안은 대통령 동의가 필요없다고 일러주었는데도, 그는 개의치 않았다. 그는 이 헌법 수정안 제13조야말로 반란의 근원을 뿌리째 뽑는 것으로써, 노예해방 선언문의 법적 근거를 확립한 것이라고 좋아했다. 그는 이 나라가 드디어 모든 악을 제거했다면서 수정안 통과를 자축했다.

IV

보칙 제13조를 통과시키기 위하여 당시 국민들에게는 알리지 않은 사건이 있었다. 연방 하원에서 헌법 수정안에 대한 마지막 논의가 한참일 때, 남부 연맹 사절이 평화 협상을 하기 위하여 워싱턴으로 오고 있으며, 곧 평화 조약이 체결될 수도 있다는 소문이 돌았다. 애쉴리 의원은 이런 소문이 하원 논의에 미칠 영향이 걱정되어 링컨에게 이 소문이 사실이냐고 다그쳤다. 링컨은 조심스럽게, "내가 아는 한 그런 사절이 수도에 와 있지도 않고, 올 것 같지도 않다"고 대답했다. 링컨의 답장으로 까딱하면 마지막 순간에 변심했을지도 모를 민주 당원들은 모두 잠잠해졌다.

그러나 바로 그 순간, 연맹국 부통령인 알렉산더 H. 스티븐스, 연맹국 국방차관인 존 A. 캠벨, 전 연방 상원의원이었던 로버트 M. T. 헌터로 구성된 남부 평화사절이 수도가 아니라 시티 포인트로 오고 있었다.

링컨은 남부와의 평화 협상에 매우 조심스럽게 접근했다. 그는 일찍부터 남부와 평화 협상을 벌이는 것에 반대였고, 1863년 스티븐스가 만나자는 것을 거절했으며, 이해 7월 나이아가라 폭포에 온 남부 사절에게도 받아들일 수 없는 조건을 내세웠다. 그는 평화 협상은 군대 사기를 떨어뜨리고, 일이 잘못 진행되면 남부와 정전을 하게 돼, 연맹국이 독립하는 결과를 낳을 수도 있다고 생각했다. 그러나 이제는 상황이 달라졌다. 셔먼 장군과, 서부에서 토마스 장군이 대승하고 그랜트 장군과 셰리단 장군이 버지니아에서 반군을 부수는 바람에 남부는 싸울 전의를 잃었고, 곧 박살이 날 지경이었다. 그랜트는 정전이 성립되면 리 군의 반 이상은 도망칠 것으로 내다보았다. 조지아 주와 노스캐롤라이나 주지사들은 독자적으로 연방과 평화 조약을 맺겠다고 공개적으로 떠들어댔고, 연맹 하원에서는 외교 분과위원회에서 평화 사절을 보내자는 토의를 하고 있었다. 하원의원 헨리 S. 푸트는 당장 전투를 중지하고 평화를 모색하자며 걸림돌은 바로 제퍼슨 데이비스라고 비난했다.

링컨이 1864년 12월 국회에 보낸 메시지에는 이러한 연맹 내부의 분란을 이용하자는 내용이 들어 있었다. 그는 자케스-길모어 사절을 통하여 들어온 정보를 검토한 뒤, 남부 지도자—그는 제퍼슨 데이비스의 이름을 되도록 피했으며, 한 번도 그를 남부 연맹 대통령으로 부른 적이 없었다—와는 직접 협상할 필요가 없다고 말하면서, 연방의 분단을 원하고 있는 남부 지도자는 딴 어떤 해결책도 수락하지 않을 것으로 내다보았다. 링컨은, "그러나 반란 세력을 이끄는 그 사람 의견이 그를 추종하는 사람들의 의견은 아니라고 본다. 그 사람은 연방을 다시 받아들일 수 없을지 모르지만, 딴 사람들은 받아들일 수도 있을 것"이라고 말했다. 그는 제퍼슨 수하들을 설득시키기 위해서 관대한 조건을 내놓았다. "그들은 언제라도 무기를 버리고 헌법에 인정된 관할 기관에 항복을 하면 평화를 얻을 수 있다." 그러나 1863년 12월 모든 사람에게 선포한 이 관대한 사면 조건이 영구적으로 실효성이 있는 것은 아니라면서 그는, "시간이 흐른 뒤에는 조건이 나쁘게 바뀔 수도 있다"라고 주를 달았다.

몇몇 사람들이 대통령의 제의를 들고 중재에 나섰다. 제임스 R. 길모어는 노스캐롤라이나 주지사 제불론 B. 밴스를 만나 연방에 돌아오는 것을 설득시키겠다고 나섰으나, 링컨은 이 제안을 별로 신통치 않게 생각했다.

평화파 민주 당원인 전 일리노이 의원 제임스 W. 싱글턴은 브라우닝의 지원을 받아 링컨으로부터 리치먼드로 내려가 연맹정부와 전쟁을 끝내는 방안을 협상해도 된다는 허락을 받았다. 싱글턴은 연맹 수도로 내려가 2주간을 바쁘게 지내면서 제퍼슨 데이비스, 로버트 E. 리 등 남부 수뇌와 회동했다. 싱글턴은 워싱턴으로 돌아와 대통령에게 남부 사람들은 평화를 원하지만 적정한 보상 없이는 노예들을 해방시키지 않겠다는 것과 전후 재건 계획도 헌법을 수정해서 관대해야 응하겠다는 입장을 전했다. 링컨은 전에도 싱글턴을 믿지 못했지만, 이제 싱글턴이 떠드는 소리를 듣고 그가 남북 평화 협상보다는 남부의 목화나 연초 구매에 더 관심이 많음을 짐작하고 싱글턴의 제안을 일축해 버렸다.

평화 협상 중재에 나선 사람들 중 제일 저명했던 인사는 노정치인 프랜시스 P. 블레어였다. 그는 진작부터 남부로 내려가기를 원했으나 링컨이 사바나가 함락될 때까지 기다리라는 바람에, 1월 11일에야 리치먼드로 내려가게 되었다. 대통령은 이 노정치인에게 여행허가증을 주면서도 평화 협상의 조건이나 지시에 관해서는 일체 말이 없었고, 노정치인에게 개인 신분으로 남부를 방문하는 것이지 정부를 대표하는 것은 아니라고 못을 박았다. 블레어는 제퍼슨 데이비스와 전쟁 전 가까웠던 사이로, 데이비스와 장시간 인터뷰를 통해 노예제도는 사실상 평화 협상에 걸림돌이 아닌 것으로 확인했다. 남부 연맹에서 흑인을 징병하겠다는 최근 결정은 흑인들의 자유를 인정한 것 아니냐고 따졌다. 그렇다면 남부와 북부는 다시 합칠 수밖에 없을 것이고, 사실상 걸림돌은 유럽 군주들이 남북의 재결합을 막으려는 것이라고 주의를 환기시키면서, 멕시코에서 프랑스 앞잡이 노릇을 하고 있는 막시밀리언의 예를 들었다. 블레어는 데이비스에게 북쪽과는 화해를 하고 남부 군을 몰아 텍사스 주로 가서 프랑스 침략자들과 일전을 하면, 북쪽에서도 많은 군인들이 참가할 것이고 자기 아들 프랭크 블레어 장군도 이 전쟁에 참가할 것이라고 약속했다.

블레어의 말에 의하면 데이비스는 이 미끼를 물었다. 그는 어떤 협상이든지 수어드는 믿지 않았으나, 만일 링컨이 신의를 지킨다면 자신도 절대로 약속을 어기지 않겠다면서, 워싱턴으로 보내는 편지를 블레어에게 들려 보냈다. 이 편지에서 데이비스는 남부 연맹은 양국의 평화를 가져다줄 목적으로 협상을 하기 위하여 사절단을 보내겠다고 제안했다.

이것은 링컨이 생각지도 않는 제안이었다. 그는 연맹정부의 권위를 무시하고 연맹국에 속한 주들을 분열시킬 작정이었지, 연맹국을 동격으로 상대할 생각은 조금도 없었다. 그는 그 즉시 블레어를 리치먼드로 다시 보내, "우리 나라 국민을 위한 평화를 모색하기 위한" 연맹 사절은 언제든 만나볼 용의가 있다고 전했다.

링컨의 대답으로 이 일은 일단락지어졌어야 했지만, 양측 전선의 분위기는 어떤 방식이든 평화 협상을 갈구했기 때문에 연맹의 데이비스는 할 수 없이 협상을 주장하는 세 사람을 사절단으로 임명했다. 스티븐스, 캠벨, 헌터로 구성된 이 사절단은 양국 간의 평화를 협상하고 현재 진행 중인 전쟁에 관한 모든 문제를 검토하라는 사명을 받았다. 링컨과 스탠턴은 연맹이 독립국가라고 자처하는 한 사절단을 만나볼 생각이 없었으나, 전쟁이 지긋지긋해진 그랜트가 연맹 사절에게 외교적 수사인 양국이란 말을 편지에서 빼라고 요구하고는, 링컨에게 이들을 만나보라고 종용했다.

링컨은 리치먼드 사절을 만나보지도 않고 돌려보내는 것은 정치적으로 바람직하지 않다고 생각해서, 수어드를 대동하고 먼로 요새로 갔으나 이 회담에서 무슨 성과를 기대하지는 않았다. 2월 3일, 스티븐스, 헌터, 캠벨은 햄프턴 로에 정박한 대통령 전용 리버 퀸 호에 승선해서 몇 시간에 걸쳐 회담했다. 링컨과 스티븐스는 옛날 휘그 당원으로 연방 하원에서 같이 일했는데, 17년 만에 만난 링컨은 스티븐스에게 미소를 지으며 악수를 청했다. 몸집이 작아 90파운드밖에 안 나가는 스티븐스가 두터운 오버코트를 벗고 긴 털 머플러와 숄을 풀면서 악수에 답하자, 링컨은 소리내어 웃으면서 "그렇게 많은 껍데기를 벗고 이렇게 작은 옥수수 알이 나오다니!"라고 농담을 했다.

다섯 사람은 회담을 비공식으로 진행하자는 데 합의해서, 서류나 문서를 읽지도 않고 메모도 하지 않기로 합의했다. 스티븐스가 먼저 입을 열어 "대통령 각하, 모든 주의 화해와 조화를 회복하여 이 난국을 극복할 방법이 없겠습니까?"라고 물었다. 그는 양국이라든지 독립국이란 말을 피했다.

링컨은, "단 한 가지 방법은 연방법에 반항하는 세력이 반항을 그치면 되는 것"이라고 즉답했다.

연맹 사절들은 블레어가 내비친 해결안을 들고 나왔다. 스티븐스는 양쪽이 일단 전투를 중지한 후, 남군과 북군이 힘을 합하여 프랑스 세력을 멕시코에서 몰아내는 전쟁을 하면 어떻겠냐고 물었다. 링컨은 주저하지 않고 그것은 블레어 씨의 제안이지, 자기는 연방 복원을 전제로 하지 않은 어떤 제안도 고려할 수 없다고 단언했다.

스티븐스가 포기하지 않고 멕시코 정벌을 계속 주장하자, 수어드는 그에게 멕시코 정벌의 '철학적 기초'를 설명해 보라고 제안했다. 연맹국 부통령은 먼로 독트린을 주장하면서 장광설을 벌였으나 수어드는 스티븐스의 이론에 반대 의견을 꺼냈고, 스티븐스와 같이 왔던 헌터도 남부 사람들은 어떤 경우이든 새 전쟁을 시작하는 데는 반대일 거라고 주장했다. 이렇게 세 사람은 토론을 계속했으나 링컨이 모든 제안에 반대한다는 사실을 감지하고, 이 회담이 쓸데없는 공론이란 것을 알아챘다.

캠벨은 연맹 주들이 연방에 다시 돌아오겠다고 하면 어떤 식으로 재건이 될 것이냐고 링컨에게 물었다. 링컨은 전에도 자주 반복했던 말을 다시 인용해서, "반란 주들이 연방정부에 반항하기를 그치면, 그 주들은 실제적인 관계로 당장 연방에 복원될 것"이라고 대답했다. 그러나 그는 남부 세력이 미합중국에 대해서 무장을 풀지 않는다면 어떤 협상도 필요없다는 것을 다시 강조했다. 헌터가 옛날 영국에서 찰스 1세가 반란 세력과 무장 해제 전에 협상한 역사적 사실을 상기시키자, 링컨은 무뚝뚝하게 대답했다. "난 역사를 잘 모릅니다. 그런 논의는 수어드 장관과 하시오. 그런데 내가 기억하기로는 찰스 1세는 결국 머리가 잘려서 죽었습니다."

수어드는 노예제도에 관한 링컨의 국회 메시지를 연맹 사절에게 전했다 "본인은 노예해방 선언문을 수정하거나 철회할 의도가 없으며, 선언문이나 국회에서 통과된 법에 의하여 자유의 몸이 된 노예들을 다시 노예로 만들 생각도 없습니다." 이어서 수어드는 사절단에게 폭탄 같은 소식을 전했다. 연방국회에서 헌법 보칙 제13조를 비준하기 위하여 이미 각 주로 보냈다는 사실이었다. 사절단이 이 소식에 아연해 하는 것을 본 링컨은 스티븐스에게, "내가 당신이라면 집으로 돌아가서 조지아 주지사에게 주 의회를 소집시켜서, 주 군사들을 소환하고, 연방 상·하원 의원을 선출한 뒤, 보칙 제13조를 미리, 말하자면 5년 앞질러 비준해 버리겠소. 내 생각에는 이 보칙은 그렇게 처리해도 합법일 것으로 여깁니다"라고 말했다.

헌터는 링컨의 말에 기가 질렸다. 연맹에 속한 주나 주민들에게 무조건 항복하라는 말과 다름이 없었다. 스티븐스는 이제 평화 협상이 깨졌다는 것을 깨닫고 포로교환 문제를 링컨에게 물었다. 링컨은 그 문제는 전적으로 그랜트 소관이라고 대답했다. 스티븐스는 배에서 내리면서 링컨에게 자기가 제안한 정전과 멕시코 정벌을 재고하라고 부탁했다. 링컨은 "스티븐스 씨, 내가 재고는 해보겠소. 그러나 생각이 바뀔 것 같지는 않소이다. 아무튼 재고는 해보겠소"라고 답했다.

햄프턴 로 회담은 링컨이 국회에 보고한 바와 같이 아무 성과도 없이 끝났다. 링컨은 제퍼슨 데이비스와 협상할 마음이 없었고, 그의 예상대로 회담은 실패로 돌아갔다. 그러나 이 회담 중 링컨은 이 전쟁을 어떻게 끝낼 것인가, 방향을 암시하는 중요한 두 가지 발언을 했다. 전후 남부 재건의 조건을 상의하면서 스티븐스는 링컨에게 노예해방 선언문으로도 해방

되지 않은 노예들을 어떻게 처리하겠냐고 물었다. 링컨과 수어드는 이제까지 약 20만 명 정도의 노예만이 자유의 신분을 취득했다고 전했다. 회담에 참석했던 캠벨에 의하면 링컨은 이때 선언문에 대한 사람들의 해석이 여러 가지라고 말했다고 기억했다. "어떤 사람들은 이 선언문이 전혀 실효성이 없다고 믿습니다. 또 딴 사람들은 이 선언문이 군대가 주둔한 지역에만 실효성이 있다고 믿는 것 같고, 또 어떤 사람들은 군대가 주둔한 지역이 위치한 모든 주에서 실효성이 있다고 믿고 있습니다." 이것은 법원에서만 결정할 수 있는 문제였다. 그러나 스티븐스가 후일 공개한 기록을 믿는다면, 대통령은 이때 다음과 같이 말했다고 한다. "본인의 의견은, 이 선언문은 전시 조치로써 전쟁이 계속되는 한 실효성이 있는 것이지, 전쟁이 끝나면 효력이 없어질 것으로 믿습니다. 그래서 현재 실효성이 있을 때만 노예들에게 적용되는 것으로 생각합니다."

스티븐스의 기록만으로 링컨이 그렇게 말했다고 믿을 수는 없으나, 링컨이 노예제도의 종식을 평화 조건으로 걸지 않았다는 것은 여러 개의 방증이 있다. 그는 나이아가라 폭포로 연맹 사절을 만나러 간 하원의원 싱글턴에게 준, '관계 제위 앞'이란 편지에서도 노예제도의 폐지가 평화 조건은 아니라고 언급했으며, 반란 세력을 사면해서 평화를 찾아 연방을 복원하기를 원하고, 노예제도는 사법권에서 결정하도록 내버려두겠다고 말했다. 그는 크리스마스 전날 싱글턴과 함께 일을 꾸미던 브라우닝에게도 이 말을 반복했으며, "나는 노예제도의 폐지를 전쟁 종식이나 연방 복원의 조건으로 내건 적이 없다"라고 말했다.

링컨이 이런 말들을 한 것이 사실이라면, 1864년 7월 노예해방을 평화 협상의 전제 조건으로 내걸었고, 전당 대회 때도 노예제도의 폐지를 당 강령으로 주장했고, 노예해방 선언문을 철회하지 않고 해방된 노예들을 다시 노예로 만들지 않겠다고 선언했고, 국회와 보칙 제13조를 통과시키기 위하여 애를 쓴 미합중국의 대통령은, 갑자기 노예제도의 폐지에 관한 정견을 바꾼 것 같이 보였다. 링컨 자신은 이 회담에 관해서 아무 기록도 남기지 않았기 때문에 이 모든 증인들의 이야기가 틀릴 수도 있다. 그러나 링컨은 이때 노예제도가 이미 죽었다고 생각해서 이런 말들을 했을 수도 있지만, 이것은 추측이지 어떤 근거가 있어서는 아니다. 그가 이때 제일 걱정했던 것은, 전쟁이 1년 이상 더 지속될 수도 있기 때문에, 국회로 보낸 메시지에서 '추종자들'로 규정한 사람들에게 호소함으로써 제퍼슨 데이비스 정권을 안으로부터 와해시키자는 것이 주목적이었다. 그는 정확하지 않은 정보를 흘려서라도 이 사절단의 기대를 부풀게 만들려는 노력을 했을 수도 있다. 또는 이 '괴상한 제도'를 일부는 그냥 내버려둘 수도 있다는 말로 남부 사람들에게 전쟁을 중단하라고 촉구한 것일 수도 있었다.

링컨이 햄프턴 로에서 남부 사절들에게 암시한 또 한 가지 약속을 보아도 이런 식의 추측이 신빙성이 있다고 생각된다. 스티븐스와 헌터가 기록한 것을 보면, 링컨은 법에 따라 남부인의 재산인 노예들을 해방시킬 때 보상을 넉넉히 하겠다고 약속했다. 링컨은 이제까지 보상을 통한 노예해방을 선호해 왔고, 많은 북부 정치인들도 이 제안에 찬성하면서 이에 들어갈 비용을 4억 달러까지 생각하고 있었다. 수어드는 보상 해방에 반대했고, 이미 전쟁에 들어간 비용이 바로 그런 비용이라고 주장했다. 링컨은 수어드를 달래면서 남부에서 노예들을 소유한 것도 잘못이지만 북부에서 노예들을 남부에 판 것도 잘못이니, 쌍방에 모두 책임이 있다고 주장했다. 링컨은 자기 혼자 액수를 정할 수는 없어도 남부에서 전쟁을 중단하고 노예들을 해방시키면, 남부 사람들이 들어도 깜짝 놀랄 사람들이 모두 이 안에 찬성하고 있다고 전했다.

사실 링컨은 이 회담장에서 돌아온 후, 남부 주들에게 노예해방 보상으로 총 4억 달러를 배정하자고 국회에 보내는 제안을 기초했다. 4억 달러 중 반은 전쟁이 중단된 후 4월 1일에 지급하고, 나머지 반은 보칙 제13조가 비준된 뒤 7월 1일에 지급하자는 것이었다. 링컨이 남부사회를 노예사회에서 자유사회로 바꾸기 위해서 이렇게 거액의 국고를 풀겠다고 생각한 것은 놀랄 만한 일이었다. 이것은 또한 링컨이 전쟁을 끝내기 위해서는 어떤 수단도 가리지 않겠다는 의지를 보여준 것이기도 했다.

    링컨은 2월 5일 저녁 내각을 소집해서, 이 '단순한 경제 원칙'을 설명했다. "이 전쟁이 얼마나 오래 지속되어 왔으며, 앞으로도 얼마나 오래 지속될 것입니까? 아무리 빨라도 앞으로 백일 이내에 전쟁이 끝날 희망은 없습니다. 하루에 드는 전쟁 비용이 300만 달러입니다. 그렇다면 제가 제안한 노예보상 금액과 전비가 맞먹는다는 계산이 나옵니다. 그리고 이 계산에서는 앞으로 사람이 죽고 재산이 파괴되는 것은 감안하지도 않았습니다." 그러나 장관들은 쉽게 설득되지 않았다. 웰스 장관은 대통령의 뜻은 훌륭하지만, 이 제안은 너무 지나쳐 의심받거나 반감을 받을 수도 있다고 생각했다. 그는 반란 세력이 이 제안을 듣고는 북부 사람들의 전투 의지가 약해지고 전쟁에 질렸다고 오관할 수도 있을 것이라고 걱정했다. 페센던은 국회 회기가 곧 끝나니까 실제적으로 이 제안을 국회에서 통과시킬 가망성은 없다고 지적했다. 내각 다수가 전쟁은 무력으로 끝내야 하고, 그 뒤에나 이 제안은 고려할 수 있다는 것에 합의했다. 링컨은 서글픈 표정으로, "여러분들이 모두 반대시군요. 어떻든 본인은 이 안을 기초해서 내각회의에서 심의한 결과, 전원 반대로 폐기했다는 것을 밝히고자 합니다"라고 말하며, 서류를 접어 넣었다.

V

    링컨은 제일 확실하게 연맹을 파괴하는 방법은 연방군의 관할 내에 들어온 남부 주들에게 되도록 빨리 연방에 충성하는 주 정부를 수립하는 것이라고 믿었다. 링컨의 남부 재건 조건은 관대했지만 모호하기도 했는데, 이는 그가 전후 남부의 위상을 고려하기보다는 전쟁을 빨리 끝내려는 마음이 앞섰기 때문이었다. 이런 이유로 그는 현지 사령관들이 남부 주에 새로 연방 정권을 수립할 때 법조문대로 따르는지 안 따르는지는 크게 상관하지도 않았고, 선거 등록이나 규정에도 관심이 없었다. 그가 바라던 바는 겉으로라도 합법적인 연방 주 정부를 몇 주에 수립해서 연맹 정권에 대치하는 일이었다.

공화당 과격파들은 링컨이 하는 일이 애매하다고 생각하여 남부 재건 정책을 지독하게 헐뜯기 시작했다. 그들은 남부 농장주들이 전후에도 경제적, 정치적 주도권을 잡게 되는 것을 걱정했고, 전후 자유의 신분이 된 흑인들의 인권, 흑인 노동력의 위상 등이 어떻게 될 것인가 관심이 많았다. 대통령도 이런 문제들에 무심했던 것은 아니지만, 전쟁 도중에 이런 분파적 문제를 논의하기보다는 연맹이 항복할 때까지 이런 문제는 미루는 것이 좋겠다고 생각했다. 대통령과 국회의원들간의 차이점은, 이해 7월 국회의원들이 루이지애나와 아칸소의 임시 재건 정부를 승인하지 않겠다고 버티는 바람에 대결로 발전했다. 당시 국회의원들은 웨이드-데이비스 법안을 지지했고, 링컨은 이 법안을 거부했다.

1864~1865년 겨울, 대통령과 국회는 바로 이 문제로 대결하게 되었는데, 국회가 소집되자 링컨은 자신이 조심스럽게 세워놓은 루이지애나 연방 주 정부를 국회에서 승인하지 않는 어떤 재건 법안도 자기는 거부할 것이라고 미리 못을 박았다. 링컨이 이렇게 강경하게 나오자, 쌍방은 협상으로 절충안을 찾아냈다. 12월 15일, 보칙 제13조를 주관하던 애쉴리 하원의원은 보수파와 과격파, 쌍방이 다 받아들일 수 있고 국회에서 통과시키면 대통령이 서명할 수 있을 법안을 내놓았다. 국회는 링컨이 주장하던 10% 법안을 루이지애나에서는 인정해 주되, 딴 남부 주들은 웨이드-

데이비스 법안을 따라서 반란 주 사람들은 '철저한' 충성 서약을 해야 하며, 유권자 중 50% 이상이 신재건 정권을 지지해야 한다는 것이었다. 그리고 애쉴리 법안에는 흑인 투표권을 집어 넣었는데, 과격파들은 남부 세력의 복종을 확실히 하기 위해서는 흑인들의 참정권을 인정해야 한다고 주장했기 때문이었다.

다음 몇 주간, 모든 당파 사람들은 애쉴리 법안을 세밀하게 분석했다. 과격파에서는 찰스 섬너가 루이지애나 주의 복원을 못마땅하게 생각했지만 흑인 참정권이야말로 대단한 정치적 결단이라면서 이 법안에 동의했다. 보수파에서는 몽고메리 블레어와 N. P. 뱅크스가 대통령과 함께 이 법안을 검토하면서, 여러 사람들이 흑인 배심원이나 유권자는 받아들이지 않을 것으로 전망했다. 뱅크스는 이 법안이 통과되면 백인들은 투표를 안 할 테니까 흑인들이 정권을 잡게 될 것이라면서, 배심원 조항은 이 법안에서 삭제할 것을 요구했다. 각 당파 국회의원들은 모두 극에서 극으로 흐르는 극단적인 수정안을 제출했다.

애쉴리 의원은 다수를 확보하기 위해서 이 모든 수정안을 받아들였으나 이런 잡탕 법은 통과될 수 없어, 2월 21일 애쉴리는 "이 국회에서 반란 주에다 연방에 충성하는 주를 수립하는 법안을 통과시키는 것은 불가능하다"면서, 이 법안을 포기하고 말았다.

애쉴리 법안의 포기는 링컨의 정치적 대승리를 뜻했다. 7개월 전만 해도 연방 상·하원에서는 대다수가 웨이드-데이비스 법안에 찬성표를 던졌는데, 링컨이 이 법안을 묵살했기 때문에 실효하지 않았던 것이다. 이제 7개월이 지난 후 국회는 어떤 재건 법안도 통과시키지 못하는 상황이 되었고, 회기가 곧 끝날 이 국회는 레임덕 국회가 되어서, 남부 재건은 전적으로 링컨 차지가 되었다. 과격파 지도급에 속했으나 레임덕 국회의원이 된 헨리 윈터 데이비스 의원은 이 상황을 한심해 하면서, "10년 전 내가 국회로 왔을 때 정부는 법에 따라 움직이는 정부였다. 그러나 이제는 개인의 뜻을 따라 움직이는 정부로 바뀌었다. 국회는 행정부의 비서 노릇이나 하고 돈 계산이나 하는 기관으로 전락했다"고 개탄했다.

국회가 이렇게 바뀐 것은 물론 11월 선거 결과였다. 선거 전에는 당선 결과도 분명치 않고 모두가 못마땅하게 생각했던 당수에게 대들었어도 괜찮았지만, 이제 절대적 다수의 지지를 받으며 차기 대통령에 재선된 당수에게 대들 사람은 없었다.

공화 당원들이 남부 재건에 대한 대통령의 뜻을 따르기로 한 추세 뒤에는, 지난여름 이후 달라진 또 한 가지 상황이 있었다. 국회에서는 보칙 제13조와 애쉴리 법안을 토론하면서 동시에 대통령의 지원을 받으며 노예 신분에서 자유인으로 탈바꿈을 하게 된 남부 흑인들을 보호하기 위한 피난민, 해방인, 유기(遺棄)토지 관리국의 조직 안을 추진하고 있었다. 이 자유인 관할청 법은 해방된 노예들을 전 노예소유주들로부터 보호해 주자는 목적으로 만들어졌고, 그 관리권은 연방정부에 속하게 되어 있었다. 이 법으로 남부 재건 법안에 불만이던 공화 당원들도 재건 주 정부가 노예들에 관한 한 별로 권력 행사를 못할 것으로 판단하게 되었다.

공화 당원들은 또한 헌법 수정안 보칙 제13조가 국회를 통과했으므로, 링컨이 제안한 남부 재건 법안을 긍정적으로 보게 되었다. 이 보칙이 실효법이 되려면 36개 주 중 27개 주에서 비준해야 했는데, 링컨의 출신 주인 일리노이에서 2월 1일 비준절차를 시작했고, 기타 주에서도 곧 비준절차를 시작할 것처럼 보였다. 메릴랜드, 웨스트버지니아, 미주리 같은 접경주에서는 이미 노예제도가 폐지되었으므로 이 주들에서도 곧 보칙 제13조를 비준할 것으로 보였다. 그러나 노예제도가 아직도 존속하고 있는 델라웨어나 켄터키에서는 보칙 제13조의 비준이 어려울 것으로 보였다. 이 2개 주가 비준을 하더라도 보칙 제13조가 실효되려면 아직도 2개 주가 더 필요했고, 그러려면 연맹에 가담했던 주의 비준이 필요한 형편이었다. 연맹 주에서 이 법안을 통과시킬 가능성은 루이지애나, 아칸소, 테네시 주가 제일 높았다. 그래서 링컨이 제안한 재건 법안을 통과시키면 이 남부 주들이 보칙 제13조를 비준할 것이고, 그렇게 되면 노예제도는 전국에서 뿌리를 뽑을 수 있다는 전망이었다.

이제 국회의원들은 대통령의 제안을 받아들일 준비가 되어 있었고, 이제까지 이 법안에 대해서 별로 신경을 쓰지 않던 링컨은, 자기의 제안을 강력하게 그리고 노련한 솜씨로 밀어붙였다. 그는 해방된 남부 흑인들에게 투표권을 주자는 과격파 사람들에게 자기도 비슷한 생각이라고 말했다. 그는 펜실베이니아 하원의원 윌리엄 D. 켈리에게 자기가 루이지애나의 한 주지사에게 보낸 편지를 보여주면서, 교육을 받았거나 연방군에서 복무한 흑인들에게는 투표권을 주자는 자기 의견을 밝혔다. 과격파 상원의원 B. 그래츠 브라운도 이 편지 사본을 읽고, 미주리 유권자들에게 흑인 투표권을 인정하는 것은 모든 당파들이 받아들여야 할 절대적 요건이라고 주장했다.

루이지애나 재건 정부의 필요성을 국회의원들에게 설득시키기 위하여 링컨은, 하원의장을 지낸 너새니엘 P. 뱅크스 장군을 워싱턴에 6주간 머무르게 하였다. 대통령은 필요하다면 완력으로 국회의원들의 마음을 돌릴 준비까지 하고 있었다. 노예 해방주의자 웬델 필립스와 조지 루터 스턴스가 루이지애나 재건에 반대하자, 그들은 꼼짝없이 막다른 골목에 들어간 꼴이 되었다. 국회의원들은 이들에게, "A. L.(에이브러햄 링컨의 약자―옮긴이)은 모든 권한을 쥐었으므로 반대해도 소용이 없다. 그는 독재자다"라고 충고했다.

링컨은 이렇게 강경책을 써서 남부 재건 절차는 자기가 조절했으나, 그렇다고 국회 동의가 저절로 따라오는 것은 아니었다. 정부를 지원하는 사람들은 2월 중순 애쉴리 법안이 무산되자, 루이지애나 연방 복원을 추진하기 시작했다. 상원 법사위 위원장 라이맨 트럼불은 이제까지 링컨을 비난하고 씹어댔으나, 11월이 지나면서 대통령을 지지했고, 루이지애나 복원에 앞장섰다. 벤 웨이드는 트럼불의 돌변을 성 바오로 이후 제일 기적적인 돌변이라고 비아냥거렸다. 트럼불은 곧 다음 선거에 다시 출마할 예정이었고, 링컨은 그때까지 대통령일 것이 분명했다. 트럼불은 대통령에게 루이지애나 복원을 위해서, 그 주에서 새로 선출한 상원의원 2명을 연방국회가 받아들이는 방법을 의논했다. 링컨은 예의 버릇대로 법조문을 따지지 않고 단도직입으로 트럼불에게 물었다. "루이지애나를 연방에 실제적으로 빨리 복원시키자면 이 상원의원들을 받아들이는 것이 낫겠소, 아니면 반대하는 것이 낫겠소?"

연방 상원 공화 당원 다수는 트럼불을 좇아서 대통령에게 협조하겠다고 나섰는데, 과격파 일부는 이에 절대 반대하고 나섰다. 웨이드, 그라임스 외 몇몇 과격파 상원의원들은 찰스 섬너와 한 패거리가 되어서 루이지애나의 연방 복원을 필리버스터(의사진행 방해―옮긴이)까지 하면서 반대했고, 대통령을 지지하는 사람들과 싸움을 계속했다. 섬너는 온갖 나쁜 비유로 흑인 투표권을 인정하지 않는 루이지애나 연방 복원을 타박했고, 하물며 흑인 투표권을 원치 않던 민주당 상원의원들과 한패가 되어서 대통령에게 반기를 들었다. 휴회하기 전 통과시킬 법안들이 산적했던 이 회기가 거의 만기가 되자, 트럼불은 하는 수 없이 루이지애나 연방 복원을 포기할 수밖에 없었다.

링컨은 섬너에게 화가 났다. 그는, "섬너 씨는 대통령을 때려잡아서 이 정부의 본모습인 연방제를 바꾸어 중앙집권제로 만들려 한다"라고 화를 내었다. 워싱턴 소식통들은 대통령과 섬너 상원의원이 이제는 갈 데까지 갔다고 떠들어댔으나, 링컨은 정책에 대한 정견이 다르다고 사람을 개인적으로 미워하지는 않았다. 그는 섬너를 진심으로 좋아했고, 장차 그의 도움이 필요하다고 생각했다. 섬너가 루이지애나 법안을 상원에서 무효화시킨 뒤 며칠도 안 되어 링컨은 그를 대통령 취임식 무도회에 초청했고, 섬너는 무도회에 참석해서 예쁘게 차려입은 대통령 영부인의 팔을 잡고 거닐었다. 사실 대통령이 이렇게 관대할 수 있었던 이유는 이번에 통과가 안 되었어도 차기 국회에서는 루이지애나가 연방에 복원될 수밖에 없다는 믿음이 있었기 때문이었다. 당시 「뉴욕 헤럴드」가 예견했던 대로, '이 비상한 나무꾼은 미국 역사상 더 이상 따져볼 필요가 없이 모든 상황의 마스터(주인공―옮긴이)로 다시 대통령에 취임하게 되었다'.

VI

1865년 3월 4일, 대통령 취임식 날은 축축하고 바람이 거셌다. 워싱턴에는 며칠 동안 비가 계속 퍼부어서 길은 모두 진창이었고, 발이 한 자는 빠질 정도였다. 취임식 전 주에는 온 나라에서 대표들이 모여들어 워싱턴에는 호텔 방이 동이 났고, 윌러드 호텔은 복도와 응접실에 임시 침대를 놓고 손님들을 받을 정도였다. 이렇게 지독한 날씨에도 불구하고 국회의사당 동편 앞에는 군중들이 일찌감치 모이기 시작하여 취임식이 시작된 아침 10시에는 모두가 비에 젖었고, 특히 긴치마를 입은 여인네들은 옷이나 장식들이 물에 전부 젖어 한심한 몰골이었다.

우선 부통령으로 선출된 앤드류 존슨이 상원회의장에서 부통령 취임선서를 했다. 존슨은 테네시 주에 남아서, '노예제도를 뿌리째 뽑은' 새로운 주 정부의 시작을 직접 보기를 원했으나, 링컨과 워싱턴 사람들은 존슨이 3월 4일 테네시에 남아 있는 것은 위험한 일이라 생각하여 워싱턴으로 불러들인 것이다. 존슨은 장시간의 여행과 장티푸스의 후유증으로 몹시 피곤해 있어서, 신경을 가라앉히느라 취임식 바로 전 위스키를 청했다. 하지만 술에 약한 그는 위스키 몇 잔에 곧 취해 버리고 말았다. 그는 술에 취해서 횡설수설 말을 마구 했고, 이 연설을 듣던 대법관들, 장관들, 외교

사절들은 모두 아연실색했다. 링컨은 존슨의 장광설을 잠자코 들으면서, '혼자서 처량한 생각에 잠겨 있는 것' 같아 보였다. 드디어 존슨이 장광설을 마치고 취임선서를 하자 대통령은 옆에 서 있던 보안관에게, "존슨 씨를 밖으로 데리고 나가서 떠들지 못하도록 하게"라고 주의시켰다.

대통령 일행은 국회의사당 동편에 마련된 취임식단으로 자리를 옮겼다. 키가 큰 링컨이 단상에 오르자 '사람들은 계속 열광했고, 군악대가 음악을 연주하자 모두 국기를 흔들어 댔다'. 의사당의 수위가 군중을 진정시킨 뒤, 대통령은 취임연설문을 손에 들고 연단 앞으로 나섰다. 바로 그 순간 해가 구름을 뚫고 나오면서 햇볕이 찬란하게 내려쪼였다. 체이스는 이것을, "전운이 흩어지고 장차 평화가 올 길조"라고 해석했다.

링컨은 맨 뒤까지 들릴 만큼 높은 목청으로 미국 역사상 제일 짧지만, (703단어) 제일 훌륭하다는 제2차 취임연설문을 읽어 내려갔다. 그는 모인 청중들에게 이번에는 첫 번째 취임연설 때만큼 긴 연설을 할 필요는 없다면서 연설을 시작했다. 그는 피곤한 목소리로 지난 4년간, "이 거대한 전쟁을 치르면서 기회가 있을 때마다 사람들은 계속 연설을 해왔습니다"라고 말했다.

링컨의 제2차 취임연설문은 주목할 만큼 비인칭(非人稱)의 연설문이었다. 링컨은 연설 시작 다음에는 일인칭을 쓰지 않았고, 자신이 지난 4년간 해온 일에 관해서도 언급을 하지 않았다. 그는 전쟁이 어떻게 시작되었나 간단하게 설명한 뒤, 이 전쟁이 누구 책임인가 따지지도 않았다. "모두들 이 전쟁이 시작될 것을 두려워했습니다—모두들 이 전쟁을 피하고자 노력했습니다." 그러나 한쪽에서는—그는 조심스럽게 남부나 연맹을 직접 거론하지 않았다—나라를 보전하기보다는, "전쟁을 불사하겠다는 고집이었고, 한쪽에서는 나라가 분열되느니 차라리 전쟁을 할 수밖에 없다는 입장이었습니다." 링컨은 갑자기 시작된 박수소리에 연설을 멈추었다가 다시 말을 이었다. "그래서, 그 전쟁이 시작됐습니다." 노예제도가, "어찌되었건 전쟁이 일어난 원인"이었습니다. 노예제도는 이 나라를 둘로 갈라놓은 단 한 가지 원인이었다. 양편 사람들은 똑같은 가치관을 갖고 있었다. 그들은, "모두 같은 성경책을 읽었고, 같은 하느님께 기도하며, 우리 쪽을 도와달라"고 빌었습니다. 그는 이 말을 하면서 단 한 번 중립을 떠나 한쪽을 질타했다. "남이 땀을 흘려 생산한 음식을 강제로 빼앗으면서 어떻게 정의로우신 하느님께 도움을 기원하는지 이해하기 힘들지만, 일단 하느님 말씀대로 남을 심판하면 그만큼 나도 심판 당한다는 말씀을 상기해서 저쪽 심판은 보류하기로 합시다."

그 다음 링컨은 왜 이 전쟁이 이렇게 오래 지속되었나 설명하기 시작했다. 그는 전쟁으로 인한 책임감에 밤잠을 못 자고 고민했던 일도 언급하지 않았다. 전쟁으로 인해 죄의식이 있었다면 그는 그 짐을 전능하신 절대자에게 넘겨버리고자 했다. 이 전쟁이 오래 지속된 것은, "인간들의 목적과는 다른 전능하신 하느님의 목적이 있었기 때문"이었다. 링컨은 연설 후 이 진리는 꼭 밝힐 필요가 있었다고 말한 적이 있다. 그의 이론을 따르면, 이 진리를 부정하는 것은 하느님이 세상을 다스린다는 사실을 부정하는 것이었다.

링컨은 하느님의 필요에 따라서 일이 전개된다고 믿었으나, 국민들이 그의 이론을 받아들이지 않을 것을 알고 그런 말은 연설에서 피했다. 그는 이전에 사석에서, "신이 이 전쟁을 주관하시며, 아마 곧 끝나는 것을 원치 않으시는 것 같다"라고 말한 적이 있었다. 링컨은 이런 영적 해석 대신 하느님의 계율을 어기면 거기에 상응하는 벌을 받는다는 마태복음을 인용했다. "슬프도다, 세상은 서로 싸움밖에 모르니! 세상은 싸움이 필요할 것이나, 싸움을 일으킨 자에게는 화가 있으리라!" 이 경고는 남부 노예주들에게만 해당됐을지 모르지만, 링컨은 헌법으로 노예제도를 합법화한 남·북부 사람들 모두에게 똑같은 책임이 있다고 주장했다. 하느님은 노예제도를 없애기 위하여 이 전쟁을 주관하시지만, 이 참화를 불러일으킨 원인은 남부와 북부 양쪽에 모두 책임이 있어서 벌을 받는다는 주장이었다.

그렇다면 전쟁은 얼마나 더 계속될 것이며, 언제 이 징벌은 끝날 것인가? 1864년 여름, 링컨은 이 전쟁이 3년이나 더 지속될 것으로 예상한 적이 있었다. 최근에 그는 이 전쟁이 1년은 더 지속될 것이라고 말했고, 최소한 백일은 더 지속될 것으로 내다보았다. 이제 그는 더 이상 어떤 약속도 하지 않았다. 그는 연설 초반에, "앞날에 대해서 큰 희망을 갖고는 있지만, 전쟁이 언제 끝날 것인가는 말할 수 없습니다"라고 했다. "이 지독한 전화(戰禍)가 빨리 지나가기를 우리 모두가 열망하며 간절히 기도하고 있습니다." 링컨의 다음 구절은 미국 지도자가 한 말 중 제일 극단적이라 할 수 있다. "그러나 하느님께서 이 전쟁이 계속되기를 원하신다면, 지난 250년간 속박 속에서 살아온 사람들이 채찍질을 받으며 쌓아온 부(富)가 모두 소멸될 때까지, 채찍에 맞아 흘린 피가 가해자의 피로 보속될 때까지, 이 전쟁은 3,000년 전 예언자가 말했던 대로, '주님의 판결은 전적으로 진실하고 올바르다'란 말을 우리는 명심해야 합니다."

이 말은 지독한 말이었으나 그는 이 말로써 이 끊임없는 유혈극의 책임으로부터 남부와 북부를 함께 구속(救贖)하려 했다. 전쟁의 원인을 하느님에게 돌리면서, 링컨은 마지막 구절에서, 살아남은 사람들의 한정된 책임을 정의하고자 노력했다. 그는 전쟁으로 인하여 피해를 입거나 죽은 사람들에 대한 국가의 책임을 깊이 통감하고 있었다. 그는 최근 아들 다섯을 전장에서 잃은 보스턴에 사는 미망인 미세스 리디아 빅스비란 사람에게 감동적인 편지를 보냈다. '하늘에 계신 하느님 아버지께 부인의 애통과 고통을 덜어 달라고 기도하겠습니다. 부인께서 사랑하는 아드님들과의 귀중했던 추억과 부인만이 느끼실 수 있는 아드님들에 대한 자랑스러운 마음으로 사실 수 있게 기도하겠습니다. 아드님들은 자유의 제단에 자신들의 목숨을 바치셨습니다.' 그는 이제 편지와 비슷한 내용으로 연설을 마감하기 시작했다. "우리는 전장을 지킨 군인들, 미망인들, 고아들을 돌

봐야 합니다."

링컨의 연설은 마지막 대목에서 눈부신 문구로 극치를 이루었다. "아무도 미워하지 말고, 서로를 불쌍하게 생각하면서, 하느님이 우리에게 보여주신 확고한 정의로움에 의지하여, 우리 모두 이 전쟁을 끝내도록 노력합시다. 모든 국민이 서로 상처를 감싸주고, 전쟁에서 다친 사람들, 앞으로 다칠 사람들, 그 미망인들, 고아들을 함께 도와줍시다. 그래서 정의롭고 영원한 평화가 우리들 사이에서, 그리고 이 지구 모든 나라에서 지속되도록 함께 노력합시다."

요란한 박수 갈채가 끝나자, 링컨은 대법원장 체이스가 내민 성경책에 오른손을 얹고, 대통령 취임선서를 복창하고는 마지막 부분은 우렁찬 목소리로, "하느님이 보우하시길 기원합니다"란 말로 선서를 끝냈다. 그는 성경책에 입을 맞추었고, 축포소리가 요란하고 진동하는 박수 갈채를 받으면서 제2차 대통령 임기를 시작했다.

대통령의 취임연설문을 '형편없고, 앞뒤가 안 맞는 미숙한 연설'이라고 비평한「시카고 타임스」같은 카퍼헤드 신문들 이외의 모든 신문들은, 대통령 취임사가 괜찮았다고 평했다. 그리고 영국 신문들이 미국 신문들보다 이 연설을 더 칭찬했다. 워싱턴의「내셔널 인텔리전서」는 링컨의 마지막 구절은 애국심으로 보나, 연설에서 보여준 정치적 관용을 생각하면, '황금으로 인쇄를 해놓아야 한다'고 주장했다.

링컨은 자기 연설이 당장 사람들에게 인기가 없는 것을 상관하지 않았다. 그는 사람들이, 자신들과 하느님의 목적에 차이가 있다는 것을 밝히는 것을 좋아할 리 없다고 생각했다. 그러나 그는 사람들이 연설이 좋았다고 칭찬하면 좋아했고, 프레드릭 더글러스가 백악관 취임 무도회에 참석하여, 연설이 "성스러운 역작(力作)"이라고 칭찬하자 무척 기뻐했다. 링컨은 설로우 위드에게 이 연설이, "이제까지 자기가 한 연설 중 앞으로 제일 잘 받아들여질 것"이라고 말했다. 그는 연설문을 책상에 집어넣으면서, "내 생각에는 이 연설문에 명언이 많이 들어있는 것 같아"라고 중얼댔다.

VII

링컨은 이 연설을 한 뒤 너무나 피곤해서 며칠 간 침실에서 나오지를 않았다. 무슨 병이 있는 것은 아니었고—체력이 출중한 사람이었으나— 이즈음은 항상 피곤해 했다. 그는 몸무게가 많이 줄어서, 찾아오는 사람들은 링컨이 키 큰 사람이라기보다 바싹 마른 사람이라고 말하곤 했다. 이때 링컨은 56세였으나 취임식에 참석한 사람들은 그보다 훨씬 더 늙은 사람으로 생각했다. 이때 링컨을 찍은 사진을 보면 그의 얼굴은 주름이 깊어졌고 광대뼈가 튀어나왔다. 링컨을 얼마 동안 보지 못했던 조슈아 스피드는, 링컨이 너무 창백하고 피곤해 보여서 깜짝 놀랐다. 링컨은 스피드에게, "스피드, 나도 좀 걱정이 되는군. 이 손 좀 만져 보게"라면서 손을 내밀었다. 스피드는 그때 링컨의 손이 차디차고 축축했다고 기억했다. 링컨은 발도 시린지 난로가에 놓인 발에서 김이 날 지경이었다.

메리도 링컨의 건강에 대해서 걱정이었다. 그녀는 침모 케클리에게, "링컨 씨가 너무 가엾어 보여요. 요즈음 항상 침울한 표정이고 완전히 피곤한 것 같아서 앞으로 4년을 버티실 것 같지 않아"라고 걱정했다. 그녀는 지난 몇 달 동안 남편을 쉬게 하려는 목적에서 극장 구경을 가자고 자주 졸라댔다. 그는 13∼14가 사이의 E가에 위치한 그로버 극장에도 갔고, E가와 F가 사이 10가에 있는 포드 극장에도 구경을 하러 가곤 했다. 그는 주로 메리와 함께 갔고, 어떤 때는 아들 태드를 데리고 가거나 비서들과 갔고, 어떤 때는 아는 사람들 몇을 대동해서 대통령 전용 부스에서 구경을 하곤 했다. 그는 극장 구경은 무슨 연극이든 가리지 않고 좋아했다. 그는 흑인으로 분장한 아일랜드계 희극배우 바니 윌리엄스도 구경했고, 후에는 곧 잊혀진 연극 레아도 관람했고, 당시 뜨고 있던 젊은 배우 존 윌크스 부스가 출연한 〈무정한 마음 *Marble Heart*〉이란 연극도 참관했다.

그러나 링컨이 제일 좋아했던 것은 셰익스피어 연극이었다. 그는 어렸을 때, 윌리엄 스콧의 『웅변술 지도서』란 책에 나오는 독백을 암송했었고, 스프링필드에서는 셰익스피어 작품들을 사서 탐독했으나 진짜 셰익스피어 극은 대통령이 된 후에야 관람하게 되었다. 그는 그렇게 바쁜 중에도 시간을 내어, 1864년 2월과 3월에 당시 유명했던 비극배우 에드윈 부스가 주연한 〈리처드 3세〉〈줄리어스 시저〉〈베니스의 상인〉〈햄릿〉 등을 관람했다.

그는 이 연극들을 전부 좋아했다. 셰익스피어의 기지에 즐거워했고, 셰익스피어의 말 잔치에 홀려버렸다. 특히 야망과 죄의식이 복합적으로 구성된 비극들이 마음에 들었다. 그는 자주 혼자 생각해야 하는 고독한 지도자로서, 셰익스피어 극의 주인공과 자신을 비슷하게 생각하는 것 같았고, 그들의 고민이나 공포를 이해하고 동감하는 것 같았다. 링컨은, "나는 셰익스피어 극에서 배우들이 연기를 잘하든 못하든 관계가 없어"라고 말했다. 그에게는 셰익스피어 극의 내용이 더 중요했다. 그러나 그는 극 해석에 대한 자신의 의견이 있었고, 햄릿의 유명한 독백, "사느냐 죽느냐"보다는, 클로디어스 왕의 독백인 "아, 내 죄악은 너무 더러워서, 하늘까지 냄새가 뻗치는구나"가 더 생각해 볼 만한 대목이라고 주장했다.

이렇게 링컨은 셰익스피어를 너무 좋아해서 언젠가 한 번은 곤혹스러운 일도 경험했다. 그는 1863년 8월, 제임스 F. 해켓이란 배우가 팔스타프로 주연한 헨리 4세를 구경하고 그 배우에게 연기를 잘했다고 칭찬하는 편지를 보내면서, 다음에 워싱턴에서 출연하면 개인적으로 한 번 만나고 싶다는 뜻을 전했다. 계속해서 대통령은 자신이 셰익스피어 극을 안 읽은 것도 많지만, 〈리어왕〉이나 〈리처드 3세〉〈헨리 8세〉〈햄릿〉〈맥베스〉는 비

연극인으로서는 어느 누구보다도 많이 읽었다고 자랑하면서, 그중 제일 마음에 와닿는 것이 〈맥베스〉라고 말했다. 물론 이 편지는 개인적 서한이었으나, 해켓은 이 편지를 신문에 공개하면서, 대통령은 장차 연극 비평가가 될 것 같다고 비아냥거렸다. 해켓은 그뒤 미안하다고 사과했는데 링컨은, "내 일생에 일어난 일들이 대충 비슷하니까 미안해 할 것 없소"라고 답하면서, "나를 미워하지는 않지만 나를 우습게 아는 사람들도 많이 만났고, 나를 우습게 생각하지만 나에게 굉장히 친절했던 사람들도 만났소. 난 그런 일에는 익숙해 있소이다"라고 말했다.

메리 링컨은 남편을 쉬게 하기 위해 음악회나 오페라도 자주 관람했다. 대통령은 신문에서 '위대한 베스트밸리'라고 부르던 펠리치타 베스트밸리의 노래를 듣고 너무 감격해서, 그녀가 나오는 가극(歌劇) 〈가메아〉와 〈유대인 어머니〉를 한 번도 아니고 두 번씩이나 관람했고, 같은 주에 그녀가 출연한 가극을 두 번씩이나 관람하기도 했다. 1863년 이후 뉴욕 오페라 극단이 워싱턴에서 정기적으로 공연을 시작하자, 링컨 부부는 빠지지 않고 공연을 관람했다. 그들이 오페라 구노의 〈파우스트〉, 베버의 〈마탄의 사수〉, 플로토우의 〈마르타〉 등을 관람했다는 기록이 있다. 대통령이 오페라를 관람하고 어떻게 생각한다고 말한 것은 기록에 없으나, 그는 3월 〈마적 魔笛〉을 관람하고 동행했던 제임스 그랜트 윌슨 대령에게, 여자 주인공의 발이 너무 커서 "그 밑에 깔린 딱정벌레는 가망이 없겠다!"라고 농담을 한 적이 있다. 윌슨은 후일, 링컨이 오페라가 진행되는 도중 부스 뒤에서 피곤하고 지친 모습으로 머리를 벽에 기대고 있어, 오페라에 관심이 없어 보였다고 회상했다. 윌슨이 대통령에게 오페라가 재미있으시냐고 묻자 링컨은, "아닐세, 윌슨 대령, 난 극을 보러 온 게 아니고, 쉬러 온 것일세. 밤낮으로 날 못살게 구는 구직자들을 피해서 두세 시간 쉬러 이곳에 온 걸세"라고 대답했다. 그러나 메리가 극이 끝나기 전에 나가겠냐고 묻자 링컨은, "아니오, 다 보고 가야지. 일을 시작했으면 끝장을 봐야지"라고 대답했다.

링컨이 너무 지쳐서 오페라나 연극도 보러갈 수 없을 때면, 메리는 일주일에 서너 번 남편을 졸라 마차를 타고 시내구경을 나가서 남편이 휴식을 취하도록 했다. 이렇게 마차를 타고 나가면, 링컨은 지난날들을 회상하고 메리와 앞날을 얘기하면서 휴식을 취했다. 링컨은 두 번째 임기가 막 시작됐는데 벌써 임기가 끝날 때를 생각하면서, 대통령 임기가 끝나면 식구들을 모두 데리고 유럽으로 여행갈 것을 생각했다. 그 다음에는 록키산맥을 넘어서 캘리포니아 주로 가, 나라 빚을 갚기 위해 군대를 동원하여 금광을 파볼 수도 있겠다고 말했다. 그는 전에는 스프링필드로 돌아가서 법률사무소에 다시 나가겠다고 말했는데, 이제는 어디에 안주하겠다는 말이 없어지고 계속 여행할 꿈만 꾸었다.

링컨은 이렇게 장래에 관해서 넉넉히 생각할 만했다. 그는 아내가 빚더미에 올라앉은 것은 모르고, 은퇴 후 먹고살 것은 걱정하지 않아도 된다고 생각하고 있었다. 링컨의 재산은 1861년 1만 5,000달러였으나, 전쟁을 하는 동안 상당히 불어났다. 링컨 일가가 백악관에서 사는 동안에는 모든 경비가 국회에서 인정한 재정으로 해결되었고, 링컨의 1년 봉급 2만 5,000달러는 거의 전부 국채나 은행 정기예금에 투자되었다. 이런 투자로 4년간 붙은 이자가 1만 달러 가까이 됐는데, 그는 이자까지 재투자하곤 했다. 그는 시간이 없어서 재산 관리를 할 수 없었고, 암살 당한 후 그의 책상에서는 돈으로 바꾸지 않은 월급 수표가 넉 장이나 나왔다. 링컨은 1864년 6월에 국채, 예금증서 등등 종이뭉치를 들고 체이스를 만나서, 자신은 도저히 시간이 없으니까 자기 돈으로 국채에 투자하도록 도와달라고 부탁했다. 1865년 4월, 링컨은 스프링필드 집 말고도 아이오와 주에 200에이커짜리 땅이 있었고, 일리노이 주 링컨에도 집터가 있었으며, 총 6만 달러에 상당하는 공채도 갖고 있었다. 당시 이만한 재산은 작은 재산이라 할 수 없었고, 그후 4년간 이 재산은 두 배로 뛰었다.

두 번째 취임식 후, 좀 한적한 시간에 링컨 부부는 장남 로버트에 관하여 상의할 여유가 생겼다. 로버트는 1864년 하버드를 졸업한 뒤, 군대에 입대할 것을 원했다. 그리고 신문들도 멀쩡하고 건강한 대통령 아들은 왜 군대에 안 가느냐고 성화를 댔다. 그러나 이미 두 아들을 잃은 메리는 또 아들을 잃을까 봐 로버트의 입대 얘기만 나오면 거의 이성을 잃었다. 링컨은 아내를 달래 로버트를 군대에 보내려 했으나, 메리는 로버트를 군대에 보내는 것은 물론 옳은 일이지만, 안 돌아올 것을 생각하면 절대로 못 보내겠다고 뻗댔다. 링컨은 그렇지 않아도 정신이 불안한 메리를 어떻게 할 수 없어서 로버트에게 하버드 법대에 입학해 보라고 충고했다. 그러나 1864년 성탄절 방학 때 백악관에 온 로버트가 전쟁이 끝나기 전에 입대하겠다고 우겨서, 링컨은 1865년 1월, 메리의 반대에도 불구하고 그랜트 사령관에게, '대통령이 아니라 친구의 입장에서' 로버트의 임관을 부탁한다고 편지를 보냈다. 그랜트는 그 즉시 로버트를 대위로 임관시킨 후, 주로 고위층 방문객들을 포토맥 군 여기 저기로 안내하는 임무를 맡겼다.

VIII

그랜트 장군은 부인의 제안을 따라, 3월 20일 대통령에게 시티 포인트에 있는 군사령부로 내려와서 며칠 휴식을 취하시라고 초청했다. 링컨은 즉시 이 초청에 응하면서, 영부인과 몇몇 사람들을 데리고 내려가겠다고 전했다. 링컨 부부는 태드와 메리의 하녀, 백악관 경호원 윌리엄 H. 크룩, 찰스 펜로즈 해군 대령을 대동하여, 바람이 잔잔한 날, 리버 퀸 호를 타고 3월 23일 포토맥 강을 타고 내려갔다.

링컨 부부는 워싱턴에서 벗어나는 것을 그렇게도 좋아했다. 메리는 워싱턴이 적으로 가득 차 있다고 믿었고, 링컨은 구직자들로 가득 차 있다고 믿었다. 그들은 또 로버트가 군대생활을 어떻게 하나 보고 싶었고, 너무 지쳐서 휴식이 절대로 필요했다.

그러나 시티 포인트에서도 그들은 휴식을 취할 수 없었다. 대통령 부부는 점심, 저녁, 리셉션, 파티, 무도회에 계속 초대를 받았다. 이 여행에서는 태드가 제일 신이 났다. 태드는 리버 퀸 호에 승선하자마자 구석구석을 헤집고 다녔고, '엔진에 달린 스크루를 전부 세었으며, 승무원 모두와 친구'가 되었다. 그는 배에서 내려 육지에 오르자 군인들의 귀염둥이가 되어 아버지를 따라 안 가는 곳이 없었다.

링컨은 리버 퀸 호를 탔을 때는 몸이 안 좋았으나, 워싱턴을 벗어나고 구직자들에게 시달리지 않게 되면서 심신이 나아보였다. 그는 시티 포인트에 도착한 첫날 특별 기차를 타고 미드 장군의 사령부로 가서 최근 격전지를 시찰하고, 연방 포대가 피터스버그 연맹군을 포격하는 것을 참관하고, 6군단이 적진을 공격하는 것을 직접 목격했다. 다음날 아침, 링컨은 셰넌도어 계곡에서 반군을 몰아내고 리치먼드로 그랜트를 도우러 달려온 셰리단 장군의 군사를 만나보았다. 오후에는 멜번 고지에 있는 O. C. 오드 제임스 강 군을 방문했다. 링컨은 또한 시티 포인트에 있는 야전병원을 방문해 5시간 이상 이 텐트에서 저 텐트로 옮겨다니며 환자들을 만나보았고, 중상을 입은 병정들의 침대 옆에 서서 위문을 했고, 병원에 들어온 반군 부상병들과 악수를 했다.

그는 쉴새없이 돌아다녔고, 사람들을 만나지 않을 때는 다시 피로한 기색이 역력했다. 메리에 의하면, 링컨은 좋아서 병원을 돌아다녔지만, 병원을 찾은 뒤에는 더욱 피곤해 했다. 그러나 링컨을 보고 환호작약하는 군사들과 제임스 강에 정박한 군함의 수병들이 갈채하는 것을 보고 힘을 얻었으며, 전쟁이 곧 끝날 것같이 보여 기운을 얻었다.

전반적으로, 연방군 군사들은 졸병이나 장교 모두가 대통령을 좋아하는 것 같아 보였다. 미드 사령부에서 일하던 보스턴 상류사회 출신인 시오도어 라이맨 대령은 링컨을 보고, "내가 만난 사람들 중에서 제일 흉하게 생긴 사람"으로 "그 표정도 보기에 역겨웠다"고 싫어했으나, 대통령과 얼마간 담화를 나눈 뒤에는 "참으로 정직하고 친절한 사람으로 매우 지성적이고, 너그러운 사티로스(반인 반수의 주신[酒神]―옮긴이)같이 보였다"고 말했다. 그러나 라이맨 대령은, "그 사람은 다시 보고싶지는 않다"라며, "그러나 그분은 인자해 보이니까 우리 모두를 이끌 만하다"라고 덧붙였다.

  메리 링컨은 이번 여행을 무척 힘들어했다. 그녀는 항상 불안정한 상태였는데, 배를 타고 내려가면서 링컨이 꿈에 백악관이 불에 타버렸다고 하자, 메리는 두 번씩이나 워싱턴으로 전보를 보내 백악관이 괜찮은지 확인했다. 그녀는 군사령부에 도착해서는 서먹해 했고, 그곳에 있는 줄리아 그랜트나 메리 오드 같은 장군 부인들이 대통령 영부인인 자기를 무시한다고 화를 냈다. 링컨은 일정이 바빠서 자기가 같이 있지 않아도 메리가 잘 하려니 했는데, 사실은 그렇지가 않았다.

  링컨이 멜번 고지에서 오드 군사를 사열하러 갔을 때, 남자들은 말을 타고 먼저 떠났고 메리 링컨과 줄리아 그랜트는 무릎까지 오는 진흙길을 응급마차를 타고 갔다. 1863년 마차 사고로 머리에 부상을 입었던 메리는 다시 골치가 아파지기 시작했고, 사열장에 도착했을 때는 벌써 사열이 시작된 상황이었다. 그녀의 남편은 사령관 부인 미세스 오드와 나란히 말을 타고 행진하고 있었는데, 미세스 오드는 뛰어나게 예쁜 여자였다. 메리는 자신이 이제는 뚱뚱하고 얼굴에는 주름이 많은 못생긴 여자로 생각되어, 예쁜 오드 부인이 사열대 앞으로 말을 몰고 와 경의를 표하자, 오드 부인에게 "왜 우리 남편 옆에 따라다니느냐"고, 입에 담지 못할 욕을 퍼부었다.

  그날 저녁 리버 퀸에서 열린 만찬회에서도 메리는 남편에게 젊은 여자와 희롱했다며 바가지를 긁다가, 오드 장군을 사령관직에서 해임시키라고 강요했다. 대통령은 창피하고 한심해서 메리의 바가지를 못 들은 척했으나, 메리는 그날 저녁 늦게까지 남편을 못살게 굴었다. 그후 며칠, 메리는 몸이 아프고 창피해서 리버 퀸에서만 지내다가, 4월 1일 남편과 아들 태드를 두고 워싱턴으로 혼자 돌아가 버렸다.

메리가 가버리자, 링컨은 자기가 시티 포인트에 쉬러 온 것만이 아님을 알렸다. 그는 연방군 장군들이 이번에도 반란군을 괴멸시키지 못할까 큰 걱정이었다. 피터스버그를 마지막 공략할 계획을 세우고 있던 그랜트는 대통령이 과민하다고 생각했고, 캐롤라이나로 진군하다가 시티 포인트를 방문한 셔먼도 마찬가지로 생각했다. 그러나 자신만만하다가 실패한 장군들에 넌더리가 난 대통령은 이제 확신이 없었고, 연맹군은 아직도 건재해 있었다. 그는 전방에서 지낸 2주간, 계속 리가 도망가서 노스캐롤라이나에 있는 조셉 E. 존스턴 군과 합류하여 다시 반격을 하든지, 아니면 최남단 남부로 후퇴하여 연방군과 다시 일전을 벌일까 봐 불안해 했다. 링컨은 셔먼에게, "장군, 존스턴이 남쪽으로 군대를 끌고 가면, 내 생각에는 그럴 것 같은데, 그러면 장군은 다시 먼길을 따라가서 수많은 피를 흘려야 될 거요"라며 걱정을 했다.

대통령은 장군들만이 아니라, 요즈음 사람들이 떠드는 평화 협상도 걱정거리였다. 노신사 프랜시스 P. 블레어는 리치먼드에 갔을 때, 그랜트와 리가 회동해서 평화 조건을 협상해야 한다는 위험한 소리를 지껄였고, 햄프턴 로에 왔던 연맹 사절도 그랜트를 통해서 대통령과 회담을 준비하려 했다. 이런 상황에서 리는 그랜트에게 쌍방이 회동하여 의견을 교환하자고 제안했다. 대통령은 사령관에게, "리 장군이 항복하기 전에는 어떤 회담도 해서는 안 된다"고 강조했다. 그는, "이런 문제는 대통령 소관이지, 현지 사령관이 관여할 일이 아니다"라고 못을 박았다.

링컨은 장군들에게 권한을 주장한 것이 아니었다. 그는 어떤 협상이든 전투만 중단하면 되는 것이 아니고, 자신의 전쟁 목적, 즉 연방의 보전, 노예의 해방, 최소한 제한적인 평등이라도 평등을 확보하려 한 것이었다.

링컨이 제일 걱정했고 여러 번 언급했던 문제는, 연맹군이 패한 후 남부 병사들이 새로 조직된 주 정부 밑으로 돌아가기 싫어서 귀향을 꺼리고, 피폐한 남부에 패잔병들이 난동을 부려 무정부 상태가 되는 것이었다. 그래서 그는 전쟁 후 평화만이 아니라 화해를 원했다. 그는 3월 28일 그랜트, 셔먼, 데이비드 D. 포터 제독을 리버 퀸 호로 불러서, 전쟁이 끝나면 희망을 잃어버린 남부 패잔병들에게 고향으로 돌아가게끔 가장 관대한 조건을 주자고 의논했다. 그는, "그들이 일단 항복하고 자기들 집으로 돌아가면, 다시는 무력 반란을 꾸미지 않을 겁니다. 병사든 장교든, 모두 고향으로 돌려보냅시다. 나는 그들이 항복하는 것을 바라지, 더 이상의 유혈을 바라는 게 아닙니다. ……나는 아무도 처벌하고 싶지 않습니다. 항복하는 사람들은 모두 풀어줍시다. 이 사람들이 다시 연방으로 돌아오고 법을 지키면, 나는 만족합니다."

21
난 괜찮소이다

시티 포인트로 내려가서 링컨은 기운을 되찾았다. 사람들이 못살게 구는 워싱턴에서 벗어나자, 그의 건강이 되돌아온 것 같았다. 군인들의 열광과 드디어 승리가 문 앞까지 왔다는 확신이 생기자, 링컨은 새롭게 기운이 나는 것 같았다. 그는 육군병원에 가서, 환자들과 몇 시간이나 악수를 하며 돌아다녔다. 따라다니던 군의관이 팔이 아프시겠다고 걱정하자, 링컨은 미소를 띠며 자기의 완력을 보여주겠다면서 통나무 옆에 놓인 긴 도끼를 집어들었다. 그는 몇 분간 도끼로 통나무를 열심히 패더니 도끼자루 끝을 오른손으로 잡고, 팔을 쭉 펴서, 힘 안 들이고 도끼와 팔이 일직선으로 되게끔 했다. 그가 떠난 뒤, 힘이 센 군사 한 명이 링컨이 한 행동을 똑같이 흉내내려고 했으나 도저히 재현할 수가 없었다.

링컨은 스스로 만족할 만했다. 그는, 국민들이 선택해서 자기에게 맡긴 일을 4년간 힘들게 노력해서, 이제는 모든 일의 마스터가 된 것이다. 앤드류 잭슨 대통령 이후, 처음으로 두 번째 연임 대통령으로 뽑힌 링컨은 소수가 선출한 우연의 대통령이 아니라, 논란의 여지가 없는 전 국민의 대통령이었다. 그는 현정권과 모든 관료들이 그의 지도를 따르는 지도자가 되었고, 집권당 당수로서 연방국회 상·하원 절대다수의 지지를 받았으며, 건국 이래 제일 막강한 육·해군의 총수로서 이제는 기계같이 정확하게 움직이는 군대를 지휘하고 있었다. 미합중국 해군은 대양을 제압하고, 그해 1월 노스캐롤라이나 주 윌밍턴 근해의 피셔 요새를 함락시킨 뒤에, 전 해안을 봉쇄해 연맹의 목을 죄고 있었다. 셔먼의 막강한 서부 군은 이제 많이 약해진 조셉 E. 존스턴 군을 노스캐롤라이나 주에서 압박하고 있었고, 그랜트는 피터스버그 남쪽과 리치먼드를 압박하고 있었다. 그랜트는 4월 1일, 셰리단 기병대와 리의 우측을 때려부순 구베르너 K. 워렌의 5군단 병력과 합세하여 피터스버그를 거의 동그랗게 포위했다. 리는 제퍼슨 데이비스에게 리치먼드에서 철수할 준비를 하라고 경고했다.

링컨은 이 마지막 진격에 자신이 직접 참전하고 싶었다. 그는 4월 3일, 반군이 피터스버그에서 철수한다는 소식을 듣고 연방군이 입성할 때 곧 그 뒤를 따라 피터스버그에 들어갔다. 국방장관 스탠턴은 링컨의 만용에 깜짝 놀라, "이렇게 적들이 득시글거리는 위험한 지역에 들어왔다가, 각하에게 무슨 일이라도 생기면 나라는 어떻게 될지 생각하신 적이 있습니까?"라며 잔소리를 해댔다. 그러나 연맹정부가 이미 도망치고 리치먼드가 연방군에 함락됐다는 소식을 들은 링컨은 스탠턴의 잔소리를 일축하고, "난 괜찮소이다"라면서 좋아했다.

I

 연방 해군이 제임스 강에 있는 연맹군 수뢰(水雷)들을 거의 다 제거하자, 링컨은 4월 4일 몇 사람을 대동하고 리치먼드를 방문하러 나섰다. 패러거트 제독의 기함(旗艦) 맬번 호가 연맹군이 구축한 장애물에 걸리자, 대통령 일행은 너벅선으로 옮겨서 예인선 글랜스 호가 끌고 올라갔다. 강물살이 세서 맬번 호가 다리에 좌초하자 예인선은 맬번 호를 구조하러 떠났고, 대통령은 12명 수병이 노를 젓는 너벅선을 타고 상류로 올라갔다. 대통령은 재미있다는 듯, 데이비드 D. 포터 제독에게 "포터 제독, 우리 꼴을 보니 나에게 영사 자리를 달라고 찾아왔던 구직자가 생각납니다. 그 자에게 영사 자리는 안 된다고 하니 덜 중요한 자리를 부탁합디다. 그것도 안 된다고 거절하자 승선세 관리 자리를 달라고 합디다. 그것도 안 된다고 하자 나중에는 바지 하나 얻어 입자고 조릅디다. 어떻든 간에 좀 겸손한 것이 좋다는 뜻이요."

 아무런 의식이나 요란을 떨지 않고 상륙한 대통령 일행을 흑인 일꾼들이 제일 먼저 알아보았다. 약 60쯤 되어 보이는 흑인 십장이 삽을 내던지고 뛰어오면서, "하느님을 찬미하라! 저기 우리의 메시아가 오셨다! 영광! 할렐루야!"라고 부르짖었다. 흑인 십장과 함께 따라온 흑인들은 링컨 앞에 모두 무릎을 꿇으면서, 링컨의 발에 입을 맞추려 했다. 링컨은 당황해서, "나에게 무릎을 꿇으면 안 되오"라고 말리면서, "그것은 옳지 않소. 여러분들은 오직 하느님께만 무릎을 꿇어야 해요. 이제 여러분들이 누릴 자유를 생각해서 하느님을 찬양하시오"라고 말했다. 대통령이 왔다는 소식은 곧 널리 퍼졌고, 흑인들은 모두 달려와, "주님을 찬미하라! 아버지 아브라함이 오셨다!"라고 부르짖었다.

 너벅선에 탔던 수병 6명이 카빈총을 들고 앞장서고 또 6명이 뒤를 호위하는 가운데, 링컨의 단출한 일행은 시내로 들어갔다. 링컨은 왼손에 태드를 잡고 포터 제독과 호위병들 가운데에서 걸어나갔다. 날씨가 화창해서 링컨은 잠시 후 긴 오버코트를 벗어들었으나, 실크해트는 계속 쓰고 있었다. 그는 모자를 가끔 벗어들고 이마에 흘러내리는 땀을 닦곤 했다. 대통령 일행은 뉴욕 보병대를 만나 그랜트가 리치먼드 진주군 사령관으로 임명한 고프리 와이첼 장군의 사령부가 어디냐고 물었다.

 군인들은 대통령을 인도해서, 연맹의 백악관이랄 수 있는 제퍼슨 데이비스의 공관으로 들어갔다. 링컨은 데이비스가 서재로 썼던 방으로 들어가 안락의자에 주저앉았다. 잠시 후, 그는 저택 안을 돌아보고 와이첼 장군과 그의 참모들과 함께 간단한 점심식사를 했다. 점심을 얼른 해치운 태드는 밖으로 뛰쳐나가 와이첼 장군의 군용마차에 올라가서 주위에 몰려온 흑인들과 몇 명의 백인들, 그들과 일일이 악수를 나눴다.

 대통령이 현관에 나타나자, 모여 있던 군중들은 환호하면서 모자와 보네트를 공중에 던졌다. 대통령은 마차에 올라 성 바오로 교회를 지나고, 연맹국회가 모이던 버지니아 주의회 건물에 잠시 들렀다. 의사당 안은 난장판이었고 책상과 의자들은 널브러져 있었으며, 연맹에서 발행한 1,000달러짜리 공채가 흩어져 있었다. 의사당에서 나온 링컨은 호화스러운 주택가를 지나갔는데, 창문 가리개와 덧창들이 모두 드리워져 있고 사람은 보이지 않았다. 일꾼들이 사는 지역을 지날 때, 사람들이 쏟아져 나왔다. 상가는 연맹군이 철수하면서 불을 놓아 파괴되었고, 북부 전쟁포로들을 괴롭혀서 악명이 높았던 리비 감옥도 보였다. 오후 늦게 링컨은 제임스 강 좌초에서 풀려난 맬번 호로 돌아왔다.

 그러나 링컨은 이곳에서도 쉴 수가 없었다. 링컨을 수행하던 일행은 온종일 그의 신변안전이 걱정이었는데, 링컨을 보려고 몰려드는 사람들을 어쩔 수 없었기 때문이었다. 한 번은 연맹군 회색 군복을 입은 자가 2층 창문에서 링컨에게 총을 겨눈 것 같이 보여서 수행원들이 대경실색했으나, 총성은 들리지 않았고, 일행은 계속 앞으로 전진한 일도 있었다. 저녁에는 수상하게 보이는 사람 둘이 대통령에게 전할 문서가 있다고 맬번 호에 승선하려 해서 소동이 일어나기도 했다. 포터 제독은 대통령의 신변을 보호하기 위해서 링컨이 묵고 있는 선실 앞에 보초를 상주시켰다. 다음날 아침, 와이첼 밑에서 사단장을 지내던 에드워드 H. 리플리 장군이 와서, 연맹군 보고서에 의하면, 사실 링컨이 그 전날 위험했다고 전하면서, 상륙하시면 더 조심하라고 주의시켰다. 링컨은 "난 나를 해할 사람이 있다고는 도저히 믿을 수가 없소이다"라고 대답했다.

링컨이 리치먼드에 들어간 것은 단순히 호기심이 발동해서 그런 것은 아니었고, 남부에서 평화를 다시 복구하는 데 자신의 도움이 필요하다고 생각해서였다. 그는 지난번 햄프턴 로에서 만났고 리치먼드에 유일하게 남아 있던 남부 지도자 존 A. 캠벨을 만났다. 캠벨은 링컨에게, "관용과 절제, 자비의 마음"으로 남부를 대하라고 요구했고, 링컨은 그 자리에서, "충성 서약을 강요하지도 않고, 교회도 보호하겠으며, 리치먼드 주민들에게 치안 유지를 위해 경찰을 동원하는 것 이외에는 변상을 요구하지도 않을 것"이라고 약속했다. 그러나 버지니아 주를 연방에 귀속시키는 것은 그렇게 간단한 일이 아니어서, 캠벨은 링컨에게 이미 연방군에게 항복할 것을 주장하던 R. M. T. 헌터 같은 중도파 지도자를 만나보라고 종용했다.

대통령은 캠벨에게 그런 생각을 갖고 있는 남부 지도자들을 데리고 다음날 아침 맬번 호로 와 달라고 제안했다. 캠벨은 6, 7명의 버지니아 지도자들에게 연락했으나, 이 초청에 응한 사람은 버지니아 주에서 이름이 났던 거스테이비스 A. 마이어스 변호사밖에 없었다. 링컨은 와이첼 장군을 대동했다. 대통령은 자신으로서는 물러설 수 없는 평화 조건을 다시 복창했다. '국가 권위의 재확인.' '미합중국 행정부는 노예제도에 관하여 후퇴할 수 없음' 그리고 '전쟁이 완전히 끝날 때까지는 전투를 중단할 수 없고, 정부에 저항하는 무력단체는 완전히 해체해야 함'. 이러한 조건들을 남부에서 받아들이면, 링컨은 최대한 관대한 조건으로 남부의 항복을 인정하겠다고 약속했다. 예를 들자면, 그동안 몰수했던 남부 재산도 연맹군에서 주 병력을 소환시키면 다시 돌려주겠다고 약속했다. 그러나 어떤 주든 항복하지 않고 전쟁이 계속 되면, 앞으로 드는 전비는 몰수한 남부 재산으로 충당하겠다고 위협했다.

캠벨은 노예제도는 남부에서도 모두 없어져 이제는 남북 간의 문제가 될 수 없다면서, 링컨이 관대하게 남부 반란 세력들을 사면하면 버지니아 주는 연방으로 다시 돌아올 것이라고 말했다. 외양을 갖추기 위해서는 어떤 식으로든 군사적 회담을 해야겠지만, 남부 정부를 대표해서 연맹 정부를 해체하는 조약에 서명할 수 있는 사람은 아무도 없었다. 제퍼슨 데이비스는 남부 연맹에 속한 주 전부가 투표로 동의해야 연맹을 해체할 수 있다면서 이런 조약에 서명하기를 거부했다. 그리고 연맹국회도 대통령의 주장을 무시할 수 없다면서, 이런 조약에 동의할 수 없다고 버텼다. 리 장군은 전과 마찬가지로 자기는 단지 군인이라면서, 평화 조약 같은 정치적 문제에 관여할 수 없다고 발을 뺐다.

링컨은 바로 이런 상황을 걱정했던 것이다. 전쟁은 끝나지 않고, 전투가 앞으로도 계속되면 많은 군사가 피를 흘릴 것이다. 그리고 앞으로 큰 격전은 없다 해도 수천 명 남부 군인들이 오합지졸로 분산되면 그들은 사방에서 게릴라전을 벌일 것이고, 그렇게 되면 남부 사회는 무정부 상태로 들어갈 것이다.

이런 사태에 대비해서 링컨은 캠벨과 마이어스에게 버지니아 주를 신속하게 연방으로 귀속시킬 방안을 의논했다. 링컨이 만일 주의회를 소집할 수 있게 한다면, 주의회 의원들이 리치먼드에 모여 연맹에서 탈퇴하겠다는 결의를 통과시키는 것이었다. 링컨은 이 제안을 미리 완전하게 구상한 것은 아니었지만, 그렇다고 이 제안이 전혀 새로운 것도 아니었다. 과격파 애쉴리 하원의원도 국회 전 회기에서 비슷한 제안을 내놓은 적이 있었다. 그는 남부에서 안정된 정부를 세우기 위해서는, "대통령이 반란 세력 행정부와 합법적으로 정당하게 협상을 하고, 그들을 기존 정부로 인정해야 한다"고 말한 적이 있었다. 링컨은 시티 포인트에서 그랜트, 셔먼과 상의하면서 최소한 잠정적으로나마 연맹에 속한 주 정부와 협의할 것을 제안했을 수도 있다. 그러나 링컨은 이 방안이 위험할 수도 있다고 생각했다. 왜냐하면 자신의 정권은 남부 연맹을 절대로 인정하지 않겠다고 계속 주장해왔는데 그 일이 뒤엎어질 수도 있었고, 또 버지니아 주에서 프랜시스 피어펀트가 이끌던 친연방 주 정부의 입지가 곤란하게 될 수도 있었다. 사실상 피어펀트 정부는 연방군이 점령한 지역만 통치했기 때문에, 이 정부를 주 정부라고 인정하기는 애매했지만, 링컨과 연방국회는 그동안 계속해서 피어펀트 정부를 연방이 인정한 정부라고 주장해왔었다. 여하튼 일을 졸속으로 해결하기에는 상반되는 두 가지 정책이 너무 심각하게 대치되는 위험이 있었다.

와이첼이 후에 기록한 것을 읽어보면, 이때 캠벨과 마이어스는 링컨의 이야기를 듣자마자 그 즉석에서 버지니아 주의회를 소집만 한다면 그들은 연방 이탈을 소급해서 무효라고 결의할 것이며, 그렇게 되면 로버트 E. 리 장군이나 기타 버지니아 지도자들도 모두 항복할 것이고, 북 버지니아 군이 와해되면 반란군 전체가 결국 항복할 수밖에 없고, 이것이 진정한 평화를 보증하는 최고의 첩경이라고 주장했다.

캠벨과 마이어스가 좋아하는 것을 보고 대통령은 좀 주저하는 것 같았다. 그는 당장 대답하지 않고 시티 포인트로 돌아가서 결단을 내리겠다고 말했다. 그는 일단 와이첼 장군에게 반란을 도왔던 버지니아 주의회 의원들을 리치먼드로 소집해서 버지니아 군과 기타 기존 정부가 반란 세력에서 이탈할 것을 결의하도록 조치하라고 지시한 뒤, 자신은 육군 사령부로 돌아가서 더 세밀한 계획을 구상하겠다고 생각했다. 그는 그랜트와 이 일을 상의하면서, "그렇게 지시는 했지만 별로 기대는 안 합니다"라고 말했다. 그는 이제 연방군이 캠벨이나 기타 연맹 쪽 사절들의 도움이 없어도 버지니아 군을 곧 괴멸시킬 것이라고 판단했다.

대통령은 시티 포인트에서 워싱턴으로부터 온 두 가지 소식을 전달받았다. 메리 링컨은 이제 과대망상증에서 벗어나 찰스 섬너, 프랑스 귀족인 마르키스 드 샹브렁, 내무장관으로 지명된 할랜 상원의원, 법무장관 스피드와 함께 이곳 군사령부로 내려오겠다는 전보였고, 스탠턴에게서는 수어드가 마차 사고로 중상을 입어 대통령이 조속히 수도로 돌아와야겠다는 전보였다. 그러나 나중에 다시 들어온 전보에 의하면 수어드가 중상은 입었으나, 생명에는 위험이 없다는 소식이어서 링컨은 육군 사령부에서 며칠 더 지낼 수 있었다.

링컨은 연맹군이 항복할 때까지 그곳에 남아 있기를 바랐고, 그랜트, 셰리단, 미드 등이 보내오는 전황보고서를 열심히 읽었다. 셰리단이 버크스 스테이션에서 적을 괴멸시켰다는 보고서를 보내면서 그 끝에, '조금만 더 압박을 가하면 리 군은 항복할 것 같습니다'라고 쓴 것을 읽고, 링컨은 좋아서 '그렇다면, 압박을 가하시오'란 답을 보냈다.

그러나 오늘 내일 반군이 항복할 기세가 없자, 대통령 일행은 4월 8일 시티 포인트에서 떠날 준비를 했다. 대통령은 시티 포인트를 찾아온 마르키스 드 샹브렁을 위하여 리버 퀸 호에 승선한 군악대에게, 이제는 제2 제국이 된 프랑스에서는 금지곡이 된 '마르세이우'를 연주하라고 지시했다. 그리고 나서 링컨은 깜짝 놀라는 군악 대장에게 딕시를 연주하라고 지시했다. 그는, "이제 이 노래도 연방 소유물일세. 그러니 반란군들에게 앞으로 연방에 귀순하더라도 이 노래를 마음놓고 부를 수 있다는 것을 보여줌세"라고 말했다.

워싱턴으로 돌아가는 긴 여정에서, 링컨은 별로 말이 없었고, 혼자서 생각에 잠기곤 했다. 그는 섬너가 기회만 있으면 급진파 정책을 주장하는 것을 알았으므로 가능한 섬너와의 대화를 피했고, 버지니아 주의회를 소집하라고 자신이 잠정적으로 지시한 일에 관해서도 말해 주지 않았다. 대신 그는 배에 탄 사람들에게 여러 시간 셰익스피어 극의 대사를 읽어주곤 했다. 그는 〈맥베스〉에서 맥베스가 전왕(前王) 던캔을 살해하고 양심의 가책으로 고민하는 독백을 선택했다.

> ……우리는 공포 속에서 밥을 먹으며 잘 것이고,
> 우리를 밤마다 괴롭히는, 이 괴로운 악몽의 고통 속에서,
> 불안한 황홀에 빠져서 마음의 고문을 당하기보다는,
> 차라리 사자(死者)와 함께 하는 것이 더 나을 것인가.
> 던캔 왕은 무덤 속에 누워 있다.
> 인생의 고해를 건너서, 이제는 편안히 잠자고 있네,
> 반역으로 이제 끝장이 나서: 창칼도 독약도,
> 국내의 반적들, 외국의 침략, 그 어느 것도,
> 그를 이 이상 건드릴 수는 없네.

샤브링에 의하면, 링컨은 이 대사를 읽으면서 다시 감동했는지 살인범이 죄악을 저지른 뒤, 살해당한 사람이 죽어서 아무 걱정 없이 누워 있는 것을 부러워했다는 것이 얼마나 극적인 진실이냐면서, 이 대목을 다시 읽었다고 회상했다.

II

4월 9일 저녁 무렵, 링컨은 아직도 리치먼드를 점령한 감격을 간직하고, 리 군이 곧 항복할 것이란 기대에 부풀어서 수도로 돌아왔다. 그는 곧장 국무장관 집을 찾아갔다. 수어드는 마차 사고로 두 팔이 부러지고 턱

뼈가 부러지는 중상을 입고 자택 병상에 누워 있었다. 링컨은 수어드가 움직일까 봐, 그가 누워 있는 침상에 옆으로 길게 드러누워서 수어드의 귀에 입을 대고 속삭였다. "이제 거의 끝까지 온 것 같습니다." 그는 수어드에게 그랜트의 전승과 자신의 리치먼드 입성을 말해 주었다. 그는 수어드에게 당장 감사절을 정해서 공포해야겠다고 말했으나, 수어드는 셔먼이 조셉 E. 존스턴을 잡을 때까지 기다리자고 제안했다. 수어드는 다시 잠이 들었고, 대통령은 조용히 그 방에서 물러 나왔다.

그날 밤, 링컨은 리가 애퍼매턱스에서 그랜트에게 항복했다는 소식을 들었다. 그는 곧 메리에게 이 소식을 전했다. 다음날 수도에서는 500개의 대포가 축포를 터트리며 이 소식을 전 시민에게 알렸다. 기디언 웰스는 '대포소리가 요란했고, 교회 종들이 울렸으며, 국기들이 날렸고, 사람들은 소리내어 웃었고, 아이들은 기뻐서 날뛰었다' 면서, '모두가 열광했다'고 기록했다. 사람들 한 떼거리는 백악관으로 몰려와 북쪽 현관, 마차 길, 보도를 메웠다. 메리는 '백악관으로 사람들이 많이 몰려와서, 군악대에 맞춰 노래들을 불렀다' 고 기록했다. 그들은 대통령이 자기들을 만나야 한다고 계속 졸라댔고, 대통령이 나오지 않으니까 더욱 고성으로 대통령을 찾았다. 이 와중에 태드가 연맹 기를 휘두르며 2층 창문에 나타나자 사람들은 더 열광했다. 드디어 링컨이 나와서 몇 마디 했다. 그는 다음날 공식적인 행사가 있을 것을 예상해서, "오늘 제가 다 말해버리면 내일 할 말이 없을 것"이라면서 긴 말을 피하고, 군악대에게 이번에도 다시 딕시를 연주하라고 청했다. 그는 "내가 듣던 중 제일 좋은 노래"라면서 법무장관에게, "이제는 우리가 이 노래를 빼앗았으니까, 이것은 합법적 전리품"이라고 농을 했다.

대통령은 이날 무척 바빴다. 그는 2주일 동안 전방 시찰로 밀린 일들을 처리해야 했다. 이날 소집한 국무회의에서 링컨은 캠벨과 리치먼드에서 나눈 얘기와 버지니아 반란 주의회를 소집하게끔 잠정적 협의를 했다는 소식을 장관들에게는 전하지 않았다. 그러나 그는 이 일을 계속 생각하면서 피어펀트 주지사를 워싱턴으로 불렀다. 이렇게 바쁜 중에도 그는 온종일 다음날 할 연설을 준비했다.

4월 11일, 수도 전체가 축제 분위기였다. 모든 공공건물과 개인 주택이 불을 밝혔다. 그날 밤은 안개가 많이 꼈으나 몇 마일 떨어진 곳에서도 불을 밝힌 의사당 건물을 볼 수 있었다. 포토맥 강 건너에 있는 알링턴 리 저택도 불이 밝게 켜져 있었고, 해방된 노예들 몇 천 명이 저택 앞 잔디에 모여서 〈축제의 노래〉를 불렀다. 군중 한 떼가 많은 플래카드를 들고 백악관 북쪽 현관으로 몰려들었다. 사람들이 계속 소리를 지르자 대통령은 현관 바로 위 2층 창문에 나타났고, 링컨을 보자 더 큰 소리로 환호했다. 링컨은 자신의 의견을 분명히 밝히고자 미리 준비한 원고를 읽어 내려갔는데, 불빛이 몹시 침침했다. 한 손에는 촛불을 들고 딴 손으로는 원고지를 들어 연설문을 읽기 몹시 불편했던 링컨이 손짓을 하자, 노아 브룩스가 다가와 촛불을 들어 원고지를 밝혔다. 그는 원고지를 읽으면서 다 읽은 종이를 바닥에 떨어뜨렸는데, 밑에서 이 종이를 수집하던 태드는 신이 나서 "또 줘!"라고 소리를 질렀다.

대통령은 연설의 앞 부분에 "오늘 저녁 우리들은 슬퍼서 이곳에 모인 것이 아니고, 기쁜 마음으로 모인 것"이라고 말하면서, 최근 소식은 "우리에게 정의롭고 조속한 평화가 올 것이란 희망을 줍니다"라고 말했다. 그는 조속한 시일 내에 전 국민이 감사할 수 있는 날을 공표하겠다면서, 온 국민이 "그랜트 장군과 그의 참모들, 그리고 용사들에게 감사 드린다"고 말했다. 모인 군중들은 링컨이 계속 이런 식으로, 감격과 감사에 관해서 연설을 할 것으로 기대했는데, 링컨은 곧 주제를 바꿔서 국가 권위의 회복과 앞날에 다가올 난관에 대해서 연설했다. 그는 "앞으로 큰 난관이 가로막고 있으며, 국가 재건에 관한 방법이나 수단에 관해서도 의견이 갈라져 있다"고 말했다.

그는 계속해서 연설 대부분을 루이지애나에 재건한 주 정부를 옹호하는 데 썼다. 그는 루이지애나 선거에 참여한 1만 2,000명 대신에 유권자의 20, 30 혹은 50%가 루이지애나 주 정부를 지지했다면, 이 정부가 더 확고 하겠지만, 전에 트럼불에게 물은 것처럼, "루이지애나 주 정부를 연방에 복원시키기 위해서는, 이 새 주 정부를 지지하는 것이 빠르냐, 아니면 부인하는 것이 빠르냐?"란 질문을 반복했다. 그에 대한 대답은 자명하다고 주장하면서 링컨은, "루이지애나 주 정부에 관한 문제는, 달걀과 닭으로 비유하면 닭을 키워 알을 낳게 하는 것이 좋지, 달걀을 깨면 무슨 일이 되겠는가?"라고 질문했다. 그는 청중들에게, "이제 루이지애나 주 정부를 부인한다면, 우리는 곧 다가올 헌법 수정안 보칙 투표에서 한 표를 잃는 것"이라고 상기시켰다.

링컨이 왜 이 시점과 이 자리에서 남부 재건에 관한 중대 성명을 하기로 결정했는지 해명한 적은 없다. 그러나 그는 연설 마지막 대목에서 그의 목적을 밝혔다. "현재 상황에서, 본인은 남부 주민들에게 새로운 소식을 전하는 것이 본인의 의무라고 생각합니다. 본인은 지금 이 문제를 숙고하는 중이고, 이 정책이 옳다고 판단되면 곧 실행에 옮길 것을 약속합니다"라고 말했다. 그러나 전승 축하 연설을 기대했던 군중들에게 신도 안 나고 지루한 연설이어서, 군중들은 연설이 끝나기도 전에 뿔뿔이 흩어져 버렸다.

청중들은 링컨의 난해한 메시지에 모두들 의아했다. 링컨의 메시지는 반란군 전부를 사면하겠다는 포용 정책으로부터, 반란 주에서 전 주민이 투표권을 행사할 수 있도록 하는 문제, 또는 필요하다면 남부 전체에 군사 정부를 수립하겠다는 위협으로도 풀이되었다.

링컨의 이러한 메시지가 실제적이라고 볼 수는 없었다. 링컨은 물론 연맹 사람들에게 복수하자는 의견에 찬성할 생각은 없었다. 그는 마르키스 드 샹브렁에게 말했듯이 "나는 결단코, 사면 불가론자들에게 영합할 생각은 없다"고 주장했다. 그는 연맹 최고 지도자들을 잡아서 재판에 회부할 생각도 없었다. 그는 내각회의에서도 "전쟁이 끝나면 처벌이나 다시 피를 보고싶지 않다"고 말했다. "난 어느 누구라도, 만일 그 자가 반란 세력의 제일 악질분자라도 목을 매달거나 죽이는 일에는 관여하고 싶지는 않습니다. 그런 사람들은 겁을 준 다음 대문을 열어서 도망치게 합시다." 링컨은 양 떼를 모는 제스처를 쓰면서, 이렇게 말했다. 그러나 그는 자기의 이런 의견을 공식적으로 발표하는 것은 피했다. 그는 시티 포인트에서 셔먼이 제퍼슨 데이비스나 그 추종자들을 어떻게 처분하면 좋겠냐고 물었을 때, 공식적으로 발표는 못 하겠지만 그들이, "나라에서 도망치기를 바란다"고 대답했다. 그는 셔먼에게 자신의 뜻을 확실히 전하기 위해서, 예의 옛날 일화를 들먹였다. 옛날에 한 술꾼이 금주를 맹세했는데 친구 하나가 술을 권하자, 자기는 술을 끊어 못 마시니까 대신 레모네이드 한 잔을 달라고 청했다. 이때 친구가 레모네이드에 브랜디 몇 방울을 넣으면 맛이 더 좋을 것이라고 꼬드겼는데, 술꾼은 자기가 모르는 새에 브랜디를 넣으면 어떻게 그것을 막겠느냐고 대답했다는 일화였다.

링컨은 이때 남부 주 정부 재건의 총괄적 기획을 공표할 준비가 되어 있지 않았다. 링컨은 이때 평화 회복이 주목적이었지, 장차 연방에 항복한 남부를 어떻게 통치할 것인지 공표한 적이 없었다. 그는 앞으로 남부는 연방에 충성하는 사람들이 지배해야 한다는 것이 유일한 주장이었다. 링컨의 이런 주장은 보수파들의 주장과 달랐다. 보수파들은 반란 주들이 노예제도만 없애면 전쟁 전이나 마찬가지 조건으로 연방에 돌아올 수 있다는 주장이었다. 그 반대로 과격파들은 이번 기회를 이용해서 남부 사회 조직을 전면적으로 쇄신해야 한다는 주장이었다. 링컨은 보수파들의 의견을 따르면 남부가 다시 농장주들이나 상인들에게로 돌아갈 것이 걱정되었고, 과격파들의 말처럼 남부에서 진정한 연방주의자들은 흑인들밖에 없다는 주장도 받아들일 수가 없었다.

그런가 하면, 흑인들을 정치적으로나 경제적으로 백인들과 완전히 동등하다고 공인할 수도 없었다. 링컨은 남부 재건에 흑인들을 어떻게 참여시킬지 아직 생각해 본 적이 없었다. 20만 흑인군사들이 전장에서 보여준 영웅적 희생은 그들이 용기가 없다거나 머리가 모자라다는 편견을 바꾸어놓았다. 그러나 그는 아직도 흑인들이 백인들과 경쟁해서 동등한 위치에 오를 수 있다는 것을 믿기 어려워했고, 흑인들의 소개 식민이 실패한 뒤, 흑인들도 영구히 미국 사회에서 떼어버릴 수 없는 한 부분이란 사실을 인정할 수밖에 없었다. 그는 딴 흑인들보다 머리가 좀더 깨이거나, 군대에 참전한 흑인들은 투표권을 주어야 한다고 믿었다. 그래서 그는 흑인들의 교육을 권장했고, 해방된 흑인들을 관할하는 부서에 흑인들을 전 노예주들에게서 적극 보호하라고 지시했다. 그러나 링컨은 그 이상의 흑인 정책은 생각하지 않았다. 과격파들은 노예주들에게서 토지를 몰수해서 해방된 노예들에게 한 가족당 40에이커와 말 한 필을 무상배분하자고 주장했으나, 링컨은 반대였다. 그는 흑백 통합교육이나 흑백 간 결혼, 사회적 동등권에 대해서는 의견을 내놓은 적이 없었다. 1865년 4월, 링컨은 이러한 모든 의견들은 문제 해결에 도움이 되지 않는 추상적인 토론으로써, 국민들을 갈라놓는 걸림돌이라고 생각했다.

링컨은 이때 버지니아 주의회를 소집해서 그들로 하여금 연맹에서 탈퇴 결의를 하도록 종용한 자신의 계획을 공표할 생각을 하고 있었다. 그는 이 같은 제안을 기타 연맹 반란 주에게도 할 생각이었다. 링컨은 이런 식으로 반란 주 의회를 이용하는 것이, 연맹 주 정부를 인정하는 것도 아니고, 이제까지의 연방 정부 노선을 번복하는 것도 아니라고 믿었다. 그러나 그는 연맹 군사를 해체하기 위해서는 일단 연맹 주들의 임시정부를 제한된 범위에서 인정해 주는 것이 낫겠다고 생각했다. 그는 시티 포인트를 떠나면서, 남부 재건이 시급한 문제로 다가온 것을 실감했다. 그는 이 전쟁으로 인해서 파괴된 남부를 자기 눈으로 직접 보았고, 말로 표현할 수 없는 남부 사람들의 고난을 피부로 실감하게 되었다. 그는 그 어느 때보다도 더 심각하게, 이제 남부에는 안정이 필요하다고 생각했다. 그는 웰스 장관에게, "최대한 빠른 시일 내에 민간 정부를 남부에 수립해야겠다"고 말하면서, "법과 질서를 확립하지 않으면 사회는 파괴되고, 해체된 남부 군사들은 무장강도나 게릴라로 바뀌어 때가 늦으면 막을 수 없는 혼란이 올 것"이라고 걱정했다.

그는 자기의 주장에 반대가 많을 것을 예상하고 다음날 백악관을 방문한 한 방문객에게, "법적 훼방이나 정치적 반대가 있더라도, 이 늪지를 쏜살같이 빠져나가겠다"고 말했다. 링컨이 걱정할 만도 했던 것이, 과격파들 대부분이 최근에 국회에서 있었던 일을 자신들의 패배라고 받아들이지 않았고, 섬너 같은 사람은 이제 링컨의 계획에 정면으로 도전하고 있었다. 섬너는 링컨이 4월 11일, 남부 재건에 관한 무슨 발언이 있을 것으로 예상하고, 백악관에서 승전기념 행진을 함께 참관하자는 메리 링컨의 초청을 받고도 참석을 거부했다. 그는 링컨의 대통령 취임 무도회에 참석했을 때, 사람들로부터 링컨 정권을 지지한다는 오해를 산 뒤부터 몸을 사렸다. 딴 과격파들도 남부를 응징하자고 계속 성화였다. 예를 들자면, 벤저민 F. 버틀러는 남부 반란 지도자들은 절대로 다시 공직에 앉을 수 없고, 흑인들을 포함한 대중 전체가 시민의 권한을 유보해야 한다고 주장했다. 대법원장이 되고도 아직 정치에 미련을 버리지 못한 체이스도, 남부를 재건하는 첩경은, "피부색과 관계없이 충성스러운 시민들을 동원해서 남부 주 정부들을 수립하는 것"이 제일 좋겠다고 대통령에게 제안했다.

링컨의 4월 11일 연설은 과격파의 이러한 주장을 감안한 것이었다. 링컨은 이 연설에서 루이지애나 임시 연방 주 정부를 옹호했으나, 남부 재건이 행정부의 전권은 아니라고 확인하면서, 모인 청중들에게 자신은 처음부터 "자신의 의견만을 받아들이라고 주장한 적도 없고, 행정부는 남부에서 의원들을 언제, 어떻게 하라고 종용한 일도 없다"고 말했다. 그는 자신이 뱅크스 장군에게 루이지애나 주 정부를 지원하겠다고 약속한 것은 사실이나, 그 약속을 곧 철회할 준비도 되어 있었다고 주장했다. 그는 "지켜서 좋지 않은 약속은 어기는 것이 더 나으니까, 이 약속이 공익에 상반된다면 언제든 취하하겠다"고 말했다. 그는 이어서, "그러나 아직까지는 그렇게 생각되지 않습니다"라면서, 과격파들이 흑인들에게 투표권을 인정하지 않은 루이지애나 주 헌법 때문에 주 정부를 인정하지 못하는 이유에는 자기도 동감이라면서, "저 자신도 두뇌가 매우 뛰어나든지 전투에 참가한 흑인들에게 투표권을 부여해야 한다는 주장에는 동감입니다"라고 말했다. 링컨은 자신의 이러한 의견을 사석에서는 말한 적이 있지만, 미국 역사상 대통령이 흑인 투표권을 인정하고 선호한다는 발언은 이것이 처음이었다.

III

이날 백악관 앞에 모였던 군중 속에서, 최소한 한 명은 링컨이 얼마나 과격파들에게 양보하고 있는가, 잘 알아듣고 있었다. 존 윌크스 부스란 자는 대통령에 대한 증오로 속을 끓이고 있었다. 노예들을 인정하는 메릴랜드 주에서 출생하여 이제 26세가 된 연극배우 부스는 자기 자신을 남부와 공감하는 사람으로 생각하고 있었다. 그는 속은 비었으나, 얼굴이 잘 생긴 젊은 미남이었고, 10남매 중 끝에서 둘째였다. 그는 메릴랜드 주 벨에어 부근에 있는 농장에서 성장했는데, 그의 아버지는 정신이 불안정하고 알코올 의존자로서, 연극과 술 사이를 왔다갔다하는 사람이었다. 부스는 근방에 있는 사립학교를 가끔 다녔을 뿐 제대로 교육을 받지 못했으며, 군사 교육을 좀 받은 후 자신을 남부 귀족계급에 속한 사람으로 착각하고 있었다.

그는 연극 집안에 태어나 연극이 전부였다. 그의 아버지 주니어스 브루터스 부스와 형 에드윈은 훌륭한 배우였고, 또 다른 형, 주니어서 부스 2세는 당시 유명한 연극 제작자였으며, 그의 매부는 유명한 희극배우였다. 윌크스 부스는 17세에 처음 무대에 선 뒤, 줄곧 계속해서 무대생활을 해왔다. 그는 배우로는 정식 교습을 받지 못해서 처음에는 연기가 한심하고 웃음거리밖에는 안 되었으나, 시간이 흐르면서 숙달되었고, 여러 가지 역을 몸에 익혔다. 그는 연극에서 주인공 역할을 잘 해냈다. 키가 5피트 8인치밖에 안 되었지만, 큰 가슴을 펴고 허리를 꼿꼿이 하면 키가 커 보였고, 검은색 머리에 콧수염을 길러서 여자들이 한눈에 반할 만큼 잘생긴 청년이었다. 한 여자는 부스가, "검은색 머리에 창백한 얼굴이라 멋져 보였고, 눈꺼풀이 두터워서, 마치 동양의 신비를 보는 것 같았다"라고 회상했다.

부스는 무대에 선 후, 남부에서 먼저 인정을 받았다. 그는 12피트나 되는 높은 곳에서 뛰어내리면서 무대에 등장했고, 결투를 하면 진짜 피가 흐르는 것 같았으며, 러브 신을 정열적으로 해내어 남부 사람들의 갈채를 독차지했다. 1850년대에는 어느 배우든 셰익스피어 연극이 기본이었는데, 사람들은 윌크스 부스의 셰익스피어를 보고, 당대 최고로 셰익스피어를 연기했던 그의 아버지를 연상했다. 남부 관중들은 부스의 미치광이 햄릿 역을 더 좋아했고, 그의 형 에드윈이 냉정하고 지적으로 표현했던 리처드 3세보다는, 윌크스의 악마적인 리처드 3세 표현을 더 좋아했다.

남부 사람들은 무대 밖에서 본 부스도 좋아했다. 그는 정열적이었고, 재미난 것을 좋아했으며, 항상 즐거워 보였다. 한 연극 배우는 부스가, "자기가 만나서 들은 사람들 중 제일 잘난 이야기꾼이었다"고 회상하면서, "그는 말할 때면 재치가 흐르고 재빨랐으며, 열정적이었다"라고 말했다. 남부 청년들은 그가 술을 많이 마시면서도 흐트러지지 않는데 감탄했고, 최남단 남부 사교계에서는 메릴랜드에서 사생아라고 받아주지 않던 이 젊은 연극배우를 동등하게 받아주었다. 부스의 아버지는 영국에서 첫 번째 부인을 버리고, 메리 앤 홈즈란 여자와 미국으로 이주, 그 사이에서 존 윌크스 부스와 9남매가 출생한 것이었다.

존 윌크스 부스는 노예제도에 관해서도 남부 사람들과 생각이 같았다. 그는 노예제도가, "하느님이 사랑하시는 이 나라에 선물하신 (노예들을 위해서나 우리를 위해서) 가장 큰 축복 중의 하나"라고 주장했다. 그는 "이 나라가 백인들을 위해서 만들어진 나라지, 흑인들을 위해서 만들어진 나라가 아니다"라고 확신했다. 남북 분규가 심각해지면서 그는 반역자 공화당 급진파들을 매도했고, 복수를 하자고 주장했다. 그는 "남부는 정의를 원하면서 오랜 세월 참아왔으나, 이 이상 더 참을 수는 없다"고 말했다. 부스는 리치먼드 극장 무대에서 존 브라운의 체포 소식을 듣고, 군복을 빌려 입고 늙은 노예해방 혁명가 존 브라운의 처형을 보러 간 일도 있었다.

전쟁이 시작되자, 부스는 자신이 남부 세력에 동조하는 것을 감추지 않았다. 그는 자기 누나에게, "이제 나는 나의 영혼과 생명, 모든 재산을 바쳐 남부를 돕겠으니, 하느님께서 도와주시기를 기원한다"고 외쳤다. 그는 북부를 신봉하던 형 에드윈에게, 어머니가 반대하기 때문에 군에 입대할 수 없다고 설명했다. 그는 링컨 대통령을 내놓고 경멸했다. 그는 링컨의 "생김새나 혈통, 그의 난잡한 농담 짓거리, 보기에 역겨운 미소, 경솔한 행동"을 참을 수 없어 했고, "링컨이 강도질, 노략질, 약탈, 용병으로 노예제도를 폐지하려는 죄"도 참을 수 없다고 주장했다.

부스는 1864년 8, 9월까지는 말로 떠들기만 했지, 실제로 무슨 흉계를 꾸미지는 않았다. 그러나 대통령이 재선될 전망이 커지자, 그는 "제왕처럼 군림하려는 이 가짜 대통령"을 어떻게든 조치해야겠다고 결심했다. 부스는 연극에서 실패해서 우울증에 빠지곤 했고, 이즈음 펜실베이니아 유전에 투자했다 실패해 돈을 날려 화가 났기 때문에, 이 모든 일을 링컨 탓으로 돌렸다. 부스가 남부 첩보부와 어떻게 연계가 닿았는지에 대한 확실한 기록은 전해지지 않았지만, 그는 남부 사람들과 많이 알고 있었고, 자기 사재를 털어서 남부에 키니네나 의약품을 보낸 것은 사실이다. 그는 메릴랜드, 보스턴, 캐나다 등지에서 연맹 첩보원과 상의한 뒤, 링컨을 인질로 잡아서 북부 포로수용소에 수감된 연맹군 포로 수천 명과 교환하려는 계획을 세웠다. 부스의 음모를 남부 정권이나, 최고 지도자들이 알고 있었거나 허락했다는 기록은 전해지지 않았으나 남부 첩보대에서 연방 대통령을 납치하려는 계획이 있었던 것은 사실이었다. 사실 부스의 계획은 1864년 가을, 남부 정권에서 토마스 N. 컨래드에게 지령한 링컨 납치 계획과 별 다른 차이가 없었다.

부스는 자신의 음모에 볼티모어에서 같이 자란 어린 시절 친구 두 명, 새뮤엘 B. 아놀드와 마이클 오릴린을 가담시켰다. 그는 또한 워싱턴 남부 포토맥 강 건너에서 링컨을 납치할 계획을 세우고, 메릴랜드 주 토바코 요새에 있는 프러시아 출신 조지 A. 애처로트를 설득해서 가담시켰다. 애처로트는 그동안 연맹 첩자들을 비밀리에 도강시키는 일을 해와서, 강의 지류나 위치를 상세하게 알고 있었다. 부스는 또한, 볼티모어 친연맹 세력과 남부를 왔다갔다하던 존 H. 스랏과 메릴랜드 주 스랏츠빌에 있는 자신의 집과 워싱턴 H가에 있는 하숙집을 음모의 사령부로 제공했던 존 스랏의 어머니 메리 스랏을 동원했다. 대통령이 실력으로 저항할 경우를 대비해서, 부스는 체격이 좋고 사나운 루이스 페인(Lewis Paine, 혹은 Payne, Powell, Wood라고도 불렸음—옮긴이)을 가담시켰다. 페인은 모스비의 연맹 유격대에서 싸우다가 연방 대의에 충성할 것을 서약한 패잔병 출신이었다. 마지막으로 부스는 젊은 약제사 데이비드 E. 헤롤드를 음모에 가담시켰는데, 헤롤드는 겉으로는 우둔하게 보였지만 새 사냥을 좋아해서 워싱턴 남쪽 도로들을 상세히 알고 있다고 했다. 이렇게 음모단은 연맹의 대의에 대한 충성심과 부스에 대한 개인적 친분, 그리고 부스가 내놓은 상당한 자금 때문에 모인 비조직 결사였다.

1864년 가을과 겨울 동안, 부스는 음모단을 모집하면서 대통령을 납치

할 메릴랜드 주 찰스 카운티의 지도를 면밀히 검토하고 길을 익혔다. 부스의 음모는 사실 끔찍한 음모였으나 현실과 연극 사이를 자주 분별하지 못했던 그는, 자신이 어떤 연극의 주인공이라고 생각한 것 같았다. 그는 자신이 할 일을 모든 사람에게 분명히 알리기 위하여 자기 매부에게 편지를 미리 써서 봉해 놓았다. 그는 '말할 틈도 없다' 라면서, 1,300자나 되는 문장으로 링컨을 매도하고, 남부를 감싸며, 남부를 불행하게 만든 이 자를 꼭 포로로 잡겠다고 맹세했다. 그는 편지 끝에, '스스로 책임을 지고 임무를 수행하는 현(現) 연맹시민' 이라고 서명했다가, '현' 자를 지워 버렸다.

부스의 링컨 납치 음모가 얼마나 실현성 있었던가는 추측밖에 할 수 없지만, 링컨이 1월 18일 포드 극장에 구경하러 온다고 했을 때, 부스는 링컨을 납치할 준비를 했다. 그러나 6피트 4인치나 되는 거구의 링컨을 대통령 부스에서 힘으로 진압한 뒤, 그를 묶어서 무대로 내린 후 연맹 쪽으로 달리는 것은 완전한 연극으로 실현성이 없었고, 이는 비극이라기보다는 희극에 속할 연극대본이었다. 어쨌든 비바람이 심하게 불었던 이날, 링컨은 극장에 안 왔고, 이 납치 계획은 계획으로 끝났다.

이보다 더 실현성이 있던 납치 음모는, 연맹 첩자였던 컨래드가 링컨을 수도 외곽에서 납치하려는 계획이었다. 음모단은 링컨이 3월 17일, 군인의 집에서 가까운 캠벨 병원에서, 〈잔잔한 물은 깊이 흐른다〉란 연극을 관람할 것이란 정보를 입수하고, 이때 대통령과 마부를 납치해서 메릴랜드 동남쪽을 경유하여 포토맥 강을 건널 계획을 세웠다. 그러나 마지막 순간, 링컨은 연극 관람 대신 귀환하는 인디애나 자원병을 수도에서 사열하기로 일정이 변경되어, 이 납치 계획도 무산되고 말았다.

부스는 납치 계획이 실패로 돌아가면서 더욱 음모에 열중했다. 연맹의 명령 계통이 와해되는 바람에 부스는 이제 누구의 명령이나 지시를 따를 것 없이 자신의 일이라고 생각했고, 아무도 부스의 상상적 음모를 말릴 사람은 없었다. 그는 이즈음 술을 많이 마시면서 자신을 연맹 첩자라기보다는 연극에 나오는 비극의 주인공으로 착각하고 있었다. 그는 자신을 현대판 윌리엄 텔이라고 생각했고, 또 전제군주 시저를 살해한 브루터스라고도 생각했다.

부스는 링컨의 4월 11일 연설을 듣고, 이제는 음모를 실천할 때가 왔다고 생각했다. 그는 백악관에 모인 군중들 틈에 끼어서, 링컨이 흑인들에게 투표권을 주겠다는 연설을 들었다. 이 연극배우는, "그렇다면 흑인들이 시민권을 따는 것"이라고 이를 갈면서, "이 연설이 저 자의 마지막 연설이 될 것"이라고 다짐했다. 그는 루이스 페인에게 대통령을 그 자리에서 쏘아 죽이라고 명령했다. 페인이 못하겠다고 거절하자, 부스는 화가 난 표정으로 옆에 있던 데이비드 헤롤드에게 "저 자를 맹세코 끝장내겠다"라고 부르짖었다.

IV

링컨은 이런 암살 음모가 있는 줄도 모르고, 관대한 조건으로 남부를 재건해서 조속한 시일 내에 연방을 복원시킬 계획을 구상하고 있었다. 그러나 링컨의 뜻을 따르는 사람은 거의 없었다. 버지니아 주에서는 캠벨과 버지니아 주의회 의원들이 꿈지럭거리며 움직이지 않아서, 대통령은 4월 6일 그들에게 회합을 지시했으나 별 효과가 없었다. 그 다음 사흘 동안 전쟁이 계속되었다. 캠벨은 주의회 위원회를 천천히 구성하고, 위원회는 선언문을 천천히 작성하고, 군인들이 이 선언문을 천천히 검토한 뒤 신문에 발표할 예정이었다. 또한 주의회 의원들에게 리치먼드로 가는 여행길의 신변안전도 보장해야 했고 교통수단도 마련해 주어야 했기 때문에 이 일은 매우 천천히 진행되었다. 캠벨은 일이 급박한 것도 모르고, 더구나 링컨이 분명히 말했는데도 불구하고 자신을 협상의 최고 대표로 착각하면서 정전 협상을 운운하고, 버지니아뿐만이 아니라 사우스캐롤라이나 주도 평화 협상에 참여시키자는 제안을 했다. 그는 리 군이 4월 9일, 그랜트에게 항복함으로써 자기가 추진하던 모든 일이 허사가 되었다는 것도 모르고 있었다.

연맹에서 꾸물거리는 동안, 링컨은 북부 반대 세력과 씨름을 해야 했다. 4월 11일 과격파는 링컨이 연설에서 제안한 협상 안을 절대다수로 부결해 버렸다. 섬너를 추종하던 한 보스턴 신문기자는 링컨이 뒷걸음질을 한다면서, 재건된 주에서 아직도 인종 차별을 한다는 것은 부도덕하고 하느님께 불경스러운 짓이라고 비난했다. 섬너도 이에 동조하면서 링컨이 루이지애나 주를 닭과 달걀에 비유한 것은 말도 안 된다면서, 악어 알에서는 악어밖에 나올 수 없다는 비유를 들었다. 섬너는 재건된 남부에 정의롭고 안전한 제도를 구성하지 않으면—즉 해방된 노예들에게 투표권을 주지 않는다면—대통령은 나라의 장래를 혼란으로 몰아가는 것이라고 비난하면서, "오호 통재라!"를 연발했다.

대통령 측근들도 애퍼매턱스에서 리가 항복한 뒤에는, 버지니아 주의회 소집을 별로 바람직하지 않다고 주장했다. 링컨은 연설 전에 열린 내각회의에서 일부러 버지니아 주의회 소집에 관해서 언급하지 않았으나, 몇몇 장관들은 대통령을 수행해서 시티 포인트로 갔던 찰스 A. 데이나가 스탠턴에게 보낸 보고서를 읽고 이미 링컨의 의중을 상세히 알고 있었다. 스탠턴은 데이나 보고서를 스피드와 데니슨에게 전했을 것이고, 아마도 대법원장 체이스에게도 전했을 것이었다.

링컨이 4월 12일, 버지니아 주 재건 문제를 내각회의에서 거론했을 때 아무도 그의 계획에 찬성하는 사람이 없었다. 내각회의가 끝난 뒤 스탠턴과 스피드는 대통령을 따로 만나서 자신들은 대통령의 계획에 절대 반대라고 말했다. 그날 오후, 스탠턴은 국방성으로 온 링컨에게 "반란 주의회를 소집하거나 반란 세력을 주 재건 계획에 참여시키는 것은 절대로 안 된다"면서 링컨 계획대로 한다면, "적의 수중에 정부를 맡기는 것이라, 연방 국회가 동의할 리도 없고 또 국민들이 반대할 것"이라고 거품을 물며 흥분했다.

링컨은 부상당한 수어드 다음으로 자기를 도와줄 사람은 해군 장관 기디언 웰스라고 생각했으나, 어이없게도 기디언 웰스마저 "반적들의 주의회를 소집하는 것"에는 반대한다고 말했다. 대통령은 해군 장관에게 자기가 원하는 것은 되도록 빨리 남부와 화해를 해야 하고, 자기가 원하는 결과만 얻으면 중간 과정이 무슨 상관이냐고 설득하려 했다. 그러나 웰스는 설득되기는커녕 "이제까지 전쟁 중 연맹 기관을 합법이라고 인정한 적이 없었는데, 갑자기 그들을 인정하고 소집한다면 앞뒤가 맞지 않는다"면서, 또한 버지니아에 이미 수립된 프랜시스 피어펀트 정부는 어떻게 할 거냐고 따졌다.

대통령은 맥이 빠지는지, "피어펀트 정부가 합법 정부이기는 하지만, 남부 사람들의 정서나 편견을 무시할 수도 없다"고 대답했다. 그러나 링컨은 웰스의 반박에 수긍하면서 백악관으로 회담하러 온 피어펀트에게 피어펀트 주 정부가 버지니아 주의 합법 정부이고, 피어펀트는 그 정부의 수반임을 확인했다.

자기를 떠받드는 각료들까지 전부 버지니아 주의회 소집에 반대하는 것을 보고 링컨은 웰스에게, "아마도 자기가 잘못한 것 같다"면서, "잘못을 했으면 곧 고치겠다"고 약속했다. 그는 버지니아 문제에서 벗어나기로 결심했다. 준비 부족과 애매한 지시도 일이 꼬인 이유이지만 무엇보다 남부 사람들이 꿈지럭거리고 자기 지시를 잘못 알아들었기 때문이라고 할 수도 있었다. 그는 4월 12일, 와이첼 장군에게 캠벨이 주어진 권한을 벗어났다고 전보를 보냈다. 캠벨에게 소집을 허락했을 때 자신은, "반란을 지지하면서 버지니아 주의회에서 일하던 사람들"을 뜻한 것이지, 주의회를 합법적 기구로 인정할 의도는 전혀 없었다고 전했다. 그는, 이 사람들이 버지니아의 유지들이지, 합법적 정권은 될 수 없다고 주장했다. 더구나 그랜트가 버지니아 군사들의 항복을 받아낸 지금, 그들이 연맹에서 탈퇴한다는 것도 소용없는 짓이 되었다면서, 링컨은 와이첼에게 그 사람들의 소집을 취소하고 이미 리치먼드에 와 있는 사람들은 집으로 돌려보내라고 지시했다. 결과적으로 링컨은 4월 11일 연설에서 약속했던 계획을 남부 사람들에게는 공표한 적이 없었다.

링컨은 정치적으로 잠시 뒷걸음질을 쳤으나, 의기소침하지 않고 가장 관대한 조건으로 반란 주들이 연방으로 돌아올 수 있게끔 계속 노력했다. 4월 14일 금요일에 열린 내각회의에서는 이 문제가 주제였고, 이 회의에는 그랜트 장군도 참석했다. 대통령은 얼굴이 환해 보였다. 스피드는 후일, 링컨이 이날처럼 밝아 보인 적이 없었다고 회상했고, 스탠턴도 링컨이 이날, "특별한 날에 맞게 점잖고 엄숙해 보였다"고 회상했다. 부상당한 아버지를 대신하여 내각회의에 참석했던 프레드릭 W. 수어드에 의하면, 회의에 참석했던 모든 사람들이 "전쟁에 진 적들을 불쌍히 여겼고, 남부 사람들의 감정이나 재산에 대한 피해를 최소화하면서 평화와 질서가 복구되기를 진심으로 바랐다"고 회상했다. 내각에서는 전(前) 연맹 주들과 교역을 즉시 재개하고, 전쟁 중 남부와의 교역을 규제하기 위한 군사적, 재정적 규제들을 되도록 빨리 없애자고 합의했다. 어떤 사람이 버지니아를 다녀오겠다고 통행허가증을 신청했다는 말을 듣고, 대통령은 즐거운 마음으로 "이제는 피터스버그나 리치먼드에 가기 위해 허가증은 필요 없습니다. 국민들은 전쟁 전과 마찬가지로 어느 곳이나 마음 내키는 대로 다닐 수 있습니다"라고 말했다.

남부 주들을 연방으로 복원시키면서 과도기 수습책은 아직 결정되지 않은 상황이었다. 링컨은 반란 주 의회와 협조하려던 생각은 포기해야 했고, 내각 각료들에게도 자신이 좀 성급했다고 시인했다. 그러나 그는 반란 주들의 재편을 워싱턴에서 주관할 수는 없다고 믿었다. 그는 "이 남부 주 정부들을 우리들이 워싱턴에서 관리할 수는 없습니다"라면서, "남부 사람들이 감당해야 합니다. 처음에는 실수들을 하겠지만, 그렇게 하는 것이 옳습니다"라고 주장했다.

스탠턴은 자신이 준비한 계획안을 들고 왔다. 남부에서 민간인 정부가 수립될 때까지 계엄령 하에서 군사 총독이 행정을 담당하자는 계획이었다. 그는 이 제안을 그 전날 대통령에게 제출했는데, 그랜트와는 이미 상의한 내용이었다. 그의 제안에 의하면, 남부에서 점령군 당국이 치안과 법을 집행하는 동안 몇 가지 행정부 소관의 업무를 각 부처가 다시 시작할 수 있다는 것이었다. 재무성은 세금을 걷기 시작하고, 내무성에서는 인디언 담당관들, 측량관들, 토지 연금 관리들을 배치하고, 우정장관은 우체국과 우편도로를 복구하는 등등의 업무들이었다. 링컨은 스탠턴의 제안을 읽고 매우 만족한 표정으로, "이것이 바로 우리들이 하려고 했던 일로, 내각회의에서도 의논한 적이 있다"라고 말했다. 그러나 스탠턴은 버지니아 주와 노스캐롤라이나 주를 총독 한 사람이 관할하자는 제안을 했다. 이 제안에 대해서 웰스는 주 경계를 바꾸면 안 된다고 반대하면서, 버지니아에서는 피어펀트를 이미 주지사로 약속했던 것을 모두에게 상기시켰다.

링컨은 조심스럽게 이 두 장관의 이견을 중재하는 방안을 냈다. 그는 스탠턴에게 버지니아와 노스캐롤라이나 관할 방안을 따로 만들어보라고 제안하면서, 두 주는 각기 다른 방법으로 관할하는 것이 좋겠다고 말했다. 그는 버지니아에 관해서, "우리들이 줏대 없이 보이지 않도록 해야겠지만, 그들을 도와는 주어야 한다"고 강조했다. 그는 내각회의에 참석한 모든 장관들에게 스탠턴의 제안을 세밀히 검토하라고 당부하면서, 남부 재건보다 더 중요한 안건은 없으니까 모두들 힘을 합하여 이 방안을 구상해 달라고 종용했다.

그는 그때 연방 국회가 휴회로 들어가 이 중요한 안건을 방해하는 사람들 없이 논의할 수 있다는 것은 하느님의 섭리라고 좋아했다. 그는 내각에게, "우리들이 현명하고 분별 있게 일을 처리하면 남부 주들을 성공적으로 운영할 수 있으며, 12월 국회가 소집되기 전에 연방은 다시 일어설 것"이라고 말했다. 그는 계속해서 "우리는 그들과 함께 일하는 것보다는, 그들이 없을 때 이 일을 마무리짓는 것이 낫습니다"라고 마음을 다졌다. "연방 국회에는, 동기는 선할지 몰라도 실제로 문제가 있는 사람들이 있고, 증오와 악감정을 품은 사람들도 있는데, 나는 그런 사람들과 생각도 다르고 같이 일할 생각도 없습니다."

내각회의는 군사 현황으로 주제가 옮아갔고, 장관들은 그랜트에게서 애퍼매턱스 항복의 전말을 직접 듣고자 했다. 링컨이 그랜트에게 어떤 조건으로 항복을 받았는가를 물었는데 그랜트가, "소장은 그들에게 집으로 돌아가 가족과 다시 합치면, 그리고 더 이상 저항을 안 한다면, 절대로 해치지 않겠다고 약속했습니다"라고 대답했다는 말을 들은 링컨은 얼굴 표정까지 환해질 정도로 기뻐했다. 장관들이 그랜트에게 노스캐롤라이나에 있는 셔먼으로부터 무슨 소식이 없었느냐고 묻자, 그랜트는 곧 좋은 소식이 올 거라고 대답했다. 링컨도 좋은 소식이 올 게 분명하다면서, 전날 밤 꿈 이야기를 했다. 그는 같은 꿈을 여러 번 꾸었는데, 이 꿈을 꿀 때마다 연방군이 크게 이긴 전문을 받았다고 말했다. "꿈에 제가 강에 있는데, 어떤 배인지 말로 표현할 수도 없는 배를 타고, 굉장히 빠른 속도로 끝이 안 보이는 강변을 향해 다가가는 꿈이었습니다." 그는 자기가 이 꿈을 꾼 뒤 앤티탐, 게티스버그, 스톤스 리버, 빅스버그, 피셔 요새 등의 전투가 있었다고 말했다. 꿈이나 미신을 믿지 않던 그랜트는 링컨에게 스톤스 리버 전투는 북군이 승리한 전투가 아니었다고 말했다. 링컨은 그랜트를 호기심 있는 표정으로 쳐다보더니, 과거 예로 보면 자기의 꿈은 좋은 일이 곧 있을 조짐이었다면서, 셔먼에게서 곧 좋은 소식이 올 것이라고 대답했다. "여러분 생각이 그렇듯이, 내 생각도 그쪽으로 쏠립니다."

V

 전쟁이 곧 승리로 끝날 것 같은 이런 특별한 날에도 대통령은 할 일이 많았다. 그는 7시에 일어나서 윌리엄 T. 하웰이란 사람을 미시간 주 인디언 관리로 임명하는 등 일상 업무를 챙긴 뒤, 아침식사를 하면서 그랜트 사령부에서 방금 돌아온 아들 로버트로부터 애퍼매턱스에서 리가 어떻게 항복했나, 상세한 소식을 들었다. 아침을 마친 뒤 그는 집무실에 가서, 끝이 없는 방문객들과 탄원을 일일이 들어주었다. 그는 2시간 동안 하원의장 스카일러 콜팩스를 만나 회담하고, 캘리포니아와 서부 변방에 관해서 하원의원 코르넬리어스 콜과 상의하고, 디트로이트 우체국장 윌리엄 A. 하워드와 잠시 대담하고, 메릴랜드 주의 J. A. J. 크레스웰 상원의원과 회의하고, 최근 스페인에 영사로 발령을 낸 존 P. 헤일과 면담하고, 연맹군에게 목화를 몰수당한 미시시피 강 상선장(商船長) 찰스 M. 스콧을 만났다. 그는 전방에서 무슨 소식이 없나 하고 국방성에 들렀다가 11시 내각회의 시간에 맞춰 백악관으로 돌아왔다. 내각회의가 끝나고, 사과 하나로 점심을 때우고는 집무실로 돌아갔다. 대통령은 집무실에서 사람들을 더 만나고, 탄원서를 읽고, 신문을 보았다.

 이렇게 나라의 행정수반은 매일 잡무로 시달렸으나, 이제 오랜 전쟁의 시련이 끝나면서 링컨은 모든 잡무를 민첩하고 신속하게 처리했다. 주변에 있던 사람들은 링컨이 리의 항복을 전해들은 후, 행동거지가 달라졌다고 회상했다. 할란 상원의원은 "대통령은 당시 하는 짓이나 모습이나 움직이는 것이 모두 달라 보였다"라고 회상했다. "그는 지극히 만족한 사람의 현신으로 보였다. 그는 말할 때에도 신바람이 나는 것 같았다."

 3시가 되자 그는 집무실에서 나와 메리와 함께 무개 마차를 타고 시내 구경을 나갔다. 메리는 나들이 채비를 하면서 누구와 같이 갈 거냐고 물었다. 링컨은 오늘만큼은 메리와 단둘이 마차를 타고 싶다면서, 그냥 나가자고 했다. 대통령 부부는 마차를 타고 시내를 돌다가 워싱턴 남동쪽에 있는 해군 기지창으로 가서 그곳에 있는 수병들과 담화한 뒤, 찰스턴 항 공격 때 무려 마흔일곱 번이나 포탄에 맞은 철갑선 몬턱 함에 승선했다. 링컨은 이날 오후 내내 밝은 표정으로 기분이 좋아 보였다. 이렇게 기분이 좋은 남편을 옆에서 보던 메리는 웃으면서 "여보, 당신이 이렇게 좋아하니까 겁이 나요"라고 말했다.

링컨은 "나도 마찬가지요, 메리"라고 대답하면서, "이제 오늘로 이 전쟁도 끝났소"라고 덧붙였다.

그는 전에 한 번도 그런 일이 없었는데, 메리에게 잔소리 같은 한마디를 했다. "우리 둘 다 더 밝아져야 해요. 이 전쟁이랑 우리 윌리가 죽으면서, 우리는 너무 비참했소."

백악관으로 돌아오자, 그때까지도 방문객이 있었다. 그는 일리노이 출신들인 리처드 J. 오글스비 주지사와 아이샴 헤니니 장군과 장시간 대담을 나누고, 그들에게 『내시 편지들』이란 책을 읽어주고 있는데 저녁이 준비되었다는 재촉이 왔다. 그날 저녁은 다른 때보다 이른 시간이었는데, 링컨 부부는 저녁을 마치고, 포드 극장에서 공연하는 〈우리 미국 사촌〉이란 연극을 관람할 예정이었다. 저녁을 먹으면서 메리는 골치가 아파서 집에서 쉬겠다고 했는데, 링컨은 꼭 봐야 한다고 말했다. 그날 석간들은 대통령이 이 연극을 관람할 거라고 전했고, 그런 기사를 보고 사람들은 표를 샀을 것이다. 어쨌든 간에 백악관에 그대로 남아 있으면 밤이 늦도록 방문객을 상대해야 할 형편이라 링컨은 극장에 가서 쉬고 싶었다. 대통령 부부는 대기한 마차에 오르면서도 방문객에게 시달려야 했다. 링컨 부부가 막 마차에 타려는데 국회의원 아이잭 N. 아놀드가 들이닥쳤다. 링컨은 "미안하지만, 지금 극장에 가는 길이오. 내일 아침에 다시 와서 만납시다"라고 국회의원을 피했다.

VI

　대통령 측근들은 그날 링컨에게 극장에 가지 말라고 경고를 했다. 대통령 경호를 담당했던 라몬도 그날 대통령 심부름으로 리치먼드로 떠나면서, "제가 없는 동안에는 절대로 밤에 나가지 마시고 특히 극장 같은 곳에 가지 마십시오"라고 당부했다. 대통령은 라몬에게서 이런 경고를 수없이 받았기 때문에, 라몬이 자신의 안전에 관해서는 완전히 광적으로 생각한다고 믿어 "노력해 보겠네"라고 건성으로 답하곤 했다. 스탠턴도 링컨에게 여러 번 극장같이 복잡한 사람들 속에 섞이는 것은 위험하다고 경고했었다. 그날 저녁 공연은 다른 때보다 더 위험했다. 신문들이 이날 공연에 버지니아에서 크게 이기고 올라온 그랜트 장군이 대통령과 함께 포드 극장 대통령 부스에서 연극 구경을 할 것이라고 대서특필을 한 것이다.

　성 금요일이라서 그랬는지 4월 14일, 링컨 부부는 연극 관람 동반자를 구하는 데 애를 먹었다. 그들은 스탠턴 부부를 초청했으나, 스탠턴은 대통령 부부도 너무 위험하니까 극장에 가면 안 된다면서 동반하기를 거부했다. 그리고 스탠턴 부인은 메리 링컨을 싫어했다. 그랜트는 링컨이 초청하니까 같이 가겠다고 대답했다가, 시티 포인트에서 메리의 광란을 목격했던 줄리아 그랜트가 못 가겠다면서, 뉴저지 주 벌링턴으로 아이들을 보러가겠다는 바람에, 사람들 눈에 띄는 것을 싫어했던 그랜트는 부인을 핑계로 꽁무니를 뺐다. 오글스비 주지사와 헤이니 장군도 초대를 받았지만, 그들은 그날 저녁에 회의가 있었다. 링컨은 디트로이트 우체국장 하워드를 초청했으나, 하워드는 그날 저녁 워싱턴을 떠날 예정이었다. 아이다호 변방 지사 윌리엄 H. 월레스 부부도 초청을 받았으나 사절했다.

　링컨은 언젠가 국방성에 들렀을 때, 스탠턴에게 전신실 장교 토마스 T. 에커트를 극장에 데리고 가도 되냐고 물었다. 에커트는 괴력을 가진 무관으로, 한 번은 악덕 군수업자가 국방성 철책이라고 들고 온 주물(鑄物)봉을 팔로 꺾어버린 일도 있었다. 이렇게 괴력이 있는 군인이라면 스탠턴이 걱정했던 대통령 신변안전을 감당할 만했다. 그러나 스탠턴은 에커트는 일이 많아 극장 구경할 시간이 없다고 심술을 부렸다. 대통령은 스탠턴을 무시하고 에커트에게, "에커트 소령, 스탠턴 장관 일은 내일 하도록 하고, 우리들하고 극장구경이나 가지"라고 꾀였지만, 우직한 에커트는 장관의 명을 거역할 수 없다고 거절했다.

링컨 부부는 할 수 없이, 자기들이 평소에 귀여워했던 젊은 남녀를 초청했다. 뉴욕 상원의원의 딸 클라라 해리스와 그의 약혼자 헨리 R. 래스본 소령이었다. 래스본 소령은 전쟁에서 무훈을 세우고 훈장을 받은 무관으로 대통령 부부를 경호할 만한 사람이었다. 링컨 부부는 두 젊은이를 태운 뒤, 아직도 승전을 축하하는 등불을 밝힌 거리를 지나 10번가에 있는 포드 극장으로 향했다.

8시 반쯤 그들이 극장 앞에 도착했을 때, 사람들이 대통령 일행을 쳐다보고 있었지만 연극은 이미 시작되었다. 극장 앞에 있던 사람들이 웅성거렸는데, 링컨이 그랜트와 같이 온다는 바람에 극장 표를 미리 75센트나 1달러에 사서 2달러 50센트에 팔려던 얌체들이, 그랜트가 나타나지 않는 바람에 낭패를 보았기 때문이다. 그러나 대통령 일행이 입장하자 윌리엄 위더스가 지휘하던 오케스트라는 배우들에게 잠시 멈추라고 신호한 뒤, '원수에게 찬가를!'을 연주했고, 관중들은 자리에서 일어나 모두 박수를 보냈다. 대통령은 지정 부스로 통하는 층계를 걸어 올라가면서, 두 어깨가 유난히 축 처져 있었다. 그는 실크해트를 왼손에 들고 좁은 복도를 지나 대통령 부스로 들어갔다. (본래는 대통령 부스가 두 칸이었으나, 극장측에서 칸막이를 없애고 대통령 부스를 크게 만들었다.) 관중들은 계속해서 환호했고, 대통령은 부스 난간을 잡고, 사람들이 잊을 수 없는 미소를 보내고 허리를 굽혀 답례했다. 대통령 부스에는 극장 주인의 동생, 해리 C. 포드의 배려로 대통령을 위한 흔들의자가 있었고, 귀빈들을 위한 안락의자와 소파 등이 있었다. 부스 앞에 있는 벨벳 난간은 무대에서 11피트 6인치 높이였고, 애국심을 상징하는 색의 휘장이 드리워져 있었다. 가운데 기둥 위에는 금박으로 테두리를 한 조지 워싱턴의 초상화가 걸려 있었고, 양쪽에는 재무성 경호대의 청색 연대기가 걸려 있었다. 이 부스는 관중들이 그 안에 누가 앉아 있는지 볼 수 없게 되어 있었다.

이 연극은 로라 킨이란 여배우가 주연이었는데, 내용은 에이사 트렌차드란 미국 시골뜨기가 영국 귀족 친척이 남겨 놓은 유산을 찾으러 영국에 가서 벌리는 익살스러운 소극(笑劇)이었다. 그의 재산을 노리는 영국 여자 마운트체싱턴은 자기의 딸 오거스타를 트렌차드에게 시집보내려고 쫓아다니는 내용인데, 이 소극은 크게 히트를 해 5년 동안 장기공연을 하고 있어서, 배우들은 이런 특별한 날에는 대사를 좀 바꾸기도 했다. 그래서 연약한 여주인공이 외풍(draft, 징병이란 뜻으로도 쓰임―옮긴이)이 안 들어오는 곳에 자리를 달라고 던드리어리 경에게 부탁하자 그는, "아가씨만 외풍(draft)을 피하고 싶은 것이 아니오"라면서 "잘못 알고 있는 모양인데 대통령께서 이미 징병(draft)을 없앴단 말이오"로 대사를 대치했다.

대통령 부스에 드리워진 휘장으로 인해 몸을 내밀지 않으면 사람들은 그를 볼 수 없었으나, 링컨 부부는 연극에 몰두해 있는 것 같았다. 배우들이 관중들을 웃겼을 때 메리는 박수를 쳤으나, 링컨은 소리내어 웃기만 했다. 오케스트라 석에 앉아 있던 한 관객은, 메리는 대통령이 연극을 즐기자 기뻐하는 것 같아 보였다고 회상했다. 메리는 남편에게 거의 기대다시피 앉아서 링컨에게, "내가 이렇게 당신에게 달라붙는 것을 보면, 해리스 양이 무어라 할까요?"라고 속삭였다. 링컨은 덤덤하게, "아무 생각도 안 하겠지"라고 대답했다.

관중들은 이 연극의 3막 2장을 좋아했는데 이때, 마운트체싱턴 부인은 에이사 트렌차드가 자기의 유산을 남에게 주어버린 사실을 알고 트렌차드에게 욕을 퍼붓고 무대에서 나가는 장면이었다. 이 장면에서 에이사의 대사는, "그래, 상류사회의 법도도 모른단 말이지? 나로 말하면 자네를 뒤집어엎어 놓을 수도 있어, 이 가망 없는 족제비 같은 놈아!"였다. 대사가 끝나면서 관중들은 항상 폭소를 터뜨리면서 박수를 쳤기 때문에, 대통령 부스에서 동시에 터진 총성이 들리지 않았다.

VII

4월 11일 저녁 이후, 존 윌크스 부스는 무척 바빴다. 그는, "우리의 대의는 거의 사라졌다"고 한탄하면서, "어떤 결정적이고 거창한 일을 벌여야 된다"고 결심했다. 부스는 제퍼슨 데이비스가 아직 살아 있고, 노스캐롤라이나에서 존스턴 군이 아직도 전투를 하고 있다는 사실을 알고, 워싱턴에서 연방정부 지도부를 살해함으로써 연맹에 한 번 더 기회를 주는 것이 자기의 임무라고 생각했다. 대통령과 부통령을 살해하고, 그들이 죽으면 북부에서 재선거를 담당할 국무장관 수어드도 살해하기로 했다. 이렇게 북부가 혼란에 빠지면 남부는 아직 독립할 기회가 있을지도 몰랐다.

부스는 공모자들을 설득하는 데 힘이 들었다. 공모자들 중 제일 머리가 있던 존 스랏은 연맹 일 때문에 캐나다에 가고 없었다. 아놀드는 부스가 일을 잘못하고 정부에서 음모를 의심하고 있으니까 거사를 지연시키고 리치먼드로 가서 그곳 사람들과 의논해 보자고 주장했다. 그는 나중에 부스의 음모에서 떨어져 나와 올드 포인트에서 서기로 취직을 했다. 오롤린도 겁이 나서 납치하는 데는 참여하겠지만 살인은 싫다고 오리발을 내밀었다. 그러나 부스는 아직도 자기를 따르는 부하들이 셋이나 있었다 애처로트, 헤롤드, 페인이 그들이었다.

부스는 4월 14일 정오경에야 링컨이 그날 저녁 포드 극장을 찾을 것이란 소식을 들었다. 그는 즉석에서 그날 거사할 것을 결심했다. 그는 8시에 애처로트와 페인을 헌돈가로 불러서 거사 명령을 내렸다. 부스가 애처로트에게 커클랜드가에 묵고 있는 앤드류 존슨을 살해하라고 지시하자, 이 독일계는 "난 못해!"라고 겁을 먹었다. 그는, "나보고 미국 대통령을 납치하라고 했지, 언제 죽이라고 했나?"고 항의했다. 그러나 부스가 계속 위협을 하면서 욕을 퍼붓자, 그는 이 임무를 고려해 보겠다고 말했다. 페인은 수어드 살해 임무를 기꺼이 수락했다. 그는 부스를 "대장"이라고 부르면서 마치 지휘관에게서 명령을 받는 사병같이 굴었다. 페인은 워싱턴 길을 잘 몰랐기 때문에, 부스는 헤롤드에게 국무장관 공관까지 페인을 인도하라고 지시했다. 대통령 암살은 부스의 몫이었고, 대통령을 암살한 뒤 그는 무대장치를 맡은 에드맨 슈팽글러와 포드 극장 일꾼들의 도움을 받아 도주할 수 있도록 준비했다. 거사는 세 곳에서 저녁 10시 15분 동시에 하기로 약속했다.

　부스는 이 복수 살인극을 준비하면서, 자기의 동기를 설명하고 변호하는 공개 편지를 「내셔널 인텔리전서」에 보내려 했다. 그러나 이 편지를 전하기로 약속했던 친구는 편지를 버렸고, 맨 마지막 구절만을 기억했다. '세상은 내가 곧 저지를 일로 나를 벌하겠지만, 나는 후세 사람들이 나를 옳다고 평가할 것을 확신한다.' 이 편지 내용은 아마도 부스가 나중에 일기에 쓴 내용과 비슷했을 것으로 추측된다. 그는 온 국민이 겪은 모든 고통이 링컨 때문이라고 주장하면서, 자신은 하느님으로부터 그를 응징하라는 계시를 받았다고 기록했다. 그는 현대판 브루터스나 윌리엄 텔이라고 할 수 있겠으나, 그의 행동은 그들보다 더 철저했다고 할 수 있었다. 그들은 자신들을 위하여 움직였지만 부스는, '나는 나라를 위해서 움직였고, 그 이외의 목적은 없다. 온 국민은 이 독재자 밑에서 신음했고, 그가 죽기를 염원했다'라고 기록했다.

　애처로트와 페인은 각기 임무를 수행하려 흩어졌고, 포드 극장 사람들을 모두 잘 알던 부스는 〈우리 미국 사촌〉이 진행되는 도중, 아무런 문제 없이 2층으로 올라갔다. 그는 드레스 서클 뒤편에 있는 복도를 따라 소리 없이 걸어가서 대통령 부스 앞에서 잠시 서 있었다. 관객 중 한 사람은 부스를 보고, 자기가 본 사람 중 제일 미남이었다고 회상했다. 수도 경찰에서 대통령을 경호하러 보낸 존 파커는 이때 자리를 비우고 없었고, 백악관의 막일꾼 찰스 포브스밖에 대통령 부스를 지키는 사람이 따로 없었다. 포브스는 부스의 명함을 보고 그를 대통령 부스로 들여보냈다. 부스는 안으로 들어서자 문을 잠그고, 오른팔로 턱을 괴고 몸을 앞으로 내민 링컨에게 소리 없이 다가갔다. 부스는 약 2피트 떨어진 거리에서 데린저 권총을 뽑아, 대통령 머리 왼쪽을 겨냥하고 방아쇠를 당겼다. 그때 시각이 10시 13분경이었다.

래스본 소령이 침입 괴한을 제압하려 했을 때, 부스는 7과 4분의 1인치쯤 되는 날카로운 단도를 빼들고 래스본에게 덤벼들었다. 클라라 해리스는 후일, "그 칼은 래스본 소령의 팔꿈치부터 어깨까지 깊이 그어놓아서, 동맥과 신경을 절단시켰고, 래스본 소령은 피를 많이 흘려서 힘이 없었다"라고 회상했다. 부스는 부상당한 래스본을 제치고, 난간 위에 올라서더니, 밑에 있는 무대로 뛰어내렸다. 몸이 날렵하기로 유명했던 연극배우 부스에게 대단한 모험은 아니었으나 그는 신고 있던 장화의 박차가 난간에 드리워진 휘장에 걸리는 바람에 균형을 잃고 무대에 떨어지면서 발목 위 뼈가 부러졌다. 그는 단도를 휘두르면서 연극할 때같이 큰 목소리로, "Sic semper tyrannis("독재자들에게는 언제나 이렇게"—버지니아 주의 모토였음)"라고 소리를 지르고 무대 뒤로 사라졌다. 어떤 관중은 "이제 남부는 복수를 했다"라고 말했다고 기억했다. 그는 다리를 절면서도 재빠르게 무대 뒤로 사라졌는데, 한 목격자는 부스가 "꼭 벌떡거리는 황소개구리같이 움직였다"라고 회상했다.

이때까지도 많은 관객들은 무슨 일이 일어났는지 확실히 몰랐고, 이 모든 것이 극중의 한 장면으로 생각하고 있었다. 그러나 대통령 부스에서는 파란 총연(銃煙)이 새어나왔고, 메리 링컨은 귀청이 찢어질 것 같은 비명을 질렀다. "대통령이 저격당했어요! 대통령이 저격당했어요!"

부스로 제일 먼저 달려온 군의관 찰스 A. 릴은 대통령이 이미 죽었다고 생각했다. 대통령의 눈은 감겨져 있었고, 머리는 앞으로 숙여져 가슴쪽으로 축 쳐져 있었다. 그는 메리 링컨 옆 의자에 꼿꼿이 앉아 있는 것 같아 보였고, 메리 링컨은 소리를 내어 통곡하고 있었다. 군의관은 미약하지만 맥박이 뛰는 것을 감지하고, 대통령의 상처를 살피고자 그를 바닥에 눕히라고 지시했다. 총알이 대통령의 머리 뒤로 들어간 것을 보고 그는 상처에 엉긴 핏덩어리를 제거해서, 피가 고여 뇌를 압박하지 못하게끔 조처했다. 그는 인공호흡으로 약하지만 심장이 다시 뛰게끔 만들어, 불규칙하지만 대통령의 호흡을 되찾아 놓았다.

대통령이 당장 죽지는 않을 것으로 판단되자, 그들은 대통령을 복잡한 극장에서 데려나왔다. 어떤 사람들은 그를 백악관으로 옮기자고 했으나, 군의관 릴은 백악관까지 가는 길이 험해서 도중에 링컨이 죽을지도 모른다고 걱정했다. 그들은 10번가를 건너서 윌리엄 퍼터슨이란 재단사가 살고 있던 집으로 대통령을 옮겼다. 그들은 대통령을 그 집 1층 뒤쪽에 위치한 좁은 방으로 옮겼다. 그들은 링컨의 키가 너무 커서 침대에 똑바로 눕히지를 못하고 매트리스에 비스듬하게 눕히고는, 베개를 더 갖다 놓았다. 그들은 군용 털 담요로 대통령을 덮었으나 그의 손발은 차가워, 의사는 뜨거운 물을 가져오라고 지시했다.

링컨은 이곳에서 9시간가량 누워 있었다. 군의관 릴과 연극을 관람하고 있던 찰스 S. 태프트란 의사가 계속 링컨을 지켜보았고, 그날 밤에는 태프트가 말한 대로, "수도에 있던 유명의사는 모두 링컨을 보겠다"고 자원했다. 링컨의 주치의 로버트 킹 스톤이 도착해서 링컨의 간호를 떠맡았고, 그는 미합중국 공중위생국 장관 조셉 K. 반스와 상의했다. 모두들 링컨은 소생할 가망이 없다고 보았다. 의사들은 링컨이 받은 부상이면 보통 사람으로는 2시간 이상 지탱하지 못했을 것이라고 추정했으나, 링컨의 체력이 남달라서 그렇게 오래 견디었다고 해석했다. 링컨은 다시 의식을 회복하지 못했다. 메리는 밤새도록 남편을 떠나지 않았다. 그녀는 슬픔에 젖어 의식이 없는 남편에게 한마디만 해달라고, 자기도 같이 데려가 달라고 울어댔다. 큰아들 로버트가 섬너 상원의원과 도착했을 때, 로버트는 자기의 어머니가 곧 미칠 것 같아 메리와 제일 가깝게 지냈던 코네티컷 상원의원의 부인 엘리자베스 딕슨을 불러 달라고 부탁했다. 딕슨 부인은 메리를 달래서 피터슨 집 앞쪽에 있는 방으로 옮겨 쉬게 했지만, 메리는 시간마다 링컨이 있는 방으로 왔다. 메리는 슬프게 울면서, "아버지가 죽기 전에, 우리 태드가 아버지를 봐야 해요"라고 울부짖었으나, 의사들은 안 된다고 말렸다. 링컨의 숨소리가 갑자기 거칠어지자, 거의 실신할 지경이었던 메리는 놀라서 비명을 지르더니 바닥에 넘어지면서 정신을 잃고 말았다. 옆방에 있던 스탠턴은 방으로 들어와 "저 여자, 밖으로 내보내! 다시는 이 방에 못 들어오게 해!"라고, 큰 소리를 질렀다.

그날 밤, 피터슨 집 앞에는 시민들이 모여들었고, 수어드를 제외한 각료 전원이 피격 당한 대통령을 보러왔다. 웰스 장관은 거의 온밤을 대통령 머리맡에 앉아서 죽어가는 사람의 숨소리를 듣고 있었다. 부통령 존슨이 나타나자 섬너는 그에게 오래 머물러 있지 말라고 충고했다. 존슨을 싫어했던 메리가 또 말썽을 일으킬 수도 있었다. 링컨 부부가 자주 예배를 보았던 뉴욕 로(路) 장로교회 목사 파이니어스 D. 걸리가 영적 위안을 주기 위하여 찾아왔다.

국방장관 스탠턴이 곧 사태를 장악하고 움직이기 시작했다. 그는 피터슨의 집에서 방 하나를 차지하고, 국방차관 데이나를 불러서 정부가 이 비상사태에 맞춰 움직이도록 재빠르게 명령을 내리기 시작했다. 그는 암살 음모의 수사를 즉시 지시했고, 증인들로부터 증언을 받았고, 수도에서 나가는 교량과 도로를 모두 차단하고 군인들에게 살인범을 수색하라고 지시했다. 아침 무렵에는 이미 살인범을 찾기 위해서 온 수도가 발칵 뒤집혔다. 그는 링컨만이 아니라 수어드도 피격 당한 사실을 알았다. 그날 밤 애처로트는 앤드류 존슨 암살을 포기하고 수도를 방황했지만, 페인은 부스의 지령대로 수어드의 공관 저택에 침입해 마차 사고로 아직 침대에 누워 있던 국무장관을 자해했다. 이 일로 수어드는 목숨은 건졌지만 깊은 자상으로 출혈이 심했다. 아침이 되자 페인과 애처로트는 체포되었고, 실제 거사에는 참여를 안 했지만, 모의에 참여했던 공범들 또한 모두 잡혔다. 그러나 헤롤드와 함께 도주한 부스는 잡히지 않았다. 부스는 4월 26일이 되어서야 북 버지니아 한 농가에서 스탠턴의 추적자들에게 발각되어 그 자리에서 살해되었다.

  4월 14~15일이 지나면서 링컨의 맥박은 점점 불규칙하고 약해졌으며 그의 힘든 호흡은 아주 가늘어졌다. 그는 여러 번 호흡을 멈추는 것 같았다. 메리는 다시 링컨 침대 옆으로 와도 된다는 허락을 받고, 침대 옆에 앉아서 그의 얼굴에 입을 맞추고 계속 그의 이름을 불러댔다. 링컨의 호흡이 점점 더 약해지자 사람들은 메리를 앞 방으로 옮겼다. 4월 15일 아침 7시 20분, 링컨의 고통은 끝났다. 의사들은 메리에게 다가와, "이제 다 끝났습니다! 대통령은 돌아가셨습니다!"라고 부르짖었다.

  사람들로 가득 찬 조그만 방에 오랜 침묵이 흐른 뒤, 스탠턴은 목사 걸리에게 기도를 부탁했다. 로버트는 슬픔을 이기지 못하고, 섬너 어깨에 기대 큰 소리로 통곡했다. 얼굴은 눈물로 뒤범벅이 되어 침대 발치에 서 있던 스탠턴은, 이제는 조용히 누워 있는 자기의 보스 링컨에게 마지막 경의를 표했다. 그는 천천히 기계적으로, 오른팔을 위로 올리더니 모자를 들었다가 다시 잠시 머리에 얹어놓더니, 또다시 천천히 기계적으로 모자를 벗어 놓았다. 스탠턴은 "이제, 이 분은 역사 속으로 가셨습니다"라고 선언했다.

링컨 2

초판발행	2003년 2월 10일
3쇄 발행	2005년 9월 5일
지은이	데이비드 허버트 도날드
옮긴이	남신우
펴낸이	심만수
펴낸곳	(주)살림출판사
주 소	110-847 서울시 종로구 평창동 358-1
출판등록	1989년 11월 1일 제9-210호
전화번호	영업 · (02)379-4925~6
	기획 · (02)396-4291
	편집 · (02)394-3451~2
팩 스	(02)379-4724
e-mail	salleem@chollian.net

ISBN 89-522-0087-X 04840
     89-522-0085-3(세트)

* 잘못된 책은 구입하신 서점에서 바꾸어 드립니다.
  값 15,000원